圖書在版編目(CIP)數據

新訂朱子全書:附外編/(宋)朱熹撰;朱傑人,嚴佐之,劉永翔主編. --上海:上海古籍出版社,2022.11

ISBN 978-7-5732-0323-6

Ⅰ. ①新… Ⅱ. ①朱… ②朱… ③嚴… ④劉… Ⅲ. ①朱熹(1130-1200)-全集 Ⅳ. ①B244.71

中國版本圖書館 CIP 數據核字(2022)第 107567 號

國家古籍整理出版專項經費資助項目

新訂朱子全書(附外編)

(全三十二册)

[宋]朱 熹 撰

朱傑人 嚴佐之 劉永翔 主編

上海古籍出版社 出版發行

(上海市閔行區號景路 159 弄 1-5 號 A 座 5F 郵政編碼 201101)

(1) 網址:www.guji.com.cn

(2) E-mail:guji1@guji.com.cn

(3) 易文網網址:www.ewen.co

安徽新華印刷股份有限公司印刷

開本 850×1168 1/32 印張 827.5 插頁 163 字數 15,094,000

2022 年 11 月第 1 版 2022 年 11 月第 1 次印刷

ISBN 978-7-5732-0323-6

B·1264 定價:4800.00 元

如有質量問題,請與承印公司聯繫

前言

朱傑人

一

朱子，名熹，字元晦，又字仲晦，號晦庵、晦翁、雲谷老人、遯翁等。祖籍徽州婺源（今屬江西），宋高宗建炎四年（一一三〇年）出生于福建尤溪，宋寧宗慶元六年（一二〇〇年）病逝於福建建陽。父名松，字喬年，號韋齋。早年游學京師，學爲舉子之文，刻意於詞章之學。宣和五年（一一二三年）以後，從學於羅從彥，始聞伊洛之學。從此盡棄舊學，潛心於六經、諸史與二程理學。朱子十四歲時，朱松病逝，臨終托孤於籍溪胡憲、白水劉勉之、屏山劉子羽、劉子翬兄弟。

一一四八年，朱子十九歲，登進士第。三年後授左迪功郎，被任命爲泉州同安縣主簿。初入仕途的朱子，在躊躇滿志於治國平天下的同時謀求學術思想的升華與深化。他問學於其父朱松的「同門友」李侗。李侗的教誨，決定了朱子學術思想由佛、道雜糅向純儒的轉變，也使他真正成爲二程理學道統上的嫡傳弟子。從此，一個以振興儒學爲目標、以接嗣道統爲己任的朱子出現在中國文化思想史的大舞臺上。

宋史稱：「熹登第五十年，仕於外者僅九考，立朝纔四十日。」朱子志不在爲官，一心專注於學術研究與授徒講學，故朝廷屢次徵召，他屢次辭命。但即使在短短「仕於外」的九年中，他的政績依然卓爾不凡。

一一七八年，朱子知南康軍，恰逢百年不遇的旱災。熹「至郡，興利除害，值歲不雨，講求荒政，多所全活」（宋史本傳），在領導大規模賑荒救災中顯示出卓越的行政才幹，使陷於絶境的一方難民脱離了苦海。朱子在任地方官期間，大力推行過兩項爲民謀利的措施，一爲「設社倉」，一爲「正經界」。「社倉」用以救災賑荒，使貧苦的農民免除高利貸的盤剥之苦；「正經界」則爲了鏟除豪民及官僚地主兼并土地之弊。朱子爲官，每到一處，總不忘建學興教。在知南康期間，他修復了荒廢已久的白鹿洞書院，并爲書院制定了學規。六十四歲時，朱子被任命爲知潭州荆湖南路安撫使。到任不久，即着手修復岳麓書院。據記載，朱子白天處理政務，盡其辛勞，晚上則與書院的學生們講論學術，隨問而答，略无倦色。他的講學貼己務實，切中時弊，又親切誠懇，使學生們很受感動。一時間，岳麓書院成爲三湘士子問道學經的聖地，「學者雲集至千餘人，各質所疑，論説不倦」（光緒善化縣志卷十一）。

此外，朱子還創辦了武夷精舍、考亭書院等。每到一處，必興辦書院；爲官一方，必整頓縣學。大量人才由此培養出來。

朱子的一生，主要是學術研究與著書立説的一生。一一六〇年正式拜李侗爲師標志着朱子理學之路的發軔，在這以後的四十年學術生涯中，他的學術思想與學術活動中有着如下幾個重要的關捩與環節。

一一六八年，編成程氏遺書。這是朱子輯録程顥、程頤著述及二人與其學生「所見聞答問」之書。二程是理學的創始人，朱子由佛、道雜糅而入於純儒之後，首先着手整理二程的遺文、遺訓，其用心良苦。二程之世距朱子的時代已有百餘年之久，他們的言論、著述已有不少爲後人所竄易。朱子認爲，理學開山祖們的心傳之要已受到歪曲，「失之毫釐，則其謬將有不可勝言者」，所以，振興理學必從正其根本開始。他强調，讀程子之書，「誠能主敬以立其本，窮理以進其知，使本立而知益明，知精而本益固，則日用之間，且將有以得乎先生之心，而於疑信之傳可坐判矣」（程氏遺書後序）。

一一七〇年，朱子四十一歲時，他的母親祝太夫人去世。朱子在母親的墓地築寒泉精舍，一則以服三年守喪之期，再則接納求學諸子，三則潛心著述。寒泉精舍的數年，是朱子學問大進、著述豐碩的數年。

首先，他完成了自己理學體系中哲學基本理論框架的構建。太極圖説解、西銘解與通書解的成書與出版，是這一構建完成的重要標志。

其次，他開始編撰四書集注，着手重建儒學經典體系。

第三，他完成了標志着他自己獨特的理學家史學體系的歷史巨著——通鑑綱目、名臣言行録，及中國學術史上第一部學派、學術源流史的專著——伊洛淵源録。

第四，他與吕祖謙合作，完成了中國歷史上第一部哲學選輯——近思録。這是一本理學的階梯與入門讀物，也是朱子數年寒泉精舍埋頭著述所得的總結。在這本書中，他借用周敦頤、二程、張載的語言，表述了自己的理學體系，簡明精覈。這本書後來成爲道學的基本教科書。

一一九四年，光宗内禪，寧宗趙擴即位。爲了「取天下之人望以收人心」（攻媿集卷二十六），趙擴採納宰相趙汝愚的推薦，任命朱子爲焕章閣待制兼侍講。宋代的侍講是一個很特殊的官職，其任務就是專門爲皇帝進讀書史，講論經義，備顧問應對。顯然，這是接近皇帝，并對其施加影響的好機會。但是，趙擴並不是一個真心要從理學中汲取治國之道的君主。他招致朱子的目的，僅僅是爲了粉飾太平、妝點門面。所以，當朱子一旦以王者師的姿態向他宣講「帝王之術」，要求他「正心誠意」、「動心忍性」，要求他讀書窮理時，這位新君立即產生了一種出自本能的反感。他覺得朱子是個好管閑事而又誇誇其談的書生。於是一道詔書將這位被大臣們推爲「天下第一人」的大儒攆出了皇宮。這時，距朱子入宮侍講僅四十天。

朱子在侍講期間曾數度上疏言政，主張限制君權，反對近習干預朝政，反對大臣專任己私，反對君主專斷獨裁。這不但引起皇帝的反感，更引起了以裙帶關係入主朝政、并專橫獨斷的野心家韓侂胄的不滿。由此，引發了一場精心策劃的、以朱子及其學派爲主要攻擊對象的政治迫害。

一一九七年一月，朱子被削職罷官。他的學術被斥爲「僞學」，有人甚至上書要求殺朱子，以爲道學者戒。朱子的學生蔡元定也被罷官流放。朱子的著作遭毁禁。一時間黑雲壓城，時論洶洶。一一九八年，又置僞學逆黨籍，其中宰執四人、大臣四十四人、武臣三人、士人八人，共五十九人被列入黑名單。

在如此殘酷的政治壓力下，朱子顯示出大儒處亂不驚、超然物外的大无畏精神。一一九四年，他從京城退隱福建建陽，卜居于風景如畫的考亭，并建成竹林精舍（後名滄州精舍），照舊聚徒講學，傳播理學思想。當有人告訴他，朝廷正嚴道學之禁，并有人上書要求殺害他時，他一笑了之，説：「死生禍福，久已置之度外，不煩過慮。」（王懋竑朱子年譜卷之四）同時，他依然潛心著作，筆耕不輟。在罷官回鄉到去世的短短五年中，他完成的論著有儀禮經傳通解、韓文考異、書集傳（未全部完成，後由蔡沈補完）、楚辭集注後語辯證。直到去世的那一天，還在修改大學「誠意」章。

慶元六年（一二〇〇年）三月初九午時，一代文化巨人朱子終于走完了他曲折而光輝的理論思維之路，帶着遺憾和屈辱，離開了人世。

韓侂胄死後不久，朱子即被昭雪平反，恢復了名譽，謚曰「文」，并從此被尊稱爲「朱文公」。一二二七年，理宗下詔書曰：「朕觀朱熹集注大學、論語、孟子、中庸，發揮聖賢藴奥，有補治道。」追封信國公，後改徽國公。自此以後，朱子被歷代統治者不斷加封，著作被列爲科舉考試的官方教材，牌位被列入孔廟受到祭祀。

二

朱子逝世以後，他的學生兼女婿黄榦爲作行狀，着重對朱子的一生學術成就進行了全面的總結。他的結論是：「道之正統，待人而後傳。自周以來，任傳道之責，得統之正者，不過數人，而能使斯道章章較著者，一二人而止耳。由孔子而後，曾子、子思繼其微，至孟子而始著。由孟子而後，周、程、張子繼其絶，至先生而始著。蓋千有餘年之間，孔孟之徒所以推明是道者，既以煨燼殘闕，離析穿鑿，而微言幾絶矣。周、程、張子崛起於斯文湮塞之餘、人心蠧壞之後，扶持植立，厥功偉然。未及百年，踳駁尤甚。先生出，而自周以來聖賢相傳之道一旦豁然，如大明中天，昭晣呈露。」（黄勉齋先生文集卷三十六謚文朱先生行狀）朱子的另一位學生李方子則稱：「先生於是考訂訛謬，探索深微，總裁大典，勒成一家之言。仰包粹古之載籍，下採近世之文獻，集其大成，以定萬世之法。然後斯道大明，如日中天，有目者皆可睹也。夫子之經，得先生而正；夫子之道，得先生而明。起斯文於將墜，覺來裔於无窮，雖與天壤俱敝可也。」（王懋竑朱子年譜卷之四）他們的評論歷來受到重視，「以爲知言」。朱子以其博大精深的學術思想奠定了他在中國文化史、思想史上不可動摇的地位，并成爲中國社會占統治地位的思想達七百餘年之久，是中華民族人文精神與社會傳統最主導也是最强勢的精神力量。

五百餘年後（一七一四年），康熙皇帝命大學士李光地編修朱子全書，并親自爲之作序，稱朱子「集大成而緒千百年絶傳之學，開愚蒙而立億萬世一定之規」，説自己：「讀書五十載，祇認得朱子一生所做何事。」并下詔朱子配祀孔廟「十哲」之列，再一次以法律形式確定了朱子在中國社會和政治文化生活中不可替代的地位。

歷代帝王及封建時代的理論家、思想家們對朱子的一再讚賞，不是没有道理的。宋理宗首先道破了其中的奥秘，他説朱子「極高明而道中庸，多聞見而守卓約。凡六籍悉爲之論述，於四書尤致於精詳。紛然衆説之殊，折以聖人之正。朕自親學問，灼見淵源，常三復於遺編，知有補于治道」（朱子實紀卷九）。可見，朱子的思想之所以受到重視，「有補于治道」是一個重要原因。

當時代進入了二十世紀，人類的物質文明已經得到高度發展，那些代表着人類思想智慧的哲人們又從深入的研究中發現了朱子思想的「新的」，或者確切地説是「不滅的」價值。他們認爲朱子的思想不僅有補于封建社會之治道，也有補于現代文明之治道。于是，在國際範圍内發生了一場關于朱子學研究的熱潮。也許，這也正是我們今天所以要克服種種困難，耗費人力物力編纂朱子全書的原動力所在。

三

朱子是中國歷史上著作最宏富的學者和思想家之一。他的研究觸角涉及儒家經典的所有領域，他的博學和深思，令人嘆爲觀止。清代學者全祖望在編次宋元學案時曾感慨地稱朱子是一位「致廣大，盡精微，綜羅百代」的大學者。

據四庫全書的著録統計，朱子現存的著作共二十五種，六百餘卷，總字數在二千萬字左右。這還是個十分不完全的統計。但僅僅這一組數字已極爲可觀，足以樹起一座辛勤創作的思想家的穹碑。如果没有畢生孜孜不倦的思考和寫作，誰也不可能在身後留下如此豐厚的精神遺産。

除了著作的豐碩之外，朱子的著述還呈現出形式多樣化的特點。「述而不作」是從孔子即已開始的儒家傳統。所謂「述」，實質上是一種借助對儒家經典的注解和詮釋來闡發自己思想和理論的創作方式。朱子是利用這種方式構建自己理學體系最成功和最活潑的學者。他的四書章句集注、詩集傳、周易本義等就是這一類著作的代表。但朱子又决不是個「不作」者，他以大量嚴謹的理論著作爲自己的理學大厦奠定了基石。太極圖説解、西銘解等是其哲學思想的高度結晶。通鑑綱目、名臣言行録等是其史學理論的集中展示。而一部晦菴文集則是他理學思想的最後結集。朱子的另一類著作，如楚辭集注、韓文考異等是對前代學術遺産的整理和研究。這一類著作不僅顯示出朱子深厚和廣博的學術功力，更表明了他在不同時期的學術取向。爲前代理學家編纂遺文，是朱子著作的又一種類型。他爲程顥、程頤編了二程遺書、二程外書，爲謝良佐編了上蔡語録，還爲他的父親朱松編了韋齋集。朱子還有一部與友人合作的著作——近思録。這是他在寒泉精舍爲母親守墓時與吕祖謙共讀周敦頤、程顥、程頤、張載的著作，共同編選而成的。這是一本被稱爲「我國第一本哲學選輯之書，亦爲北宋理學之大綱，更是朱子哲學之輪廓」（陳榮捷近思録詳注集評引言)的重要著作。

在朱子生前即已有人開始編印他的著作。朱子逝世以後，裒集、輯録朱子不同類型和不同内容的著作以成書的現象，隨着朱子地位的不斷提高而愈益頻繁。清代是編集朱子著作最盛的時期，不僅官方對此表現出濃厚興趣，民間的熱情也非常高漲，「大全」、「全書」、「類編」、「類纂」、「全集」、「大全集」之類的書層出不窮。康熙年間，大學士李光地奉敕修的朱子全書，是其中影響較大的一部，但却也是一部不全之書。所以，準確地説，自朱子逝世至今八百年間，還没有一部真正意義上的朱子全書問世。這不能不説是一件憾事。這一現象是與朱子的歷史地位極不相稱的。

二十世紀七十年代末八十年代初，在全球範圍内發生了研究朱子學的熱潮。這場最先由海外發端的思想、學術之潮很快影響到國内的學術界，經過一段時間的醞釀、準備，九十年代初，中國大陸的朱子學全面崛起。意想不到的是，隨之而起又帶出了一個副産品：國内外廣大的朱子後裔們自覺地投入了爲振興中華、弘揚中華優秀文化傳統而羣策羣力的偉大事業。一九九三年五月，世界朱氏聯合會成立，作出了積極支持朱子學研究工作的決定。受此鼓舞，本人(時任華東師範大學古籍研究所所長)倡議編修朱子全書。這一動議得到國内外學術界和海内外朱子後裔的熱烈響應和積極支持。安徽省古籍整理規劃小組組長、前副省長魏心一先生力排衆議，指示省古籍整理辦公室支持以華東師範大學古籍研究所爲主主持朱子全書的編修，并支持安徽教育出版社與上海古籍出版社聯合出版。同年，國家教育委員會全國高校古籍整理工作委員會批準朱子全書正式立項，國務院古籍整理規劃小組和新聞出版署也同時將此書作爲重點圖書立項。一九九四年，編修工作全面展開。歷時八年，朱子全書告竣。

四

二〇〇二年，朱子全書由上海古籍出版社和安徽教育出版社聯合出版，受到學術界的關注與好評，不久即告售罄。全書雖經十年編修，可謂嘔心瀝血，但依然無法避免錯誤和疏漏。廣大讀者也善意地指出了不少問題。二〇〇八年起，以華東師範大學古籍整理研究所爲主體的編纂委員會即着手修訂事宜。遺憾的是那次修訂我們只能在原版上作些挖改，並不能解決全部問題。二〇一〇年在朱子誕辰八八〇周年之際，修訂本出版。雖然修訂版並不能完全如我們所願，但是它却及時地滿足了讀者缺書的需求，也有效地打擊了充斥市場的盜版書。

朱子全書編修之初，我們即有每十年修訂一次的規劃，但這一計劃要執行起來卻難度很大。一則，我們的編修者們在不斷地老去，有的已無力承擔編修之任，有的則已經作古（王貽梁先生、嚴文儒先生、蔣立甫先生、鄭麥先生都已經離我們而去），我們已無法組織起有效的修訂隊伍。再則，出版社出於成本的壓力，對修訂的積極性也並不高。但是，朱子學的蓬勃發展，學術的不斷進步，全書在圖書市場上的長期短缺，迫使我們不能不再次走出修訂這一步。二〇一八年，第二次修訂正式啓動，二〇二二年，告成。這次修訂，一大批新同志參與其中，他們是：黄靈庚、張祝平、李慧玲、程水龍、陳良忠、胡秀娟、陳才、苑學正、和溪、朱學博。他們的加入爲修訂工作注入了活力。也許，下一次修訂的重任將要由他們擔負。

本次修訂大致有以下幾個方面：

一、糾正錯誤，包括標點之誤、文字之誤、校勘之誤。這些錯誤，有的是排印之誤，但大多數還是整理者或囿於學力，或由於疏漏而造成的。這次修訂，凡我們發現的、讀者指正的，可説是應改盡改了。但我們依然不能保證已經没有錯失。校書如掃落葉，請讀者諸君諒解。

二、改正錯誤的文本。陳來先生指出，太極圖説解附録所收張栻太極圖解後序後半截與延平答問中語相同，恐有錯失。經考證，本書録自周元公集卷一的張栻後序乃是原刻本因缺頁而將下頁延平答問闌入致誤。但由於張栻後序不見於國内的各種版本，導致此誤長期得不到糾正。最終，我們從現藏於日本名古屋市蓬左文庫的明弘治本濂溪周元公全集中覓得張栻全文（詳見朱傑人張栻關於太極圖解的兩篇序文）。本次修訂，我們作了抽換。

三、近年來朱子學研究的發展可觀，新的成果不斷涌現，其中也包括了朱子學文獻研究的新發現和新觀點。本次修訂我們也盡可能地吸納和利用這些成果。如朱子語類全面參校了朝鮮本、儀禮經傳通解增加了幾種新校本、八朝名臣言行録增加了李幼武所編宋名臣言行録前後集、楚辭集注更换了底本等。這些變化在每本書的修訂體例中都有詳細説明。

四、把朱子全書外編納入全書之中，這樣，一方面使朱子的著作真正成爲完帙，一方面也便利了讀者。

朱子全書原來是有兩家出版社聯合出版，加上外編則有三家出版社。這是由當時特殊的出版環境造成的。雖不得已而爲之，但終究爲這部大書的出版覓得了良機。所以在完成這次修訂之際，我們還是要對爲這部書的面世作出過貢獻的人們表示我們由衷的感謝。安徽省的老領導魏心一副省長、安徽教育出版社的黄書元社長、資深編輯夏秀流編審、安徽省古籍辦的諸偉奇主任是此書編修出版的功臣，從他們身上我們不僅看到了他們的遠見卓識，更看到了他們的拳拳鄉梓之情。華東師範大學出版社的王焰社長慷慨地轉移了朱子全書外編的版權，又讓我們看到了一位出版家的大度和文化情懷。

但是，一部書由三家出版社出版，畢竟不是一個長久之計，既不利於圖書的出版、發行及修訂維護，也不利於讀者的使用和閱讀。現在我們終於完成了此書的整合，我想，朱子九泉有靈，也會感到欣慰。

編修例言

朱子的著作形態多樣，體式各異，呈現出十分豐富多彩的特點。爲了弄清朱子著作的情況，編委會對現存朱子著作作了全面的調查，發現，朱子的著作大致可以歸納爲以下幾種形態：一、朱子自己的論著，如「文集」、「名臣言行録」；二、別人整理或編輯的朱子著作，如「語類」；三、朱子對儒家經典或重要文學、文化遺産所作的整理和研究之作，如四書集注、楚辭集注、韓文考異；四、朱子與他人合作的著作，如近思録；五、朱子整理和編輯的他人著作，如二程遺書、上蔡語録、韋齋集。

據此，全書將朱子自己的著作（包括朱子與他人合作的著作，如近思録），編入全書。朱子整理編輯的他人著作（如二程遺書等）編入外編。後人編輯的朱子著作，除朱子語類外，其他悉據文集、語録摘編、類編者（如文公易説、朱子奏議、晦庵題跋等）一律不收。雖曾單刊行世，但已收入本編文集的朱子撰著（如雜學辯、白鹿洞學規等）不另收。經考訂，確定爲後人托名朱子撰著的僞書（如四書問目、或問小注等）不收。

全書所收諸書之編序,按四庫分類法,以經、史、子、集排次。分則獨立,合爲全書。

朱子著述,歷代刊刻綿綿不絶,版本繁複。編修工作,以版本調查爲先務,力求盡搜現存版本,考其源流,較其優劣,用宏取精,擇善而從。底本一般選擇時代早、校刊精者,著眼於文字内容的正確與完整性,不刻意追求宋、元舊本。對校本,選用有代表性和影響較大的版本。同出一源者則盡可能選用祖本或相對較早的本子,或用後人的精校本。對校本一般不少於兩種。參校本則選用有特點、較重要的版本,數量酌情而定。各書的具體版本情況,在該書的「點校説明」中詳細交代。

校勘以對校爲主,本校和他校爲輔,一般不作理校。用以他校的書籍,亦注意版本的選擇。

校改原則:一、底本可確定爲訛、脱、衍、倒者,改字出校。改字從嚴掌握。二、底本文字與他本有異,但文義俱通而難判是非者,一律不改字,出異同校。底本不誤而他本誤者,不出異同校。三、傳刻過程中出現的避諱字,一律改正,並在首次校改時出校記説明。作者原本使用的避諱字,一般不改。四、古今字、通假字一般不改,不出異同校。異體字、俗體字徑改成通行之正體字。

全書之附録,一爲各書之附録,包括該書的歷代書録解題、歷代版本的主要序跋、名家藏書題記等。二爲全書之附録，包括有關朱子的各種傳記資料，如年譜、行狀、本傳、墓志等。

由於朱子著作體式差異很大，故全書所收諸書除必須遵循編修體例總則外，還視各書具體情況另擬補充體例。

總目

朱子全書

第一册　周易本義
易學啓蒙
詩集傳
第二册　儀禮經傳通解（一）
第三册　儀禮經傳通解（二）
第四册　儀禮經傳通解（三）
第五册　儀禮經傳通解（四）
第六册　四書章句集注
四書或問
第七册　論孟精義
家　禮
第八册　資治通鑑綱目（一）

第九册　資治通鑑綱目（二）
第十册　資治通鑑綱目（三）
第十一册　資治通鑑綱目（四）
第十二册　八朝名臣言行録
第十三册　宋名臣言行録
伊洛淵源録
第十四册　紹熙州縣釋奠儀圖
太極圖説解
通書注
西銘解
近思録
延平答問
童蒙須知
小　學
陰符經注
周易參同契考異

第十五册　朱子語類（一）
第十六册　朱子語類（二）
第十七册　朱子語類（三）
第十八册　朱子語類（四）
第十九册　朱子語類（五）
第二十册　楚辭集注
昌黎先生集考異
第二十一册　晦庵先生朱文公文集（一）
第二十二册　晦庵先生朱文公文集（二）
第二十三册　晦庵先生朱文公文集（三）
第二十四册　晦庵先生朱文公文集（四）
第二十五册　晦庵先生朱文公文集（五）
第二十六册　晦庵先生朱文公文集（六）
第二十七册　朱熹佚詩佚文全考
第二十八册　附　録

朱子全書外編

第二十九册　書集傳
　　　　　　中庸輯略
第三十册　程氏遺書
　　　　　　程氏外書
第三十一册　上蔡語録
　　　　　　韋齋集　附玉瀾集
第三十二册　南軒先生文集

〔宋〕朱熹 撰
朱傑人 嚴佐之 劉永翔 主編

新訂朱子全書

附外編

1

上海古籍出版社

本册書目

周易本義……一
易學啓蒙……二〇三
詩集傳……三二七

朱子全書

周易本義

王鐵 校點

校點説明

一

朱熹在易學領域中，也如在其他許多領域中一樣，有其重要的建樹。在北宋以來盛行以義理説易的風氣下，他提出了「易本是卜筮之書」的命題。他批評了義理派易學家們所持的聖人作易專爲説道理以教人的錯誤觀點，及要從卦爻辭中推出講學之道來的牽强附會。他認爲應該把易作爲卜筮書來讀，「今欲凡讀一卦一爻，便如占筮所得，虛心以求其詞義之所指，以爲吉凶可否之次。然後考其象之所以然者，求其理之所以然者」（晦庵先生朱文公文集卷三三答吕伯恭書）。這就是他撰作周易本義的動機與指導思想，「本義」一名，也是由此而來。

周易本義的撰作，自淳熙初年起，斷斷續續地歷經了二十多年。

朱熹在淳熙二年（一一七五年）所作答張敬夫書中説〔一〕：「近又讀易，見一意思。聖人作易，本是使人卜筮，以決所行之可否，而因之以教人爲善。……以此意讀之，似覺卦爻、十翼，指意通暢。但文意字義猶時有窒礙，蓋亦合强作義理說者所以强通而不覺其礙者也。今亦録首篇二卦，拜呈此說。」（文集卷三一）此信所說，應該就是朱熹撰作周易本義的開端。在朱熹此後的一些書信中，其寫作的進度，亦略有蹤迹可尋。如淳熙三年春的答吕伯恭書說：「方讀得上經……亦欲私識其說，與朋友訂之，而未能就也。」（文集卷三三）六年，與皇甫文仲書說：「所喻易說，實未成書，非敢有所吝於賢者。」（別集卷五）十三年，答趙善譽書說：「舊亦草筆其說，今謾録二卦上呈，其他文義未瑩者，多未能卒業，姑以俟後世之子雲耳。」十五年，他在答蔡季通書中方說：「本義已略具備，覺取象之說不明，不甚快人意耳。」（續集卷二）一直至慶元年間，他在答孫敬甫書中終于說：「易傳初以未成書，故不敢出。近覺衰耄，不能復有所進，頗欲傳之於人。」（文集卷六三）至此，本義一書可算是最後完成，朱熹自己雖還不十分滿意，但認爲已可流傳於世，且不計劃再作修訂了。

本義在訂定以前，其初稿也曾被刊印流傳。這就是朱熹在答劉君房書中所說的「本義未能成書，而爲人竊出，再行模印，有誤觀覽」（文集卷六〇）。直齋書録解題於本義外，又著録易傳十一卷，說朱熹「初爲易傳，用王弼本」，而玉海則說「淳熙四年，易本義成」，二者所言，應即這一所謂「被竊出」的稿本。但這一本子不久就失傳了。

二

唐末、五代，漢儒的易學著作散佚殆盡。宋代通行的周易，是將彖傳、象傳、文言都分綴於卦爻辭下的王弼本。北宋吕大防、晁説之，南宋程迥、吕祖謙等人不滿於此，而各有「古易」的編訂，意在恢復戰國、西漢時代周易的本來面目。朱熹的周易本義，採用了吕祖謙古周易的編排，以上、下經爲二卷，十翼又爲十卷，共十二卷。

宋刊周易本義十二卷本，今尚存二種。

一無年月題識，因而不詳何時何地所刻，傅增湘、王文進都以爲是臨安刻本。這一種宋本，本世紀前葉尚存兩部。一部即傅增湘、王文進所見者，該書曾經汪文琛、陳鱣、蔡廷相等人收藏。據王文進文禄堂訪書記，彖上、下傳及卷中十餘葉都是汪士鐘所鈔補。一九一四年劉世珩玉海堂刊本即據此本影刻，但影刻本錯誤很多。原本則今尚不知下落。一部是天禄琳琅書目後編所著録者，該書明代曾藏於項篤壽萬卷樓和毛晉汲古閣，清乾隆年間入於内府。今藏於北京圖書館，但已是殘本，缺易圖與下經。這一種宋本從版心所記刻工姓名看，應早於吳革本。我們暫稱之爲「宋甲本」。

一爲宋咸淳元年（一二六五年）吳革刻本。書首有吳革序。這一刻本，今北京圖書館藏有二部，一曾經清怡府及朱學勤收藏，一曾爲季振宜、徐乾學、曹寅、楊紹和等人收藏。上海圖書館也藏有一部，有陳寶琛、曹東章跋。吳革本在清初以來影響較大，由之而出的，有康熙内府影刻本、康熙五十年曹寅翻刻本。文淵閣四庫本是據内府影刻本鈔寫。康熙時所纂周易折中，據我們研究，也是以吳革本爲底本而參校以周易傳義大全。

今存宋刻本以外的十二卷本，尚有南京圖書館所藏的一種明刻本。該書不著何人所刊與開雕年月。有朱彝尊、顧廣譽跋。顧氏以其不用永樂大全與成矩四卷本的次序，推測「大較出明初人手」。丁丙善本書室藏書志更斷爲「當出於元人之手」。但我們經校勘後判斷，該書是按吕祖謙古周易篇次從永樂大全中輯出。因爲該本與二宋刻本的異文，幾乎都與大全相同，而於雜卦傳後又附刻有朱熹書臨漳所刊易後一文。

清乾隆中，寶應劉世讜刊有周易本義十二卷本。實則劉氏未見宋刻本。其書出於周易折中，篇次雖同宋刻，而依折中前去易圖，後去筮儀，又依通行四卷本之例，刻吕祖謙古易音訓於眉端。同治金陵書局刻十二卷本，即是以劉刻爲底本而校以他本。清光緒元年劉毓英刻劉氏傳經堂叢書，賀瑞麟刻西京清麓叢書，都收入劉刻。溯其源，這不過是吳革本的一個旁支。

三

周易本義又有四卷本的系統。

也是在南宋咸淳初，有台州人董楷，合編程頤易傳、朱熹本義，又取二氏文集、語録中相關文字作爲附録，刻成周易傳義附録一書。但朱熹作本義，是用吕祖謙所定的十二卷的古易，而程頤易傳則是用王弼本，文言、彖傳、象傳都分綴於相應卦爻辭之後。董楷編是書，則取程傳結構，將本義割裂散附於程傳之後。明永樂中胡廣等編周易傳義大全，以董楷此書爲基礎，又輯集元胡一桂易本義附録纂疏、胡炳文周易本義通釋、董真卿周易會通諸書中所載宋、元各家易説，刊除重複，綴於程、朱注後，勒爲一編。科舉取士即作爲依據。後來士子厭程傳之多，棄去不讀，專用本義。成化間，奉化儒學教諭成矩，遂於大全之中削去程傳及各家之説，獨刻本義行世，是爲四卷本，而其經傳雜厠之編排，則一仍大全之舊。例如四卷本系統中今存最早的本子之一的正德末年仰韓堂刻本（五卷本，分繫辭上、下爲二卷），不僅文字與大全中的本義相同，且仍將程頤之易序、易傳序，大全之凡例冠於書首。這樣的刻本，當然已非本義原貌。但由於它能適應科舉考試的實際需要，問世後不久即得到大量翻刻，明代後期至清代，充斥於各書坊的周易本義，主要是這種四卷本。

周易傳義大全凡例說：「程傳、本義刊本，間有脱誤字句，今合諸本，讎校歸正。」所説「諸本」，是指董楷的傳義附録、胡一桂的纂疏、胡炳文的通釋、董真卿的會通。我們在校勘過程中發現，大全與二宋刻本的異文，都能在上述前三書中找到根據。但這三書中，纂疏、通釋都已無早於永樂的完整刻本，傳義附録則尚有元刻本多種。董楷在傳義附録序中說：「楷嘗讀程子、朱子文集、語録，其間有成書所未備者，輒隨所得，附於各章之末。歲月既久，集録亦多，因目曰周易程朱氏説。」由此可知，傳義附録的成書，曾經歷較長的時期，而該序作於咸淳二年，因而董楷所用的本義底本，應是在吳革本之前的一個早期刻本。我們今天整理周易本義，傳義附録當然有重要的校勘價值。

四

基於以上對周易本義版本源流的認識，我們的整理工作，以北京圖書館所藏南宋吳革刻本（曾爲季振宜、徐乾學等所藏者）爲底本，校以該館所藏宋甲本、元延祐二年（一三一五年）圓沙書院刻周易傳義附録、明永樂周易傳義大全初刻本（簡稱大全）。宋甲本所缺易圖與下經，則用玉海堂影刻本。必要處我們還參校了通志堂本易本義附録纂注（簡稱纂注）與周易本義通釋（簡稱通釋）。底本的少數明顯脱誤之處，據宋甲本、傳義附録作了改正。底本比宋甲本所少虛字，因有助於文氣通暢，亦仍出校補上。但僅大全、纂注、通釋與二宋本的異文，其中有價值者，我們一般也只出校而不據改。

朱熹曾說：「某之易簡略者，當時只是略剳記。兼文義，伊川及諸儒皆已說了，某只就語脈中略牽過這意思。」（語類卷六七）本義的注釋確實比較簡略，凡經傳字句的訓解，如與程頤易傳没有異議的，大多不作複述。因此我們對本義經傳的標點，必要處也參考了程傳，兹特作説明。

關於周易本義，還有兩個問題似應略作討論。一是卷首的易圖。清代王懋竑提出易圖非本義原有。他說：「易本義九圖非朱子之作也，後之人以啓蒙依放爲之，又雜以己意，而盡失其本指者也。」（白田雜著卷一）後來頗有學者信從此說。實則朱熹於他處曾有明確言及易圖者。文集卷五四答王伯禮書云：「卦變獨於彖傳之詞有用，然舊圖亦未備，頃嘗修定。」於彖傳有用的卦變圖，即今本義第九圖，啓蒙没有類似的卦圖。朱熹學生陳淳更說：易起源於象數，「此朱文公本義之書作，所以必表伏羲圖象冠諸篇端」（北溪先生全集講義卷三原辭）。可見易圖之爲本義原有，當無疑義。今存二宋刻本及董楷周易傳義附録都有易圖，也是有力的證明。

二是卷末的五贊與筮儀。五贊本附於易學啓蒙之末。文集卷四八答呂子約書說到

「向於啓蒙後載所述四言數章」，卷六〇答潘子善書潘時舉問「啓蒙述旨篇」云云，語類卷六七潘時舉問「啓蒙警學篇」云云，都可爲證。至於何時起被移附於本義，則不可考，似亦不能排除發生於朱熹生前的可能。關於筮儀，有人認爲原來也附於啓蒙之末，但是没有確切的證據。且筮儀注文一則曰：「此後所用蓍策之數，其説並見啓蒙。」再則曰：「卦變别有圖説，見啓蒙。」如果筮儀本就附於啓蒙，似無作此説明的必要。而陳振孫直齋書録解題已説本義「首列九圖，末著揲法」，倒可以作爲筮儀原就屬於本義的證明。這是我們粗淺的看法。

一九九五年六月　王鐵

注

〔一〕本文所引朱熹書信年代，據陳來朱子書信編年考證所定。

目録

易圖……一七
河圖……一七
洛書……一八
伏羲八卦次序……一九
伏羲八卦方位……二〇
伏羲六十四卦次序……二〇
伏羲六十四卦方位……二〇
文王八卦次序……二一
文王八卦方位……二二
卦變圖……二三
周易上經第一……三〇

乾……三〇
坤……三二
屯……三三
蒙……三五
需……三六
訟……三七
師……三八
比……三九
小畜……三九
履……四〇
泰……四一
否……四二
同人……四三
大有……四四
謙……四四

豫……四五
隨……四六
蠱……四七
臨……四八
觀……四九
噬嗑……四九
賁……五〇
剥……五一
復……五二
无妄……五三
大畜……五三
頤……五四
大過……五五
坎……五六
離……五六

周易下經第二……五九
咸……五九
恒……六〇
遯……六一
大壯……六一
晉……六二
明夷……六三
家人……六四
睽……六五
蹇……六六
解……六六
損……六七
益……六八
夬……六九
姤……七〇

萃……七一
升……七二
困……七二
井……七三
革……七四
鼎……七五
震……七六
艮……七七
漸……七八
歸妹……七九
豐……七九
旅……八〇
巽……八一
兌……八二
渙……八二

節……八三
中孚……八四
小過……八五
既濟……八六
未濟……八七
周易彖上傳第一……九〇
周易彖下傳第二……九八
周易象上傳第三……一〇五
周易象下傳第四……一一四
周易繫辭上傳第五……一二三
周易繫辭下傳第六……一三七
周易文言傳第七……一四六
周易説卦傳第八……一五三
周易序卦傳第九……一五八

周易雜卦傳第十……一六一
周易五贊……一六三
原象……一六三
述旨……一六四
明筮……一六五
稽類……一六六
警學……一六六
筮儀……一六八
附録一　序跋……一七一
附録二　著録……一七八

易圖

朱熹集録

河圖

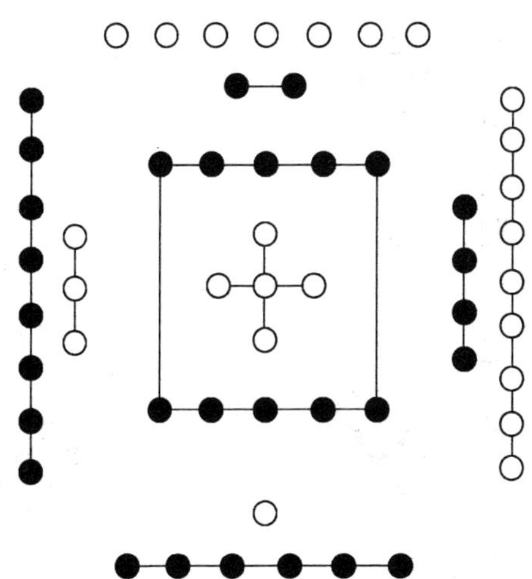

洛書

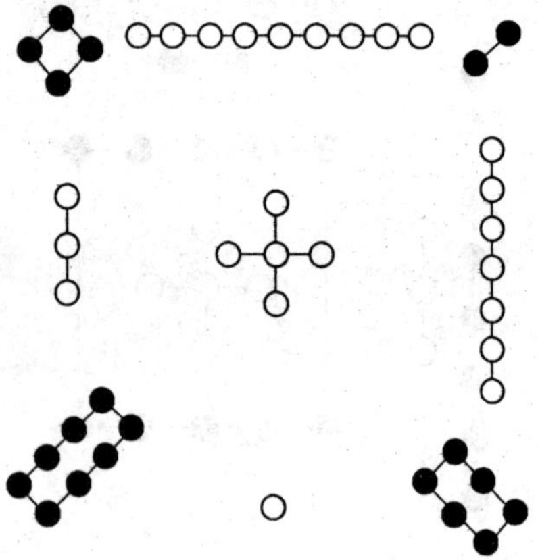

右繫辭傳曰：「河出圖，洛出書，聖人則之。」又曰：「天一，地二，天三，地四，天五，地六，天七，地八，天九，地十。天數五，地數五，五位相得而各有合。天數二十有五，地數三十，凡天地之數五十有五。此所以成變化而行鬼神也。」此河圖之數也。洛書蓋取龜象，故其數戴九履一，左三右七，二、四爲肩，六、八爲足。

蔡元定曰：圖、書之象，自漢孔安國、劉歆、魏關朗子明、有宋康節先生邵雍堯夫皆謂如此。至劉牧始兩易其名，而諸家因之。故今復之，悉從其舊。

伏羲八卦次序〔一〕

	一	二	三	四	五	六	七	八
八卦	乾	兌	離	震	巽	坎	艮	坤
四象	太陽		少陰		少陽		太陰	
兩儀	陽				陰			

太極

右繫辭傳曰：「易有太極，是生兩儀，兩儀生四象，四象生八卦。」邵子曰：「一分爲二，二分爲四，四分爲八也。」說卦傳曰：「易，逆數也。」邵子曰：「乾一，兌二，離三，震四，巽五，坎六，艮七，坤八。」自乾至坤，皆得未生之卦，若逆推四時之比也。後六十四卦次序放此。

伏羲八卦方位

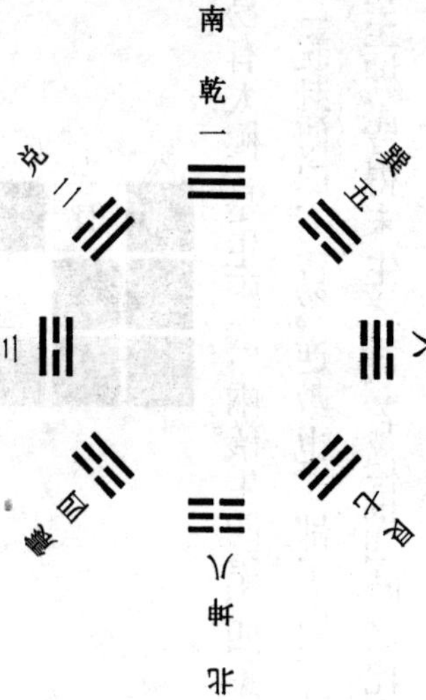

南
乾一
兑二
離三
震四
巽五
坎六
艮七
坤八
西
東
北

右説卦傳曰：「天地定位，山澤通氣，雷風相薄，水火不相射，八卦相錯。數往者順，知來者逆。」邵子曰：乾南坤北，離東坎西，震東北，兑東南，巽西南，艮西北。自震至乾爲順，自巽至坤爲逆。後六十四卦方位放此。

伏羲六十四卦次序圖見插葉。

伏羲六十四卦方位圖見插葉。

文王八卦次序

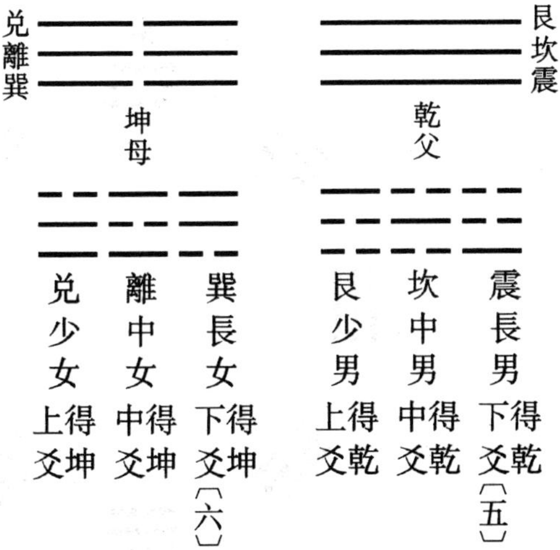

乾父

艮坎震

震長男　得乾下爻〔五〕

坎中男　得乾中爻

艮少男　得乾上爻

坤母

兌離巽

巽長女　得坤下爻〔六〕

離中女　得坤中爻

兌少女　得坤上爻

文王八卦方位

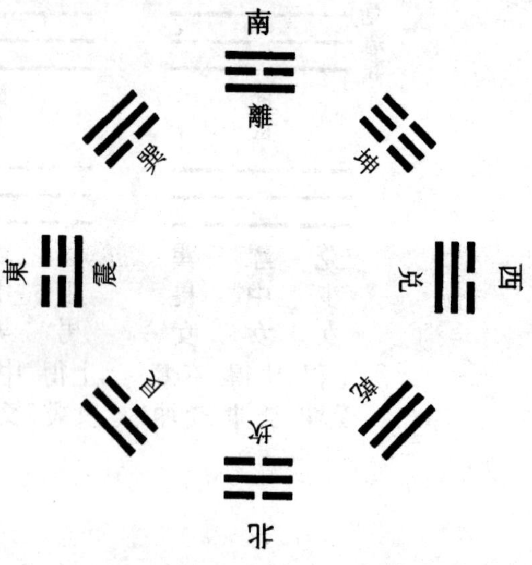

南
離
坤
兌
西
乾
坎
北
艮
震
東
巽

右見說卦。邵子曰：此文王八卦，乃入用之位，後天之學也。

卦變圖

彖傳或以卦變爲説，今作此圖以明之。蓋易中之一義，非畫卦作易之本指也。

凡一陰一陽之卦各六，皆自復、姤而來。五陰五陽，卦同圖異。

剥　比　豫　謙　師　復

夬　大有　小畜　履　同人　姤

凡二陰二陽之卦各十有五，皆自臨、遯而來。四陰四陽，卦同圖異。

頤　屯　震　明夷　臨

蒙　坎　解　升

艮　蹇　小過

晉　萃

觀

大過　鼎　巽　訟　遯

革　離　家人　无妄

兌 睽 中孚

需 大畜

大壯

凡三陰三陽之卦各二十，皆自泰、否而來。

損 節 歸妹 泰

賁 既濟 豐

噬嗑 隨

益

蠱 井 恒

未濟 困

渙

旅 咸

漸

否

咸　旅　漸　否

困　未濟　渙

井　蠱

恒

隨　噬嗑　益

既濟　賁

豐

節　損

歸妹

泰

凡四陰四陽之卦各十有五，皆自大壯、觀而來。二陰二陽，圖已見前。

大畜　需　大壯

睽　兑

中孚

離　革

家人

无妄

鼎　大過

巽

訟

遯

萃　晉　觀

蹇　艮

小過 坎 蒙 解 升 屯 頤 震 明夷 臨

凡五陰五陽之卦各六，皆自夬、剥而來。一陰一陽，圖已見前。

大有 夬 小畜 履 同人

姤 比 剥 豫 謙 師 復

右易之圖九。有天地自然之易，有伏羲之易，有文王、周公之易，有孔子之易。自伏羲以上皆無文字，只有圖畫〔七〕，最宜深玩，可見作易本原精微之意。文王以下方有文字，即今之周易。然讀者亦宜各就本文消息，不可便以孔子之説爲文王之説也。

校勘記

〔一〕此圖「太極」外原無圓，據玉海堂本補。

〔二〕此圖「太極」外原無圓，據玉海堂本、傳義附録補。

〔三〕其所謂因而重之者也　「其」字原脱，據玉海堂本、傳義附録、大全補。

〔四〕此圖原脱「乾一」、「兑二」、「離三」、「震四」、「巽五」、「坎六」、「艮七」、「坤八」、「冬至子中」、「夏至午中」諸字，又「卯中」上脱「春分」，「酉中」上脱「秋分」，據傳義附録補。玉海堂本脱「震四」、「坤八」、「冬至子中」、「夏至午中」十二字，餘同傳義附録。

〔五〕下爻　傳義附録、大全作「初爻」。

〔六〕下爻　傳義附録、大全作「初爻」。

〔七〕只有圖畫　「畫」原作「書」，據玉海堂本、傳義附録、大全改。

周易上經第一

朱熹本義

周，代名也。易，書名也。其卦本伏羲所畫，有交易、變易之義，故謂之易。其辭則文王、周公所繫，故繫之周。以其簡袠重大，故分爲上、下兩篇。經則伏羲之畫，文王、周公之辭也。并孔子所作之傳十篇，凡十二篇。中間頗爲諸儒所亂。近世晁氏始正其失，而未能盡合古文。吕氏又更定，著爲經二卷、傳十卷，乃復孔氏之舊云。

☰乾下乾上乾。元亨，利貞。六畫者，伏羲所畫之卦也。一者，奇也，陽之數也。乾者，健也，陽之性也。本注「乾」字，三畫卦之名也。下者，内卦也，上者，外卦也。經文乾字，六畫卦之名也。伏羲仰觀俯察，見陰陽有奇耦之數，故畫一奇以象陽，畫一耦以象陰。見一陰一陽有各生一陰一陽之象，故自下而上，再倍而三，以成八卦。見陽之性健，而其成形之大者爲天，故三奇之卦名之曰乾，而擬之於天也。三畫已具，八卦已成，則又三倍其畫，以成六畫，而爲八卦之上各加八卦，以成六十四卦也。此卦六畫皆奇，上下皆乾，則陽之純，而健之至也。故乾之名，天之象，皆不易焉。元亨、利貞，文王所繫之辭，以斷一卦之吉凶，所謂彖辭者也。元，大也。亨，通也。利，宜也。貞，正而固也。文王以爲乾道大通而至正，故於筮得此卦而六爻皆不變者，言其占當得大通，而必利在正固，然後可以保其終也。此聖人所以作易，教人卜筮而可以開物成務之精意。餘卦放此。

初九，潛龍，勿用。初九者，卦下陽爻之名。凡畫卦者，自下而上，故以下爻爲初。陽數九爲老，七爲少，老變而少不變，故謂陽爻爲九。潛龍勿用，周公所繫之辭，以斷一爻之吉凶，所謂爻辭者也。潛，藏也。龍，陽物也。初陽在下，未可施用，故其象爲潛龍，其占曰勿用。凡遇乾而此爻變者，當觀此象而玩其占也。餘爻放此。九二，見龍在田，利見大人。二謂自下而上第二爻也。後放此。九二剛健中正，出潛離隱，澤及於物，物所利見，故其象爲見龍在田，其占爲利見大人。九二雖未得位，而大人之德已著，常人不足以當之。故值此爻之變者，但爲利見此人而已，蓋亦謂在下之大人也。此以爻與占者相爲主賓，自爲一例。若有見龍之德，則爲利見九五在上之大人矣。九三，君子終日乾乾，夕惕若厲，无咎。九，陽爻，三，陽位。重剛不中，居下之上，乃危地也。然性體剛健，有能乾乾惕厲之象，故其占如此。君子，指占者而言。言能憂懼如是，則雖處危地而无咎也。九四，或躍在淵，无咎。或者，疑而未定之辭。躍者，无所緣而絶於地，特未飛耳。淵者，上空下洞，深昧不測之所。龍之在是，若下於田，或躍而起，則向乎天矣。九陽四陰，居上之下，改革之際，進退未定之時也，故其象如此。其占能隨時進退則无咎也。九五，飛龍在天，利見大人。剛健中正以居尊位，如以聖人之德居聖人之位，故其象如此，而占法與九二同，特所利見者，在上之大人耳。若有其位，則爲利見九二在下之大人也。上九，亢龍，有悔。上者，最上一爻之名。亢者，過於上而不能下之意也。陽極於上，動必有悔，故其象、占如此。用九，見羣龍无首，吉。用九，言凡筮得陽爻者，皆用九而不用七，蓋諸卦百九十二陽爻之通例也，以此卦純陽而居首，故於此發之。而聖人因繫之辭，使遇此卦而六爻皆變者，即此占之。蓋六陽皆變，剛而能柔，吉之道也，故爲羣龍无首之象，而其占爲如是則吉也。春秋傳曰：乾之坤，曰「見羣龍无首，吉」。蓋即純坤卦辭「牝馬之貞，先迷後得，東北喪朋」之意。

䷁坤下坤上坤。元亨，利牝馬之貞。君子有攸往，先迷後得，主利。西南得朋，東北喪朋，安貞吉。⚋者，耦也，陰之數也。坤者，順也，陰之性也，注中者，三畫卦之名也，經中者，六畫卦之名也。陰之成形，莫大於地，此卦三畫皆耦，故名坤而象地。重之又得坤焉，則是陰之純、順之至，故其名與象皆不易也。牝馬，順而健行者。陽先陰後。陽主義，陰主利。西南陰方，東北陽方。安，順之爲也。貞，健之守也。遇此卦者，其占爲大亨，而利以順健爲正。如有所往，則先迷後得，而主於利。往西南則得朋，往東北則喪朋。大抵能安於正則吉也。初六，履霜，堅冰至。六，陰爻之名。陰數六老而八少，故謂陰爻爲六也。霜，陰氣所結。盛則水凍而爲冰。此爻陰始生於下，其端甚微，而其勢必盛，故其象如履霜則知堅冰之將至也。夫陰陽者，造化之本，不能相无，而消長有常，亦非人所能損益也。然陽主生，陰主殺，則其類有淑慝之分焉。故聖人作易，於其不能相无者，既以健順、仁義之屬明之而无所偏主，至其消長之際，淑慝之分，則未嘗不致其扶陽抑陰之意焉。蓋所以贊化育而參天地者，其旨深矣。不言其占者，謹微之意，已可見於象中矣。六二，直、方、大，不習无不利。柔順正固，坤之直也。賦形有定，坤之方也。德合无疆，坤之大也。六二柔順而中正，又得坤道之純者，故其德内直外方，而又盛大，不待學習而无不利。占者有其德，則其占如是也。六三，含章可貞，或從王事，无成有終。六陰，三陽，内含章美，可貞以守。然居下之上，不終含藏，故或時出而從上之事，則始雖无成，而後必有終。爻有此象，故戒占者有此德則如此占也。六四，括囊，无咎无譽。括囊，言結囊口而不出也。譽者，過實之名。謹密如是，則无咎而亦无譽矣。六四重陰不中，故其象、占如此。蓋或事當謹密，或時當隱遁也。六五，黄裳，元吉。黄，中色。裳，下飾。六五以陰居尊，中順之德充諸内而見於外，故其象如此，而其占爲大善之吉也。占者德必如是，則其占亦如是矣。春秋傳：南蒯將叛，筮得此爻，以爲大吉。子服惠伯曰：「忠信之事則可，不然，必敗。外彊内温，忠也。和以率貞，信也。故曰『黄裳，元吉』。黄，中之色也。裳，下之飾也。元，善之長也。中不忠，不得其色。下不共，不得其飾。事不善，不得其極。且夫易不可以占險。三者有闕〔一〕，筮雖當未也。」後蒯果敗。此可以見占法矣。上六，龍戰于野，其血玄黄。陰盛之極，至與陽爭，兩敗俱傷，其象如此。占者如是，其凶可知。用六，利永貞。用六，言凡得陰爻者，皆用六而不用八，亦通例也。以此卦純陰而居首，故發之。遇此卦而六爻俱變者，其占如此辭。蓋陰柔不能固守，變而爲陽，則能永貞矣。故戒占者以利永貞，即乾之利貞也。自坤而變，故不足於大亨云〔二〕。

䷂震下坎上屯。元亨，利貞，勿用有攸往。利建侯。震、坎，皆三畫卦之名。震一陽動於二陰之下，故其德爲動，其象爲雷。坎一陽陷於二陰之間，故其德爲陷，爲險，其象爲雲，爲雨，爲水。屯，六畫卦之名也，難也，物始生而未通之意，故其爲字，象屮穿地始出而未申也〔三〕。其卦以震遇坎，乾坤始交而遇險陷，故其名爲屯。震動在下，坎險在上，是能動乎險中。能動雖可以亨，而在險則宜守正，而未可遽進。故筮得之者，其占爲大亨而利於正，但未可遽有所往耳。又初九陽居陰下，而爲成卦之主，是能以賢下人，得民而可君之象，故筮立君者遇之則吉也。初九，磐桓，利居貞，利建侯。磐桓，難進之貌。屯難之初，以陽在下，又居動體，而上應陰柔，險陷之爻，故有磐桓之象。然居得其正，故其占利於居貞。又本成卦之主，以陽下陰，爲民所歸，侯之象也，故其象又如此。而占者如是，則利建以爲侯也。六二，屯如邅如，乘馬班如。匪寇，婚媾，女子貞不字。十年乃字。班，分布不進之貌。字，許嫁也。禮曰：「女子許嫁，笄而字。」六二陰柔中正，有應於上，而乘初剛，故爲所難，而邅迴不進。然初非爲寇也，乃求與己爲婚媾耳，但己守正，故不之許。至于十年，數窮理極，則妄求者去，正應者合，而可許矣。爻有此象，故因以戒占者。六三，即鹿无虞，惟入于林中。君子幾，不如舍。往吝。陰柔居下，不中不正，上无正應，妄行取困，爲逐鹿无虞，陷入林中之象。君子見幾，不如舍去。若往逐不舍，必致羞吝。戒占者宜如是也。六四，乘馬班如。求婚媾，往吉，无不利。陰柔居屯，不能上進，故爲乘馬班如之象。然初九守正居下，以應於己，故其占爲下求婚媾則吉也。九五，屯其膏，小貞吉，大貞凶。九五雖以陽剛中正居尊位，然當屯之時，陷於險中，雖有六二正應，而陰柔才弱，不足以濟。初九得民於下，衆皆歸之。九五坎體，有膏潤而不得施，爲屯其膏之象。占者以處小事，則守正猶可獲吉；以處大事，則雖正而不免於凶。上六，乘馬班如，泣血漣如。陰柔无應，處屯之終，進无所之，憂懼而已，故其象如此。

䷃坎下艮上蒙。亨。匪我求童蒙，童蒙求我。初筮告，再三瀆，瀆則不告。利貞。艮亦三畫卦名，一陽止於二陰之上，故其德爲止，其象爲山。蒙，昧也，物生之初，蒙昧未明也。其卦以坎遇艮，山下有險，蒙之地也，内險外止，蒙之意也，故其名爲蒙。亨以下，占辭也。九二内卦之主，以剛居中，能發人之蒙者，而與六五陰陽相應，故遇此卦者有亨道也。我，二也。童蒙，幼稚而蒙昧，謂五也。筮者明，則人當求我，而其亨在人。筮者暗，則我當求人，而亨在我。人求我者，當視其可否而應之。我求人者，當致其精一而扣之。而明者之養蒙，與蒙者之自養，又皆利於以正也。初六，發蒙，利用刑人，用説桎梏。以往，吝。以陰居下，蒙之甚也。占者遇此，當發其蒙。然發之之道，當痛懲而暫舍之，以觀其後，若遂往而不舍，則致羞吝矣。戒占者當如是也。九二，包蒙，吉。納婦，吉。子克家。九二以剛陽爲内卦之主，統治羣陰，當發蒙之任也。然所治既廣，物性不齊，不可一概取必。而爻之德剛而不過，爲能有所包容之象。又以陽受陰，爲納婦之象。又居下位而能任上事，爲子克家之象。故占者有其德而當其事，則如是而吉也。六三，勿用取女，見金夫不有躬，无攸利。六三陰柔，不中不正，女之見金夫而不能有其身之象也。占者遇之，則其取女必得如是之人，无所利矣。金夫，蓋以金賂己而挑之，若魯秋胡之爲者。六四，困蒙，吝。既遠於陽，又无正應，爲困於蒙之象。占者如是，可羞吝也。能求剛明之德而親近之，則可免矣。六五，童蒙，吉。柔中居尊，下應九二，純一未發，以聽於人，故其象爲童蒙，而其占爲如是則吉也。上九，擊蒙，不利爲寇，利禦寇。以剛居上，治蒙過剛，故爲擊蒙之象。然取必太過，攻治太深，則必反爲之害。惟捍其外誘，以全其真純，則雖過於嚴密，乃爲得宜。故戒占者如此。凡事皆然，不止爲誨人也。

䷄乾下坎上需。有孚，光亨。貞吉，利涉大川。需，待也。以乾遇坎，乾健坎險，以剛遇險，而不遽進以陷於險，待之義也。孚，信之在中者也。其卦九五，以坎體中實，陽剛中正而居尊位，爲有孚得正之象。坎水在前，乾健臨之，將涉水而不輕進之象。故占者爲有所待而能有信，則光亨矣。若又得正，則吉而利涉大川。正固无所不利，而涉川尤貴於能待，則不欲速而犯難也。初九，需于郊，利用恒，无咎。郊，曠遠之地，未近於險之象也。而初九陽剛，又有能常於其所之象。故戒占者，能如是則无咎也。九二，需于沙，小有言，終吉。沙則近於險矣。言語之傷，亦災害之小者，漸進近坎，故有此象。剛中能需，故得終吉。戒占者當如是也。九三，需于泥，致寇至。泥，將陷於險矣。寇則害之大者。九三去險愈近，而過剛不中，故其象如此。六四，需于血，出自穴。血者，殺傷之地。穴者，險陷之所。四交坎體，入乎險矣，故爲需于血之象。然柔得其正，需而不進，故又爲出自穴之象。占者如是，則雖在傷地，而終得出也。九五，需于酒食，貞吉。酒食，宴樂之具，言安以待之。九五陽剛中正，需于尊位，故有此象。占者如是而正固，則得吉也。上六，入于穴，有不速之客三人來，敬之終吉。陰居險極，无復有需，有陷而入穴之象。下應九三。九三與下二陽，需極並進，爲不速之客三人之象〔四〕。柔不能禦，而能順之，有敬之之象。占者當陷險中，然於非意之來，敬以待之，則得終吉也。

䷅坎下乾上訟。有孚窒，惕中吉。終凶。利見大人，不利涉大川。訟，爭辨也。上乾下坎，乾剛坎險，上剛以制其下，下險以伺其上，又爲内險而外健，又爲己險而彼健，皆訟之道也。九二中實，上无應與，又爲加憂。且於卦變，自遯而來，爲剛來居二，而當下卦之中，有有孚而見窒，能懼而得中之象。上九過剛，居訟之極，有終極其訟之象。九五剛健中正以居尊位，有大人之象。以剛乘險，以實履陷，有不利涉大川之象。故戒占者必有爭辨之事，而隨其所處爲吉凶也。初六，不永所事，小有言，終吉。陰柔居下，不能終訟，故其象、占如此。九二，不克訟，歸而逋，其邑人三百户，无眚。九二陽剛，爲險之主，本欲訟者也。然以剛居柔，得下之中，而上應九五，陽剛居尊，勢不可敵，故其象、占如此。邑人三百户，邑之小者，言自處卑約，以免災患。占者如是，則无眚矣。六三，食舊德，貞，厲，終吉。或從王事，无成。食，猶食邑之食，言所享也。六三陰柔，非能訟者，故守舊居正，則雖危而終吉。然或出而從上之事，則亦必无成功。占者守常而不出，則善也。九四，不克訟，復即命，渝，安貞，吉。即，就也。命，正理也。渝，變也。九四剛而不中，故有訟象。以其居柔，故又爲不克而復就正理，渝變其心，安處於正之象。占者如是則吉也。九五，訟元吉。陽剛中正，以居尊位，聽訟而得其平者也。占者遇之，訟而有理，必獲申矣。上九，或錫之鞶帶，終朝三褫之。鞶帶，命服之飾。褫，奪也。以剛居訟極，終訟而能勝之，故有錫命受服之象。然以訟得之，豈能安久，故又有終朝三褫之象。其占爲終訟无理而或取勝，然其所得，終必失之。聖人爲戒之意深矣。

䷆坎下坤上師。貞，丈人吉，无咎。師，兵衆也。下坎上坤，坎險坤順，坎水坤地，古者寓兵於農，伏至險於大順，藏不測於至静之中。又卦惟九二一陽，居下卦之中，爲將之象。上下五陰順而從之，爲衆之象。九二以剛居下而用事，六五以柔居上而任之，爲人君命將出師之象。故其卦之名曰師。丈人，長老之稱。用師之道，利於得正而任老成之人，乃得吉而无咎。戒占者亦必如是也。初六，師出以律，否臧凶。律，法也。否臧，謂不善也。晁氏曰，「否」字先儒多作「不」。是也。在卦之初，爲師之始出。師之道，當謹其始，以律則吉，不臧則凶。戒占者當謹始而守法也。九二，在師中吉，无咎。王三錫命。九二在下，爲衆陰所歸，而有剛中之德，上應於五，而爲所寵任，故其象、占如此。六三，師或輿尸，凶。輿尸，謂師徒撓敗，輿尸而歸也。以陰居陽，才弱志剛，不中不正而犯非其分，故其象、占如此。六四，師左次，无咎。左次，謂退舍也。陰柔不中而居陰得正，故其象如此。全師以退，賢於六三遠矣，故其占如此。六五，田有禽，利執言无咎。長子帥師，弟子輿尸，貞凶。六五用師之主，柔順而中，不爲兵端者也。敵加於己，不得已而應之，故爲田有禽之象，而其占利以搏執而无咎也。言，語辭也。長子，九二也。弟子，三、四也。又戒占者專於委任，若使君子任事，而又使小人參之，則是使之輿尸而歸，故雖正而亦不免於凶也。上六，大君有命，開國承家。小人勿用。師之終，順之極，論功行賞之時也。坤爲土，故有開國承家之象。然小人則雖有功，亦不可使之得有爵土，但優以金帛可也。戒行賞之人，於小人則不可用此占。而小人遇之，亦不得用此爻也。

䷇坤下坎上比。吉。原筮，元永貞，无咎，不寧方來，後夫凶。比，親輔也。九五以陽剛居上之中而得其正，上下五陰，比而從之，以一人而撫萬邦，以四海而仰一人之象。故筮者得之，則當爲人所親輔。然必再筮以自審有元善長永正固之德，然後可以當衆之歸而无咎，其未比而有所不安者，亦將皆來歸之。若又遲而後至，則此交已固，彼來已晚，而得凶矣。若欲比人，則亦以是而反觀之耳。初六，有孚，比之无咎。有孚盈缶，終來有它吉。比之初，貴乎有信，則可以无咎矣。若其充實，則又有它吉也。六二，比之自內，貞吉。柔順中正，上應九五，自內比外而得其正，吉之道也。占者如是，則正而吉矣。六三，比之匪人。陰柔不中正，承、乘、應皆陰，所比皆非其人之象。其占大凶，不言可知。六四，外比之，貞吉。以柔居柔，外比九五，爲得其正，吉之道也。占者如是，則正而吉矣。九五，顯比，王用三驅失前禽，邑人不誡，吉。一陽居尊，剛健中正，卦之羣陰皆來比己，顯其比而无私。如天子不合圍，開一面之網，來者不拒，去者不追，故爲用三驅失前禽，而邑人不誡之象。蓋雖私屬，亦喻上意，不相警備以求必得也。凡此皆吉之道。占者如是則吉也。上六，比之无首，凶。陰柔居上，无以比下，凶之道也，故爲无首之象，而其占則凶也。

䷈乾下巽上小畜。亨。密雲不雨，自我西郊。巽亦三畫卦之名，一陰伏於二陽之下，故其德爲巽，爲入，其象爲風，爲木。小，陰也。畜，止之之義也〔五〕。上巽下乾，以陰畜陽，又卦唯六四一陰，上下五陽皆爲所畜，故爲小畜。又以陰畜陽，能繫而不能固，亦爲所畜者小之象。內健外巽，二、五皆陽，各居一卦之中而用事，有剛而能中，其志得行之象，故其占當得亨通。然畜未極而施未行，故有密雲不雨，自我西郊之象。蓋密雲陰物，西郊陰方，我者，文王自我也。文王演易於羑里，視岐周爲西方，正小畜之時也。筮者得之，則占亦如其象云。初九，復自道，何其咎？吉。下卦乾體，本皆在上之物，志欲上進，而爲陰所畜。然初九體乾，居下得正，前遠於陰，雖與四爲正應，而能自守以正，不爲所畜，故有進復自道之象。占者如是，則无咎而吉也。九二，牽復，吉。三陽志同，而九二漸近於陰，以其剛中，故能與初九牽連而復，亦吉道也。占者如是則吉矣。九三，輿説輻，夫妻反目。九三亦欲上進，然剛而不中，迫近於陰，而又非正應，但以陰陽相説而爲所繫畜，不能自進，故有輿説輻之象。然以志剛，故又不能平，而與之争，故又爲夫妻反目之象。戒占者如是則不得進而有所争也。六四，有孚，血去惕出，无咎。以一陰畜衆陽，本有傷害憂懼，以其柔順，得正虚中，巽體二陽助之，是有孚而血去惕出之象也，无咎宜矣。故戒占者亦有其德則无咎也。九五，有孚攣如，富以其鄰。巽體三爻同力畜乾，鄰之象也。而九五居中處尊，勢能有爲以兼乎上下，故爲有孚攣固，用富厚之力而以其鄰之象。以，猶春秋以某師之以，言能左右之也。占者有孚，則能如是也。上九，既雨既處，尚德載。婦貞厲，月幾望，君子征凶。畜極而成，陰陽和矣，故爲既雨既止之象。蓋尊尚陰德，至於積滿而然也。陰加於陽，故雖正亦厲。然陰既盛而亢陽，則君子亦不可以有行矣。其占如此，爲戒深矣。

䷉兑下乾上履虎尾，不咥人，亨。兑亦三畫卦之名，一陰見於二陽之上，故其德爲説，其象爲澤。

履，有所躡而進之意也。以兑遇乾，和説以躡剛强之後，有履虎尾而不見傷之象，故其卦爲履，而占如是也。人能如是，則處危而不傷矣。初九，素履，往无咎。以陽在下，居履之初，未爲物遷，率其素履者也。占者如是，則往而无咎也。九二，履道坦坦，幽人貞吉。剛中在下，无應於上，故爲履道平坦，幽獨守貞之象。幽人履道而遇其占，則正而吉矣。六三，眇能視，跛能履，履虎尾，咥人，凶。武人爲于大君。六三不中不正，柔而志剛，以此履乾，必見傷害，故其象如此，而占者凶。又爲剛武之人得志而肆暴之象，如秦政、項籍，豈能久也。九四，履虎尾，愬愬，終吉。九四亦以不中不正，履九五之剛，然以剛居柔，故能戒懼而得終吉。九五，夬履，貞厲。九五以剛中正履帝位，而下以兑説應之，凡事必行，无所疑礙，故其象爲夬決其履，雖使得正亦危道也。故其占爲雖正而危，爲戒深矣。上九，視履考祥，其旋元吉。視履之終，以考其祥，周旋无虧，則得元吉。占者禍福，視其所履而未定也。

䷊乾下坤上泰。小往大來，吉亨。泰，通也，爲卦天地交而二氣通，故爲泰，正月之卦也。小謂陰，大謂陽〔六〕，言坤往居外，乾來居内。又自歸妹來，則六往居四，九來居三也。占者有剛陽之德，則吉而亨矣。初九，拔茅茹，以其彙，征吉。三陽在下，相連而進，拔茅連茹之象，征行之吉也。占者陽剛，則其征吉矣。郭璞洞林讀至「彙」字絶句。下卦放此。九二，包荒，用馮河，不遐遺，朋亡，得尚于中行。九二以剛居柔，在下之中，上有六五之應，主乎泰而得中道者也。占者能包容荒穢而果斷剛決，不遺遐遠而不昵朋比，則合乎此爻中行之道矣。九三，无平不陂，无往不復，艱貞无咎，勿恤其孚，于食有福。將過乎中，泰將極而否欲來之時也。恤，憂也。孚，所期之信也。戒占者艱難守正，則无咎而有福。六四，翩翩，不富以其鄰，不戒以孚。已過乎中，泰已極矣，故三陰翩然而下復，不待富而其類從之，不待戒令而信也。其占爲有小人合交以害正道，君子所當戒也。陰虚陽實，故凡言不富者，皆陰爻也。六五，帝乙歸妹，以祉，元吉。以陰居尊，爲泰之主，柔中虚己，下應九二，吉之道也。而帝乙歸妹之時，亦嘗占得此爻。占者如是，則有祉而元吉矣。凡經以古人爲言，如高宗、箕子之類者，皆放此。上六，城復于隍，勿用師。自邑告命，貞吝。泰極而否，城復于隍之象。戒占者不可力争，但可自守。雖得其正，亦不免於羞吝也。

☷☰坤下乾上否之匪人，不利君子貞，大往小來。否，閉塞也，七月之卦也。正與泰反，故曰匪人，謂非人道也。其占不利於君子之正道。蓋乾往居外，坤來居内，又自漸卦而來，則九往居四，六來居三也。或疑「之匪人」三字衍文，由比六三而誤也，傳不特解其義亦可見。初六，拔茅茹，以其彙，貞吉亨。三陰在下，當否之時，小人連類而進之象，而初之惡則未形也，故戒其貞則吉而亨。蓋能如是，則變而爲君子矣。六二，包承，小人吉，大人否亨。陰柔而中正，小人而能包容承順乎君子之象，小人之吉道也，故占者小人如是則吉。大人則當安守其否而後道亨，蓋不可以彼包承於我，而自失其守也。六三，包羞。以陰居陽而不中正，小人志於傷善而未能也，故爲包羞之象。然以其未發，故无凶咎之戒。九四，有命无咎，疇離祉。否過中矣，將濟之時也。九四以陽居陰，不極其剛，故其占爲有命无咎，而疇類三陽皆獲其福也。命謂天命。九五，休否，大人吉。其亡其亡，繫于苞桑。陽剛中正以居尊位，能休時之否，大人之事也，故此爻之占，大人遇之則吉。然又當戒懼，如繫辭傳所云也。上九，傾否，先否後喜。以陽剛居否極，能傾時之否者也。其占爲先否後喜。

䷌離下乾上同人于野，亨，利涉大川，利君子貞。離亦三畫卦之名，一陰麗於二陽之間，故其德爲麗，爲文明，其象爲火，爲日，爲電。同人，與人同也，以離遇乾，火上同於天。六二得位得中，而上應九五，又卦唯一陰，而五陽同與之，故爲同人于野，謂曠遠而无私也，有亨道矣。以健而行，故能涉川。爲卦內文明而外剛健，六二中正而有應，則君子之道也。占者能如是，則亨而又可涉險，然必其所同合於君子之道，乃爲利也。初九，同人于門，无咎。同人之初，未有私主，以剛在下，上无係應，可以无咎，故其象、占如此。六二，同人于宗，吝。宗，黨也。六二雖中且正，然有應於上，不能大同，而係於私，吝之道也，故其象、占如此。九三，伏戎于莽，升其高陵，三歲不興。剛而不中，上无正應，欲同於二，而非其正，懼九五之見攻，故有此象。九四，乘其墉，弗克攻，吉。剛不中正，又无應與，亦欲同於六二，而爲三所隔，故爲乘墉以攻之象。然以剛居柔〔七〕，故有自反而不克攻之象。占者如是，則是能改過而得吉也。九五，同人，先號咷而後笑，大師克，相遇。五剛中正，二以柔中正相應於下，同心者也，而爲三、四所隔，不得其同，然義理所同，物不得而間之，故有此象。然六二柔弱，而三、四剛强，故必用大師以勝之，然後得相遇也。上九，同人于郊，无悔。居外无應，物莫與同，然亦可以无悔，故其象、占如此。郊在野之内，未至於曠遠，但荒僻无與同耳。

䷍乾下離上大有。元亨。大有，所有之大也。離居乾上，火在天上，无所不照；又六五一陰，居尊得中，而五陽應之，故爲大有。乾健，離明，居尊應天，有亨之道。占者有其德，則大善而亨也。初九，无交害，匪咎，艱則无咎。雖當大有之時，然以陽居下，上无系應，而在事初，未涉乎害者也，何咎之有？然亦必艱以處之，則无咎。戒占者宜如是也。九二，大車以載，有攸往，无咎。剛中在下，得應乎上，爲大車以載之象，有所往而如是，可无咎矣。占者必有此德，乃應其占也。九三，公用亨于天子，小人弗克。亨，春秋傳作「享」，謂朝獻也〔八〕。古者亨通之「亨」、享獻之「享」、烹飪之「烹」皆作「亨」字。九三居下之上，公侯之象。剛而得正，上有六五之君，虚中下賢，故爲亨於天子之象。占者有其德，則其占如是。小人无剛正之德，則雖得此爻，不能當也。九四，匪其彭，无咎。「彭」字音義未詳，程傳曰盛貌，理或當然。六五柔中之君，九四以剛近之，有僭偪之嫌。然以其處柔也，故有不極其盛之象，而得无咎。戒占者宜如是也。六五，厥孚交如，威如吉。大有之世，柔順而中，以處尊位，虚己以應九二之賢，而上下歸之，是其孚信之交也。然君道貴剛，太柔則廢，當以威濟之則吉，故其象、占如此。此亦戒辭也。上九，自天祐之，吉，无不利。大有之世，以剛居上，而能下從六五，是能履信思順而尚賢也，滿而不溢，故其占如此。

䷎艮下坤上謙。亨，君子有終。謙者，有而不居之義。止乎内而順乎外，謙之意也。山至高而地至卑，乃屈而止於其下，謙之象也。占者如是，則亨通而有終矣。有終，謂先屈而後伸也。初六，謙謙君子，用涉大川，吉。以柔處下，謙之至也。君子之行也，以此涉難，何往不濟？故占者如是，則利以涉川也。六二，鳴謙，貞吉。柔順中正，以謙有聞，正而且吉者也，故其占如此。九三，勞謙，君子有終，吉。卦唯一陽，居下之上，剛而得正，上下所歸，有功勞而能謙，尤人所難，故有終而吉。占者如是，則如其應矣。六四，无不利，撝謙。柔而得正，上而能下，其占无不利矣。然居九三之上，故戒以更當發揮其謙，以示不敢自安之意也。六五，不富以其鄰，利用侵伐，无不利。以柔居尊，在上而能謙者也，故爲不富而能以其鄰之象。蓋從之者衆矣。猶有未服者，則利以征之。而於它事亦无不利。人有是德，則如其占也。上六，鳴謙，利用行師征邑國。謙極有聞，人之所與，故可用行師。然以其質柔而无位，故可以征己之邑國而已。

☷☳坤下震上豫。利建侯、行師。豫，和樂也，人心和樂以應其上也。九四一陽，上下應之，其志得行，又以坤遇震，爲順以動，故其卦爲豫，而其占利以立君、用師也。初六，鳴豫，凶。陰柔小人，上有强援，得時主事，故不勝其豫，而以自鳴，凶之道也，故其占如此。卦之得名，本爲和樂，然卦辭爲衆樂之義，爻辭除九四與卦同外，皆爲自樂，所以有吉凶之異。六二，介于石，不終日，貞吉。豫雖主樂，然易以溺人，溺則反而憂矣。卦獨此爻中而得正，是上下皆溺於豫，而獨能以中正自守，其介如石也。其德安靜而堅確，故其思慮明審，不俟終日而見凡事之幾微也。大學曰「安而後能慮，慮而後能得」，意正如此。占者如是，則正而吉矣。六三，盱豫，悔，遲有悔。盱，上視也。陰不中正，而近於四，四爲卦主，故六三上視於四而下溺於豫，宜有悔者也，故其象如此。而其占爲事當速悔，若悔之遲，則必有悔也。九四，由豫，大有得。勿疑，朋盍簪。九四，卦之所由以爲豫者也，故其象如此，而其占爲大有得。然又當至誠不疑，則朋類合而從之矣，故又因而戒之。簪，聚也，又速也。六五，貞疾，恒不死。當豫之時，以柔居尊，沈溺於豫，又乘九四之剛，衆不附而處勢危，故爲貞疾之象。然以其得中，故又爲常不死之象。即象而觀，占在其中矣。上六，冥豫，成有渝，无咎。以陰柔居豫極，爲昏冥於豫之象。以其動體，故又爲其事雖成而能有渝之象。戒占者如是則能補過而无咎。所以廣遷善之門也。

䷐震下兑上隨。元亨，利貞，无咎。隨，從也。以卦變言之，本自困卦，九來居初；又自噬嗑，九來居五；而自未濟來者，兼此二變。皆剛來隨柔之義。以二體言之，爲此動而彼説，亦隨之義。故爲隨。己能隨物，物來隨己，彼此相從，其通易矣，故其占爲元亨。然必利於正乃得无咎，若所隨不正，則雖大亨而不免於有咎矣。春秋傳穆姜曰：「有是四德，隨而无咎。我皆无之，豈隨也哉！」今按，四德雖非本義，然其下云云，深得占法之意。初九，官有渝，貞吉，出門交有功。卦以物隨爲義，爻以隨物爲義。初九以陽居下，爲震之主，卦之所以爲隨者也。既有所隨，則有所偏主而變其常矣，惟得其正則吉。又當出門以交，不私其隨，則有功也。故其象、占如此，亦因以戒之。六二，係小子，失丈夫。初陽在下而近，五陽正應而遠，二陰柔，不能自守以須正應，故其象如此，凶咎可知〔九〕，不假言矣。六三，係丈夫，失小子，隨有求得，利居貞。丈夫謂九四，小子亦謂初也。三近係四而失於初，其象與六二正相反，四陽當任而己隨之，有求必得，然非正應，故有不正而爲邪媚之嫌，故其占如此，而又戒以居貞也。九四，隨有獲，貞凶。有孚在道以明，何咎？九四以剛居上之下，與五同德，故其占隨而有獲。然勢凌於五，故雖正而凶。惟有孚在道而明，則上安而下從之，可以无咎也。占者當時之任，宜審此戒。九五，孚于嘉，吉。陽剛中正，下應中正，是信于善也。占者如是，其吉宜矣。上六，拘係之，乃從維之，王用亨于西山。居隨之極，隨之固結而不可解者也，誠意之極，可通神明，故其占爲王用亨于西山。「亨」亦當作祭享之「享」。自周而言，岐山在西。凡筮祭山川者得之，其誠意如是則吉也。

䷑巽下艮上蠱。元亨，利涉大川。先甲三日，後甲三日。蠱，壞極而有事也。其卦艮剛居上，巽柔居下，上下不交，下卑巽而上苟止，故其卦爲蠱。或曰：剛上柔下謂卦變：自賁來者，初上二下；自井來者，五上上下；自既濟來者兼之，亦剛上而柔下，皆所以爲蠱也。蠱，壞之極，亂當復治，故其占爲元亨，而利涉大川。甲，日之始，事之端也。先甲三日，辛也。後甲三日，丁也。前事過中而將壞，則可自新，以爲後事之端〔一〇〕，而不使至於大壞。後事方始而尚新，然便當致其丁寧之意〔一一〕，以監前事之失，而不使至於速壞。聖人之深戒也。初六，幹父之蠱，有子，考无咎，厲，終吉。幹如木之幹，枝葉之所附而立者也。蠱者，前人已壞之緒，故諸爻皆有父母之象。子能幹之，則飭治而振起矣。初六蠱未深而事易濟，故其占爲有子則能治蠱，而考得无咎，然亦危矣。戒占者宜如是。又知危而能戒，則終吉也。九二，幹母之蠱，不可貞。九二剛中，上應六五，子幹母蠱而得中之象。以剛承柔而治其壞，故又戒以不可堅正，言當巽以入之也。九三，幹父之蠱，小有悔，无大咎。過剛不中，故小有悔。巽體得正，故无大咎。六四，裕父之蠱，往見吝。以陰居陰，不能有爲，寬裕以治蠱之象也。如是則蠱將日深，故往則見吝。戒占者不可如是也。六五，幹父之蠱，用譽。柔中居尊，而九二承之以德，以此幹蠱，可致聞譽，故其象、占如此。上九，不事王侯，高尚其事。剛陽居上，在事之外，故爲此象，而占與戒皆在其中矣。

䷒兑下坤上臨。元亨，利貞。至于八月有凶。臨，進而凌逼於物也。二陽浸長以逼於陰，故爲臨，十二月之卦也。又其爲卦，下兑説，上坤順，九二以剛居中，上應六五，故占者大亨而利於正。然至于八月當有凶也。八月謂自復卦一陽之月，至于遯卦二陰之月，陰長陽遯之時也。或曰：八月謂夏正八月，於卦爲觀，亦臨之反對也。又因占而戒之。初九，咸臨，貞吉。卦唯二陽，徧臨四陰，故二爻皆有咸臨之象。初九剛而得正，故其占爲貞吉。九二，咸臨，吉，无不利。剛得中而勢上進，故其占吉而无不利也。六三，甘臨，无攸利，既憂之，无咎。陰柔不中正，而居下之上，爲以甘説臨人之象，其占固无所利。然能憂而改之，則无咎也。勉人遷善，爲教深矣。六四，至臨，无咎。處得其位，下應初九，相臨之至，宜无咎者也。六五，知臨，大君之宜，吉。以柔居中，下應九二，不自用而任人，乃知之事，而大君之宜，吉之道也。上六，敦臨，吉，无咎。居卦之上，處臨之終，敦厚於臨，吉而无咎之道也，故其象、占如此。

䷓坤下巽上觀。盥而不薦，有孚顒若。觀者，有以示人而爲人所仰也〔一二〕。九五居上，四陰仰之，又内順外巽，而九五以中正示天下，所以爲觀。盥，將祭而潔手也。薦，奉酒食以祭也。顒然，尊嚴之貌。言致其潔清而不輕自用，則其孚信在中，而顒然可仰。戒占者宜如是也。或曰：有孚顒若，謂在下之人信而仰之也。此卦四陰長而二陽消，正爲八月之卦，而名卦繫辭更取它義，亦扶陽抑陰之意。初六，童觀，小人无咎，君子吝。卦以觀示爲義，據九五爲主也；爻以觀瞻爲義，皆觀乎九五也。初六陰柔在下，不能遠見，童觀之象，小人之道，君子之羞也。故其占，在小人則无咎，君子得之則可羞矣。六二，闚觀，利女貞。陰柔居内而觀乎外，闚觀之象，女子之正也，故其占如此。丈夫得之，則非所利矣。六三，觀我生進退。六三居下之上〔一三〕，可進可退，故不觀九五而獨觀己所行之通塞以爲進退，占者宜自審也。六四，觀國之光，利用賓于王。六四最近於五，故有此象。其占爲利於朝覲、進仕也。九五，觀我生，君子无咎。九五陽剛中正以居尊位，其下四陰仰而觀之，君子之象也。故戒居此位得此占者，當觀己所行，必其陽剛中正亦如是焉，則得无咎也。上九，觀其生，君子无咎。上九陽剛居尊位之上，雖不當事任，而亦爲下所觀，故其戒辭略與五同，但以「我」爲「其」，小有主賓之異耳。

䷔震下離上噬嗑。亨，利用獄。噬，齧也。嗑，合也。物有間者齧而合之也。爲卦上下兩陽而中虚，頤口之象，九四一陽間於其中，必齧之而後合，故爲噬嗑。其占當得亨通者，有間故不通，齧之而合則亨通矣。又三陰三陽，剛柔中半，下動上明，下雷上電，本自益卦，六四之柔上行以至於五，而得其中，是以以陰居陽，雖不當位而利用獄。蓋治獄之道，惟威與明而得其中之爲貴。故筮得之者，有其德則應其占也。初九，屨校滅趾，无咎。初、上无位，爲受刑之象，中四爻爲用刑之象。初在卦始，罪薄過小，又在卦下，故爲屨校滅趾之象。止惡於初，故得无咎。占者小傷而无咎也。六二，噬膚滅鼻，无咎。祭有膚鼎，蓋肉之柔脆、噬而易嗑者。六二中正，故其所治如噬膚之易。然以柔乘剛，故雖甚易，亦不免於傷滅其鼻。占者雖傷而終无咎也〔一四〕。六三，噬腊肉，遇毒，小吝，无咎。腊肉，謂獸腊全體骨而爲之者，堅韌之物也。陰柔不中正，治人而人不服，爲噬腊遇毒之象。占雖小吝，然時當噬嗑，於義爲无咎也。九四，噬乾胏，得金、矢，利艱貞，吉。胏，肉之帶骨者，與「胾」通。周禮，獄訟入鈞金、束矢而後聽之。九四以剛居柔，得用刑之道，故有此象，言所噬愈堅而得聽訟之宜也。然必利於艱難正固則吉。戒占者宜如是也。六五，噬乾肉，得黃金，貞厲，无咎。噬乾肉，難於膚而易於腊胏者也。黃，中色。金亦謂鈞金。六五柔順而中以居尊位，用刑於人，人无不服，故有此象。然必貞厲，乃得无咎。亦戒占者之辭。上九，何校滅耳，凶。何，負也。過極之陽，在卦之上，惡極罪大，凶之道也，故其象、占如此。

䷕離下艮上賁。亨，小利有攸往。賁，飾也。卦自損來者，柔自三來而文二，剛自二上而文三。自既濟而來者，柔自上來而文五，剛自五上而文上。又内離而外艮，有文明而各得其分之象。故爲賁。占者以其柔來文剛，陽得陰助，而離明於内，故爲亨。以其剛上文柔，而艮止於外，故小利有攸往。初九，賁其趾，舍車而徒。剛德明體，自賁於下，爲舍非道之車而安於徒步之象。占者自處當如是也。六二，賁其須。二以陰柔居中正，三以陽剛而得正，皆无應與，故二附三而動，有賁須之象。占者宜從上之陽剛而動也。九三，賁如濡如，永貞吉。一陽居二陰之間，得其賁而潤澤者也。然不可溺於所安，故有永貞之戒。六四，賁如皤如，白馬翰如。匪寇，婚媾。皤，白也。馬，人所乘，人白則馬亦白矣。四與初相賁者，乃爲九三所隔而不得遂，故皤如。而其往求之心，如飛翰之疾也。然九三剛正，非爲寇者也，乃求婚媾耳，故其象如此。六五，賁于丘園，束帛戔戔，吝，終吉。六五柔中，爲賁之主，敦本尚實，得賁之道，故有丘園之象。然陰性吝嗇，故有束帛戔戔之象。束帛，薄物。戔戔，淺小之意。人而如此，雖可羞吝，然禮奢寧儉，故得終吉。上九，白賁，无咎。賁極反本，復於无色，善補過矣，故其象、占如此。

䷖坤下艮上剥。不利有攸往。剥，落也。五陰在下而方生，一陽在上而將盡，陰盛長而陽消落，九月之卦也。陰盛陽衰，小人壯而君子病。又内坤外艮，有順時而止之象。故占得之者，不可以有所往也。初六，剥牀以足，蔑貞凶。剥自下起，滅正則凶，故其占如此。蔑，滅也。六二，剥牀以辨，蔑貞凶。辨，牀幹也。進而上矣。六三，剥之无咎。衆陰方剥陽，而己獨應之，去其黨而從正，无咎之道也。占者如是，則得无咎。六四，剥牀以膚，凶。陰禍切身，故不復言蔑貞，而直言凶也。六五，貫魚以宮人寵，无不利。魚，陰物。宮人，陰之美而受制於陽者也。五爲衆陰之長，當率其類受制於陽，故有此象。而占者如是，則无不利也。上九，碩果不食，君子得輿，小人剥廬。一陽在上，剥未盡而能復生。君子在上，則爲衆陰所載；小人居之，則剥極於上，自失所覆，而无復碩果、得輿之象矣。取象既明，而君子、小人其占不同，聖人之情益可見矣。

䷗震下坤上復。亨。出入无疾，朋來无咎。反復其道，七日來復，利有攸往。復，陽復生於下也。剥盡則爲純坤十月之卦，而陽氣已生於下矣。積之踰月，然後一陽之體始成而來復，故十有一月，其卦爲復，以其陽既往而復反，故有亨道。又内震外坤，有陽動於下而以順上行之象，故其占又爲己之出入既得无疾，朋類之來亦得无咎。又自五月姤卦一陰始生，至此七爻，而一陽來復，乃天運之自然，故其占又爲反復其道，至於七日，當得來復。又以剛德方長，故其占又爲利有攸往也。反復其道，往而復來，來而復往之意。七日者，所占來復之期也。初九，不遠復，无祗悔，元吉。一陽復生於下，復之主也。祗，抵也。又居事初，失之未遠，能復於善，不抵於悔，大善而吉之道也。故其象、占如此。六二，休復，吉。柔順中正，近於初九而能下之，復之休美，吉之道也。六三，頻復，厲无咎。以陰居陽，不中不正，又處動極，復而不固，婁失婁復之象。婁失故危，復則无咎，故其占又如此。六四，中行獨復。四處羣陰之中，而獨與初應，爲與衆俱行而獨能從善之象。當此之時，陽氣甚微，未足以有爲，故不言吉。然理所當然，吉凶非所論也。董子曰：「仁人者，正其義不謀其利，明其道不計其功。」於剥之六三及此爻見之。六五，敦復，无悔。以中順居尊，而當復之時，敦復之象，无悔之道也。上六，迷復，凶，有災眚。用行師，終有大敗。以其國，君凶。至于十年不克征。以陰柔居復終，終迷不復之象，凶之道也，故其占如此。以，猶及也。

䷘震下乾上无妄。元亨，利貞。其匪正有眚，不利有攸往。无妄，實理自然之謂。史記作「無望」，謂无所期望而有得焉者，其義亦通。爲卦自訟而變，九自二來而居於初，又爲震主，動而不妄者也，故爲无妄。又二體震動而乾健，九五剛中而應六二，故其占大亨而利於正。若其不正，則有眚而不利有所往也。初九，无妄，往吉。以剛在内，誠之主也，如是而往，其吉可知，故其象、占如此。六二，不耕穫，不菑畬，則利有攸往。柔順中正，因時順理，而无私意期望之心，故有不耕穫、不菑畬之象。言其无所爲於前，无所冀於後也。占者如是，則利有所往矣。六三，无妄之災，或繫之牛，行人之得，邑人之災。卦之六爻皆无妄者也。六三處不得正，故遇其占者，无故而有災，如行人牽牛以去，而居者反遭詰捕之擾也。九四，可貞，无咎。陽剛乾體，下无應與，可固守而无咎，不可以有爲之占也。九五，无妄之疾，勿藥有喜。乾剛中正以居尊，而下應亦中正，无妄之至也，如是而有疾，勿藥而自愈矣，故其象、占如此。上九，无妄，行有眚，无攸利。上九非有妄也，但以窮極不可行耳，故其象、占如此。

䷙乾下艮上大畜。利貞，不家食吉。利涉大川。大，陽也。以艮畜乾，又畜之大者也。又以内乾剛健，外艮篤實輝光，是以能日新其德而爲畜之大也。以卦變言，此卦自需而來，九自五而上。以卦體言，六五尊而尚之。以卦德言，又能止健。皆非大正不能，故其占爲利正而不家食吉也。又六五下應於乾，爲應乎天，故其占又爲利涉大川也。不家食，謂食禄於朝，不食於家也。初九，有厲，利已。乾之三陽爲艮所止，故内外之卦各取其義。初九爲六四所止，故其占，往則有危，而利於止也。九二，輿説輹。九二亦爲六五所畜，以其處中，故能自止而不進，有此象也。九三，良馬逐，利艱貞，曰閑輿衛[一五]，利有攸往。三以陽居健極，上以陽居畜極，極而通之時也。又皆陽爻，故不相畜而俱進，有良馬逐之象焉。然過剛鋭進，故其占必戒以艱貞、閑習，乃利於有往也。「曰」當爲日月之「日」[一六]。六四，童牛之牿，元吉。童者，未角之稱。牿，施横木於牛角，以防其觸，詩所謂「楅衡」者也。止之於未角之時，爲力則易，大善之吉也，故其象、占如此。學記曰「禁於未發之謂豫」，正此意也。六五，豶豕之牙，吉。陽已進而止之，不若初之易矣。然以柔居中而當尊位，是以得其機會而可制，故其象如此。占雖吉而不言元也。上九，何天之衢，亨。何天之衢，言何其通達之甚也。畜極而通，豁達无礙，故其象、占如此。

䷚震下艮上頤。貞吉，觀頤，自求口實。頤，口旁也。口食物以自養，故爲養義。爲卦，上下二陽，内含四陰，外實内虚，上止下動，爲頤之象、養之義。貞吉者，占者得正則吉。觀頤，謂觀其所養之道；自求口實，謂觀其所以養身之術。皆得正則吉也。初九，舍爾靈龜，觀我朵頤，凶。靈龜，不食之物。朵，垂也，朵頤，欲食之貌。初九陽剛在下，足以不食，乃上應六四之陰，而動於欲，凶之道也。故其象、占如此。六二，顛頤，拂經。于丘頤，征凶。求養於初，則顛倒而違於常理。求養於上，則往而得凶。丘，土之高者，上之象也。六三，拂頤，貞凶，十年勿用，无攸利。陰柔不中正，以處動極，拂於頤矣。既拂於頤，雖正亦凶。故其象、占如此。六四，顛頤，吉。虎視眈眈，其欲逐逐，无咎。柔居上而得正，所應又正，而賴其養以施於下，故雖顛而吉。虎視眈眈，下而專也。其欲逐逐，求而繼也。又能如是，則无咎矣。六五，拂經，居貞吉，不可涉大川。六五陰柔不正，居尊位而不能養人，反賴上九之養，故其象、占如此。上九，由頤，厲，吉。利涉大川。六五賴上九之養以養人，是物由上九以養也，位高任重，故厲而吉。陽剛在上，故利涉川。

䷛巽下兌上大過。棟橈。利有攸往，亨。大，陽也。四陽居中過盛，故爲大過。上下二陰不勝其重，故有棟橈之象。又以四陽雖過，而二五得中，内巽外說，有可行之道，故利有所往，而得亨也。初六，藉用白茅，无咎。當大過之時，以陰柔居巽下，過於畏慎而无咎者也，故其象、占如此。白茅，物之潔者。九二，枯楊生稊，老夫得其女妻，无不利。陽過之始，而比初陰，故其象、占如此。稊，根也，榮於下者也，榮於下則生於上矣，夫雖老而得女妻，猶能成生育之功也。九三，棟橈，凶。三、四二爻居卦之中，棟之象也。九三以剛居剛，不勝其重，故其象橈而占凶（一七）。九四，棟隆，吉。有它吝。以陽居陰，過而不過，故其象隆而占吉。然下應初六以柔濟之，則過於柔矣，故又戒以有它則吝也。九五，枯楊生華，老婦得其士夫，无咎无譽。九五陽過之極，又比過極之陰，故其象、占皆與二反。上六，過涉滅頂，凶，无咎。處過極之地，才弱不足以濟，然於義爲无咎矣，蓋殺身成仁之事，故其象、占如此。

☵坎下坎上習坎。有孚，維心亨，行有尚。習，重習也。坎，險陷也，其象爲水。陽陷陰中，外虛而中實也。此卦上下皆坎，是爲重險。中實爲有孚心亨之象，以是而行，必有功矣，故其占如此。初六，習坎，入于坎窞，凶。以陰柔居重險之下，其陷益深，故其象、占如此。九二，坎有險，求小得。處重險之中，未能自出，故爲有險之象。然剛而得中，故其占可以求小得也。六三，來之坎坎，險且枕，入于坎窞，勿用。以陰柔不中正而履重險之間，來往皆險，前險而後枕，其陷益深，不可用也，故其象、占如此。枕，倚着未安之意。六四，樽酒簋，貳用缶，納約自牖，終无咎。晁氏云，先儒讀「樽酒簋」爲一句，「貳用缶」爲一句。今從之。貳，益之也。周禮「大祭三貳」，弟子職「左執虛豆，右執挾匕，周旋而貳」是也。九五尊位，六四近之，在險之時，剛柔相際，故有但用薄禮，益以誠心，進結自牖之象。牖非所由之正，而室之所以受明也。始雖艱阻，終得无咎，故其占如此。九五，坎不盈，祇既平，无咎。九五雖在坎中，然以陽剛中正居尊位而時，亦將出矣，故其象、占如此。上六，係用徽纆，寘于叢棘，三歲不得，凶。以陰柔居險極，故其象、占如此。

☲離下離上離。利貞，亨，畜牝牛吉。離，麗也。陰麗於陽，其象爲火，體陰而用陽也。物之所麗，貴乎得正。牝牛，柔順之物也。故占者能正則亨，而畜牝牛則吉也。初九，履錯然，敬之无咎。

以剛居下而處明體，志欲上進，故有履錯然之象。敬之則无咎矣。戒占者宜如是也。六二，黄離，元吉。黄，中色。柔麗乎中而得其正，故其象、占如此。九三，日昃之離，不鼓缶而歌，則大耋之嗟，凶。重離之間，前明將盡，故有日昃之象。不安常以自樂，則不能自處而凶矣。戒占者宜如是也。九四，突如其來如，焚如，死如，棄如。後明將繼之時，而九四以剛迫之，故其象如此。六五，出涕沱若，戚嗟若，吉。以陰居尊，柔麗乎中，然不得其正，而迫於上下之陽，故憂懼如此，然後得吉。戒占者宜如是也。上九，王用出征，有嘉折首，獲匪其醜，无咎。剛明及遠，威振而刑不濫，无咎之道也，故其象、占如此。

校勘記

〔一〕三者有闕　「三」原作「二」，據宋甲本、傳義附録、大全改。

〔二〕故不足於大亨云　「大」，宋甲本、傳義附録、纂注、大全皆作「元」。

〔三〕未申也　「申」原作「甲」，宋甲本作「伸」，今據傳義附録、大全改。

〔四〕不速之客　「之」字原脱，據宋甲本補。

〔五〕止之義也　傳義附録作「止之義也」。

〔六〕大謂陽　「謂」原作「爲」，據傳義附録、大全改。

〔七〕然以剛居柔　「剛」字原脱，據傳義附録、大全補。

〔八〕謂朝獻也　「謂」字原脱，據宋甲本、傳義附録、大全補。

〔九〕凶咎可知　「咎」原作「吝」，據宋甲本、纂注改。按程頤易傳注此爻云：「係小子而失丈夫，舍正應而從不正，其咎大矣。」爲本義所本。

〔一〇〕以爲後事之端　「以」字原脱，據宋甲本、傳義附録、大全補。

〔一一〕然便當致其丁寧之意　「便」，傳義附録、纂注、大全作「更」，義優。

〔一二〕有以示人　宋甲本、纂注、大全「以」下有「中正」二字，疑是。

〔一三〕六三居下之上　纂注、大全於此句上有「我生我之所行也」七字。

〔一四〕占者雖傷而終无咎也　此句傳義附録作「亦小傷而无咎之占也」。

〔一五〕曰閑輿衛　「曰」原作「日」，據傳義附録、大全改。

〔一六〕曰當爲日月之日　「曰」原作「日」，據大全改。

〔一七〕故其象橈而占凶　「其」字原脱，據宋甲本補。

周易下經第二

朱熹本義

䷞艮下兑上咸。亨，利貞，取女吉。咸，交感也。兑柔在上，艮剛在下，而交相感應。又艮止則感之專，兑説則應之至。又艮以少男下於兑之少女，男先於女，得男女之正，婚姻之時，故其卦爲咸，其占亨而利正，取女則吉。蓋感有必通之理，然不以正則失其亨，而所爲皆凶矣。初六，咸其拇。拇，足大指也。咸以人身取象，感於最下，咸拇之象也。感之尚淺，欲進未能，故不言吉凶。此卦雖主於感，然六爻皆宜静而不宜動也。六二，咸其腓，凶，居吉。腓，足肚也。欲行則先自動，躁妄而不能固守者也。二當其處，又以陰柔不能固守，故取其象。然有中正之德，能居其所，故其占動凶而静吉也。九三，咸其股，執其隨，往吝。股，隨足而動，不能自專者也。執者，主當持守之意。下二爻皆欲動者，三亦不能自守而隨之，往則吝矣。故其象、占如此。九四，貞吉，悔亡。憧憧往來，朋從爾思。九四居股之上、脢之下，又當三陽之中，心之象，咸之主也。心之感物，當正而固，乃得其理，今九四乃以陽居陰，爲失其正而不能固。故因占設戒，以爲能正而固，則吉而悔亡；若憧憧往來，不能正固，而累於私感，則但其朋類從之，不復能及遠矣。九五，咸其脢，无悔。脢，背肉，在心上而相背，不能感物而无私係。九五適當其處，故取其象，而戒占者以能如是，則雖不能感物，而亦可以无悔也。上六，咸其輔、頰、舌。輔、頰、舌皆所以言者，而在身之上。上六以陰居説之終，處感之極，感人以言而无其實，又兑爲口舌，故其象如此，凶咎可知。

䷟巽下震上恒。亨，无咎。利貞，利有攸往。恒，常久也。爲卦震剛在上，巽柔在下；震雷，巽風，二物相與；巽順，震動，爲巽而動；二體六爻陰陽相應。四者皆理之常，故爲恒。其占爲能久於其道則亨而无咎。然又必利於守正，則乃爲得所常久之道，而利有所往也。初六，浚恒，貞凶，无攸利。初與四爲正應，理之常也。然初居下而在初，未可以深有所求，四震體而陽，性上而不下，又爲二、三所隔，應初之意，異乎常矣。初之柔暗，不能度勢，又以陰居巽下，爲巽之主，其性務入，故深以常理求之，浚恒之象也。占者如此，則雖正亦凶而无所利矣。九二，悔亡。以陽居陰，本當有悔，以其久中，故得亡也。九三，不恒其德，或承之羞，貞吝。位雖得正，然過剛不中，志從於上，不能久於其所，故爲不恒其德，或承之羞之象。「或」者，不知其何人之辭。承，奉也。言人皆得奉而進之，不知其所自來也。貞吝者，正而不恒，爲可羞吝，申戒占者之辭。九四，田无禽。以陽居陰，久非其位，故爲此象。占者田无所獲，而凡事亦不得其所求也。六五，恒其德，貞。婦人吉，夫子凶。以柔中而應剛中，常久不易，正而固矣。然乃婦人之道，非夫子之宜也。故其象、占如此。上六，振恒，凶。振者，動之速也。上六居恒之極，處震之終，恒極則不常，震終則過動，又陰柔不能固守，居上非其所安，故有振恒之象，而其占則凶也。

☶艮下乾上遯。亨，小利貞。遯，退避也。爲卦二陰浸長，陽當退避，故爲遯，六月之卦也。陽雖當遯，然九五當位，而下有六二之應，若猶可以有爲；但二陰浸長於下，則其勢不可以不遯。故其爲君子能遯則身雖退而道亨，小人則利於守正，不可以浸長之故，而遂侵迫於陽也。小謂陰柔小人也。此卦之占，與否之初、二兩爻相類。初六，遯尾，厲，勿用有攸往。遯而在後，尾之象，危之道也。占者不可以有所往，但晦處靜俟，可免災耳。六二，執之用黄牛之革，莫之勝説。以中順自守，人莫能解，必遯之志也。占者固守，亦當如是。九三，係遯，有疾，厲。畜臣妾吉。下比二陰，當遯而有所係之象，有疾而危之道也。然以畜臣妾則吉。蓋君子之於小人，惟臣妾則不必其賢而可畜耳。故其占如此。九四，好遯，君子吉，小人否。下應初六，而乾體剛健，有情好而能絶之以遯之象也[一]。惟自克之君子能之，而小人不能，故占者君子則吉，而小人否也。九五，嘉遯，貞吉。剛陽中正，下應六二，亦柔順而中正，遯之嘉美者也。占者如是而正則吉矣。上九，肥遯，无不利。以剛陽居卦外，下无係應，遯之遠而處之裕者也，故其象、占如此。肥者，寬裕自得之意。

☳乾下震上大壯。利貞。大謂陽也。四陽盛長，故爲大壯，二月之卦也。陽壯則占者吉亨不假言，但利在正固而已。初九，壯于趾，征凶有孚。趾，在下而進動之物也。剛陽處下而當壯時，壯于進者也，故有此象。居下而壯于進，其凶必矣，故其占又如此。九二，貞吉。以陽居陰，已不得其正矣，然所處得中，則猶可因以不失其正。故戒占者，使因中以求正，然後可以得吉也。九三，小人用壯，君子用罔，貞厲。羝羊觸藩，羸其角。過剛不中，當壯之時，是小人用壯，而君子則用罔也。罔，无也。視有如无，君子之過於勇者也，如此則雖正亦危矣。羝羊，剛壯喜觸之物。藩，籬也。羸，困也。貞厲之占，其象如此。九四，貞吉，悔亡。藩決不羸，壯于大輿之輹。貞吉悔亡，與咸九四同占。藩決不羸，承上文而言也。決，開也。三前有四，猶有藩焉；四前二陰，則藩決矣。壯于大輿之輹，亦可進之象也。以陽居陰，不極其剛，故其象如此〔二〕。六五，喪羊于易，无悔。卦體似兑，有羊象焉，外柔而內剛者也。獨六五以柔居中，不能抵觸，雖失其壯，然亦无所悔矣，故其象、占如此〔三〕。易，容易之意，言忽然不覺其亡也。或作疆埸之「埸」，亦通。漢食貨志「埸」作「易」。上六，羝羊觸藩，不能退，不能遂，无攸利，艱則吉。壯終動極，故觸藩而不能退。然其質本柔，故又不能遂其進也。其象如此，其占可知。然猶幸其不剛，故能艱以處，則尚可以得吉也。

䷢坤下離上晉。康侯用錫馬蕃庶，晝日三接。晉，進也。康侯，安國之侯也。錫馬蕃庶，晝日三接，言多受大賜，而顯被親禮也。蓋其爲卦，上離下坤，有日出地上之象，順而麗乎大明之德。又其變自觀而來，爲六四之柔進而上行，以至於五。占者有是三者，則亦當有是寵也。初六，晉如摧如，貞吉。罔孚，裕无咎。以陰居下，應不中正，欲進見摧之象〔四〕。占者如是而能守正則吉。設不爲人所信，亦當處以寬裕，則无咎也。六二，晉如愁如，貞吉，受茲介福于其王母。六二中正，上无應援，故欲進而愁。占者如是而能守正則吉，而受福于王母也。王母指六五。蓋享先妣之吉占。而凡以陰居尊者，皆其類也。六三，衆允，悔亡。三不中正，宜有悔者，以其與下二陰皆欲上進，是以爲衆所信而悔亡也。九四，晉如鼫鼠，貞厲。不中不正，以竊高位，貪而畏人，蓋危道也，故爲鼫鼠之象。占者如是，雖正亦危也。六五，悔亡。失得勿恤，往吉，无不利。以陰居陽，宜有悔矣，以大明在上而下皆順從，故占者得之則其悔亡。又一切去其計功謀利之心，則往吉而无不利也。然亦必有其德，乃應其占耳。上九，晉其角，維用伐邑，厲吉，无咎，貞吝。角剛而居上，上九剛進之極，有其象矣。占者得之而以伐其私邑，則雖危而吉且无咎。然以極剛治小邑，雖得其正，亦可吝矣。

䷣離下坤上明夷。利艱貞。夷，傷也。爲卦下離上坤，日入地中，明而見傷之象，故爲明夷。又其上六爲暗之主，六五近之，故占者利於艱難以守正，而自晦其明也。初九，明夷于飛，垂其翼。君子于行，三日不食，有攸往，主人有言。飛而垂翼，見傷之象。占者行而不食，所如不合，時義當然，不得而避也。六二，明夷，夷于左股，用拯馬壯吉。傷而未切，救之速則免矣，故其象、占如此。九三，明夷于南狩，得其大首，不可疾貞。以剛居剛，又在明體之上，而屈於至闇之下，正與上六闇主爲應，故有向明除害、得其首惡之象。然不可以亟也，故有不可疾貞之戒。成湯起於夏臺，文王興於羑里，正合此爻之義，而小事亦有然者。六四，入于左腹，獲明夷之心于出門庭。此爻之義未詳。竊疑左腹者，幽隱之處。獲明夷之心于出門庭者，得意於遠去之義。言筮而得此者，其自處當如是也。

蓋離體爲至明之德，坤體爲至暗之地，下三爻明在暗外，故隨其遠近高下而處之不同。六四以柔正居暗地而尚淺，故猶可以得意於遠去。五以柔中居暗地而已迫，故爲内難正志以晦其明之象。上則極乎暗矣，故爲自傷其明以至於暗，而又足以傷人之明。蓋下五爻皆爲君子，獨上一爻爲暗君也。六五，箕子之明夷，利貞。居至闇之地，近至闇之君，而能正其志，箕子之象也，貞之至也。利貞以戒占者。上六，不明，晦。初登于天，後入于地。以陰居坤之極，不明其德，以至於晦。始則處高位以傷人之明，終必至於自傷而墜厥命。故其象如此，而占亦在其中矣。

☲☴離下巽上家人。利女貞。家人者，一家之人。卦之九五、六二外内各得其正，故爲家人。利女貞者，欲先正乎内也，内正則外无不正矣。初九，閑有家，悔亡。初九以剛陽處有家之始，能防閑之，其悔亡矣。戒占者當如是也。六二，无攸遂，在中饋，貞吉。六二柔順中正，女之正，位乎内者也，故其象、占如此。九三，家人嗃嗃，悔厲，吉。婦子嘻嘻，終吝。以剛居剛而不中，過乎剛者也，故有嗃嗃嚴厲之象。如是，則雖有悔厲而吉也。嘻嘻者，嗃嗃之反，吝之道也。占者各以其德爲應，故兩言之。六四，富家，大吉。陽主義，陰主利，以陰居陰而在上位，能富其家者也。九五，王假有家，勿恤，吉。假，至也，如假于太廟之假。有家，猶言有國也。九五剛健中正，下應六二之柔順中正，王者以是至于其家，則勿用憂恤而吉可必矣。蓋聘納后妃之吉占，而凡有是德者遇之皆吉也。上九，有孚威如，終吉。上九以剛居上，在卦之終，故言正家久遠之道。占者必有誠信嚴威，則終吉也。

䷥兌下離上睽。小事吉。睽，乖異也。爲卦上火下澤，性相違異，中女少女，志不同歸，故爲睽。然以卦德言之，内説而外明。以卦變言之，則自離來者，柔進居三；自中孚來者，柔進居五；自家人來者兼之。以卦體言之，則六五得中而下應九二之剛。是以其占不可大事，而小事尚有吉之道也。初九，悔亡，喪馬，勿逐自復。見惡人，无咎。上无正應，有悔也，而居睽之時，同德相應，其悔亡矣，故有喪馬勿逐而自復之象。然亦必見惡人，然後可以辟咎，如孔子之於陽貨也。九二，遇主于巷，无咎。二、五陰陽正應，居睽之時，乖戾不合，必委曲相求而得會遇，乃爲无咎，故其象、占如此。六三，見輿曳，其牛掣，其人天且劓，无初有終。六三、上九正應，而三居二陽之間，後爲二所曳，前爲四所掣，而當睽之時，上九猜狠方深，故又有髡劓之傷。然邪不勝正，終必得合，故其象、占如此。九四，睽孤，遇元夫，交孚，厲无咎。睽孤謂无應，遇元夫謂得初九，交孚謂同德相信。然當睽時，故必危厲乃得无咎。占者亦如是也。六五，悔亡。厥宗噬膚，往何咎？以陰居陽，悔也，居中得應，故能亡之。厥宗指九二，噬膚言易合。六五有柔中之德，故其象、占如是。上九，睽孤，見豕負塗，載鬼一車。先張之弧，後説之弧，匪寇，婚媾。往遇雨則吉。睽孤，謂六三爲二陽所制，而己以剛處明極睽極之地，又自猜狠而乖離也。見豕負塗，見其汙也。載鬼一車，以无爲有也。張弧，欲射之也。説弧，疑稍釋也。匪寇，婚媾，知其非寇而實親也。往遇雨則吉，疑盡釋而睽合也。上九之與六三，先睽後合，故其象、占如此。

䷦艮下坎上蹇。利西南，不利東北。利見大人，貞吉。蹇，難也，足不能進，行之難也。爲卦艮下坎上，見險而止，故爲蹇。西南平易，東北險阻，又艮方也，方在蹇中，不宜走險。又卦自小過而來，陽進則往居五而得中，退則入於艮而不進〔五〕，故其占曰「利西南而不利東北」〔六〕。當蹇之時，必見大人然後可以濟難，又必守正然後得吉。而卦之九五剛健中正，有大人之象，自二以上五爻皆得正位，則又貞之義也，故其占又曰「利見大人，貞吉」。蓋見險者貴於能止，而又不可終於止，處險者利於進，而不可失其正也。初六，往蹇，來譽。往遇險，來得譽。六二，王臣蹇蹇，匪躬之故。柔順中正，正應在上而在險中，故蹇而又蹇，以求濟之，非以其身之故也。不言吉凶者，占者但當鞠躬盡力而已，至於成敗利鈍，則非所論也。九三，往蹇，來反。反就二陰，得其所安。六四，往蹇，來連。連於九三，合力以濟。九五，大蹇，朋來。大蹇者，非常之蹇。九五居尊而有剛健中正之德，必有朋來而助之者。占者有是德，則有是助矣。上六，往蹇，來碩，吉，利見大人。已在卦極，往无所之，益以蹇耳。來就九五，與之濟蹇，則有碩大之功。大人指九五。曉占者宜如是也。

䷧坎下震上解。利西南。无所往，其來復吉；有攸往，夙吉。解，難之散也。居險能動，則出於險之外矣，解之象也。難之既解，利於平易安静，不欲久爲煩擾。且其卦自升來，三往居四，入於坤體，二居其所而又得中，故利於西南平易之地。若无所往，則宜來復其所而安静；若尚有所往，則宜早往早復，不可久煩擾也。初六，无咎。難既解矣，以柔在下，上有正應，何咎之有？故其占如此。九二，田獲三狐，得黄矢，貞吉。此爻取象之意未詳。或曰：卦凡四陰，除六五君位，餘三陰即三狐之象也。大抵此爻爲卜田之吉占，亦爲去邪媚而得中直之象，能守其正則无不吉矣。六三，負且乘，致寇至，貞吝。繫辭備矣。貞吝，言雖以正得之，亦可羞也，唯避而去之爲可免耳。九四，解而拇，朋至斯孚。拇指初。初與四皆不得其位而相應，應之不以正者也。然四陽而初陰〔七〕，其類則不同矣〔八〕，若能解而去之，則君子之朋至而相信矣。六五，君子維有解吉，有孚于小人。卦凡四陰，而六五當君位，與三陰同類者，必解而去之則吉也。孚，驗也。君子有解，以小人之退爲驗也。上六，公用射隼于高墉之上，獲之，无不利。繫辭傳備矣〔九〕。

䷨兑下艮上損。有孚，元吉，无咎，可貞，利有攸往。曷之用？二簋可用享。損，減省也。爲卦，損下卦上畫之陽，益上卦上畫之陰，損兑澤之深，益艮山之高，損下益上，損内益外，剥民奉君之象，所以爲損也。損所當損而有孚信，則其占當有此下四者之應矣。「曷之用？二簋可用享」，言當損時則至薄无害。初九，已事遄往，无咎，酌損之。初九當損下益上之時，上應六四之陰，輟所爲之事而速往以益之，无咎之道也，故其象、占如此。然居下而益上，亦當斟酌其淺深也。九二，利貞，征凶。弗損，益之。九二剛中，志在自守，不肯妄進，故占者利貞，而征則凶也。弗損益之，言不變其所守，乃所以益上也。六三，三人行則損一人，一人行則得其友。下卦本乾，而損上爻以益坤，三人行而損一人也。一陽上而一陰下，一人行而得其友也。兩相與則專，參則雜而亂，卦有此象，故戒占者當致一也。六四，損其疾，使遄有喜，无咎。以初九之陽剛益己而損其陰柔之疾，惟速則善。戒占者如是則无咎也。六五，或益之十朋之龜，弗克違，元吉。柔順虚中以居尊位，當損之時，受天下之益者也。兩龜爲朋，十朋之龜，大寶也。或以此益之而不能辭，其吉可知。占者有是德，則獲其應也。上九，弗損益之，无咎，貞吉，利有攸往，得臣无家。上九當損下益上之時，居卦之上，受益之極，而欲自損以益人也。然居上而益下，有所謂惠而不費者，不待損己然後可以益人也。能如是則无咎。然亦必以正則吉，而利有所往。惠而不費，其惠廣矣，故又曰得臣无家。

☳☴震下巽上益。利有攸往，利涉大川。益，增益也。爲卦，損上卦初畫之陽，益下卦初畫之陰，自上卦而下於下卦之下，故爲益。卦之九五、六二皆得中正，下震、上巽皆木之象，故其占利有所往，而利涉大川也。初九，利用爲大作，元吉，无咎。初雖居下，然當益下之時，受上之益者也，不可徒然无所報效，故利用爲大作，必元吉，然後得无咎。六二，或益之十朋之龜，弗克違，永貞吉。王用享于帝吉。六二當益下之時，虚中處下，故其象、占與損九五同。然爻位皆陰，故以永貞爲戒。以其居下而受上之益，故又爲卜郊之吉占。六三，益之用凶事，无咎。有孚中行，告公用圭。六三陰柔，不中不正，不當得益者也。然當益下之時，居下之上，故有益之以凶事者。蓋警戒震動，乃所以益之也。占者如此，然後可以无咎。又戒以有孚中行而告公用圭也，用圭所以通信。六四，中行告公從。利用爲依遷國。三、四皆不得中，故皆以中行爲戒。此言以益下爲心而合於中行，則告公而見從矣。傳曰：「周之東遷，晉、鄭焉依。」蓋古者遷國以益下，必有所依，然後能立。此爻又爲遷國之吉占也。九五，有孚惠心，勿問元吉，有孚惠我德。上有信以惠于下，則下亦有信以惠于上矣。不問而元吉可知。上九，莫益之，或擊之。立心勿恒，凶。以陽居益之極，求益不已，故莫益而或擊之。立心勿恒，戒之也。

䷪乾下兑上夬。揚于王庭，孚號。有厲，告自邑，不利即戎，利有攸往。夬，決也。陽決陰也，三月之卦也。以五陽去一陰，決之而已。然其決之也，必正名其罪，而盡誠以呼號其衆，相與合力。然亦尚有危厲，不可安肆，又當先治其私，而不可專尚威武，則利有所往也。皆戒之之辭。初九，壯于前趾，往不勝，爲咎。前猶進也。當決之時，居下任壯，不勝宜矣，故其象、占如此。九二，惕號，莫夜有戎，勿恤。九二當決之時，剛而居柔，又得中道，故能憂惕號呼以自戒備，而莫夜有戎，亦可无患也。九三，壯于頄，有凶。君子夬夬，獨行遇雨若濡，有愠，无咎。頄，顴也。九三當決之時〔一〇〕，以剛而過乎中，是欲決小人而剛壯見于面目也。如是則有凶道矣。然在衆陽之中，獨與上六爲應，若能果決其決，不係私愛，則雖合於上六，如獨行遇雨至於若濡，而爲君子所愠，然終必能決去小人，而无所咎也。温嶠之於王敦，其事類此。九四，臀无膚，其行次且，牽羊悔亡。聞言不信。以陽居陰，不中不正，居則不安，行則不進。若不與衆陽競進而安出其後，則可以亡其悔。然當決之時，志在上進，必不能也。占者聞其言而信〔一一〕，則轉凶而吉矣。牽羊者，當其前則不進，縱之使前而隨其後，則可以行矣。九五，莧陸，夬夬，中行无咎。莧陸，今馬齒莧，感陰氣之多者。九五當決之時，爲決之主，而切近上六之陰，如莧陸然。若決而決之，而又不爲過暴，合於中行，則无咎矣。戒占者當如是也。上六，无號，終有凶。陰柔小人，居窮極之時，黨類已盡，无所號呼，終必有凶也。占者有君子之德則其敵當之，不然反是。

䷫巽下乾上姤。女壯，勿用取女。姤，遇也。決盡則爲純乾四月之卦，至姤然後一陰可見，而爲五月之卦。以其本非所望而卒然值之，如不期而遇者，故爲遇。遇已非正，又一陰而遇五陽，則女德不貞，而壯之甚也。取以自配，必害乎陽，故其象、占如此。初六，繫于金柅，貞吉；有攸往，見凶。羸豕孚蹢躅。柅所以止車。以金爲之，其剛可知。一陰始生，静正則吉，往進則凶，故以二義戒小人，使不害於君子，則有吉而无凶。然其勢不可止也，故以羸豕蹢躅曉君子，使深爲之備云。九二，包有魚，无咎，不利賓。魚，陰物，二與初遇，爲包有魚之象。然制之在己，故猶可以无咎。若不制而使遇於衆，則其爲害廣矣。故其象、占如此。九三，臀无膚，其行次且，厲，无大咎。九三過剛不中，下不遇於初，上无應於上，居則不安，行則不進，故其象、占如此。然既无所遇，則无陰邪之傷，故雖危厲而无大咎也。九四，包无魚，起凶。初六正應已遇於二，而不及於己，故其象、占如此。九五，以杞包瓜。含章，有隕自天。瓜，陰物之在下者，甘美而善潰。杞，高大堅實之木也。五以剛陽中正主卦於上，而下防始生必潰之陰，其象如此。然陰陽迭勝，時運之常，若能含晦章美，静以制之，則可以回造化矣。有隕自天，本无而倏有之象也。上九，姤其角，吝，无咎。角，剛乎上者也。上九以剛居上，而无位，不得其遇，故其象、占與九三類。

䷬坤下兌上萃。亨。王假有廟。利見大人，亨，利貞。用大牲吉。利有攸往。萃，聚也。坤順，兌説，九五剛中而二應之，又爲澤上於地，萬物萃聚之象，故爲萃。「亨」字衍文。王假有廟，言王者可以至乎宗廟之中，王者卜祭之吉占也，祭義曰「公假于太廟」是也。廟所以聚祖考之精神，又人必能聚己之精神，則可以至于廟而承祖考也。物既聚，則必見大人而後可以得亨，然又必利於正，所聚不正，則亦不能亨也。大牲必聚而後有，聚則可以有所往，皆占吉而有戒之辭。初六，有孚不終，乃亂乃萃。若號，一握爲笑，勿恤，往，无咎。初六上應九四而隔於二陰，當萃之時，不能自守，是有孚而不終，志亂而妄聚也。若呼號正應則衆以爲笑，但勿恤而往從正應，則无咎矣。戒占者當如是也。六二，引吉，无咎。孚乃利用禴。二應五而雜於二陰之間，必牽引以萃，乃吉而无咎。又二中正柔順，虚中以上應，九五剛健中正，誠實而下交，故卜祭者有其孚誠，則雖薄物亦可以祭矣。六三，萃如嗟如，无攸利，往无咎，小吝。六三陰柔，不中不正，上无應與，欲求萃於近而不得，故嗟如而无所利，唯往從於上，可以无咎。然不得其萃，困然後往，復得陰極无位之爻，亦小可羞矣。戒占者當近捨不正之强援，而遠結正應之窮交，則无咎也。九四，大吉，无咎。上比九五，下比衆陰，得其萃矣。然以陽居陰不正，故戒占者必大吉然後得无咎也。九五，萃有位，无咎。匪孚，元永貞，悔亡。九五剛陽中正，當萃之時而居尊固，无咎矣。若有未信，則亦脩其元永貞之德而悔亡矣。戒占者當如是也。上六，齎咨涕洟，无咎。處萃之終，陰柔无位，求萃不得，故戒占者必如此然後可以无咎也。

䷭巽下坤上升。元亨，用見大人，勿恤，南征吉。升，進而上也。卦自解來，柔上居四，内巽外順，九二剛中而五應之，是以其占如此。南征，前進也。初六，允升，大吉。初以柔順居下，巽之主也，當升之時，巽於二陽，占者如之，則信能升而大吉矣。九二，孚乃利用禴，无咎。義見萃卦。九三，升虚邑。陽實陰虚，而坤有國邑之象，九三以陽剛當升時而進臨於坤，故其象、占如此。六四，王用亨于岐山，吉，无咎。義見隨卦。六五，貞吉，升階。以陰居陽，當升而居尊位，必能正固，則可以得吉而升階矣。階，升之易者。上六，冥升，利于不息之貞。以陰居升極，昏冥不已者也。占者遇此，无適而利，但可反其不已於外之心，施之於不息之正而已。

䷮坎下兑上困。亨，貞，大人吉，无咎。有言不信。困者，窮而不能自振之義。坎剛爲兑柔所揜，九二爲二陰所揜，四、五爲上六所揜，所以爲困。坎險，兑説，處險而説，是身雖困而道則亨也。二、五剛中，又有大人之象，占者處困能亨，則得其正矣，非大人其孰能之！故曰貞。又曰大人者，明不正之小人不能當也。有言不信，又戒以當務晦默，不可尚口，益取窮困。初六，臀困于株木，入于幽谷，三歲不覿。臀，物之底也。困于株木，傷而不能安也。初六以陰柔處困之底，居暗之甚，故其象、占如此。九二，困于酒食，朱紱方來，利用享祀。征凶，无咎。困于酒食，厭飫苦惱之意。酒食，人之所欲，然醉飽過宜，則是反爲所困矣。朱紱方來，上應之也。九二有剛中之德，以處困時，雖无凶害，而反困於得其所欲之多，故其象如此，而其占利以享祀。若征行則非其時，故凶，而於義爲无咎也。

六三，困于石，據于蒺蔾，入于其宫，不見其妻，凶。陰柔而不中正，故有此象，而其占則凶(一二)。石指四，蒺蔾指二，宫謂三，而妻則六也。其義則繫辭備矣。

九四，來徐徐，困于金車，吝，有終。初六九四之正應，九四處位不當，不能濟物，而初六方困於下，又爲九二所隔，故其象如此。然邪不勝正，故其占雖爲可吝，而必有終也。金車爲九二，象未詳，疑坎有輪象也。

九五，劓刖，困于赤紱，乃徐有説。利用祭祀。劓刖者，傷於上下。下既傷，則赤紱无所用，而反爲困矣。九五當困之時，上爲陰揜，下則乘剛，故有此象。然剛中而説體，故能遲久而有説也，占具象中。又利祭祀，久當獲福。

上六，困于葛藟，于臲卼，曰動悔。有悔，征吉。以陰柔處困極，故有困于葛藟、于臲卼，曰動悔之象。然物窮則變，故其占曰，若能有悔，則可以征而吉矣。

䷯巽下坎上井。改邑不改井，无喪无得，往來井井。汔至亦未繘井，羸其瓶，凶。井者，穴地出水之處。以巽木入乎坎水之下(一三)，而上出其水，故爲井。改邑不改井，故无喪无得，而往者、來者皆井其井也。汔，幾也。繘，綆也。羸，敗也。汲井幾至，未盡綆而敗其瓶，則凶也。其占爲事仍舊，无得喪，而又當敬勉，不可幾成而敗也。

初六，井泥不食，舊井无禽。井以陽剛爲泉，上出爲功，初六以陰居下，故爲此象。蓋井不泉而泥，則人所不食，而禽鳥亦莫之顧矣。

九二，井谷射鮒，甕敝漏。九二剛中，有泉之象。然上无正應，下比初六，功不上行，故其象如此。

九三，井渫不食，爲我心惻，

可用汲。王明並受其福。渫，不停汙也。井渫不食而使人心惻，可用汲矣。王明則汲井以及物，而施者、受者並受其福也。九三以陽居陽，在下之上，而未爲時用，故其象、占如此。六四，井甃，无咎。以六居四，雖得其正，然陰柔不泉，則但能脩治，而无及物之功，故其象爲井甃，而占則无咎。占者能自脩治，則雖无及物之功，而亦可以无咎矣。九五，井洌寒泉，食。洌，潔也。陽剛中正，功及於物，故爲此象。占者有其德則契其象也。上六，井收勿幕，有孚，元吉。收，汲取也。晁氏云：「收，轆轤收繘者也。」亦通。幕，蔽覆也。有孚，謂其出有原而不窮也。井以上出爲功，而兑口不揜〔一四〕，故上六雖非陽剛，而其象如此。然占者應之，則必有孚乃元吉也。

䷰離下兑上革。巳日乃孚，元亨，利貞，悔亡。革，變革也。兑澤在上，離火在下，火然則水乾，水決則火滅。中、少二女合爲一卦，而少上中下，志不相得。故其卦爲革也。變革之初，人未之信，故必巳日而後信。又以其内有文明之德，而外有和説之氣，故其占爲有所更革皆大亨而得其正，所革皆當，而所革之悔亡也〔一五〕。一有不正，則所革不信不通，而反有悔矣。初九，鞏用黄牛之革。雖當革時，居初无應，未可有爲，故爲此象。鞏，固也。黄，中色。牛，順物。革所以固物，亦取卦名而義不同也。其占爲當堅確固守，而不可以有爲。聖人之於變革，其謹如此。六二，巳日乃革之，征吉，无咎。六二柔順中正而爲文明之主，有應於上，於是可以革矣。然必巳日然後革之，則征吉而无咎。戒占者猶未可遽變也。九三，征凶，貞厲，革言三就，有孚。過剛不中，居離之極，躁動於革者也，故其占有征凶貞厲之戒。然其時則當革，故至於革言三就，則亦有孚而可革也。九四，悔亡，有孚，改命吉。以陽居陰故有悔。然卦已過中，水火之際，乃革之時，而剛柔不偏，又革之用也，是以悔亡。然又必有孚，然後革乃可獲吉。明占者有其德而當其時，又必有信，乃悔亡而得吉也。九五，大人虎變，未占有孚。虎，大人之象。變謂希革而毛毨也。在大人則自新新民之極，順天應人之時也。九五以陽剛中正爲革之主，故有此象。占而得此，則有此應。然亦必自其未占之時，人已信其如此，乃足以當之耳。上六，君子豹變，小人革面。征凶，居貞吉。革道已成，君子如豹之變，小人亦革面以聽從矣。不可以往而居正則吉，變革之事非得已者，不可以過，而上六之才亦不可以有行也，故占者如之。

䷱巽下離上鼎。元吉亨。鼎，亨飪之器。爲卦，下陰爲足，二、三、四陽爲腹，五陰爲耳，上陽爲鉉，有鼎之象。又以巽木入離火而致亨飪，鼎之用也。故其卦爲鼎。下巽，巽也，上離爲目，而五爲耳，有内巽順而外聰明之象。卦自巽來，陰進居五，而下應九二之陽，故其占曰元亨。「吉」，衍文也。初六，鼎顛趾，利出否，得妾以其子，无咎。居鼎之下，鼎趾之象也，上應九四則顛矣。然當卦初，鼎未有實，而舊有否惡之積焉，因其顛而出之，則爲利矣。得妾而因得其子，亦由是也。此爻之象如此，而其占无咎，蓋因敗以爲功，因賤以致貴也。九二，鼎有實。我仇有疾，不我能即，吉。以剛居中，鼎有實之象也。我仇謂初，陰陽相求而非正，則相陷於惡而爲仇矣。二能以剛中自守，則初雖近不能以就之，是以其象如此，而其占爲如是則吉也。九三，鼎耳革，其行塞，雉膏不食，方雨虧悔，終吉。以陽居鼎腹之中，本有美實者也，然以過剛失中，越五應上，又居下之極，爲變革之時，故爲鼎耳方革而不可舉移，雖承上卦文明之腴，有雉膏之美，而不得以爲人之食。然以陽居陽，爲得其正，苟能自守，則陰陽將和而失其悔矣。占者如是，則初雖不利而終得吉也。九四，鼎折足，覆公餗，其形渥，凶。晁氏曰，「形渥」，諸本作「刑剭」，謂重刑也。今從之。九四居上，任重者也，而下應初六之陰，則不勝其任矣，故其象如此，而其占凶也。六五，鼎黄耳，金鉉，利貞。五於象爲耳，而有中德，故云黄耳。金，堅剛之物。鉉，貫耳以舉鼎者也。五虚中以應九二之堅剛，故其象如此，而其占則利在貞固而已。或曰，金鉉以上九而言，更詳之。上九，鼎玉鉉，大吉，无不利。上於象爲鉉，而以陽居陰，剛而能温，故有玉鉉之象，而其占爲大吉无不利。蓋有是德則如其占也。

䷲震下震上震。亨。震來虩虩，笑言啞啞，震驚百里，不喪匕鬯。震，動也。一陽始生於二陰之下，震而動也。其象爲雷，其屬爲長子。震有亨道。震來，當震之來時也。虩虩，恐懼驚顧之貌。震驚百里，以雷言。匕所以舉鼎實。鬯，以秬黍酒和鬱金，所以灌地降神者也。不喪匕鬯，以長子言也。此卦之占，爲能恐懼則致福而不失其所主之重。初九，震來虩虩，後笑言啞啞，吉。成震之主，處震之初，故其占如此。六二，震來厲，億喪貝，躋于九陵，勿逐，七日得。六二乘初九之剛，故當震之來而危厲也。「億」字未詳。又當喪其貨貝而升於九陵之上。然柔順中正足以自守，故不求而自獲也。此爻占具象中。但九陵、七日之象則未詳耳。六三，震蘇蘇，震行无眚。蘇蘇，緩散自失之狀。以陰居陽，當震時而居不正，是以如此。占者若因懼而能行，以去其不正，則可以无眚矣。九四，震遂泥。

以剛處柔，不中不正，陷於二陰之間，不能自震也。遂者，无反之意。泥，滯溺也。六五，震往來厲，億无喪有事。以六居五而處震時，无時而不危也。以其得中，故无所喪而能有事也。占者不失其中，則雖危无喪矣。上六，震索索，視矍矍，征凶。震不于其躬，于其鄰，无咎，婚媾有言。以陰柔處震極，故爲索索矍矍之象。以是而行，其凶必矣。然能及其震未及身之時，恐懼脩省，則可以无咎，而亦不能免於婚媾之有言。戒占者當如是也。

䷳艮下艮上艮其背，不獲其身，行其庭，不見其人，无咎。艮，止也，一陽止於二陰之上，陽自下升，極上而止也。其象爲山，取坤地而隆其上之狀，亦止於極而不進之意也。其占則必能止于背而不有其身，行其庭而不見其人，乃无咎也。蓋身，動物也，唯背爲止，艮其背，則止於所當止也。止於所當止，則不隨身而動矣，是不有其身也。如是，則雖行於庭除有人之地，而亦不見其人矣。蓋艮其背而不獲其身者，止而止也；行其庭而不見其人者，行而止也。動靜各止其所，而皆主夫靜焉，所以得无咎也。

初六，艮其趾，无咎，利永貞。以陰柔居艮初，爲艮趾之象，占者如之則无咎。而又以其陰柔，故又戒其利永貞也。六二，艮其腓，不拯其隨，其心不快。六二居中得正，既止其腓矣，三爲限則腓所隨也，而過剛不中以止乎上，二雖中正，而體柔弱〔一六〕，不能往而拯之，是以其心不快也。此爻占在象中，下爻放此。九三，艮其限，列其夤，厲薰心。限，身上下之際，即腰胯也。夤，膂也。止于腓則不進而已，九三以過剛不中當限之處，而艮其限，則不得屈伸，而上下判隔如列其夤矣。危厲薰心，不安之甚也。六四，艮其身，无咎。以陰居陰，時止而止，故爲艮其身之象，而占得无咎也。六五，艮其輔，言有序，悔亡。六五當輔之處，故其象如此，而其占悔亡也。悔謂以陰居陽。上九，敦艮，吉。以陽剛居止之極，敦厚於止者也。

䷴艮下巽上漸。女歸吉，利貞。漸，漸進也。爲卦止於下而巽於上，爲不遽進之義，有女歸之象焉。又自二至五，位皆得正，故其占爲女歸吉，而又戒以利貞也。初六，鴻漸于干，小子厲，有言，无咎。鴻之行有序而進有漸。干，水涯也。始進於下，未得所安，而上復无應，故其象如此。而其占則爲小子厲，雖有言，而於義則无咎也。六二，鴻漸于磐，飲食衎衎，吉。磐，大石也。漸遠於水，進於磐而益安矣。衎衎，和樂意。六二柔順中正，進以其漸，而上有九五之應，故其象如此，而占則吉也。九三，鴻漸于陸，夫征不復，婦孕不育，凶。利禦寇。鴻，水鳥，陸非所安也。九三過剛不中而无應，故其象如此，而其占夫征則不復，婦孕則不育，凶莫甚焉。然以其過剛也，故利禦寇。六四，鴻漸于木，或得其桷，无咎。鴻不木棲，桷，平柯也，或得平柯則可以安矣。六四乘剛而順巽，故其象如此。占者如之則无咎也。九五，鴻漸于陵，婦三歲不孕，終莫之勝，吉。陵，高阜也。九五居尊，六二正應在下，而爲三、四所隔，然終不能奪其正也，故其象如此，而占者如是則吉也。上九，鴻漸于陸，其羽可用爲儀，吉。胡氏、程氏皆云，「陸」當作「逵」，謂雲路也。今以韻讀之，良是。儀，羽旄旌纛之飾也。上九至高，出乎人位之外，而其羽毛可用以爲儀飾，蓋雖極高而不爲无用之象，故其占爲如是則吉也。

䷵兌下震上歸妹。征凶，无攸利。婦人謂嫁曰歸。妹，少女也。兑以少女而從震之長男，而其情又爲以説而動，皆非正也，故卦爲歸妹，而卦之諸爻自二至五皆不得正。三、五又皆以柔乘剛，故其占征凶而无所利也。初九，歸妹以娣，跛能履，征吉。初九居下而无正應，故爲娣象。然陽剛在女子爲賢正之德，但爲娣之賤，僅能承助其君而已，故又爲跛能履之象，而其占則征吉也。九二，眇能視，利幽人之貞。眇能視，承上爻而言。九二陽剛得中，女之賢也，上有正應，而反陰柔不正，乃女賢而配不良，不能大成内助之功，故爲眇能視之象，而其占則利幽人之貞也。幽人亦抱道守正而不偶者也。六三，歸妹以須，反歸以娣。六三陰柔而不中正，又爲説之主，女之不正，人莫之取者也，故爲未得所適而反歸爲娣之象。或曰：須，女之賤者。九四，歸妹愆期，遲歸有時。九四以陽居上體而无正應，賢女不輕從人而愆期以待所歸之象，正與六三相反。六五，帝乙歸妹，其君之袂不如其娣之袂良，月幾望，吉。六五柔中居尊，下應九二，尚德而不貴飾，故爲帝女下嫁而服不盛之象。然女德之盛无以加此，故又爲月幾望之象。而占者如之則吉也。上六，女承筐无實，士刲羊无血，无攸利。上六以陰柔居歸妹之終而无應，約婚而不終者也，故其象如此，而於占爲无所利也。

䷶離下震上豐。亨。王假之，勿憂，宜日中。豐，大也。以明而動，盛大之勢也，故其占有亨道焉。然王者至此，盛極當衰，則又有憂道焉。聖人以爲徒憂无益，但能守常，不至於過盛，則可矣，故戒以勿憂，宜日中也。初九，遇其配主，雖旬无咎，往有尚。配主謂四。旬，均也。謂皆陽也。當豐之時，明動相資，故初九之遇九四，雖皆陽剛，而其占如此也。六二，豐其蔀，日中見斗，往得疑疾，有孚發若，吉。六二居豐之時，爲離之主，至明者也，而上應六五之柔暗，故爲豐蔀見斗之象。蔀，障蔽也。大其障蔽，故日中而昏也。往而從之，則昏暗之主必反見疑，惟在積其誠意以感發之則吉。戒占者宜如是也。虚中，有孚之象。九三，豐其沛，日中見沬，折其右肱，无咎。「沛」一作「旆」，謂幡幔也。其蔽甚於蔀矣。沬，小星也。三處明極而應上六，雖不可用，而非咎也，故其象、占如此。九四，豐其蔀，日中見斗，遇其夷主，吉。象與六二同。夷，等夷也，謂初九也。其占爲當豐而遇暗主，下就同德則吉也。六五，來章有慶譽，吉。質雖柔暗，若能來致天下之明，則有慶譽而吉矣。蓋因其柔暗而設此以開之。占者能如是則如其占矣。上六，豐其屋，蔀其家，闚其户，闃其无人，三歲不覿，凶。以陰柔居豐極，處動終明極而反暗者也，故爲豐大其屋而反以自蔽之象。无人、不覿，亦言障蔽之深，其凶甚矣。

䷷艮下離上旅。小亨，旅貞吉。旅，羇旅也。山止於下，火炎於上，爲去其所止而不處之象，故爲旅。以六五得中於外，而順乎上下之二陽〔一七〕，艮止而離麗於明，故其占可以小亨，而能守其旅之正則吉。旅非常居，若可苟者，然道无不在，故自有其正，而不可須臾離也。初六，旅瑣瑣，斯其所取災。當旅之時，以陰柔居下位，故其象、占如此。六二，旅即次，懷其資，得童僕貞。即次則安，懷資則裕，得其童僕之正信，則无欺而有賴，旅之最吉者也。二有柔順中正之德，故其象、占如此。九三，旅焚其次，喪其童僕，貞厲。過剛不中，居下之上，故其象、占如此。喪其童僕，則不止於失其心矣，故「貞」字連下句爲義。九四，旅于處，得其資斧，我心不快。以陽居陰，處上之下，用柔能下，故其象、占如此。然非其正位，又上无剛陽之與，下唯陰柔之應，故其心有所不快也。六五，射雉，一矢亡，終以譽命。雉，文明之物，離之象也。六五柔順文明，又得中道，爲離之主，故得此爻者爲射雉之象。雖不无亡矢之費，而所喪不多，終有譽命也。上九，鳥焚其巢，旅人先笑後號咷，喪牛于易，凶。上九過剛，處旅之上、離之極，驕而不順，凶之道也。故其象、占如此。

☴巽下巽上巽。小亨，利有攸往，利見大人。巽，入也。一陰伏於二陽之下，其性能巽以入也。其象爲風，亦取入義。陰爲主，故其占爲小亨。以陰從陽，故又利有所往。然必知所從乃得其正，故又曰利見大人也。初六，進退，利武人之貞。初以陰居下，爲巽之主，卑巽之過，故爲進退不果之象。若以武人之正處之，則有以濟其所不及而得所宜矣。九二，巽在牀下，用史巫紛若，吉，无咎。二以陽處陰而居下，有不安之意。然當巽之時，不厭其卑，而二又居中，不至已甚，故其占爲能過於巽，而丁寧煩悉其辭以自道達，則可以吉而无咎。亦竭誠意以祭祀之吉占也。九三，頻巽，吝。過剛不中，居下之上，非能巽者，勉爲屢失，吝之道也，故其象、占如此。六四，悔亡，田獲三品。陰柔无應，承乘皆剛，宜有悔也；而以陰居陰，處上之下，故得悔亡，而又爲卜田之吉占也。三品者，一爲乾豆，一爲賓客，一以充庖。九五，貞吉，悔亡，无不利，无初有終。先庚三日，後庚三日，吉。九五剛健中正而居巽體，故有悔；以有貞而吉也，故得亡其悔而无不利。有悔是无初也，亡之是有終也。庚，更也，事之變也。先庚三日，丁也。後庚三日，癸也。丁所以丁寧於其變之前，癸所以揆度於其變之後。有所變更而得此占者，如是則吉也。上九，巽在牀下，喪其資斧，貞凶。巽在牀下，過於巽者也。喪其資斧，失所以斷也。如是則雖正亦凶矣。居巽之極，失其剛陽之德，故其象、占如此。

䷹兑下兑上兑。亨，利貞。兑，説也。一陰進乎二陽之上，喜之見乎外也。其象爲澤，取其説萬物，又取坎水而塞其下流之象。卦體剛中而柔外，剛中故説而亨，柔外故利於正。蓋説有亨道，而其妄説不可以不戒，故其占如此。又柔外故爲説亨，剛中故能利正〔一八〕，亦一義也。初九，和兑，吉。以陽爻居説體而處最下，又无係應，故其象、占如此。九二，孚兑，吉，悔亡。剛中爲孚，居陰爲悔，占者以孚而説，則吉而悔亡矣。六三，來兑，凶。陰柔不中正，爲兑之主，上无所應而反來就二陽以求其説，凶之道也。九四，商兑未寧，介疾有喜。四上承九五之中正，而下比六三之柔邪，故不能決，而商度所説，未能有定。然質本陽剛，故能介然守正而疾惡柔邪也，如此則有喜矣。象、占如此，爲戒深矣。九五，孚于剥，有厲。剥謂陰能剥陽者也。九五陽剛中正，然當説之時而居尊位，密近上六，上六陰柔爲説之主，處説之極，能妄説以剥陽者也，故其占但戒以信于上六則有危也。上六，引兑。上六成説之主，以陰居説之極，引下二陽相與爲説，而不能必其從也，故九五當戒，而此爻不言其吉凶。

䷺坎下巽上渙。亨。王假有廟，利涉大川，利貞。渙，散也。爲卦下坎上巽，風行水上，離披解散之象，故爲渙。其變則本自漸卦，九來居二而得中，六往居三得九之位，而上同於四，故其占可亨。又以祖考之精神既散，故王者當至于廟以聚之。又以巽木、坎水舟楫之象，故利涉大川。其曰利貞，則占者之深戒也。初六，用拯馬壯，吉。居卦之初，渙之始也。始渙而拯之，爲力既易，又有壯馬，其吉可知。初六非有濟渙之才，但能順乎九二，故其象、占如此。九二，渙奔其机，悔亡。九而居二，宜有悔也，然當渙之時，來而不窮，能亡其悔者也，故其象、占如此。蓋九奔而二机也。六三，渙其躬，无悔。陰柔而不中正，有私於己之象也。然居得陽位，志在濟時，能散其私，以得无悔，故其占如此。大率此上四爻皆因渙以濟渙者也。六四，渙其羣，元吉。渙有丘，匪夷所思。居陰得正，上承九五，當濟渙之任者也。下无應與，爲能散其朋黨之象。占者如是，則大善而吉。又言能散其小羣以成大羣，使所散者聚而若丘，則非常人思慮之所及也。九五，渙汗其大號，渙王居，无咎。陽剛中正以居尊位，當渙之時，能散其號令與其居積，則可以濟渙而无咎矣，故其象、占如此。九五巽體有號令之象。汗謂如汗之出而不反也。渙王居，如陸贄所謂散小儲而成大儲之意。上九，渙其血去逖出，无咎。上九以陽居渙極，能出乎渙，故其象、占如此。血謂傷害，「逖」當作「惕」，與小畜六四同，言渙其血則去，渙其惕則出也。

䷻兑下坎上節。亨。苦節不可貞。節，有限而止也。爲卦下兑上坎，澤上有水，其容有限，故爲節。節固自有亨道矣，又其體陰陽各半，而二五皆陽，故其占得亨。然至於太甚則苦矣，故又戒以不可守以爲正也。初九，不出户庭，无咎。户庭，户外之庭也。陽剛得正，居節之初，未可以行，能節而止者也，故其象、占如此。九二，不出門庭，凶。門庭，門内之庭也。九二當可行之時，而失剛不正，上无應與，知節而不知通，故其象、占如此。六三，不節若則嗟若，无咎。陰柔而不中正，以當節時，非能節者，故其象、占如此。六四，安節，亨。柔順得正，上承九五，自然有節者也，故其象、占如此。九五，甘節，吉，往有尚。所謂當位以節，中正以通者也，故其象、占如此。上六，苦節，貞凶，悔亡。居節之極，故爲苦節。既處過極，故雖得正而不免於凶。然禮奢寧儉，故雖有悔而終得亡之也。

䷼兑下巽上中孚。豚魚吉，利涉大川，利貞。孚，信也。爲卦二陰在内，四陽在外，而二、五之陽皆得其中，以一卦言之爲中虚，以二體言之爲中實，皆孚信之象也。又下説以應上，上巽以順下，亦爲孚義。豚魚，无知之物。又木在澤上，外實内虚，皆舟楫之象。至信可感豚魚，涉險難而不可以失其正，故占者能致豚魚之應，則吉而利涉大川，又必利於正也。初九，虞吉，有它不燕。當中孚之初，上應六四，能度其可信而信之則吉。復有他焉，則失其所以度之之正而不得其所安矣〔一九〕，戒占者之辭也。九二，鳴鶴在陰，其子和之，我有好爵，吾與爾靡之。九二中孚之實，而九五亦以中孚之實應之，故有鶴鳴子和、我爵爾靡之象。鶴在陰謂九居二，好爵謂得中，「靡」與「縻」同。言懿德人之所好，故好爵雖我之所獨有，而彼亦繫戀之也。六三，得敵，或鼓或罷，或泣或歌。敵謂上九，信之窮者。六三陰柔不中正，以居説極〔二〇〕，而與之爲應，故不能自主，而其象如此。六四，月幾望，馬匹亡，无咎。

六四居陰得正，位近於君，爲月幾望之象。馬匹謂初與己爲匹，四乃絶之，而上以信於五，故爲馬匹亡之象。占者如是則无咎也。九五，有孚攣如，无咎。九五剛健中正，中孚之實，而居尊位，爲孚之主者也，下應九二與之同德，故其象、占如此。上九，翰音登于天，貞凶。居信之極而不知變，雖得其正，亦凶道也，故其象、占如此。雞曰翰音，乃巽之象。居巽之極，爲登于天。雞非登天之物而欲登天，信非所信而不知變，亦猶是也。

䷽艮下震上小過。亨，利貞。可小事，不可大事。飛鳥遺之音，不宜上，宜下，大吉。小謂陰也。爲卦四陰在外，二陽在內，陰多於陽，小者過也。既過於陽，可以亨矣，然必利於守正，則又不可以不戒也。卦之二、五皆以柔而得中，故可小事；三、四皆以剛失位而不中，故不可大事。卦體內實外虛，如鳥之飛，其聲下而不上，故能致飛鳥遺音之應，則宜下而大吉，亦不可大事之類也。初六，飛鳥以凶。初六陰柔，上應九四，又居過時，上而不下者也。飛鳥遺音，不宜上宜下，故其象、占如此。郭璞洞林：占得此者，或致羽蟲之孽。六二，過其祖，遇其妣，不及其君，遇其臣，无咎。六二柔順中正，進則過三、四而遇六五，是過陽而反遇陰也；如此則不及六五而自得其分，是不及君而適遇其臣也。皆過而不過，守正得中之意，无咎之道也，故其象、占如此。九三，弗過防之，從或戕之，凶。小過之時，事每當過然後得中。九三以剛居正，衆陰所欲害者也，而自恃其剛，不肯過爲之備，故其象、占如此。若占者能過防之，則可以免矣。九四，无咎。弗過遇之，往厲，必戒。勿用永貞。當過之時，以剛處柔，過乎恭矣，无咎之道也。弗過遇之，言弗過於剛而適合其宜也。往則過矣，故有厲而當戒。陽性堅剛，故又戒以勿用永貞，言當隨時之宜，不可固守也。或曰：弗過遇之，若依六二爻例，則當如此說；若依九三爻例，則過遇當如過防之義。未詳孰是，當闕以俟知者。六五，密雲不雨，自我西郊，公弋取彼在穴。以陰居尊，又當陰過之時，不能有爲，而弋取六二以爲助，故有此象。在穴，陰物也。兩陰相得，其不能濟大事可知。上六，弗遇過之，飛鳥離之，凶，是謂災眚。六以陰居動體之上，處陰過之極，過之已高而甚遠者也，故其象、占如此。或曰：「遇過」恐亦只當作「過遇」，義同九四〔二一〕。未知是否。

䷾離下坎上既濟。亨小，利貞，初吉終亂。既濟，事之既成也。爲卦水火相交，各得其用，六爻之位，各得其正，故爲既濟。「亨小」當爲「小亨」。大抵此卦及六爻占辭皆有警戒之意，時當然也。初九，曳其輪，濡其尾，无咎。輪在下，尾在後，初之象也。曳輪則車不前，濡尾則狐不濟，既濟之初，謹戒如是，无咎之道。占者如是則无咎矣〔二二〕。六二，婦喪其茀，勿逐，七日得。二以文明中正之德，上應九五剛陽中正之君，宜得行其志〔二三〕。而九五居既濟之時，不能下賢以行其道，故二有婦喪其茀之象。茀，婦車之蔽。言失其所以行也。然中正之道，不可終廢，時過則行矣，故又有勿逐而自得之戒。九三，高宗伐鬼方，三年克之。小人勿用。既濟之時，以剛居剛，高宗伐鬼方之象也。三年克之，言其久而後克，戒占者不可輕動之意。小人勿用，占法與師上六同。六四，繻有衣袽，終日戒。既濟之時，以柔居柔，能預備而戒懼者也，故其象如此。程子曰：「繻」當作「濡」，衣袽所以塞舟之罅漏。九五，東鄰殺牛，不如西鄰之禴祭，實受其福。東陽，西陰，言九五居尊而時已過，不如六二之在下而始得時也，又當文王與紂之事，故其象、占如此。彖辭「初吉終亂」亦此意也。上六，濡其首，厲。既濟之極，險體之上，而以陰柔處之，爲狐涉水而濡其首之象。占者不戒，危之道也。

䷿坎下離上未濟。亨。小狐汔濟，濡其尾，无攸利。未濟，事未成之時也，水火不交，不相爲用，卦之六爻皆失其位，故爲未濟。汔，幾也。幾濟而濡尾，猶未濟也。占者如此，何所利哉！初六，濡其尾，吝。以陰居下，當未濟之初，未能自進，故其象、占如此。九二，曳其輪，貞吉。以九二應六五，而居柔得中，爲能自止而不進，得爲下之正也，故其象、占如此。六三，未濟，征凶，利涉大川。陰柔不中正，居未濟之時，以征則凶。然以柔乘剛，將出乎坎，有利涉之象，故其占如此。蓋行者可以水浮而不可以陸走也。或疑「利」字上當有「不」字。九四，貞吉，悔亡。震用伐鬼方，三年，有賞于大國。以九居四，不正而有悔也，能勉而正，則悔亡矣。然以不正之資，欲勉而正，非極其陽剛用力之久不能也，故爲伐鬼方三年而受賞之象。六五，貞吉无悔。君子之光，有孚，吉。以六居五，亦非正也，然文明之主，居中應剛，虛心以求下之助，故得正而吉且无悔。又有光輝之盛，信實而不妄，吉而又吉也。上九，有孚于飲酒，无咎。濡其首，有孚失是。以剛明居未濟之極，時將可以有爲〔二四〕，而自信自養以俟命，无咎之道也。若縱而不反，如狐之涉水而濡其首，則過於自信而失其義矣。

校勘記

〔一〕有情好 「情」，玉海堂本、傳義附録、大全作「所」。

〔二〕故其象如此 大全「象」下有「占」字。

〔三〕故其象占如此 此句玉海堂本、大全作「故其象如此而占亦與咸九五同」。纂注脱「故」字，餘同玉海堂本。

〔四〕欲進見摧之象 纂注、大全「欲」上有「有」字。

〔五〕不進 玉海堂本「不」下有「能」字，義優。

〔六〕利西南而不利東北 「而」字原闕，據玉海堂本、傳義附録、大全補。

〔七〕四陽而初陰 「而」字原脱，據玉海堂本、傳義附録、大全補。

〔八〕其類則不同矣 「則」、「矣」原脱，據玉海堂本、傳義附録、大全補。

〔九〕繫辭傳備矣 玉海堂本、傳義附録、大全無「傳」字。

〔一〇〕當決之時 「決」原作「夬」，據玉海堂本、傳義附録、大全及上下文例改。

〔一一〕占者聞其言而信 「其」字原脱，據傳義附録、大全補。

〔一二〕而其占則凶 「而」原作「二」，據玉海堂本、傳義附録、大全改。

〔一三〕以巽木入乎坎水之下 「木」字原脱，據玉海堂本、傳義附録、大全補。

〔一四〕而兑口不揜　「兑口」，纂注、大全作「坎口」，是。

〔一五〕而所革之悔亡也　傳義附録無「所革之」三字。

〔一六〕而體柔弱　「弱」，玉海堂本作「順」。

〔一七〕上下之二陽　「二」，玉海堂本、傳義附録、纂注、大全皆作「三」。

〔一八〕故能利正　傳義附録作「故利於正」，纂注、大全作「故利於貞」。

〔一九〕不得其所安矣　「矣」字原脱，據玉海堂本、傳義附録、大全補。

〔二〇〕以居説極　「以」原作「亦」，據傳義附録、纂注、大全改。

〔二一〕義同九四　「四」原作「三」，據玉海堂本、傳義附録、大全改。

〔二二〕占者如是則无咎矣　「矣」原作「也」，據玉海堂本、大全改。此句傳義附録作「戒占者宜如是」。

〔二三〕行其志　「其」字原脱，據傳義附録、大全補。

〔二四〕時將可以有爲　「將」，傳義附録作「未」。

周易彖上傳第一 從王肅本

朱熹本義

彖即文王所繫之辭。上者,經之上篇。傳者,孔子所以釋經之辭也,後凡言傳者放此。

大哉乾元!萬物資始,乃統天。此專以天道明乾義,又析「元亨利貞」爲四德以發明之,而此一節首釋「元」義也。大哉,歎辭。元,大也,始也。乾元,天德之大始,故萬物之生皆資之以爲始也。又爲四德之首,而貫乎天德之始終,故曰統天。雲行雨施,品物流形。此釋乾之「亨」也。大明終始,六位時成,時乘六龍以御天。始即元也,終謂貞也,不終則无始,不貞則无以爲元也。此言聖人大明乾道之終始,則見卦之六位各以時成,而乘此六陽以行天道,是乃聖人之元亨也。乾道變化,各正性命,保合大和,乃利貞。變者化之漸,化者變之成。物所受爲性,天所賦爲命。大和,陰陽會合冲和之氣也。各正者,得於有生之初。保合者,全於已生之後。此言乾道變化,无所不利,而萬物各得其性命以自全,以釋「利貞」之義也。首出庶物,萬國咸寧。聖人在上,高出於物,猶乾道之變化也。萬國各得其所而咸寧,猶萬物之各正性命而保合大和也。此言聖人之利貞也。蓋嘗統而論之,元者物之始生,亨者物之暢茂,利則向於實也,貞則實之成也。實之既成,則其根蒂脱落,可復種而生矣。此四德之所以循環而无端也。然而四者之間，生氣流行，初无間斷，此元之所以包四德而統天也。其以聖人而言，則孔子之意，蓋以此卦爲聖人得天位、行天道而致太平之占也。雖其文義有非文王之舊者，然讀者各以其意求之，則並行而不悖也。坤卦放此。

至哉坤元！萬物資生，乃順承天。此以地道明坤之義，而首言「元」也。至，極也，比大義差緩。始者氣之始，生者形之始。順承天施，地之道也。坤厚載物，德合无疆，含弘光大，品物咸亨。言「亨」也。德合无疆，謂配乾也。牝馬地類，行地无疆，柔順利貞，君子攸行。言「利貞」也。馬乾之象，而以爲地類者，牝陰物而馬又行地之物也。行地无疆，則順而健矣。柔順利貞，坤之德也。君子攸行，人之所行如坤之德也。所行如此，則其占如下文所云也。先迷失道，後順得常。西南得朋，乃與類行；東北喪朋，乃終有慶。陽大，陰小，陽得兼陰，陰不得兼陽，故坤之德常減於乾之半也。東北雖喪朋，然反之西南，則終有慶矣。安貞之吉，應地无疆。安而且貞，地之德也。

屯，剛柔始交而難生。以二體釋卦名義。始交謂震，難生謂坎。動乎險中，大亨貞。以二體之德釋卦辭。動，震之爲也；險，坎之地也。自此以下釋「元亨利貞」，乃用文王本意。雷雨之動滿盈，天造草昧，宜建侯而不寧。以二體之象釋卦辭。雷，震象；雨，坎象。天造猶言天運。草，雜亂。昧，冥晦也。陰陽交而雷雨作，雜亂冥晦，塞乎兩間，天下未定，名分未明，宜立君以統治，而未可遽謂安寧之時也。不取初九爻義者，取義多端，姑舉其一也。

蒙，山下有險，險而止，蒙。以卦象、卦德釋卦名，有兩義。蒙亨，以亨行，時中也。匪我求童蒙，童蒙求我，志應也。初筮告，以剛中也。再三瀆，瀆則不告，瀆蒙也。蒙以養正，聖功也。以卦體釋卦辭也。九二以可亨之道發人之蒙，而又得其時之中，謂如下文所指之事，皆以亨行而當其可也。志應者，二剛明，五柔暗，故二不求五，而五求二，其志自相應也。以剛中者，以剛而中，故能告而有節也。瀆筮者二三，則問者固瀆，而告者亦瀆矣。蒙以養正，乃作聖之功，所以釋「利貞」之義也。

需，須也，險在前也。剛健而不陷，其義不困窮矣。此以卦德釋卦名義。需有孚，光亨，貞吉，位乎天位，以正中也。利涉大川，往有功也。以卦體及兩象釋卦辭。

訟，上剛下險，險而健，訟。以卦德釋卦名義。訟有孚窒，惕中吉，剛來而得中也。終凶，訟不可成也。利見大人，尚中正也。不利涉大川，入于淵也。以卦變、卦體、卦象釋卦辭。

師，衆也。貞，正也。能以衆正，可以王矣。此以卦體釋「師貞」之義。以謂能左右之也，一陽在下之中，而五陰皆爲所以也。能以衆正，則王者之師矣。剛中而應，行險而順，以此毒天下而民從之，吉，又何咎矣。又以卦體、卦德釋「丈人吉无咎」之義。剛中謂九二，應謂六五應之，行險謂行危道，順謂順人心。此非有老成之德者不能也。毒，害也。師旅之興，不无害於天下，然以其有是才德，是以民悦而從之也。

比，吉也。此三字疑衍文。比，輔也，下順從也。此以卦體釋卦名義。原筮，元永貞，无咎，以剛中也。不寧方來，上下應也。後夫凶，其道窮也。亦以卦體釋卦辭。剛中謂五，上下謂五陰。

小畜，柔得位而上下應之，曰小畜。以卦體釋卦名義。柔得位指六居四，上下謂五陽。健而巽，剛中而志行，乃亨。以卦德、卦體而言，陽猶可亨也。密雲不雨，尚往也。自我西郊，施未行也。尚往，言畜之未極，其氣猶上進也。

履，柔履剛也。以二體釋卦名義。說而應乎乾，是以履虎尾，不咥人，亨。以卦德釋彖辭。剛中正，履帝位而不疚，光明也。又以卦體明之，指九五也。

泰，小往大來，吉亨，則是天地交而萬物通也，上下交而其志同也。內陽而外陰，內健而外順，內君子而外小人，君子道長，小人道消也。

否之匪人，不利君子貞，大往小來，則是天地不交而萬物不通也，上下不交而天下无邦也。內陰而外陽，內柔而外剛，內小人而外君子，小人道長，君子道消也。

同人，柔得位得中而應乎乾，曰同人。以卦體釋卦名義。柔謂六二，乾謂九五。同人曰衍文。同人于野，亨，利涉大川，乾行也。文明以健，中正而應，君子正也。唯君子爲能通天下之志。以卦德、卦體釋卦辭。通天下之志乃爲大同，不然則是私情之合而已，何以致亨而利涉哉！

大有，柔得尊位大中，而上下應之，曰大有。以卦體釋卦名義。柔謂六五，上下謂五陽。其德剛健而文明，應乎天而時行，是以元亨。以卦德、卦體釋卦辭。應天指六五也。

謙亨，天道下濟而光明，地道卑而上行。言謙之必亨。天道虧盈而益謙，地道變盈而流謙，鬼神害盈而福謙，人道惡盈而好謙。謙尊而光，卑而不可踰，君子之終也。變謂傾壞，流謂聚而歸之。人能謙，則其居尊者，其德愈光，其居卑者，人亦莫能過，此君子所以有終也。

豫，剛應而志行，順以動，豫。以卦體、卦德釋卦名義。豫順以動，故天地如之，而況建侯、行師乎？以卦德釋卦辭。天地以順動，故日月不過而四時不忒。聖人以順動，則刑罰清而民服。豫之時義大矣哉。極言之而贊其大也。

隨，剛來而下柔，動而說，隨。以卦變、卦德釋卦名義。大亨，貞，无咎，而天下隨時。王肅本「時」作「之」，今當從之。釋卦辭，言能如是則天下之所從也。隨時之義大矣哉！王肅本「時」字在「之」字下，今當從之。

蠱，剛上而柔下，巽而止，蠱。以卦體、卦變、卦德釋卦名義。蓋如此則積弊而至於蠱矣。蠱元亨而天下治也。利涉大川，往有事也。先甲三日，後甲三日，終則有始，天行也。釋卦辭。治蠱至於元亨，則亂而復治之象也。亂之終，治之始，天運然也。

臨，剛浸而長，以卦體釋卦名。説而順，剛中而應，又以卦德、卦體言卦之善。大亨以正，天之道也。當剛長之時，又有此善，故其占如此也。至于八月有凶，消不久也。言雖天運之當然，然君子宜知所戒。

大觀在上，順而巽，中正以觀天下。以卦體、卦德釋卦名義。觀盥而不薦，有孚顒若，下觀而化也。釋卦辭。觀天之神道而四時不忒，聖人以神道設教而天下服矣。極言觀之道也。四時不忒，天之所以爲觀也。神道設教，聖人之所以爲觀也。

頤中有物，曰噬嗑。以卦體釋卦名義。噬嗑而亨，剛柔分，動而明，雷電合而章，柔得中而上行，雖不當位，利用獄也。又以卦名、卦體、卦德、二象、卦變釋卦辭。

賁亨，「亨」字疑衍。柔來而文剛，故亨。分剛上而文柔，故小利有攸往。天文也。以卦變釋卦辭。剛柔之交，自然之象，故曰天文。先儒説「天文」上當有「剛柔交錯」四字，理或然也。文明以止，人文也。又以卦德言之。止謂各得其分。觀乎天文，以察時變；觀乎人文，以化成天下。極言賁道之大也。

剥，剥也，柔變剛也。以卦體釋卦名義，言柔進于陽，變剛爲柔也。不利有攸往，小人長也。順而止之，觀象也。君子尚消息盈虚，天行也。以卦體、卦德釋卦辭。

復亨，剛反。剛反則亨。動而以順行，是以出入无疾，朋來无咎。以卦德而言。反復其道，七日來復，天行也。陰陽消息，天運然也。利有攸往，剛長也。以卦體而言，既生則漸長矣。復其見天地之心乎！積陰之下一陽復生，天地生物之心幾於滅息，而至此乃復可見。在人則爲靜極而動，惡極而善，本心幾息而復見之端也。程子論之詳矣，而邵子之詩亦曰：「冬至子之半，天心无改移。一陽初動處，萬物未生時。玄酒味方淡，大音聲正希。此言如不信，更請問包犧。」至哉言也，學者宜盡心焉。

无妄，剛自外來而爲主於内，動而健，剛中而應，大亨以正，天之命也。其匪正有眚，不利有攸往，无妄之往何之矣？天命不佑，行矣哉？以卦變、卦德、卦體言卦之善如此，故其占當獲大亨而利於正，乃天命之當然也。其有不正，則不利有所往，欲何往哉？蓋其逆天之命而天不佑之，故不可以有行也。

大畜，剛健、篤實、輝光，日新其德。以卦德釋卦名義。剛上而尚賢，能止健，大正也。以卦變、卦體釋卦辭。不家食吉，養賢也。亦取尚賢之象。利涉大川，應乎天也。亦以卦體而言。

頤貞吉，養正則吉也。觀頤，觀其所養也。自求口實，觀其自養也。釋卦辭。天地養萬物，聖人養賢以及萬民，頤之時大矣哉！極言養道而贊之。

大過，大者過也。以卦體釋卦名義。棟橈，本末弱也。復以卦體釋卦辭。本謂初，末謂上，弱謂陰柔。剛過而中，巽而說，行，利有攸往，乃亨。又以卦體、卦德釋卦辭。大過之時大矣哉！大過之時，非有大過人之材不能濟也，故歎其大。

習坎，重險也。釋卦名義。水流而不盈，行險而不失其信。以卦象釋「有孚」之義，言内實而行有常也。維心亨，乃以剛中也。行有尚，往有功也。以剛在中，心亨之象，如是而往，必有功也。

天險不可升也，地險山川丘陵也，王公設險以守其國，險之時用大矣哉！極言之而贊其大也。

離，麗也。日月麗乎天，百穀草木麗乎土。重明以麗乎正，乃化成天下。釋卦名義。柔麗乎中正，故亨，是以畜牝牛吉也。以卦體釋卦辭。

周易彖下傳第二

朱熹本義

咸，感也。釋卦名義。柔上而剛下，二氣感應以相與，止而說，男下女，是以亨，利貞，取女吉也。以卦體、卦德、卦象釋卦辭。或以卦變言柔上剛下之義，曰：咸自旅來，柔上居六，剛下居五也。亦通。天地感而萬物化生，聖人感人心而天下和平。觀其所感，而天地萬物之情可見矣。極言感通之理。

恒，久也。剛上而柔下，雷風相與，巽而動，剛柔皆應，恒。以卦體、卦象、卦德釋卦名義。或以卦變言剛上柔下之義，曰：恒自豐來，剛上居二，柔下居初也。亦通。恒亨，无咎，利貞，久於其道也。恒固能亨且无咎矣，然必利於正，乃爲久於其道，不正則久非其道矣。天地之道，恒久而不已也。天地之道所以長久，亦以正而已矣。利有攸往，終則有始也。久於其道，終也；利有攸往，始也。動静相生，循環之理，然必静爲主也。日月得天而能久照，四時變化而能久成，聖人久於其道而天下化成。觀其所恒，而天地萬物之情可見矣。極言恒久之道。

遯亨，遯而亨也。剛當位而應，與時行也。以九五一爻釋「亨」義。小利貞，浸而長也。以下二陰釋「小利貞」。遯之時義大矣哉！陰方浸長，處之爲難，故其時義爲尤大。

大壯，大者壯也，剛以動，故壯。釋卦名義。以卦體言，則陽長過中，大者壯也。以卦德言，則乾剛震動，所以壯也。大壯利貞，大者正也。正大而天地之情可見矣。釋「利貞」之義而極言之。

晉，進也。釋卦名義。明出地上，順而麗乎大明，柔進而上行，是以康侯用錫馬蕃庶，晝日三接也。以卦象、卦德、卦變釋卦辭。

明入地中，明夷。以卦象釋卦名。內文明而外柔順，以蒙大難，文王以之。以卦德釋卦義。蒙大難，謂遭紂之亂而見囚也。利艱貞，晦其明也。內難而能正其志，箕子以之。以六五一爻之義釋卦辭。內難謂爲紂近親，在其國內，如六五之近於上六也。

家人，女正位乎內，男正位乎外。男女正，天地之大義也。以卦體九五、六二釋「利女貞」之義。家人有嚴君焉，父母之謂也。亦謂二、五。父父、子子、兄兄、弟弟、夫夫、婦婦而家道正，正家而天下定矣。上父，初子，五、三夫，四、二婦，五兄，三弟，以卦畫推之，又有此象。

睽，火動而上，澤動而下，二女同居，其志不同行。以卦象釋卦名義。説而麗乎明，柔進而上行，得中而應乎剛，是以小事吉。以卦德、卦變、卦體釋卦辭。天地睽而其事同也，男女睽而其志通也，萬物睽而其事類也。睽之時用大矣哉！極言其理而贊之。

蹇，難也，險在前也。見險而能止，知矣哉！以卦德釋卦名義而贊其美。蹇利西南，往得中也；不利東北，其道窮也。利見大人，往有功也；當位貞吉，以正邦也。蹇之時用大矣哉！以卦變、卦體釋卦辭，而贊其時用之大也。

解，險以動，動而免乎險，解。以卦德釋卦名義。解利西南，往得衆也。其來復吉，乃得中也。有攸往，夙吉，往有功也。以卦變釋卦辭。坤爲衆，得衆謂九四入坤體。得中、有功皆指九二。天地解而雷雨作，雷雨作而百果草木皆甲坼。解之時大矣哉！極言而贊其大也。

損，損下益上，其道上行。以卦體釋卦名義。損而有孚，元吉，无咎，可貞，利有攸往。曷之用？二簋可用享。二簋應有時，損剛益柔有時。損益盈虚，與時偕行。此釋卦辭。時謂當損之時。

益，損上益下，民説无疆，自上下下，其道大光。以卦體釋卦名義。利有攸往，中正有慶。利涉大川，木道乃行。以卦體、卦象釋卦辭。益動而巽，日進无疆。天施地生，其益无方。凡益之道，與時偕行。動、巽，二卦之德。乾下施，坤上生，亦上文卦體之義。又以此極言，贊益之大。

夬，決也，剛決柔也。健而説，決而和。釋卦名義而贊其德。揚于王庭，柔乘五剛也。孚號有厲，其危乃光也。告自邑，不利即戎，所尚乃窮也。利有攸往，剛長乃終也。此釋卦辭。柔乘五剛以卦體言，謂以一小人加于衆君子之上，是其罪也。剛長乃終，謂一變即爲純乾。

姤，遇也，柔遇剛也。釋卦名。勿用取女，不可與長也。釋卦辭。天地相遇，品物咸章也。以卦體言。剛遇中正，天下大行也。指九五。姤之時義大矣哉！幾微之際，聖人所謹。

萃，聚也，順以說，剛中而應，故聚也。以卦德、卦體釋卦名義。王假有廟，致孝亨也。利見大人，亨，聚以正也。用大牲吉，利有攸往，順天命也。釋卦辭。觀其所聚，而天地萬物之情可見矣〔一〕。

柔以時升。以卦變釋卦名。巽而順，剛中而應，是以大亨。以卦德、卦體釋卦辭。用見大人，勿恤，有慶也。南征吉，志行也。

困，剛揜也。以卦體釋卦名。險以說，困而不失其所亨，其唯君子乎！貞大人吉，以剛中也。有言不信，尚口乃窮也。以卦德、卦體釋卦辭。

巽乎水而上水，井。井，養而不窮也。以卦象釋卦名義。改邑不改井，乃以剛中也。汔至亦未繘井，未有功也。羸其瓶，是以凶也。以卦體釋卦辭。「无喪无得、往來井井」兩句，意與「不改井」同，故不復出。剛中以二、五而言。未有功而敗其瓶，所以凶也。

革，水火相息，二女同居，其志不相得，曰革。以卦象釋卦名義，大略與睽相似，然以相違而爲睽，相息而爲革也。息，滅息也，又爲生息之義，滅息而後生息也。巳日乃孚，革而信之。文明以說，大亨以正，革而當，其悔乃亡。以卦德釋卦辭。天地革而四時成，湯、武革命，順乎天而應乎人。革之時大矣哉！極言而贊其大。

鼎，象也。以木巽火，亨飪也。聖人亨以享上帝，而大亨以養聖賢。以卦體、二象釋卦名義，因極其大而言之。享帝貴誠，用犢而已；養賢則饔飧牢禮，當極其盛，故曰大亨。巽而耳目聰明，柔進而上行，得中而應乎剛，是以元亨。以卦象、卦變、卦體釋卦辭。

震亨。震有亨道，不待言也。震來虩虩，恐致福也。笑言啞啞，後有則也。恐致福，恐懼以致福也。則，法也。震驚百里，驚遠而懼邇也。出可以守宗廟社稷，以爲祭主也。程子以爲「邇也」下脱「不喪匕鬯」四字，今從之。出謂繼世而主祭也。或云「出」即「鬯」字之誤。

艮，止也。時止則止，時行則行，動靜不失其時，其道光明。此釋卦名。艮之義則止也，然行止各有其時，故時止而止，止也，時行而行，亦止也。艮體篤實，故又有光明之義。大畜於艮亦以「輝光」言之。艮其止，止其所也。上下敵應，不相與也，是以不獲其身，行其庭不見其人，无咎也。此釋卦辭。易「背」爲「止」，以明背即止也。背者，止之所也。以卦體言，内外之卦陰陽敵應而不相與也，不相與則内不見己，外不見人，而无咎矣。晁氏云，「艮其止」當依卦辭作「背」。

漸之進也，女歸吉也。「之」字疑衍，或是「漸」字。進得位，往有功也。進以正，可以正邦也。以卦變釋「利貞」之意。蓋此卦之變，自涣而來，九進居三；自旅而來，九進居五，皆爲得位之正。其位，剛得中也。以卦體言，謂九五。止而巽，動不窮也。以卦德言漸進之義。

歸妹，天地之大義也，天地不交而萬物不興，歸妹，人之終始也。釋卦名義也。歸者女之終，生育者人之始。説以動，所歸妹也。又以卦德言之。征凶，位不當也。无攸利，柔乘剛也。又以卦體釋卦辭。男女之交本皆正理，惟若此卦則不得其正也。

豐，大也，明以動故豐。以卦德釋卦名義。王假之，尚大也。勿憂，宜日中，宜照天下也。釋卦辭。日中則昃，月盈則食，天地盈虛，與時消息，而況於人乎？況於鬼神乎？此又發明卦辭外意，言不可過中也。

旅小亨，柔得中乎外而順乎剛，止而麗乎明，是以小亨、旅貞吉也。以卦體、卦德釋卦辭。旅之時義大矣哉。旅之時爲難處。

重巽以申命。釋卦義也。巽順而入，必究乎下，命令之象，重巽故爲申命也。剛巽乎中正而志行，柔皆順乎剛，是以小亨，利有攸往，利見大人。以卦體釋卦辭。剛巽乎中正而志行指九五，柔謂初、四。

兑，説也。釋卦名義。剛中而柔外，説以利貞，是以順乎天而應乎人。説以先民，民忘其勞；説以犯難，民忘其死。説之大，民勸矣哉！以卦體釋卦辭而極言之。

涣亨，剛來而不窮，柔得位乎外而上同。以卦變釋卦辭。王假有廟，王乃在中也。中謂廟中。利涉大川，乘木有功也。

節亨，剛柔分而剛得中。以卦體釋卦辭。苦節不可貞，其道窮也。又以理言。説以行險，當位以節，中正以通。又以卦德、卦體言之。當位、中正指五。又坎爲通。天地節而四時成，節以制度，不傷財，不害民。極言節道。

中孚，柔在内而剛得中，説而巽，孚乃化邦也。以卦體、卦德釋卦名義。豚魚吉，信及豚魚也。利涉大川，乘木舟虚也。以卦象言。中孚以利貞，乃應乎天也。信而正則應乎天矣。

小過，小者過而亨也。以卦體釋卦名義與其辭。過以利貞，與時行也。柔得中，是以小事吉也。以二、五言。剛失位而不中，是以不可大事也。以三、四言。有飛鳥之象焉。飛鳥遺之音，不宜上，宜下，大吉，上逆而下順也。以卦體言。

既濟亨，小者亨也。「濟」下疑脱「小」字。利貞，剛柔正而位當也。以卦體言。初吉，柔得中也。指六二。終止則亂，其道窮也。

未濟亨，柔得中也。指六五言〔二〕。小狐汔濟，未出中也。濡其尾，无攸利，不續終也。雖不當位，剛柔應也。

校勘記

〔一〕而天地萬物之情可見矣　纂注、大全此句下有注文「極言其理而贊之」七字。

〔二〕指六五言　「六」原作「九」，據傳義附録、大全改。

周易象上傳第三

朱熹本義

象者，卦之上下兩象，及兩象之六爻周公所繫之辭也。

天行健，君子以自强不息。天，乾卦之象也。凡重卦皆取重義，此獨不然者，天一而已。但言天行，則見其一日一周，而明日又一周，若重複之象，非至健不能也。君子法之，不以人欲害其天德之剛，則自强而不息矣。潛龍勿用，陽在下也〔一〕。見龍在田，德施普也。終日乾乾，反復道也。反復，重複踐行之意。或躍在淵，進无咎也。可以進而不必進也。飛龍在天，大人造也。造猶作也。亢龍有悔，盈不可久也。用九天德，不可爲首也。言陽剛不可爲物先，故六陽皆變而吉。○天行以下先儒謂之大象，潛龍以下先儒謂之小象。後放此。

地勢坤，君子以厚德載物。地，坤之象，亦一而已，故不言重，而言其勢之順，則見其高下相因之无窮，至順極厚而无所不載也。履霜堅冰，陰始凝也，馴致其道，至堅冰也。按魏志作「初六履霜」，今當從之。馴，順習也。六二之動，直以方也。不習无不利，地道光也。含章可貞，以時發也。或從王事，知光大也。括囊无咎，慎不害也。黄裳元吉，文在中也。文在中而見於外也。龍戰于野，其道窮也。用六永貞，以大終也。初陰後陽，故曰大終。

雲雷屯，君子以經綸。坎不言水而言雲者，未通之意。經綸，治絲之事，經引之、綸理之也。屯難之世，君子有爲之時也。雖盤桓，志行正也。以貴下賤，大得民也。六二之難，乘剛也。十年乃字，反常也。即鹿无虞，以從禽也。君子舍之，往吝窮也。求而往，明也。屯其膏，施未光也。泣血漣如，何可長也！

山下出泉，蒙，君子以果行育德。泉，水之始出者，必行而有漸也。利用刑人，以正法也。發蒙之初，法不可不正，懲戒所以正法也。子克家，剛柔接也。指二、五之應。勿用取女，行不順也。困蒙之吝，獨遠實也。「順」當作「愼」，蓋「順」、「愼」古字通用。荀子「順墨」作「愼墨」，且「行不愼」於經意尤親切〔二〕。實，協韻去聲。童蒙之吉，順以巽也。利用禦寇，上下順也。禦寇以剛，上下皆得其道。

雲上於天，需，君子以飲食宴樂。雲上於天，无所復爲，待其陰陽之和而自雨耳。事之當需者，亦不容更有所爲，但飲食宴樂，俟其自至而已。一有所爲則非需也。需于郊，不犯難行也。利用恒，无咎，未失常也。需于沙，衍在中也。雖小有言，以吉終也。衍，寬意。以寬居中，不急進也。需于泥，災在外也。外謂外卦。自我致寇，敬愼不敗也。敬愼不敗，發明占外之占，聖人示人之意切矣。需于血，順以聽也。酒食貞吉，以中正也。不速之客來，敬之終吉，雖不當位，未大失也。以陰居上是爲當位，言不當位未詳。

天與水違行，訟，君子以作事謀始。天上水下，其行相違，作事謀始，訟端絶矣。不永所事，訟不可長也。雖小有言，其辯明也。不克訟，歸逋竄也。自下訟上，患至掇也。掇，自取也。食舊德，從上吉也。從上吉，謂隨人則吉，明自主事則无成功也。復即命，渝安貞，不失也。訟元吉，以中正也。中則聽不偏，正則斷合理。以訟受服，亦不足敬也。

地中有水，師，君子以容民畜衆。水不外於地，兵不外於民，故能養民則可以得衆矣。師出以律，失律凶也。在師中吉，承天寵也。王三錫命，懷萬邦也。師或輿尸，大无功也。左次无咎，未失常也。知難而退，師之常也。長子帥師，以中行也。弟子輿尸，使不當也。大君有命，以正功也。小人勿用，必亂邦也。聖人之戒深矣。

地上有水，比，先王以建萬國，親諸侯。地上有水，水比於地，不容有間；建國親侯，亦先王所以比於天下而无間者也。彖意人來比我，此取我往比人。比之初六，有它吉也。比之自内，不自失也。得正則不自失矣。比之匪人，不亦傷乎！外比於賢，以從上也。顯比之吉，位正中也。舍逆取順，失前禽也。邑人不誡，上使中也。由上之德使不偏也。比之无首，无所終也。以上下之象言之則爲无首，以始終之象言之則爲无終。无首則无終矣。

風行天上，小畜，君子以懿文德。風有氣而无質，能畜而不能久，故爲小畜之象。懿文德，言未能厚積而遠施也。復自道，其義吉也。牽復在中，亦不自失也。亦者，承上爻義。夫妻反目，不能正室也。程子曰：「説輻、反目，三自爲也。」有孚惕出，上合志也。有孚攣如，不獨富也。既雨既處，德積載也。君子征凶，有所疑也。

上天下澤，履，君子以辨上下，定民志。程傳備矣。素履之往，獨行願也。幽人貞吉，中不自亂也。眇能視，不足以有明也。跛能履，不足以與行也。咥人之凶，位不當也。武人爲于大君，志剛也。愬愬終吉，志行也。夬履貞厲，位正當也。傷於所恃。元吉在上，大有慶也。若得元吉，則大有福慶也。

天地交，泰，后以財成天地之道，輔相天地之宜，以左右民。財成以制其過，輔相以補其不及。拔茅征吉，志在外也。包荒，得尚于中行，以光大也。无往不復，天地際也。翩翩不富，皆失實也。不戒以孚，中心願也。陰本居下，在上爲失實。以祉元吉，中以行願也。城復于隍，其命亂也。命亂故復否。告命所以治之也。

天地不交，否，君子以儉德辟難，不可榮以禄。收斂其德，不形於外，以辟小人之難，人不得以禄位榮之。拔茅貞吉，志在君也。小人而變爲君子，則能以愛君爲念，而不計其私矣。大人否亨，不亂羣也。言不亂於小人之羣。包羞，位不當也。有命无咎，志行也。大人之吉，位正當也。否終則傾，何可長也！

天與火，同人，君子以類族辨物。天在上而火炎上，其性同也。類族辨物，所以審異而致同也。出門同人，又誰咎也？同人于宗，吝道也。伏戎于莽，敵剛也。三歲不興，安行也？言不能行。乘其墉，義弗克也。其吉，則困而反則也。乘其墉矣，則非其力之不足也，特以義之弗克而不攻耳。能以義斷，困而反於法則，故吉也。同人之先，以中直也。大師相遇，言相克也。直謂理直。同人于郊，志未得也。

火在天上，大有，君子以遏惡揚善，順天休命。火在天上，所照者廣，爲大有之象。所有既大，无以治之，則釁蘖萌於其間矣。天命有善而无惡，故遏惡揚善，所以順天。反之於身，亦若是而已矣。大有初九，无交害也。大車以載，積中不敗也。公用亨于天子，小人害也。匪其彭，无咎，明辨晳也。晳，明貌。厥孚交如，信以發志也。一人之信，足以發上下之志也。威如之吉，易而无備也。太柔則人將易之而无畏備之心。大有上吉，自天祐也。

地中有山，謙，君子以裒多益寡，稱物平施。以卑蘊高，謙之象也。裒多益寡，所以稱物之宜而平其施，損高增卑以趣於平，亦謙之意也。謙謙君子，卑以自牧也。鳴謙貞吉，中心得也。勞謙君子，萬民服也。无不利，撝謙，不違則也。言不爲過。利用侵伐，征不服也。鳴謙，志未得也，可用行師，征邑國也。陰柔无位，才力不足，故其志未得，而至於行師，然亦適足以治其私邑而已。

雷出地奮，豫，先王以作樂崇德，殷薦之上帝，以配祖考。雷出地奮，和之至也。先王作樂，既象其聲，又取其義。殷，盛也。初六鳴豫，志窮凶也。窮謂滿極。不終日，貞吉，以中正也。盱豫有悔，位不當也。由豫，大有得，志大行也。六五貞疾，乘剛也。恒不死，中未亡也。冥豫在上，何可長也！

澤中有雷，隨，君子以嚮晦入宴息。雷藏澤中，隨時休息。官有渝，從正吉也。出門交有功，不失也。係小子，弗兼與也。係丈夫，志舍下也。隨有獲，其義凶也。有孚在道，明功也。孚于嘉吉，位正中也。拘係之，上窮也。窮，極也。

山下有風，蠱，君子以振民育德。山下有風，物壞而有事矣，而事莫大於二者，乃治己治人之道也。幹父之蠱，意承考也。幹母之蠱，得中道也。幹父之蠱，終无咎也。裕父之蠱，往未得也。幹父用譽，承以德也。不事王侯，志可則也。

澤上有地，臨，君子以教思无窮，容保民无疆。地臨於澤，上臨下也。二者皆臨下之事。教之无窮者，兑也；容之无疆者，坤也。咸臨貞吉，志行正也。咸臨吉，无不利，未順命也。未詳。甘臨，位不當也。既憂之，咎不長也。至臨无咎，位當也。大君之宜，行中之謂也。敦臨之吉，志在内也。

風行地上，觀，先王以省方，觀民設教。省方以觀民，設教以爲觀。初六童觀，小人道也。

闚觀女貞，亦可醜也。在丈夫則爲醜也。觀我生進退，未失道也。觀國之光，尚賓也。觀我生，觀民也。此夫子以義言之，明人君觀己所行，不但一身之得失，又當觀民德之善否，以自省察也。觀其生，志未平也。志未平，言雖不得位，未可忘戒懼也〔三〕。

雷電，噬嗑，先王以明罰敕法。「雷電」當作「電雷」。屨校滅趾，不行也。滅趾又有不進於惡之象。噬膚滅鼻，乘剛也。遇毒，位不當也。利艱貞吉，未光也。貞厲无咎，得當也。何校滅耳，聰不明也。滅耳蓋罪其聽之不聰也。若能審聽而早圖之，則无此凶矣。

山下有火，賁，君子以明庶政，无敢折獄。山下有火，明不及遠。明庶政，事之小者。折獄，事之大者。内離明而外艮止，故取象如此。舍車而徒，義弗乘也。君子之取舍，決於義而已。賁其須，與上興也。永貞之吉，終莫之陵也。六四當位，疑也。匪寇婚媾，終无尤也。當位疑，謂所當之位可疑也。終无尤，謂若守正而不與，亦无它患也。六五之吉，有喜也。白賁无咎，上得志也。

山附於地，剥，上以厚下安宅。剥牀以足，以滅下也。剥牀以辨，未有與也。言未大盛。剥之无咎，失上下也。上下謂四陰。剥牀以膚，切近災也。以宫人寵，終无尤也。君子得輿，民所載也；小人剥廬，終不可用也。

雷在地中，復，先王以至日閉關，商旅不行，后不省方。安靜以養微陽也。月令：是月齋戒掩身，以待陰陽之所定。不遠之復，以脩身也。休復之吉，以下仁也。頻復之厲，義无咎也。中行獨復，以從道也。敦復无悔，中以自考也。考，成也。迷復之凶，反君道也。

天下雷行，物與无妄，先王以茂對時，育萬物。天下雷行，震動發生，萬物各正其性命，是物物而與之以无妄也。先王法此以對時育物，因其所性而不爲私焉。无妄之往，得志也。不耕穫，未富也。富如「非富天下」之富，言非計其利而爲之也。行人得牛，邑人災也。可貞无咎，固有之也。有猶守也。无妄之藥，不可試也。既已无妄，而復藥之，則反爲妄而生疾矣。試謂少嘗之也。无妄之行，窮之災也。

天在山中，大畜，君子以多識前言往行，以畜其德。天在山中，不必實有是事，但以其象言之耳。有厲利已，不犯災也。輿説輹，中无尤也。利有攸往，上合志也。六四元吉，有喜也。六五之吉，有慶也。何天之衢，道大行也。

山下有雷，頤，君子以慎言語，節飲食。二者養德養身之切務。觀我朵頤，亦不足貴也。六二征凶，行失類也。初、上皆非其類也。十年勿用，道大悖也。顛頤之吉，上施光也。居貞之吉，順以從上也。由頤厲吉，大有慶也。

澤滅木，大過，君子以獨立不懼，遯世无悶。澤滅於木，大過之象也。不懼、无悶，大過之行也。藉用白茅，柔在下也。老夫女妻，過以相與也。棟橈之凶，不可以有輔也。棟隆之吉，不橈乎下也。枯楊生華，何可久也！老婦士夫，亦可醜也。過涉之凶，不可咎也。

水洊至，習坎，君子以常德行習教事。治己治人，皆必重習，然後熟而安之。習坎入坎，失道凶也。求小得，未出中也。來之坎坎，終无功也。樽酒簋，剛柔際也。陸氏釋文，本无「貳」字。今從之。坎不盈，中未大也。有中德而未大。上六失道，凶三歲也。

明兩作，離，大人以繼明照于四方。作，起也。履錯之敬，以辟咎也。黄離元吉，得中道也。日昃之離，何可久也！突如其來如，无所容也。无所容，言焚、死、棄也。六五之吉，離王公也。王用出征，以正邦也。

校勘記

〔一〕陽在下也　纂注、大全此句下有注文「陽謂九下謂潛」六字。

〔二〕且行不慎於經意尤親切　通釋、大全此句下有「今當從之」四字。

〔三〕未可忘戒懼也　「懼」，傳義附録作「慎」。

周易象下傳第四

朱熹本義

山上有澤，咸，君子以虛受人。山上有澤，以虛而通也。咸其拇，志在外也。雖凶居吉，順不害也。咸其股，亦不處也。志在隨人，所執下也。言亦者，因前二爻皆欲動而云也。二爻陰躁，其動也宜。九三陽剛，居止之極，宜靜而動，可吝之甚也。貞吉悔亡，未感害也。憧憧往來，未光大也。感害，言不正而感則有害也。咸其脢，志末也。志末謂不能感物。咸其輔、頰、舌，滕口説也。「滕」、「騰」通用。

雷風，恒，君子以立不易方。浚恒之凶，始求深也。九二悔亡，能久中也。不恒其德，无所容也。久非其位，安得禽也！婦人貞吉，從一而終也。夫子制義，從婦凶也。振恒在上，大无功也。

天下有山，遯，君子以遠小人，不惡而嚴。天體无窮，山高有限，遯之象也。嚴者，君子自守之常，而小人自不能近。遯尾之厲，不往何災也？執用黃牛，固志也。係遯之厲，有疾憊也。畜臣妾吉，不可大事也。君子好遯，小人否也。嘉遯貞吉，以正志也。肥遯无不利，无所疑也。

雷在天上，大壯，君子以非禮弗履。自勝者强。壯于趾，其孚窮也。言必窮困。九二貞吉，以中也。小人用壯，君子罔也。小人以壯敗，君子以罔困。藩決不羸，尚往也。喪羊于易，位不當也。不能退，不能遂，不詳也。艱則吉，咎不長也。

明出地上，晉，君子以自昭明德。昭，明之也。晉如摧如，獨行正也。裕无咎，未受命也。初居下位，未有官守之命。受兹介福，以中正也。衆允之志，上行也。鼫鼠貞厲，位不當也。失得勿恤，往有慶也。維用伐邑，道未光也。

明入地中，明夷，君子以涖衆，用晦而明。君子于行，義不食也。唯義所在，不食可也。六二之吉，順以則也。南狩之志，乃大得也。入于左腹，獲心意也。箕子之貞，明不可息也。初登于天，照四國也。照四國，以位言。後入于地，失則也。

風自火出，家人，君子以言有物而行有恒。身脩則家治矣。閑有家，志未變也。志未變而預防之。六二之吉，順以巽也。家人嗃嗃，未失也。婦子嘻嘻，失家節也。富家大吉，順在位也。王假有家，交相愛也。程子曰：「夫愛其内助，婦愛其刑家。」威如之吉，反身之謂也。謂非作威也，反身自治，則人畏服之矣。

上火下澤，睽，君子以同而異。二卦合體而性不同。見惡人，以辟咎也。遇主于巷，未失道也。本其正應，非有邪也。見輿曳，位不當也。无初有終，遇剛也。交孚无咎，志行也。厥宗噬膚，往有慶也。遇雨之吉，羣疑亡也。

山上有水，蹇，君子以反身脩德。往蹇來譽，宜待也。王臣蹇蹇，終无尤也。事雖不濟，亦无可尤。往蹇來反，内喜之也。往蹇來連，當位實也。大蹇朋來，以中節也。往蹇來碩，志在内也。利見大人，以從貴也。

雷雨作，解，君子以赦過宥罪。剛柔之際，義无咎也。九二貞吉，得中道也。負且乘，亦可醜也。自我致戎，又誰咎也！解而拇，未當位也。君子有解，小人退也。公用射隼，以解悖也。

山下有澤，損，君子以懲忿窒慾。君子脩身，所當損者莫切於此。已事遄往，尚合志也。「尚」、「上」通。九二利貞，中以爲志也。一人行，三則疑也。損其疾，亦可喜也。六五元吉，自上祐也。弗損，益之，大得志也。

風雷，益，君子以見善則遷，有過則改。風雷之勢，交相助益。遷善改過，益之大者，而其相益亦猶是也。元吉无咎，下不厚事也。下本不當任厚事，故不如是不足以塞咎也。或益之，自外來也。或者，衆无定主之辭。益用凶事，固有之也。益用凶事，欲其困心衡慮而固有之也。告公從，以益志也。有孚惠心，勿問之矣。惠我德，大得志也。莫益之，偏辭也。或擊之，自外來也。莫益之者，猶從其求益之偏辭而言也。若究而言之，則又有擊之者矣。

澤上於天，夬，君子以施祿及下，居德則忌。澤上於天，潰決之勢也。施祿及下，潰決之意也。居德則忌未詳。不勝而往，咎也。有戎勿恤，得中道也。君子夬夬，終无咎也。其行次且，位不當也。聞言不信，聰不明也。中行无咎，中未光也。程傳備矣。无號之凶，終不可長也。

天下有風，姤，后以施命誥四方。繫于金柅，柔道牽也。牽，進也。以其進，故止之。包有魚，義不及賓也。其行次且，行未牽也。无魚之凶，遠民也。民之去己，由己遠之。九五含章，中正也。有隕自天，志不舍命也。姤其角，上窮吝也。

澤上於地，萃，君子以除戎器，戒不虞。除者，脩而聚之之謂。乃亂乃萃，其志亂也。引吉无咎，中未變也。往无咎，上巽也。大吉无咎，位不當也。萃有位，志未光也。未光謂匪孚。齎咨涕洟，未安上也。

地中生木，升，君子以順德，積小以高大。王肅本「順」作「慎」，今按，它書引此亦多作「慎」，意尤明白，蓋古字通用也。說見上篇蒙卦。允升大吉，上合志也。九二之孚，有喜也。升虛邑，无所疑也。王用亨于岐山，順事也。以順而升，登祭于山之象。貞吉升階，大得志也。冥升在上，消不富也。

澤无水，困，君子以致命遂志。水下漏則澤上枯，故曰澤无水。致命猶言授命，言持以與人而不之有也。能如是，則雖困而亨矣。入于幽谷，幽不明也。困于酒食，中有慶也。據于蒺藜，乘剛也。入于其宫，不見其妻，不祥也。來徐徐，志在下也。雖不當位，有與也。劓刖，志未得也。乃徐有説，以中直也。利用祭祀，受福也。困于葛藟，未當也。動悔有悔，吉行也。

木上有水，井，君子以勞民勸相。木上有水，津潤上行，井之象也。勞民者，以君養民。勸相者，使民相養。皆取井養之義。井泥不食，下也。舊井无禽，時舍也。言爲時所棄。井谷射鮒，无與也。井渫不食，行惻也。求王明，受福也。行惻者，行道之人皆以爲惻。井甃无咎，脩井也。寒泉之食，中正也。元吉在上，大成也。

澤中有火，革，君子以治曆明時。四時之變，革之大者。鞏用黄牛，不可以有爲也。巳日革之，行有嘉也。革言三就，又何之矣！言已審。改命之吉，信志也。大人虎變，其文炳也。君子豹變，其文蔚也。小人革面，順以從君也。

木上有火，鼎，君子以正位凝命。鼎，重器也，故有正位凝命之意。凝猶「至道不凝焉」之凝。傳所謂「協于上下，以承天休」者也。鼎顛趾，未悖也。利出否，以從貴也。鼎而顛趾，悖道也；而因可出否以從貴，則未爲悖也。從貴謂應四，亦爲取新之意。鼎有實，慎所之也。我仇有疾，終无尤也。有實而不謹其所往，則爲仇所即，而陷於惡矣。鼎耳革，失其義也。覆公餗，信如何也？

言失信也。鼎黄耳，中以爲實也。玉鉉在上，剛柔節也。

洊雷，震，君子以恐懼脩省。震來虩虩，恐致福也。笑言啞啞，後有則也。震來厲，乘剛也。震蘇蘇，位不當也。震遂泥，未光也。震往來厲，危行也。其事在中，大无喪也。震索索，中未得也。雖凶无咎，畏鄰戒也。中謂中心。

兼山，艮，君子以思不出其位。艮其趾，未失正也。不拯其隨，未退聽也。三止乎上，亦不肯退而聽乎二也。艮其限，危熏心也。艮其身，止諸躬也。艮其輔，以中正也。「正」字羡文，協韻可見。敦艮之吉，以厚終也。

山上有木，漸，君子以居賢德善俗。二者皆當以漸而進。疑「賢」字衍，或「善」下有脱字。小子之厲，義无咎也。飲食衎衎，不素飽也。素飽，如詩言「素飧」，得之以道則不爲徒飽，而處之安矣。夫征不復，離羣醜也。婦孕不育，失其道也。利用禦寇，順相保也。或得其桷，順以巽也。終莫之勝，吉，得所願也。其羽可用爲儀，吉，不可亂也。漸進愈高而不爲无用，其志卓然，豈可得而亂哉！

澤上有雷，歸妹，君子以永終知敝。雷動澤隨，歸妹之象。君子觀其合之不正，知其終之有敝也。推之事物，莫不皆然。歸妹以娣，以恒也。跛能履，吉，相承也。恒謂有常久之德。利幽人之貞，未變常也。歸妹以須，未當也。愆期之志，有待而行也。帝乙歸妹，不如其娣之袂良也。其位在中，以貴行也。以其有中德之貴而行，故不尚飾。上六无實，承虛筐也。

雷電皆至，豐，君子以折獄致刑。取其威照並行之象。雖旬无咎，過旬災也。戒占者不可求勝其配，亦爻辭外意。有孚發若，信以發志也。豐其沛，不可大事也。折其右肱，終不可用也。豐其蔀，位不當也。日中見斗，幽不明也。遇其夷主，吉行也。六五之吉，有慶也。豐其屋，天際翔也。闚其户，闃其无人，自藏也。藏謂障蔽。

山上有火〔一〕，旅，君子以明慎用刑，而不留獄。謹刑如山，不留如火。旅瑣瑣，志窮災也。得童僕貞，終无尤也。旅焚其次，亦已傷矣〔二〕。以旅與下，其義喪也。以旅之時而與下之道如此，義當喪也。旅于處，未得位也。得其資斧，心未快也。終以譽命，上逮也。上逮，言其譽命聞於上也。以旅在上，其義焚也。喪牛于易〔三〕，終莫之聞也。

隨風，巽，君子以申命行事。隨，相繼之義。進退，志疑也。利武人之貞，志治也。紛若之吉，得中也。頻巽之吝，志窮也。田獲三品，有功也。九五之吉，位正中也。巽在牀下，上窮也。喪其資斧，正乎凶也。正乎凶，言必凶。

麗澤，兑，君子以朋友講習。兩澤相麗，互相滋益，朋友講習，其象如此。和兑之吉，行未疑也。居卦之初，其説也正，未有所疑也。孚兑之吉，信志也。來兑之凶，位不當也。九四之喜，有慶也。孚于剥，位正當也。與履九五同。上六引兑，未光也。

風行水上，渙，先王以享于帝，立廟。皆所以合其散。初六之吉，順也。渙奔其机，得願也。渙其躬，志在外也。渙其羣，元吉，光大也。王居无咎，正位也。渙其血，遠害也。

澤上有水，節，君子以制數度，議德行。不出户庭，知通塞也。不出門庭凶，失時極也。不節之嗟，又誰咎也！此无咎與諸爻異，言无所歸咎也。安節之亨，承上道也。甘節之吉，居位中也。苦節貞凶，其道窮也。

澤上有風，中孚，君子以議獄緩死。風感水受，中孚之象。議獄緩死，中孚之意。初九虞吉，志未變也。其子和之，中心願也。或鼓或罷，位不當也。馬匹亡，絕類上也。有孚攣如，位正當也。翰音登于天，何可長也！

山上有雷，小過，君子以行過乎恭，喪過乎哀，用過乎儉。山上有雷，其聲小過。三者之過，皆小者之過。可過於小而不可過於大，可以小過而不可甚過，彖所謂可小事而宜下者也。飛鳥以凶，不可如何也。不及其君，臣不可過也。所以不及君而還遇臣者，以臣不可過故也。從或戕之，凶如何也！弗過遇之，位不當也。往厲必戒，終不可長也。爻義未明，此亦當闕。密雲不雨，已上也。已上，太高也。弗遇過之，已亢也。

水在火上，既濟，君子以思患而預防之。曳其輪，義无咎也。七日得，以中道也。三年克之，憊也。終日戒，有所疑也。東鄰殺牛，不如西鄰之時也。實受其福，吉大來也。濡其首，厲，何可久也！

火在水上，未濟，君子以慎辨物居方。水火異物，各居其所，故君子觀象而審辨之。濡其尾，亦不知極也。「極」字未詳，考上下韻亦不叶，或恐是「敬」字，今且闕之。九二貞吉，中以行正也。九居二本非正，以中故得正也。未濟征凶，位不當也。貞吉悔亡，志行也。君子之光，其暉吉也。暉者，光之散也。飲酒濡首，亦不知節也。

校勘記

〔一〕山上有火　「上」原作「下」，據宋甲本、傳義附録、大全及阮刻十三經注疏改。

〔二〕亦已傷矣　「已」，宋甲本、傳義附録、大全作「以」。

〔三〕喪牛于易　「于易」，宋甲本作「之凶」。

周易繫辭上傳第五

朱熹本義

繫辭本謂文王、周公所作之辭，繫于卦爻之下者，即今經文。此篇乃孔子所述繫辭之傳也。以其通論一經之大體、凡例，故无經可附，而自分上、下云。

天尊地卑，乾、坤定矣。卑高以陳，貴賤位矣。動靜有常，剛柔斷矣。方以類聚，物以羣分，吉凶生矣。在天成象，在地成形，變化見矣。天地者，陰陽形氣之實體；乾、坤者，易中純陰純陽之卦名也。卑高者，天地萬物上下之位；貴賤者，易中卦爻上下之位也。動者陽之常，靜者陰之常；剛柔者，易中卦爻陰陽之稱也。方謂事情所向，言事物善惡各以類分，而吉凶者，易中卦爻占決之辭也。象者，日月星辰之屬；形者，山川動植之屬。變化者，易中蓍策、卦爻陰變爲陽、陽化爲陰者也。此言聖人作易，因陰陽之實體，爲卦爻之法象，莊周所謂「易以道陰陽」，此之謂也。是故剛柔相摩，八卦相盪。此言易卦之變化也。六十四卦之初，剛柔兩畫而已。兩相摩而爲四，四相摩而爲八，八相盪而爲六十四。鼓之以雷霆，潤之以風雨。日月運行，一寒一暑。此變化之成象者。乾道成男，坤道成女。此變化之成形者。此兩節又明易之見於實體者，與上文相發明也。乾知大始，坤作成物。知猶主也。乾主始物，而坤作成之，承上文男女而言乾坤之理，蓋凡物之屬乎陰陽者，莫不如此。大抵陽先陰後，陽施陰受，陽之輕清未形，而陰之重濁有迹也〔一〕。乾以易知，坤以簡能。乾健而動，即其所知便能始物而无所難，故爲以易而知太始。坤順而靜，凡其所能，皆從乎陽而不自作，故爲以簡而能成物。易則易知，簡則易從。易知則有親，易從則有功。有親則可久，有功則可大。可久則賢人之德，可大則賢人之業。人之所爲如乾之易，則其心明白而人易知；如坤之簡，則其事要約而人易從。易知則與之同心者多，故有親；易從則與之協力者衆，故有功。有親則一於內，故可久；有功則兼於外，故可大。德謂得於己者，業謂成於事者。上言乾坤之德不同，此言人法乾坤之道至此，則可以爲賢矣。易簡而天下之理得矣。天下之理得，而成位乎其中矣。成位，謂成人之位。其中，謂天地之中。至此則體道之極功，聖人之能事，可以與天地參矣。○此第一章，以造化之實明作經之理，又言乾坤之理分見於天地而人兼體之也。

聖人設卦觀象，繫辭焉而明吉凶。象者，物之似也。此言聖人作易，觀卦爻之象而繫以辭也。剛柔相推而生變化。言卦爻陰陽迭相推盪，而陰或變陽，陽或化陰，聖人所以觀象而繫辭，衆人所以因蓍以求卦者也。是故吉凶者，失得之象也；悔吝者，憂虞之象也。吉凶悔吝者，易之辭也；失得憂虞者，事之變也。得則吉，失則凶，憂虞雖未至凶，然已足以致悔而取羞矣。蓋吉凶相對而悔吝居其中間，悔自凶而趨吉，吝自吉而向凶也。故聖人觀卦爻之中或有此象，即繫之以此辭也。變化者，進退之象也；剛柔者，晝夜之象也。六爻之動，三極之道也。柔變而趨於剛者，退極而進也；剛化而趨於柔者，進極而退也。既變而剛，則晝而陽矣；既化而柔，則夜而陰矣。六爻初、二爲地，三、四爲人，五、上爲天。動即變化也。極，至也。三極，天、地、人之至理，三才各一太極也。此明剛柔相推以生變化，而變化之極，復爲剛柔，流行於一卦六爻之間，而占者得因所值以斷吉凶也。是故君子所居而安者，易之序也；所樂而玩者，爻之辭也。易之序，謂卦爻所著事理當然之次第。玩者，觀之詳。是故君子居則觀其象而玩其辭，動則觀其變而玩其占，是以自天祐之，吉，无不利。象、辭、變，已見上。凡單言變者，化在其中。占謂其所值吉凶之決也。○此第二章，言聖人作易、君子學易之事。

彖者，言乎象者也。爻者，言乎變者也。彖謂卦辭，文王所作者。爻謂爻辭，周公所作者。象指全體而言，變指一節而言。吉凶者，言乎其失得也。悔吝者，言乎其小疵也。无咎者，善補過也。此卦爻辭之通例。是故列貴賤者存乎位，齊小大者存乎卦，辨吉凶者存乎辭。位謂六爻之位。齊猶定也。小謂陰，大謂陽。憂悔吝者存乎介，震无咎者存乎悔。介謂辨別之端，蓋善惡已動而未形之時也，於此憂之，則不至於悔吝矣。震，動也，知悔則有以動其補過之心，而可以无咎矣。是故卦有小大，辭有險易。辭也者，各指其所之。小險大易，各隨所向。○此第三章，釋卦爻辭之通例。

易與天地準，故能彌綸天地之道。易書卦爻具有天地之道，與之齊準。彌如彌縫之彌，有終竟聯合之意。綸有選擇條理之意。仰以觀於天文，俯以察於地理，是故知幽明之故。原始反終，故知死生之說。精氣爲物，游魂爲變，是故知鬼神之情狀。此窮理之事。以者，聖人以易之書也。易者，陰陽而已，幽明、死生、鬼神皆陰陽之變，天地之道也。天文則有晝夜、上下，地理則有南北、高深。原者推之於前，反者要之於後。陰精陽氣聚而成物，神之申也；魂遊魄降散而爲變，鬼之歸也。與天地相似，故不違；知周乎萬物而道濟天下，故不過；旁行而不流，樂天知命，故不憂；安土敦乎仁，故能愛。此聖人盡性之事也。天地之道，知、仁而已。知周萬物者，天也；道濟天下者，地也。知且仁，則知而不過矣。旁行者，行權之知也；不流者，守正之仁也。既樂天理，而又知天命，故能无憂，而其知益深，隨處皆安而无一息之不仁，故能不忘其濟物之心，而仁益篤。蓋仁者愛之理，愛者仁之用，故其相爲表裏如此。範圍天地之化而不過，曲成萬物而不遺，通乎晝夜之道而知。故神无方而易无體。此聖人至命之事也。範如鑄金之有模範。圍，匡郭也。天地之化无窮，而聖人爲之範圍，不使過於中道，所謂裁成者也。通猶兼也。晝夜即幽明、死生、鬼神之謂。如此然後可見至神之妙无有方所，易之變化无有形體也。○此第四章，言易道之大，聖人用之如此。

一陰一陽之謂道。陰陽迭運者，氣也，其理則所謂道。繼之者善也，成之者性也。道具於陰而行乎陽。繼言其發也，善謂化育之功，陽之事也。成言其具也，性謂物之所受，言物生則有性，而各具是道也，陰之事也。周子、程子之書言之備矣。仁者見之謂之仁，知者見之謂之知，百姓日用而不知，故君子之道鮮矣。仁陽，知陰，各得是道之一隅，故隨其所見而目爲全體也。日用不知，則莫不飲食，鮮能知味者，又其每下者也，然亦莫不有是道焉。或曰：上章以知屬乎天，仁屬乎地，與此不同，何也？曰：彼以清濁言，此以動靜言。顯諸仁，藏諸用，鼓萬物而不與聖人同憂，盛德大業至矣哉！顯，自内而外也，仁謂造化之功，德之發也。藏，自外而内也，用謂機緘之妙，業之本也。程子曰：「天地無心而成化，聖人有心而無爲。」富有之謂大業，日新之謂盛德，張子曰：「富有者，大無外。日新者，久無窮。」生生之謂易。陰生陽，陽生陰，其變无窮，理與書皆然也。成象之謂乾，效法之謂坤。效，呈也。法謂造化之詳密而可見者。極數知來之謂占，通變之謂事。占，筮也。事之未定者屬乎陽也。事，行事也。占之已決者屬乎陰也。極數知來，所以通事之變。張忠定公言公事有陰陽，意蓋如此。陰陽不測之謂神。張子曰：「兩在故不測。」○此第五章，言道之體用不外乎陰陽，而其所以然者，則未嘗倚於陰陽也。

夫易，廣矣，大矣。以言乎遠，則不禦；以言乎邇，則靜而正；以言乎天地之間，則備矣。不禦言无盡。靜而正，言即物而理存。備言无所不有。夫乾，其靜也專，其動也直，是以大生焉。夫坤，其靜也翕，其動也闢，是以廣生焉。乾、坤各有動靜，於其四德見之。靜體而動用，靜別而動交也。乾一而實，故以質言而曰大；坤二而虛，故以量言而曰廣。蓋天之形雖包於地之外，而其氣常行乎地之中也，易之所以廣大者以此。廣大配天地，變通配四時，陰陽之義配日月，易簡之善配至德。易之廣大、變通，與其所言陰陽之説、易簡之德，配之天道、人事則如此。○此第六章。

子曰：易其至矣乎！夫易，聖人所以崇德而廣業也。知崇，禮卑，崇效天，卑法地。十翼皆夫子所作，不應自著「子曰」字，疑皆後人所加也。窮理則知崇如天而德崇，循理則禮卑如地而業廣，此其取類又以清濁言也。天地設位，而易行乎其中矣。天地設位而變化行，猶知、禮存性而道義出也。成性存存，道義之門。成性，本成之性也。存存，謂存而又存，不已之意也。○此第七章。

聖人有以見天下之賾，而擬諸其形容，象其物宜，是故謂之象。賾，雜亂也。象，卦之象，如説卦所列者。聖人有以見天下之動，而觀其會通，以行其典禮，繫辭焉以斷其吉凶，是故謂之爻。會謂理之所聚而不可遺處，通謂理之可行而无所礙處，如庖丁解牛，會則其族，而通則其虛也。言天下之至賾而不可惡也，言天下之至動而不可亂也。惡猶厭也。擬之而後言，議之而後動，擬議以成其變化。觀象玩辭，觀變玩占，而法行之，此下七爻則其例也。「鳴鶴在陰，其子和之。我有好爵，吾與爾靡之。」子曰：君子居其室，出其言善，則千里之外應之，況其邇者乎？居其室，出其言不善，則千里之外違之，況其邇者乎？言出乎身，加乎民；行發乎邇，見乎遠。言行，君子之樞機，樞機之發，榮辱之主也。言行，君子之所以動天地也，可不慎乎！釋中孚九二爻義。「同人，先號咷而後笑。」子曰：君子之道，或出或處，或默或語。二人同心，其利斷金。同心之言，其臭如蘭。釋同人九五爻義。言君子之道，初若不同，而後實无間。斷金、如蘭，言物莫能間，而其言有味也。「初六，藉用白茅，无咎。」子曰：苟錯諸地而可矣。藉之用茅，何咎之有？慎之至也。夫茅之爲物薄，而用可重也。慎斯術也以往，其无所失矣。釋大過初六爻義。「勞謙，君子有終，吉。」子曰：勞而不伐，有功而不德，厚之至也。語以其功下人者也。德言盛，禮言恭。謙也者，致恭以存其位者也。釋謙九三爻義。德言盛，禮言恭，言德欲其盛，禮欲其恭也。「亢龍有悔。」子曰：貴而无位，高而无民，賢人在下位而无輔，是以動而有悔也。釋乾上九爻義。當屬文言，此蓋重出。「不出户庭，无咎。」子曰：亂之所生也，則言語以爲階。君不密則失臣，臣不密則失身，幾事不密則害成，是以君子慎密而不出也。釋節初九爻義。子曰：作易者，其知盜乎？易曰：「負且乘，致寇至。」負也者，小人之事也；乘也者，君子之器也。小人而乘君子之器，盜思奪之矣。上慢下暴，盜思伐之矣。慢藏誨盜，冶容誨淫。易曰：「負且乘，致寇至。」盜之招也。釋解六三爻義。○此第八章，言卦爻之用。

天一，地二，天三，地四，天五，地六，天七，地八，天九，地十。此簡本在第十章之首，程子曰宜在此，今從之。此言天地之數，陽奇陰耦，即所謂河圖者也。其位，一、六居下，二、七居上，三、八居左，四、九居右，五、十居中。就此章而言之，則中五爲衍母，次十爲衍子，次一、二、三、四爲四象之位，次六、七、八、九爲四象之數，二老位於西、北，二少位於東、南，其數則各以其類交錯於外也。天數五，地數五，五位相得而各有合。天數二十有五，地數三十，凡天地之數五十有五，此所以成變化而行鬼神也。此簡本在大衍之後，今按宜在此。天數五者，一、三、五、七、九，皆奇也。地數五者，二、四、六、八、十，皆耦也。相得謂一與二，三與四，五與六，七與八，九與十，各以奇耦爲類而自相得。有合謂一與六，二與七，三與八，四與九，五與十，皆兩相合。二十有五者，五奇之積也。三十者，五耦之積也。變化謂一變生水而六化成之，二化生火而七變成之，三變生木而八化成之，四化生金而九變成之，五變生土而十化成之。鬼神謂凡奇耦生成之屈伸往來者。

大衍之數五十，其用四十有九。分而爲二以象兩，掛一以象三，揲之以四以象四時，歸奇於扐以象閏，五歲再閏，故再扐而後掛。大衍之數五十，蓋以河圖中宮天五乘地十而得之。至用以筮，則又止用四十有九。蓋皆出於理勢之自然，而非人之知力所能損益也。兩謂天地也。掛，懸其一於左手小指之間也。三，三才也。揲，間而數之也。奇，所揲四數之餘也。扐，勒於左手中三指之兩間也。閏，積月之餘日而成月者也。五歲之間再積日而再成月，故五歲之中凡有再閏，然後別起積分，如一掛之後左右各一揲而一扐，故五者之中凡有再扐，然後別起一掛也。乾之策二百一十有六，坤之策百四十有四，凡三百有六十，當期之日。凡此策數生於四象。蓋河圖四面，太陽居一而連九，少陰居二而連八，少陽居三而連七，太陰居四而連六。揲蓍之法，則通計三變之餘，去其初掛之一，凡四爲奇，凡八爲耦，奇圓圍三，耦方圍四，三用其全，四用其半，積而數之，則爲六、七、八、九，而第三變揲數、策數亦皆符會。蓋餘三奇則九，而其揲亦九，策亦四九三十六，是爲居一之太陽。餘二奇一耦則八，而其揲亦八，策亦四八三十二，是爲居二之少陰。二耦一奇則七，而其揲亦七，策亦四七二十八，是爲居三之少陽。三耦則六，而其揲亦六，策亦四六二十四，是爲居四之老陰。是其變化往來、進退離合之妙，皆出自然，非人之所能爲也。少陰退而未極乎虚，少陽進而未極乎盈，故此獨以老陽、老陰計乾、坤六爻之策數，餘可推而知也。期周一歲也，凡三百六十五日四分日之一，此特舉成數而概言之耳。二篇之策萬有一千五百二十，當萬物之數也。二篇謂上、下經。凡陽爻百九十二，得六千九百一十二策；陰爻百九十二，得四千六百八策，合之得此數。是故四營而成易，十有八變而成卦。四營謂分二、掛一、揲四、歸奇也。易，變也，謂一變也。三變成爻，十八變則成六爻也。八卦而小成。謂九變而成三畫，得内卦也。引而伸之，觸類而長之，天下之能事畢矣。謂已成六爻，而視其爻之變與不變以爲動静，則一卦可變而爲六十四卦以定吉凶，凡四千九十六卦也。顯道，神德行，是故可與酬酢，可與祐神矣。道因辭顯，行以數神。酬酢謂應對。祐神謂助神化之功。子曰：知變化之道者，其知神之所爲乎？變化之道，即上文數法是也，皆非人之所能爲，故夫子歎之，而門人加「子曰」以别上文也。◯此第九章，言天地、大衍之數，揲蓍求卦之法，然亦略矣。意其詳具於太卜、筮人之官，而今不可考耳。其可推者，啓蒙備言之。

易有聖人之道四焉：以言者尚其辭，以動者尚其變，以制器者尚其象，以卜筮者尚其占。四者皆變化之道，神之所爲者也。是以君子將有爲也，將有行也，問焉而以言，其受命也如響，无有遠近幽深，遂知來物。非天下之至精，其孰能與於此！此尚辭、尚占之事。言人以蓍問易，求其卦爻之辭而以之發言處事，則易受人之命而有以告之，如響之應聲，以決其未來之吉凶也。以言，與「以言者尚其辭」之以言義同。命則將筮而告蓍之語，冠禮筮日，宰自右贊命是也〔二〕。參伍以變，錯綜其數。通其變，遂成天地之文；極其數，遂定天下之象。非天下之至變，其孰能與於此！此尚象之事。變則象之未定者也。參者，三數之也。伍者，五數之也。既參以變，又伍以變，一先一後，更相考覈以審其多寡之實也。錯者，交而互之，一左一右之謂也。綜者，總而挈之，一低一昂之謂也。此亦皆謂揲蓍求卦之事。蓋通三揲兩手之策，以成陰陽老少之畫，究七、八、九、六之數，以定卦爻動靜之象也。「參伍」、「錯綜」皆古語，而「參伍」尤難曉。按荀子云：「窺敵制變，欲伍以參。」韓非曰：「省同異之言，以知朋黨之分。偶參伍之驗，以責陳言之實。」又曰：「參之以比物，伍之以合參。」史記曰：「必參而伍之。」又曰：「參伍不失。」漢書曰：「參伍其賈，以類相準。」此足以相發明矣。易无思也，无爲也，寂然不動，感而遂通天下之故。非天下之至神，其孰能與於此！此四者之體所以立，而用所以行者也。易指蓍卦。无思无爲，言其无心也。寂然者，感之體；感通者，寂之用。人心之妙，其動靜亦如此。夫易，聖人之所以極深而研幾也。研猶審也。幾，微也。所以極深者，至精也；所以研幾者，至變也。唯深也，故能通天下之志；唯幾也，故能成天下之務；唯神也，故不疾而速，不行而至。所以通志而成務者，神之所爲也。子曰易有聖人之道四焉者〔三〕，此之謂也。○此第十章，承上章之意，言易之用有此四者。

子曰：夫易，何爲者也？夫易，開物成務，冒天下之道，如斯而已者也。是故聖人以通天下之志，以定天下之業，以斷天下之疑。開物成務，謂使人卜筮以知吉凶而成事業。冒天下之道，謂卦爻既設，而天下之道皆在其中。是故蓍之德圓而神，卦之德方以知，六爻之義易以貢。聖人以此洗心，退藏於密，吉凶與民同患。神以知來，知以藏往，其孰能與於此哉！古之聰明叡知，神武而不殺者夫！圓、神，謂變化无方。方、知，謂事有定理。易以貢，謂變易以告人。聖人體具三者之德，而无一塵之累，无事則其心寂然，人莫能窺；有事則神知之用，隨感而應，所謂无卜筮而知吉凶也。神武不殺，得其理而不假其物之謂。是以明於天之道，而察於民之故，是興神物以前民用。聖人以此齊戒，以神明其德夫！神物謂蓍龜。湛然純一之謂齊，肅然警惕之謂戒。明天道，故知神物之可興。察民故，故知其用之不可不有以開其先。是以作爲卜筮以教人，而於此焉〔四〕，齊戒以考其占，使其心神明不測，如鬼神之能知來也。是故闔户謂之坤，闢户謂之乾，一闔一闢謂之變，往來不窮謂之通。見乃謂之象，形乃謂之器，制而用之謂之法，利用出入，民咸用之謂之神。闔闢，動靜之機也。先言坤者，由靜而動也。乾、坤、變、通者，化育之功也。見象、形器者，生物之序也。法者，聖人脩道之所爲，而神者，百姓自然之日用也。是故易有大極，是生兩儀，兩儀生四象，四象生八卦。一每生二，自然之理也。易者陰陽之變，太極者其理也。兩儀者，始爲一畫以分陰陽；四象者，次爲二畫以分太少；八卦者，次爲三畫而三才之象始備。此數言者，實聖人作易自然之次第，有不假丝毫智力而成者。畫卦、揲蓍其序皆然。詳見序例、啓蒙。八卦定吉凶，吉凶生大業。有吉有凶，是生大業。是故法象莫大乎天地，變通莫大乎四時，縣象著明莫大乎日月。崇高莫大乎富貴，備物致用，立成器以爲天下利，莫大乎聖人。探賾索隱，鉤深致遠，以定天下之吉凶〔五〕，成天下之亹亹者，莫大乎蓍龜。富貴謂有天下、履帝位。「立」下疑有闕文。亹亹猶勉勉也，疑則怠，決故勉。是故天生神物，聖人則之；天地變化，聖人效之；天垂象，見吉凶，聖人象之；河出圖，洛出書，聖人則之。此四者，聖人作易之所由也。河圖、洛書詳見啓蒙。易有四象，所以示也。繫辭焉，所以告也。定之以吉凶，所以斷也。四象謂陰陽老少。示謂示人以所值之卦爻。○此第十一章，專言卜筮。

易曰：「自天祐之，吉，无不利。」子曰：祐者，助也。天之所助者，順也；人之所助者，信也。履信思乎順，又以尚賢也。是以自天祐之，吉，无不利也〔六〕。釋大有上九爻義，然在此无所屬，或恐是錯簡，宜在第八章之末〔七〕。

子曰：書不盡言，言不盡意。然則聖人之意，其不可見乎？子曰：聖人立象以盡意，設卦以盡情僞，繫辭焉以盡其言，變而通之以盡利，鼓之舞之以盡神。言之所傳者淺，象之所示者深，觀奇耦二畫包含變化无有窮盡則可見矣。變通、鼓舞以事而言。兩「子曰」字宜衍其一。蓋「子曰」字皆後人所加，故有此誤。如近世通書乃周子所自作，亦爲後人每章加以「周子曰」字，其設問答處，正如此也。乾、坤其易之緼耶？乾、坤成列，而易立乎其中矣。乾、坤毁，則无以見易。易不可見，則乾、坤或幾乎息矣。緼，所包蓄者，猶衣之著也。易之所有，陰陽而已。凡陽皆乾，凡陰皆坤，畫卦定位，則二者成列，而易之體立矣。乾、坤毁，謂卦畫不立。乾、坤息，謂變化不行。是故形而上者謂之道，形而下者謂之器，化而裁之謂之變，推而行之謂之通，舉而錯之天下之民，謂之事業。卦爻陰陽皆形而下者，其理則道也，因其自然之化而裁制之，變之義也。「變」、「通」二字，上章以天言，此章以人言。是故夫象，聖人有以見天下之賾，而擬諸其形容，象其物宜，是故謂之象。聖人有以見天下之動，而觀其會通，以行其典禮，繫辭焉以斷其吉凶，是故謂之爻。重出以起下文。極天下之賾者存乎卦，鼓天下之動者存乎辭，卦即象也，辭即爻也。化而裁之存乎變，推而行之存乎通，神而明之存乎其人。默而成之，不言而信，存乎德行。卦爻所以變通者在人，人之所以能神而明之者在德。○此第十二章。

校勘記

〔一〕重濁有迹也　「也」字原脱，據宋甲本、傳義附録、大全補。

〔二〕宰自右贊命　「右」原作「有」，據傳義附録、大全、阮刻十三經注疏儀禮改。
〔三〕易有聖人之道四焉者　「者」字原脱，據宋甲本、傳義附録、大全、十三經注疏補。
〔四〕而於此焉　「而」字原脱，據宋甲本、傳義附録、大全補。
〔五〕以定天下之吉凶　「以」字原脱，據宋甲本、傳義附録、大全、十三經注疏補。
〔六〕无不利也　「也」字原脱，據宋甲本、傳義附録、大全、十三經注疏補。
〔七〕宜在第八章之末　「八」原作「七」，據傳義附録、大全改。

周易繫辭下傳第六

朱熹本義

八卦成列，象在其中矣。因而重之，爻在其中矣。成列，謂乾一、兑二、離三、震四、巽五、坎六、艮七、坤八之類。象謂卦之形體也。因而重之，謂各因一卦而以八卦次第加之，爲六十四也。爻，六爻也，既重而後卦有六爻也。剛柔相推，變在其中矣。繫辭焉而命之，動在其中矣。剛柔相推而卦爻之變往來交錯，无不可見。聖人因其如此，而皆繫之辭以命其吉凶，則占者所值當動之爻象，亦不出乎此矣。吉凶悔吝者，生乎動者也。吉凶悔吝，皆辭之所命也，然必因卦爻之動而後見。剛柔者，立本者也；變通者，趣時者也；一剛一柔各有定位，自此而彼，變以從時。吉凶者，貞勝者也。貞，正也，常也，物以其所正爲常者也。天下之事，非吉則凶，非凶則吉，常相勝而不已也。天地之道，貞觀者也；日月之道，貞明者也；天下之動，貞夫一者也。觀，示也。天下之動，其變无窮，然順理則吉，逆理則凶，則其所正而常者，亦一理而已矣。夫乾，確然示人易矣。夫坤，隤然示人簡矣。確然，健貌。隤然，順貌。所謂貞觀者也。爻也者，效此者也；象也者，像此者也。此謂上文乾、坤所示之理，爻之奇耦、卦之消息所以效而象之。爻象動乎内，吉凶見乎外，功業見乎變，聖人之情見乎辭。内謂蓍卦之中，外謂蓍卦之外。變即動乎内之變，辭即見乎外之辭。天地之大德曰生，聖人之大寶曰位。何以守位？曰人。何以聚人？曰財。理財正辭，禁民爲非，曰義。「曰人」之「人」，今本作「仁」，吕氏從古。蓋所謂非衆罔與守邦。○此第一章，言卦爻吉凶，造化功業。

古者包犧氏之王天下也，仰則觀象於天，俯則觀法於地，觀鳥獸之文與地之宜，近取諸身，遠取諸物，於是始作八卦，以通神明之德，以類萬物之情。王昭素曰：「與」、「地」之間諸本多有「天」字。俯仰遠近，所取不一，然不過以驗陰陽消息兩端而已。神明之德，如健順動止之性。萬物之情，如雷風山澤之象。作結繩而爲罔罟，以佃以漁，蓋取諸離。兩目相承而物麗焉。包犧氏没，神農氏作，斲木爲耜，揉木爲耒，耒耨之利以教天下，蓋取諸益。二體皆木，上入下動，天下之益莫大於此。日中爲市，致天下之民，聚天下之貨，交易而退，各得其所，蓋取諸噬嗑。日中爲市，上明而下動。又借「噬」爲「市」，「嗑」爲「合」也。神農氏没，黄帝、堯、舜氏作，通其變，使民不倦；神而化之，使民宜之。易窮則變，變則通，通則久。是以自天祐之，吉，无不利。黄帝、堯、舜垂衣裳而天下治，蓋取諸乾、坤。乾、坤變化而无爲。刳木爲舟，剡木爲楫，舟楫之利以濟不通，致遠以利天下，蓋取諸涣。木在水上也。「致遠以利天下」疑衍。服牛乘馬，引重致遠，以利天下，蓋取諸隨。下動上説。重門擊柝以待暴客，蓋取諸豫。豫，備之意。斷木爲杵，掘地爲臼，臼杵之利，萬民以濟，蓋取諸小過。下止上動。弦木爲弧，剡木爲矢，弧矢之利以威天下，蓋取諸睽。睽乖然後威以服之。上古穴居而野處，後世聖人易之以宫室，上棟下宇，以待風雨，蓋取諸大壯。壯，固之意。古之葬者，厚衣之以薪，葬之中野，不封不樹，喪期无數；後世聖人易之以棺椁，蓋取諸大過。送死大事，而過於厚。上古結繩而治，後世聖人易之以書契，百官以治，萬民以察，蓋取諸夬。明決之意。○此第二章，言聖人制器尚象之事。

是故易者，象也，象也者，像也。易卦之形，理之似也。彖者，材也。彖言一卦之材。爻也者，效天下之動者也。效，放也。是故吉凶生而悔吝著也。悔吝本微，因此而著。○此第三章。

陽卦多陰，陰卦多陽，震、坎、艮爲陽卦，皆一陽二陰；巽、離、兑爲陰卦，皆一陰二陽。其故何也？陽卦奇，陰卦耦。凡陽卦皆五畫，凡陰卦皆四畫。其德行何也？陽一君而二民，君子之道也；陰二君而一民，小人之道也。君謂陽，民謂陰。○此第四章。

易曰：「憧憧往來，朋從爾思。」子曰：天下何思何慮？天下同歸而殊塗，一致而百慮，天下何思何慮？引咸九四爻詞而釋之。言理本无二，而殊塗百慮莫非自然，何以思慮爲哉！必思而從，則所從者亦狹矣。日往則月來，月往則日來，日月相推而明生焉。寒往則暑來，暑往則寒來，寒暑相推而歲成焉。往者，屈也；來者，信也。屈信相感而利生焉。言往來、屈信皆感應自然之常理，加憧憧焉則入於私矣，所以必思而後有從也。尺蠖之屈，以求信也；龍蛇之蟄，以存身也。精義入神，以致用也；利用安身，以崇德也。因言屈伸、往來之理，而又推以言學亦有自然之機也。精研其義，至於入神，屈之至也，然乃所以爲出而致用之本；利其施用，无適不安，伸之極也，然乃所以爲入而崇德之資。内外交相養，互相發也。過此以往，未之或知也。窮神知化，德之盛也。下學之事，盡力於精義、利用，而交養互發之機自不能已。自是以上，則亦无所用其力矣。至於窮神知化，乃德盛仁熟而自致耳，然不知者往而屈也，自致者來而信也，是亦感應自然之理而已。張子曰：「氣有陰陽，推行有漸，爲化合一，不測爲神。」此上四節，皆以釋咸九四爻義。易曰：「困于石，據于蒺藜，入于其宮，不見其妻，凶。」子曰：非所困而困焉，名必辱；非所據而據焉，身必危。既辱且危，死期將至[一]，妻其可得見邪？釋困六三爻義。易曰：「公用射隼于高墉之上，獲之，无不利。」子曰：隼者，禽也。弓矢者，器也。射之者，人也。君子藏器於身，待時而動，何不利之有！動而不括，是以出而有獲，語成器而動者也。括，結礙也。此釋解上六爻義。子曰：小人不恥不仁，不畏不義，不見利不勸，不威不懲，小懲而大誡，此小人之福也。易曰：「屨校滅趾，无咎。」此之謂也。此釋噬嗑初九爻義。善不積不足以成名，惡不積不足以滅身。小人以小善爲无益而弗爲也，以小惡爲无傷而弗去也，故惡積而不可揜，罪大而不可解。易曰：「何校滅耳，凶。」此釋噬嗑上九爻義。子曰：危者，安其位者也；亡者，保其存者也；亂者，有其治者也。是故君子安而不忘危，存而不忘亡，治而不忘亂，是以身安而國家可保也。易曰：「其亡其亡，繫于苞桑。」此釋否九五爻義。子曰：德薄而位尊，知小而謀大，力小而任重，鮮不及矣。易曰：「鼎折足，覆公餗，其形渥，凶。」言不勝其任也。此釋鼎九四爻義。子曰：知幾其神乎！君子上交不諂，下交不瀆，其知幾乎！幾者，動之微，吉之先見者也。君子見幾而作，不俟終日。易曰：「介于石，不終日，貞吉。」介如石焉，寧用終日？斷可識矣。君子知微知彰，知柔知剛，萬夫之望。此釋豫六二爻義。漢書「吉」、「之」之間有「凶」字。子曰：顏氏之子，其殆庶幾乎！有不善未嘗不知，知之未嘗復行也。易曰：「不遠復，无祇悔，元吉。」殆，危也。庶幾，近意，言近道也。此釋復初九爻義。天地絪緼，萬物化醇；男女構精，萬物化生。易曰：「三人行則損一人，一人行則得其友。」言致一也。絪緼，交密之狀。醇謂厚而凝也，言氣化者也。化生，形化者也。此釋損六三爻義。子曰：君子安其身而後動，易其心而後語，定其交而後求，君子脩此三者，故全也。危以動，則民不與也；懼以語，則民不應也；无交而求，則民不與也。莫之與，則傷之者至矣。易曰：「莫益之，或擊之，立心勿恒，凶。」此釋益上九爻義。○此第五章。

子曰：乾、坤，其易之門邪？乾，陽物也；坤，陰物也。陰陽合德，而剛柔有體，以體天地之撰，以通神明之德。諸卦剛柔之體皆以乾、坤合德而成，故曰「乾、坤易之門」。撰猶事也。其稱名也，雜而不越。於稽其類，其衰世之意邪？萬物雖多，无不出於陰陽之變，故卦爻之義雖雜出而不差繆。然非上古淳質之時思慮所及也，故以爲衰世之意，蓋指文王與紂之時也。夫易彰往而察來，而微顯闡幽，開而當名辨物，正言斷辭，則備矣。「而微顯」恐當作「微顯而」，「開而」之「而」亦疑有誤。其稱名也小，其取類也大。其旨遠，其辭文，其言曲而中，其事肆而隱。因貳以濟民行，以明失得之報。肆，陳也。貳，疑也。○此第六章，多闕文疑字，不可盡通。後皆放此。

易之興也，其於中古乎？作易者，其有憂患乎？夏、商之末，易道中微，文王拘於羑里而繫彖辭，易道復興。是故履，德之基也。謙，德之柄也。復，德之本也。恒，德之固也。損，德之脩也。益，德之裕也。困，德之辯也。井，德之地也。巽，德之制也。履，禮也。上天下澤，定分不易，必謹乎此，然後其德有以爲基而立也。謙者，自卑而尊人，又爲禮者之所當執持而不可失者也。九卦皆反身脩德以處憂患之事也，而有序焉。基所以立，柄所以持。復者，心不外而善端存。恒者，守不變而常且久。懲忿窒慾以脩身，遷善改過以長善。困以自驗其力，井以不變其所，然後能巽順於理以制事變也。履，和而至。謙，尊而光。復，小而辨於物。恒，雜而不厭。損，先難而後易。益，長裕而不設。困，窮而通。井，居其所而遷。巽，稱而隱。此如書之九德。禮非强世，然事皆至極。謙以自卑而尊且光。復陽微而不亂於羣陰。恒處雜而常德不厭。損欲先難，習熟則易。益但充長而不造作。困身困而道亨。井不動而及物。巽稱物之宜而潛隱不露。履以和行，謙以制禮，復以自知，恒以一德，損以遠害，益以興利，困以寡怨，井以辨義，巽以行權。寡怨謂少所怨尤。

辨義謂安而能慮。○此第七章，三陳九卦，以明處憂患之道。

易之爲書也不可遠，爲道也屢遷。變動不居，周流六虛，上下无常，剛柔相易，不可爲典要，唯變所適。遠猶忘也。周流六虛，謂陰陽流行於卦之六位。其出入以度，外内使知懼。此句未詳，疑有脱誤。又明於憂患與故，无有師保，如臨父母。雖无師保，而常若父母臨之，戒懼之至。初率其辭而揆其方，既有典常，苟非其人，道不虛行。方，道也。始由辭以度其理，則見其有典常矣。然神而明之，則存乎其人也。○此第八章。

易之爲書也，原始要終，以爲質也。六爻相雜，唯其時物也。質謂卦體，卦必舉其始終而後成體。爻則唯其時物而已。其初難知，其上易知，本末也。初辭擬之，卒成之終。此言初、上二爻。若夫雜物撰德，辨是與非，則非其中爻不備。此謂卦中四爻。噫！亦要存亡吉凶，則居可知矣。知者觀其彖辭，則思過半矣。彖統論一卦六爻之體。二與四同功而異位，其善不同。二多譽，四多懼，近也。柔之爲道，不利遠者，其要无咎，其用柔中也。此以下論中爻。同功謂皆陰位。異位謂遠近不同。四近君，故多懼。柔不利遠，而二多譽者，以其柔中也。三與五同功而異位，三多凶，五多功，貴賤之等也。其柔危，其剛勝邪？三、五同陽位而貴賤不同。然以柔居之則危，惟剛則能勝之。○此第九章。

易之爲書也，廣大悉備。有天道焉，有人道焉，有地道焉。兼三材而兩之，故六。六者非它也，三材之道也。三畫已具三材，重之故六，而以上二爻爲天，中二爻爲人，下二爻爲地。道有變動，故曰爻。爻有等，故曰物。物相雜，故曰文。文不當，故吉凶生焉。道有變動，謂卦之一體。等謂遠近貴賤之差。相雜謂剛柔之位相間。不當謂爻不當位。○此第十章。

易之興也，其當殷之末世，周之盛德邪？當文王與紂之事邪？是故其辭危。危者使平，易者使傾。其道甚大，百物不廢。懼以終始，其要无咎。此之謂易之道也。危懼故得平安，慢易則必傾覆，易之道也。○此第十一章。

夫乾，天下之至健也，德行恒易以知險。夫坤，天下之至順也，德行恒簡以知阻。至健則所行无難，故易。至順則所行不煩，故簡。然其於事，皆有以知其難，而不敢易以處之也[二]，是以其有憂患，則健者如自高臨下而知其險，順者如自下趨上而知其阻。蓋雖易而能知險，則不陷於險矣；既簡而又知阻，則不困於阻矣。所以能危能懼，而无易者之傾也。能説諸心，能研諸侯之慮，定天下之吉凶，成天下之亹亹者。「侯之」二字衍。説諸心者，心與理會，乾之事也。研諸慮者，理因慮審，坤之事也。説諸心，故有以定吉凶。研諸慮，故有以成亹亹。是故變化云爲，吉事有祥。象事知器，占事知來。變化云爲，故象事可以知器。吉事有祥，故占事可以知來。天地設位，聖人成能。人謀鬼謀，百姓與能。天地設位，而聖人作易以成其功。於是人謀鬼謀，雖百姓之愚皆得以與其能。八卦以象告，爻彖以情言，剛柔雜居，而吉凶可見矣。象謂卦畫，爻彖謂卦爻辭。變動以利言，吉凶以情遷。是故愛惡相攻而吉凶生，遠近相取而悔吝生，情僞相感而利害生。凡易之情，近而不相得則凶。或害之，悔且吝。不相得，謂相惡也，凶害悔吝皆由此生。將叛者，其辭慚。中心疑者，其辭枝。吉人之辭寡，躁人之辭多。誣善之人，其辭游。失其守者，其辭屈。卦爻之辭亦猶是也。○此第十二章。

校勘記

〔一〕死期將至　「期」，傳義附録作「其」。

〔二〕處之也　「也」字原脱，據宋甲本、傳義附録、大全補。

周易文言傳第七

朱熹本義

此篇申象傳、象傳之意，以盡乾、坤二卦之藴，而餘卦之説因可以例推云。

元者，善之長也。亨者，嘉之會也。利者，義之和也。貞者，事之幹也。元者，生物之始，天地之德莫先於此，故於時爲春，於人則爲仁，而衆善之長也。亨者，生物之通，物至於此莫不嘉美，故於時爲夏，於人則爲禮，而衆美之會也。利者，生物之遂，物各得宜，不相妨害，故於時爲秋，於人則爲義，而得其分之和。貞者，生物之成，實理具備，隨在各足，故於時爲冬，於人則爲知，而爲衆事之幹。幹，木之身，枝葉所依以立者也。君子體仁足以長人，嘉會足以合禮，利物足以和義，貞固足以幹事。以仁爲體，則无一物不在所愛之中，故足以長人。嘉其所會，則无不合禮。使物各得其所利〔一〕，則義无不和。貞固者，知正之所在而固守之，所謂知而弗去者也，故足以爲事之幹。君子，行此四德者，故曰：「乾，元亨利貞。」非君子之至健无以行此，故曰：「乾，元亨利貞。」○此第一節，申象傳之意，與春秋傳所載穆姜之言不異。疑古者已有此語，穆姜稱之，而夫子亦有取焉，故下文别以「子曰」表孔子之詞。蓋傳者欲以明此章之爲古語也。

初九曰：「潛龍勿用。」何謂也？子曰：「龍德而隱者也。不易乎世，不成乎名，遯世无悶，不見是而无悶，樂則行之，憂則違之，確乎其不可拔，潛龍也。」龍德，聖人之德也。在下故隱。易謂變其所守。大抵乾卦六爻，文言皆以聖人明之，有隱顯而无淺深也。

九二曰：「見龍在田，利見大人。」何謂也？子曰：「龍德而正中者也。庸言之信，庸行之謹，閑邪存其誠，善世而不伐，德博而化。易曰『見龍在田，利見大人』，君德也。」正中，不潛而未躍之時也。常言亦信，常行亦謹，盛德之至也。閑邪存其誠，「無斁亦保」之意。言君德也者，釋大人之爲九二也。

九三曰：「君子終日乾乾，夕惕若，厲无咎。」何謂也？子曰：「君子進德脩業。忠信所以進德也。脩辭立其誠，所以居業也。知至至之，可與幾也。知終終之，可與存義也。是故居上位而不驕，在下位而不憂，故乾乾因其時而惕，雖危无咎矣。」忠信，主於心者无一念之不誠也。脩辭，見於事者无一言之不實也。雖有忠信之心，然非脩辭立誠則无以居之。知至至之，進德之事；知終終之，居業之事。所以終日乾乾而夕猶惕若者，以此故也。可上可下，不驕不憂，所謂无咎也。

九四曰：「或躍在淵，无咎。」何謂也？子曰：「上下无常，非爲邪也。進退无恒，非離羣也。君子進德脩業，欲及時也。故无咎。」內卦以德、學言，外卦以時、位言。進德脩業，九三備矣，此則欲其及時而進也。

九五曰：「飛龍在天，利見大人。」何謂也？子曰：「同聲相應，同氣相求。水流濕，火就燥，雲從龍，風從虎。聖人作而萬物覩。本乎天者親上，本乎地者親下，則各從其類也。」作，起也。物猶人也。覩釋利見之意也。本乎天者謂動物，本乎地者謂植物。物各從其類。聖人，人類之首也，故興起於上則人皆見之。

上九曰：「亢龍有悔。」何謂也？子曰：「貴而无位，高而无民，賢人在下位而无輔，是以動而有悔也。」賢人在下位，謂九五以下。无輔，以上九過高志滿，不來輔助之也。○此第二節，申象傳之意。

「潛龍勿用」，下也。「見龍在田」，時舍也。言未爲時用也。「終日乾乾」，行事也。「或躍在淵」，自試也。未遽有爲，姑試其可。「飛龍在天」，上治也。居上以治下。「亢龍有悔」，窮之災也。乾元用九，天下治也。言乾元用九，見與它卦不同，君道剛而能柔，天下无不治矣。○此第三節，再申前意。

「潛龍勿用」，陽氣潛藏。「見龍在田」，天下文明。雖不在上位，然天下已被其化。「終日乾乾」，與時偕行。時當然也。「或躍在淵」，乾道乃革。離下而上，變革之時。「飛龍在天」，乃位乎天德。天德即天位也，蓋唯有是德乃宜居是位，故以名之。「亢龍有悔」，與時偕極。乾元用九，乃見天則。剛而能柔，天之法也。○此第四節，又申前意。

乾元者，始而亨者也。始則必亨，理勢然矣。利貞者，性情也。收斂歸藏，乃見性情之實。乾始能以美利利天下，不言所利，大矣哉！始者，元而亨也。利天下者，利也。不言所利者，貞也。或曰：坤利牝馬，則言所利矣。大哉乾乎！剛健中正，純粹精也。剛以體言，健兼用言。中者，其行无過、不及。正者，其立不偏。四者乾之德也。純者不雜於陰柔，粹者不雜於邪惡，蓋剛健中正之至極，而精者又純粹之至極也。或疑乾剛无柔，不得言中正者，不然也。天地之間，本一氣之流行而有動靜耳。以其流行之統體而言，則但謂之乾而无所不包矣。以其動靜分之，然後有陰陽剛柔之別也。六爻發揮，旁通情也。旁通猶言曲盡。時乘六龍，以御天也。雲行雨施，天下平也。言聖人時乘六龍以御天，則如天之雲行雨施而天下平也。○此第五節，復申首章之意。

君子以成德爲行，日可見之行也。潛之爲言也，隱而未見，行而未成，是以君子弗用也。成德，已成之德也。初九固成德，但其行未可見耳。

君子學以聚之，問以辨之[二]，寬以居之，仁以行之。易曰：「見龍在田，利見大人。」君德也。蓋由四者以成大人之德。再言君德，以深明九二之爲大人也。

九三重剛而不中，上不在天，下不在田，故乾乾因其時而惕，雖危无咎矣。重剛謂陽爻、陽位。

九四重剛而不中，上不在天，下不在田，中不在人，故或之。或之者，疑之也，故无咎。九四非重剛，「重」字疑衍。在人謂三。或者，隨時而未定也。

夫大人者，與天地合其德，與日月合其明，與四時合其序，與鬼神合其吉凶。先天而天弗違，後天而奉天時。天且弗違，而況於人乎？況於鬼神乎？大人即釋爻辭所利見之大人也，有是德而當其位乃可當之。人與天地鬼神本无二理，特蔽於有我之私，是以梏於形體而不能相通。大人无私，以道爲體，曾何彼此先後之可言哉！先天不違，謂意之所爲，默與道契。後天奉天，謂知理如是奉而行之。回紇謂郭子儀曰：「卜者言：『此行當見一大人而還。』」其占蓋與此合。若子儀者，雖未及乎夫子之所論，然其至公无我，亦可謂當時之大人矣。

亢之爲言也，知進而不知退，知存而不知亡，知得而不知喪。所以動而有悔也。其唯聖人乎？知進退、存亡而不失其正者，其唯聖人乎？知其理勢如是而處之以道，則不至於有悔矣，固非計私以避害者也。再言「其唯聖人乎」，始若設問，而卒自應之也。○此第六節，復申第二、第三、第四節之意。

坤，至柔而動也剛，至靜而德方。剛、方釋牝馬之貞也。方謂生物有常。後得主而有常，程傳曰：「主」下當有「利」字。含萬物而化光。復明亨義。坤道其順乎！承天而時行。復明順承天之義。○此以上申彖傳之意。

積善之家必有餘慶，積不善之家必有餘殃。臣弒其君，子弒其父，非一朝一夕之故，其所由來者漸矣，由辨之不早辨也〔三〕。易曰：「履霜，堅冰至。」蓋言順也。古字「順」、「慎」通用。按此當作「慎」，言當辨之於微也。

直其正也，方其義也，君子敬以直內，義以方外，敬義立而德不孤。「直、方、大，不習无不利」，則不疑其所行也。此以學言之也。正謂本體，義謂裁制，敬則本體之守也。直內方外，程傳備矣。不孤言大也。疑故習而後利，不疑則何假於習。

陰雖有美，含之以從王事，弗敢成也。地道也，妻道也，臣道也。地道无成而代有終也。

天地變化，草木蕃；天地閉，賢人隱。易曰：「括囊，无咎无譽。」蓋言謹也。

君子黃中通理，黃中，言中德在內，釋「黃」字之義也。正位居體。雖在尊位而居下體，釋「裳」字之義也。美在其中而暢於四支，發於事業，美之至也。美在其中復釋黃中，暢於四支復釋居體。

陰疑於陽必戰。爲其嫌於无陽也，故稱龍焉；猶未離其類也，故稱血焉。夫玄黃者，天地之雜也，天玄而地黃。疑謂鈞敵而无小大之差也〔四〕。坤雖无陽，然陽未嘗无也。血陰屬。蓋氣陽而血陰也。玄黃，天地之正色。言陰陽皆傷也。○此以上申象傳之意。

校勘記

〔一〕使物各得其所利　「所」字原脱，據傳義附録、大全補。宋甲本作「使物各得所利」。

〔二〕問以辨之　「辨」，宋甲本作「辯」。

〔三〕由辨之不早辨也　兩「辨」字，宋甲本、傳義附録、大全皆作「辯」。注文「言當辨之於微也」同。

〔四〕鈞敵而无小大之差也　「而」字原脱，據宋甲本、傳義附録、大全補。

周易說卦傳第八

朱熹本義

昔者聖人之作易也，幽贊於神明而生蓍，幽贊神明猶言贊化育。龜筴傳曰：「天下和平，王道得，而蓍莖長丈，其叢生滿百莖。」參天兩地而倚數，天圓地方。圓者一而圍三，三各一奇，故參天而爲三。方者一而圍四，四合二耦，故兩地而爲二。數皆倚此而起。故揲蓍三變之末，其餘三奇，則三三而九；三耦，則三二而六；兩二一三則爲七；兩三一二則爲八。觀變於陰陽而立卦，發揮於剛柔而生爻。和順於道德而理於義，窮理盡性以至於命。和順，從容无所乖逆，統言之也。理謂隨事得其條理，析言之也。窮天下之理，盡人物之性，而合於天道，此聖人作易之極功也。○此第一章。

昔者聖人之作易也，將以順性命之理，是以立天之道曰陰與陽，立地之道曰柔與剛，立人之道曰仁與義。兼三才而兩之，故易六畫而成卦。分陰分陽，迭用柔剛，故易六位而成章。兼三才而兩之，總言六畫。又細分之，則陰陽之位間雜而成文章也。○此第二章。

天地定位，山澤通氣，雷風相薄，水火不相射。八卦相錯。邵子曰，此伏羲八卦之位。乾南，坤北，離東，坎西，兑居東南，震居東北，巽居西南，艮居西北，於是八卦相交而成六十四卦，所謂先天之學也。數往者順，知來者逆，是故易，逆數也。起震而歷離、兑以至於乾，數已生之卦也。自巽而歷坎、艮以至於坤，推未生之卦也。易之生卦則以乾、兑、離、震、巽、坎、艮、坤爲次，故皆逆數也。○此第三章。

雷以動之，風以散之，雨以潤之，日以烜之，艮以止之，兑以説之，乾以君之，坤以藏之。此卦位相對與上章同。○此第四章。

帝出乎震，齊乎巽，相見乎離，致役乎坤，説言乎兑，戰乎乾，勞乎坎，成言乎艮。帝者，天之主宰。邵子曰，此卦位乃文王所定，所謂後天之學也。萬物出乎震，震，東方也。齊乎巽，巽，東南也。齊也者，言萬物之絜齊也〔一〕。離也者，明也，萬物皆相見，南方之卦也。聖人南面而聽天下，嚮明而治，蓋取諸此也。坤也者，地也，萬物皆致養焉，故曰致役乎坤。兑，正秋也，萬物之所説也，故曰説言乎兑。戰乎乾，乾，西北之卦也，言陰陽相薄也。坎者，水也，正北方之卦也，勞卦也，萬物之所歸也，故曰勞乎坎。艮，東北之卦也，萬物之所成終而所成始也，故曰成言乎艮。上言帝，此言萬物之隨帝以出入也。○此第五章，所推卦位之説多未詳者。

神也者，妙萬物而爲言者也。動萬物者莫疾乎雷，橈萬物者莫疾乎風，燥萬物者莫熯乎火，説萬物者莫説乎澤，潤萬物者莫潤乎水，終萬物始萬物者，莫盛乎艮。故水火相逮，雷風不相悖，山澤通氣，然後能變化，既成萬物也。此去乾、坤而專言六子，以見神之所爲。然其位序亦用上章之説，未詳其義。○此第六章。

乾，健也。坤，順也。震，動也。巽，入也。坎，陷也。離，麗也。艮，止也。兑，説也。此言八卦之性情。○此第七章。

乾爲馬，坤爲牛，震爲龍，巽爲雞，坎爲豕，離爲雉，艮爲狗，兑爲羊。遠取諸物如此。○此第八章。

乾爲首，坤爲腹，震爲足，巽爲股，坎爲耳，離爲目，艮爲手，兑爲口。近取諸身如此。○此第九章。

乾，天也，故稱乎父。坤，地也，故稱乎母。震一索而得男，故謂之長男。巽一索而得女，故謂之長女。坎再索而得男，故謂之中男。離再索而得女，故謂之中女。艮三索而得男，故謂之少男。兑三索而得女，故謂之少女。索，求也，謂揲蓍以求爻也。男女指卦中一陰一陽之爻而言。○此第十章。

乾爲天，爲圜，爲君，爲父，爲玉，爲金，爲寒，爲冰，爲大赤，爲良馬，爲老馬，爲瘠馬，爲駁馬，爲木果。荀九家此下有「爲龍，爲直，爲衣，爲言」。

坤爲地，爲母，爲布，爲釜，爲吝嗇，爲均，爲子母牛，爲大輿，爲文，爲衆，爲柄，其於地也爲黑。荀九家有「爲牝，爲迷，爲方，爲囊，爲裳，爲黄，爲帛，爲漿」。

震爲雷，爲龍，爲玄黄，爲旉，爲大塗，爲長子，爲決躁，爲蒼筤竹，爲萑葦。其於馬也，爲善鳴，爲馵足，爲作足，爲的顙。其於稼也，爲反生。其究爲健，爲蕃鮮。荀九家有「爲玉〔二〕，爲鵠，爲鼓」。

巽爲木，爲風，爲長女，爲繩直，爲工，爲白，爲長，爲高，爲進退，爲不果，爲臭。其於人也，爲寡髮，爲廣顙，爲多白眼。爲近利市三倍。其究爲躁卦。荀九家有「爲楊，爲鸛」。

坎爲水，爲溝瀆，爲隱伏，爲矯輮，爲弓輪。其於人也，爲加憂，爲心病，爲耳痛，爲血卦，爲赤。其於馬也，爲美脊，爲亟心，爲下首，爲薄蹄，爲曳。其於輿也，爲多眚，爲通，爲月，爲盜。其於木也，爲堅多心。荀九家有「爲宫，爲律，爲可，爲棟，爲叢棘，爲狐，爲蒺藜，爲桎梏」。

離爲火，爲日，爲電，爲中女，爲甲胄，爲戈兵。其於人也，爲大腹。爲乾卦，爲鱉，爲蟹，爲蠃，爲蚌，爲龜。其於木也，爲科上槁。荀九家有「爲牝牛」。

艮爲山，爲徑路，爲小石，爲門闕，爲果蓏，爲閽寺，爲指，爲狗，爲鼠，爲黔喙之屬。其於木也，爲堅多節。荀九家有「爲鼻，爲虎，爲狐」。

兑爲澤，爲少女，爲巫，爲口舌，爲毁折，爲附決。其於地也，爲剛鹵。爲妾，爲羊。荀九家有「爲常，爲輔頰」。○此第十一章，廣八卦之象，其間多不可曉者，求之於經亦不盡合也。

校勘記

〔一〕言萬物之絜齊也　「絜」原作「潔」，據宋甲本、傳義附録、阮刻十三經注疏改。

〔二〕爲玉　「玉」原作「五」，據宋甲本、傳義附録、大全改。

周易序卦傳第九

朱熹本義

有天地，然後萬物生焉。盈天地之間者唯萬物，故受之以屯。屯者，盈也。屯者，物之始生也。物生必蒙，故受之以蒙。蒙者，蒙也，物之穉也。物穉不可不養也，故受之以需。需者，飲食之道也。飲食必有訟，故受之以訟。訟必有衆起，故受之以師。師者，衆也。衆必有所比，故受之以比。比者，比也。比必有所畜，故受之以小畜。物畜然後有禮，故受之以履。履而泰，晁氏云，鄭无「而泰」二字。然後安，故受之以泰。泰者，通也。物不可以終通，故受之以否。物不可以終否，故受之以同人。與人同者，物必歸焉，故受之以大有。有大者不可以盈，故受之以謙。有大而能謙必豫，故受之以豫。豫必有隨，故受之以隨。以喜隨人者必有事，故受之以蠱。蠱者，事也。有事而後可大，故受之以臨。臨者，大也。物大然後可以觀〔一〕，故受之以觀。可觀而後有所合，故受之以噬嗑。嗑者，合也。物不可以苟合而已，故受之以賁。賁者，飾也。致飾然後亨則盡矣，故受之以剥。剥者，剥也。物不可以終盡剥，窮上反下，故受之以復。復則不妄矣，故受之以无妄。有无妄然後可畜，故受之以大畜。物畜然後可養，故受之以頤。頤者，養也。不養則不可動，故受之以大過。物不可以終過，故受之以坎。坎者，陷也。陷必有所麗，故受之以離。離者，麗也。右上篇〔二〕。

有天地然後有萬物，有萬物然後有男女，有男女然後有夫婦，有夫婦然後有父子，有父子然後有君臣，有君臣然後有上下，有上下然後禮義有所錯。夫婦之道不可以不久也，故受之以恒。恒者，久也。物不可以久居其所，故受之以遯。遯者，退也。物不可以終遯，故受之以大壯。物不可以終壯，故受之以晉。晉者，進也。進必有所傷，故受之以明夷。夷者，傷也。傷於外者必反於家，故受之以家人。家道窮必乖，故受之以睽。睽者，乖也。乖必有難，故受之以蹇。蹇者，難也。物不可以終難，故受之以解。解者，緩也。緩必有所失，故受之以損。損而不已必益，故受之以益。益而不已必決，故受之以夬。夬者，決也。決必有遇，故受之以姤。姤者，遇也。物相遇而後聚，故受之以萃。萃者，聚也。聚而上者謂之升，故受之以升。升而不已必困，故受之以困。困乎上者必反下，故受之以井。井道不可不革，故受之以革。革物者莫若鼎，故受之以鼎。主器者莫若長子，故受之以震。震者，動也。物不可以終動，止之，故受之以艮。艮者，止也。物不可以終止，故受之以漸。漸者，進也。進必有所歸，故受之以歸妹。得其所歸者必大，故受之以豐。豐者，大也。窮大者必失其居，故受之以旅。旅而无所容，故受之以巽。巽者，入也。入而後説之，故受之以兑。兑者，説也。説而後散之，故受之以涣。涣者，離也。物不可以終離，故受之以節。節而信之，故受之以中孚。有其信者必行之，故受之以小過。有過物者必濟，故受之以既濟。物不可窮也，故受之以未濟終焉。右下篇〔三〕。

校勘記

〔一〕可以觀　宋甲本、大全無「以」字。

〔二〕右上篇　此三字原脱，據宋甲本、傳義附録、大全補。

〔三〕右下篇　此三字原脱，據宋甲本、傳義附録、大全補。

周易雜卦傳第十

朱熹本義

乾剛坤柔，比樂師憂。臨、觀之義，或與或求。以我臨物曰與，物來觀我曰求。或曰：二卦互有與、求之義。屯見而不失其居。蒙雜而著。屯，震遇坎。震動故見，坎險不行也。蒙，坎遇艮。坎幽昧，艮光明也。或曰：屯以初言，蒙以二言。震，起也。艮，止也。損、益，盛衰之始也。大畜，時也。无妄，災也。止健者時有適然。无妄而災自外至。萃聚而升不來也。謙輕而豫怠也。噬嗑，食也。賁，无色也。白受采。兑見而巽伏也。兑陰外見，巽陰内伏。隨，无故也。蠱則飭也。隨前无故，蠱後當飭。剥，爛也。復，反也。晉，晝也。明夷，誅也。誅，傷也。井通而困相遇也。剛柔相遇而剛見揜也。咸，速也。恒，久也。感速。常久。涣，離也。節，止也。解，緩也。蹇，難也。睽，外也。家人，内也。否、泰，反其類也。大壯則止，遯則退也。止謂不退。大有，衆也。同人，親也。革，去故也。鼎，取新也。小過，過也。中孚，信也。豐，多故也〔一〕。親寡，旅也。既明且動，其故多矣。離上而坎下也。火炎上，水潤下。小畜，寡也。履，不處也。不處，行進之義。需，不進也。訟，不親也。大過，顛也。遘〔二〕，遇也，柔遇剛也。漸，女歸待男行也。頤，養正也。既濟，定也。歸妹，女之終也。未濟，男之窮也。夬，決也，剛決柔也，君子道長，小人道憂也。自「遘」以下〔三〕，卦不反對，或疑其錯簡，今以韻協之，又似非誤，未詳何義。

校勘記

〔一〕豐多故也　宋甲本、傳義附録、大全無「也」字。

〔二〕遘　宋甲本、傳義附録、大全作「姤」。

〔三〕自遘以下　「遘」，大全作「大過」，疑是。宋甲本、傳義附録作「姤」。

周易五贊

朱熹系述

原象

太一肇判，陰降陽升，陽一以施，陰兩而承。惟皇昊羲，仰觀俯察，奇偶既陳，兩儀斯設。既榦乃支，一各生兩，陰陽交錯，以立四象。奇加以奇，曰陽之陽。奇而加偶，陽陰以章。偶而加奇，陰内陽外。偶復加偶，陰與陰會。兩一既分，一復生兩，三才在目，八卦指掌。奇奇而奇，初一曰乾。奇奇而偶，兑次二焉。奇偶而奇，次三曰離。奇偶而偶，四震以隨。偶奇而奇，巽居次五。偶奇而偶，坎六斯睹。偶偶而奇，艮居次七。偶偶而偶，八坤以畢。初畫爲儀，中畫爲象，上畫卦成，人文斯朗。因而重之，一貞八悔，六十四卦，由内達外。交易爲體，往此來彼；變易爲用，時靜時動。降帝而王，傳夏歷商，有占無文，民用弗章。文王繫彖，周公繫爻，視此八卦，二純六交。乃乾斯父，乃坤斯母，震、坎、艮男，巽、離、兑女。離南坎北，震東兑西，乾、坤、艮、巽，位以四維。建官立師，命曰周易，孔聖贊之，是爲十翼。遭秦弗燼，及宋而明，邵傳羲畫，程演周經。象陳數列，言盡理得，彌億萬年，永著常式。

述旨

昔在上古，世質民淳，是非莫别，利害不分。風氣既開，乃生聖人，聰明睿智，出類超羣。仰觀俯察，始畫奇偶，教之卜筮，以斷可否。作爲君師，開鑿户牖，民用不迷，以有常守。降及中古，世變風移，淳澆質喪，民僞日滋。穆穆文王，身蒙大難，安土樂天，惟世之患。乃本卦義，繫此彖辭，爰及周公，六爻是資。因事設教，丁寧詳密，必中必正，乃亨乃吉。語子惟孝，語臣則忠，鉤深闡微，如日之中。爰暨末流，淫于術數，僂句成欺，黄裳亦誤。大哉孔子，晚好是書，韋編既絶，八索以祛。乃作彖象，十翼之篇，專用義理，發揮經言。居省象辭，動察變占，存亡進退，陟降飛潛。曰豪曰氂，匪差匪繆，假我數年，庶無大咎。恭惟三古，四聖一心，垂象炳明，千載是臨。惟是學者，不本其初，文辭象數，或肆或拘。嗟予小子，既微且陋，鑽仰没身，奚測奚究。匪警滋荒，匪識滋漏，維用存疑，敢曰垂後。

明筮

倚數之元，參天兩地，衍而極之，五十乃備。是曰大衍，虛一無爲，其爲用者，四十九蓍。信手平分，置右於几，取右一蓍，掛左小指。乃以右手，揲左之策，四四之餘，歸之于扐。初扐左手，無名指間，右策左揲，將指是安。再扐之奇，通掛之算，不五則九，是謂一變。置此掛扐，再用存策，分掛揲歸，復準前式。三亦如之，奇皆四八，三變既備，數斯可察。數之可察，其辨伊何？四五爲少，八九爲多。三少爲九，是曰老陽；三多爲六，老陰是當。一少兩多，少陽之七；孰八少陰，少兩多一。既得初爻，復合前蓍，四十有九，如前之爲。三變一爻，通十八變，六爻發揮，卦體可見。老極而變，少守其常，六爻皆守，彖辭是當。變視其爻，兩兼首尾，變及三爻，占兩卦體。或四或五，視彼所存，四二五一，二分一專。皆變而他，新成舊毀，消息盈虛，舍此視彼。乾占用九，坤占用六，泰愕「匪人」，姤喜來復。

稽類

八卦之象，説卦詳焉，考之於經，其用弗專。彖以情言，象以象告，惟是之求，斯得其要。乾健天行，坤順地從，震動爲雷，巽入木風。坎險水泉，亦雲亦雨；離麗文明，電日而火。艮止爲山，兑説爲澤。以是舉之，其要斯得。凡卦六虚，奇偶殊位，奇陽偶陰，各以其類。得位爲正，二五爲中，二臣五君，初始上終。貞悔體分，爻以位應，陰陽相求，乃得其正。凡陽斯淑，君子居之；凡陰斯慝，小人是爲。常可類求，變非例測，非常曷變？謹此爲則。

警學

讀易之法，先正其心，肅容端席，有翼其臨。于卦于爻，如筮斯得，假彼象辭，爲我儀則。字從其訓，句逆其情，事因其理，意適其平。曰否曰臧，如目斯見；曰止曰行，如足斯踐。毋寬以略，毋密以窮，毋固而可，毋必而通。平易從容，自表而裏，及其貫之，萬事一理。理定既實，事來尚虛，用應始有，體該本無。稽實待虛，存體應用，執古御今，由靜制動。潔靜精微，是之謂易，體之在我，動有常吉。在昔程氏，繼周紹孔，奥指宏綱，星陳極拱。惟斯未啓，以俟後人，小子狂簡，敢述而申之〔一〕。

校勘記

〔一〕敢述而申之 宋甲本、大全無「之」字。

筮儀

擇地潔處爲蓍室，南户，置牀于室中央。牀大約長五尺，廣三尺，毋太近壁。蓍五十莖，韜以纁帛，貯以皂囊，納之櫝中，置于牀北。櫝以竹筒或堅木或布漆爲之，圓徑三寸，如蓍之長，半爲底，半爲蓋。下別爲臺函之，使不偃仆。設木格于櫝南，居牀二分之北。格以横木版爲之，高一尺，長竟牀。當中爲兩大刻，相距一尺。大刻之西爲三小刻，相距各五寸許。下施横足，側立案上。置香爐一于格南，香合一于爐南，日炷香致敬。將筮，則灑掃拂拭，滌研一，注水，及筆一、墨一、黄漆版一于爐東，東上。筮者齋潔衣冠，北向[一]，盥手，焚香致敬。筮者北向，見儀禮。若使人筮，則主人焚香畢少退，北向立，筮者進立於牀前少西，南向受命。主人直述所占之事，筮者許諾。主人右還西向立，筮者右還北向立。兩手奉櫝蓋置于格南爐北，出蓍于櫝，去囊解韜，置于櫝東。合五十策，兩手執之，熏於爐上。此後所用蓍策之數，其説並見啓蒙。命之曰：「假爾泰筮有常，假爾泰筮有常。某官姓名，今以某事云云，未知可否，爰質所疑于神于靈。吉凶得失、悔吝憂虞，惟爾有神尚明告之。」乃以右手取其一策反于櫝中，而以左右手中分四十九策，置格之左右兩大刻。此第一營，所謂「分而爲二以象兩」者也。次以左手取左大刻之策執之，而以右手取右大刻之一策掛於左手之小指間。此第二營，所謂「掛一以象三」者也。次以右手四揲左手之策。此第三營之半，所謂「揲之以四以象四時」者也。次歸其所餘之策，或一，或二，或三，或四，而扐之左手無名指間。此第四營之半，所謂「歸奇於扐以象閏」者也。次以右手反過揲之策於左大刻。遂取右大刻之策執之，而以左手四揲之。此第三營之半。次歸其所餘之策如前，而扐之左手中指之間。此第四營之半，所謂「再扐以象再閏」者也。一變所餘之策，左一則右必三，左二則右亦二，左三則右必一，左四則右亦四。通掛一之策，不五則九。五以一其四而爲奇，九以兩其四而爲偶。奇者三而偶者一也。次以右手反過揲之策於右大刻，而合左手一掛二扐之策，置于格上第一小刻。以東爲上。後放此。是爲一變。再以兩手取左右大刻之蓍合之，或四十四策，或四十策。復四營如第一變之儀，而置其掛扐之策於格上第二小刻，是爲二變。二變所餘之策，左一則右必二，左二則右必一，左三則右必四，左四則右必三。通掛一之策，不四則八。四以一其四而爲奇，八以兩其四而爲偶。奇、偶各得四之二焉。又再取左右大刻之蓍合之，或四十策，或三十六策，或三十二策。復四營如第二變之儀，而置其掛扐之策於格上第三小刻，是爲三變。三變餘策與二變同。三變既畢，乃視其三變所得掛扐、過揲之策，而畫其爻於版。掛扐之數，五四爲奇，九八爲偶。掛扐三奇合十三策，則過揲三十六策，而爲老陽，其畫爲□，所謂重也。掛扐兩奇一偶合十七策，則過揲三十二策，而爲少陰，其畫爲⚋，所謂拆也。掛扐兩偶一奇合二十一策，則過揲二十八策，而爲少陽〔二〕，其畫爲⚊，所謂單也。掛扐三偶合二十五策，則過揲二十四策，而爲老陰，其畫爲✕，所謂交也。如是每三變而成爻。第一、第四、第七、第十、第十三、第十六凡六變並同。但第三變以下不命〔三〕，而但用四十九蓍耳。第二、第五、第八、第十一、第十四、第十七凡六變亦同。第三、第六、第九、第十二、第十五、第十八凡六變亦同。凡十有八變而成卦。乃考其卦之變而占其事之吉凶。卦變別有圖說，見啓蒙。禮畢，韜蓍，襲之以囊，入櫝加蓋。斂筆、研、墨、版。再焚香，致敬而退。如使人筮，則主人焚香，揖筮者而退。

校勘記

〔一〕北向　宋甲本、傳義附録、大全作「北面」。注文「筮者北向」同。

〔二〕而爲少陽　「而爲」，原作「所謂」，據宋甲本、傳義附録、大全及上下文例改。

〔三〕但第三變以下不命　「三」原作「二」，據宋甲本、傳義附録、大全改。

附録一　序跋

宋吴革刊十二卷本序

［宋］吴　革

象、占，易本義也。伏犧畫卦，文王繫彖，周公繫爻，皆以象與占決，吉凶悔吝，各指其所之。孔子十翼，專以義理發揮經言，豈有異旨哉！　體用一源，顯微無間，互相發而不相悖也。程子以義理爲之傳，朱子以象、占本其義，革每合而讀之，心融體驗，將終身玩索，庶幾寡過。昨刊程傳于章貢郡齋，今敬刊本義于朱子故里，與同志共之。抑朱子有言：「順理則吉，逆理則凶。」「悔自凶而趨吉，吝自吉而向凶。」必然之應也。夫子曰：「不占而已矣。」咸淳乙丑立秋日，後學九江吴革謹書。

明成矩刊四卷本後序

［明］楊守陳

奉化文學成君矩新鋟周易本義於梓，既自題於篇端，而復屬某識其末。辭不獲，爲之言曰：夫易，四聖之心，百事之鑑，而天地萬物之祕藏也。自尼父授商瞿子木，一傳而橋子庸，再傳而馯子弓，五傳而田子裝，猶未離本真也。其後學有理數之别，而經有古今之異。今經則始于康成，卒于輔嗣。或謂長翁始變者，非也。古經則二吕氏復之，蓋得于漢藝文志焉。尚數學者若孟、焦諸家，皆泥于術數。尚理學者若王、韓諸家，皆淪于空寂。而于聖人開物成務之旨，盡性至命之道，茫乎失之矣。惟濂溪之太極，康節之先天，獨得理數之正原，而伊川、考亭宗之。伊川宗濂溪，因今經而作傳，其説主義理。考亭宗康節，因古經而作本義，其説主象占。所謂並行而不悖者，蓋義理、象占，致本一也。談義理而不淪于空寂，推象占而不泥于術數，一洗羣儒之陋，而大闡四聖之微，二子之功茂矣。易之有二子也，猶天之有二曜，焕乎發其光，燭萬世矣。然古作易者皆因占以寓理，故今讀易者或先本義而後傳，亦不爲無謂，成君爲鋟梓者此也。守陳童時即讀四聖經，茫然不知所謂。後取傳、義味之，而參以諸家之説，質以友師父祖之言，緬思而力探之，踰二十載，始若噍枯枿，繼若睇流霆而索奔駿，卒若登天府，見百寶充斥，雖不能取，然愛悦把玩而不能舍也。竊嘗謂易有三，非太卜所掌者：兩儀之造化，一易也。天下之萬事，一易也。古今之人心，一易也。得心易則思過半矣。然心易不求諸書，卒未得也。求書必兼傳、義，而諸家之説亦不可廢。蓋易道由一而萬，得其一，則伏羲之一畫亦贅也，負苓者有見乎是矣。求其萬，則雖稗官、虞初之説亦可資也。嗚呼，安得會萬於一者，與之共言易乎！成君矩，蘇人也。厥考教授公以文著，厥兄御史公以直名。君累掾文學，士皆德之。其鋟是編，異朱子元本，亦以便士也，好事者何容喙哉！（楊文懿公文集卷五）

明胡氏刊四卷本序

［明］洪　常

周易序次有古經、今經之異。程子因今經作傳，朱子因古經作本義，後世以本義附于傳而一之，故今本義之序亦今經也。奉化邑庠教諭成君矩，謂世之讀易者先本義而後傳，故獨刻本義行于世，讀者便之。今成君致政還姑蘇，板隨以行，學者不易得。寧波郡庠胡生儔與其弟信，乃以成君本重加校正，一遵聖朝頒降大全，捐己貲以刻諸梓。其嘉惠學者之意可尚也。刻既成，屬常識其始末如此云。成化己丑冬十二月既望日，後學洪常識。（録自汲古閣刊四卷本）

明丘氏石泉書屋刊四卷本識

［明］丘　氏

周易本義板多差訛，惟胡氏刊本頗善，然亦字多草體，兼有脱誤，且經久已殘失矣。今一遵聖朝頒降大全及洪武正韻重加校正，用鋟諸梓，以便四方君子誦讀云。時嘉靖戊子仲冬吉旦，四明丘謹識。

清曹寅刊十二卷本序

［清］曹　寅

周易經傳，自商瞿親受，歷西漢，家承師説，梁丘、施、孟，源流井然。暨乎京、費繼起，東都馬、鄭諸儒皆宗費氏，魏代王弼因爲之注，盛行隋唐間，今所有注疏本是也。班固云：費直「治易亡章句，徒以彖、象、繫辭十篇文言解説上、下經」。是割裂古經編簡自費氏始。宋伊川程子作傳，仍主費氏本。紫陽作本義，則從東萊吕氏考訂古本，於是古易復行於世。明初以經義取士，易注兼用程、朱，故刊本經文主程傳，而朱子本義附焉。流及中葉，帖括之士日趨簡便，祧程而禰朱。乃坊本雖名本義，次序則仍遵程傳，簡端題詞又列朱子之語，自相矛盾，不辯可知矣。數百年來，塾師所授，經生所誦，無有起而釐正者。夫六經在世，如日月經天，江河行地，而首經謬誤如此，使童而習之者執迷而不悟，亦學士大夫之過也。余宦游江左，奉命校書揚州，于花溪借得宋槧本義善本，屬門人重付開雕，以廣其傳，俾後學得以目見古經而不終汩没于俗學，是亦盛代右文之一助云爾。康熙五十年辛卯嘉平月，曹寅書于揚州使院。

又跋

［清］巴　錦

考亭朱子辨晰羣言，折衷經義，於六藝多所發明。如詩小序辯、儀禮經傳通解、孝經刊誤諸書，皆漢唐先儒所未及。於周易則考古本，定爲經二卷、傳十卷，以復韋編之舊。乃至有明而分者仍合，經生家窮年白首，幾不知十翼當别爲編次也。銀臺曹夫子篤學嗜古，家擅酉山之秘，愚間請益，蒙舉宋刻本義見示。謹授梓人，公之當世，庶以見公嘉惠後學之意，而考亭翼經之苦心亦不久於湮晦矣。黄山受業巴錦敬跋。

清江南書局刊十二卷本跋

[清]李鴻章

易宗程、朱，自宋元以來已知遵守，於是有合刻傳、義以便誦習者。夫程傳經文從王輔嗣本，朱子本義經文從吕伯恭考定古本，二者不可得而合也。合刻者以程先朱後，割裂本義以次程傳，後人日趨簡便，又刊去程傳專存本義，仍以程子序文冠其首，今之通行本是也。其顛倒錯亂蓋有不可勝詰者矣。朱子原書近世既不得見，乾隆間寶應劉氏參考衆説，復朱子十二卷之舊，附以吕氏音訓，本義之善者也。近浦城祝氏合刻本援宋吴氏革所刊本義，前列九圖，後附五贊、筮儀，原書卷帙首尾略具，而劉刻但存五贊，尚非朱子完書，今據以補入劉刻。又以音訓著之眉端，字小多誤，今以附各卷之後。其有合於朱子原書與否未可懸揣，而讀本義者抵捂可以差少矣。至朱子既從古本，經文字句多有與通行本異者，後人不知，改竄略盡。今惟繫辭「何以守位曰人」之「人」字，以注有明文，未經改去。其散見他書尚可考而知者，如吴刻比卦、中孚卦「有它」不作「有他」，序卦「必反於家」不作「其家」，「决必有遇」無「所」字，「遘遇也」不作「姤」，董氏真卿稱泰象傳「無往不復」本義作「無平不陂」，雜卦傳「豐多故也」本義無「也」字，李氏心傳稱繫辭「爲易者其知盗乎」諸本多云「作易」，「以全身也」諸本多作「存身」，惠氏定宇稱革象傳「志未光也」語類引無「志」字，説卦傳「水火相逮」會通作「不相逮」之類，今亦未敢輒改，致滋點竄經文之弊，附識於此，俾讀者知其異同。若本義原文象上傳注「上者經之上篇」六字，各本脱去，雜卦傳注「感速」、「常久」，各本訛「咸速」、「恒久」，其繫辭、説卦注「此第幾章」，各本誤提行作「右第幾章」，易圖下題「朱熹集録」字，易贊下題「朱熹系述」字，各本所無，皆從祝氏補正。繫辭上傳注引韓非曰「參之以比物，伍之以合參」，各本「比」誤作「此」，惟胡雙湖本作「比」，與韓子合，今據改。「合參」今韓子作「合虚」，或朱子所見本不同，今仍其舊。他刻之異於通行本而義屬至當者從之，義可兩存則不盡改。音訓久無專刻，今據釋文、會通暨祝刻校正。江南兵燹之後，藏書散盡，今經籍善本庶幾學者童而習之，端其蒙養之基，亦聖功之一助云。合肥李鴻章謹跋。

清山東書局刊十二卷本跋

[清]孫葆田

朱子周易本義用吕伯恭氏所定經傳次第，復先聖之舊文，爲書十有二卷。國初有内府摹雕宋槧本，字大悦目，顧世不多覯。乾隆時寶應劉氏校刊本義，附列吕氏音訓於眉端，用便學者誦習。顧其書行世亦不甚遠。蓋自輔嗣易行，而先聖之古經爲後儒所亂者，千有餘年，雖大儒如程子猶未能遽正其失。及晁氏、吕氏先後繼起，推考益精，朱子本義從之。乃一亂於董正叔之傳義附録，再亂於永樂之撰輯大全，割本義以附程傳，使古經已正而復亂。至成化時，姑蘇成氏削去程傳，專梓本義，爲坊本所祖，行之至今且五六百年，學者茫然不知有朱子元本，此顧亭林、朱竹垞諸君子所爲感憤而增歎也。近歲江南書局於程子易傳、朱子本義各爲梓行，足正俗本之失。第所據乃浦城祝氏合刻傳義音訓本，承校之士似尚未見内府仿宋刻。如彖上傳下注有「從王肅本」四字，四庫全書提要辨證甚明，今並未能補正。而於每卷標題前列「易經」並卷數一行，蓋尤失之。其他經文内府仿宋本與開成石經合者，江南本亦皆未及審訂。又淮南局覆刻劉氏本錯誤亦多，欲復古而反不足取信乎今，斯亦校讎之一蔽也。山東書局所刊經書讀本純雜不齊，頗爲通人所訴病。予既承宫保張公延司校訂，與書局陸君、張君先取詩、書二經用宋本校正，於詩集傳後補小序辯説二卷，而朱子本書二十卷之舊猶未能遽復也。書則補刻小序一卷、問答一卷，以符元本。今更以周易本義付梓，謹遵内府仿宋本與御纂周易折中校定，參考傳注，擇善而從。兼附吕氏音訓於後。本義既從通行本悉加句讀，與江南本同。其間點畫錯訛仍恐不免。音訓舊分二卷，今誤刻一卷，視江南本各附十二卷之後，亦爲小異云。光緒十七年夏六月。（校經室文集卷一）

附録二　著録

直齋書録解題卷一易類

［宋］陳振孫

易傳十一卷、本義十二卷、易學啓蒙一卷

煥章閣待制、侍講新安朱熹晦庵撰。初爲易傳，用王弼本。復以吕氏古易經爲本義，其大旨略同，而加詳焉。首列九圖，末著揲法。大略兼義理、占象而言。啓蒙之目曰本圖書、原卦畫、明蓍筮、考變占，凡四篇。

玉海卷三六藝文部易下

［宋］王應麟

淳熙易學啓蒙、本義

朱文公熹。淳熙四年易本義成，十二卷，又爲諸圖冠首，爲五贊原象、述旨、明筮、稽類、警學及筮儀附于末。音義二卷。十三年三月，易學啓蒙成，四篇，以本圖書、原卦畫、明蓍策、考變占爲次。

宋史卷二〇二藝文志一

朱熹易傳十一卷。又本義十二卷。易學啓蒙三卷。古易音訓二卷。

文獻通考卷一七六經籍考三　［元］馬端臨

晦庵易傳十一卷、易本義十二卷、易學啓蒙傳一卷。

（下引朱熹語録及直齋書録解題語，今略。）

明文淵閣書目卷二地字號第一厨書目

朱子本義一部四册，殘缺。朱子本義一部四册，闕。朱子本義一部六册，闕。

明南雍志經籍考

朱子本義三本。

上篇

下篇

周易本義九卷發例缺。圖缺。啓蒙上存者十八面，啓蒙下存者六面。上經存者十一面，下經存者二十面。彖上、下傳缺。象上傳存二面，象下傳存二面。繫辭上傳存者十面，繫辭下傳缺。文言傳缺。説卦存二面。序卦傳存者二面。雜卦傳缺。筮儀缺。晦庵朱熹撰。謹按：漢書藝文志云：「易經十二篇。」顔師古曰：「上、下二經及十翼十篇，故曰十二篇。」漢費直初以彖、象釋經，附近卦後，今乾、坤二卦是也。王弼又分諸卦爻辭之下，而增入文言，於是始加「彖曰」、「象曰」、「文言曰」以別之，而繫辭以後則仍其舊，是爲今易。中山晁説之以古者竹簡重大，故篇分上、下，後人誤有上、下經之辨，故考訂古經，釐爲八卷：卦爻一，彖二，象三，文言四，繫辭五，説卦六，序卦七，雜卦八。吕氏曰：繫辭明言「二篇之策」，是文王定周易之時，已有上、下經之分，晁氏之説何其考之不詳哉！乃定爲經二卷，傳十卷：上經一，下經二，彖上傳一，彖下傳二，象上傳三，象下傳四，繫辭上傳五，繫辭下傳六，文言傳七，説卦傳八，序卦傳九，雜卦傳十。是爲古易。加十翼各以十「傳」字始此。蓋由史記論六家指要引咸卦九四文言稱「易大傳」故也。朱子從之。然天下學者惟誦今易，甚至科試合周公、孔子之辭以爲題目云。

周易大字本義九卷發例七板，完三，四半損。圖存者十三面，餘缺。啓蒙上、下存者二十四面。上、下經存者四十四面。彖上、下傳存者十面。象上、下傳止存八面。繫辭上、下傳存者十七面。文言傳存者六面。説卦存二面。上、下序卦存二面。雜卦傳俱缺。筮儀四板完一，二損壞。

古今書刻上編

［明］周弘祖

南京國子監：周易本義。浙江寧波府：周易本義。江西布政使：周易本義。南康府：易經本義。

福建書坊：周易本義。

國史經籍志卷二

［明］焦竑

易本義三卷朱熹。

脉望館書目天字號經書一

［明］趙琦美

古本周易本義二本甲。古本周易本義二本乙。周易本義二本丙。

絳雲樓書目(陳景雲注)卷一　[清]錢謙益

朱子周易本義十二卷。又有易傳十一卷。

傳是樓宋元本書目天字格　[清]徐乾學

僞宋本周易圖説朱熹本義四本。宋本元套周易八卷,朱熹本義六本。宋本周易本義十二卷,四本。

季滄葦書目宋元雜版書經部　[清]季滄葦

周易本義二十四卷四本。宋刻周易朱熹本義十卷六本。

日知録卷一朱子周易本義條　[清]顧炎武

周易自伏羲畫卦,文王作彖辭,周公作爻辭,謂之經。經分上、下二篇。孔子作十翼,謂之傳,傳分十篇：彖傳上、下二篇，象傳上、下二篇，繫辭傳上、下二篇，文言、説卦傳、序卦傳、雜卦傳各一篇。漢書藝文志：「易經十二篇。」師古曰：「上、下經及十翼，故十二篇。」孔氏正義曰：「十翼者，上彖一，下彖二，上象三，下象四，上繫五，下繫六，文言七，説卦八，序卦九，雜卦十。」陸德明釋文曰：「太史公論六家要旨引『天下同歸而殊塗，一致而百慮』，謂之『易大傳』，班固謂孔子『晚而好易，讀之韋編三絶，而爲之傳』，傳即十翼也。」前漢六經與傳皆別行，至後漢諸儒始合經、傳爲一。 自漢以來，爲費直、鄭玄、王弼所亂，取孔子之言逐條附於卦爻之下。程正叔傳因之。及朱元晦本義始依古文。故於周易「上經」條下云：「中間頗爲諸儒所亂。近世晁氏始正其失，而未能盡合古文。呂氏又更定著爲經二卷、傳十卷，乃復孔氏之舊云。」洪武初，頒五經天下儒學，而易兼用程、朱二氏，亦各自爲書。永樂中修大全，乃取朱子卷次，割裂附之程傳之後，易經大全凡例曰：「程傳、本義既已並行，而諸家定本又各不同，故今定從程傳元本，而本義仍以類從。」而朱子所定之古文仍復殽亂。「彖即文王所繫之辭，傳者，孔子所以釋經之辭也，後凡言傳放此。」此乃「彖上傳」條下義，今乃削「彖上傳」三字，而附於「大哉乾元」之下。「象者，卦之上、下兩象，及兩象之六爻周公所繫之辭也。」乃「象上傳」條下義，今乃削「象上傳」三字，而附於「天行健」之下。「此篇申彖傳、象傳之意，以盡乾、坤二卦之藴，而餘卦之説因可以例推云。」乃「文言」條下義，今乃削「文言」二字，而附於「元者善之長也」之下。其「彖曰」、「象曰」、「文言曰」字皆朱子本所無，復依程傳添入。後來士子厭程傳之多，棄去不讀，專用本義。弘治三年會試，「物不可以苟合而已，故受之以賁」題，陳輔文，同考官楊守阯批曰：「序卦朱子無一言以釋其義，蓋以程子於諸卦之首疏析其義已明且盡故也。今治經者專讀本義，易卷踰八百，而知有傳者不數人。此能知之，而又善作，是用録之，以激厲經生之不讀程傳者。」而大全之本乃朝廷所頒，不敢輒改，遂即監版傳義之本刊去程傳，而以程之次序爲朱之次序。虚齋蔡清易經蒙引謂之「今所竊刊行易經本義」。今四書版本，每張十八行，每行十七字，而注皆小字，書經、禮記並同。惟易每張二十二行，每行二十三字，而本義皆作大字，與各經不同，明爲後來所刻，是依監版傳義本而刊去程傳。凡本義中言「程傳備矣」者，又添一「傳曰」而引其文，皆今代人所爲也。坊刻擅改古書，宜有嚴禁，是學臣之責。朱子詩集傳序、蔡仲默書集傳序，今南京刊大全本改曰「詩經大全序」、「書經大全序」，此即亂刻古書之一驗。幸監本尚存，其謬亦易見爾。相傳且二百年矣。惜乎朱子定正之書，竟不得見於世，豈非此經之不幸也夫！

述古堂宋板書目易類

［清］錢　曾

朱子周易本義十二卷。（按錢曾讀書敏求記卷一「朱子周易本義十二卷」條論易經、傳之分合，今不具録。）

明刻十二卷本周易本義跋

［清］朱彝尊

朱子易本義，析爲十二卷，以存漢志篇目之舊，較之程子易傳依王輔嗣本，原不相同。惟因臨海董氏楷輯周易傳義附録一書，乃强合之，移易本義次序以就程傳。明初兼用以取士，故不復分。其後習舉子業者專主本義，漸置程傳不講。于是鄉貢進士吴人成矩叔度署奉化儒學教諭，削去程傳，乃不從本義原本更正，其義則朱子之辭，其文則仍依程傳次序，此何説哉！沿至于今，科舉試題，爻、象並發，其亦悖乎朱子之旨矣。余嘗求原書不可得，今覩此秩然不紊，中附東萊呂氏音訓，末有朱子後序，是爲完書。宜亟開雕，頒諸學官，第恐下士見之翻大笑爾。康熙丁亥夏六月，小長蘆朱彝尊跋，時年七十有九，書于家衎齋之道古堂。（録自南京圖書館藏本）

四庫全書總目卷三經部易類三

周易本義十二卷附重刻周易本義四卷内府校刊宋本。

宋朱子撰。是書以上、下經爲二卷，十翼自爲十卷。顧炎武日知録曰：「洪武初，頒五經天下儒學，而易兼用程、朱二氏，亦各自爲書。永樂中修大全，乃取朱子卷次，割裂附程傳之後，而朱子所定之古文仍復淆亂。如『彖即文王所繫之詞，傳者，孔子所以釋經之詞，後凡言傳放此』，乃『彖上傳』條下義，今乃削去『彖上傳』三字，而附于『大哉乾元』之下。『象者，卦之上、下兩象，及兩象之六爻周公所繫之詞也』，乃『象上傳』條下義，今乃削去『象上傳』三字，而附于『天行健』之下。『此篇申彖傳、象傳之義，以盡乾、坤二卦之藴，而餘卦之説因可以例推云』，乃『文言』條下義，今乃削去『文言』二字，而附于『元者善之長也』之下。其『彖曰』、『象曰』、『文言曰』皆朱子本所無，復依程傳添入。後來士子厭程傳繁多，棄去不讀，專用本義。而大全之本乃朝廷所頒，不敢輒改，遂即監板傳義之本刊去程傳，而以程之次序爲朱之次序。」又曰：「今四書坊本，每張十八行，每行十七字，而注皆小字，書、詩、禮記並同；惟易每張二十二行，每行二十三字，而本義皆作大字，與各經不同。凡本義中言『程傳備矣』者，又添一『傳曰』而引其文，皆今代人所爲」云云。其辨最爲明晳。然割裂本義附程傳，自宋董楷已然，不始于永樂也。詳董楷周易傳義附録條。此本爲咸淳乙丑九江吴革所刊，内府以宋槧摹雕者。前有革序，每卷之末題「敷原後學劉宓校正」。文字、行款及象傳履、夬二卦不載程傳，一一與炎武所言合。卷端惟列九圖，卷末係以易贊五首、筮儀一篇，與今本升筮儀于前而增列卦歌之類者，亦迥乎不同。彖上傳標題之下注「從王肅本」四字，今本删之。又雜卦傳「咸，速也，恒，久也」下，今本惟注「咸速恒久」四字，讀者恒以爲疑，考驗此本，乃是「感速常久」，經後人傳刻而訛。實爲善本。故我聖祖仁皇帝御纂周易折中，即用此本之次序，復先聖之舊文，破俗儒之陋見，洵讀易之家所宜奉爲彝訓者矣。至成矩重刻之本，自明代以來，士子童而習之，歷年已久，驟令改易，慮煩擾難行。且其本雖因永樂大全，實亦王、韓之舊本，唐用之以作正義者。是以國朝試士，惟除其爻、象之合題，而命題次序則仍其舊。内府所刊袖珍五經，亦復因仍。考漢代論語凡有三本，梁皇侃論語義疏序稱：「古論分堯曰下章『子張問』更爲一篇，合二十一篇。篇次以鄉黨爲第二篇，雍也爲第三篇。齊論題目長問王、知道二篇，合二十二篇。魯論有二十篇，即今所講是也。」云云。是自古以來，經師授受，不妨各有異同。即祕府儲藏，亦各兼存衆本。苟其微言大義，本不相乖，則篇章分合，未爲大害於宏旨。故今但著其割裂本義之失，而仍附原本之後，以備參考焉。

周易本義一函八本。

宋朱熹本義，依古周易，經二卷，傳十卷。前易圖九，後周易五贊、筮儀。

顧炎武日知録：洪武初，頒五經天下儒學，易兼用程、朱二氏，亦各自爲書。永樂中修大全，乃取朱子卷次割裂附程傳之後，而朱子所定之古文仍復淆亂。如「彖即文王所繫之詞，傳者，孔子所以釋經之義，後凡言傳倣此」，乃「彖上傳」條下義，今乃削去「彖上傳」三字，而附於「大哉乾元」之下。「象者，卦之上、下兩象，及兩象之六爻周公所繫之辭也」，今乃削去「象上傳」三字，而附于「天行健」之下。「此篇申彖傳、象傳之義，以盡乾、坤二卦之藴，而餘卦説因可例推云」，乃「文言」條下義，今乃削「文言」二字，而附於「元者善之長也」之下。其「彖曰」、「象曰」、「文言曰」皆朱子本所無，復依程傳添入。後來士子厭程傳繁多，棄去不讀，專用本義，而大全之本乃朝廷所頒，不敢輒改，遂即監版傳義之本刊去程傳，而以程之次序爲朱之次序。凡本中言「程傳備矣」者，又添一「傳曰」而引其文，皆明代人所爲。云云。考董楷周易傳義附録割朱義以附程傳，宋時已然，不昉于永樂大全也。易自漢費直、鄭康成、王弼遞有更移，唐孔穎達因之作正義，古易遂不復存。宋吕大防作周易古經二卷，晁説之作録古周易八卷，薛季宣作古文周易十二卷，程迥作古周易考一卷，李燾作周易古經八卷，吴仁傑作古周易十二卷，至吕祖謙作古周易，分十二篇，朱熹跋之，本義即用其本。開卷「周易」條下明云：「定著爲經二卷，傳十卷，乃復孔氏之舊。」若今通行本經、注不相應，數百年沿襲，幾不知朱義本來面目。至御纂周易折中，用朱義本，而始大定。此本象上傳履卦，象下傳夬卦，及文言傳坤卦不録程傳，雜卦注「咸速恒久」作「感速常久」，筮儀列後，「象上傳」下注「從王肅本」四字，無八卦取象歌、分宫卦象次序、上、下經卦名次序歌、上、下經卦變歌，皆與後來本不同。不獨宋諱闕筆爲驗也。

秀水項氏藏本，後歸毛氏汲古閣，兩家印記甚夥。項篤壽字子長，嘉靖壬戌進士，入翰林。萬卷樓，其舍北藏書處。毛氏所藏，用「宋本」印，更著「甲」字印，乃其最佳者。

周易本義咸淳本跋

［清］錢大昕

曩有客讀朱文公本義畢，謂予曰：雜卦傳「咸速也，恒久也」，注但云「咸速，恒久」，而不加一字，得毋有脱句乎？蒙無以應也。今見咸淳乙丑九江吴革刊本，乃是「感速，常久」，始嘆本義之簡而明。蓋感故速，常故久。俗本譌兩字，而注文遂成附贅矣。又雜卦「遘遇也」不作「姤」，與唐石經、岳倦翁本正同，可證文公本義猶未誤，或據流俗本以訾考亭，豈其然乎？（潛研堂文集卷二七）

宋本周易本義跋

［清］陳　鱣

吳中顧氏素多藏書。頃得其宋本周易本義十二卷，以上、下經爲二卷，十翼爲十卷，每葉十四行，行十五字，前有易圖，後附筮儀、五贊，與今本作四卷者不同。象上傳標題下注「從王肅本」四字，今本删之。雜卦傳「咸速也，恒久也」注「感速，常久」，今本注「咸速，恒久」。書中「恒」、「貞」、「畜」、「真」等字皆缺筆，因思經文「恒」字既缺筆，注中自宜避字，而曷爲覆述「咸速，恒久」乎？是本與近時摹雕咸淳乙丑九江吳革刊本行款悉合，惟吳本雜卦傳「遘遇也」，此「遘」作「姤」爲異。又無年月題識。然紙墨精良，其爲宋槧無疑。至今本割裂淆亂，詳見日知録，不復贅云。嘉慶九年冬月。（簡莊綴文卷二）

宋咸淳本周易本義跋

［清］陳　鱣

向從吳中顧氏得宋版周易本義十二卷，精美無比，有跋刻于綴文。又從吳中袁氏得幡宋刊周易本義，其卷帙次序悉同宋版，惟字樣較大，每葉十二行，行十五字。其經文如比初六「終來有它吉」不作「有他」，否九五「繫于苞桑」不作「包桑」，井九五「井洌寒泉食」不作「井冽」。坤象傳「應地无疆」不作「無疆」，頤象傳「自求口實」不作「口食」。繫辭傳「失得之象也」不作「得失」，「其受命也如嚮」不作「如響」，

「何以守位曰人」不作「曰仁」，「男女構精」不作「搆精」，「兼三材而兩之故六」不作「三才」，下句同。序卦傳「傷於外者必反於家」不作「其家」，「決必有遇」，「有」下無「所」字。雜卦傳「豐多故」下無「也」字。俱與宋版相合，而可以證俗間通行本之誤。至於雜卦傳「遘遇也」不作「姤遇」，則此本尤勝。考説文無「姤」字，徐鉉新附乃有之。爾雅釋詁：「遘，遇也。」易「姤」釋文：「古豆反。薛云：古文作『遘』。鄭同。」馮椅易輯云：「古文『姤』作『遘』，遇也，亦婚媾也。王注易改爲今文爲『姤』，雜卦猶是古文，鄭本同。」蓋雜卦以無王注，故未及改。唐石經及宋相臺岳氏本皆作「遘」。流俗相承盡改爲「姤」，遂不復知本義原本矣。若夫注之勝今本處，已見前跋。錢詹事潛研堂集宋咸淳本周易本義跋亦詳言之。是本爲九江吴革刊，敷原劉宓校。前有革序，偁咸淳乙丑立秋日。按乙丑爲度宗咸淳元年也。宋有三吴革。一字義夫，華州華陽人，宋初勳臣廷祚七世孫，官至武功大夫、閤門宣贊舍人，死宣和之難，詳見宋史忠義傳。一紹興初江西運制，見繫年録。一江州人，景定四年四月以權發遣户部判官兼知臨安府事，六月轉朝奉大夫，九月除司農少卿，仍兼，十一月兼敕令所編修官，五年七月罷，見咸淳臨安志。革曾於淳祐中爲錢唐令，尋通判臨安府，見嘉靖浙江通志。咸淳元年與景定五年，僅越一年耳。序云「昨刻程傳於章貢郡齋，今敬刊本義于朱子故里」，蓋亦窮經好古之士。或謂即宣和殉難之吴革，大非。是本雖係幡雕，而字畫工緻，紙墨精良，洵堪悦目。又曹寅刻于揚州者，即此本而改其行款，縮爲小字密格，與之相較，不已縣殊乎！（經籍跋文）

藝芸書舍宋元本書目宋版書目經部

［清］汪士鐘

周易本義抄補十二卷。

仿宋本周易本義跋

［清］錢泰吉

宋咸淳間，九江吳革既刊程傳于章貢郡齋，又刊本義于朱子故里。敷原劉宊爲之校正，每卷尾皆有宊名。卷前無序，無卦歌，卷後有五贊，殿以筮儀，正文下無音訓（朱子本無音訓，以東萊有成書也）。皆與今本不同。蓋自董楷附録程傳，成矩别刊本義，而後不獨經文之變亂矣。嘉慶庚辰，得内府重刊本于琉璃廠肆，道光癸巳，海昌管茂才庭芬又以康熙五十年曹通政寅屬黄山巴錦刊本見贈。版式與所刊字書相類，紙墨頗精，然不若内府之影寫元本也。每卷尾「敷原後學劉宊校正」一行，曹本無之。吳革序文「抑朱子有言」，曹本以草書字形疑似，作「於朱子有言」，恐不然也（翁氏經義考補正録吳序文作「抑」）。通政刊字書，竹垞翁力贊而成。此本開雕時，翁已下世，故曝書亭所跋本，卷後附東萊音訓及朱子後序，與此不同。而吳革本，經義考不之及，則竹垞翁亦未見也。暇當合兩本，校其異同，並訪求善本東萊音訓，以校正俗刻附釋音之訛。惜吳氏所刊程傳不可得矣。（甘泉鄉人稿卷四）

楹書隅録卷一經部

［清］楊紹和

宋本周易本義，十二卷，八册，二函。

和幼時讀周易，先公諭曰：「此非朱子之舊也。」檢顧氏日知録示和。而訪求本義舊本不可得，所藏者乃内府摹刻宋吴革本也。昨歲入都，於廠肆見此本，楮墨絶精，色香俱古，洵吴氏原槧，愛玩不忍釋手。而索直昂，議再三未就。比歸，始致書友人購之。謹案：四庫全書總目云，是書以上、下經爲二卷，十翼自爲十卷。日知録曰云云（引「洪武初」至「以程之次序爲朱之次序」一節，今略）。其辨最爲明晰。此爲咸淳乙丑九江吴革所刊，内府以宋槧摹雕者。前有革序，每卷之末題「敷原後學劉宓校正」。文字、行款及象傳履、夬二卦不載程傳，一一與炎武所言合。卷端列九圖，卷末係以易贊五首、筮儀一篇，與今俗本升筮儀於前，而增列卦歌之類者，亦迥乎不同。彖上傳標題之下注「從王肅本」四字，今本删之。又雜卦傳「咸速也，恒久也」下，今惟注「咸速，恒久」四字，讀者恒以爲疑；考驗此本乃是「感速，常久」，經後人傳刻而訛，實爲善本。又海寧簡莊陳先生跋是書云云（引經籍跋文宋咸淳本周易本義跋自首至「或謂即宣和之吴革，非也」，今略）。考辨極爲詳確，故并著之，足徵此本之寶貴矣。至簡莊所稱顧氏本縮改每葉爲十四行，又「遘」誤作「姤」，即屬宋刊，決非原槧，惟欽定天禄琳琅書目後編所載與此正同。滄葦、健庵、櫟園、棟亭、椒園諸先生歷經鑑藏，固經厨之祕笈也。因敬鈐先公印章於卷之首末，俾子孫世守勿替云。時同治甲子春孟十九日，楊紹和彦合謹識。

明刻十二卷本周易本義跋

［清］顧廣譽

周易本義經二卷，傳十卷，冠以九圖，殿以五贊、筮儀，而筮儀已闕。前有秀水朱氏跋文，即見于曝書亭集者是也。此書不著何人所刻與開雕年月，蒙意大較出明初人手。觀其不用永樂大全與成矩叔度次序可見矣。跋文稱「中附東萊吕氏音訓，末有朱子後序，是爲全書」，則蒙有疑焉。吕氏援據詳博，本義專采其釐爲十二卷者，以還孔氏古文之舊。至於訓釋，要爲各不相謀。今取以分隸經、傳之下，則於朱子書有如方枘員鑿之不可合者。竊謂不如聯刻而仍各自爲首尾，乃盡善耳。寶應王氏予中嘗斥今行本義卷端諸圖非朱子所宜有。蒙觀是書，所謂九圖者，河圖、洛書也，伏羲、文王諸圖也，卦變圖也，凡皆朱子所嘗言，固不足深怪。惟今本有卦歌，鄙俚最可疑，而是書無之。然則是書自音訓外，猶存本義舊觀，而通行坊本率爲庸妄子所變亂矣。跋文謂宜亟以頒諸學官，信矣。夫錢唐丁君丙嘉魚，好學，有志著述，出此見示，且曰我祖掌六君、考洛書君兩世業賈，皆喜蓄書，築八千卷樓庋之，往年爲粵匪一炬焚盡，此其燼餘也。蒙以其事有足感者，因並著之。同治三年季春中旬，後學顧廣譽謹跋。（録自南京圖書館藏本）

持靜齋書目卷五經部易類

[清]丁日昌

周易本義十二卷，明官刊本，字大豁目。宋朱子撰。

善本書室藏書志卷一

[清]丁　丙

周易本義十二卷元刊本，朱竹垞藏書。

朱子本義。右書上經一，下經二，彖上傳三，彖下傳四，象上傳五，象下傳六，繫辭上傳七，繫辭下傳八，文言傳九，説卦傳十，序卦傳十一，雜卦傳十二。前有九圖，後有五贊。朱彝尊手跋云云（引朱彝尊跋全文，今略）。後魯良甫元龍録敏求記一則。惟此不著何人所刊與開雕年月，觀其不用永樂大全與成矩叔度次序，當出於元人之手。按經文比初六「終來有它吉」不作「他吉」，頤彖傳「自求口實」不作「口食」，繫辭「構精」不作「搆精」，雜卦傳「豐多故」下無「也」字，俱與宋咸淳本合。有「小長蘆朱彝尊印」、「紅藥山房收藏私印」、「吳興則氏」、「游好在六經」、「香草山房藏本」、「馬玉堂」、「笏齋」諸印。彝尊字錫鬯，號竹垞，晚號小長蘆釣魚師，秀水人。康熙己未以布衣薦博學鴻詞，授檢討。藏書之室曰潛采堂，凡八萬卷，見李香子鶴徵後録。紅藥山房者，海寧馬思贊寒中藏書之所也。寒中爲揚州推官麟翔子，工書績學，家有道古樓，插架多宋元精槧，朱竹垞時從借鈔，亦吾杭藏書家之烜赫者也。玉堂字留齋，海鹽人，道光辛巳副貢，性耽書籍，築漢唐齋儲藏祕册甚多，杜門校讎，著讀書敏求續記。

周易十二卷明正德王氏鈔本。張氏正誼堂藏書。

朱子本義。右書分上經、下經、彖上傳、彖下傳、象上傳、象下傳、文言、繫辭上、下、説卦、序卦、雜卦，爲十二卷。末有「正德三年餘姚王守仁手録」十一字。書法端正，無一苟筆。卷端鈐「儀封大宗伯賜禮樂名臣加太子太保謚清恪張公正誼堂藏書」方印。以「馬曰璐」、「南齋」、「祕笈玲瓏」、「馬氏叢書樓珍藏圖記」、「小玲瓏山館」、「馬佩兮家珍藏」諸印佐證之，則其書固珍且重矣。清恪名伯行，字孝先，號恕庵，河南儀封人，康熙二十四年進士，歷官禮部侍郎，從祀孔子廟廷。佩兮名曰璐，號半槎，又號南齋，祁門人，家於揚，其藏書之所有叢書樓、小玲瓏山館，儲藏十餘萬卷，著有南齋集。

周易十卷日本刊本。

朱子本義。右彖、象、文言各自分卷，不依王弼本，與提要所載宋本合。首有序例一卷，所載九圖及易象、筮儀，及履、夬象不載程傳，當依宋刻重雕。每葉之上刻「倭版周易」四字。末有「延寶三年三月，壽文堂舊版燒亡。寬政改元己酉年九月再刻成」兩條。倭國自維新以前，頗重文教，近數十年改師西彝，窮兵黷武，海波汹汹，安得化以經術，識事大之義哉！書此慨然。

八千卷樓書目

[清]丁仁

周易本義十二卷宋朱子撰。元刊本。王陽明手寫本。日本刊本。明正統刊本。方氏覆咸淳本。

别本周易本義四卷宋朱子撰。怡府刊本。左氏刊本。袖珍刊本。明吳勉學刊本。

萬卷精華樓藏書記

[清]耿文光

周易本義十二卷，宋朱子撰。

宋本。咸淳乙丑九江吳革校刊。每葉十二行，行十五字。首原序缺。次吳氏序，次九圖。朱子易傳凡二稿，初稿已佚，此其次稿。末爲五贊，終以筮儀。吳本末題「敷原後學劉宓校正」，翻本無之。曹寅刻本義於揚州，即吳本而改其行款，縮爲小字，與此懸殊矣。宋本與今本絶不相同，其異文並諸家論説，已詳著于目録學，兹不複出。按朱考朱子易傳，宋志十一卷，佚；周易本義十二卷，存；易學啓蒙三卷，存，有朱子自序；古易音訓二卷，未見；蓍卦考誤一卷，存，有朱子自序。朱子初爲易傳，用王弼本，復以吕氏古易爲本義，大指略同而加詳焉。郭雍著蓍卦辨疑三卷，朱子謂説愈多，法愈亂，因爲考誤。

宋槧周易本義跋

曹元忠

宋槧周易本義十二卷。每半葉七行，行十五字。前列九圖，後附五贊及筮儀。卷首有朱文「鱣讀」，尾有白文「簡莊審定」諸印。疑即陳仲魚經籍跋文所謂「向從吳中顧氏得宋版周易本義，精美無比」者也。按本義爲朱子畢力鑽研之書，屢經改易而定。嘗見繫辭手稿於歸安吳廣涵年丈承潞家。如「齊小大者存乎卦」云：「乾大坤小、泰大否小之類。」與此作「小謂陰，大謂陽」異。「憂悔吝者存乎介，震无咎者存乎悔」云：「介謂幾微之際。震，動也。」與此作「介謂辨別之端」四十八字異。「易與天地準，故能彌綸天地之道」云：「易書具有天地之道，與之齊準。彌，連合之意，所謂彌縫也。綸，理之也。」與此作「易書卦爻」三十四字異。「精氣爲物，遊魂爲變，故知鬼神之情狀」云：「精氣聚而成物，神之申也。魂既遊則魄降，鬼之歸也。」與此作「陰精陽氣衆當是『聚』誤而成物」二十四字異。「安土敦乎仁，故能愛」云：「此聖人盡□□事也。安土，隨遇而安也。仁者愛之理，愛者仁之用。能愛言其不忘濟天下也。」與此作「此聖人盡性之事也」百十六字異。「仁者見之謂之仁，知者見之謂之知」云：「仁陽，知陰，各得是道，亦承上章仁知而言。」「百姓日用而不知，故君子之道鮮矣」云：「莫不飲食，鮮能知味。」與此作「仁陽知陰」八十字異。「顯諸仁，藏諸用」節云：「顯者，仁也，用也，業也。藏者，知也，體也，德也。程子曰：『天地無心而成化，聖人有心而無爲。』」與此作「顯自内而外也」四十九字異。「聖人有以見天下之動而觀其會通」

節云：「會謂理之所聚，通謂事之所宜。」與此作「會謂理之所聚」及「過當是『通』誤謂理之可行」三十七字異。「同人先號咷而後笑」節云：「釋同人九五爻義。言君子之道不同，惟同心則物莫能間，而其言有味也。」與此作「釋同人九五爻義」三十六字異。「天一地二」節云：「此簡本在第十章之首，程子曰宜在此，今從之。言天地之數陽奇陰偶也。」與此作「此簡本在第十章之首」百十八字異。「天數五地數五」節云：「此簡本在大衍之後，今按宜在此，繼上文。相得、有合，謂一與六相得，合而爲水；二與七相得，合而爲火；三與八相得，合而爲木；四與九相得，合而爲金；五與十相得，合而爲土也。程子曰：『變化之功，鬼神之用。』」與此作「此簡本在大衍之後」百六十七字異。「大衍之數五十，其用四十有九」節云：「參天兩地，合而爲五，十之而爲五十，所謂大衍也。五十，體數也。四十九，用數也。其一不用，體在用中也。餘見序例。兩謂兩儀。三變之間一掛再扐，故再扐而後掛也。」與此作「大衍之數五十」百六十五字異。且非惟注文有異也，即分章亦復不同。如「子曰易其至矣乎」爲第七章，而手稿云：「此第六章。」「聖人有以見天下之賾」爲第八章，而手稿云：「此第七章。」又據何子貞跋，知華亭張氏藏有謙、隨二卦手稿。及辛亥國變，遁跡九峯三泖間亦兩載餘，往往博訪周諮，冀有以校其同異，而不可得。今歸家衖，分無見期。益幸本義有此六十行手稿之流傳，得以參互考訂，知定本之精益求精。而定本之前尚有刻本，朱子自謂「本義未能成書，爲人竊出模印，有誤觀覽，今雖追毁，而流布已多」者，七百年來絶無聞見，不知與此手稿其異同又復何如。悠忽至今，莫可告語。因葱石同年景刊此宋槧周易本義，特覼縷言之。時己未五月辛丑，吴縣曹元忠書於錫福堂。（録自玉海堂影宋本）

藏園羣書經眼録卷一

傅增湘

周易本義經二卷、傳十卷宋朱熹撰。彖上、下傳二卷影鈔補完，各卷亦有鈔葉。

宋刊本，半葉七行，每行十五字，注雙行同，白口，左右雙闌，版心上記字數，下記刊工姓名，有：吴炎、張元彧、黄埜、蔡明、蔡友、蔡仁、□恭、游熙、周嵩、王熚、王華、何彬、馬良、賈端仁、祖、杲等。宋諱恒、貞、桓、構皆缺末筆，字體方嚴厚重，似浙杭刊本。前有本義圖，卷末附筮儀、五贊。

收藏印記有：「升菴」朱、「汪文琛印」白、「平陽汪氏藏書印」朱、「汪士鐘讀書」朱、「金匱蔡氏醉經堂考藏章」朱、「伯卿甫」朱、「廷相」白、「宋本」橢圓朱文、「翰墨緣」白、「蔡廷相藏」白、「濟陽蔡氏」朱、「蔡廷楨印」白、「卓如心賞」朱、「金匱蔡廷楨藏」朱、「陳鱣攷藏」朱、「鱣讀」白。（文奎堂送閲　壬午三月六日）

周易本義上、下經二卷，傳十卷宋朱熹撰。

宋咸淳元年吴革刊本，半葉六行，行十五字，注雙行同，白口，左右雙闌，版心上記大小字數，下記刊工人名，有蔡慶、鄧生、吴文、阮□、□青、□仁、藍、光、阮生、吴清諸人。每卷後有「敷原後學劉公校正」一行。有咸淳乙丑立秋日九江吴革序。

彖上、下傳、象上、下傳各二卷抄配。

鈐有「禮部官書」大長方朱印。（癸亥）

周易本義五卷，圖説一卷，五贊一卷宋朱熹撰

明正德刊巾箱本，十一行，二十二字，白口，四周單闌，版心題「周易本義」四字。卷末牌子如下：

正德辛巳季秋刊行
于袁州府之仰韓堂

首程頤易序，次易傳序，元符二年程正叔序，次圖説，次易五贊，次凡例七則，爲重刊此書而作也。其分卷本義上、下爲卷一、二，繫傳上、下爲卷三、四，説卦以下爲卷五，蓋已改易舊第矣。

按凡例，經上、下篇從程傳元本，繫辭以下則從本義，繫辭以後無傳，以東萊呂氏所集經説補之，字句脱誤合諸本讎校。程、朱二家之説有及於易者，合天台董氏、鄱陽董氏附録二本分注之，又採雙湖胡氏、雲峰胡氏之説附着焉。音注取呂氏音訓附於下。據此觀之，則此本已大非晦庵之舊觀矣。鈐印如下：「洞門石鼓」白文，大約二寸方。「雪苑宋氏蘭揮藏書記」朱、「己丑進士太史圖書」白文方、「魚麥堂」朱文方、「宋筠」朱、「蘭揮」白、「緜松菴」白。

按：此本寫刻精雅，雖改易舊式，然極罕見也。（辛巳元月見，已收）

文禄堂訪書記卷一　王文進

周易本義十二卷

宋朱熹撰。宋臨安刻本。半葉七行，行十五字，注雙行。白口。版心上記大小字數，下記刊工姓名。吴炎、張元彧、周嵩、王華、蔡友、馬良、蔡明、賈端仁、蔡仁、何彬、游熙。首本義圖十九葉，卷末附五贊七葉，筮儀五葉。汪士鐘依宋補鈔象上、下及卷中十餘葉。夾板刻「宋槧周易本義」，右角上刊一「費」字。附俞氏刊題，曰：「舊藏陳仲魚先生向山閣，後歸藝芸精舍，屺懷太史得之蕩口蔡氏。古雅可愛，中有鈔補諸葉，亦甚精。光緒丙申仲春，俞樾記。」

周易本義考

白壽彝

（載史學集刊第一期，一九三六年四月。文多不録。）

易學啓蒙

王鐵 校點

校點説明

易學啓蒙是朱熹闡説易象數與筮占方法之書，作書的主旨可見于書首自序。從朱熹寫給蔡元定的書信中可以看到，啓蒙是朱、蔡二人反復研討的成果。朱熹對于啓蒙之作是很自負的。某次「説大學、啓蒙畢，因言：某一生只看得這兩件文字透，見得前賢所未到處」（語類卷一四葉賀孫記）。這種自負態度，在他與陸九韶、方誼、袁樞諸人的信中都有表露。

啓蒙的成書，據序末所署，是淳熙十三年（一一八六年）農曆三月。作序之後，當即付刊行。在朱熹稍後與他人的書信中，就數見贈送與討論啓蒙的文字。例如他在答趙善譽書中提道：「近又嘗編一小書，略論象數梗概，並以爲獻。」（文集卷三八）此信自當前于淳熙十六年趙氏之卒。啓蒙初刊以後又不止一次作過修改，這也可見于他給蔡元定、蔡淵父子的書信中。

今日所見的啓蒙是四卷本。南宋陳振孫直齋書録解題著録啓蒙雖作一卷，但四篇之篇目則與今本不異。亦曾刻作二卷，如明南雍志經籍考于「周易本義」及「周易大字本義」條下，注均稱「啓蒙上、下」。又朱熹去世後，啓蒙與本義常被合刻，如朱熹學生度正謂楊仲禹「並刊二書」（性善堂稿卷一四），朱熹嫡長孫朱鑑謂「鑑既刊啓蒙、本義」，又取吕氏古易音訓「並刊之」（古易音訓跋）。南雍志所録的二種周易本義，就是這類合刻本。

啓蒙的早期單刻本都已經失傳。我們今天能見到的最早刻本，是清康熙年間吕氏寶誥堂所刻的朱子遺書二刻本。其他就只有清代後期的幾個刻本，如咸豐六年（一八五六年）的與古齋刻本、同治七年（一八六八年）的望三益齋刻本、光緒元年（一八七五年）的西京清麓叢書本與劉氏傳經堂叢書本等。其中與古齋本是以遺書本爲底本，望三益齋刻本則是翻刻與古齋本，西京清麓叢書本的版式與遺書本基本相同，推想也是以遺書本爲底本。

啓蒙還有幾種重要的注釋本或附録本（注：附録是從文集、語録中輯集相關文字附于專著每章正文之後的一種體裁）。一是宋末胡方平所撰易學啓蒙通釋，分上、下二卷。二是元黄瑞節輯朱子成書附録，内收易學啓蒙，不分卷。三是明永樂中所編性理大全，卷一四至一七爲易學啓蒙。四是明余懋衡編易學啓蒙四卷，也是一種附録本。該書題「河南道掌道事、監察御史、後學余懋衡編」。據明史本傳，余懋衡掌河南道事在萬曆後期。五是清康熙御纂周易折中。這幾種書的啓蒙正文，除了通釋第四篇的卦變圖外，差别都不大。其中余櫆衡本似與遺書本出于同一祖本，但版刻較麄。

我們這次整理啓蒙，是以朱子遺書本爲底本，校以北京圖書館所藏元刻明修本易學啓蒙通釋（簡稱通釋）、元至正元年（一三四一年）日新書堂刻朱子成書附録（簡稱成書），及南京圖書館所藏明永樂十三年（一四一五年）内府刻性理大全，也參校了南京圖書館所藏余櫆衡刻本（簡稱余本），改正了底本的少數訛脱。第四卷的三十二幅卦變圖，依朱熹的説明，應該是「反復之則爲六十四圖」，也就是説，每一圖應成反復對稱形狀。但底本這一部分與成書、性理大全、余本、周易折中等都相同，並不對稱，因此有錯誤，唯元刻明修本通釋的第一至二〇圖，二九至三二圖的形狀，我們認爲是正確的。但是通釋的第二一至二八圖，形狀也與底本相同，大約這幾葉是元刻本所闕，而以他本補之。刻于通志堂經解中的通釋，這一卷情况也與元刻明修本同。我們在整理時，爲避免作版本依據不足的改動，三十二幅卦變圖就都一仍底本之舊，只是在各本與通釋不同而我們認爲通釋正確之處，以校勘記形式作了説明。

一九九六年五月　王　鐵

目録

易學啓蒙卷之一……二〇九
易學啓蒙卷之二……二一七
易學啓蒙卷之三……二四六
易學啓蒙卷之四……二五七
附録一　序跋……三一六
附録二　著録……三二一

易學啓蒙卷之一

易學啓蒙一

聖人觀象以畫卦，揲蓍以命爻，使天下後世之人，皆有以決嫌疑，定猶豫，而不迷於吉凶悔吝之塗，其功可謂盛矣。然其爲卦也，自本而幹，自幹而支，其勢若有所迫而自不能已。其爲蓍也，分合進退，從横逆順，亦無往而不相值焉。是豈聖人心思智慮之所得爲也哉！特氣數之自然形於法象，見於圖、書者，有以啓於其心，而假手焉耳。近世學者類喜談易，而不察乎此。其專於文義者，既支離散漫而無所根著；其涉於象數者，又皆牽合傅會，而或以爲出於聖人心思智慮之所爲也。若是者，予竊病焉。因與同志，頗輯舊聞，爲書四篇，以示初學，使毋疑於其説云。淳熙丙午莫春既望，雲臺真逸手記。

本圖書第一

河圖

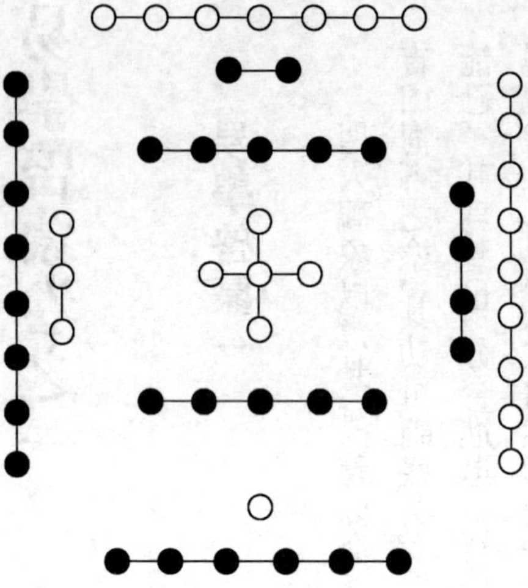

洛書

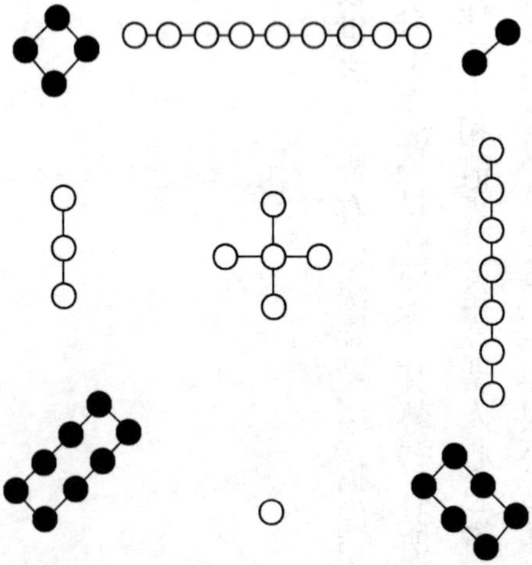

易大傳曰：河出圖，洛出書，聖人則之。

孔安國云：河圖者，伏羲氏王天下，龍馬出河，遂則其文以畫八卦。洛書者，禹治水時，神龜負文而列於背，有數至九，禹遂因而第之，以成九類。

劉歆云：伏羲氏繼天而王，受河圖，則而畫之〔一〕，八卦是也。禹治洪水，賜洛書，法而陳之，九疇是也。河圖、洛書相爲經緯，八卦、九章相爲表裏。

關子明云：河圖之文，七前六後，八左九右。洛書之文，九前一後，三左七右，四前左，二前右，八後左，六後右。

邵子曰：圓者星也，歷紀之數，其肇於此乎！曆法合二始以定剛柔，二中以定律曆，二終以紀閏餘，是所謂曆紀也。方者土也，畫州、井地之法，其放於此乎！州有九，井九百畝，是所謂畫州、井地也。蓋圓者河圖之數，方者洛書之文，故羲、文因之而造易，禹、箕叙之而作範也。

蔡元定曰：古今傳記，自孔安國、劉向父子、班固，皆以爲河圖授羲，洛書錫禹。關子明、邵康節，皆以十爲河圖，九爲洛書。蓋大傳既陳天地五十有五之數，洪範又明言「天乃錫禹洪範九疇」，而九宮之數戴九履一，左三右七，二、四爲肩，六、八爲足，正龜背之象也。惟劉牧意見，以九爲河圖，十爲洛書，託言出於希夷。既與諸儒舊説不合，又引大傳，以爲二者皆出於伏羲之世。其易置圖、書並無明驗，但謂伏羲兼取圖、書，則易、範之數誠相表裏，爲可疑耳。其實天地之理一而已矣，雖時有古今先後之不同，而其理則不容於有二也。故伏羲但據河圖以作易，則不必預見洛書，而已逆與之合矣；大禹但據洛書以作範，則亦不必追考河圖，而已暗與之符矣。其所以然者何哉？誠以此理之外無復他理故也。然不特此耳，律呂有五聲、十二律，而其相乘之數究於六十；日名有十幹、十二支，而其相乘之數亦究於六十。二者皆出於易之後，其起數又各不同，然與易之陰陽策數多少自相配合，皆爲六十者，無不若合符契也。下至運氣、參同、太一之屬，雖不足道，然亦無不相通，蓋自然之理也。假令今世復有圖、書者出，其數亦必相符，可謂伏羲有取於今日而作易乎？大傳所謂「河出圖，洛出書，聖人則之」者，亦泛言聖人作易作範，其原皆出於天之意〔一〕。如言「以卜筮者尚其占」與「莫大乎蓍龜」之類，易之書豈有龜與卜之法乎？亦言其理無二而已爾。

天一，地二，天三，地四，天五，地六，天七，地八，天九，地十。天數五，地數五，五位相得而各有合。天數二十有五，地數三十，凡天地之數五十有五，此所以成變化而行鬼神也。

此一節，夫子所以發明河圖之數也。天地之間，一氣而已，分而爲二則爲陰陽，而五行造化、萬物始終，無不管於是焉。故河圖之位，一與六共宗而居乎北，二與七爲朋而居乎南，三與八同道而居乎東，四與九爲友而居乎西，五與十相守而居乎中。蓋其所以爲數者，不過一陰一陽，一奇一偶，以兩其五行而已。所謂天者，陽之輕清而位乎上者也。所謂地者，陰之重濁而位乎下者也。陽數奇，故一、三、五、七、九皆屬乎天，所謂「天數五」也。陰數偶，故二、四、六、八、十皆屬乎地，所謂「地數五」也。天數地數各以類而相求，所謂「五位之相得」者然也。天以一生水，而地以六成之；地以二生火，而天以七成之；天以三生木，而地以八成之；地以四生金，而天以九成之；天以五生土，而地以十成之。此又其所謂「各有合」焉者也。積五奇而爲二十五，積五偶而爲三十，合是二者而爲五十有五，此河圖之全數。皆夫子之意，而諸儒之説也。至於洛書，則雖夫子之所未言，然其象其説已具於前，有以通之，則劉歆所謂經緯表裏者可見矣。或曰：河圖、洛書之位與數，其所以不同何也？曰：河圖以五生數統五成數，而同處其方，蓋揭其全以示人，而道其常，數之體也。洛書以五奇數統四偶數，而各居其所，蓋主於陽以統陰，而肇其變，數之用也。曰：其皆以五居中者何也？曰：凡數之始，一陰一陽而已矣。陽之象圓，圓者徑一而圍三；陰之象方，方者徑一而圍四。圍三者以一爲一，故參其一陽而爲三；圍四者以二爲一，故兩其一陰而爲二。是所謂參天兩地者也。三、二之合則爲五矣，此河圖、洛書之數所以皆以五爲中也。然河圖以生數爲主，故其中之所以爲五者，亦具五生數之象焉：其下一點，天一之象也。其上一點，地二之象也。其左一點，天三之象也。其中一點，天五之象也。其右一點，地四之象也。洛書以奇數爲主，故其中之所以爲五者，亦具五奇數之象焉：其下一點，亦天一之象也。其左一點，亦天三之象也。其中一點，亦天五之象也。其右一點，則天七之象也。其上一點，則天九之象也。其數與位，皆三同而二異，蓋陽不可易而陰可易，成數雖陽，固亦生之陰也。曰：中央之五既爲五數之象矣，然其爲數也奈何？曰：以數言之，通乎一圖，由内及外，固各有積實可紀之數矣。然河圖之一、二、三、四，各居其五象本方之外，而六、七、八、九、十者，又各因五而得數，以附於其生數之外。洛書之一、三、七、九，亦各居其五象本方之外，而二、四、六、八者，又各因其類以附於奇數之側。蓋中者爲主而外者爲客，正者爲君而側者爲臣，亦各有條而不紊也。曰：其多寡之不同何也？曰：河圖主全，故極於十，而奇偶之位均。論其積實，然後見其偶贏而奇乏也。洛書主變，故極於九，而其位與實皆奇贏而偶乏也。必皆虛其中也，然後陰陽之數均於二十而無偏耳。曰：其序之不同何也？曰：河圖以生出之次言之，則始下，次上，次左，次右，以復于中，而又始于下也。以運行之次言之，則始東，次南，次中，次西，次北，左旋一周，而又始于東也。其生數之在内者，則陽居下左而陰居上右也。其成數之在外者，則陰居下左而陽居上右也。洛書之次，其陽數則首北，次東，次中，次西，次南；其陰數則首西南，次東南，次西北，次東北也。合而言之，則首北，次西南，次東，次東南，次中，次西北，次西，次東北，而究于南也。其運行則水克火，火克金，金克木，木克土，右旋一周，而土復克水也。是亦各有説矣。曰：其七、八、九、六之數不同何也？曰：河圖六、七、八、九既附於生數之外矣，此陰陽老少進退饒乏之正也。其九者，生數一、三、五之積也，故自北而東，自東而西，以成于四之外。其六者，生數二、四之積也，故自南而西，自西而北，以成于一之外。七則九之自西而南者也。八則六之自北而東者也。此又陰陽老少互藏其宅之變也。洛書之縱横十五而七、八、九、六迭爲消長，虚五分十而一含九，二含八，三含七，四含六，則參五錯綜無適而不遇其合焉。此變化無窮之所以爲妙也。曰：然則聖人之則之也奈何？曰：則河圖者虚其中，則洛書者總其實也。河圖之虚五與十者，太極也。奇數二十偶數二十者，兩儀也。以一、二、三、四爲六、七、八、九者，四象也。析四方之合以爲乾、坤、離、坎，補四隅之空以爲兑、震、巽、艮者，八卦也。洛書之實，其一爲五行，其二爲五事，其三爲八政，其四爲五紀，其五爲皇極，其六爲三德，其七爲稽疑，其八爲庶徵，其九爲福極，其位與數尤曉然矣。曰：洛書而虚其中五[三]，則亦太極也。奇偶各居二十，則亦兩儀也。一、二、三、四而含九、八、七、六，縱横十五而互爲七八、九六，則亦四象也。四方之正以爲乾、坤、離、坎，四隅之偏以爲兑、震、巽、艮，則亦八卦也。河圖之一、六爲水，二、七爲火，三、八爲木，四、九爲金，五、十爲土，則固洪範之五行，而五十有五者，又九疇之子目也。是則洛書固可以爲易，而河圖亦可以爲範矣，且又安知圖之不爲書，書之不爲圖也耶？曰：是其時雖有先後，數雖有多寡，然其爲理則一而已。但易乃伏羲之所先得乎圖，而初無所待於書；範則大禹之所獨得乎書，而未必追考於圖耳。且以河圖而虛十，則洛書四十有五之數也；虛五，則大衍五十之數也；積五與十，則洛書縱横十五之數也；以五乘十，以十乘五，則又皆大衍之數也。洛書之五，又自含五而得十，而通爲大衍之數矣；積五與十，則得十五，而通爲河圖之數矣。苟明乎此，則横斜曲直無所不通，而河圖、洛書又豈有先後彼此之間哉！

校勘記

〔一〕則而畫之　「則」字原脱，據成書及漢書卷二七上補。

〔二〕其原皆出於天之意　「原」原作「言」，據通釋、成書、性理大全改。

〔三〕洛書而虛其中五　「五」字原脱，據成書補。

易學啓蒙卷之二

易學啓蒙二

原卦畫第二

古者包羲氏之王天下也，仰則觀象於天，俯則觀法於地，觀鳥獸之文與地之宜，近取諸身，遠取諸物，於是始作八卦，以通神明之德，以類萬物之情。

易有太極，是生兩儀，兩儀生四象，四象生八卦。

大傳又言包羲畫卦所取如此，則易非獨以河圖而作也。蓋盈天地之間，莫非太極、陰陽之妙，聖人於此仰觀俯察，遠求近取，固有以超然而默契於其心矣。故自兩儀之未分也，渾然太極，而兩儀、四象、六十四卦之理已粲然於其中。自太極而分兩儀，則太極固太極也，兩儀固兩儀也。自兩儀而分四象，則兩儀又爲太極，而四象又爲兩儀矣。自是而推之，由四而八，由八而十六，由十六而三十二，由三十二而六十四，以至于百千萬億之無窮，雖其見於摹畫者，若有先後而出於人爲，然其已定之形、已成之勢，則固已具于渾然之中，而不容毫髮思慮作爲于其間也。程子所謂加一倍法者，可謂一言以蔽之；而邵子所謂畫前有易者，又可見其真不妄矣。世儒于此或不之察，往往以爲聖人作易，蓋極其心思探索之巧而得之，甚者至謂凡卦之畫必由蓍而後得，其誤益以甚矣。

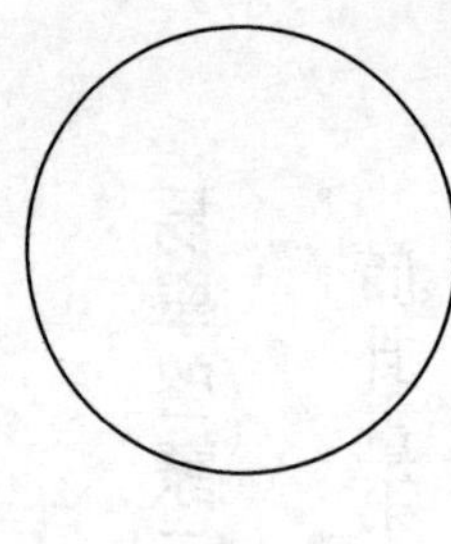

易有太極。

太極者，象數未形而其理已具之稱，形器已具而其理無朕之目，在河圖、洛書，皆虛中之象也。周子曰「無極而太極」，邵子曰「道爲太極」，又曰「心爲太極」，此之謂也。

陽儀〔一〕 ⚊

陰儀〔二〕 ⚋

太陽一 ⚌

少陰二 ⚍

是生兩儀。

太極之判，始生一奇一偶，而爲一畫者二，是爲兩儀。其數則陽一而陰二。在河圖、洛書，則奇偶是也。周子所謂「太極動而生陽，動極而靜，靜而生陰，靜極復動，一動一靜，互爲其根，分陰分陽，兩儀立焉」，邵子所謂「一分爲二」者，皆謂此也。

兩儀生四象。

兩儀之上各生一奇一偶，而爲二畫者四，是謂四象。其位則太陽一，少陰二，少陽三，太陰四。其數則太陽九，少陰八，少陽七，太陰六。以河圖言之，則六者，一而得於五者也；七者，二而得於五者也；八者，三而得於五者也；九者，四而得於五者也。以洛書言之，則九者，十分一之餘也；八者，十分二之餘也；七者，十分三之餘也；六者，十分四之餘也。周子所謂水火木金，邵子所謂「二分爲四」者，皆謂此也。

少陽三

太陰四

乾一

兌二

離三

震四

四象生八卦。

四象之上各生一奇一偶，而爲三畫者八，於是三才略具，而有八卦之名矣。其位則乾一，兌二，離三，震四，巽五，坎六，艮七，坤八。在河圖，則乾、坤、離、坎分居四實，兌、震、巽、艮分居四虛。在洛書，則乾、坤、離、坎分居四方，兌、震、巽、艮分居四隅。周禮所謂「三易經卦皆八」，大傳所謂「八卦成列」，邵子所謂「四分爲八」者，皆指此而言也。

巽五

坎六

艮七

坤八

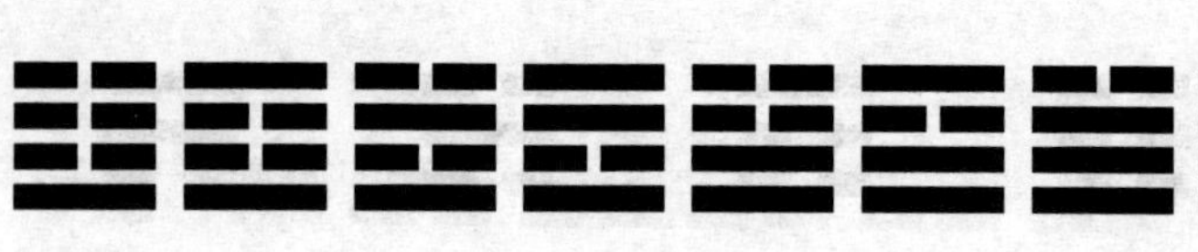

八卦之上各生一奇一偶，而爲四畫者十六，於經無見。邵子所謂「八分爲十六」者是也。又爲兩儀之上各加八卦，又爲八卦之上各加兩儀也。

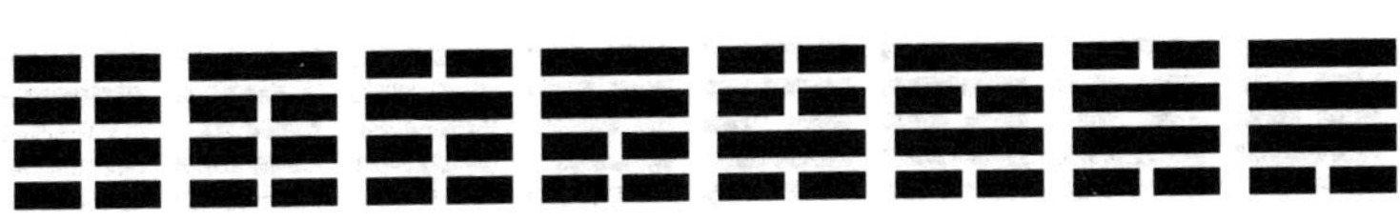

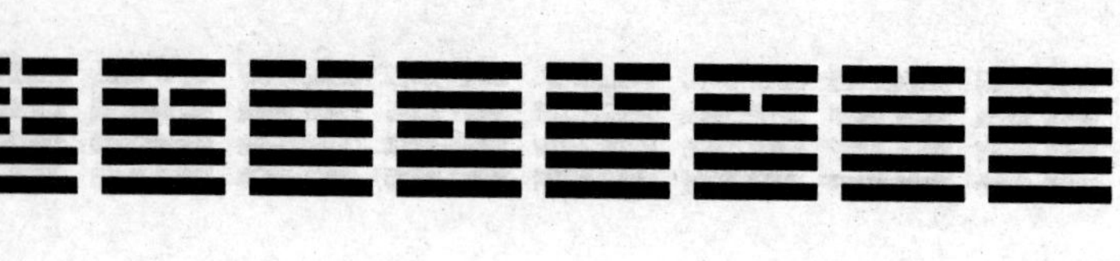

四畫之上各生一奇一偶，而爲五畫者三十二。邵子所謂「十六分爲三十二」者是也。又爲四象之上各加八卦，又爲八卦之上各加四象也。

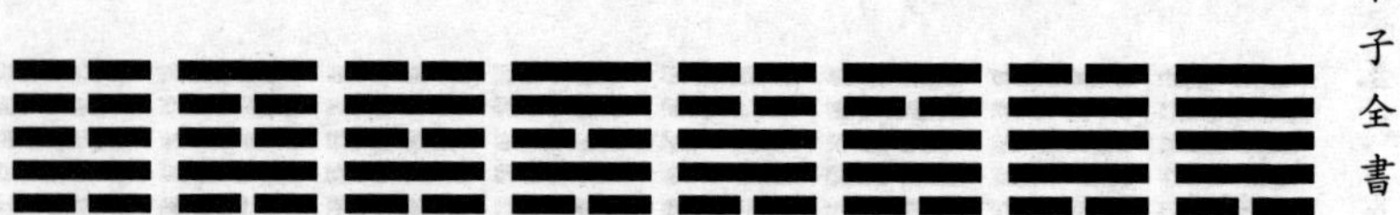

乾　夬　大有　大壯　小畜　需　大畜　泰

五畫之上各生一奇一偶，而爲六畫者六十四，則兼三才而兩之，而八卦之乘八卦亦周。於是六十四卦之名立，而易道大成矣。周禮所謂「三易之別皆六十有四」，大傳所謂「因而重之，爻在其中矣」，邵子所謂「三十二分爲六十四」者，是也。若於其上各卦又各生一奇一偶，則爲七畫者百二十八矣；七畫之上又各生一奇一偶，則爲八畫者二百五十六矣；八畫之上又各生一奇一偶〔三〕，則爲九畫者五百十二矣；九畫之上又各生一奇一偶，則爲十畫者千二十四矣；十畫之上又各生一奇一偶，則爲十一畫者二千四十八矣；十一畫之上又各生一奇一偶，則爲十二畫者四千九十六矣，此焦貢易林變卦之數，蓋以六十四乘六十四也。今不復爲圖於此，而略見第四篇中。若自十二畫上又各生一奇一偶，累至二十四畫，則成千六百七十七萬七千二百一十六變。以四千九十六自相乘，其數亦與此合。引而伸之，蓋未知其所終極也。雖未見其用處，然亦足以見易道之無窮矣。

履　兌　睽　歸妹　中孚　節　損　臨

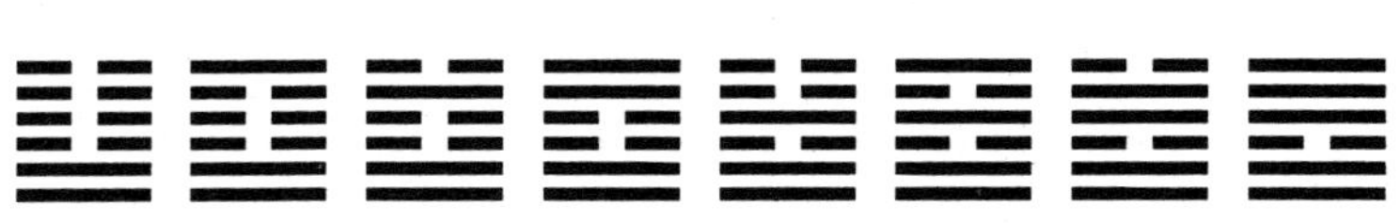

同人　革　離　豐　家人　既濟　賁　明夷

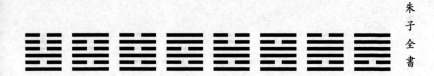

无妄　隨　噬嗑　震　益　屯　頤　復

姤　大過　鼎　恒　巽　井　蠱　升

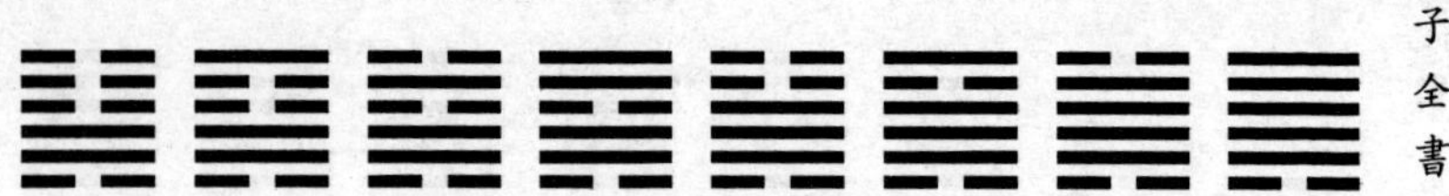

師　蒙　坎　渙　解　未　困　訟
　　　　　　　　濟

易學啓蒙

易學啓蒙卷之二

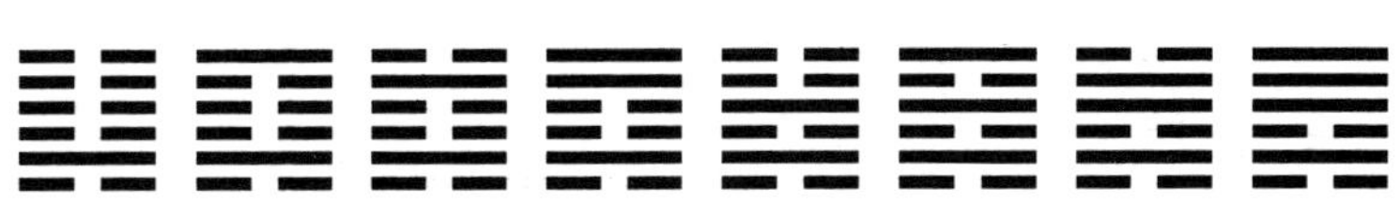

遯　咸　旅　小過　漸　蹇　艮　謙

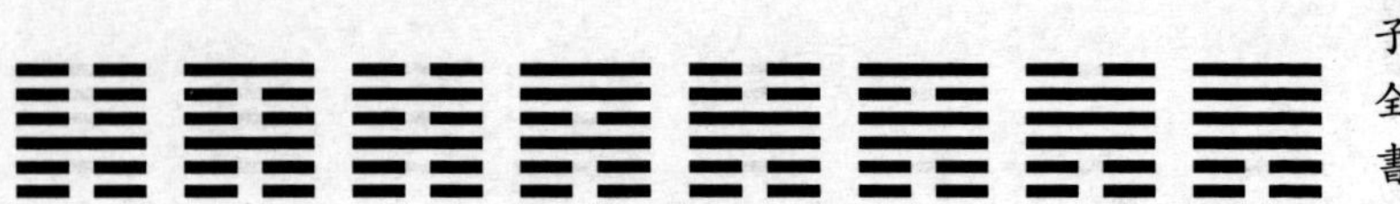

坤　剥　比　觀　豫　晉　萃　否

伏羲八卦圖

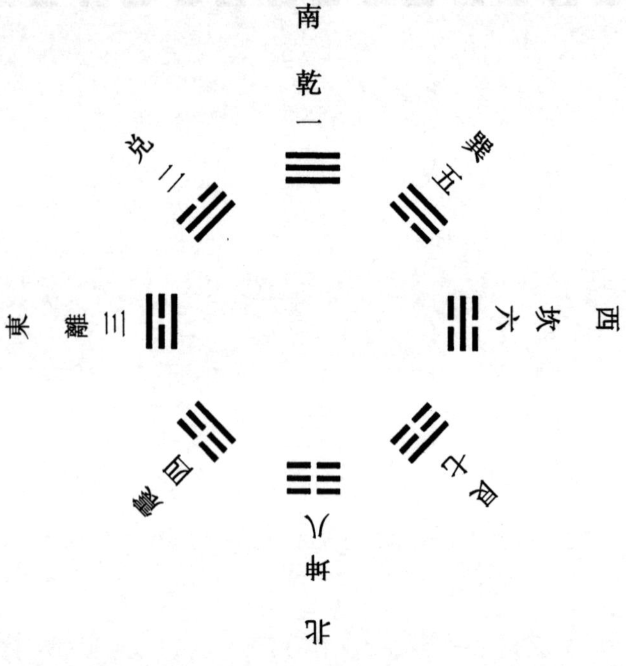

南

乾一

兌二

離三

震四

坤八

北

巽五

坎六

艮七

西

東

伏羲六十四卦圖

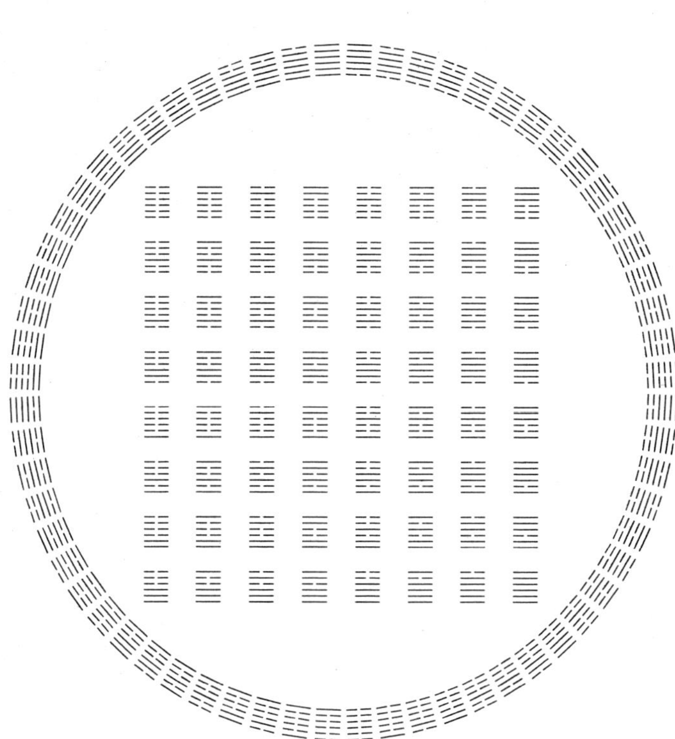

天地定位，山澤通氣，雷風相薄，水火不相射。八卦相錯，數往者順，知來者逆。是故易，逆數也。

雷以動之，風以散之，雨以潤之，日以烜之〔四〕，艮以止之，兑以説之，乾以君之，坤以藏之。

邵子曰：此一節明伏羲八卦也。八卦相錯者，明交相錯而成六十四也。數往者順，若順天而行，是左旋也。皆已生之卦也，故云數往也。知來者逆，若逆天而行，是右行也。皆未生之卦也，故云知來也。夫易之數由逆而成矣。此一節直解圖意，若逆知四時之謂也。以横圖觀之，有乾一而後有兑二，有兑二而後有離三，有離三而後有震四，有震四而巽五、坎六、艮七、坤八亦以次而生焉。此易之所以成也。而圓圖之左方，自震之初爲冬至，離、兑之中爲春分，以至于乾之末而交夏至焉，皆進而得其已生之卦，猶自今日而追數昨日也，故曰「數往者順」。其右方，自巽之初爲夏至，坎、艮之中爲秋分，以至于坤之末而交冬至焉，皆進而得其未生之卦，猶自今日而逆計來日也，故曰「知來者逆」。然本易之所以成，則其先後始終如横圖及圓圖右方之序而已，故曰「易逆數也」。

又曰：太極既分，兩儀立矣。陽上交於陰，陰下交於陽，而四象生矣。陽交於陰，陰交於陽，而生天之四象；剛交於柔，柔交於剛，而生地之四象。八卦相錯，而後萬物生焉。故一分爲二，二分爲四，四分爲八，八分爲十六，十六分爲三十二，三十二分爲六十四，猶根之有幹，幹之有枝，愈大則愈小〔五〕，愈細則愈繁。是故乾以分之，坤以翕之，震以長之，巽以消之。長則分，分則消，消則翕也。乾、坤，定位也。震、巽，一交也。兑、離、坎、艮，再交也。故震陽少而陰尚多也，巽陰少而陽尚多也，兑、離陽浸多也，坎、艮陰浸多也。

又曰：無極之前，陰含陽也；有象之後，陽分陰也。陰爲陽之母，陽爲陰之父，故母孕長男而爲復，父生長女而爲姤，是以陽起於復，而陰起於姤也。

又曰：震，始交陰而陽生。巽，始消陽而陰生。兑，陽長也。艮，陰長也。震、兑，在天之陰也。巽、艮，在地之陽也。故震、兑上陰而下陽，巽、艮上陽而下陰。天以始生言之，故陰上而陽下，交泰之義也。地以既成言之，故陽上而陰下，尊卑之位也。乾、坤定上下之位，坎、離列左右之門，天地之所闔闢，日月之所出入。春夏秋冬，晦朔弦望，晝夜長短，行度盈縮，莫不由乎此矣。

又曰：乾四十八而四分之，一分爲陰所尅也。坤四十八而四分之，一分爲所尅之陽也。故乾得三十六，而坤得十二也。兑、離以下更思之。〇今按：兑、離二十八陽，二十陰。震二十陽，二十八陰。艮、坎二十八陰，二十陽。巽二十陰，二十八陽。

又曰：乾、坤縱而六子横，易之本也。

又曰：陽在陰中陽逆行，陰在陽中陰逆行。陽在陽中，陰在陰中，則皆順行。此真至之理，按圖可見之矣。

又曰：復至乾，凡百一十有二陽。姤至坤，凡八十陽。姤至坤，凡百一十有二陰。復至乾，凡八十陰。

又曰：坎、離者，陰陽之限也，故離當寅，坎當申。而數常踰之者，陰陽之溢也。然用數不過乎中也。此更宜思。離當卯，坎當酉，但以坤爲子半可見矣。

又曰：先天學，心法也，故圖皆自中起。萬化萬事生于心也。

又曰：圖雖無文，吾終日言而未嘗離乎是，蓋天地萬物之理盡在其中矣。

文王八卦圖

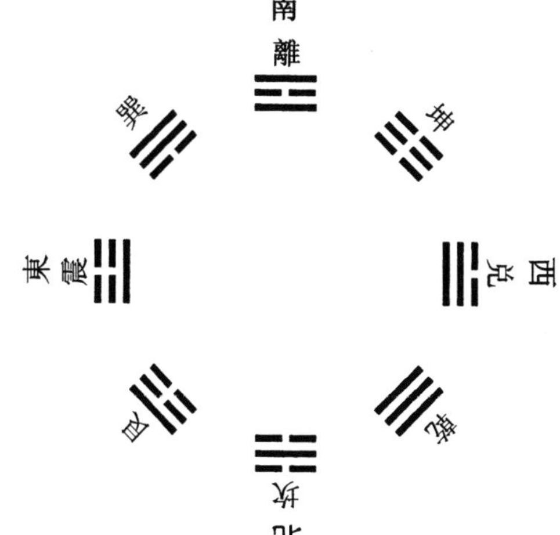

帝出乎震，齊乎巽，相見乎離，致役乎坤，説言乎兑，戰乎乾，勞乎坎，成言乎艮。萬物出乎震，震，東方也。齊乎巽，巽，東南也。齊也者，言萬物之絜齊也。離也者，明也，萬物皆相見，南方之卦也。聖人南面而聽天下，嚮明而治，蓋取諸此也。坤也者，地也，萬物皆致養焉，故曰「致役乎坤」。兑，正秋也，萬物之所説也，故曰「説言乎兑」。戰乎乾，乾，西北之卦也，言陰陽相薄也。坎者，水也，正北方之卦也，勞卦也，萬物之所歸也，故曰「勞乎坎」。艮，東北之卦也，萬物之所成終而所成始也，故曰「成言乎艮」。神也者，妙萬物而爲言者也。動萬物者莫疾乎雷，橈萬物者莫疾乎風，燥萬物者莫熯乎火，説萬物者莫説乎澤，潤萬物者莫潤乎水，終萬物、始萬物者莫盛乎艮。故水火相逮，雷風不相悖，山澤通氣，然後能變化既成萬物也。

邵子曰：此一節明文王八卦也。

又曰：至哉，文王之作易也，其得天地之用乎！故乾、坤交而爲泰，坎、離交而爲既濟也。乾生於子，坤生於午，坎終於寅，離終於申，以應天之時也。置乾於西北，退坤於西南，長子用事而長女代母，坎、離得位而兑、艮爲耦，以應地之方也。王者文王也。之法〔六〕，其盡於是矣。此言文王改易伏羲卦圖之意也。蓋自乾南坤北而交，則乾北坤南而爲泰矣。自離東坎西而交，則離西坎東而爲既濟矣。乾、坤之交者，自其所已成而反其所由生也，故再變則乾退乎西北，坤退乎西南也。坎、離之變者，東自上而西，西自下而東也。故乾、坤既退，則離得乾位而坎得坤位也。震用事者，發生于東方。巽代母者，長養於東南也。

又曰：易者，一陰一陽之謂也。震、兑，始交者也，故當朝夕之位。坎、離，交之極者也，故當子午之位。巽、艮不交而陰陽猶雜也，故當用中之偏。乾、坤，純陽純陰也，故當不用之位也。

又曰：兑、離、巽，得陽之多者也。艮、坎、震，得陰之多者也。是以爲天地用也。乾極陽，坤極陰，是以不用也。

又曰：震、兑横而六卦縱，易之用也。嘗考此圖而更爲之説曰：震東、兑西者，陽主進，故以長爲先而位乎左；陰主退，故以少爲貴而位乎右也。坎北者，進之中也。離南者，退之中也。男北而女南者，互藏其宅也。四者皆當四方之正位，而爲用事之卦。然震、兑始而坎、離終，震、兑輕而坎、離重也。乾西北、坤西南者，父母既老而退居不用之地也。然母親而父尊，故坤猶半用，而乾全不用也。艮東北、巽東南者，少男進之後，而長女退之先，故亦皆不用也。然男未就傅，女將有行，故巽稍向用，而艮全未用也。四者皆居四隅不正之位，然居東者未用，而居西者不復用也，故下文歷舉六子而不數乾、坤。至其水火、雷風、山澤之相偶，則又用伏羲卦云。

程子曰：凡陽在下者，動之象；在中者，陷之象；在上，止之象。陰在下者，入之

乾，健也。坤，順也。震，動也。巽，入也。坎，陷也。離，麗也。艮，止也。兑，説也。

象；在中者，麗之象；在上，説之象。

乾爲馬。坤爲牛。震爲龍。巽爲雞。坎爲豕。離爲雉。艮爲狗。兑爲羊。

此遠取諸物之象。

乾爲首。坤爲腹。震爲足。巽爲股。坎爲耳。離爲目。艮爲手。兑爲口。

此近取諸身之象。

乾，天也，故稱乎父。坤，地也，故稱乎母。震，一索而得男，故謂之長男。巽，一索而得女，故謂之長女。坎，再索而得男，故謂之中男。離，再索而得女，故謂之中女。艮，三索而得男，故謂之少男。兑，三索而得女，故謂之少女。

今按：坤求於乾，得其初九而爲震，故曰「一索而得男」。乾求於坤，得其初六而爲巽，故曰「一索而得女」。坤再求而得乾之九二以爲坎，故曰「再索而得男」。乾再求而得坤之六二以爲離，故曰「再索而得女」。坤三求而得乾之九三以爲艮，故曰「三索而得男」。乾三求而得坤之六三以爲兑，故曰「三索而得女」。

凡此數節，皆文王觀於已成之卦，而推其未明之象以爲説，邵子所謂後天之學，入用之位者也。

校勘記

〔一〕陽儀　成書作「陽一」。

〔二〕陰儀　成書作「陰二」。

〔三〕八畫之上又各生一奇一偶　「畫」原作「卦」，據通釋、成書、性理大全改。

〔四〕日以烜之　「烜」原作「暄」，係南宋嘉定以後避欽宗舊諱，今據宋本周易本義改回。通釋、成書、性理大全作「烜」。

〔五〕愈大則愈小　通釋、成書、性理大全、余本皆同。按皇極經世外篇「小」作「少」，是。

〔六〕王者文王也之法　「之法」二字原脱，據成書補。但成書無注「文王也」三字。

易學啓蒙卷之三

易學啓蒙三

明蓍策第三

大衍之數五十。

河圖、洛書之中數皆五，衍之而各極其數以至於十，則合爲五十矣。河圖積數五十五，其五十者皆因五而後得，獨五爲五十所因，而自無所因，故虚之，則但爲五十。又五十五之中，其四十者分爲陰陽老少之數，而其五與十者無所爲，則又以五乘十，以十乘五，而亦皆爲五十矣。洛書積數四十五，而其四十者散布於外，而分陰陽老少之數，唯五居中而無所爲，則亦自含五數〔一〕，而並爲五十矣。

其用四十有九。

大衍之數五十，而蓍一根百莖，可當大衍之數者二，故揲蓍之法，取五十莖爲一握，置其一不用以象太極，而其當用之策凡四十有九。蓋兩儀體具而未分之象也。

分而爲二以象兩，挂一以象三，揲之以四以象四時，歸奇於扐以象閏。五歲再閏，故再扐而後挂。

挂者，懸於小指之間。揲者，以大指、食指間而別之。奇謂餘數。扐者，扐于中三指之兩間也。蓍凡四十有九，信手中分，各置一手，以象兩儀，而挂右手一策于左手小指之間，以象三才。遂以四揲左手之策，以象四時，而歸其餘數於左手第四指間，以象閏。又以四揲右手之策，而再歸其餘數於左手第三指間，以象再閏。五歲之象，挂一，一也；揲左，二也；扐左，三也；揲右，四也；扐右，五也。是謂一變。其挂扐之數，不五即九。

扐挂　扐挂　扐挂

右左 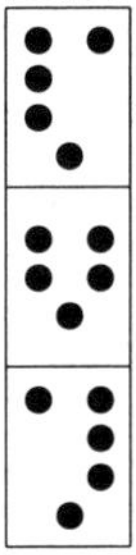　得五者三，所謂奇也。五除挂一即四，以四約之爲一，故爲奇，即兩儀之陽數也。

右左 　得九者一，所謂偶也。九除挂一即八，以四約之爲二，故爲偶，即兩儀之陰數也。

一變之後，除前餘數，復合其見存之策，或四十，或四十四，分、挂、揲、歸如前法，是謂再變。其挂扐者不四則八。

扐挂　扐挂

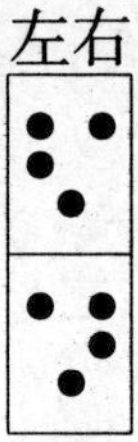

右左

得四者二，所謂奇也。不去挂一，餘同前義。

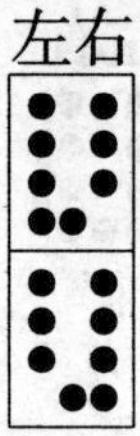

右左

得八者二，所謂偶也。不去挂一，餘同前義。

再變之後，除前兩次餘數，復合其見存之策，或四十，或三十六，或三十二，分、挂、揲、歸如前法，是謂三變。其挂扐者如再變例。

三變既畢，乃合三變，視其挂扐之奇偶，以分所遇陰陽老少，是爲一爻。

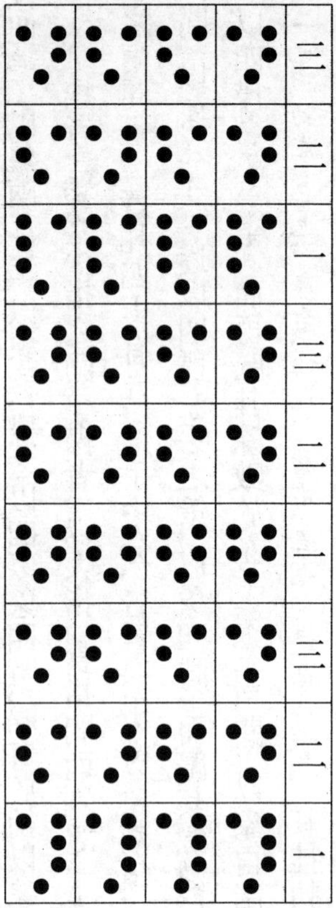

三
二
一
三
二
一
三
二
一

〔二〕

右三奇爲老陽者凡十有二。挂扐之數十有三，除初挂之一爲十有二，以四約而三分之，爲一者三。一奇象圓而圍三，故三一之中各復有三，而積三三之數則爲九。過揲之數三十有六，以四約之亦得九焉。掛扐除一，四分四十有八而得其一也，一其十二而三其四也，九之母也。過揲之數，四分四十八而得其三也，三其十二而九其四也，九之子也。皆徑一而圍三也。即四象太陽居一含九之數也。

右兩奇一偶，以偶爲主，爲少陰者凡二十有八。掛扐之數十有七，除初掛之一爲十有六，以四約而三分之，爲一者二，爲二者一。一奇象圓而用其全，故二一之中各復有三〔三〕；二偶象方而用其半〔四〕，故一二之中復有二焉。而積二三、一二之數則爲八。過揲之數三十有二，以四約之亦得八焉。挂扐除一，四其四也，自一其十二者而進四也，八之母也。過揲之數，八其四也，自三其十二者而退四也，八之子也。即四象少陰居二含八之數也。

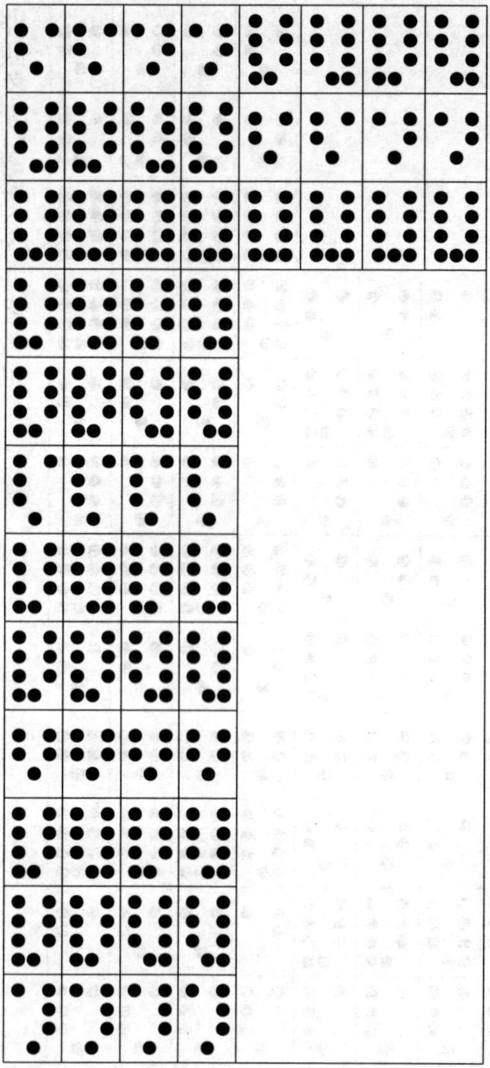

〔五〕

右兩偶一奇，以奇爲主，爲少陽者凡二十。挂扐之數二十有一，除初挂之一爲二十，以四約而三分之，爲二者二，爲一者一。二偶象方而用其半，故二二之中各復有二；一奇象圓而用其全，故一一之中復有三焉。而積二二、一三之數則爲七。過揲之數二十有八，以四約之亦得七焉。挂扐除一，五其四也，自兩其十二者而退四也，七之母也。過揲之數，七其四也，自兩其十二者而進四也，七之子也。即四象少陽居三含七之數也。

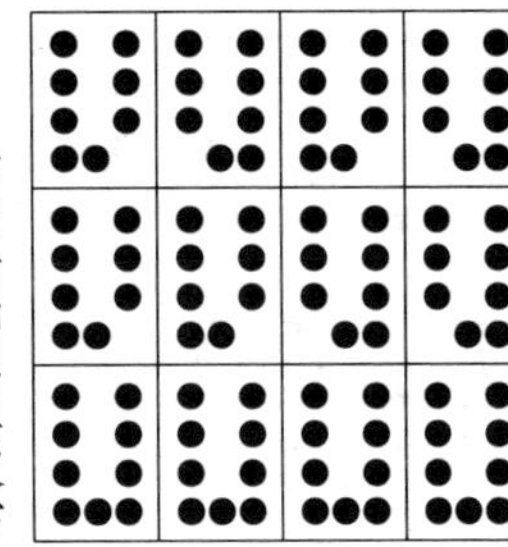

右三偶爲老陰者四。挂扐之數二十有五，除初挂之一爲二十有四，以四約而三分之，爲二者三。二偶象方而用其半，故三二之中各復有二，而積三二之數則爲六。過揲之數亦二十有四，以四約之，亦得六焉。挂扐除一，六之母也。過揲之數，六之子也。四分四十有八而各得其二也，兩其十二而六其四也，皆圍四而用半也。即四象太陰居四含六之數也。

凡此四者，皆以三變皆挂之法得之。蓋經曰「再扐而後挂」，又曰「四營而成易」，其指甚明。注、疏雖不詳説，然劉禹錫所記僧一行、畢中和、顧象之説，亦已備矣。近世諸儒乃有前一變獨挂，後二變不挂之説。考之於經，乃爲六扐而後挂，不應五歲再閏之義。

且後兩變又止三營〔六〕，蓋已誤矣。且用舊法，則三變之中，又以前一變爲奇，後二變爲偶。奇故其餘五、九，偶故其餘四、八。餘五、九者，五三而九一，亦圍三徑一之義也。餘四、八者，四、八皆二，亦圍四用半之義也。三變之後，老者陽饒而陰乏，少者陽少而陰多，亦皆有自然之法象焉。蔡元定曰：按五十之蓍，虚一，分二，挂一，揲四，爲奇者三，爲偶者二，是天三地二自然之數。而三揲之變，老陽老陰之數本皆八，合之得十六，陰陽以老爲動，而陰性本靜，故以四歸于老陽，此老陰之數所以四，老陽之數所以十二也。少陽少陰之數本皆二十四，合之四十八，陰陽以少爲靜，而陽性本動，故以四歸於少陰，此少陽之數所以二十，而少陰之數所以二十八也。易用老而不用少〔七〕，故六十四變所用者十六變〔八〕，十六變又以四約之，陽用其三，陰用其一。蓋一奇一偶對待者，陰陽之體；陽三陰一，一饒一乏者，陰陽之用。故四時春夏秋生物，而冬不生物；天地東西南可見，而北不可見。人之瞻視，亦前與左右可見，而背不可見也。不然，則以四十九蓍虚一，分二，挂一，揲四，則爲奇者二，爲偶者二，而老陽得八，老陰得八，少陽得二十四，少陰得二十四，不亦善乎？聖人之智豈不及此？而其取此而不取彼者，誠以陰陽之體數常均，用數則陽三而陰一也。若用近世之法，則三變之餘，皆爲圍三徑一之義，而無復奇偶之分。三變之後，爲老陽少陰者皆二十七，爲少陽者九，爲老陰者一，又皆參差不齊，而無復自然之法象，此足以見其説之誤矣。至於陰陽老少之所以然者，則請復得而通論之：蓋四十九策，除初挂之一而爲四十八，以四約之爲十二，以十二約之爲四。於其揲之一變也，挂扐之數，一其四者爲奇，兩其四者爲偶。其三變也，挂扐之數三其四，一其十二，而過揲之數九其四，三其十二者，爲老陽。挂扐過揲之數皆六其四，兩其十二者，爲老陰。自老陽之挂扐而增一四，則是四其四也，一其十二而又進一四也；自其過揲者而損一四，則是八其四也，三其十二而損一四也，此所謂少陰者也。自老陰之挂扐而損一四，則是五其四也，兩其十二而去一四也；自其過揲而增一四，則是七其四也，兩其十二而進一四也，此所謂少陽者也。二老者，陰陽之極也，二極之間相距之數凡十有二，而三分之，自陽之極而進其挂扐，退其過揲，各至于三之一，則爲少陰；自陰之極而退其挂扐，進其過揲，各至于三之一，則爲少陽。老陽居一而含九，故其挂扐十二爲最少，而過揲三十六爲最多。少陰居二而含八，故其挂扐十六爲次少，而過揲三十二爲次多。少陽居三而含七，故其挂扐二十爲稍多，而過揲二十八爲稍少。老陰居四而含六，故其挂扐二十四爲極多，而過揲亦二十四爲極少。蓋陽奇而陰偶，是以挂扐之數，老陽極少，老陰極多，而二少者一進一退而交于中焉，此其以少爲貴者也。陽實而陰虛，是以過揲之數，老陽極多，老陰極少，而二少者亦一進一退而交于中焉，此其以多爲貴者也。凡此不唯陰之與陽既爲二物而迭爲消長，而其一物之中，此二端者，又各自爲一物而迭爲消長。其相與低昂如權衡，其相與判合如符契，固有非人之私智所能取舍而有無者。而況挂扐之數乃七、八、九、六之原，而過揲之數乃七、八、九、六之委，其勢又有輕重之不同。而或者乃欲廢置挂扐，而獨以過揲之數爲斷，則是舍本而取末，去約以就煩，而不知其不可也，豈不誤哉！邵子曰：「五與四、四，去挂一之數，則四三十二也。九與八、八，去挂一之數，則四六二十四也。五與八、八，九與四、八，去挂一之數，則四五二十也。九與四、四，五與四、八，去挂一之數，則四四十六也。故去其三、四、五、六之數，以成九、八、七、六之策。」此之謂也。

一爻已成，再合四十九策，復分、挂、揲、歸以成一變，每三變而成一爻，並如前法。

乾之策二百一十有六，坤之策百四十有四，凡三百有六十，當期之日。

乾之策二百一十有六者，積六爻之策各三十六而得之也。坤之策百四十有四者，積六爻之策各二十有四而得之也。凡三百六十者，合二百一十有六、百四十有四而得之也。當期之日者，每月三十日，合十二月爲三百六十也。蓋以氣言之，則有三百六十六日；以朔言之，則有三百五十四日。今舉氣盈朔虛之中數而言，故曰三百有六十也。然少陽之策二十八，積乾六爻之策則一百六十八；少陰之策三十二，積坤六爻之策則一百九十二。此獨以老陰陽之策爲言者，以易用九、六，不用七、八也。然二少之合亦三百有六十。

二篇之策萬有一千五百二十，當萬物之數也。

二篇者，上、下經六十四卦也。其陽爻百九十二，每爻各三十六策，積之得六千九百一十二；陰爻百九十二，每爻二十四策，積之得四千六百八，又合二者爲萬有一千五百二十也。若爲少陽，則每爻二十八策，凡五千三百七十六；少陰，則每爻三十二策，凡六千一百四十四，合之亦爲萬一千五百二十也。

是故四營而成易，十有八變而成卦，八卦而小成，引而伸之，觸類而長之，天下之能事畢矣。

四營者，四次經營也。分二者，第一營也。挂一者，第二營也。揲四者，第三營也。歸奇者，第四營也。易，變易也，謂揲之一變也。四營成變，三變成爻。一變而得兩儀之象，再變而得四象之象，三變而得八卦之象。一爻而得兩儀之畫，二爻而得四象之畫，三爻而得八卦之畫，四爻成而得其十六者之一，五爻成而得其三十二者之一，至于積七十二營而成十有八變，則六爻見而得乎六十四卦之一矣。然方其三十六營而九變也，已得三畫，而八卦之名可見，則内卦之爲貞者立矣。此所謂八卦而小成者也。自是而往，引而伸之，又三十六營九變以成三畫，而再得小成之卦者一，則外卦之爲悔者亦備矣。六爻成，内外卦備，六十四卦之别可見。然後視其爻之變與不變，而觸類以長焉，則天下之事，其吉凶悔吝皆不越乎此矣。

顯道，神德行，是故可與酬酢，可與祐神矣。

道因辭顯，行以數神。酬酢者，言幽明之相應，如賓主之相交也。祐神者，言有以佑助神化之功也。○卷内蔡氏説「爲奇者三，爲偶者二」，蓋凡初揲，左手餘一、餘二、餘三皆爲奇，餘四爲偶；至再揲、三揲，則餘三者亦爲偶，故曰奇三而偶二也。

校勘記

〔一〕則亦自含五數　「含」原作「合」，據通釋、成書、性理大全改。

〔二〕上圖四行，通釋、成書、性理大全第一行同，而以底本之第三行爲第二行，第四行爲第三行，第二行爲第四行。按：行次之異不害圖意。

〔三〕故二一之中各復有三　「二」原作「三」，據通釋、成書、性理大全改。

〔四〕二偶象方而用其半　「二」原作「一」，據通釋、成書、性理大全改。

〔五〕上圖八行，每行依次以三格爲一組。通釋、成書、性理大全以底本之第六行首三格爲第五行首三格，第八行首三格爲第六行首三格，第五行首三格爲第七行首三格，第七行首三格爲第八行首三格。按：行次之異不害圖意。

〔六〕且後兩變又止三營　「三」原作「二」，據通釋、成書、性理大全改。

〔七〕易用老而不用少　「易」原作「陽」，據通釋、成書改。

〔八〕故六十四變所用者十六變　「十六」原作「十二」，據成書改。

易學啓蒙卷之四

易學啓蒙四

考變占第四

乾卦：用九，見羣龍无首吉。《象曰：用九天德，不可爲首也。

坤卦：用六，利永貞。《象曰：用六永貞，以大終也。

用九、用六者，變卦之凡例也，言凡陽爻皆用九而不用七，陰爻皆用六而不用八。用九，故老陽變爲少陰。用六，故老陰變爲少陽。不用七、八，故少陽少陰不變。獨於乾、坤二卦言之者，以其在諸卦之首，又爲純陽純陰之卦也。聖人因繫以辭，使遇乾而六爻皆九，遇坤而六爻皆六者，即此而占之。蓋「羣龍无首」，則陽皆變陰之象；「利永貞」，則陰皆變陽之義也。餘見六爻變例。歐陽子曰：「乾、坤之用九、用六，何謂也？曰：乾爻七、九，坤爻八、六，九、六變而七、八無爲。易道占其變，故以其所占者名爻，不謂六爻皆九、六也。及其筮也，七、八常多，而九、六常少，有無九、六者焉。此不可以不釋也。六十四卦皆然，特于乾、坤見之，則餘可知耳。」〇愚按：此說發明先儒所未到，最爲有功。其論七、八多而九、六少，又見當時占法三變皆挂，如一行說。

凡卦六爻皆不變，則占本卦彖辭，而以內卦爲貞，外卦爲悔。彖辭爲卦下之辭。孔成子筮立衛公子元，遇屯，曰：「利建侯。」秦伯伐晉，筮之，遇蠱，曰：「貞，風也；其悔，山也。」一爻變，則以本卦變爻辭占。沙隨程氏曰：「畢萬遇屯之比，初九變也。蔡墨遇乾之同人，九二變也。晉文公遇大有之睽，九三變也。陳敬仲遇觀之否，六四變也。南蒯遇坤之比，六五變也。晉獻公遇歸妹之睽，上六變也。」二爻變，則以本卦二變爻辭占，仍以上爻爲主。經傳無文，今以例推之當如此。三爻變，則占本卦及之卦之彖辭，而以本卦爲貞，之卦爲悔；前十卦主貞，後十卦主悔。凡三爻變者通二十卦，有圖在後。〇沙隨程氏曰：「晉公子重耳筮得國，遇貞屯、悔豫皆八，蓋初與四、五凡三爻變也。初與五用九變，四用六變。其不變者二、三、上，在兩卦皆爲八，故云皆八。而司空季子占之曰：『皆利建侯。』」四爻變，則以之卦二不變爻占，仍以下爻爲主。經傳亦無文，今以例推之當如此。五爻變，則以之卦不變爻占。穆姜往東宮，筮遇艮之八。史曰：「是謂艮之隨。」蓋五爻皆變，唯二得八故不變也。法宜以「係小子，失丈夫」爲占，而史妄引隨之彖辭以對則非也。六爻變，則乾、坤占二用，餘卦占之卦彖辭。蔡墨曰「乾之坤，曰，見羣龍无首，吉」，是也。然「羣龍无首」，即坤之牝馬先迷也；坤之「利永貞」，即乾之「不言所利」也。於是一卦可變六十四卦，而四千九十六卦在其中矣，所謂「引而伸之，觸類而長之，天下之能事畢矣」，豈不信哉！今以六十四卦之變列爲三十二圖，得初卦者，自初而終，自上而下；得末卦者，自終而初，自下而上。變在第三十二卦以前者，占本卦爻之辭；變在第三十二卦以後者，占變卦爻之辭。凡言初終、上下者，據圖而言〔一〕。言第幾卦前後者，從本卦起。

䷀乾〔二〕					
䷫姤	䷌同人	䷉履	䷈小畜	䷍大有	䷪夬
䷠遯	䷅訟	䷸巽	䷱鼎	䷛大過	
	䷘无妄	䷤家人	䷝離	䷰革	
	䷼中孚	䷥睽	䷹兌		
	䷙大畜	䷄需	䷡大壯		
䷋否	䷴漸	䷷旅	䷞咸		

（續表）

	剥				觀					
	比	頤	蒙	艮	晉	損		益		渙
	豫	屯	坎	蹇	萃	節	賁	噬嗑	蠱	未濟
	謙	震	解	小過		歸妹	既濟	隨	井	困
	師	明夷	升			泰	豐		恒	
坤	復	臨								

（續表）

姤〔三〕					
乾	遯	訟	巽	鼎	大過
同人	履	小畜	大有	夬	
	否	漸	旅	咸	
	渙	未濟	困		
	蠱	井	恒		
无妄	家人	離	革		
	中孚	睽	兑		
		大畜	需	大壯	
	觀	晉	萃		
		艮	蹇	小過	

（續表）

	蒙	坎	解	升	
益	噬嗑	隨			
	賁	既濟	豐		
	損	節	歸妹	泰	
	剥	比	豫	謙	師
頤	屯	震	明夷	臨	坤
					復
同人〔四〕					
遯	乾	无妄	家人	離	革
姤	否	漸	旅	咸	
	履	小畜	大有	夬	

（續表）

	益	噬嗑	隨		
	賁	既濟	豐		
訟	巽	鼎	大過		
	觀	晉	萃		
		艮	蹇	小過	
	中孚	睽	兑		
		大畜	需	大壯	
	頤	屯	震	明夷	
渙	未濟	困			
	蠱	井	恒		
	剥	比	豫	謙	

（續表）

	損	節	歸妹	泰	復
蒙	坎	解	升	坤	臨
					師
履〔五〕					
訟	无妄	乾	中孚	睽	兌
否	姤	渙	未濟	困	
	同人	益	噬嗑	隨	
	小畜	大有	夬		
	損	節	歸妹		
遯	觀	晉	萃		
	巽	鼎	大過		

（續表）

		蒙	坎	解	
	家人	離	革		
		頤	屯	震	
	大畜	需	大壯	臨	
漸	旅	咸			
	剥	比	豫		
	蠱	井	恒	師	
	賁	既濟	豐	復	泰
艮	蹇	小過	坤	升	明夷
					謙
小畜〔六〕					

（續表）

巽	家人	中孚	乾	大畜	需
漸	渙	姤	蠱	井	
	益	同人	賁	既濟	
	履	損	節		
	大有	夬	泰		
觀	遯	艮	蹇		
	訟	蒙	坎		
		鼎	大過	升	
	无妄	頤	屯		
		離	革	明夷	
	睽	兌	臨	大壯	

（續表）

否	剥	比			
	旅	咸	謙		
	未濟	困	師	恒	
	噬嗑	隨	復	豐	歸妹
晉	萃	坤	小過	解	震
					豫
大有〔七〕					
鼎	離	睽	大畜	乾	大壯
旅	未濟	蠱	姤	恒	
	噬嗑	賁	同人	豐	
	損	履	歸妹		

（續表）

			剥						晉	
益	渙	漸	否	中孚		頤		蒙	艮	小畜
復	師	謙	豫	臨	家人	无妄	巽	訟	遯	泰
隨	困	咸		兌	明夷	震	升	解	小過	夬
既濟	井			需	革		大過			
節										

（續表）

觀	坤	萃	蹇	坎	屯
					比
夬[八]					
大過	革	兌	需	大壯	乾
咸	困	井	恒	姤	
	隨	既濟	豐	同人	
	節	歸妹	履		
	泰	小畜	大有		
萃	蹇	小過	遯		
	坎	解	訟		
		升	巽	鼎	

（續表）

	屯	震	无妄		
		明夷	家人	離	
	臨	中孚	睽	大畜	
比	豫	否			
	謙	漸	旅		
	師	渙	未濟	蠱	
	復	益	噬嗑	賁	損
坤	觀	晉	艮	蒙	頤
					剥
遯〔九〕					
同人	姤	否	漸	旅	咸

（續表）

乾				履						中孚
无妄	訟	觀	艮	小畜	益		渙		剥	睽
家人	巽	晉	蹇	大有	噬嗑	賁	未濟	蠱	比	兑
離	鼎	萃	小過	夬	隨	既濟	困	井	豫	
革	大過					豐		恒	謙	

（續表）

	大畜	需	大壯		
	頤	屯	震	明夷	
	蒙	坎	解	升	坤
損	節	歸妹	泰	復	師
					臨
訟〔一〇〕					
履	否	姤	渙	未濟	困
无妄	乾	中孚	睽	兌	
	遯	觀	晉	萃	
	巽	鼎	大過		
	蒙	坎	解		

（續表）

同人	益	噬嗑	隨		
	小畜	大有	夬		
		損	節	歸妹	
	漸	旅	咸		
		剥	比	豫	
	蠱	井	恒	師	
家人	離	革			
	頤	屯	震		
	大畜	需	大壯	臨	
	艮	蹇	小過	坤	升
賁	既濟	豐	復	泰	謙

（續表）

	巽[二]	小畜	家人				益			
		漸	中孚	觀	訟	鼎	同人	履		否
		渙	乾	遯	蒙	大過	賁	損	大有	剥
		姤	大畜	艮	坎	升	既濟	節	夬	比
		蠱	需	蹇					泰	
明夷		井								

（續表）

		旅	咸	謙	
	未濟	困	師	恒	
无妄	頤	屯			
	離	革	明夷		
	睽	兑	臨	大壯	
	晉	萃	坤	小過	解
噬嗑	隨	復	豐	歸妹	豫
					震
鼎〔一二〕					
大有	旅	未濟	蠱	姤	恒
離	睽	大畜	乾	大壯	

（續表）

	晉	艮	遯	小過	
	蒙	訟	解		
	巽	升	大過		
噬嗑	賁	同人	豐		
	損	履	歸妹		
		小畜	泰	夬	
	剥	否	豫		
		漸	謙	咸	
	渙	師	困	井	
頤	无妄	震			
	家人	明夷	革		

(續表)

	中孚	臨	兌	需	
	觀	坤	萃	蹇	坎
益	復	隨	既濟	節	比
					屯
大過[一三]					
夬	咸	困	井	恒	姤
革	兌	需	大壯	乾	
	萃	蹇	小過	遯	
	坎	解	訟		
	升	巽	鼎		
隨	既濟	豐	同人		

（續表）

					䷂屯				䷗復	
䷻節		䷇比		䷆師	䷲震	䷣明夷	䷒臨	䷁坤	䷩益	
䷵歸妹	䷊泰	䷏豫	䷎謙	䷺渙	䷘无妄	䷤家人	䷼中孚	䷓觀	䷔噬嗑	
䷉履	䷈小畜	䷋否	䷴漸	䷿未濟		䷝離	䷥睽	䷢晉	䷕賁	
	䷍大有		䷷旅	䷑蠱			䷙大畜	䷳艮	䷨損	
								䷃蒙	䷖剥	䷚頤

（續表）

无妄〔一四〕					
否	履	同人	益	噬嗑	隨
訟	遯	觀	晉	萃	
	乾	中孚	睽	兌	
	家人	離	革		
	頤	屯	震		
姤	渙	未濟	困		
	漸	旅	咸		
		剥	比	豫	
	小畜	大有	夬		
		損	節	歸妹	

（續表）

	賁	既濟	豐	復	
巽	鼎	大過			
	蒙	坎	解		
	艮	蹇	小過	坤	
	大畜	需	大壯	臨	明夷
蠱	井	恒	師	謙	泰
					升
家人〔一五〕					
漸	小畜	益	同人	賁	既濟
巽	觀	遯	艮	蹇	
	中孚	乾	大畜	需	

（續表）

		渙						訟		
无妄	離	姤	否		履		噬嗑	蒙	鼎	晉
頤	革	蠱	剥	旅	損	大有	隨	坎	大過	萃
屯	明夷	井	比	咸	節	夬	復		升	坤
				謙		泰	豐			小過

（續表）

	睽	兑	臨	大壯	震
未濟	困	師	恒	豫	歸妹
					解
離〔一六〕					
旅	大有	噬嗑	賁	同人	豐
鼎	晉	艮	遯	小過	
	睽	大畜	乾	大壯	
	頤	无妄	震		
	家人	明夷	革		
未濟	蠱	姤	恒		
	剥	否	豫		

（續表）

		漸	謙	咸	
	損	履	歸妹		
		小畜	泰	夬	
	益	復	隨	既濟	
蒙	訟	解			
	巽	升	大過		
	觀	坤	萃	蹇	
	中孚	臨	兑	需	屯
渙	師	困	井	比	節
					坎
革〔一七〕					

（續表）

䷞咸	䷪夬	䷐隨	䷾既濟	䷶豐	䷌同人
䷛大過	䷬萃	䷦蹇	䷽小過	䷠遯	
	䷹兌	䷄需	䷡大壯	䷀乾	
	䷂屯	䷲震	䷘无妄		
	䷣明夷	䷤家人	䷝離		
䷮困	䷯井	䷟恒	䷫姤		
	䷇比	䷏豫	䷋否		
		䷎謙	䷴漸	䷷旅	
	䷻節	䷵歸妹	䷉履		
		䷊泰	䷈小畜	䷍大有	
	䷗復	䷩益	䷔噬嗑	䷕賁	

（續表）

坎	解	訟			
	升	巽	鼎		
	坤	觀	晉	艮	
	臨	中孚	睽	大畜	頤
師	渙	未濟	蠱	剥	損
					蒙
中孚〔一八〕					
渙	益	小畜	履	損	節
觀	巽	訟	蒙	坎	
	家人	无妄	頤	屯	
	乾	大畜	需		

（續表）

	睽	兑	臨		
漸	否	剥	比		
	姤	蠱	井		
		未濟	困	師	
	同人	賁	既濟		
		噬嗑	隨	復	
	大有	夬	泰	歸妹	
遯	艮	蹇			
	晉	萃	坤		
	鼎	大過	升	解	
	離	革	明夷	震	大壯

（續表）

旅		睽〔一九〕	未濟	晉				旅		
咸			噬嗑	鼎	離	大畜	中孚	剥	蠱	
謙			大有	蒙	頤	乾	臨	否	姤	渙
豫			損	訟	无妄	大壯	兌	豫	恒	師
恒			履	解	震					困
豐	小過		歸妹							

（續表）

	賁	同人	豐		
		益	復	隨	
	小畜	泰	夬	節	
艮	遯	小過			
	觀	坤	萃		
	巽	升	大過	坎	
	家人	明夷	革	屯	需
漸	謙	咸	比	井	既濟
					蹇
兌〔二〇〕					
困	隨	夬	節	歸妹	履

（續表）

萃	大過	坎	解	訟	
	革	屯	震	无妄	
	需	大壯	乾		
	臨	中孚	睽		
咸	比	豫	否		
	井	恒	姤		
		師	渙	未濟	
	既濟	豐	同人		
		復	益	噬嗑	
	泰	小畜	大有	損	
蹇	小過	遯			

（續表）

			謙		大畜〔二一〕	蠱	艮			
坤	升	明夷	漸			賁	蒙	頤	睽	乾
觀	巽	家人	旅			損	鼎	離	中孚	大壯
晉	鼎	離	剝			大有	巽	家人	臨	需
	蒙	頤	蠱			小畜	升	明夷		
		大畜	賁	艮		泰				

（續表）

剥	旅	漸	謙		
	未濟	渙	師		
		姤	恒	井	
	噬嗑	益	復		
		同人	豐	既濟	
	履	歸妹	節	夬	
晉	觀	坤			
	遯	小過	蹇		
	訟	解	坎	大過	
	无妄	震	屯	革	兌
否	豫	比	咸	困	隨

（續表）

					萃
需					
井	既濟	節	夬	泰	小畜
蹇	坎	大過	升	巽	
	屯	革	明夷	家人	
	兌	臨	中孚		
	大壯	乾	大畜		
比	咸	謙	漸		
	困	師	渙		
		恒	姤	蠱	
	隨	復	益		

（續表）

		豐	同人	賁	
	歸妹	履	損	大有	
萃	坤	觀			
	小過	遯	艮		
	解	訟	蒙	鼎	
	震	无妄	頤	離	睽
豫	否	剥	旅	未濟	噬嗑
					晉
大壯					
恒	豐	歸妹	泰	夬	大有
小過	解	升	大過	鼎	

（續表）

	震	明夷	革	離	
	臨	兌	睽		
	需	大畜	乾		
豫	謙	咸	旅		
	師	困	未濟		
		井	蠱	姤	
	復	隨	噬嗑		
		既濟	賁	同人	
	節	損	履	小畜	
坤	萃	晉			
	蹇	艮	遯		

（續表）

	坎	蒙	訟	巽	
	屯	頤	无妄	家人	中孚
比	剥	否	漸	渙	益
					觀
否					
无妄	訟	遯	觀	晉	萃
履	同人	益	噬嗑	隨	
	姤	渙	未濟	困	
	漸	旅	咸		
	剥	比	豫		
乾	中孚	睽	兌		

（續表）

					小畜				大畜	
家人		巽		艮	大有	損	賁	蠱	需	
離	頤	鼎	蒙	蹇	夬	節	既濟	井	大壯	
革	屯	大過	坎	小過		歸妹	豐	恒	臨	
	震		解	坤			復	師	明夷	
								謙	升	泰

（續表）

漸					
家人	巽	觀	遯	艮	蹇
小畜	益	同人	賁	既濟	
	渙	姤	蠱	井	
	否	剥	比		
	旅	咸	謙		
中孚	乾	大畜	需		
	无妄	頤	屯		
		離	革	明夷	
	訟	蒙	坎		
		鼎	大過	升	

（續表）

	晉	萃	坤	小過	
履	損	節			
	大有	夬	泰		
	噬嗑	隨	復	豐	
	未濟	困	師	恒	豫
睽	兌	臨	大壯	震	解
					歸妹
旅					
離	鼎	晉	艮	遯	小過
大有	噬嗑	賁	同人	豐	
	未濟	蠱	姤	恒	

（續表）

	剥	否	豫		
	漸	謙	咸		
睽	大畜	乾	大壯		
	頤	无妄	震		
		家人	明夷	革	
	蒙	訟	解		
		巽	升	大過	
	觀	坤	萃	蹇	
損	履	歸妹			
	小畜	泰	夬		
	益	復	隨	既濟	

（續表）

	兌				夬	革	咸		中孚	
屯	需	謙	比	困	隨	大過			臨	渙
震	大壯	漸	豫	井	既濟	萃			兌	師
无妄	乾	旅	否	恒	豐	蹇			需	困
				姤	同人	小過			屯	井
						遯		節	坎	比

（續表）

		明夷	家人	離	
	坎	解	訟		
		升	巽	鼎	
	坤	觀	晉	艮	
節	歸妹	履			
	泰	小畜	大有		
	復	益	噬嗑	賁	
	師	渙	未濟	蠱	剥
臨	中孚	睽	大畜	頤	蒙
					損
渙					

（續表）

中孚	觀	巽	訟	蒙	坎
益	小畜	履	損	節	
	漸	否	剥	比	
	姤	蠱	井		
	未濟	困	師		
家人	无妄	頤	屯		
	乾	大畜	需		
		睽	兑	臨	
	遯	艮	蹇		
		晉	萃	坤	
	鼎	大過	升	解	

（續表）

同人	賁	既濟			
	噬嗑	隨	復		
	大有	夬	泰	歸妹	
	旅	咸	謙	豫	恒
離	革	明夷	震	大壯	小過
					豐
未濟					
睽	晉	鼎	蒙	訟	解
噬嗑	大有	損	履	歸妹	
	旅	剥	否	豫	
	蠱	姤	恒		

（續表）

	渙	師	困		
離	頤	无妄	震		
	大畜	乾	大壯		
		中孚	臨	兑	
	艮	遯	小過		
		觀	坤	萃	
	巽	升	大過	坎	
賁	同人	豐			
	益	復	隨		
	小畜	泰	夬	節	
	漸	謙	咸	比	井

（續表）

家人	明夷	革	屯	需	蹇
					既濟
困〔二二〕					
兌	萃	大過	坎	解	訟
隨	夬	節	歸妹	履	
	咸	比	豫	否	
	井	恒	姤		
	師	渙	未濟		
革	屯	震	无妄		
	需	大壯	乾		
		臨	中孚	睽	

（續表）

	蹇	小過	遯		
		坤	觀	晉	
	升	巽	鼎	蒙	
既濟	豐	同人			
	復	益	噬嗑		
	泰	小畜	大有	損	
	謙	漸	旅	剥	蠱
明夷	家人	離	頤	大畜	艮
					賁
蠱〔一三〕					
大畜	艮	蒙	鼎	巽	升

（續表）

賁	損	大有	小畜	泰	
	剥	旅	漸	謙	
	未濟	涣	師		
	姤	恒	井		
頤	離	家人	明夷		
	睽	中孚	臨		
		乾	大壯	需	
	晉	觀	坤		
		遯	小過	蹇	
	訟	解	坎	大過	
噬嗑	益	復			

（續表）

	同人	豐	既濟		
	履	歸妹	節	夬	
	否	豫	比	咸	困
无妄	震	屯	革	兑	萃
					隨
井[二四]					
需	蹇	坎	大過	升	巽
既濟	節	夬	泰	小畜	
	比	咸	謙	漸	
	困	師	渙		
	恒	姤	蠱		

（續表）

屯	革	明夷	家人		
	兌	臨	中孚		
		大壯	乾	大畜	
	萃	坤	觀		
		小過	遯	艮	
	解	訟	蒙	鼎	
隨	復	益			
	豐	同人	賁		
	歸妹	履	損	大有	
	豫	否	剥	旅	未濟
震	无妄	頤	離	睽	晉

（續表）

1	2	3	4	5	6
					噬嗑
恒〔二五〕					
大壯	小過	解	升	大過	鼎
豐	歸妹	泰	夬	大有	
	豫	謙	咸	旅	
	師	困	未濟		
	井	蠱	姤		
震	明夷	革	離		
	臨	兑	睽		
		需	大畜	乾	
	坤	萃	晉		

（續表）

		蹇	艮	遯	
	坎	蒙	訟	巽	
復	隨	噬嗑			
	既濟	賁	同人		
	節	損	履	小畜	
	比	剥	否	漸	渙
屯	頤	无妄	家人	中孚	觀
					益

以上三十二圖，反復之則爲六十四圖，圖以一卦爲主，而各具六十四卦，凡四千九十六卦，與焦贛易林合。然其條理精密，則有先儒所未發者，覽者詳之。

校勘記

〔一〕據圖而言　「言」原作「占」，據通釋、成書、性理大全改。

〔二〕通釋此圖第五行中孚、睽、兑三卦各低一格，第六行大畜、需、大壯三卦各低二格，第十二行損、節、歸妹、泰四卦各低一格。按：本卷三十二圖應各成反復對稱形狀，通釋是。

〔三〕通釋此圖第五行渙、未濟、困三卦各低一格，第六行蠱、井、恒三卦各低二格，第十二行蒙、坎、解、升四卦各低一格。通釋是。

〔四〕通釋此圖第五行益、噬嗑、隨三卦各低一格，第六行賁、既濟、豐三卦各低二格，第十二行頤、屯、震、明夷四卦各低一格。通釋是。

〔五〕通釋此圖第五行小畜、大有、夬三卦各低一格，第六行損、節、歸妹三卦各低二格，第十二行大畜、需、大壯、臨四卦各低一格。通釋是。

〔六〕通釋此圖第五行履、損、節三卦各低一格，第六行大有、夬、泰三卦各低二格，第十二行睽、兑、臨、大壯四卦各低一格。通釋是。

〔七〕通釋此圖第五行損、履、歸妹三卦各低一格，第六行小畜、泰、夬三卦各低二格，第十二行中孚、臨、兑、需四卦各低一格。通釋是。

〔八〕通釋此圖第五行節、歸妹、履三卦各低一格，第六行泰、小畜、大有三卦各低二格，第十二行臨、中孚、睽、大畜四卦各低一格。通釋是。

〔九〕通釋此圖第五行觀、晉、萃三卦各低一格，第六行艮、蹇、小過三卦各低二格，第十二行剥、比、豫、謙四卦各低一格。通釋是。

〔一〇〕通釋此圖第五行巽、鼎、大過三卦各低一格，第六行蒙、坎、解三卦各低二格，第十二行蠱、井、恒、師四卦各低一格。通釋是。

〔一一〕通釋此圖第五行訟、蒙、坎三卦各低一格，第六行鼎、大過、升三卦各低二格，第十二行未濟、困、師、恒四卦各低一格。通釋是。

〔一二〕通釋此圖第五行蒙、訟、解三卦各低一格，第六行巽、升、大過三卦各低二格，第十二行涣、師、困、井四卦各低一格。通釋是。

〔一三〕通釋此圖第五行坎、解、訟三卦各低一格，第六行升、巽、鼎三卦各低二格，第十二行師、涣、未濟、蠱四卦各低一格。通釋是。

〔一四〕通釋此圖第五行家人、離、革三卦各低一格，第六行頤、屯、震三卦各低二格，第十二行賁、既濟、豐、復四卦各低一格。通釋是。

〔一五〕通釋此圖第五行无妄、頤、屯三卦各低一格，第六行離、革、明夷三卦各低二格，第十二行噬嗑、隨、復、豐四卦各低一格。通釋是。

〔一六〕通釋此圖第五行頤、无妄、震三卦各低一格，第六行家人、明夷、革三卦各低二格，第十二行益、復、隨、既濟四卦各低一格。通釋是。

〔一七〕通釋此圖第五行屯、震、无妄三卦各低一格，第六行明夷、家人、離三卦各低二格，第十二行復、益、噬嗑、賁四卦各低一格。通釋是。

〔一八〕通釋此圖第五行乾、大畜、需三卦各低一格，第六行睽、兑、臨三卦各低二格，第十二行大有、夬、泰、歸妹四卦各低一格。通釋是。

〔一九〕通釋此圖第五行大畜、乾、大壯三卦各低一格，第六行中孚、臨、兑三卦各低二格，第十二行小畜、泰、夬、節四卦各低一格。通釋是。

〔二〇〕通釋此圖第五行需、大壯、乾三卦各低一格，第六行臨、中孚、睽三卦各低二格，第十二行泰、小畜、大有、損四卦各低一格。通釋是。

〔二一〕通釋此圖第五行睽、中孚、臨三卦各低一格，第六行乾、大壯、需三卦各低二格，第十二行履、歸妹、節、夬四卦各低一格。通釋是。

〔二二〕通釋此圖第五行井、恒、姤三卦各低一格，第六行師、渙、未濟三卦各低二格，第十二行升、巽、鼎、蒙四卦各低一格。通釋是。

〔二三〕通釋此圖第五行未濟、渙、師三卦各低一格，第六行姤、恒、井三卦各低二格，第十二行訟、解、坎、大過四卦各低一格。通釋是。

〔二四〕通釋此圖第五行困、師、渙三卦各低一格，第六行恒、姤、蠱三卦各低二格，第十二行解、訟、蒙、鼎四卦各低一格。通釋是。

〔二五〕通釋此圖第五行師、困、未濟三卦各低一格，第六行井、蠱、姤三卦各低二格，第十二行坎、蒙、訟、巽四卦各低一格。通釋是。

附録一 序跋

書易學啓蒙後

［宋］度 正

伊川易傳既成，然猶改正不已。有欲觀者，第出而示之，未傳以本。暨易簣，方以授張思叔、尹彦明。蓋慮其本既傳，後復有所更定，學者莫知所適從，往往或以前爲信後爲疑，而反誤學者，故謹之耳。晦庵先生爲易傳，方脱藁時，天下已盛傳之。正嘗以爲請，先生曰：「學者宜觀啓蒙。」時先生已授後山蔡季通，則謂正曰：「子往取而觀之，易之學庶幾可求矣。」先生蓋不自以易傳爲善也。啓蒙之爲書，發明象數，以極乎天地萬物之藴，蓋集古聖之大成也。然先生之於易，以爲本爲卜筮而作，方作易傳時，其説已自如此。二書之指雖精粗之不同，而其大本亦未嘗不同也。後之學者觀之易傳，則可見先生初年學易，所以發明象、象、文言者如此；觀之啓蒙，則可見先生後來學易，所以舉綱撮要開示後學者如此。本末先後自有次第，不可不知也。然今之學者類卜筮爲術家象數之末矣，易爲性命之書，於先生「易本爲卜筮而作」之言有不釋然者，是蓋見「乾元」以下論説甚大，不但施於卜筮而已也。不知伏羲始畫八卦，因而重之，六畫之外，初無一詞。當其時也，不以卜筮將何以乎？但聖人之卜筮，所以決吉凶、動靜、存亡、進退之幾，所以順性命之理，通幽明之故，盡事物之情以前民用，雖不離乎象數之間，而究其用，非術家之謂也。周公作周官之書，以詩書禮樂教國子，而三易之法掌於太卜；秦焚詩書，而易以卜筮獨得不焚。是易之爲用，自文王以前既如此，周公以下又如此，其源流亦可知矣。今先生之言，推原古聖人作易之心以示天下後世，豈不深切而著明乎！眉山楊仲禹篤好先生之學，併刊二書以貽同好，正喜其志之廣也，敬爲書其後如此。嘉定五年冬十有一月，門人度正謹書。（録自性善堂稿卷十四）

書晦庵易學啓蒙後

［宋］度　正

正嘗請問：「易有聖人之道四，占特其一法耳。易之道宜無不該，先生傳易，專以占之一法推之，何也？」曰：「易之道固無不該，然聖人作易，本爲卜筮以前民用，今從其所自起而求之，庶幾可以見聖人之意耳。」正時雖不敢復問，然其心中猶有未釋然者。一日，先生使人呼之，親以古今家儀一書、了翁台州謝表一道、書藁一紙、筆一束授焉。正退閲其書藁，其一答王峴秀才書，論爲學以收放心爲本，及讀書之法。其一乃答劉宰君房論易書，謂：「此書本爲卜筮而作，今其法已不傳，諸儒言象數者例皆穿鑿，言義理者又太汗漫，此本義、啓蒙所以作也。然本義未成書，爲人竊出，有悮觀覽。啓蒙且欲學者就大傳所言卦畫蓍數推尋。自今觀之，如論河圖、洛書亦未免有剩語。要之此書難讀，不若詩書論孟之明白易曉。」先生之於易，其説蓋如此。所謂本義者，今世所傳易傳是也。其曰「本爲卜筮而作」者，蓋以奇偶之畫即著之所由起，而其體制與詩書文字絶不相類。先生所以斷然爲是説者，蓋將以發千古之祕，使學者推本而求之，而自識其所以然耳。其曰「此難讀，不若詩書論孟之明白易曉」者，非謂學者不必從事於此，而可以束之高閣也。蓋學者之病，病在於馳鶩高遠而遺其卑近，未能知夫灑掃應對之節，而妄意於窮理盡性以至於命；未能識夫事親從兄之實，而妄意於範圍天地之化、曲成萬物、通晝夜之道；曾不致謹於下學之功，而汲汲於上達之求。其卒也，必至於窮大而失其居焉。自謂窮神知化，而實不足以開物成務；自謂知死生之説，而實不能原始反終；自謂知鬼神之情狀，而實不足以知精氣之爲物，遊魂之爲變。世之學者，鮮有不溺於是者。故先生之意，必使學者先從事於詩書論孟，然後循序而進之耳。學者果能從事於詩書論孟而有得焉，則其於讀易也，必將嘿識心通而有所入矣。非爲易之難而學者不當致力，特不可以是爲先耳。昔者明道推康節之易學以爲加一倍之法，他日舉似康節，康節歎其敏悟。其後伊川問一倍之説，則曰：「當時因試院中無事，偶取而推求之，見其如此，今不復記矣。」正每讀遺書至此，再三致思而莫能入，則未嘗不恨其説之無傳也。後始得啓蒙讀之，於是灑然使人無復遺憾。嗚呼，先生之於是書，發明先聖賢已絶之微言多矣，讀者其毋以易心求之！嘉定六年四月己卯，門人巴川度正謹書。（同上）

趙使君汝廩刊易學啓蒙於涪屬予爲跋

［宋］陽　枋

易有象有數，與理、氣而已矣。聖賢著書立言，發鑰是焉者也。氣、理妙於無迹，體由象、數而立；

象、數顯而可見，用該理、氣而神。精粗顯微，何往而非道哉！某年四十，從性善先生遊，得其家塾啓蒙善本，心悦而日玩焉。逾年，少有得。性善令往從蓮蕩先生問易奥旨。先生教人，言近而遠，約而肆，於日用常行研究天理造化之精微。某拳拳服膺，有以見夫啓蒙之作，首河圖以著道之全體，次洛書，次伏羲、文王卦圖，孔子易書，而明之以康節諸儒之説，以盡易之妙用，然後詳著乎蓍法，而以變卦終之。夫全體立而妙用存焉，妙用達而全體寓焉，有能貫通乎是書之藴，以之曲成萬物焉可也，範圍天地焉可也，窮理盡性至於命焉可也，豈徒曰「啓蒙」而已哉！金沙趙公賢而樂道，常遣其子今重慶節判崇權從某問啓蒙，而樂其説。公今守涪，祠蓮蕩於北巖，並刻啓蒙書於涪。介來命予跋，某識見淺陋，何足以盡文公之旨？姑以所聞於師者識其末。性善家塾所刊有周子太極、通書、張子西銘云。（録自字溪集卷八）

附：校刻周易傳義音訓凡例（節録）

［清］祝鳳喈

易學啓蒙照朱子遺書本刻。其序稱「雲臺真逸」者，先是一年，朱子崇道秩滿，復丐祠，得華州雲臺之命，故有是稱也。其中有衍脱數處：原卦畫篇，伏羲六十四卦圓圖失列卦名。「莫不由乎此矣」句下，脱注「震始交陰」以下四十字。（按：此是祝氏沿别本之誤，將性理大全所附録朱熹如下一節文字誤連于正文：「震始交陰而陽生，是説圓圖震與坤接而一陽生也。巽始消陽而陰生，是説圓圖巽與乾接而一陰生也。」）「王者其盡於是矣」句，「王者」下脱「之法」二字。明蓍策篇少陰以下掛扐，失列「一、二、三」等字。注中引蔡元定語「陰陽用老而不用少，故六十四變所用者十六變」，原本「陽」上脱一「陰」字，又於「十六變」上衍「十二變」三字，便不可解。今皆據善本校改。其本圖書篇所云「一奇一偶以兩其五行而已」，本或無「一奇一偶」四字，論文義亦不應有，今姑仍其舊，而辨正于此云。（録自與古齋刊周易傳義音訓）

附録二　著録

直齋書録解題卷一

［宋］陳振孫

易學啓蒙一卷

啓蒙之目曰：本圖書、原卦畫、明蓍筮、考變占，凡四篇。

玉海卷三六淳熙易學啓蒙條

［宋］王應麟

朱文公熹。十三年三月易學啓蒙成，四篇，以本圖書、原卦畫、明蓍策、考變占爲次。

宋史卷二百二藝文一

朱熹易學啓蒙三卷

文獻通考卷一七六經籍考三　　［元］馬端臨

易學啓蒙傳一卷（下録直齋書録解題語，略）

明文淵閣書目卷二地字號第一厨書目

朱子易學啓蒙一部一册，闕。　朱子啓蒙一部二册，闕。

朱子啓蒙一部一册，闕。

菉竹堂書目卷一

［明］葉　盛

朱子易學啓蒙一册　朱子啓蒙一册

古今書刻上編

［明］周弘祖

南京國子監：周易啓蒙。浙江紹興府：啓蒙。福建書坊：易學啓蒙。

澹生堂藏書目卷一

［明］祁承㸁

朱子易學啓蒙四册四卷，朱文公。

世善堂藏書目録卷上　［明］陳第

啓蒙二卷抄。

國史經籍志卷二　［明］焦竑

易説啓蒙三卷朱熹

脉望館書目天字號經書一　［明］趙琦美

易學啓蒙二本

絳雲樓書目卷一

［清］錢謙益

易學啓蒙一卷

經義考

［清］朱彝尊

朱子熹易學啓蒙宋志三卷，存。

述古堂藏書目卷一

［清］錢　曾

朱子易學啓蒙二卷

百宋一廛書録　［清］黄丕烈

易學啓蒙

宋、元經學一變漢、唐之舊，故余家所儲絶少。易學啓蒙因宋刻故儲之。且檢閲各家書目，往往載胡方平易學啓蒙通釋、税與權易學啓蒙小傳，而朱子之書恒略焉，豈流傳未廣歟？卷首序不直書姓名，而曰「雲臺真逸手記」。曾質諸錢竹汀先生，先生云，朱子嘗爲雲臺之官，所謂「雲臺真逸」者，猶諸「華陽真逸」之類。據是，則此六字正可見朱子仕蹟，而他處有削去者，何耶？此本爲崑山徐氏舊藏，知珍惜者已久矣。

四庫簡明目録標注卷一　［清］邵懿辰

易學啓蒙四卷　朱熹撰。朱子遺書本。宋板，上、下二卷，七行，行十五字。

詩集傳

朱傑人　李慧玲　校點

校點説明

朱子著詩集傳有一個從尊序到反序的過程。他自己説：「熹向作詩解文字，初用小序，至解不行處，亦曲爲之説。後來覺得不安，第二次解者，雖存小序，間爲辨破，然終是不見詩人本意。後來方知只盡去小序，便自可通。於是盡滌蕩舊説，詩意方活。」（朱子語類卷八十）並認定自己早年所著詩集解乃「少時淺陋之説」（吕氏家塾讀詩記後序）。經過一個較長時期脱胎换骨的改造，大約在淳熙十三年（一一八六年）左右，一部在中國詩學研究史上具有劃時代意義的著作詩集傳終於誕生了。

現存詩集傳主要有二十卷與八卷兩個不同的版本系統。

二十卷本的宋、元舊刻，留存甚少。現時較通行之二十卷本，爲四部叢刊影印日本静嘉文庫藏本。此爲殘宋本，自卷十二小雅蓼莪三章朱傳「則無所恃」四字起，至卷十七大雅板亡佚，後補抄配齊。原本舊藏陸心源皕宋樓，後流落日本静嘉文庫。

八卷本是明清通行的詩集傳版本，但宋、元兩代却不見著録。故四庫館臣認爲八卷本

「蓋坊刻所併」。目前可考的最早八卷本刻本，爲明嘉靖年間「巡按福建監察御史吉澄校刊」本。現在通行之八卷本如清武英殿本、浙江書局本等，據與吉澄本對校，均出自同一系統。

經對校，八卷本與二十卷本屬於不同的版本系統。其中朱子之傳文，兩本並無實質性差異，主要區別在於經文夾注。八卷本將二十卷本的經文夾注大量删改：（一）八卷本將二十卷本的反切注音大量地改爲直音；（二）八卷本大量地改變二十卷本的反切注音及叶韵；（三）八卷本將二十卷本經文夾注中有關異文、句逗、押韵、考辨等的説明文字悉數删汰。經研究考證，八卷本對二十卷本的這些删改，錯誤百出，且非出自一人之手，可以肯定是被明時坊刻所改，已失朱子原帙之貌。

據朱子之孫鑑稱，宋時詩集傳還有「豫章本」、「長沙本」、「後山本」。朱子殁後，又有朱鑑「親加是正」的富川郡學本（詩傳遺説跋）。另據陳振孫書録解題稱：「今江西所刻晚年本，得於南康胡伯量，校之建安本，更定者幾十一云。」則又有「江西本」及「建安本」。

那麽，現存之二十卷宋刻與以上諸宋代刻本究竟是什麽關係呢？有學者認爲，現存宋刻二十卷本，即朱鑑所謂「後山本」。考後山，乃建陽崇泰里一地名，爲朱子弟子蔡元定所居之處。朱子移居建陽後，元定即由麻沙遷居後山，兩地相距約十餘公里。蔡元定在後山主持刻書之務，曾爲朱子刻印中庸章句、易學啓蒙、小學及詩集傳等著作，時在淳熙己酉年（一一八九年）左右。故直齋書録解題所云建安本，與朱鑑所云後山本，實乃同一刊本。陳振孫所説的建安，實即建陽，乃沿用古建安郡名。解題只録建安本而不及後山，朱鑑只言後山本而不及建安，這是由於兩人著録之立足點不同所致。朱鑑乃建安人，於「建安本」刻印的具體地點十分清楚，故直稱「後山本」。

現存宋刻二十卷本避諱至「鞹」字，乃避宋寧宗趙擴之諱，又據刻工姓名及字體、版式等考證，此本當爲南宋寧宗之後，理宗之前之浙江刻本，而非「後山本」（即「建安本」）。

那麽，上引直齋書録解題所云「江西本」又是一個怎樣的版本呢？

要弄清何爲「江西本」，首先必需弄清朱鑑詩傳遺説跋中的「富川」爲何處。朱鑑此跋作於端平乙未年（一二三五年），文末自署：「承議郎權知興國軍兼管内勸農營田事節制屯戍軍馬。」興國軍，南宋時屬江南西路，其治所在永興。永興即富川。隋書地理志下，江夏郡統縣四，永興即其一：「陳曰陽新。平陳，改曰富川，開皇十一年廢永興縣入，十八年改名焉。」據此，則朱鑑所謂「富川」，即「興國軍」，南宋時屬江西。故朱鑑所刻本當可稱爲「江西本」。朱鑑之跋，列舉詩集傳刻本，曰「豫章、長沙、後山皆有本」，唯獨不及「江西」。這是因爲「江西」本即其自己所刊之本。此外，陳氏直齋書録解題曰：「今江西所刻本」，既言

「今」，說明其書刻於當時。陳氏主要的活動年代，在嘉定中至景定初。這一段時間（而且在江西）詩集傳的刻本，只有朱鑑的富川本。所以，我們可以相信，直齋書録解題所謂的「江西」本，即朱鑑校改本。

臺灣臺北「中央圖書館」藏有元刻十一行本詩集傳，爲二十卷本。

明代詩集傳刻本較多。時間較早，影響較大者有正統十二年司禮監刻本、嘉靖三十五年崇正堂刻本。這兩個本子也是二十卷本。

經對校，發現上述元、明三個版本與宋刊二十卷本並不屬於同一系統，但基本接近。其主要區別在某些音注的改變。再與八卷本對校，發現也不屬於同一系統，但差異較大，其有部份吻合者，與上述元、明版重合。

顯然，我們可以推測到，現今傳世的宋刻二十卷本是一個系統，上述元、明本屬另一個系統，八卷本則是在元、明本系統上作了大量竄改的又一系統。

元代有兩部專以闡釋朱子詩集傳爲宗旨的著作。一爲劉瑾詩傳通釋，一爲朱公遷詩經疏義會通。到了明代永樂年間，又出了一本以胡廣領銜官修的詩經大全。這三本書的編修體例是一致的：一本朱子集傳（包括經文、夾注、音釋、叶韻、傳），然後以雙行小注對朱子的傳文加以闡釋、注疏。所以，如果剔除劉、朱、胡三人的注疏發明，剩下的就是一部詩集傳。筆者將這三本書與二十卷本、八卷本，及上述元、明本對校，發現它們基本上與上述元、明三個版本（元刻十一行本、正統本及嘉靖本）相吻合。元代離南宋不遠，通釋與會通又都是以解釋集傳爲目的的著作，他們選用的版本應該是，而且有可能是最好的本子。大全則是明代的官修本，又是取士的標準教材，所以胡廣選用的版本也應該被認爲是可靠的。

朱鑑詩傳遺説跋云：「先文公詩集傳，豫章、長沙、後山皆有本，而後山讎校爲最精。第初脱稿時音訓間有未備，刻版已竟，不容增益。欲著補脱，終弗克就，未免仍用舊版葺爲全書，補綴爨那，久將漫漶。朅來富川，郡事餘暇，輒取家本親加是正，刻寘學官，以傳永久。」此跋告訴我們，朱子生前的詩集傳刻本，以後山本校讎最精，但依然存在着「音訓間有未備」的缺點。原擬作補脱附録於後，但「終弗克就」。針對這種情況，朱鑑在富川時用家本校正，并版刻於學官。這應該是一本經過修訂的刻本，「音訓間有未備」的問題當已有所解決。朱鑑之跋作於理宗朝，故其改定本當刻於現存二十卷本之後。從元、明等三個版本與二十卷本的對校可以看到，除了二十卷本的幾處明顯的刻誤作了改正外，主要的修改確在「音訓之間」。所以我們推測，現存宋刻本當據蔡元定後山本刊刻，而元、明等三個版本則傳自朱鑑改定本。

本次點校，以四部叢刊三編影印日本静嘉文庫本爲底本。但此本有將近五卷爲後人抄補配齊，已失宋刻面貌。北京圖書館藏有此本足本的縮微膠卷，系王重民先生五十年代初從美國複制回國。這次整理，將四部叢刊本所缺之頁以北圖膠卷復原補入。一部殘本宋刻，終成完璧。這樣，我們就可以很自豪地説：我們現在奉獻給讀者的，已經是一部完整的原刻宋本詩集傳了。

本次點校的對校本用臺北「中央圖書館」所藏元刻十一行本、上海圖書館所藏明正統十二年司禮監刻本（簡稱明甲本）、北京圖書館所藏明嘉靖三十五年崇正堂刻本（簡稱明乙本）。

參校本用明嘉靖吉澄刻（八卷）本。

需要説明的是，以上三個對校本、一個參校本，與宋刻二十卷本的主要差異在「音訓之間」，經文與朱子的傳文基本一致。上文已經述及，八卷本對二十卷本的音注作了大量删改，這是明代陋儒與書賈所爲，並非朱子原帙。故本次整理，八卷本音注一概不取。元、明三個版本也有部分音注與二十卷本有差異，這是朱鑑刻富川本時「親加是正」所致。這中間肯定有朱子認爲需要修改訂正的部分。但我們不敢保證，其中一定没有朱鑑自己的東西。再者，此本乃朱子殁後所刻，已失朱子原刻之舊，現存二十卷本畢竟版刻在前，較完整和原始地保留了朱子原刻的面貌，所以，我們對元、明三個版本的音訓之異，亦取謹慎態度，除明顯的誤刻外，基本不作校改。

此外，爲了盡可能地保持宋刻原貌，我們對原刊中的避諱字一般不作校改。如「匡衡」，原刊作「康衡」。對此，我們作了保留處理，不改字，不出校。

詩傳綱領、詩集傳序、詩序辨説三種均以元刊十一行本爲底本，校以明正統司禮監本。

一九九九年十月　朱傑人

目録

詩傳綱領……三四三
詩集傳序……三五〇
詩序辨説……三五三
詩卷第一……四〇一
國風一……四〇一
周南一之一　關雎(四〇二)葛覃(四〇四)卷耳(四〇五)樛木(四〇六)螽斯(四〇六)桃夭(四〇七)兔罝(四〇七)芣苢(四〇八)漢廣(四〇八)汝墳(四〇九)麟之趾(四一〇)
召南一之二　鵲巢(四一一)采蘩(四一二)草蟲(四一二)采蘋(四一三)甘棠(四一四)行露(四一四)羔羊(四一五)殷其靁(四一六)摽有梅(四一六)小星(四一七)江有汜(四一七)野有死麕(四一八)何彼襛矣(四一九)騶虞(四二〇)

詩卷第二……四二二

邶一之三　柏舟(四二二)緑衣(四二三)燕燕(四二四)日月(四二五)終風(四二六)擊鼓(四二七)凱風(四二八)雄雉(四二九)匏有苦葉(四二九)谷風(四三〇)式微(四三三)旄丘(四三三)簡兮(四三四)泉水(四三五)北門(四三六)北風(四三七)靜女(四三八)新臺(四三八)二子乘舟(四三九)

詩卷第三……四四一

鄘一之四　柏舟(四四一)牆有茨(四四二)君子偕老(四四二)桑中(四四四)鶉之奔奔(四四四)定之方中(四四五)蝃蝀(四四六)相鼠(四四七)干旄(四四八)載馳(四四八)

衛一之五　淇奥(四五〇)考槃(四五一)碩人(四五二)氓(四五四)竹竿(四五六)芄蘭(四五七)河廣(四五七)伯兮(四五八)有狐(四五九)木瓜(四六〇)

詩卷第四……四六一

王一之六　黍離(四六一)君子于役(四六二)君子陽陽(四六三)揚之水(四六三)中谷有蓷(四六四)兔爰(四六五)葛藟(四六六)采葛(四六七)大車(四六七)丘中有麻(四六八)

鄭一之七　緇衣(四六九)將仲子(四六九)叔于田(四七〇)大叔于田(四七〇)清人(四七二)羔

裘（四七三）遵大路（四七三）女曰雞鳴（四七四）有女同車（四七五）山有扶蘇（四七五）蘀兮（四七六）狡童（四七六）褰裳（四七六）丰（四七七）東門之墠（四七七）風雨（四七八）子衿（四七八）揚之水（四七九）出其東門（四七九）野有蔓草（四八〇）溱洧（四八〇）

詩卷第五 …………………… 四八三

齊一之八　雞鳴（四八三）還（四八四）著（四八四）東方之日（四八五）東方未明（四八五）南山（四八六）甫田（四八七）盧令（四八八）敝笱（四八八）載驅（四八八）猗嗟（四八九）

魏一之九　葛屨（四九一）汾沮洳（四九一）園有桃（四九二）陟岵（四九三）十畝之間（四九三）伐檀（四九四）碩鼠（四九五）

詩卷第六 …………………… 四九七

唐一之十　蟋蟀（四九七）山有樞（四九八）揚之水（四九九）椒聊（五〇〇）綢繆（五〇〇）杕杜（五〇一）羔裘（五〇二）鴇羽（五〇二）無衣（五〇三）有杕之杜（五〇三）葛生（五〇四）采苓（五〇四）

秦一之十一　車鄰（五〇六）駟驖（五〇六）小戎（五〇七）蒹葭（五〇九）終南（五一〇）黃鳥（五一〇）晨風（五一一）無衣（五一二）渭陽（五一三）權輿（五一四）

詩卷第七……五一六

陳一之十二　宛丘（五一六）東門之枌（五一七）衡門（五一七）東門之池（五一八）東門之楊（五一八）墓門（五一九）防有鵲巢（五一九）月出（五二〇）株林（五二〇）澤陂（五二一）

檜一之十三　羔裘（五二二）素冠（五二三）隰有萇楚（五二三）匪風（五二四）

曹一之十四　蜉蝣（五二五）候人（五二五）鳲鳩（五二六）下泉（五二七）

詩卷第八……五二九

豳一之十五　七月（五二九）鴟鴞（五三四）東山（五三五）破斧（五三八）伐柯（五三九）九罭（五三九）狼跋（五四〇）

詩卷第九……五四三

小雅二

鹿鳴之什二之一　鹿鳴（五四三）四牡（五四五）皇皇者華（五四六）常棣（五四七）伐木（五四九）天保（五五一）采薇（五五二）出車（五五四）杕杜（五五六）南陔（五五七）

白華之什二之二　白華（五五七）華黍（五五八）魚麗（五五八）由庚（五五九）南有嘉魚（五五九）崇丘（五六〇）南山有臺（五六〇）由儀（五六一）蓼蕭（五六一）湛露（五六二）

詩卷第十……五六四
彤弓之什二之三　彤弓（五六四）菁菁者莪（五六五）六月（五六六）采芑（五六八）車攻（五七〇）吉日（五七一）鴻雁（五七三）庭燎（五七四）沔水（五七四）鶴鳴（五七五）
詩卷第十一……五七七
祈父之什二之四　祈父（五七七）白駒（五七八）黄鳥（五七九）我行其野（五七九）斯干（五八〇）無羊（五八三）節南山（五八四）正月（五八七）十月之交（五九一）雨無正（五九四）
詩卷第十二……五九八
小旻之什二之五　小旻（五九八）小宛（六〇〇）小弁（六〇一）巧言（六〇四）何人斯（六〇七）巷伯（六〇九）谷風（六一〇）蓼莪（六一一）大東（六一二）四月（六一五）
詩卷第十三……六一七
北山之什二之六　北山（六一七）無將大車（六一八）小明（六一八）鼓鍾（六二〇）楚茨（六二一）信南山（六二四）甫田（六二五）大田（六二七）瞻彼洛矣（六二九）裳裳者華（六三〇）
詩卷第十四……六三一
桑扈之什二之七　桑扈（六三一）鴛鴦（六三二）頍弁（六三二）車舝（六三四）青蠅（六三五）賓之

初筵（六三五）魚藻（六三八）采菽（六三八）角弓（六四〇）菀柳（六四一）
詩卷第十五……六四三
都人士之什二之八
都人士（六四三）采緑（六四四）黍苗（六四五）隰桑（六四五）白華（六四六）緜蠻（六四八）瓠葉（六四八）漸漸之石（六四九）苕之華（六四九）何草不黄（六五〇）
詩卷第十六……六五二
大雅三……六五二
文王之什三之一……六五二
文王（六五二）大明（六五五）緜（六五八）棫樸（六六一）旱麓（六六二）思齊（六六三）皇矣（六六五）靈臺（六六九）下武（六七〇）文王有聲（六七二）
詩卷第十七……六七五
生民之什三之二……六七五
生民（六七五）行葦（六七九）既醉（六八〇）鳧鷖（六八二）假樂（六八三）公劉（六八四）泂酌（六八六）卷阿（六八七）民勞（六八九）板（六九〇）
詩卷第十八……六九三
蕩之什三之三……六九三
蕩（六九三）抑（六九五）桑柔（六九九）雲漢（七〇三）崧高（七〇六）烝民（七〇八）韓奕（七一〇）江漢（七一三）常武（七一四）瞻卬（七一六）召旻（七一八）

詩卷第十九……七二二
頌四……七二二
周頌清廟之什四之一　清廟（七二二）維天之命（七二三）維清（七二四）烈文（七二四）天作（七二五）昊天有成命（七二五）我將（七二六）時邁（七二七）執競（七二七）思文（七二八）
周頌臣工之什四之二　臣工（七二九）噫嘻（七二九）振鷺（七三〇）豐年（七三一）有瞽（七三一）潛（七三二）雝（七三二）載見（七三三）有客（七三四）武（七三四）
周頌閔予小子之什四之三　閔予小子（七三五）訪落（七三六）敬之（七三六）小毖（七三七）載芟（七三七）良耜（七三八）絲衣（七三九）酌（七四〇）桓（七四〇）賚（七四一）般（七四一）
詩卷第二十……七四三
魯頌四之四　駉（七四三）有駜（七四五）泮水（七四五）閟宫（七四七）
商頌四之五　那（七五一）烈祖（七五二）玄鳥（七五三）長發（七五四）殷武（七五七）
附録……七六〇

詩傳綱領

朱氏

大序曰：詩者，志之所之也。在心爲志，發言爲詩。心之所之，謂之志，而詩所以言志也。○情動於中，而形於言。言之不足，故嗟歎之。嗟歎之不足，故永歌之。永歌之不足，不知手之舞之，足之蹈之也。情者，性之感於物而動者也。喜、怒、哀、懼、愛、惡、欲，謂之七情。形，見。永，長也。○情發於聲，聲成文謂之音。治世之音安以樂，其政和；亂世之音怨以怒，其政乖；亡國之音哀以思，其民困。治，直吏反。樂，音洛。思，息吏反。○聲不止於言，凡嗟歎永歌皆是也。成文，謂其清濁高下、疾徐疏數之節，相應而和也。然情之所感不同，則音之所成亦異矣。故正得失，動天地，感鬼神，莫近於詩。事有得失，詩因其實而諷詠之，使人有所創艾興起。至其和平怨怒之極，又足以達於陰陽之氣，而致祥召災。蓋其出於自然，不假人力，是以入人深而見功速，非他教之所及也。○先王以是經夫婦，成孝敬，厚人倫，美教化，移風俗。先王，指文、武、周公、成王。是，指風雅頌之正經。經，常也。女正位乎内，男正位乎外，夫婦之常也。孝者，子之所以事父。敬者，臣之所以事君。詩之始作，多發於男女之間，而達於父子君臣之際，故先王以詩爲教，使人興於善而戒其失，所以道夫婦之常，而成父子君臣之道也。三綱既正，則人倫厚，教化美，而風俗移矣。○故詩有六義焉，一曰風，二曰賦，三曰比，四曰興，五曰雅，六曰頌。此一條本出於周禮大師之官，蓋三百篇之綱領管轄也。風雅頌者，聲樂部分之名也。風則十五國風。雅則大小雅。頌則三頌也。賦比興，則所以製作風雅頌之體也。賦者，直陳其事，如葛覃、卷耳之類是也。比者，以彼狀此，如螽斯、緑衣之類是也。興者，託物興詞，如關雎、兔罝之類是也。蓋衆作雖多，而其聲音之節，製作之體，不外乎此。故大師之教國子，必使之以是六者三經而三緯之，則凡詩之節奏指歸，皆將不待講説而直可吟詠以得之矣。六者之序，以其篇次。風固爲先，而風則有賦比興矣，故三者次之，而雅頌又次之，蓋亦以是三者爲之也。然比興之中，螽斯專於比，而緑衣兼於興，兔罝專於興，而關雎兼於比。此其例中又自有不同者，學者亦不可以不知也。○上以風化下，下以風刺上，主文而譎諫，言之者無罪，聞之者足以戒，故曰風。風刺之風，福鳳反。○風者，民俗歌謡之詩，如物被風而有聲，又因其聲以動物也。上以風化下者，詩之美惡，其風皆出於上而被於下也。下以風刺上者，上之化有不善，則在下之人，又歌詠其風之所自以譏其上也。凡以風刺上者，皆不主於政事，而主於文詞，不以正諫，而託意以諫，若風之被物，彼此無心，而能有所動也。○至于王道衰，禮義廢，政教失，國異政，家殊俗，而變風變雅作矣。先儒舊説：二南二十五篇爲正風，鹿鳴至菁莪二十二篇爲正小雅，文王至卷阿十八篇爲正大雅。皆文、武、成王時詩，周公所定樂歌之詞。邶至豳十三國爲變風，六月至何草不黄五十八篇爲變小雅，民勞至召旻十三篇爲變大雅，皆康、昭以後所作，故其爲説如此。國異政，家殊俗者，天子不能統諸侯，故國國自爲政；諸侯不能統大夫，故家家自爲俗也。然正變之説，經無明文可考，今姑從之，其可疑者，則具於本篇云。○國史明乎得失之迹，傷人倫之廢，哀刑政之苛，吟詠情性，以風其上，達於事變，而懷其舊俗者也。風，福鳳反。○詩之作，或出於公卿大夫，或出於匹夫匹婦，蓋非一人，而序以爲專出於國史，則誤矣。説者欲蓋其失，乃云國史紬繹詩人之情性而諷詠之，以風其上，則不唯文理不通，而考之周禮，大史之屬掌書而不掌詩，其誦詩以諫，乃太師之屬，瞽矇之職也。故春秋傳曰：「史爲書，瞽爲詩。」説者之云，兩失之矣。○故變風發乎情，止乎禮義。發乎情，民之性也；止乎禮義，先王之澤也。情者，性之動，而禮義者，性之德也。動而不失其德，則以先王之澤入人者深，至是而猶有不忘者也。然此言亦其大概有如此者，其放逸而不止乎禮義者，固已多矣。○是以一國之事，繫一人之本，謂之風。所謂上以風化下。言天下之事，形四方之風，謂之雅。形者，體而象之之謂。小雅皆王政之小事。大雅則言王政之大體小大，故有小雅焉，有大雅焉。雅者，正也，言王政之所由廢興也。政有也。頌者，美盛德之形容，以其成功告於神明者也。告，古毒反。○頌皆天子所制，郊廟之樂歌。頌、容，古字通，故其取義如此。是謂「四始」，詩之至也。史記曰：「關雎之亂，以爲風始，鹿鳴爲小雅始，文王爲大雅始，清廟爲頌始。」所謂「四始」也。詩之所以爲詩者，至是無餘藴矣。後世雖有作者，其孰能加於此乎？邵子曰：「删詩之後，世不復有詩矣。」蓋謂此也。

書舜典，帝曰：「夔，命汝典樂，教胄子。直而温，寬而栗，剛而無虐，簡而無傲。」夔，舜臣名。胄子，謂天子至卿大夫子弟。教之因其德性之美而防其過。詩言志，歌永言，聲依永，律和聲。聲謂五聲：宫、商、角、徵、羽。宫最濁，而羽極清，所以叶歌之。上下律謂十二律：黄鍾、大吕、大簇、夾鍾、姑洗、仲吕、蕤賓、林鍾、夷則、南吕、無射、應鍾。黄最濁，而應極清，又所以旋相爲宫而節其聲之上下。八音克諧，無相奪倫，神人以和。八音：金、石、絲、竹、匏、土、革、木也。

周禮：大師教六詩，曰風，曰賦，曰比，曰興，曰雅，曰頌。説見大序。以六德爲之本。中、和、祇、庸、孝、友。以六律爲之音。六律，謂黄鍾至無射，六陽律也，大吕至應鍾爲六陰律，與之相間，故曰六間，又曰六吕。其爲教之本末，猶舜之意也。

禮記王制：天子五年一巡狩，命大師陳詩，以觀民風。

論語，孔子曰：「吾自衛反魯，然後樂正，雅頌各得其所。」前漢禮樂志云：「王官失業，雅頌相錯，孔子論而定之。」故其言如此。史記云：「古者詩本三千餘篇，孔子去其重，取其可施於禮義者三百五篇。」孔穎達曰：「按書傳所引之詩，見在者多，亡逸者少，則孔子所録不容十分去九。馬遷之言未可信也。」愚按：三百五篇，其間亦未必皆可施於禮義，但存其實，以爲鑒戒耳。○子所雅言，詩、書、執禮，皆雅言也。○嘗獨立，鯉趨而過庭。子曰：「學詩乎？」對曰：「未也。」「不學詩，無以言。」鯉退而學詩。○子曰：「興於詩。」興，起也。詩本人情，其言易曉，而諷詠之間，優柔浸漬，又有以感人而入於其心。故誦而習焉，則其或邪或正，或勸或懲，皆有以使人志意油然興起於善，而自不能已也。○子曰：「小子何莫學夫詩？詩可以興，可以觀，可以羣，可以怨。邇之事父，遠之事君，多識於鳥獸草木之名。」○子曰：「詩三百，一言以蔽之，曰『思無邪』。」凡詩之言善者，可以感發人之善心；惡者，可以懲創人之逸志，其用歸於使人得其情性之正而已。然其言微婉，且或各因一事而發，求其直指全體而言，則未有若「思無邪」之切者。故夫子言詩三百篇，而惟此一言足以盡蓋其義。○南容三復「白圭」，孔子以其兄之子妻之。白圭，大雅抑之五章也。○子曰：「誦詩三百，授之以政，不達；使於四方，不能專對；雖多，亦奚以爲？」○子貢曰：「貧而無諂，富而無驕，何如？」子曰：「可也。未若貧而樂，富而好禮者也。」子貢蓋自謂能無諂無驕者，故以二者質之夫子。夫子以爲二者特隨處用力而免於顯過耳，故但以爲可。蓋僅可而有所未盡之辭也。又言必其理義渾然，全體貫徹，貧則心廣體胖而忘其貧，富則安處善樂，循理而不自知其富，然後乃可爲至爾。子貢曰：「詩云『如切如磋，如琢如磨』。其斯之謂與？」治骨角者，既切之而復磋之。治玉石者，既琢之而復磨之。治之之功不已，而益精也。子貢因夫子告以無諂無驕，不如樂與好禮，而知凡學之不可少得而自足，必當因其所至而益加勉焉，故引此詩以明之。子曰：「賜也，始可與言詩已矣。告諸往，而知來者。」往者，其所已言者。來者，其所未言者。○子夏問曰：「『巧笑倩兮，美目盼兮，素以爲絢兮』，何謂也？」此逸詩也。倩，好口輔也。盼，目黑白分也。素，粉地，畫之質也。絢，采色，畫之飾也。言人有此倩盼之美質，而又加以華采之飾，如有素地而加采色也。子夏疑其反謂以素爲飾，故問之。子曰：「繪事後素。」繪事，繪畫之事也。後素，後於素也。考工記曰「繪畫之事，後素功」是也。蓋先以粉地爲質，而後可施以五采，猶人有美質，然後可加以文飾。曰：「禮後乎？」子曰：「起予者商也，始可與言詩已矣。」禮必以忠信爲質，猶繪事必以粉素爲先。起，猶發也。起予，言能起發我之志意。

咸丘蒙問曰：「詩云『普天之下，莫非王土；率土之濱，莫非王臣』。而舜既爲天子矣，敢問瞽瞍之非臣，如何？」孟子曰：「是詩也，非是之謂也。勞於王事而不得養父母也。曰『此莫非王事，我獨賢勞也』。故說詩者，不以文害辭，不以辭害志。以意逆志，是爲得之。如以辭而已矣，雲漢之詩曰『周餘黎民，靡有孑遺』，信斯言也，是周無遺民也。」程子曰：「舉一字是文，成句是辭。」愚謂：意，謂己意；志，謂詩人之志；逆，迎之也。其至否遲速，不敢自必，而聽於彼也。

程子顥，字伯淳，頤，字正叔。曰：「詩者，言之述也。言之不足而長言之，詠歌之所由興也。其發於誠感之深，至於不知手之舞，足之蹈，故其入於人也亦深。古之人，幼而聞歌誦之聲，長而識美刺之意，故人之學，由詩而興。後世老師宿儒，尚不知詩之義，後學豈能興起乎？○又曰：「興於詩者，吟詠情性，涵暢道德之中而歆動之，有『吾與點也』之氣象。」〇又曰：「學者不可不看詩，看詩便使人長一格。」

張子載，字子厚。曰：「置心平易，然後可以言詩。涵泳從容，則忽不自知而自解頤矣。若以文害辭，以辭害意，則幾何而不爲高叟之固哉！」〇又曰：「求詩者貴平易，不要崎嶇求合，蓋詩人之情性，温厚平易老成。今以崎嶇求之，其心先狹隘，無由可見。」〇又曰：「詩人之志至平易，故無艱險之言，大率所言皆目前事，而義理存乎其中。以平易求之，則思遠以廣；愈艱險，則愈淺近矣。」

上蔡謝氏良佐，字顯道。曰：「學詩須先識得六義體面而諷詠以得之。愚按：六義之説，見於周禮、大序，其辨甚明，其用可識。而自鄭氏以來，諸儒相襲，不唯不能知其所用，反引異説而汩陳之。唯謝氏此説，爲庶幾得其用耳。古詩即今之歌曲。今之歌曲往往能使人感動。至學詩却無感動興起處，只爲泥章句故也。明道先生善言詩，未嘗章解句釋，但優游玩味，吟哦上下，便使人有得處。如曰『瞻彼日月，悠悠我思。道之云遠，曷云能來』，思之切矣。『百爾君子，不知德行。不忮不求，何用不臧』，歸于正也。」〇又曰：「明道先生談詩，並不曾下一字訓詁，只轉却一兩字，點掇地念過，便教人省悟。」

詩集傳序

或有問於余曰：「詩何爲而作也？」余應之曰：「人生而靜，天之性也；感於物而動，性之欲也。夫既有欲矣，則不能無思；既有思矣，則不能無言；既有言矣，則言之所不能盡，而發於咨嗟詠歎之餘者，必有自然之音響節族而不能已焉。此詩之所以作也。」曰：「然則其所以教者何也？」曰：「詩者，人心之感物而形於言之餘也。心之所感有邪正，故言之所形有是非。惟聖人在上，則其所感者無不正，而其言皆足以爲教。其或感之之雜，而所發不能無可擇者，則上之人必思所以自反，而因有以勸懲之，是亦所以爲教也。昔周盛時，上自郊廟朝廷，而下達於鄉黨閭巷，其言粹然無不出於正者，聖人固已協之聲律，而用之鄉人，用之邦國，以化天下。至於列國之詩，則天子巡守，亦必陳而觀之，以行黜陟之典。降自昭穆而後，寖以陵夷，至于東遷，而遂廢不講矣。孔子生於其時，既不得位，無以行帝王勸懲黜陟之政，於是特舉其籍而討論之，去其重複，正其紛亂，而其善之不足以爲法，惡之不足以爲戒者，則亦刊而去之，以從簡約，示久遠，使夫學者即是而有以考其得失，善者師之，而惡者改焉。是以其政雖不足行於一時，而其教實被於萬世，是則詩之所以爲教者然也。」

曰：「然則國風雅頌之體，其不同若是，何也？」曰：「吾聞之，凡詩之所謂風者，多出於里巷歌謡之作，所謂男女相與咏歌，各言其情者也。惟周南、召南，親被文王之化以成德，而人皆有以得其性情之正，故其發於言者，樂而不過於淫，哀而不及於傷，是以二篇獨爲風詩之正經。自邶而下，則其國之治亂不同，人之賢否亦異，其所感而發者，有邪正是非之不齊，而所謂先王之風者，於此焉變矣。若夫雅頌之篇，則皆成周之世，朝廷郊廟樂歌之詞，其語和而莊，其義寬而密，其作者往往聖人之徒，固所以爲萬世法程而不可易者也。至於雅之變者，亦皆一時賢人君子，閔時病俗之所爲，而聖人取之，其忠厚惻怛之心，陳善閉邪之意，尤非後世能言之士所能及之。此詩之爲經，所以人事浹於下，天道備於上，而無一理之不具也。」

曰：「然則其學之也當奈何？」曰：「本之二南以求其端，參之列國以盡其變，正之於雅以大其規，和之於頌以要其止，此學詩之大旨也。於是乎章句以綱之，訓詁以紀之，諷詠以昌之，涵濡以體之，察之情性隱微之間，審之言行樞機之始，則脩身及家，平均天下之道，其亦不待他求而得之於此矣。」

問者唯唯而退。余時方輯詩傳，因悉次是語以冠其篇云。淳熙四年丁酉冬十月戊子新安朱熹書。

詩序辨說

詩序之作，說者不同，或以爲孔子，或以爲子夏，或以爲國史，皆無明文可考。唯後漢書儒林傳以爲衛宏作毛詩序，今傳於世，則序乃宏作明矣。然鄭氏又以爲諸序本自合爲一編，毛公始分以寘諸篇之首，則是毛公之前，其傳已久，宏特增廣而潤色之耳。故近世諸儒多以序之首句爲毛公所分，而其下推說云云者，爲後人所益，理或有之。但今考其首句，則已有不得詩人之本意，而肆爲妄說者矣，況沿襲云云之誤哉。然計其初，猶必自謂出於臆度之私，非經本文，故且自爲一編，別附經後。又以尚有齊、魯、韓氏之說並傳於世，故讀者亦有以知其出於後人之手，不盡信也。及至毛公引以入經，乃不綴篇後，而超冠篇端；不爲注文，而直作經字；不爲疑辭，而遂爲決辭。其後三家之傳又絕，而毛說孤行，則其牴牾之迹無復可見。故此序者遂若詩人先所命題，而詩文反爲因序以作。於是讀者轉相尊信，無敢擬議。至於有所不通，則必爲之委曲遷就，穿鑿而附合之。寧使經之本文繚戾破碎，不成文理，而終不忍明以小序爲出於漢儒也。愚之病此久矣，然猶以其所從來也遠，其間容或真有傳授證驗而不可廢者，故既頗采以附傳中，而復并爲一編以還其舊，因以論其得失云。

大序

詩者，志之所之也。在心爲志，發言爲詩。○情動於中，而形於言。言之不足，故嗟歎之。嗟歎之不足，故永歌之。永歌之不足，不知手之舞之，足之蹈之也。○情發於聲，聲成文謂之音。治世之音安以樂，其政和；亂世之音怨以怒，其政乖；亡國之音哀以思，其民困。故正得失，動天地，感鬼神，莫近於詩。○先王以是經夫婦，成孝敬，厚人倫，美教化，移風俗。○故詩有六義焉：一曰風，二曰賦，三曰比，四曰興，五曰雅，六曰頌。○上以風化下，下以風刺上，主文而譎諫，言之者無罪，聞之者足以戒，故曰風。○至于王道衰，禮義廢，政教失，國異政，家殊俗，而變風變雅作矣。○國史明乎得失之迹，傷人倫之廢，哀刑政之苛，吟詠情性以風其上，達於事變而懷其舊俗者也。○故變風發乎情，止乎禮義。發乎情，民之性也；止乎禮義，先王之澤也。○是以一國之事，繫一人之本，謂之風。言天下之事，形四方之風，謂之雅。雅者，正也，言王政之所由廢興也。政有小大，故有小雅焉、有大雅焉。頌者，美盛德之形容，以其成功告於神明者也。是謂「四始」，詩之至也。說見綱領。

小序

國風

周南

關雎，后妃之德也。后妃，文王之妃大姒也。天子之妃曰后。近世諸儒多辨文王未嘗稱王，則大姒亦未嘗稱后，序者蓋追稱之，亦未害也。但其詩雖若專美大姒，而實以深見文王之德。序者徒見其詞，而不察其意，遂壹以后妃爲主，而不復知有文王，是固已失之矣。至於化行國中，三分天下，亦皆以爲后妃之所致，則是禮樂征伐皆出於婦人之手，而文王者徒擁虛器以爲寄生之君也，其失甚矣。惟南豐曾氏之言曰：「先王之政必自内始，故其閨門之治所以施之家人者，必爲之師傅保姆之助，詩書圖史之戒，珩璜琚瑀之節，威儀動作之度，其教之者有此具。然古之君子未嘗不以身化也，故家人之義歸於反身，二南之業本於文王，豈自外至哉！世皆知文王之所以興，能得内助，而不知其所以然者，蓋本於文王之躬化。故内則后妃有關雎之行，外則羣臣有二南之美，與之相成。其推而及遠，則商辛之昏俗，江漢之小國，兔罝之野人，莫不好善而不自知，此所謂身修故國家天下治者也。」竊謂此説庶幾得之。風之始也，所謂「關雎之亂，以爲風始」是也。蓋謂國風篇章之始，亦風化之所由始也。所以風天下而正夫婦也，故用之鄉人焉，用之邦國焉。說見二南總論。邦國，謂諸侯之國，明非獨天子用之也。風，風也，教也，風以動之，教以化之。承上文解風字之義。以象言，則曰風；以事言，則曰教。然則關雎、麟趾之化，王者之風，故繫之周公。南，言化自北而南也。鵲巢、騶虞之德，諸侯之風也，先王之所以教，故繫之召公。說見二南卷首。關雎、麟趾言「化」者，化之所自出也。鵲巢、騶虞言「德」者，被化而成德也。以其被化而後成德，故又曰「先王之所以教」。先王，即文王也。舊說以爲大王、王季，誤矣。程子曰：「周南、召南如乾、坤，乾統坤，坤承乾也。」周南、召南正始之道，王化之基。王者之道，始於家，終於天下。而二南正家之事也。王者之化，必至於法度彰，禮樂著，雅頌之聲作，然後可以言成。然無其始則亦何所因而立哉。基者，堂宇之所因而立者也。程子曰：「有關雎、麟趾之意，然後可以行周官之法度。」其爲是歟？是以關雎樂得淑女以配君子，憂在進賢，不淫其色，哀窈窕，思賢才，而無傷善之心焉。是關雎之義也。按論語孔子嘗言「關雎樂而不淫，哀而不傷」。蓋淫者，樂之過；傷者，哀之過。獨爲是詩者得其性情之正，是以哀樂中節，而不至於過耳。而序者乃析哀樂、淫傷各爲一事而不相須，則已失其旨矣。至以傷爲傷善之心，則又大失其旨，而全無文理也。或曰，先儒多以周道衰，詩人本諸衽席，而關雎作。故揚雄以周康之時關雎作，爲傷始亂。杜欽亦曰「佩玉晏鳴，關雎歎之」。說者以爲古者后夫人雞鳴佩玉去君所，周康后不然，故詩人歎而傷之。此魯詩說也，與毛異矣。但以哀而不傷之意推之，恐其有此理也。曰，此不可知矣。但儀禮以關雎爲鄉樂，又爲房中之樂，則是周公制作之時，已有此詩矣，若如魯說，則儀禮不得爲周公之書。儀禮不爲周公之書，則周之盛時，乃無鄉射、燕飲、房中之樂，而必有待乎後世之刺詩也，其不然也明矣。且爲人子孫，乃無故而播其先祖之失於天下，如此而尚可以爲風化之首乎？

葛覃，后妃之本也。后妃在父母家，則志在於女功之事，躬儉節用，服澣濯之衣，尊敬師傅，則可以歸安父母，化天下以婦道也。此詩之序，首尾皆是，但其所謂「在父母家」者一句爲未安。蓋若謂未嫁之時，即詩中不應遽以歸寧父母爲言，況未嫁之時，自當服勤女功，不足稱述以爲盛美。若謂歸寧之時，即詩中先言刈葛，而後言歸寧，亦不相合。且不常爲之於平居之日，而暫爲之於歸寧之時，亦豈所謂庸行之謹哉！序之淺拙，大率類此。

卷耳，后妃之志也。又當輔佐君子求賢審官，知臣下之勤勞，内有進賢之志，而無險詖私謁之心，朝夕思念，至於憂勤也。此詩之序，首句得之，餘皆傅會之鑿說。后妃雖知臣下之勤勞而憂之，然曰「嗟我懷人」，則其言親暱，非后妃之所得施於使臣者矣。且首章之「我」獨爲后妃，而後章之「我」皆爲使臣，首尾衡決不相承應，亦非文字之體也。

樛木，后妃逮下也。言能逮下，而無嫉妒之心焉。此序稍平，後不注者放此。

螽斯，后妃子孫衆多也。言若螽斯不妒忌，則子孫衆多也。螽斯聚處和一而卵育蕃多，故以爲不妒忌則子孫衆多之比。序者不達此詩之體，故遂以不妒忌者歸之螽斯，其亦誤矣。

桃夭，后妃之所致也。不妒忌，則男女以正，婚姻以時，國無鰥民也。序首句非是。其所謂「男女以正，婚姻以時，國無鰥民」者得之。蓋此以下諸詩，皆言文王風化之盛，由家及國之事。而序者失之，皆以爲后妃之所致，既非所以正男女之位，而於此詩又專以爲不妒忌之功，則其意愈狹，而説愈疏矣。

兔罝，后妃之化也。關雎之化行，則莫不好德，賢人衆多也。此序首句非是，而所謂「莫不好德，賢人衆多」者得之。

芣苢，后妃之美也。和平則婦人樂有子矣。

漢廣，德廣所及也。文王之道被于南國，美化行乎江、漢之域，無思犯禮，求而不可得也。此詩以篇内有「漢之廣矣」一句得名，而序者謬誤，乃以「德廣所及」爲言，失之遠矣。然其下文復得詩意，而所謂文王之化者尤可以正前篇之誤。先儒嘗謂序非出於一人之手者，此其一驗。但首句未必是，下文未必非耳。蘇氏乃例取首句而去其下文，則於此類兩失之矣。

汝墳，道化行也。文王之化行乎汝墳之國，婦人能閔其君子，猶勉之以正也。

麟之趾，關雎之應也。關雎之化行，則天下無犯非禮，雖衰世之公子，皆信厚如麟趾之時也。「之時」二字可删。

召南

鵲巢，夫人之德也。國君積行累功以致爵位，夫人起家而居有之，德如鳲鳩，乃可以配焉。

文王之時，關雎之化行於閨門之内，而諸侯蒙化以成德者，其道亦始於家人，故其夫人之德如是，而詩人美之也。不言所美之人者，世遠而不可知也。後皆放此。

采蘩，夫人不失職也。夫人可以奉祭祀，則不失職矣。

草蟲，大夫妻能以禮自防也。此恐亦是夫人之詩，而未見以禮自防之意。

采蘋，大夫妻能循法度也。能循法度，則可以承先祖、共祭祀矣。

甘棠，美召伯也。召伯之教，明於南國。

行露，召伯聽訟也。衰亂之俗微，貞信之教興，彊暴之男不能侵陵貞女也。

羔羊，鵲巢之功致也。召南之國化文王之政，在位皆節儉正直，德如羔羊也。此序得之，但「德如羔羊」一句爲衍説耳。

殷其靁，勸以義也。召南之大夫遠行從政，不遑寧處，其室家能閔其勤勞，勸以義也。按此詩無「勸以義」之意。

摽有梅，男女及時也。召南之國被文王之化，男女得以及時也。此序末句未安。

小星，惠及下也。夫人無妒忌之行，惠及賤妾，進御於君，知其命有貴賤，能盡其心矣。

江有汜，美媵也。勤而無怨，嫡能悔過也。文王之時，江、沱之間，有嫡不以其媵備數，媵遇勞而無怨，嫡亦自悔也。詩中未見勤勞無怨之意。

野有死麕，惡無禮也。天下大亂，彊暴相陵，遂成淫風。被文王之化，雖當亂世，猶惡無禮也。此序得之，但所謂「無禮」者，言淫亂之非禮耳，不謂無聘幣之禮也。

何彼襛矣，美王姬也。雖則王姬，亦下嫁於諸侯，車服不繫其夫，下王后一等，猶執婦道以成肅雝之德也。此詩時世不可知，其説已見本篇，但序云「雖則王姬，亦下嫁於諸侯」，説者多笑其陋。然此但讀爲兩句之失耳，若讀此十字合爲一句，而對下文「車服不繫其夫，下王后一等」爲義，則序者之意亦自明白。蓋曰王姬雖嫁於諸侯，然其車服制度與他國之夫人不同，所以甚言其貴盛之極，而猶不敢挾貴以驕其夫家也。但立文不善，終費詞説耳。鄭氏曰：「下王后一等，謂車乘厭翟，勒面繢總，服則褕翟。」然則公侯夫人翟茀者〔一〕，其翟車貝面組總有幄也與？

騶虞，鵲巢之應也。鵲巢之化行，人倫既正，朝廷既治，天下純被文王之化，則庶類蕃殖，蒐田以時，仁如騶虞，則王道成也。此序得詩之大旨，然語意亦不分明。楊氏曰：「二南正始之道，王化之基，蓋一體也。王者諸侯之風，相須以爲治，諸侯所以代其終也。故召南之終，至於仁如騶虞，然後王道成焉。夫王道成，非諸侯之事也。然非諸侯有騶虞之德，亦何以見王道之成哉？」歐陽公曰：「賈誼新書曰：『騶者，文王之囿名。虞者，囿之司獸也。』」陳氏曰：「禮記射義云：『天子以騶虞爲節，樂官備也。』則其爲虞官明矣。獵以虞爲主，其實歎文王之仁而不斥言也。」此與舊説不同，今存於此。

邶

柏舟，言仁而不遇也。衛頃公之時，仁人不遇，小人在側。詩之文意事類可以思而得，其時世名氏則不可以强而推。故凡小序，唯詩文明白直指其事，如甘棠、定中、南山、株林之屬，若證驗的切見於書史，如載馳、碩人、清人、黄鳥之類，决爲可無疑者。其次則詞旨大概可知必爲某事，而不可知其的爲某時某人者，尚多有之。若爲小序者，姑以其意推尋探索，依約而言，則雖有所不知，亦不害其爲不自欺，雖有未當，人亦當恕其所不及。今乃不然，不知其時者，必强以爲某王某公之時，不知其人者，必强以爲某甲某乙之事。於是傅會書史，依託名謚，鑿空妄語，以誑後人。其所以然者，特以耻其有所不知，而惟恐人之不見信而已。且如柏舟，不知其出於婦人，而以爲男子；不知其不得於夫，而以爲不遇於君，此則失矣。然有所不及而不自欺，則亦未至於大害理也。今乃斷然以爲衛頃公之時，則其故爲欺罔以誤後人之罪，不可揜矣。蓋其偶見此詩冠於三衛變風之首，是以求之春秋之前。而史記所書，莊、桓以上，衛之諸君，事皆無可考者，謚亦無甚惡者，獨頃公有賂王請命之事，其謚又爲「甄心動懼」之名，如漢諸侯王，必其嘗以罪謫，然後加以此謚，以是意其必有棄賢用佞之失，而遂以此詩予之。若將以衒其多知，而必於取信，不知將有明者從旁觀之，則適所以暴其真不知，而啓其深不信也。凡小序之失，以此推之，什得八九矣。又其爲説，必使詩無一篇不爲美刺時君國政而作，固已不切於情性之自然，而又拘於時世之先後，其或書傳所載當此一時偶無賢君美謚，則雖有辭之美者，亦例以爲陳古而刺今。是使讀者疑於當時之人絶無善則稱君、過則稱己之意。而一不得志，則扼腕切齒，嘻笑冷語以懟其上者，所在而成羣。是其輕躁險薄，尤有害於温柔敦厚之教，故予不可以不辨。

綠衣，衛莊姜傷己也。妾上僭，夫人失位而作是詩也。此詩下至終風四篇，序皆以爲莊姜之詩，今姑從之，然唯燕燕一篇詩文略可據耳。

燕燕，衛莊姜送歸妾也。「遠送于南」一句可爲送戴媯之驗。

日月，衛莊姜傷己也。遭州吁之難，傷己不見答於先君，以至困窮之詩也。此詩序以爲莊姜之作，今未有以見其不然。但謂遭州吁之難而作，則未然耳。蓋詩言「寧不我顧」，猶有望之之意，又言「德音無良」，亦非所宜施於前人者，明是莊公在時所作。其篇次亦當在燕燕之前也。

終風，衛莊姜傷己也。遭州吁之暴，見侮慢而不能正也。詳味此詩，有夫婦之情，無母子之意，若果莊姜之詩，則亦當在莊公之世，而列於燕燕之前，序説誤矣。

擊鼓，怨州吁也。衛州吁用兵暴亂，使公孫文仲將而平陳與宋，國人怨其勇而無禮也。春秋隱公四年，宋、衛、陳、蔡伐鄭，正州吁自立之時也。序蓋據詩文「平陳與宋」而引此爲説，恐或然也。然傳記魯衆仲之言曰：「州吁阻兵而安忍。阻兵無衆，安忍無親。衆叛親離，難以濟矣。夫兵，猶火也，弗戢，將自焚也。夫州吁弑其君而虐用其民，於是乎不務令德，而欲以亂成，必不免矣。」按州吁篡弑之賊，此序但譏其勇而無禮，固爲淺陋，而衆仲之言亦止於此，蓋君臣之義不明於天下久矣，春秋其得不作乎！

凱風，美孝子也。衛之淫風流行，雖有七子之母，猶不能安其室。故美七子能盡其孝道，以慰其母心，而成其志爾。以孟子之説證之，序説亦是。但此乃七子自責之辭，非美七子之作也。

雄雉，刺衛宣公也。淫亂不恤國事，軍旅數起，大夫久役，男女怨曠，國人患之而作是詩。

序所謂「大夫久役，男女怨曠」者，得之。但未有以見其爲宣公之時，與「淫亂不恤國事」之意耳。兼此詩亦婦人作，非國人之所爲也。

匏有苦葉，刺衛宣公也。公與夫人並爲淫亂。未有以見其爲刺宣公夫人之詩。

谷風，刺夫婦失道也。衛人化其上，淫於新婚而棄其舊室，夫婦離絶，國俗傷敗焉。亦未有以見「化其上」之意。

式微，黎侯寓于衛，其臣勸以歸也。詩中無黎侯字，未詳是否，下篇同。

旄丘，責衛伯也。狄人迫逐黎侯，黎侯寓於衛。衛不能脩方伯連率之職，黎之臣子以責於衛也。序見詩有「伯兮」二字而以爲責衛伯之詞，誤矣。陳氏曰：「説者以此爲宣公之詩。然宣公之後百餘年，衛穆公之時，晉滅赤狄，潞氏數之，以其奪黎氏地，然則此其穆公之詩乎？不可得而知也。」

簡兮，刺不用賢也。衛之賢者，仕於伶官，皆可以承事王者也。此序略得詩意，而詞不足以達之。

泉水，衛女思歸也。嫁於諸侯，父母終，思歸寧而不得，故作是詩以自見也。

北門，刺仕不得志也。言衛之忠臣不得其志爾。

北風，刺虐也。衛國並爲威虐，百姓不親，莫不相攜持而去焉。衛以淫亂亡國，未聞其有威虐之政如序所云者，此恐非是。

靜女，刺時也。衛君無道，夫人無德。此序全然不似詩意。

新臺，刺衛宣公也。納伋之妻，作新臺于河上而要之，國人惡之而作是詩也。

二子乘舟，思伋、壽也。衛宣公之二子爭相爲死，國人傷而思之，作是詩也。二詩説已各見本篇。

鄘

柏舟，共姜自誓也。衛世子共伯蚤死，其妻守義，父母欲奪而嫁之，誓而弗許，故作是詩以絶之。此事無所見於他書，序者或有所傳，今姑從之。

墻有茨，衛人刺其上也。公子頑通乎君母，國人疾之而不可道也。

君子偕老，刺衛夫人也。夫人淫亂，失事君子之道，故陳人君之德、服飾之盛，宜與君子偕老也。公子頑事見春秋傳，但此詩所以作，亦未可考。鶉之奔奔放此。

桑中，刺奔也。衛之公室淫亂，男女相奔，至于世族在位，相竊妻妾，期於幽遠，政散民流而不可止。此詩乃淫奔者所自作。序之首句以爲刺奔，誤矣。其下云云者，乃復得之樂記之説，已略見本篇矣。而或者以爲刺詩之體，固有鋪陳其事，不加一辭，而閔惜懲創之意自見於言外者，此類是也。豈必譙讓質責，然後爲刺也哉！此説不然。夫詩之爲刺，固有不加一辭而意自見者，清人、猗嗟之屬是已。然嘗試翫之，則其賦之之人猶在所賦之外，而詞意之間猶有賓主之分也。豈有將欲刺人之惡，乃反自爲彼人之言，以陷其身於所刺之中，而不自知也哉！其必不然也明矣。又況此等之人，安於爲惡，其於此等之詩，計其平日固已自其口出而無慚矣，又何待吾之鋪陳而後始知其所爲之如此，亦豈畏吾之閔惜而遂幡然遽有懲創之心邪？以是爲刺，不唯無益，殆恐不免於鼓之舞之，而反以勸其惡也。或者又曰：詩三百篇，皆雅樂也，祭祀朝聘之所用也。桑間、濮上之音，鄭、衛之樂也，世俗之所用也。雅、鄭不同部，其來尚矣。且夫子答顔淵之問，於鄭聲亟欲放而絶之，豈其删詩乃録淫奔者之詞，而使之合奏於雅樂之中乎？亦不然也。雅者，二雅是也。鄭者，緇衣以下二十一篇是也。衛者，邶、鄘、衛三十九篇是也。桑間，衛之一篇桑中之詩是也。二南、雅、頌，祭祀朝聘之所用也。鄭、衛、桑、濮，里巷狹邪之所歌也。夫子之於鄭、衛，蓋深絶其聲於樂以爲法，而嚴立其詞於詩以爲戒。如聖人固不語亂，而春秋所記無非亂臣賊子之事，蓋不如是無以見當時風俗事變之實，而垂監戒於後世，故不得已而存之，所謂道並行而不相悖者也。今不察此，乃欲爲之諱其鄭、衛、桑、濮之實，而文之以雅樂之名，又欲從而奏之宗廟之中、朝廷之上，則未知其將以薦之何等之鬼神，用之何等之賓客，而於聖人爲邦之法，又豈不爲陽守而陰叛之耶？其亦誤矣。曰：然則大序所謂「止乎禮義」，夫子所謂「思無邪」者，又何謂邪？曰：大序指柏舟、緑衣、泉水、竹竿之屬而言，以爲多出於此耳，非謂篇篇皆然，而桑中之類亦「止乎禮義」也。夫子之言，正爲其有邪正美惡之雜，故特言此，以明其皆可以懲惡勸善，而使人得其性情之正耳，非以桑中之類亦以無邪之思作之也。曰：荀卿所謂「詩者中聲之所止」，太史公亦謂三百篇者，夫子皆弦歌之，以求合於韶、武之音，何邪？曰：荀卿之言固爲正經而發，若史遷之説，則恐亦未足爲據也，豈有哇淫之曲而可以强合於韶、武之音也耶！

鶉之奔奔，刺衛宣姜也。衛人以爲宣姜鶉鵲之不若也。見上。

定之方中，美衛文公也。衛爲狄所滅，東徙渡河，野處漕邑，齊桓公攘戎狄而封之。文公徙居楚丘，始建城市而營宫室，得其時制，百姓説之，國家殷富焉。

蝃蝀，止奔也。衛文公能以道化其民，淫奔之耻，國人不齒也。

相鼠，刺無禮也。衛文公能正其羣臣，而刺在位，承先君之化，無禮儀也。

干旄，美好善也。衛文公臣子多好善，賢者樂告以善道也。定之方中一篇，經文明白，故序得以不誤。蝃蝀以下亦因其在此而以爲文公之詩耳。他未有考也。

載馳，許穆夫人作也。閔其宗國顛覆，自傷不能救也。衛懿公爲狄人所滅，國人分散，露於漕邑。許穆夫人閔衛之亡，傷許之小，力不能救，思歸唁其兄，又義不得，故賦是詩也。此亦經明白而序不誤者。又有春秋傳可證。

衛

淇奥，美武公之德也。有文章，又能聽其規諫，以禮自防，故能入相于周，美而作是詩也。

此序疑得之。

考槃，刺莊公也。不能繼先公之業，使賢者退而窮處。此爲美賢者窮處而能安其樂之詩，文意甚明。然詩文未有見棄於君之意，則亦不得爲刺莊公矣。序蓋失之，而未有害於義也。至於鄭氏，遂有誓不忘君之惡、誓不過君之朝、誓不告君以善之說，則其害義又有甚焉。於是程子易其訓詁，以爲陳其不能忘君之意、陳其不得過君之朝、陳其不得告君以善，則其意忠厚而和平矣。然未知鄭氏之失生於序文之誤，若但直據詩詞，則與其君初不相涉也。

碩人，閔莊姜也。莊公惑於嬖妾，使驕上僭，莊姜賢而不答，終以無子，國人閔而憂之。此序據春秋傳得之。

氓，刺時也。宣公之時，禮義消亡，淫風大行，男女無別，遂相奔誘，華落色衰，復相棄背。或乃困而自悔，喪其妃耦，故序其事以風焉。美反正，刺淫泆也。此非刺詩。宣公未有考。「故序其事」以下亦非是。其曰「美反正」者，尤無理。

竹竿，衛女思歸也。適異國而不見答，思而能以禮者也。未見「不見答」之意。

芄蘭，刺惠公也。驕而無禮，大夫刺之。此詩不可考，當闕。

河廣，宋襄公母歸于衛，思而不止，故作是詩也。

伯兮，刺時也。言君子行役，爲王前驅，過時而不反焉。舊說以詩有「爲王前驅」之文，遂以此爲春秋所書從王伐鄭之事，然詩又言「自伯之東」，則鄭在衛西，不得爲此行矣。序言「爲王前驅」，蓋用詩文，然似未識其文意也。

有狐，刺時也。衛之男女失時，喪其妃耦焉。古者國有凶荒，則殺禮而多婚，會男女之無夫家者，所以育人民也。「男女失時」之句未安，其曰「殺禮多婚」者，周禮大司徒「以荒政十有二聚萬民，十曰多婚」者，是也。序者之意，蓋曰衛於此時不能舉此之政耳。然亦非詩之正意也。長樂劉氏曰：「夫婦之禮，雖不可不謹於其始，然民有細微貧弱者，或困於凶荒，必待禮而後婚，則男女之失時者多無室家之養。聖人傷之，寧邦典之或違，而不忍失其婚嫁之時也。故有荒政多婚之禮，所以使之相依以爲生，而又以育人民也。詩不云乎，『愷悌君子，民之父母』，苟無子育兆庶之心，其能若此哉！此則周禮之意也。」

木瓜，美齊桓公也。衛國有狄人之敗，出處于漕。齊桓公救而封之，遺之車馬器服焉。衛人思之，欲厚報之，而作是詩也。説見本篇。

王

黍離，閔宗周也。周大夫行役，至于宗周，過故宗廟宫室，盡爲禾黍，閔周室之顛覆，彷徨不忍去，而作是詩也。

君子于役，刺平王也。君子行役無期度，大夫思其危難以風焉。此國人行役，而室家念之之辭。序說誤矣。其曰「刺平王」，亦未有考。

君子陽陽，閔周也。君子遭亂，相招爲禄仕，全身遠害而已。說同上篇。

揚之水，刺平王也。不撫其民，而遠屯戍于母家，周人怨思焉。

中谷有蓷，閔周也。夫婦日以衰薄，凶年饑饉，室家相棄爾。

兔爰，閔周也。桓王失信，諸侯背叛，構怨連禍，王師傷敗，君子不樂其生焉。「君子不樂其生」一句得之，餘皆衍說。其指桓王，蓋據春秋傳鄭伯不朝，王以諸侯伐鄭，鄭伯禦之，王卒大敗，祝聃射王中肩之事。然未有以見此詩之爲是而作也。

葛藟，王族刺平王也。周室道衰，棄其九族焉。序說未有據，詩意亦不類，說已見本篇。

采葛，懼讒也。此淫奔之詩，其篇與大車相屬，其事與「采唐」、「采葑」、「采麥」相似，其詞與鄭子衿正同，序說誤矣。

大車，刺周大夫也。禮義陵遲，男女淫奔，故陳古以刺今大夫不能聽男女之訟焉。非刺大夫之詩，乃畏大夫之詩。

丘中有麻，思賢也。莊王不明，賢人放逐，國人思之而作是詩也。此亦淫奔者之詞，其篇上屬大車，而語意不莊，非望賢之意，序亦誤矣。

鄭

緇衣，美武公也。父子並爲周司徒，善於其職，國人宜之，故美其德，以明有國善善之功焉。此未有據，今姑從之。

將仲子，刺莊公也。不勝其母以害其弟。弟叔失道而公弗制，祭仲諫而公弗聽，小不忍以致大亂焉。事見春秋傳，然莆田鄭氏謂此實淫奔之詩，無與於莊公、叔段之事，序蓋失之，而説者又從而巧爲之説，以實其事，誤益甚矣。今從其説。

叔于田，刺莊公也。叔處于京，繕甲治兵以出于田，國人説而歸之。國人之心貳於叔，而歌其田狩適野之事，初非以刺莊公，亦非説其出于田而後歸之也。或曰：段以國君貴弟受封大邑，有人民兵甲之衆，不得出居閭巷，下雜民伍，此詩恐其民間男女相説之詞耳。

大叔于田，刺莊公也。叔多才而好勇，不義而得衆也。此詩與上篇意同，非刺莊公也。下兩句得之。

清人，刺文公也。高克好利而不顧其君，文公惡而欲遠之，不能，使高克將兵而禦狄于竟。陳其師旅，翱翔河上，久而不召，衆散而歸，高克奔陳。公子素惡高克進之不以禮，文公退之不以道，危國亡師之本，故作是詩也。按此序蓋本春秋傳，而以他説廣之，未詳所據。孔氏正義又據序文而以是詩爲公子素之作，然則「進之」當作「之進」，今文誤也。

羔裘，刺朝也。言古之君子以風其朝焉。序以變風不應有美，故以此爲言古以刺今之詩。今詳詩意，恐未必然。且當時鄭之大夫如子皮、子産之徒，豈無可以當此詩者？但今不可考耳。

遵大路，思君子也。莊公失道，君子去之，國人思望焉。此亦淫亂之詩，序説誤矣。

女曰雞鳴，刺不説德也。陳古義以刺今不説德而好色也。此亦未有以見其陳古刺今之意。

有女同車，刺忽也。鄭人刺忽之不婚于齊。太子忽嘗有功于齊，齊侯請妻之齊女。賢而不取，卒以無大國之助，至于見逐，故國人刺之。據春秋傳，齊侯欲以文姜妻鄭太子忽，忽辭。人問其故，忽曰：「人各有耦，齊大，非吾耦也。」詩曰『自求多福』，在我而已，大國何爲？」其後北戎侵齊，鄭伯使忽帥師救之，敗戎師。齊侯又請妻之。忽曰：「無事於齊，吾猶不敢，今以君命奔齊之急，而授室以歸，是以師婚也，民其謂我何？」遂辭諸鄭伯。祭仲謂忽曰：「君多内寵，子無大援，將不立。」忽又不聽。及即位，遂爲祭仲所逐。此序文所據以爲説者也。然以今考之，此詩未必爲忽而作，序者但見「孟姜」二字，遂指以爲齊女，而附之於忽耳。假如其説，則忽之辭婚未爲不正而可刺，至其失國，則又特以勢孤援寡不能自定，亦未有可刺之罪也。序乃以爲國人作詩以刺之，其亦誤矣。後之讀者又襲其誤，必欲鍛鍊羅織，文致其罪而不肯赦，徒欲以徇説詩者之繆，而不知其失是非之正，害義理之公，以亂聖經之本指，而壞學者之心術，故予不可以不辯。

山有扶蘇，刺忽也。所美非美然。此下四詩及揚之水，皆男女戲謔之詞。序之者不得其説，而例以爲刺忽，殊無情理。

蘀兮，刺忽也。君弱臣彊，不倡而和也。見上。

狡童，刺忽也。不能與賢人圖事，權臣擅命也。昭公嘗爲鄭國之君，而不幸失國，非有大惡，使其民疾之如寇讎也。況方刺其「不能與賢人圖事，權臣擅命」，則是公猶在位也，豈可忘其君臣之分，而遽以狡童目之邪？且昭公之爲人，柔懦疏闊，不可謂狡，即位之時，年已壯大，不可謂童。以是名之，殊不相似。而序於山有扶蘇所謂「狡童」者，方指昭公之所美，至於此篇，則遂移以指公之身焉，則其舛又甚，而非詩之本旨明矣。大抵序者之於鄭詩，凡不得其說者，則舉而歸之於忽，文義一失，而其害於義理有不可勝言者。一則使昭公無辜而被謗；二則使詩人脱其淫謔之實罪，而麗於訕上悖理之虚惡；三則厚誣聖人删述之意，以爲實賤昭公之守正，而深與詩人之無禮於其君。凡此皆非小失。而後之說者猶或主之，其論愈精，其害愈甚，學者不可以不察也。

褰裳，思見正也。狂童恣行，國人思大國之正己也。此序之失，蓋本於子大叔、韓宣子之言，而不察其斷章取義之意耳。

丰，刺亂也。婚姻之道缺，陽倡而陰不和，男行而女不隨。此淫奔之詩，序說誤矣。

東門之墠，刺亂也。男女有不待禮而相奔者也。此序得之。

風雨，思君子也。亂世則思君子不改其度焉。序意甚美，然考詩之詞，輕佻狎暱，非思賢之意也。

子衿，刺學校廢也。亂世則學校不脩焉。疑同上篇，蓋其辭意儇薄，施之學校，尤不相似也。

揚之水，閔無臣也。君子閔忽之無忠臣良士，終以死亡，而作是詩也。此男女要結之詞，序說誤矣。

出其東門，閔亂也。公子五爭，兵革不息，男女相棄，民人思保其室家焉。五爭事見春秋傳，然非此之謂也。此乃惡淫奔者之詞，序誤。

野有蔓草，思遇時也。君之澤不下流，民窮於兵革，男女失時，思不期而會焉。東萊呂氏曰：「『君之澤不下流』，迺講師見『零露』之語，從而附益之。」

溱洧，刺亂也。兵革不息，男女相棄，淫風大行，莫之能救焉。鄭俗淫亂，乃其風聲氣習流傳已久，不爲「兵革不息，男女相棄」而後然也。

齊

雞鳴，思賢妃也。哀公荒淫怠慢，故陳賢妃貞女，夙夜警戒相成之道焉。此序得之，但哀公未有所考，豈亦以謚惡而得之歟？

還，刺荒也。哀公好田獵，從禽獸而無厭，國人化之，遂成風俗。習於田獵謂之賢，閑於馳逐謂之好焉。同上。

著，刺時也。時不親迎也。

東方之日，刺衰也。君臣失道，男女淫奔，不能以禮化也。此男女淫奔者所自作，非有刺也。其曰「君臣失道」者，尤無所謂。

東方未明，刺無節也。朝廷興居無節，號令不時，挈壺氏不能掌其職焉。夏官：「挈壺氏，下士六人。」挈，縣挈之名。壺，盛水器。蓋置壺浮箭，以爲晝夜之節也。漏刻不明，固可以見其無政，然所以「興居無節，號令不時」，則未必皆挈壺氏之罪也。

南山，刺襄公也。鳥獸之行，淫乎其妹。大夫遇是惡，作詩而去之。此序據春秋經傳爲文，説見本篇。

甫田，大夫刺襄公也。無禮義而求大功，不脩德而求諸侯，志大心勞，所以求者非其道也。

未見其爲襄公之詩。

盧令，刺荒也。襄公好田獵畢弋，而不修民事，百姓苦之，故陳古以風焉。義與還同，序説非是。

敝笱，刺文姜也。齊人惡魯桓公微弱，不能防閑文姜，使至淫亂，爲二國患焉。「桓」當作「莊」。

載驅，齊人刺襄公也。無禮義，故盛其車服，疾驅於通道大都，與文姜淫，播其惡於萬民焉。

此亦刺文姜之詩。

猗嗟，刺魯莊公也。齊人傷魯莊公有威儀技藝，然而不能以禮防閑其母，失子之道。人以爲齊侯之子焉。此序得之。

魏

葛屨，刺褊也。魏地陿隘，其民機巧趨利，其君儉嗇褊急，而無德以將之。

汾沮洳，刺儉也。其君儉以能勤，刺不得禮也。此未必爲其君而作。崔靈恩集注「其君」作「君子」，義雖稍通，然未必序者之本意也。

園有桃，刺時也。大夫憂其君，國小而迫，而儉以嗇，不能用其民，而無德教，日以侵削，故作是詩也。「國小而迫」，「日以侵削」者得之，餘非是。

陟岵，孝子行役，思念父母也。國迫而數侵削，役乎大國，父母兄弟離散，而作是詩也。

十畝之間，刺時也。言其國削小，民無所居焉。國削，則其民隨之，序文殊無理，其說已見本篇矣。

伐檀，刺貪也。在位貪鄙，無功而受祿，君子不得進仕爾。此詩專美君子之不素飡，序言「刺貪」，失其旨矣。

碩鼠，刺重斂也。國人刺其君重斂蠶食於民，不修其政，貪而畏人，若大鼠也。此亦託於碩鼠以刺其有司之辭，未必直以碩鼠比其君也。

唐

蟋蟀，刺晉僖公也。儉不中禮，故作是詩以閔之，欲其及時以禮自娛樂也。此晉也而謂之唐，本其風俗，憂深思遠，儉而用禮，乃有堯之遺風焉。河東地瘠民貧，風俗勤儉，乃其風土氣習有以使之，至今猶然，則在三代之時可知矣。序所謂「儉不中禮」，固當有之，但所謂「刺僖公」者，蓋特以謚得之。而所謂「欲其及時以禮自娛樂」者，又與詩意正相反耳。況古今風俗之變，常必由儉以入奢，而其變之漸，又必由上以及下。今謂君之儉反過於初，而民之俗猶知用禮，則尤恐其無是理也。獨其「憂深思遠」、「有堯之遺風」者爲得之。然其所以不謂之晉，而謂之唐者，又初不爲此也。

山有樞，刺晉昭公也。不能脩道以正其國，有財不能用，有鐘鼓不能以自樂，有朝廷不能洒埽，政荒民散，將以危亡，四鄰謀取其國家而不知，國人作詩以刺之也。此詩蓋以答蟋蟀之意而寬其憂，非臣子所得施於君父者，序説大誤。

揚之水，刺晉昭公也。昭公分國以封沃，沃盛彊，昭公微弱，國人將叛而歸沃焉。詩文明白，序説不誤。

椒聊，刺晉昭公也。君子見沃之盛彊，能修其政，知其蕃衍盛大，子孫將有晉國焉。此詩未見其必爲沃而作也。

綢繆，刺晉亂也。國亂，則婚姻不得其時焉。此但爲婚姻者相得而喜之詞，未必爲刺晉國之亂也。

杕杜，刺時也。君不能親其宗族，骨肉離散，獨居而無兄弟，將爲沃所并爾。此乃人無兄弟而自歎之詞，未必如序之説也。況曲沃實晉之同姓，其服屬又未遠乎？

羔裘，刺時也。晉人刺其在位不恤其民也。詩中未見此意。

鴇羽，刺時也。昭公之後，大亂五世，君子下從征役，不得養其父母，而作是詩也。序意得之，但其時世則未可知耳。

無衣，美晉武公也。武公始并晉國，其大夫爲之請命乎天子之使，而作是詩也。序以史記爲文，詳見本篇。但此詩若非武公自作，以述其賂王請命之意，則詩人所作，以著其事，而陰刺之耳。序乃以爲美之，失其旨矣。且武公弑君篡國，大逆不道，乃王法之所必誅而不赦者，雖曰尚知王命之重，而能請之以自安，是亦禦人於白晝大都之中，而自知其罪之甚重，則分薄贓餌貪吏，以求私有其重寶而免於刑戮，是乃猾賊之尤耳。以是爲美，吾恐其奬姦誨盜，而非所以爲教也。小序之陋固多，然其顛倒順逆，亂倫悖理，未有如此之甚者，故予特深辯之，以正人心，以誅賊黨，意庶幾乎大序所謂「正得失」者，而因以自附於春秋之義云。

有杕之杜，刺晉武公也。武公寡特，兼其宗族，而不求賢以自輔焉。此序全非詩意。

葛生，刺晉獻公也。好攻戰，則國人多喪矣。

采苓，刺晉獻公也。獻公好聽讒焉。獻公固喜攻戰而好讒佞，然未見此二詩之果作於其時也。

秦

車鄰，美秦仲也。秦仲始大，有車馬禮樂侍御之好焉。未見其必爲秦仲之詩。大率秦風唯黄鳥、渭陽爲有據，其他諸詩皆不可考。

駟驖，美襄公也。始命有田狩之事，園囿之樂焉。

小戎，美襄公也。備其兵甲，以討西戎。西戎方彊，而征伐不休，國人則矜其車甲，婦人能閔其君子焉。此詩時世未必然，而義則得之，説見本篇。

蒹葭，刺襄公也。未能用周禮，將無以固其國焉。此詩未詳所謂，然序説之鑿，則必不然矣。

終南，戒襄公也。能取周地，始爲諸侯，受顯服，大夫美之，故作是詩以戒勸之。

黄鳥，哀三良也。國人刺穆公以人從死，而作是詩也。此序最爲有據。

晨風，刺康公也。忘穆公之業，始棄其賢臣焉。此婦人念其君子之辭，序説誤矣。

無衣，刺用兵也。秦人刺其君好攻戰亟用兵，而不與民同欲焉。序意與詩情不協，説已見本篇矣。

渭陽，康公念母也。康公之母，晉獻公之女。文公遭麗姬之難，未反而秦姬卒，穆公納文公。康公時爲太子，贈送文公于渭之陽，念母之不見也，我見舅氏，如母存焉。及其即位，思而作是詩也。此序得之。但「我見舅氏，如母存焉」兩句若爲康公之辭者，其情哀矣，然無所繫屬，不成文理。蓋此以下又别一手所爲也。「及其即位，而作是詩」，蓋亦但見首句云「康公」，而下云「時爲太子」，故生此説。其淺暗拘滯大率如此。

權輿，刺康公也。忘先君之舊臣與賢者，有始而無終也。

陳

宛丘，刺幽公也。淫荒昏亂，游蕩無度焉。陳國小，無事實，幽公但以謚惡，故得「游蕩無度」之詩，未敢信也。

東門之枌，疾亂也。幽公淫荒，風化之所行，男女棄其舊業，亟會於道路，歌舞於市井爾。同上。

衡門，誘僖公也。愿而無立志，故作是詩以誘掖其君也。僖者，小心畏忌之名，故以爲「愿無立志」而配以此詩，不知其爲賢者自樂而無求之意也。

東門之池，刺時也。疾其君之淫昏，而思賢女以配君子也。此淫奔之詩，序説蓋誤。

東門之楊，刺時也。婚姻失時，男女多違，親迎女猶有不至者也。同上。

墓門，刺陳佗也。陳佗無良師傅，以至於不義，惡加於萬民焉。陳國君臣事無可紀，獨陳佗以亂賊被討，見書於春秋，故以「無良」之詩與之。序之作大抵類此，不知其信然否也。

防有鵲巢，憂讒賊也。宣公多信讒，君子憂懼焉。此非刺其君之詩。

月出，刺好色也。在位不好德而説美色焉。此不得爲刺詩。

株林，刺靈公也。淫乎夏姬，驅馳而往，朝夕不休息焉。陳風獨此篇爲有據。

澤陂，刺時也。言靈公君臣淫於其國，男女相説，憂思感傷焉。

檜

羔裘，大夫以道去其君也。國小而迫，君不用道，好絜其衣服，逍遥遊燕，而不能自强於政治，故作是詩也。

素冠，刺不能三年也。

隰有萇楚，疾恣也。國人疾其君之淫恣，而思無情慾者也。此序之誤，説見本篇。

匪風，思周道也。國小政亂，憂及禍難，而思周道焉。詩言「周道」，但謂適周之路，如四牡所謂「周道逶遲」耳。序言「思周道」者，蓋不達此意也。

曹

蜉蝣，刺奢也。昭公國小而迫，無法以自守，好奢而任小人，將無所依焉。言昭公，未有考。

候人，刺近小人也。共公遠君子而好近小人焉。此詩但以「三百赤芾」合於左氏所記晉侯入曹之事，序遂以爲共公，未知然否。

鳲鳩，刺不壹也。在位無君子。用心之不壹也。此美詩，非刺詩。

下泉，思治也。曹人疾共公侵刻下民，不得其所，憂而思明王賢伯也。曹無他事可考，序因候人而遂以爲共公。然此乃天下之大勢，非共公之罪也。

豳

七月，陳王業也。周公遭變，故陳后稷先公風化之所由，致王業之艱難也。董氏曰：「先儒以七月爲周公居東而作。考其詩，則陳后稷公劉所以治其國者，方風諭而成其德，故是未居東也。至于鴟鴞，則居東而作，其在書可知矣。」

鴟鴞，周公救亂也。成王未知周公之志，公乃爲詩以遺王，名之曰鴟鴞焉。此序以金縢爲文，最爲有據。

東山，周公東征也。周公東征，三年而歸，勞歸士，大夫美之，故作是詩也。一章言其完也，二章言其思也，三章言其室家之望女也，四章樂男女之得及時也。君子之於人，序其情而閔其勞，所以説也。説以使民，民忘其死，其唯東山乎！此周公勞歸士之詞，非大夫美之而作也。

破斧，美周公也。周大夫以惡四國焉。此歸士美周公之詞，非大夫惡四國之詩也。且詩所謂「四國」，猶言斬伐四國耳，序説以爲管、蔡、商、奄，尤無理也。

伐柯，美周公也。周大夫刺朝廷之不知也。

九罭，美周公也。周大夫刺朝廷之不知也。二詩東人喜周公之至，而願其留之詞，序説皆非。

狼跋，美周公也。周公攝政，遠則四國流言，近則王不知，周大夫美其不失其聖也。

小雅

鹿鳴，燕羣臣嘉賓也。既飲食之，又實幣帛筐篚以將其厚意，然後忠臣嘉賓得盡其心矣。序得詩意，但未盡其用耳。其説已見本篇。

四牡，勞使臣之來也。有功而見知，則説矣。首句同上，然其下云云者，語疏而義鄙矣。

皇皇者華，君遣使臣也。送之以禮樂，言遠而有光華也。首句同上，然詩所謂「華」者，草木之華，非光華也。

常棣，燕兄弟也。閔管蔡之失道，故作常棣焉。序得之，但與魚麗之序相矛盾；以詩意考之，蓋此得而彼失也。國語富辰之言，以爲周文公之詩，亦其明驗。但春秋傳爲富辰之言，又以爲召穆公思周德之不類，故糾合宗族于成周，而作此詩。二書之言皆出富辰，且其時去召穆公又未遠，不知其説何故如此？杜預以作詩爲作樂而奏此詩，恐亦非是。

伐木，燕朋友故舊也。自天子至于庶人，未有不須友以成者。親親以睦，友賢不棄，不遺故舊，則民德歸厚矣。

天保，下報上也。君能下下以成其政，臣能歸美以報其上焉。序之得失與鹿鳴相似。

采薇，遣戍役也。文王之時，西有昆夷之患，北有玁狁之難，以天子之命，命將率遣戍役以守衛中國。故歌采薇以遣之，出車以勞還，杕杜以勤歸也。此未必文王之詩。「以天子之命」者，衍説也。

出車，勞還率也。同上詩。所謂天子，所謂王命，皆周王耳。

杕杜，勞還役也。同上。

魚麗，美萬物盛多，能備禮也。文武以天保以上治内，采薇以下治外，始於憂勤，終於逸樂，故美萬物盛多，可以告於神明矣。此篇以下時世次第，序説之失，已見本篇。其内外始終之説，蓋一節之可取云。

南陔，孝子相戒以養也。此笙詩也。譜、序、篇次、名義及其所用，已見本篇。

白華，孝子之絜白也。同上，此序尤無理。

華黍，時和歲豐，宜黍稷也。有其義而亡其辭。同上。然所謂「有其義」者，非真有。所謂「亡其辭」者，乃本無也。

南有嘉魚，樂與賢也。太平之君子至誠，樂與賢者共之也。序得詩意而不明其用。其曰「太平之君子」者本無謂，而説者又以專指成王，皆失之矣。

南山有臺，樂得賢也。得賢，則能爲邦家立太平之基矣。序首句誤，詳見本篇。

由庚，萬物得由其道也。見南陔。

崇丘，萬物得極其高大也。見上。

由儀，萬物之生各得其宜也。有其義而亡其辭。見上。

蓼蕭，澤及四海也。序不知此爲燕諸侯之詩，但見「零露」之云，即以爲澤及四海，其失與野有蔓草同。臆説淺妄類如此云。

湛露，天子燕諸侯也。

彤弓，天子錫有功諸侯也。

菁菁者莪，樂育材也。君子能長育人材，則天下喜樂之矣。此序全失詩意。

六月，宣王北伐也。此句得之。○鹿鳴廢，則和樂缺矣。四牡廢，則君臣缺矣。皇皇者華廢，則忠信缺矣。常棣廢，則兄弟缺矣。伐木廢，則朋友缺矣。天保廢，則福禄缺矣。采薇廢，則征伐缺矣。出車廢，則功力缺矣。杕杜廢，則師衆缺矣。魚麗廢，則法度缺矣。南陔廢，則孝友缺矣。白華廢，則廉耻缺矣。華黍廢，則蓄積缺矣。由庚廢，則陰陽失其道理矣。南有嘉魚廢，則賢者不安，下不得其所矣。崇丘廢，則萬物不遂矣。南山有臺廢，則爲國之基隊矣。由儀廢，則萬物失其道理矣。蓼蕭廢，則恩澤乖矣。湛露廢，則萬國離矣。彤弓廢，則諸夏衰矣。菁菁者莪廢，則無禮儀矣。小雅盡廢，則四夷交侵，中國微矣。魚麗以下篇次爲毛公所移，而此序自南陔以下八篇尚仍儀禮次第。獨以鄭譜誤分魚麗爲文武時詩，故遂移此序魚麗一句，自華黍之下而升於南陔之上。此一節與小序同出一手，其得失無足議者，但欲證毛公所移篇次之失，與鄭氏獨移魚麗一句之私，故論於此云。

采芑，宣王南征也。

車攻，宣王復古也。宣王能内脩政事，外攘夷狄，復文武之竟土，脩車馬，備器械，復會諸侯於東都，因田獵而選車徒焉。

吉日，美宣王田也。能慎微接下，無不自盡以奉其上焉。序「慎微」以下非詩本意。

鴻雁，美宣王也。萬民離散，不安其居，而能勞來還定安集之，至于矜寡無不得其所焉。此以下時世多不可考。

庭燎，美宣王也。因以箴之。

沔水，規宣王也。

鶴鳴，誨宣王也。

祈父，刺宣王也。

白駒，大夫刺宣王也。

黃鳥，刺宣王也。

我行其野，刺宣王也。

斯干，宣王考室也。

無羊，宣王考牧也。

節南山，家父刺幽王也。家父見本篇。

正月，大夫刺幽王也。

十月之交，大夫刺幽王也。

雨無正，大夫刺幽王也。雨自上下者也，衆多如雨，而非所以爲政也。此序尤無義理，歐陽公、劉氏説已見本篇。

小旻，大夫刺幽王也。

小宛，大夫刺幽王也。此詩不爲刺王而作，但兄弟遭亂畏禍而相戒之辭爾。

小弁，刺幽王也。太子之傅作焉。此詩明白爲放子之作無疑，但未有以見其必爲宜臼耳。序又以爲宜臼之傅，尤不知其所據也。

巧言，刺幽王也。大夫傷於讒，故作是詩也。

何人斯，蘇公刺暴公也，暴公爲卿士，而譖蘇公焉，故蘇公作是詩而絶之。鄭氏曰：暴、蘇皆畿内國名，世本云：「暴辛公作塤，蘇成公作篪。」譙周古史考云：「古有塤篪，尚矣，周幽王時，二公特善其事耳。」今按：書有司寇蘇公，春秋傳有蘇忿生，戰國及漢時有人姓暴，則固應有此二人矣。但此詩中只有「暴」字，而無「公」字及「蘇公」字，不知序何所據而得此事也。世本説尤紕謬，譙周又從而傅會之，不知適所以章其謬耳。

巷伯，刺幽王也。寺人傷於讒，故作是詩也。

谷風，刺幽王也，天下俗薄，朋友道絶焉。

蓼莪，刺幽王也。民人勞苦，孝子不得終養爾。

大東，刺亂也。東國困於役而傷於財，譚大夫作是詩以告病焉。譚大夫未有考，不知何據，恐或有傳耳。

四月，大夫刺幽王也。在位貪殘，下國構禍，怨亂並興焉。

北山，大夫刺幽王也。役使不均，己勞於從事而不得養其父母焉。

無將大車，大夫悔將小人也。此序之誤，由不識興體，而誤以爲比也。

小明，大夫悔仕於亂世也。

鼓鍾，刺幽王也。此詩文不明，故序不敢質其事，但隨例爲刺幽王耳，實皆未可知也。

楚茨，刺幽王也。政煩賦重，田萊多荒，饑饉降喪，民卒流亡，祭祀不饗，故君子思古焉。自此篇至車舝，凡十篇，似出一手，詞氣和平，稱述詳雅，無風刺之意。序以其在變雅中，故皆以爲傷今思古之作。詩固有如此者，然不應十篇相屬，而絶無一言以見其爲衰世之意也。竊恐正雅之篇有錯脱在此者耳，序皆失之。

信南山，刺幽王也。不能修成王之業，疆理天下，以奉禹功，故君子思古焉。「曾孫」，古者事神之稱，序專以爲成王，則陋矣。

甫田，刺幽王也。君子傷今而思古焉。此序專以「自古有年」一句生説，而不察其下文「今適南畝」

以下亦未嘗不有年也。

大田，刺幽王也。言矜寡不能自存焉。此序專以「寡婦之利」一句生説。

瞻彼洛矣，刺幽王也。思古明王能爵命諸侯，賞善罰惡焉。此序以「命服」爲賞善，「六師」爲罰惡，然非詩之本意也。

裳裳者華，刺幽王也。古之仕者世禄，小人在位，則讒諂並進，棄賢者之類，絶功臣之世焉。此序只用「似之」二字生説。

桑扈，刺幽王也。君臣上下，動無禮文焉。此序只用「彼交匪敖」一句生説。

鴛鴦，刺幽王也。思古明王交於萬物有道，自奉養有節焉。此序穿鑿，尤爲無理。

頍弁，諸公刺幽王也。暴戾無親，不能宴樂同姓，親睦九族，孤危將亡，故作是詩也。序見詩言「死喪無日」，便謂「孤危將亡」，不知古人勸人燕樂多爲此言，如「逝者其耋」、「它人是保」之類。且漢魏以來樂府猶多如此，如「少壯幾時」、「人生幾何」之類是也。

車舝，大夫刺幽王也。褒姒嫉妬，無道並進，讒巧敗國，德澤不加於人。周人思得賢女以配君子，故作是詩也。以上十篇並已見楚茨篇。

青蠅，大夫刺幽王也。

賓之初筵，衛武公刺時也。幽王荒廢，媟近小人，飲酒無度，天下化之，君臣上下沈湎淫泆，武公既入而作是詩也。韓詩說見本篇，此序誤矣。

魚藻，刺幽王也。言萬物失其性，王居鎬京，將不能以自樂，故君子思古之武王焉。此詩序與楚茨等篇相類。

采菽，刺幽王也。侮慢諸侯，諸侯來朝不能錫命以禮數，徵會之而無信義，君子見微而思古焉。同上。

角弓，父兄刺幽王也。不親九族而好讒佞，骨肉相怨，故作是詩也。

菀柳，刺幽王也。暴虐無親，而刑罰不中，諸侯皆不欲朝。言王者之不可朝事也。

都人士，周人刺衣服無常也。古者長民，衣服不貳，從容有常，以齊其民，則民德歸壹。傷今不復見古人也。此序蓋用緇衣之誤。

采綠，刺怨曠也。幽王之時多怨曠者也。此詩怨曠者所自作，非人刺之，亦非怨曠者有所刺於上也。

黍苗，刺幽王也。不能膏潤天下，卿士不能行召伯之職焉。此宣王時美召穆公之詩，非刺幽王也。

隰桑，刺幽王也。小人在位，君子在野，思見君子，盡心以事之。此亦非刺詩，疑與上篇皆脱簡在此也。

白華，周人刺幽后也。幽王取申女以爲后，又得褒姒，而黜申后。故下國化之，以妾爲妻，以孽代宗，而王弗能治。周人爲之作是詩也。此事有據，序蓋得之。但幽后字誤，當爲「申后刺幽王也」。「下國化之」以下皆衍説耳。又漢書注引此序，「幽」字下有「王廢申」三字，雖非詩意，然亦可補序文之缺。

緜蠻，微臣刺亂也。大臣不用仁心，遺忘微賤，不肯飲食教載之，故作是詩也。此詩未有刺大臣之意，蓋方道其心之所欲耳。若如序者之言，則褊狹之甚，無復温柔敦厚之意。

瓠葉，大夫刺幽王也。上棄禮而不能行，雖有牲牢饔餼不肯用也，故思古之人，不以微薄廢禮焉。序説非是。

漸漸之石，下國刺幽王也。戎狄叛之，荆舒不至，乃命將率東征，役久病於外，故作是詩也。序得詩意，但不知果爲何時耳。

苕之華，大夫閔時也。幽王之時，西戎、東夷交侵中國，師旅並起，因之以饑饉。君子閔周室之將亡，傷己逢之，故作是詩也。

何草不黄，下國刺幽王也。四夷交侵，中國背叛，用兵不息，視民如禽獸。君子憂之，故作是詩也。

大雅

文王，文王受命作周也。受命，受天命也。作周，造周室也。文王之德，上當天心，下爲天下所歸往，三分天下而有其二，則已受命而作周矣。武王繼之，遂有天下，亦卒文王之功而已。然漢儒惑於讖諱，始有赤雀丹書之説，又謂文王因此遂稱王而改元。殊不知所謂天之所以爲天者，理而已矣；理之所在，衆人之心而已矣；衆人之心，是非向背，若出於一，而無一毫私意雜於其間，則是理之自然，而天之所以爲天者不外是矣。今天下之心既以文王爲歸，則天命將安往哉！書所謂「天視自我民視，天聽自我民聽」，所謂「天聰明自我民聰明，天明畏自我民明畏」，皆謂此爾。豈必赤雀丹書而稱王改元哉！稱王改元之説，歐陽公、蘇氏、游氏辯之已詳。去此而論，則此序本亦得詩之大旨，而於其曲折之意有所未盡，已論於本篇矣。

大明，文王有明德，故天復命武王也。此詩言王季、大任、文王、大姒、武王皆有明德而天命之，非必如序説也。

緜，文王之興，本由大王也。

棫樸，文王能官人也。序誤。

旱麓，受祖也。周之先祖世脩后稷、公劉之業，大王、王季申以百福干禄焉。序大誤。其曰「百福干禄」者尤不成文理。

思齊，文王所以聖也。

皇矣，美周也。天監代殷莫若周，周世世脩德莫若文王。

靈臺，民始附也。文王受命，而民樂其有靈德，以及鳥獸昆蟲焉。文王作靈臺之時，民之歸周也久矣，非至此而始附也。其曰「有靈德」者，亦非命名之本意。

下武，繼文也。武王有聖德，復受天命，能昭先人之功焉。「下」字恐誤，説見本篇。

文王有聲，繼伐也。武王能廣文王之聲，卒其伐功也。鄭譜之誤，説見本篇。

生民，尊祖也。后稷生於姜嫄，文武之功起於后稷，故推以配天焉。

行葦，忠厚也。周家忠厚，仁及草木，故能内睦九族，外尊事黄耇，養老乞言，以成其福禄焉。此詩章句本甚分明，但以説者不知比興之體、音韻之節，遂不復得全詩之本意，而碎讀之，逐句自生意義，不暇尋繹血脉，照管前後。但見「勿踐」「行葦」，便謂「仁及草木」。但見「戚戚兄弟」，便謂「親睦九族」。但見「黄耇台背」，便謂「養老」。但見「以祈黄耇」，便謂「乞言」。但見「介爾景福」，便謂「成其福禄」。隨文生義，無復倫理。諸序之中，此失尤甚，覽者詳之。

既醉，太平也。醉酒飽德，人有士君子之行焉。序之失如上篇。蓋亦爲孟子斷章所誤爾。

鳧鷖，守成也。太平之君子，能持盈守成，神祇祖考安樂之也。同上。

假樂，嘉成王也。「假」本「嘉」字，然非爲嘉成王也。

公劉，召康公戒成王也。成王將涖政，戒以民事，美公劉之厚於民，而獻是詩也。召康公名奭。成王即位，年幼，周公攝政。七年而歸政焉，於是成王始將涖政，而召公爲太保，周公爲太師以相之。然此詩未有以見其爲康公之作，意其傳授或有自來耳。後篇召穆公、凡伯、仍叔放此。

洞酌，召康公戒成王也。言皇天親有德，饗有道也。序無大失，然語意亦疏。

卷阿，召康公戒成王也。言求賢用吉士也。「求賢用吉士」本用詩文，而言固爲不切，然亦未必分爲兩事。後之説者既誤認「豈弟君子」爲賢人，遂分「賢人」「吉士」爲兩等，彌失之矣。夫洞酌之「豈弟君子」方爲成王，而此詩遽爲所求之賢人，何哉？

民勞，召穆公刺厲王也。

板，凡伯刺厲王也。

蕩，召穆公傷周室大壞也。厲王無道，天下蕩蕩，無綱紀文章，故作是詩也。蘇氏曰：「蕩之名篇，以首句有『蕩蕩上帝』耳，序説云云非詩之本意也。」

抑，衛武公刺厲王，亦以自警也。此詩之序有得有失。蓋其本例以爲非美非刺，則詩無所爲而作。又見此詩之次，適出於宣王之前，故直以爲刺厲王之詩。又以國語有左史之言，故又以爲亦以自警。以詩考之，則其曰刺厲王者失之，而曰自警者得之也。夫曰刺厲王之所以爲失者，史記衛武公即位於宣王之三十六年，不與厲王同時，一也。詩以「小子」目其君，而「爾」「汝」之，無人臣之禮，與其所謂「敬威儀」、「慎出話」者自相背戾，二也。厲王無道，貪虐爲甚，詩不以此箴其膏肓，而徒以威儀詞令爲諄切之戒，緩急失宜，三也。詩詞倨慢，雖仁厚之君有所不能容者，厲王之暴，何以堪之？四也。或以史記之年不合而以爲追刺者，則詩所謂「聽用我謀，庶無大悔」，非所以望於既往之人，五也。曰自警之所以爲得者，國語左史之言，一也。詩曰「謹爾侯度」，二也。又曰「曰喪厥國」，三也。又曰「亦聿既耄」，四也。詩意所指，與淇奥所美、賓筵所悔相表裏，五也。二説之得失，其佐驗明白如此，必去其失而取其得，然後此詩之義明。今序者乃欲合而一之，則其失者固已失之，而其得者亦未足爲全得也。然此猶自其詩之外而言之也，若但即其詩之本文，而各以其一説反覆讀之，則其訓義之顯晦疏密，意味之厚薄淺深，可以不待考證而判然於胸中矣。此又讀詩之簡要直訣，學者不可以不知也。

桑柔，芮伯刺厲王也。序與春秋傳合。

雲漢，仍叔美宣王也。宣王承厲王之烈，内有撥亂之志。遇烖而懼，側身脩行，欲銷去之。天下喜於王化復行，百姓見憂，故作是詩也。此序有理。

崧高，尹吉甫美宣王也。天下復平，能建國親諸侯，褒賞申伯焉。此尹吉甫送申伯之詩，因可以見宣王中興之業耳，非專爲美宣王而作也。下三篇放此。

烝民，尹吉甫美宣王也。任賢使能，周室中興焉。同上。

韓奕，尹吉甫美宣王也。能錫命諸侯。同上。其曰尹吉甫者，未有據。下二篇同。其曰「能錫命諸侯」，則尤淺陋無理矣。既爲天子，錫命諸侯自其常事，春秋戰國之時猶有能行之者，亦何足爲美哉！

江漢，尹吉甫美宣王也。能興衰撥亂，命召公平淮夷。吉甫見上，它説得之。

常武，召穆公美宣王也。有常德以立武事，因以爲戒然。召穆公見上。所解名篇之意，未知其果然否，然於理亦通。

瞻卬，凡伯刺幽王大壞也。凡伯見上。

召旻，凡伯刺幽王大壞也。旻，閔也。閔天下無如召公之臣也。凡伯見上。「旻閔」以下不成文理。

周頌

清廟，祀文王也。周公既成洛邑，朝諸侯，率以祀文王焉。

維天之命，大平告文王也。詩中未見告大平之意。

維清，奏象舞也。詩中未見奏象舞之意。

烈文，成王即政，諸侯助祭也。詩中未見即政之意。

天作，祀先王先公也。

昊天有成命，郊祀天地也。此詩詳考經文而以國語證之，其爲康王以後祀成王之詩無疑。而毛鄭舊說定以頌爲成王之時，周公所作，故凡頌中有成王及成康字者，例皆曲爲之說，以附己意。其迂滯僻澀，不成文理，甚不難見。而古今諸儒無有覺其謬者，獨歐陽公著時世論以斥之，其辨明矣。然讀者狃於舊聞，亦未遽肯深信也。小序又以此詩篇首有「昊天」二字，遂定以爲郊祀天地之詩。諸儒往往亦襲其誤。殊不知其首言天命者，止於一句。次言文武受之者，亦止一句。至於成王以下，然後詳說不敢康寧，緝熙安靖之意，乃至五句而後已。則其不爲祀天地而爲祀成王，無可疑者。又況古昔聖人制爲祭祀之禮，必以象類，故祀天於南，祭地於北，而其壇壝樂舞器幣之屬亦各不同。若曰合祭天地於員丘，則古者未嘗有此瀆亂厖雜之禮。若曰一詩而兩用，如所謂冬薦魚，春獻鮪者，則此詩專言天而不及地。若於澤中方丘奏之，則於義何所取乎？序說之云，反覆推之，皆有不通，其謬無可疑者。故今特上據國語，旁采歐陽，以定其說，庶幾有以不失此詩之本指耳。或曰：國語所謂「始與德讓，中於信寬，終於固龢，故曰成」者，其語「成」字，不爲王誦之謚，而韋昭之注，大略亦如毛鄭之說矣。此又何耶？曰：叔向蓋言成王之所以爲「成」，以是三者。正猶子思所謂文王之所以爲「文」，班固所謂尊號曰「昭」，不亦宜乎者耳。韋昭何以知其必謂文武以是成其王道，而不爲王誦之謚乎？蓋其爲說，本出毛鄭，而不悟其非者。今欲一滌千古之謬，而不免於以誤而證誤，則亦將何時而已耶！或者又曰：「蘇氏最爲不信小序，而於此詩無異詞，且又以爲周公制作所定，後王不容復有改易，成王非創業之主，不應得以『基命』稱之。此又何耶？」曰：蘇氏之不信小序，固未嘗見其不可信之實也。愚於漢廣之篇已嘗論之，不足援以爲據也。夫周公制作，亦及其當時之事而止耳，若乃後王之廟所奏之樂，自當隨時附益。若商之玄鳥，作於武丁孫子之世，漢之廟樂，亦隨時而更定焉。豈有周之後王乃獨不得褒顯其先王之功德，而必以改周公爲嫌耶？「基」者，非必造之於始，亦承之於下之謂也。如曰邦家之基，豈必謂大王、王季之臣乎？以是爲說，亦不得而通矣。況其所以爲此，實未能忘北郊集議之餘忿，今固不得而取也。

我將，祀文王於明堂也。

時邁，巡守祭告柴望也。

執競，祀武王也。此詩并及成康，則序説誤矣。其説已具於昊天有成命之篇。蘇氏以周之「奄有四方」不自成康之時，因從小序之説，此亦以辭害意之失。皇矣之詩於王季章中蓋已有此句矣，又豈可以其太蚤而别爲之説耶？詩人之言，或先或後，要不失爲周有天下之意耳。

思文，后稷配天也。

臣工，諸侯助祭，遣於廟也。序誤。

噫嘻，春夏祈穀于上帝也。序誤。

振鷺，二王之後來助祭也。

豐年，秋冬報也。序誤。

有瞽，始作樂而合乎祖也。

潛，季冬薦魚，春獻鮪也。

雝，禘大祖也。祭法：「周人禘嚳」，又曰：「天子七廟，三昭三穆及太祖之廟而七。」周之太祖即后稷也。禘嚳於后稷之廟，而以后稷配之，所謂禘其祖之所自出，以其祖配之者也。祭法又曰：「周祖文王。」而春秋家説三年喪畢，致新死者之主於廟，亦謂之吉禘。是祖一號而二廟，禘一名而二祭也。今此序云「禘大祖」，則宜爲禘嚳於后稷之廟矣。而其詩之詞無及於嚳、稷者。若以爲吉禘于文王，則與序已不協，而詩文亦無此意，恐序之誤也。此詩但爲武王祭文王而徹俎之詩，而後通用於他廟耳。

載見，諸侯始見乎武王廟也。序以「載」訓「始」。故云「始見」，恐未必然也。

有客，微子來見祖廟也。

武，奏大武也。

閔予小子，嗣王朝于廟也。

訪落，嗣王謀于廟也。

敬之，羣臣進戒嗣王也。

小毖，嗣王求助也。此四篇一時之詩，序但各以其意爲説，不能究其本末也。

載芟，春藉田而祈社稷也。

良耜，秋報社稷也。兩篇未見其有「祈」「報」之異。

絲衣，繹賓尸也。高子曰：「靈星之尸也。」序誤，高子尤誤。

酌，告成大武也。言能酌先祖之道以養天下也。詩中無「酌」字，未見「酌先祖之道以養天下」之意。

桓，講武類禡也。桓，武志也。

賚，大封於廟也。賚，予也。言所以錫予善人也。

般，巡守而祀四嶽河海也。此三篇説見本篇。

魯頌

駉，頌僖公也。僖公能遵伯禽之法，儉以足用，寬以愛民，務農重穀，牧于坰野，魯人尊之。於是季孫行父請命于周，而史克作是頌。此序事實皆無可考，詩中亦未見「務農重穀」之意，序説鑿矣。

有駜，頌僖公君臣之有道也。此但燕飲之詩，未見「君臣有道」之意。

泮水，頌僖公能脩泮宫也。此亦燕飲落成之詩，不爲頌其能脩也〔二〕。

閟宫，頌僖公能復周公之宇也。此詩言「莊公之子」，又言「新廟奕奕」，則爲僖公修廟之詩明矣。但詩所謂「復周公之宇」者，祝其能復周公之土宇耳，非謂其已脩周公之屋宇也。序文首句之謬如此，而蘇氏信之，何哉！

商頌

那，祀成湯也。微子至于戴公，其間禮樂廢壞，有正考甫者，得商頌十二篇於周之大師，以那爲首。序以國語爲文。

烈祖，祀中宗也。詳此詩，未見其爲祀中宗，而末言「湯孫」，則亦祭成湯之詩耳。序但不欲連篇重出，又以中宗商之賢君，不欲遺之耳。

玄鳥，祀高宗也。詩有「武丁孫子」之句，故序得以爲據，雖未必然，然必是高宗以後之詩矣。

長發，大禘也。疑見本篇。

殷武，祀高宗也。

校勘記

〔一〕然則公侯夫人翟茀者　「然則」下，津逮祕書本空缺四字。

〔二〕此亦燕飲落成之詩不爲頌其能脩也　津逮祕書本作「此亦燕飲其群臣之詩落成其能脩之意」，凡一十六字。

詩卷第一

朱熹集傳

國風一

國者，諸侯所封之域，而風者，民俗歌謡之詩也。謂之風者，以其被上之化以有言，而其言又足以感人，如物因風之動以有聲，而其聲又足以動物也。是以諸侯采之以貢於天子，天子受之而列於樂官，於以考其俗尚之美惡，而知其政治之得失焉。舊説二南爲正風，所以用之閨門、鄉黨、邦國，而化天下也。十三國爲變風，則亦領在樂官，以時存肄，備觀省而垂監戒耳。合之凡十五國云。

周南一之一

周，國名。南，南方諸侯之國也。周國本在禹貢雍州境内岐山之陽。后稷十三世孫古公亶甫始居其地，傳子王季歷，至孫文王昌，辟國寖廣。於是徙都于豐，而分岐周故地以爲周公旦、召公奭之采邑，且使周公爲政於國中，而召公宣布於諸侯。於是德化大成於内，而南方諸侯之國，江、沱、汝、漢之間，莫不從化，蓋三分天下而有其二焉。至子武王發，又遷于鎬，遂克商而有天下。武王崩，子成王誦立。周公相之，制作禮樂，乃采文王之世風化所及民俗之詩，被之筦弦，以爲房中之樂，而又推之以及於鄉黨邦國。所以著明先王風俗之盛，而使天下後世之脩身、齊家、治國、平天下者，皆得以取法焉。蓋其得之國中者，雜以南國之詩，而謂之周南。言自天子之國而被於諸侯，不但國中而已也。其得之南國者，則直謂之召南。言自方伯之國被於南方，而不敢以繫於天子也。岐周在今鳳翔府岐山縣。豐在今京兆府鄠縣終南山北。南方之國，即今興元府京西湖北等路諸州。鎬在豐東二十五里。小序曰：「關雎、麟趾之化，王者之風，故繫之周公。南，言化自北而南也。鵲巢、騶虞之德，諸侯之風也，先王之所以教，故繫之召公。」斯言得之矣。

關關雎七余反。鳩，在河之洲。窈烏了反。窕徒了反。淑女，君子好逑。音求。○興也。

關關，雌雄相應之和聲也。雎鳩，水鳥，一名王雎，狀類鳧鷖，今江、淮間有之。生有定偶而不相亂偶，常並遊而不相狎，故毛傳以爲「摯而有別」，列女傳以爲人「未嘗見其乘居而匹處」者，蓋其性然也。河，北方流水之通名。洲，水中可居之地也。窈窕，幽閒之意。淑，善也。女者，未嫁之稱，蓋指文王之妃大姒爲處子時而言也。君子則指文王也。好，亦善也。逑，匹也。毛傳云「摯」字與「至」通，言其情意深至也。○興者，先言他物以引起所詠之詞也。周之文王生有聖德，又得聖女姒氏以爲之配，宮中之人於其始至，見其有幽閒貞靜之德，故作是詩。言彼關關然之雎鳩，則相與和鳴於河洲之上矣。此窈窕之淑女，則豈非君子之善匹乎？言其相與和樂而恭敬，亦若雎鳩之情，摯而有別也。後凡言興者，其文意皆放此云。漢康衡曰：「『窈窕淑女，君子好仇』，言能致其貞淑，不貳其操，情欲之感無介乎容儀，宴私之意不形乎動靜。夫然後可以配至尊而爲宗廟主。此綱紀之首，王教之端也〔一〕。」可謂善說詩矣。○參初金反。差初宜反。荇行孟反。菜，左右流之。窈窕淑女，寤寐求之。求之不得，寤寐思服。叶蒲北反。悠哉悠哉，輾哲善反。轉反側。興也。參差，長短不齊之貌。荇，接余也，根生水底，莖如釵股，上青下白，葉紫赤，圓徑寸餘，浮在水面。或左或右，言無方也。流，順水之流而取之也。或寤或寐，言無時也。服，猶懷也。悠，長也。輾者，轉之半。轉者，輾之周。反者，輾之過。側者，轉之留。皆卧不安席之意。○此章本其未得而言。彼參差之荇菜，則當左右無方以流之矣。此窈窕之淑女，則當寤寐不忘以求之矣。蓋此人此德，世不常有，求之不得，則無以配君子而成其內治之美，故其憂思之深，不能自已，至於如此也。○參差荇菜，左右采叶此履反。之。窈窕淑女，琴瑟友叶羽已反。之。參差荇菜，左右芼莫報反，叶音邈。之。窈窕淑女，鍾鼓樂音洛。之。興也。采，取而擇之也。芼，熟而薦之也。琴，五弦，或七弦。瑟，二十五弦。皆絲屬，樂之小者也。友者，親愛之意也。鍾，金屬。鼓，革屬。樂之大者也。樂則和平之極也。○此章據今始得而言。彼參差之荇菜，既得之，則當采擇而亨芼之矣。此窈窕之淑女，既得之，則當親愛而娛樂之矣。蓋此人此德，世不常有，幸而得之，則有以配君子而成內治，故其喜樂尊奉之意，不能自已，又如此云。

關雎三章，一章四句，二章章八句。孔子曰：「關雎樂而不淫，哀而不傷。」愚謂此言爲此詩者，得其性情之正，聲氣之和也。蓋德如雎鳩，摯而有別，則后妃性情之正固可以見其一端矣。至於寤寐反側，琴瑟鍾鼓，極其哀樂而皆不過其則焉，則詩人性情之正又可以見其全體也。獨其聲氣之和有不可得而聞者，雖若可恨，然學者姑即其詞而玩其理以養心焉，則亦可以得學詩之本矣。○康衡曰：妃匹之際，生民之始，萬福之原。婚姻之禮正，然後品物遂而天命全。孔子論詩以關雎爲始。言太上者民之父母，后夫人之行，不侔乎天地，則無以奉神靈之統，而理萬物之宜。自上世以來，三代興廢，未有不由此者也。

葛之覃兮，施以豉反。于中谷，維葉萋萋。黃鳥于飛，集于灌木，其鳴喈喈。叶居奚反。○賦也。葛，草名，蔓生，可爲絺綌者。覃，延。施，移也。中谷，谷中也。萋萋，盛貌。黃鳥，鸝也。灌木，叢木也。喈喈，和聲之遠聞也。○賦者，敷陳其事而直言之者也。蓋后妃既成絺綌，而賦其事，追敘初夏之時，葛葉方盛，而有黃鳥鳴於其上也。後凡言賦者放此。○葛之覃兮，施于中谷，維葉莫莫。是刈魚廢反。是濩，胡郭反。爲絺恥知反。爲綌，去逆反，叶去略反。服之無斁。音亦，叶弋灼反。○賦也。莫莫，茂密貌。刈，斬。濩，煑也。精曰絺，麤曰綌。斁，厭也。○此言盛夏之時，葛既成矣，於是治以爲布，而服之無厭。蓋親執其勞，而知其成之不易，所以心誠愛之，雖極垢弊，而不忍厭棄也。○言告師氏，言告言歸。薄汙我私，薄澣戶管反。我衣。害戶葛反。澣害否，方九反。歸寧父母。莫後反。○賦也。言，辭也。師，女師也。薄，猶少也。汙，煩撋之以去其汙，猶治亂而曰亂也。澣則濯之而已。私，燕服也。衣，禮服也。害，何也。寧，安也，謂問安也。○上章既成絺綌之服矣，此章遂告其師氏，使告于君子以將歸寧之意。且曰：盍治其私服之汙，而澣其禮服之衣乎？何者當澣，而何者可以未澣乎？我將服之以歸寧於父母矣。

葛覃三章，章六句。此詩后妃所自作，故無贊美之詞。然於此可以見其已貴而能勤，已富而能儉，已長而敬不弛於師傅，已嫁而孝不衰於父母，是皆德之厚，而人所難也。小序以爲后妃之本，庶幾近之。

采采卷上聲。耳，不盈頃音傾。筐。嗟我懷人，寘彼周行。叶户郎反。○賦也。采采，非一采也。卷耳，枲耳，葉如鼠耳，叢生如盤。頃，欹也。筐，竹器。懷，思也。人，蓋謂文王也。寘，舍也。周行，大道也。○后妃以君子不在而思念之，故賦此詩。託言方采卷耳，未滿頃筐，而心適念其君子，故不能復采，而寘之大道之旁也。○陟彼崔徂回反。嵬，五回反。我馬虺呼回反。隤。徒回反。我姑酌彼金罍，維以不永懷。叶胡隈反。○賦也。陟，升也。崔嵬，土山之戴石者。虺隤，馬罷不能升高之病。姑，且也。罍，酒器，刻爲雲雷之象，以黄金飾之。永，長也。○此又託言欲登此崔嵬之山，以望所懷之人而往從之，則馬罷病而不能進。於是且酌金罍之酒，而欲其不至於長以爲念也。○陟彼高岡，我馬玄黄。我姑酌彼兕徐履反。觥，古横反，叶古黄反。維以不永傷。賦也。山脊曰岡。玄黄，玄馬而黄，病極而變色也。兕，野牛，一角，青色，重千斤。觥，爵也，以兕角爲爵也。○陟彼砠七餘反。矣，我馬瘏音塗。矣。我僕痡音敷。矣，云何吁矣。賦也。石山戴土曰砠。瘏，馬病不能進也。痡，人病不能行也。吁，憂嘆也。爾雅注引此作「盱，張目望遠也」，詳見何人斯篇。

卷耳四章，章四句。此亦后妃所自作，可以見其貞静專一之至矣。豈當文王朝會征伐之時，羑里拘幽之日而作歟？然不可考矣。

南有樛居虯反。木，葛藟力軌反。纍力追反。之。樂音洛。只之氏反。君子，福履綏之。興也。南，南山也。木下曲曰樛。藟，葛類。纍，猶繫也。只，語助辭。君子，自衆妾而指后妃，猶言小君内子也。履，禄。綏，安也。○后妃能逮下而無嫉妒之心，故衆妾樂其德而稱願之，曰：「南有樛木，則葛藟纍之矣。樂只君子，則福履綏之矣。」○南有樛木，葛藟荒之。樂只君子，福履將之。興也。荒，奄也。將，猶扶助也。○南有樛木，葛藟縈烏營反。之。樂只君子，福履成之。興也。縈，旋。成，就也。

樛木三章，章四句。

螽音終。斯羽，詵詵所巾反。兮。宜爾子孫，振振音真。兮。比也。螽斯，蝗屬，長而青，角長股〔二〕，能以股相切作聲，一生九十九子。詵詵，和集貌。爾，指螽斯也。振振，盛貌。○比者，以彼物比此物也。后妃不妒忌而子孫衆多，故衆妾以螽斯之羣處和集而子孫衆多比之。言其有是德而宜有是福也。後凡言比者放此。○螽斯羽，薨薨兮。宜爾子孫，繩繩兮。比也。薨薨，羣飛聲。繩繩，不絶貌。○螽斯羽，揖揖側立反。兮。宜爾子孫，蟄蟄直立反。兮。比也。揖揖，會聚也。蟄蟄，亦多意。

螽斯三章，章四句。

桃之夭夭，於驕反。灼灼其華。芳無、呼瓜二反。之子于歸，宜其室家。古胡、古牙二反。○興也。桃，木名，華紅，實可食。夭夭，少好之貌。灼灼，華之盛也。木少則華盛。之子，是子也。此指嫁者而言也。婦人謂嫁曰歸。周禮「仲春令會男女」，然則桃之有華，正婚姻之時也。宜者，和順之意。室，謂夫婦所居。家，謂一門之内。○文王之化自家而國，男女以正，婚姻以時。故詩人因所見以起興，而歎其女子之賢，知其必有以宜其室家也。○桃之夭夭，有蕡其實。浮雲反。之子于歸，宜其家室。興也。蕡，實之盛也。家室，猶室家也。○桃之夭夭，其葉蓁蓁。側巾反。之子于歸，宜其家人。興也。蓁蓁，葉之盛也。家人，一家之人也。

桃夭三章，章四句。

肅肅兔罝，子斜反，又子余反，與「夫」叶。椓之丁丁。陟耕反。赳赳武夫，公侯干城。興也。肅肅，整飭貌。罝，罟也。丁丁，椓杙聲也。赳赳，武貌。干，盾也。干城，皆所以扞外而衛内者。○化行俗美，賢才衆多，雖罝兔之野人，而其才之可用猶如此，故詩人因其所事以起興而美之，而文王德化之盛因可見矣。○肅肅兔罝，施于中逵。赳赳武夫，公侯好仇。叶渠之反。○興也。逵，九達之道。仇與逑同。康衡引關雎亦作「仇」字。公侯善匹，猶曰聖人之耦，則非特干城而已，歎美之無已也。下章放此。○肅肅兔罝，施于中林。赳赳武夫，公侯腹心。興也。中林，林中。腹心，同心同德之謂，則又非特好仇而已也。

兔罝三章，章四句。

采采芣苢，音浮。苢，音以。薄言采叶此履反。之。采采芣苢，薄言有叶羽已反。之。賦也。芣苢，車前也，大葉長穗，好生道旁。采，始求之也。有，既得之也。○化行俗美，家室和平，婦人無事，相與采此芣苢而賦其事以相樂也。采之未詳何用，或曰其子治難産。○采采芣苢，薄言掇都奪反。之。采采芣苢，薄言捋力活反。之。賦也。掇，拾也。捋，取其子也。○采采芣苢，薄言袺音結。之。采采芣苢，薄言襭户結反。之。賦也。袺，以衣貯之而執其衽也。襭，以衣貯之而扱其衽於帶間也。

芣苢三章，章四句。

南有喬木，不可休息。吴氏曰：韓詩作「思」。漢有游女，不可求思。漢之廣叶古曠反。

矣，不可泳叶于誑反。思。江之永叶弋亮反。矣，不可方叶甫妄反。思。興而比也。上竦無枝曰喬。思，語辭也，篇内同。漢水出興元府嶓冢山，至漢陽軍大别山入江。江、漢之俗，其女好遊，漢、魏以後猶然，如大堤之曲可見也。泳，潛行也。江水出永康軍岷山，東流與漢水合，東北入海。永，長也。方，桴也。〇文王之化，自近而遠，先及於江、漢之間，而有以變其淫亂之俗，故其出游之女，人望見之，而知其端莊静一，非復前日之可求矣。因以喬木起興，江、漢爲比，而反復詠歎之也。〇翹翹祈遥反。錯薪，言刈其楚。之子于歸，言秣其馬。叶滿補反。漢之廣矣，不可泳思。江之永矣，不可方思。興而比也。翹翹，秀起之貌。錯，雜也。楚，木名，荆屬。之子，指游女也。秣，飼也。〇以錯薪起興而欲秣其馬，則悦之至；以江、漢爲比而歎其終不可求，則敬之深。〇翹翹錯薪，言刈其蔞。力俱反。之子于歸，言秣其駒。漢之廣矣，不可泳思。江之永矣，不可方思。興而比也。蔞，蔞蒿也，葉似艾，青白色，長數寸，生水澤中。駒，馬之小者。

漢廣三章，章八句。

遵彼汝墳，伐其條枚。叶莫悲切〔三〕。未見君子，惄乃歷反。如調張留反。飢。賦也。遵，循也。汝水出汝州天息山，逕蔡潁州入淮。墳，大防也。枝曰條，榦曰枚。惄，飢意也。調，一作「輖」，重也。〇汝旁之國亦先被文王之化者，故婦人喜其君子行役而歸，因記其未歸之時思望之情如此，而追賦之也。○遵彼汝墳，伐其條肄。以自反。既見君子，不我遐棄。賦也。斬而復生曰肄。遐，遠也。○伐其枚而又伐其肄，則踰年矣。至是乃見其君子之歸，而喜其不遠棄我也。○魴符方反。魚赬勑貞反。尾，王室如燬。音毁〔四〕。雖則如燬，父母孔邇。比也。魴，魚名，身廣而薄，少力細鱗。赬，赤也。魚勞則尾赤。魴尾本白，而今赤，則勞甚矣。王室，指紂所都也。燬，焚也。父母，指文王也。孔，甚。邇，近也。○是時文王三分天下有其二，而率商之叛國以事紂，故汝墳之人猶以文王之命供紂之役。其家人見其勤苦，而勞之曰：「汝之勞既如此，而王室之政方酷烈而未已。雖其酷烈而未已，然文王之德如父母然，望之甚近，亦可以忘其勞矣。」此序所謂「婦人能閔其君子，猶勉之以正」者，蓋曰雖其別離之久、思念之深，而其所以相告語者，獨有尊君親上之意〔五〕，而無情愛狎昵之私，則其德澤之深、風化之美，皆可見矣。一說父母甚近，不可以懈於王事而貽其憂，亦通。

汝墳三章，章四句。

麟之趾，振振音真。公子，叶獎履反。于音吁，下同。嗟麟兮。興也。麟，麕身，牛尾，馬蹄，毛蟲之長也。趾，足也。麟之足不踐生草、不履生蟲。振振，仁厚貌。于嗟，嘆辭〔六〕。○文王后妃德脩於身，而子孫宗族皆化於善，故詩人以麟之趾興公之子。言麟性仁厚，故其趾亦仁厚。文王后妃仁厚，故其子亦仁厚。然言之不足，故又嗟歎之。言是乃麟也，何必麕身、牛尾而馬蹄，然後爲王者之瑞哉？

○麟之定，都佞反。振振公姓，于嗟麟兮。興也。定，額也。麟之額未聞，或曰有額而不以抵也。

公姓，公孫也。姓之爲言生也。○麟之角，叶盧谷反。振振公族，于嗟麟兮。興也。麟一角，角端有肉。公族，公同高祖，祖廟未毁，有服之親。

麟之趾三章，章三句。序以爲關雎之應，得之。

周南之國十一篇，三十四章，百五十九句。按此篇首五詩皆言后妃之德。關雎舉其全體而言也，葛覃、卷耳言其志行之在己，樛木、螽斯美其德惠之及人，皆指其一事而言也。其詞雖主於后妃，然其實則皆所以著明文王身脩家齊之效也。至於桃夭、兔罝、芣苢則家齊而國治之效。漢廣、汝墳則以南國之詩附焉，而見天下已有可平之漸矣。若麟之趾則又王者之瑞，有非人力所致而自至者，故復以是終焉，而序者以爲關雎之應也。夫其所以至此，后妃之德固不爲無所助矣。然妻道無成，則亦豈得而專之哉！今言詩者或乃專美后妃而不本於文王，其亦誤矣。

召南一之二

召，實照反，後同。○召，地名，召公奭之采邑也。舊説扶風雍縣南有召亭，即其地。今雍縣析爲岐山、天興二縣，未知召亭的在何縣。餘已見周南説〔七〕。

維鵲有巢，維鳩居叶姬御反。之。之子于歸，百兩如字，又音亮。御五嫁反，叶魚據反。之。興也。鵲、鳩，皆鳥名。鵲善爲巢，其巢最爲完固。鳩性拙，不能爲巢，或有居鵲之成巢者。之子，指夫人也。兩，一車也。一車兩輪，故謂之兩。御，迎也。諸侯之子嫁於諸侯，送御皆百兩也。○南國諸侯被文王之化，能正心脩身以齊其家，其女子亦被后妃之化，而有專静純一之德，故嫁於諸侯，而其家人美之曰：「維鵲有巢，則鳩來居之，是以之子于歸，而百兩迎之也。」此詩之意，猶周南之有關雎也。○維鵲有巢，維鳩方之。之子于歸，百兩將之。興也。方，有之也。將，送也。○維鵲有巢，維鳩盈之。之子于歸，百兩成之。興也。盈，滿也，謂衆媵姪娣之多。成，成其禮也。

鵲巢三章，章四句。

于以采蘩，于沼于沚。于以用之，公侯之事。叶上止反。○賦也。于，於也。蘩，白蒿也。沼，池也。沚，渚也。事，祭事也。○南國被文王之化，諸侯夫人能盡誠敬以奉祭祀，而其家人叙其事以美之也。或曰蘩所以生蠶，蓋古者后夫人有親蠶之禮。此詩亦猶周南之有葛覃也。○于以采蘩，于澗之中。于以用之，公侯之宫。賦也。山夾水曰澗。宫，廟也。或曰，即記所謂公桑蠶室也。○被皮寄反。之僮僮，音同。夙夜在公。被之祁祁，薄言還歸。賦也。被，首飾也，編髮爲之。僮僮，竦敬也。夙，早也。公，公所也。祁祁，舒遲貌，去事有儀也。祭義曰：「及祭之後，陶陶遂遂，如將復入然。」不欲遽去，愛敬之無已也。或曰：公，亦即所謂公桑也。

采蘩三章，章四句。

喓喓於遥反。草蟲，趯趯託歷反。阜螽。未見君子，憂心忡忡。敕中反。亦既見止，亦既覯止，我心則降。户江反，叶乎攻反。○賦也。喓喓，聲也。草蟲，蝗屬，奇音，青色。趯趯，躍貌。阜螽，蠜也。忡忡，猶衝衝也。止，語辭。覯，遇。降，下也。○南國被文王之化，諸侯大夫行役在外，其妻獨居，感時物之變而思其君子如此。亦若周南之卷耳也。○陟彼南山，言采其蕨。未見君子，憂心惙惙。張劣反。亦既見止，亦既覯止，我心則説。音悦。○賦也。登山蓋託以望君子。蕨，鼈也，初生無葉時可食。亦感時物之變也。惙，憂貌。○陟彼南山，言采其薇。未見君子，我心傷悲。亦既見止，亦既覯止，我心則夷。賦也。薇，似蕨而差大，有芒而味苦，山間人食之，謂之迷蕨。胡氏曰，疑即莊子所謂「迷陽」者。夷，平也。

草蟲三章，章七句。

于以采蘋，南澗之濱。于以采藻，于彼行潦。音老。○賦也。蘋，水上浮萍也。江東人謂之薸。濱，厓也。藻，聚藻也，生水底，莖如釵股，葉如蓬蒿。行潦，流潦也。○南國被文王之化，大夫妻能奉祭祀，而其家人叙其事以美之也。○于以盛音成。之，維筐及筥。居吕反。于以湘之，維錡宜及釜。符甫反。○賦也。方曰筐，圓曰筥。湘，烹也。蓋粗熟而淹以爲菹也。錡，釜屬。有足曰錡，無足曰釜。○此足以見其循序有常，嚴敬整飭之意。○于以奠之，宗室牖下。叶後五反。誰其尸之，有齊側皆反。季女。賦也。奠，置也。宗室，大宗之廟也。大夫士祭於宗室。牖下，室西南隅，所謂奥也。尸，主也。齊，敬貌。季，少也。祭祀之禮，主婦主薦豆，實以葅醢。少而能敬，尤見其質之美，而化之所從來者遠矣。

采蘋三章，章四句。

蔽芾甘棠，勿翦勿伐，召伯所茇。蒲曷反。○賦也。蔽芾，盛貌。甘棠，杜梨也，白者爲棠，赤者爲杜。翦，翦其枝葉也。伐，伐其條幹也。伯，方伯也。茇，草舍也。○召伯循行南國，以布文王之政，或舍甘棠之下，其後人思其德，故愛其樹而不忍傷也。○蔽芾甘棠，勿翦勿敗，叶蒲寐反。召伯所憩。起例反。○賦也。敗，折。憩，息也。勿敗，則非特勿伐而已，愛之愈久而愈深也。下章放此。○蔽芾甘棠，勿翦勿拜，叶變制反。召伯所説。始鋭反。○賦也。拜，屈。説，舍也。勿拜，則非特勿敗而已。

甘棠三章，章三句。

厭於葉反。浥於及反。行露，豈不夙夜，叶羊茹反。謂行多露。賦也。厭浥，濕意。行，道。夙，早也。○南國之人遵召伯之教，服文王之化，有以革其前日淫亂之俗，故女子有能以禮自守，而不爲强暴所汙者，自述己志，作此詩以絶其人。言道間之露方濕，我豈不欲早夜而行乎？畏多露之沾濡而不敢爾。蓋以女子早夜獨行，或有强暴侵陵之患，故託以行多露而畏其沾濡也。○誰謂雀無角，叶盧谷反。何以穿我屋？誰謂女音汝。無家，叶音谷。何以速我獄？雖速我獄，室家不足。興也。家，謂以媒聘求爲室家之禮也。速，召致也。○貞女之自守如此，然猶或見訟而召致於獄。因自訴而言，人皆謂雀有角，故能穿我屋，以興人皆謂汝於我嘗有求爲室家之禮，故能致我於獄。然不知汝雖能致我於獄，而求爲室家之禮初未嘗備，如雀雖能穿屋，而實未嘗有角也。○誰謂鼠無牙，叶五紅反。何以穿我墉？誰謂女無家，叶各空反。何以速我訟？叶祥容反。雖速我訟，亦不女從。興也。牙，牡齒也。墉，墻也。○言汝雖能致我於訟，然其求爲室家之禮有所不足，則我亦終不汝從矣。

行露三章，一章三句，二章章六句。

羔羊之皮，叶蒲何反。素絲五紽。徒何反。退食自公，委於危反。蛇音移，叶唐何反。委蛇。賦也。小曰羔，大曰羊。皮，所以爲裘，大夫燕居之服。素，白也。紽，未詳，蓋以絲飾裘之名也。退食，退朝而食於家也。自公，從公門而出也。委蛇，自得之貌。○南國化文王之政，在位皆節儉正直，故詩人美其衣服有常，而從容自得如此也。○羔羊之革，叶訖力反。素絲五緎。音域。委蛇委蛇，自公退食。賦也。革，猶皮也。緎，裘之縫界也。○羔羊之縫，符龍反。素絲五總。子公反。委蛇委蛇，退食自公。賦也。縫，縫皮合之以爲裘也。總，亦未詳。

羔羊三章，章四句。

殷音隱。其靁，在南山之陽。何斯違斯，莫敢或遑。振振音真。君子，歸哉歸哉。興也。殷，靁聲也。山南曰陽。何斯，斯此人也。違斯，斯此所也。遑，暇也。振振，信厚也。○南國被文王之化，婦人以其君子從役在外而思念之，故作此詩。言殷殷然雷聲則在南山之陽矣，何此君子獨去此而不敢少暇乎？於是又美其德，且冀其早畢事而還歸也。○殷其靁，在南山之側。叶莊力反。何斯違斯，莫敢遑息。振振君子，歸哉歸哉。興也。息，止也。○殷其靁，在南山之下。叶後五反。何斯違斯，莫或遑處。尺煑反。振振君子，歸哉歸哉。興也。

殷其靁三章，章六句。

摽婢小反。有梅，其實七兮。求我庶士，迨其吉兮。賦也。摽，落也。梅，木名，華白，實似杏而酢。庶，衆。迨，及也。吉，吉日也。○南國被文王之化，女子知以貞信自守，懼其嫁不及時，而有强暴之辱也。故言梅落而在樹者少，以見時過而太晚矣，求我之衆士，其必有及此吉日而來者乎？○摽有梅，其實三叶疏簪反。兮。求我庶士，迨其今兮。賦也。梅在樹者三，則落者又多矣。今，今日也，蓋不待吉矣。○摽有梅，頃音傾。筐塈許器反。之。求我庶士，迨其謂之。賦也。塈，取也。頃筐取之，則落之盡矣。謂之，則但相告語，而約可定矣。

摽有梅三章，章四句。

嘒呼惠反。彼小星，三五在東。肅肅宵征，夙夜在公。寔命不同。興也。嘒，微貌。三五，言其稀，蓋初昏或將旦時也。肅肅，齊遬貌。宵，夜。征，行也。寔與實同。命，謂天所賦之分也。○南國夫人承后妃之化，能不妬忌以惠其下，故其衆妾美之如此。蓋衆妾進御於君，不敢當夕，見星而往，見星而還，故因所見以起興。其於義無所取，特取「在東」「在公」兩字之相應耳。遂言其所以如此者，由其所賦之分不同於貴者，是以深以得御於君爲夫人之惠，而不敢致怨於來往之勤也〔八〕。○嘒彼小星，維參所林反。與昴。叶力求反。肅肅宵征，抱衾與裯。直留反。寔命不猶。興也。參、昴，西方二宿之名。衾，被也。裯，襌被也。興亦取「與昴」「與裯」二字相應。猶，亦同也。

小星二章，章五句。吕氏曰：夫人無妬忌之行，而賤妾安於其命，所謂上好仁，而下必好義者也。

江有汜。音祀，叶羊里反。之子歸，不我以。不我以，其後也悔。叶虎洧反。○興也。水決復入爲汜。今江陵、漢陽、安復之間蓋多有之。之子，媵妾指嫡妻而言也。婦人謂嫁曰歸。我，媵自我也。能左右之曰以，謂挾己而偕行也。○是時汜水之旁，媵有待年於國而嫡不與之偕行者，其後嫡被后妃夫人之化，乃能自悔而迎之。故媵見江水之有汜，而因以起興，言江猶有汜，而之子之歸乃不我以，雖不我以，然其後也亦悔矣。江有渚，之子歸，不我與。不我與，其後也處。興也。渚，小洲也。水岐成渚。與，猶「以」也。處，安也。得其所安也。○江有沱，徒何反。之子歸，不我過。音戈。不我過，其嘯也歌。興也。沱〔九〕，江之別者。過，謂過我而與俱也。嘯，蹙口出聲以舒憤懣之氣，言其悔時也。歌，則得其所處而樂矣。

江有汜三章，章五句。陳氏曰：小星之夫人惠及媵妾，而媵妾盡其心。江、沱之嫡惠不及媵妾，而媵妾不怨。蓋父雖不慈，子不可以不孝，各盡其道而已矣。

野有死麕，俱倫反，與春叶。白茅包叶補苟反。之。有女懷春，吉士誘之。興也。麕，獐也，鹿屬，無角。懷春，當春而有懷也。吉士，猶美士也。○南國被文王之化，女子有貞潔自守，不爲强暴所汙者，故詩人因所見以興其事而美之。或曰賦也。言美士以白茅包死麕而誘懷春之女也。○林有樸蒲木反。樕，音速。野有死鹿。白茅純徒尊反。束，有女如玉。興也。樸樕，小木也。鹿，獸名，有角。純束，猶包之也。如玉者，美其色也。上三句興下一句也。或曰賦也。言以樸樕藉死鹿，束以白茅，而誘此如玉之女也。○舒而脱脱勑外反。兮，無感我帨始鋭反。兮，無使尨美邦反。也吠。

符廢反。○賦也。舒，遲緩也。脱脱，舒緩貌。感，動。帨，巾。尨，犬也。○此章乃述女子拒之之辭。言姑徐徐而來，毋動我之帨，毋驚我之犬，以甚言其不能相及也。其凛然不可犯之意，蓋可見矣。

野有死麕三章，二章章四句，一章三句。

何彼襛如容反，與雝叶。矣，唐棣徒帝反。之華。芳無、胡瓜二反。曷不肅雝，王姬之車。斤於、尺奢二反。○興也。襛，盛也，猶曰戎戎也。唐棣，移也，似白楊。肅，敬。雝，和也。周王之女姬姓，故曰王姬。○王姬下嫁於諸侯，車服之盛如此，而不敢挾貴以驕其夫家。故見其車者，知其能敬且和以執婦道，於是作詩美之曰：何彼戎戎而盛乎，乃唐棣之華也。此何不肅肅而敬，雍雍而和乎，乃王姬之車也。此乃武王以後之詩，不可的知其何王之世，然文王、太姒之教久而不衰，亦可見矣。○何彼襛矣，華如桃李。平王之孫，齊侯之子。叶獎履反。○興也。李，木名，華白，實可食。舊説，平，正也。武王女文王孫，適齊侯之子。或曰，平王即平王宜臼，齊侯即襄公諸兒。事見春秋，未知孰是。○以桃李二物興男女二人也。○其釣維何，維絲伊緡。齊侯之子，平王之孫。叶須倫反。○興也。伊，亦維也。緡，綸也。絲之合而爲綸，猶男女之合而爲昏也。

何彼襛矣三章，章四句。

彼茁則劣反。者葭，音加。壹發五豝。百加反。于音吁。下同。嗟乎，騶虞。叶音牙。○賦也。茁，生出壯盛之貌。葭，蘆也，亦名葦。發，發矢。豝，牡豕也。一發五豝，猶言中必疊雙也。騶虞，獸名，白虎黑文，不食生物者也。○南國諸侯承文王之化，脩身齊家以治其國，而其仁民之餘恩又有以及於庶類，故其春田之際，草木之茂，禽獸之多，至於如此。而詩人述其事以美之，且歎之曰：此其仁心自然，不由勉强，是即真所謂騶虞矣。○彼茁者蓬，壹發五豵。子公反。于嗟乎，騶虞。叶五紅反。○賦也。蓬，草名。一歲曰豵，亦小豕也。

騶虞二章，章三句。文王之化，始於關雎而至於麟趾，則其化之入人者深矣。形於鵲巢而及於騶虞，則其澤之及物者廣矣。蓋意誠心正之功不息而久，則其熏烝透徹，融液周徧，自有不能已者，非智力之私所能及也。故序以騶虞爲鵲巢之應，而見王道之成，其必有所傳矣。

召南之國十四篇，四十章，百七十七句。愚按：鵲巢至采蘋言夫人、大夫妻，以見當時國君、大夫被文王之化，而能脩身以正其家也。甘棠以下，又見由方伯能布文王之化，而國君能脩之家以及其國也。其詞雖無及於文王者，然文王明德新民之功，至是而其所施者溥矣。抑所謂其民皡皡而不知爲之者與？唯何彼襛矣之詩爲不可曉，當闕所疑耳。○周南、召南二國凡二十五篇，先儒以爲正風，今姑從之。○孔子謂伯魚曰：「女爲周南、召南矣乎？人而不爲周南、召南，其猶正牆面而立也與。」○儀禮鄉飲酒、鄉射、燕禮，皆合樂周南關雎葛覃卷耳、召南鵲巢采蘩采蘋。燕禮又有房中之樂。鄭氏注曰：弦歌周南、召南之詩而不用鍾磬。云房中者，后夫人之所諷誦，以事其君子。〇程子曰：天下之治，正家爲先。天下之家正，則天下治矣。二南，正家之道也。陳后妃、夫人、大夫妻之德，推之士庶人之家一也。故使邦國至於鄉黨皆用之，自朝廷至於委巷莫不謳吟諷誦，所以風化天下。

校勘記

〔一〕王教之端　「端」，明甲本作「化」。

〔二〕角長股　吉澄本、詩經疏義會通本、詩經大全本「角」上有「長」字。

〔三〕叶莫悲切　「切」，元本作「反」。

〔四〕音毀　明甲本、明乙本「毀」下有「下同」二字。

〔五〕獨有　「獨」，明甲本、明乙本作「猶」。

〔六〕仁厚貌于嗟嘆辭　以上七字原作「九曰皺皆綉于裳」，顯爲誤刻，今據元本、明甲本、明乙本改正。

〔七〕周南説　「説」，元本、明甲本、明乙本作「篇」。

〔八〕來往之勤也　「來往」，元本、明甲本、明乙本作「往來」。

〔九〕沱　原作「汜」，據元本、明甲本、明乙本改。

詩卷第二

朱熹集傳

邶一之三邶、鄘、衛，三國名。在禹貢冀州，西阻太行，北逾衡漳，東南跨河，以及兗州桑土之野。及商之季，而紂都焉。武王克商，分自紂城，朝歌而北謂之邶，南謂之鄘，東謂之衛，以封諸侯。邶、鄘不詳其始封，衛則武王弟康叔之國也。衛本都河北，朝歌之東，淇水之北，百泉之南。其後不知何時并得邶、鄘之地。至懿公爲狄所滅。戴公東徙渡河，野處漕邑。文公又徙居于楚丘。朝歌故城在今衛州衛縣西二十二里，所謂殷墟。衛故都即今衛縣。漕、楚丘皆在滑州。大抵今懷、衛、澶、相、滑、濮等州，開封、大名府界皆衛境也。但邶、鄘地既入衛，其詩皆爲衛事，而猶繫其故國之名，則不可曉。而舊説以此下十三國皆爲變風焉。

泛芳劍反。彼柏舟，亦泛其流。耿耿古幸反。不寐，如有隱憂。微我無酒，以敖五羔反。以遊。比也。泛，流貌。柏，木名。耿耿，小明，憂之貌也。隱，痛也。微，猶非也。○婦人不得於其夫，故以柏舟自比。言以柏爲舟，堅緻牢實，而不以乘載，無所依薄，但泛然於水中而已。故其隱憂之深如此，非爲無酒可以遨遊而解之也。列女傳以此爲婦人之詩。今考其辭氣卑順柔弱，且居變風之首，而與下篇相類，豈亦莊姜之詩也歟？○我心匪鑒，不可以茹。如預反。亦有兄弟，不可以據。薄言往愬，逢彼之怒。賦也。鑒，鏡。茹，度。據，依。愬，告也。○言我心既非鑒，而不能度物。雖有兄弟，而又不可依以爲重，故往告之，而反遭其怒也。○我心匪石，不可轉也。我心匪席，不可卷也。眷勉反。威儀棣棣，不可選也。賦也。棣棣，富而閑習之貌。選，簡擇也。○言石可轉，而我心不可轉；席可卷，而我心不可卷。威儀無一不善，又不可得而簡擇取舍，皆自反而無闕之意。○憂心悄悄，七小反。慍于羣小。覯古豆反。閔既多，受侮不少。靜言思之，寤辟避亦反。有摽。婢小反。○賦也。悄悄，憂貌。慍，怒意。羣小，衆妾也。言見怒於衆妾也。覯，見。閔，病也。辟，拊心也。摽，拊心貌。○日居月諸，胡迭待結反。而微。心之憂矣，如匪澣户管反。衣。靜言思之，不能奮飛。比也。居、諸，語辭。迭，更。微，虧也。匪澣衣，謂垢汙不濯之衣。奮飛，如鳥奮翼而飛去也。○言日當常明，月則有時而虧，猶正嫡當尊，衆妾當卑。今衆妾反勝正嫡，是日月更迭而虧，是以憂之，至於煩寃憒眊，如衣不澣之衣，恨其不能奮起而飛去也。

柏舟五章，章六句。

緑兮衣兮，緑衣黄裏。心之憂矣，曷維其已。比也。緑，蒼勝黄之間色。黄，中央土之正色。間色賤而以爲衣，正色貴而以爲裏，言皆失其所也。已，止也。○莊公惑於嬖妾，夫人莊姜賢而失位，故作此詩，言「緑衣黄裏」，以比賤妾尊顯，而正嫡幽微，使我憂之，不能自已也。○緑兮衣兮，緑衣黄裳。心之憂矣，曷維其亡。比也。上曰衣，下曰裳。記曰：「衣正色，裳間色。」今以緑爲衣，而黄者自裏轉而爲裳，其失所益甚矣。亡之爲言忘也。○緑兮絲兮，女音汝。所治平聲。兮。我思古人，俾無訧音尤，叶于其反。兮。比也。女，指其君子而言也。治，謂理而織之也。俾，使。訧，過也。○言緑方爲絲，而女又治之，以比妾方少艾，而女又嬖之也。然則我將如之何哉？我思古人有嘗遭此而善處之者以自厲焉[一]。使不至於有過而已。○絺兮綌兮，淒七西反。其以風。叶孚愔反。我思古人，實獲我心。比也。淒，寒風也。○絺綌而遇寒風，猶己之過時而見棄也。故思古人之善處此者，真能先得我心之所求也。

緑衣四章，章四句。莊姜事見春秋傳。此詩無所考，姑從序説。下三篇同。

燕燕于飛，差初宜反。池其羽。之子于歸，遠送于野。叶上與反。瞻望弗及，泣涕如雨。興也。燕，鳦也。謂之「燕燕」者，重言之也。差池，不齊之貌。之子，指戴嬀也。歸，大歸也。○莊姜無子，以陳女戴嬀之子完爲己子。莊公卒，完即位，嬖人之子州吁弒之，故戴嬀大歸于陳，而莊姜送之，作此詩也。○燕燕于飛，頡户結反。之頏户郎反。之。之子于歸，遠于將之。瞻望弗及，佇立以泣。興也。飛而上曰頡，飛而下曰頏。將，送也。佇立，久立也。○燕燕于飛，下上時掌反。其音。

之子于歸，遠送于南。叶尼心反。瞻望弗及，實勞我心。興也。鳴而上曰上音，鳴而下曰下音。送于南者，陳在衛南。

○仲氏任而今反。只，音紙。其心塞淵。叶一均反。終温且惠，淑慎其身。先君之思，以勗凶肉反。寡人。賦也。仲氏，戴嬀字也。以恩相信曰任。只，語辭。塞，實。淵，深。終，竟。温，和。惠，順。淑，善也。先君，謂莊公也。勗，勉也。寡人，寡德之人，莊姜自稱也。○言戴嬀之賢如此，又以先君之思勉我，使我常念之，而不失其守也。楊氏曰：州吁之暴，桓公之死，戴嬀之去，皆夫人失位，不見答於先君所致也。而戴嬀猶以先君之思勉其夫人，真可謂温且惠矣。

燕燕四章，章六句。

日居月諸，照臨下土。乃如之人兮，逝不古處。昌呂反。胡能有定，寧不我顧。叶果五反。○賦也。日居月諸，呼而訴之也。之人，指莊公也。逝，發語辭。古處，未詳。或云，以古道相處也。胡、寧，皆何也。○莊姜不見答於莊公，故呼日月而訴之。言日月之照臨下土久矣，今乃有如是之人，而不以古道相處，是其心志回惑，亦何能有定哉，而何爲其獨不我顧也。見棄如此，而猶有望之之意焉，此詩之所以爲厚也。

○日居月諸，下土是冒。乃如之人兮，逝不相好。呼報反。胡能有定，寧不我報。賦也。冒，覆。報，答也。

○日居月諸，出自東方。乃如之人兮，德音無良。胡能有定，俾也可忘。賦也。日旦必出東方，月望亦出東方。德音，美其辭。無良，醜其實也。俾也可忘，言何獨使我爲可忘者邪。○日居月諸，東方自出。父兮母兮，畜我不卒。胡能有定，報我不述。賦也。畜，養。卒，終也。不得於夫，而歎父母養我之不終。蓋憂患疾痛之極，必呼父母，人之至情也。述，循也。言不循義理也。

日月四章，章六句。此詩當在燕燕之前。下篇放此。

終風且暴，顧我則笑。叶音燥。謔浪笑敖，謔許約反。浪笑敖，五報反。中心是悼。比也。終風，終日風也。暴，疾也。謔，戲言也。浪，放蕩也。悼，傷也。○莊公之爲人，狂蕩暴疾。莊姜蓋不忍斥言之，故但以「終風且暴」爲比。言雖其狂暴如此，然亦有顧我而笑之時。但皆出於戲慢之意，而無愛敬之誠。則又使我不敢言，而心獨傷之耳。蓋莊公暴慢無常，而莊姜正靜自守，所以忤其意而不見答也。○終風且霾，亡皆反，叶音貍。惠然肯來。叶如字，又陵之反。莫往莫來，悠悠我思。叶新才、新齎二反。○比也。霾，雨土蒙霧也。惠，順也。悠悠，思之長也。○終風且霾，以比莊公之狂惑也。雖云狂惑，然亦或惠然而肯來。但又有莫往莫來之時，則使我悠悠而思之，望其君子之深厚之至也。○終風且曀，於計反。不日有曀。寤言不寐，願言則嚏。都麗反。○比也。陰而風曰曀。有，又也。不日有曀，言既曀矣，不旋日而又曀也。亦比人之狂惑暫開而復蔽也。願，思也。嚏，鼽嚏也。人氣感傷閉鬱，又爲風霧所襲，則有是疾也。○曀曀其陰，虺虺虛鬼反。其靁。寤言不寐，願言則懷。叶胡隈反。○比也。曀曀，陰貌。虺虺，靁將發而未震之聲。以比人之狂惑愈深而未已也。懷，思也。

終風四章，章四句。說見上。

擊鼓其鏜，吐當反。踊躍用兵。叶晡芒反。土國城漕，我獨南行。叶户郎反。○賦也。鏜，擊鼓聲也。踊躍，坐作擊刺之狀也。兵，謂戈戟之屬。土，土功也。國，國中也。漕，衛邑名。○衛人從軍者自言其所爲，因言衛國之民或役土功於國，或築城於漕，而我獨南行，有鋒鏑死亡之憂，危苦尤甚也。

○從孫子仲，平陳與宋。不我以歸，憂心有忡。敕中反，叶敕衆反。○賦也。孫，氏。子仲，字，時軍帥也。平，和也，合二國之好也。舊説以此爲春秋隱公四年，州吁自立之時，宋、衛、陳、蔡伐鄭之事，恐或然也。以，猶與也。言不與我而歸也。

○爰居爰處，爰喪息浪反。其馬。叶滿補反。于以求之，于林之下。叶後五反。○賦也。爰，於也。於是居，於是處，於是喪其馬，而求之於林下，見其失伍離次，無鬭志也。

○死生契苦結反。闊，叶苦劣反。與子成説。執子之手，與子偕老。叶魯吼反。○賦也。契闊，隔遠之意。成説，謂成其約誓之言。○從役者念其室家，因言始爲室家之時，期以死生契闊，不相忘棄，又相與執手，而期以偕老也。

○于音吁，下同。嗟闊叶苦劣反。兮，不我活叶户劣反。兮。于嗟洵音荀。兮，不我信叶師人反。兮。賦也。吁嗟，歎辭也。闊，契闊也。

活，生。洵，信也。信與申同。○言昔者契闊之約如此，而今不得活。偕老之信如此，而今不得伸。意必死亡，不復得與其室家遂前約之信也。

擊鼓五章，章四句。

凱風自南，叶尼心反。吹彼棘心。棘心夭夭，於驕反。母氏劬勞。叶音僚。○比也。南風謂之凱風，長養萬物者也。棘，小木，叢生，多刺，難長，而心又其稚弱而未成者也。夭夭，少好貌。劬勞，病苦也。○衛之淫風流行，雖有七子之母，猶不能安其室，故其子作此詩，以凱風比母，棘心比子之幼時。蓋曰：母生衆子，幼而育之，其劬勞甚矣。本其始而言，以起自責之端也。○凱風自南，吹彼棘薪。母氏聖善，我無令人。興也。聖，叡。令，善也。○棘可以爲薪，則成矣。然非美材，故以興子之壯大而無善也。復以聖善稱其母，而自謂無令人，其自責也深矣。○爰有寒泉，在浚之下。叶後五反。有子七人，母氏勞苦。興也。浚，衛邑。○諸子自責，言寒泉在浚之下，猶能有所滋益於浚，而有子七人，反不能事母，而使母至於勞苦乎？於是乃若微指其事，而痛自刻責，以感動其母心也。母以淫風流行，不能自守，而諸子自責，但以不能事母，使母勞苦爲詞。婉詞幾諫，不顯其親之惡，可謂孝矣。下章放此。○睍胡顯反。睆華板反。黄鳥，載好其音。有子七人，莫慰母心。興也。睍睆，清和圓轉之意。○言黄鳥猶能好其音以悦人，而我七子獨不能慰悦母心哉！

凱風四章，章四句。

雄雉于飛，泄泄移世反。其羽。我之懷矣，自詒伊阻。興也。雉，野雞，雄者有冠，長尾，身有文采，善鬭。泄泄，飛之緩也。懷，思。詒，遺。阻，隔也。○婦人以其君子從役于外，故言雄雉之飛舒緩自得如此，而我之所思者，乃從役於外，而自遺阻隔也。○雄雉于飛，下上時掌反。其音。展矣君子，實勞我心。興也。下上其音，言其飛鳴自得也。展，誠也。言誠又言實，所以甚言此君子之勞我心也。○瞻彼日月，悠悠我思。叶新齎反。道之云遠，曷云能來。叶陵之反。○賦也。悠悠，思之長也。見日月之往來，而思其君子從役之久也。○百爾君子，不知德行。下孟反，叶户郎反。不忮之豉反。不求，何用不臧。賦也。百，猶凡也。忮，害。求，貪。臧，善也。○言凡爾君子，豈不知德行乎？若能不忮害又不貪求，則何所爲而不善哉！憂其遠行之犯患，冀其善處而得全也。

雄雉四章，章四句。

匏有苦葉，濟有深涉。深則厲，淺則揭。苦例反。○比也。匏，瓠也。匏之苦者不可食，特可佩以渡水而已。然今尚有葉，則亦未可用之時也。濟，渡處也。行渡水曰涉，以衣而涉曰厲，褰衣而涉曰揭。○此刺淫亂之詩。言匏未可用，而渡處方深，行者當量其深淺而後可渡，以比男女之際，亦當量度禮義而行也。○有瀰彌爾反。濟盈，有鷕以小反。雉鳴。濟盈不濡軌，居美反，叶居有反。雉鳴求其牡。比也。瀰，水滿貌。鷕，雌雉聲。軌，車轍也。飛曰雌雄，走曰牝牡。○夫濟盈必濡其轍，雉鳴當求其雄，此常理也。今濟盈而曰不濡軌，雉鳴而反求其牡，以比淫亂之人不度禮義，非其配耦，而犯禮以相求也。○雝雝鳴雁，叶魚旰反。旭許玉反。日始旦。士如歸妻，迨冰未泮。賦也。雝雝，聲之和也[二]。雁，鳥名，似鵝，畏寒，秋南春北。旭，日初出貌。昏禮，納采用雁。親迎以昏，而納采請期以旦。歸妻以冰泮，而納采請期迨冰未泮之時。○言古人之於婚姻，其求之不暴，而節之以禮如此，以深刺淫亂之人也。○招招照遥反。舟子，叶獎履反。人涉卬五郎反。否。叶補美反。人涉卬否，卬須我友。叶羽軌反。○比也。招招，號召之貌。舟子，舟人主濟渡者。卬，我也。○舟人招人以渡，人皆從之。而我獨否者，待我友之招而後從之也。以比男女必待其配耦而相從，而刺此人之不然也。

匏有苦葉四章，章四句。

習習谷風，以陰以雨。黽勉同心，不宜有怒。叶暖五反。采葑孚容反。采菲，妃鬼反。無以下體。德音莫違，及爾同死。叶想止反。○比也。習習，和舒也。東風謂之谷風。葑，蔓菁也。菲，似葍，莖麤，葉厚而長，有毛。下體，根也。葑、菲根莖皆可食，而其根則有時而美惡。德音，美譽也。

○婦人爲夫所棄，故作此詩以叙其悲怨之情。言陰陽和而後雨澤降，如夫婦和而後家道成。故爲夫婦者，當黽勉以同心，而不宜至於有怒。又言采葑菲者，不可以其根之惡而棄其莖之美，如爲夫婦者，不可以其顔色之衰，而棄其德音之善。但德音之不違，則可以與爾同死矣。

○行道遲遲，中心有違。不遠伊邇，薄送我畿。音祈。誰謂荼苦，其甘如薺。薺禮反。宴爾新昏，如兄如弟。待禮反。○賦而比也。遲遲，舒行貌。違，相背也。畿，門内也。荼，苦菜，蓼屬也，詳見良耜。薺，甘菜。宴，樂也。新昏，夫所更娶之妻也。○言我之被棄，行於道路，遲遲不進，蓋其足欲前，而心有所不忍，如相背然。而故夫之送我，乃不遠而甚邇，亦至其門内而止耳。又言荼雖甚苦，反甘如薺，以比己之見棄，其苦有甚於荼，而其夫方且宴樂其新昏，如兄如弟而不見恤。蓋婦人從一而終，今雖見棄，猶有望夫之情，厚之至也。

○涇以渭濁，湜湜音殖。其沚。音止。宴爾新昏，不我屑以。毋逝我梁，毋發我笱。古口反。我躬不閱，遑恤我後。胡口反。○比也。涇、渭，二水名。涇水出今原州百泉縣笄頭山，東南至永興軍高陵入渭。渭水出渭州渭源縣鳥鼠山，至同州馮翊縣入河。湜湜，清貌。沚，水渚也。屑，潔。以，與。逝，之也。梁，堰石障水而空其中，以通魚之往來者也。笱，以竹爲器，而承梁之空以取魚者也。閱，容也。○涇濁渭清，然涇未屬渭之時，雖濁而未甚見，由二水既合而清濁益分。然其別出之渚，流或稍緩，則猶有清處。婦人以自比其容貌之衰久矣，又以新昏形之，益見憔悴。然其心則固猶有可取者，但以故夫之安於新昏，故不以我爲潔而與之耳。又言毋逝我梁，毋發我笱，以比欲戒新昏毋居我之處，毋行我之事。而又自思我身且不見容，何暇恤我已去之後哉。知不能禁，而絶意之辭也。○就其深矣，方之舟之。就其淺矣，泳之游之。何有何亡，黽勉求之。凡民有喪，匍匐救之。興也。方，桴。舟，船也。潛行曰泳，浮水曰游。匍匐，手足並行，急遽之甚也。○婦人自陳其治家勤勞之事。言我隨事盡其心力而爲之，深則方舟，淺則泳游，不計其有與亡，而強勉以求之。又周睦其隣里鄉黨，莫不盡其道也。○不我能慉，反以我爲讎。既阻我德，賈用不售。慉，許六反。賈音古。售，市救反，叶市周反。昔育恐育鞫，及爾顛覆。既生既育，比予于毒。賦也。慉，養。阻，却。鞫，窮也。○承上章言我於女家勤勞如此，而女既不我養，而反以我爲仇讎。惟其心既拒却我之善，故雖勤勞如此而不見取，如賈之不見售也。因念其昔時相與爲生，惟恐其生理窮盡，而及爾皆至於顛覆，今既遂其生矣，乃反比我於毒而棄之乎？張子曰：育恐，謂生於恐懼之中。育鞫，謂生於困窮之際。亦通。鞫，居六反。覆，芳服反。○我有旨蓄，亦以御冬。宴爾新昏，以我御窮。蓄，勑六反。御，魚呂反，下同。有洸有潰，既詒我肄。不念昔者，伊余來塈。洸音光。潰，户對反。肄，以世反。塈，許器反。○興也。旨，美。蓄，聚。御，當也。洸，武貌。潰，怒色也。肄，勞。塈，息也。○又言我之所以蓄聚美菜者，蓋欲以禦冬月乏無之時，至於春夏，則不食之矣。今君子安於新昏而厭棄我，是但使我禦其窮苦之時，至於安樂則棄之也。又言於我極其武怒，而盡遺我以勤勞之事，曾不念昔者我之來息時也。追言其始見君子之時接禮之厚，怨之深也。

谷風六章，章八句。

式微式微，胡不歸？微君之故，胡爲乎中露？賦也。式，發語辭。微，猶衰也。再言之者，言衰之甚也。微，猶非也。中露，露中也。言有霑濡之辱，而無所芘覆也。○舊説以爲黎侯失國，而寓於衛，其臣勸之曰：衰微甚矣，何不歸哉？我若非以君之故，則亦胡爲而辱於此哉？○式微式微，胡不歸？微君之躬，胡爲乎泥中？賦也。泥中，言有陷溺之難，而不見拯救也。

式微二章，章四句。此無所考，姑從序説。

旄丘之葛叶居謁反。兮，何誕之節兮。叔兮伯叶音逼。兮，何多日也。興也。前高後下曰旄丘。誕，闊也。叔、伯，衛之諸臣也。○舊説黎之臣子自言久寓於衛，時物變矣，故登旄丘之上，見其葛長大而節疏闊，因託以起興曰：「旄丘之葛，何其節之闊也？衛之諸臣，何其多日而不見救也？」此詩本責衛君，而但斥其臣，可見其優柔而不迫矣。○何其處也，必有與也。何其久叶舉里反。也，必有以也。賦也。處，安處也。與，與國也。以，他故也。○因上章「何多日也」而言何其安處而不來，意必有與國相俟而俱來耳。又言何其久而不來，意其或有他故而不得來耳。詩之曲盡人情如此。○狐裘蒙戎，匪車不東。叔兮伯兮，靡所與同。賦也。大夫狐蒼裘。蒙戎，亂貌，言弊也。○又自言客久而裘弊矣。豈我之車不東告於女乎？但叔兮伯兮不與我同心，雖往告之而不肯來耳。至是始微諷切之。或曰，「狐裘蒙戎」指衛大夫，而譏其憒亂之意。「匪車不東」，言非其車不肯東來救我也，但其人不肯與俱來耳。今按黎國在衛西，前説近是。○瑣素果反。兮尾兮，流離之子。叶奬履反。叔兮伯兮，褎由救反。如充耳。賦也。瑣，細。尾，末也。流離，漂散也。褎，多笑貌。充耳，塞耳也。耳聾之人恒多笑。○言黎之君臣流離瑣尾，若此其可憐也。而衛之諸臣，褎然如塞耳而無聞，何哉？至是然後盡其詞焉。流離患難之餘，而其言之有序而不迫如此，其人亦可知矣。

旄丘四章，章四句。説同上篇。

簡兮簡兮，方將萬舞。日之方中，在前上處。賦也。簡，簡易不恭之意。萬者，舞之總名。武用干戚，文用羽籥也。日之方中，在前上處，言當明顯之處。○賢者不得志，而仕於伶官，有輕世肆志之心焉，故其言如此。若自譽而實自嘲也。○碩人俁俁，疑矩反。公庭萬舞。有力如虎，執轡如組。音祖。○賦也。碩，大也。俁俁，大貌。轡，今之韁也。組，織絲爲之，言其柔也。御能使馬，則轡柔如組矣。○又自譽其才之無所不備，亦上章之意也。○左手執籥，餘若反。右手秉翟。亭歷反，叶直角反。赫如渥於角反。赭，音者，叶陟略反。公言錫爵。賦也。執籥秉翟者，文舞也。籥，如笛而六孔，或曰三孔。翟，雉羽也。赫，赤貌。渥，厚漬也。赭，赤色也。言其顔色之充盛也。公言錫爵，即儀禮燕飲而獻工之禮也。以碩人而得此，則亦辱矣。乃反以其賚予之親洽爲榮而誇美之，亦玩世不恭之意也。○山有榛，側巾反。隰有苓。音零。云誰之思，西方美人。彼美人兮，西方之人兮。興也。榛，似栗而小。下濕曰隰。苓，一名大苦，葉似地黄，即今甘草也。西方美人，託言以指西周之盛王，如離騷亦以美人目其君也。又曰西方之人者，歎其遠而不得見之詞也。○賢者不得志於衰世之下國，而思盛際之顯王，故其言如此，而意遠矣。

簡兮四章，三章章四句，一章六句。舊三章，章六句，今改定。○張子曰：爲禄仕而抱關擊柝，則猶恭其職也。爲伶官則雜於侏儒俳優之間，不恭甚矣，其得謂之賢者，雖其迹如此，而其中固有以過人，又能卷而懷之，是亦可以爲賢矣。東方朔似之。

毖悲位反。彼泉水，亦流于淇。有懷于衛，靡日不思。叶新齎反。孌力轉反。彼諸姬，聊與之謀。叶謨悲反。○興也。毖，泉始出之貌。泉水，即今衛州共城之百泉也。淇水出相州林慮縣東流。泉水自西北而東南來注之。孌，好貌。諸姬，謂姪娣也。○衛女嫁於諸侯，父母終，思歸寧而不得，故作此詩。言毖然之泉水亦流于淇矣，我之有懷于衛，則亦無日而不思矣。是以即諸姬而與之謀爲歸衛之計，如下兩章之云也。○出宿于泲，子禮反。飲餞音踐。于禰。乃禮反。女子有行，遠于萬反。父母兄弟。待禮反。問我諸姑，遂及伯姊。叶獎禮反。○賦也。泲，地名。飲餞者，古之行者必有祖道之祭，祭畢，處者送之，飲於其側而後行也。禰，亦地名，皆自衛來時所經之處也。諸姑、伯姊，即所謂諸姬也。○言始嫁來時，則固已遠其父母兄弟矣，況今父母既終，而復可歸哉？是以問於諸姑伯姊，而謀其可否云爾。鄭氏曰：「國君夫人，父母在則歸寧，没則使大夫寧於兄弟。」○出宿于干，叶居焉反。飲餞于言。載脂載舝，胡瞎反，叶下介反。還音旋。車言邁。遄市專反。臻于衛，此字本與邁害叶，今讀誤。不瑕有害。賦也。干、言，地名，適衛所經之地也。脂，以脂膏塗其舝，使滑澤也。舝，車軸也，不駕則脱之，設之而後行也。還，回旋也，旋其嫁來之車也。遄，疾。臻，至也。瑕，何，古音相近，通用。○言如是則其至衛疾矣，然豈不害於義理乎？疑之而不敢遂之辭也。○我思肥泉，兹之永歎。叶它涓反。思須與漕，叶徂侯反。我心悠悠。駕言出遊，以寫我憂。賦也。肥泉，水名。須、漕，衛邑也。悠悠，思之長也。寫，除也。○既不敢歸，然其思衛地不能忘也。安得出遊於彼，而寫其憂哉？

泉水四章，章六句。楊氏曰：衛女思歸，發乎情也。其卒也不歸，止乎禮義也。聖人著之於經，以示後世，使知適異國者，父母終，無歸寧之義，則能自克者知所處矣。

出自北門，叶眉貧反。憂心殷殷。終窶其矩反。且貧，莫知我艱。叶居銀反。已焉哉，叶將其反，下同。天實爲之，謂之何哉！比也。北門，背陽向陰。殷殷，憂也。窶者，貧而無以爲禮也。○衛之賢者處亂世，事暗君，不得其志，故因出北門而賦以自比。又歎其貧窶，人莫知之，而歸之於天也。○王事適我，政事一埤避支反。益我。我入自外，室人交徧讁知革反，叶竹棘反。我。已焉哉，天實爲之，謂之何哉！賦也。王事，王命使爲之事也。適，之也。政事，其國之政事也。

一，猶皆也。埤，厚。室，家。讁，責也。○王事既適我矣，政事又一切以埤益我，其勞如此，而窶貧又甚，室人至無以自安，而交徧讁我，則其困於内外極矣。○王事敦叶都回反。我，政事一埤遺唯季反，叶夷回反。我。我入自外，室人交徧摧徂回反。我。已焉哉，天實爲之，謂之何哉！賦也。敦，猶投擲也。遺，加。摧，沮也。

北門三章，章七句。楊氏曰：忠信重禄，所以勸士也。衛之忠臣至於窶貧而莫知其艱，則無勸士之道矣。仕之所以不得志也。先王視臣如手足，豈有以事投遺之而不知其艱哉？然不擇事而安之，無懟憾之辭，知其無可奈何，而歸之於天，所以爲忠臣也。

北風其涼，雨于付反。雪其雱。普康反。惠而好呼報反，下同。我，攜手同行。叶户郎反。其虚其邪，音徐，下同。既亟只音紙，下同。且。子餘反，下同。○比也。北風，寒涼之風也。涼，寒氣也。雱，雪盛也。惠，愛。行，去也。虚，寬貌。邪，一作徐，緩也。亟，急也。只且，語助辭。○言北風雨雪，以比國家危亂將至，而氣象愁慘也。故欲與其相好之人去而避之，且曰：是尚可以寬徐乎？彼其禍亂之迫已甚，而去不可不速矣。○北風其喈，音皆，叶居奚反。雨雪其霏。芳非反。惠而好我，攜手同歸。其虚其邪，既亟只且。比也。喈，疾聲也。霏，雨雪分散之狀。歸者，去而不反之辭也。○莫赤匪狐，莫黑匪烏。惠而好我，攜手同車。其虚其邪，既亟只且。比也。狐，獸名，似犬，黄赤色。烏，鵶，黑色。皆不祥之物，人所惡見者也。所見無非此物，則國將危亂可知。同行、同歸，猶賤者也。同車，則貴者亦去矣。

北風三章，章六句。

靜女其姝，赤朱反。俟我於城隅。愛而不見，搔蘇刀反。首踟直知反。蹰。直誅反。○賦也。靜者，閒雅之意。姝，美色也。城隅，幽僻之處。不見者，期而不至也。踟蹰，猶躑躅也。此淫奔期會之詩也。○靜女其孌，貽我彤徒冬反。管。叶古究反。彤管有煒，于鬼反。説音悦。懌音亦。女美。賦也。孌，好貌。於是則見之矣。彤管，未詳何物，蓋相贈以結殷勤之意耳。煒，赤貌。言既得此物，而又悦懌此女之美也。○自牧歸荑，徒兮、徒計二反。洵美且異。夷、曳二音。匪女音汝。之爲美，美人之貽。與異同。○賦也。牧，外野也。歸，亦貽也。荑，茅之始生者。洵，信也。女，指荑而言也。○言靜女又贈我以荑，而其荑亦美且異，然非此荑之爲美也，特以美人之所贈，故其物亦美耳。

靜女三章，章四句。

新臺有泚，此禮反。河水瀰瀰。莫邇反。燕婉之求，籧音渠。篨音除。不鮮。期踐反，叶想止反。○賦也。泚，鮮明也。瀰瀰，盛也。燕，安。婉，順也。籧篨，不能俯，疾之醜者也。蓋籧篨本竹席之名，人或編以爲困，其狀如人之擁腫而不能俯者，故又因以名此疾也。鮮，少也。○舊説以爲衛宣公爲其子伋娶於齊而聞其美，欲自娶之，乃作新臺於河上而要之。國人惡之，而作此詩以刺之。言齊女本求與伋爲燕婉之好，而反得宣公醜惡之人也。○新臺有洒，七罪反，叶先典反。河水浼浼。每罪反，叶美辯反。燕婉之求，籧篨不殄。賦也。洒，高峻也。浼浼，平也。殄，絶也。言其病不已也。

○魚網之設，鴻則離之。燕婉之求，得此戚施。興也。鴻，雁之大者。離，麗也。戚施，不能仰，亦醜疾也。○言設魚網而反得鴻，以興求燕婉而反得醜疾之人，所得非所求也。

新臺三章，章四句。凡宣姜事，首末見春秋傳。然於詩則皆未有考也。諸篇放此。

二子乘舟，泛泛芳劍反。其景。叶舉兩反。願言思子，中心養養。以兩反。○賦也。二子，謂伋、壽也。乘舟，渡河如齊也。景，古影字。養養，猶漾漾，憂不知所定之貌。○舊説以爲宣公納伋之妻，是爲宣姜，生壽及朔。朔與宣姜愬伋於公。公令伋之齊，使賊先待於隘而殺之。壽知之，以告伋。伋曰：「君命也，不可以逃。」壽竊其節而先往，賊殺之。伋至，曰：「君命殺我，壽有何罪？」賊又殺之。國人傷之，而作是詩也。○二子乘舟，泛泛其逝。此字本與害叶，今讀誤。願言思子，不瑕有害。賦也。逝，往也。不瑕，疑詞，義見泉水。此則見其不歸而疑之也。

二子乘舟二章，章四句。太史公曰：今讀世家言，至於宣公之子以婦見誅，弟壽爭死以相讓，此與晉太子申生不敢明驪姬之過同，俱恶傷父之志。然卒死亡，何其悲也。或父子相殺，兄弟相戮，亦獨何哉！

邶十九篇，七十二章，三百六十三句。

校勘記

〔一〕我思古人 「我」，元本、明甲本、明乙本作「亦」。

〔二〕聲之和也 「之」字原脱，據明甲本、明乙本補。

詩卷第三

朱熹集傳

鄘一之四說見上篇。

汎彼柏舟，在彼中河。髧徒坎反。彼兩髦，音毛。實維我儀。叶牛何反。之死矢靡他！湯河反。母也天叶鐵因反。只，音紙，下同。不諒人只！興也。中河，中於河也。髧，髮垂貌。兩髦者，翦髮夾囟，子事父母之飾，親死然後去之。此蓋指共伯也。我，共姜自我也。儀，匹。之，至。矢，誓。靡，無也。只，語助辭。諒，信也。○舊說以爲衛世子共伯蚤死，其妻共姜守義，父母欲奪而嫁之，故共姜作此以自誓。言柏舟則在彼中河，兩髦則實我之匹，雖至於死，誓無他心。母之於我，覆育之恩如天罔極，而何其不諒我之心乎？不及父者，疑時獨母在，或非父意耳。○汎彼柏舟，在彼河側。髧彼兩髦，實維我特。之死矢靡慝！他得反。母也天只，不諒人只！興也。特，亦匹也。慝，邪也。以是爲慝，則其絶之甚矣。

柏舟二章，章七句。

牆有茨，不可埽叶蘇后反。也。中冓古候反。之言，不可道叶徒厚反。也。所可道也，言之醜也。興也。茨，蒺藜也，蔓生，細葉，子有三角，刺人。中冓，謂舍之交積材木也。道，言。醜，惡也。○舊説以爲宣公卒，惠公幼，其庶兄頑烝於宣姜，故詩人作此詩以刺之，言其閨中之事皆醜惡而不可言。理或然也。○牆有茨，不可襄也。中冓之言，不可詳也。所可詳也，言之長也。興也。襄，除也。詳，詳言之也。言之長者，不欲言，而託以語長難竟也。○牆有茨，不可束也。中冓之言，不可讀也。所可讀也，言之辱也。興也。束，束而去之也。讀，誦言也。辱，猶醜也。

牆有茨三章，章六句。楊氏曰：公子頑通乎君母，閨中之言至不可讀，其汙甚矣。聖人何取焉而著之於經也？蓋自古淫亂之君，自以謂密於閨門之中，世無得而知者，故自肆而不反。聖人所以著之於經，使後世爲惡者，知雖閨中之言，亦無隱而不彰也。其爲訓戒深矣！

君子偕老，副笄六珈。音加，叶居河反。委委於危反。佗佗，待何反。如山如河，象服是宜。叶牛何反。子之不淑，云如之何？賦也。君子，夫也。偕老，言偕生而偕死也。女子之生，以身事人，則當與之同生，與之同死，故夫死稱未亡人，言亦待死而已，不當復有他適之志也。副，祭服之首飾，編髮爲之。笄，衡笄也，垂于副之兩旁當耳，其下以紞懸瑱。珈之言加也，以玉加於笄而爲飾也。委委佗佗，雍容自得之貌。如山，安重也。如河，弘廣也。象服，法度之服也。淑，善也。○言夫人當與君子偕老，故其服飾之盛如此，而雍容自得，安重寬廣，又有以宜其象服。今宣姜之不善乃如此，雖有是服，亦將如之何哉？言不稱也。○玼音此。兮玼兮，其之翟叶去聲。也。鬒真忍反。髮如雲，不屑蘇節反。髢徒帝反。也。玉之瑱吐殿反。也。象之揥勑帝反。也。揚且子餘反。之皙星曆反，叶征例反。也。胡然而天也？胡然而帝也？賦也。玼，鮮盛貌。翟衣，祭服，刻繒爲翟雉之形而彩畫之以爲飾也。鬒，黑也。如雲，言多而美也。屑，潔也。髢，髲髢也。人少髮則以髢益之，髮自美則不潔於髢而用之矣。瑱，塞耳也。象，象骨也。揥，所以摘髮也。揚，眉上廣也。且，語助辭。皙，白也。胡然而天，胡然而帝，言其服飾容貌之美，見者驚猶鬼神也。○瑳七我反。兮瑳兮，其之展陟戰反，叶諸延反。也。蒙彼縐側救反。絺，是紲息列反。袢薄慢反，叶汾乾反。也。子之清揚，揚且之顏叶魚堅反。也。展如之人兮，邦之媛于眷反，叶于權反。也。賦也。瑳，亦鮮盛貌。展衣者，以禮見於君及見賓客之服也。蒙，覆也。縐絺，絺之蹙蹙者，當暑之服也。紲袢，束縛意。以展衣蒙絺綌而爲之紲袢，所以自斂飭也。或曰：「蒙謂加絺綌於褻衣之上，所謂表而出之也。」清，視清明也。揚，眉上廣也。顏，額角豐滿也。展，誠也。美女曰媛。見其徒有美色而無人君之德也。

君子偕老，三章，一章七句，一章九句，一章八句。

東萊呂氏曰：首章之末云「子之不淑，云如之何」，責之也。二章之末云「胡然而天也，胡然而帝也」，問之也。三章之末云「展如之人兮，邦之媛也」，惜之也。辭益婉而意益深矣。

爰采唐矣，沬音妹。之鄉矣。云誰之思？美孟姜矣。期我乎桑中，叶諸良反。要我乎上宫，叶居王反。送我乎淇之上叶辰羊反。矣。賦也。唐，蒙菜也，一名兔絲。沬，衛邑也，書所謂「妹邦」者也。孟，長也。姜，齊女，言貴族也。桑中、上宫、淇上，又沬鄉之中小地名也。要，猶迎也。○衛俗淫亂，世族在位，相竊妻妾，故此人自言將采唐於沬，而與其所思之人，相期會迎送如此也。○爰采麥叶訖力反。矣，沬之北矣。云誰之思？美孟弋矣。期我乎桑中，要我乎上宫，送我乎淇之上矣。賦也。麥，穀名，秋種夏熟者。弋，春秋或作「姒」，蓋杞女，夏后氏之後，亦貴族也。○爰采葑矣，沬之東矣。云誰之思？美孟庸矣。期我乎桑中，要我乎上宫，送我乎淇之上矣。賦也。葑，蔓菁也。庸，未聞，疑亦貴姓也。

桑中三章，章七句。樂記曰：「鄭衛之音，亂世之音也，比於慢矣。桑間濮上之音，亡國之音也。其政散，其民流，誣上行私而不可止也。」按「桑間」即此篇，故小序亦用樂記之語。

鶉之奔奔，鵲之彊彊。音姜。人之無良，我以爲兄！叶虚王反。○興也。鶉，鵪屬。鶉音純。奔奔、彊彊，居有常匹，飛則相隨之貌。人，謂公子頑。良，善也。○衛人刺宣姜與頑非匹耦而相從也。故爲惠公之言以刺之曰：「人之無良，鶉鵲之不若，而我反以爲兄，何哉？」○鵲之彊彊，鶉之奔奔。人之無良，我以爲君！叶逋珉反。興也。人，謂宣姜。君，小君也。

鶉之奔奔二章，章四句。范氏曰：「宣姜之惡，不可勝道也。國人疾而刺之，或遠言焉，或切言焉。遠言之者，君子偕老是也。切言之者，鶉之奔奔是也。衛詩至此而人道盡、天理滅矣。中國無以異於夷狄，人類無以異於禽獸，而國隨以亡矣。」胡氏曰：楊時有言，詩載此篇，以見衛爲狄所滅之因也，故在定之方中之前。因以是説考於歷代，凡淫亂者，未有不至於殺身敗國而亡其家者，然後知古詩垂戒之大。而近世有獻議，乞於經筵不以國風進講者，殊失聖經之旨矣。

定丁佞反。之方中，作于楚宮。揆之以日，作于楚室。樹之榛栗，椅於宜反。桐梓漆，爰伐琴瑟。賦也。定，北方之宿，營室星也。此星昏而正中，夏正十月也。於是時，可以營制宮室，故謂之營室。楚宮，楚丘之宮也。揆，度也。樹八尺之臬而度其日出入之景，以定東西，又參日中之景，以正南北也。楚室，猶楚宮，互文以協韻耳。榛、栗，二木，其實榛小栗大，皆可供籩實。椅，梓實桐皮。桐，梧桐也。梓，楸之疏理白色而生子者。漆，木有液黏黑，可飾器物。四木皆琴瑟之材也。爰，於也。○衛爲狄所滅，文公徙居楚丘，營立宮室，國人悦之，而作是詩以美之。蘇氏曰：種木者求用於十年之後，其不求近功，凡此類也。○升彼虛起居反，叶起呂反。矣，以望楚矣。望楚與堂，景山與京，叶居良反。降觀于桑。卜云其吉，終然允臧。賦也。虛，故城也。楚，楚丘也。堂，楚丘之旁邑也。景，測景以正方面也，與「既景迺岡」之「景」同。或曰：景，山名，見商頌。京，高丘也。桑，木名，葉可飼蠶者，觀之以察其土宜也。允，信。臧，善也。○此章本其始之望景觀卜而言，以至於終而果獲其善也。

○靈雨既零，命彼倌音官。人，星言夙駕，説始鋭反。于桑田，叶徒因反。匪直也人。秉心塞淵，叶一均反。騋音來。牝三千。叶倉新反。○賦也。靈，善。零，落也。倌人，主駕者也。星，見星也。説，舍止也。秉，操。塞，實。淵，深也。馬七尺以上爲騋。○言方春時雨既降，而農桑之務作。文公於是命主駕者晨起駕車，亟往而勞勸之。然非獨此人所以操其心者誠實而淵深也，蓋其所畜之馬七尺而牝者，亦已至於三千之衆矣。蓋人操心誠實而淵深，則無所爲而不成，其致此富盛宜矣。記曰：問國君之富，數馬以對。今言騋牝之衆如此，則生息之蕃可見，而衛國之富亦可知矣。此章又要其終而言也。

定之方中三章，章七句。按春秋傳衛懿公九年冬，狄入衛，懿公及狄人戰于熒澤而敗，死焉。宋桓公迎衛之遺民渡河而南，立宣姜子申，以廬於漕，是爲戴公，是年卒，立其弟燬，是爲文公。於是齊桓公合諸侯以城楚丘而遷衛焉。文公大布之衣，大帛之冠，務材訓農，通商惠工，敬教勸學，授方任能。元年革車三十乘，季年乃三百乘。

蝃丁計反。蝀都動反。在東，莫之敢指。女子有行，遠于萬反。父母兄弟。叶待里反。○比也。蝃蝀，虹也，日與雨交，倏然成質，似有血氣之類，乃陰陽之氣不當交而交者，蓋天地之淫氣也。在東者，莫虹也。虹隨日所映，故朝西而莫東也。○此刺淫奔之詩。言蝃蝀在東，而人不敢指，以比淫奔之惡，人不可道。況女子有行，又當遠其父母兄弟，豈可不顧此而冒行乎？○朝隮子西反。于西，崇朝其雨。女子有行，遠兄弟父母。叶滿補反。○比也。隮，升也。周禮：十煇，九曰隮。注以爲虹，蓋忽然而見，如自下而升也。崇，終也。從旦至食時爲終朝。言方雨而虹見，則其雨終朝而止矣。蓋淫慝之氣有害於陰陽之和也。今俗謂虹能截雨，信然。○乃如之人也，懷昏姻也，大無信叶斯人反。也，不知命叶彌并反。也。賦也。乃如之人，指淫奔者而言。昏姻，謂男女之欲。程子曰：「女子以不自失爲信。」命，正理也。○言此淫奔之人，但知思念男女之欲，是不能自守其貞信之節，而不知天理之正也。程子曰：「人雖不能無欲，然當有以制之。無以制之，而惟欲之從，則人道廢而入於禽獸矣。以道制欲，則能順命。」

蝃蝀三章，章四句。

相鼠有皮，叶蒲何反。人而無儀！叶牛何反。人而無儀，不死何爲！叶吾禾反。○興也。相，息亮反。○興也。相，視也。鼠，蟲之可賤惡者。○言視彼鼠，而猶必有皮，可以人而無儀乎？人而無儀，則其不死亦何爲哉！○相鼠有齒，人而無止！人而無止，不死何俟！叶羽已反，又音始。○興也。止，容止也。俟，待也。○相鼠有體，人而無禮！人而無禮，胡不遄死！叶想止反。○興也。體，支體也。遄，速也。

相鼠三章，章四句。

孑孑居熱反。干旄，在浚蘇俊反。之郊。叶音高。素絲紕符至反。之，良馬四之。彼姝赤朱反。者子，何以畀必寐反。之？賦也。孑孑，特出之貌。干旄，以旄牛尾注於旗干之首，而建之車後也。浚，衛邑名。邑外謂之郊。紕，織組也。蓋以素絲織組而維之也。四之，兩服、兩驂，凡四馬以載之也。姝，美也。子，指所見之人也。畀，與也。○言衛大夫乘此車馬，建此旌旄，以見賢者。彼其所見之賢者，將何以畀之，而答其禮意之勤乎？○孑孑干旟，在浚之都。素絲組音祖。之，良馬五之，彼姝者子，何以予音與。之？賦也。旟，州里所建鳥隼之旗也，上設旌旄，其下繫斿，斿下屬縿，皆畫鳥隼也。下邑曰都。五之，五馬，言其盛也。○孑孑干旌，在浚之城。素絲祝之，良馬六之，彼姝者子，何以告姑沃反。之？賦也。析羽爲旌。干旌，蓋析翟羽設於旗干之首也。城，都城也。祝，屬也。六之，六馬，極其盛而言也。

干旄三章，章六句。此上三詩，小序皆以爲文公時詩。蓋見其列於定中、載馳之間故爾。他無所考也。然衛本以淫亂無禮，不樂善道而亡其國。今破滅之餘，人心危懼，正其有以懲創往事，而興起善端之時也，故其爲詩如此。蓋所謂生於憂患，死於安樂者。小序之言，疑亦有所本云。

載馳載驅，叶祛尤反。歸唁衛侯。驅馬悠悠，言至於漕。叶祖侯反。大夫跋蒲末反。涉，我心則憂。賦也。載，則也。吊失國曰唁。悠悠，遠而未至之貌。草行曰跋，水行曰涉。○宣姜之女爲許穆公夫人，閔衛之亡，馳驅而歸，將以唁衛侯於漕邑。未至，而許之大夫有奔走跋涉而來者，夫人知其必將以不可歸之義來告，故心以爲憂也。既而終不果歸，乃作此詩，以自言其意爾。○既不我嘉，不能旋反。視爾不臧，我思不遠。既不我嘉，不能旋濟。視爾不臧，我思不閟。賦也。嘉、臧，皆善也。遠，猶忘也。濟，渡也。自許歸衛，必有所渡之水也。閟，閉也，止也。言思之不止也。○言大夫既至，而果不以我歸爲善，則我亦不能旋反而濟，以至於衛矣。雖視爾不以我爲善，然我之所思，終不能自已也。○陟彼阿丘，言采其蝱。音盲，叶謨郎反。女子善懷，亦各有行。叶户郎反。許人尤之，衆穉且狂。直吏反。賦也。偏高曰阿丘。蝱，貝母也，主療鬱結之病。善懷，多憂思也，猶漢書云「岸善崩也」。行，道。尤，過也。○又言以其既不適衛而思終不止也，故其在塗或升高以舒憂想之情，或采蝱以療鬱結之病。蓋女子所以善懷者，亦各有道。而許國之衆人以爲過，則亦少不更事而狂妄之人爾。許人守禮，非穉且狂也，但以其不知己情之切至而言若是爾。然而卒不敢違焉，則亦豈真以爲穉且狂哉。○我行其野，芃芃其麥。叶訖力反。控于大邦，誰因誰極？大夫君子，無我有尤！叶于其反。百爾所思，叶新齎反。不如我所之。賦也。芃芃，麥盛長貌。控，持而告之也。因，如「因魏莊子」之因。極，至也。大夫，即跋涉之大夫。君子，謂許國之衆人也。○又言歸途在野，而涉芃芃之麥，又自傷許國之小而力不能救，故思欲爲之控告于大邦，而又未知其將何所因而何所至乎？大夫君子無以我爲有過，雖爾所以處此百方，然不如使我得自盡其心之爲愈也。

載馳四章，二章章六句，二章章八句。事見春秋傳。舊説此詩五章，一章六句，二章、三章四句，四章六句，五章八句。蘇氏合二章、三章以爲一章。按春秋傳叔孫豹賦載馳之四章，而取其「控于大邦，誰因誰極」之意，與蘇説合，今從之。范氏曰：「先王制禮，父母没，則不得歸寧者，義也。雖國滅君死，不得往赴焉，義重於亡故也。」

鄘國十篇，二十九章，百七十六句。

衛一之五

瞻彼淇奥，於六反。緑竹猗猗。於宜反，叶於何反。有匪君子，如切如磋，七河反。如琢如磨。瑟兮僩遐版反。下同。兮，赫兮咺況晚反。下同。兮。有匪君子，終不可諼況元反，叶況遠反。下並同。兮。興也。淇，水名。奥，隈也。緑，色也。淇上多竹，漢世猶然，所謂淇園之竹是也。猗猗，始生柔弱而美盛也。匪、斐通，文章著見之貌也。君子，指武公也。治骨角者，既切以刀斧，而復磋以鑢鐋；治玉石者，既琢以椎鑿，而復磨以沙石。言其德之脩飭有進而無已也。瑟，矜莊貌。僩，威嚴貌。咺，宣著貌。諼，忘也。○衛人美武公之德，而以緑竹始生之美盛，興其學問自脩之進益也。大學傳曰：「如切如磋者，道學也；如琢如磨者，自脩也；瑟兮僩兮者，恂慄也；赫兮喧兮者，威儀也；有斐君子終不可諠兮者，道盛德至善，民之不能忘也。」○瞻彼淇奥，緑竹青青。子丁反。有匪君子，充耳琇瑩，音營。會古外反。弁如星。瑟兮僩兮，赫兮咺兮。有匪君子，終不可諼兮。興也。青青，堅剛茂盛之貌。充耳，瑱也。琇瑩，美石也。天子玉瑱，諸侯以石。會，縫也。弁，皮弁也。以玉飾皮弁之縫中，如星之明也。○以竹之堅剛茂盛，興其服飾之尊嚴，而見其德之稱也。○瞻彼淇奥，緑竹如簀。音責，叶側歷反。有匪君子，如金如錫，如圭如璧。寬兮綽兮，猗於綺反。重直恭反。較古岳反。兮。善戲謔兮，不爲虐兮。興也。簀，棧也。竹之密比似之，則盛之至也。金、錫，言其鍛鍊之精純。圭、璧，言其生質之温潤。寬，宏裕也。綽，開大也。猗，嘆辭也。重較，卿士之車也。較兩輢上出軾者，謂車兩傍也。善戲謔不爲虐者，言其樂易而有節也。○以竹之至盛，興其德之成就，而又言其寬廣而自如，和易而中節也。蓋寬綽無斂束之意，戲謔非莊厲之時，皆常情所忽，而易致過差之地也。然猶可觀，而必有節焉，則其動容周旋之間，無適而非禮，亦可見矣。禮曰：「張而不弛，文武不能也；弛而不張，文武不爲也；一張一弛，文武之道也。」此之謂也。

淇奥三章，章九句。按國語，武公年九十有五，猶箴儆于國曰：「自卿以下，至于師長士，苟在朝者，無謂我老耄而舍我，必恪恭於朝以交戒我。」遂作懿戒之詩以自警。而賓之初筵亦武公悔過之作。則其有文章，而能聽規諫，以禮自防也，可知矣。衛之他君，蓋無足以及此者。故序以此詩爲美武公，而今從之也。

考槃在澗，叶居賢反。碩人之寬。叶區權反。獨寐寤言，永矢弗諼！況元反。○賦也。

考，成也。槃，盤桓之意。言成其隱處之室也。陳氏曰：「考，扣也。槃，器名。蓋扣之以節歌，如鼓盆拊缶之爲樂也。」二説未知孰是。山夾水曰澗。碩，大。寬，廣。永，長。矢，誓。諼，忘也。○詩人美賢者隱處澗谷之間，而碩大寬廣，無戚戚之意，雖獨寐而寤言，猶自誓其不忘此樂也。○考槃在阿，碩人之薖。苦禾反。獨寐寤歌，永矢弗過！古禾反。○賦也。曲陵曰阿。薖，義未詳，或云亦寬大之意也。永矢弗過，自誓所願不踰於此，若將終身之意也。○考槃在陸，碩人之軸。獨寐寤宿，永矢弗告！姑沃反。○賦也。高平曰陸。軸，盤桓不行之意。寤宿，已覺而猶卧也。弗告者，不以此樂告人也。

考槃三章，章四句。

碩人其頎，其機反。衣錦褧衣。於既反。褧，苦迥反。齊侯之子，衛侯之妻，東宫之妹，邢侯之姨，譚公維私。息夷反。○賦也。碩人，指莊姜也。頎，長貌。錦，文衣也。褧，禪也。錦衣而加褧焉，爲其文之太著也。東宫，太子所居之宫，齊太子得臣也。繫太子言之者，明與同母，言所生之貴也。女子後生曰妹。妻之姊妹曰姨。姊妹之夫曰私。邢侯、譚公皆莊姜姊妹之夫，互言之也。諸侯之女嫁於諸侯，則尊同，故歷言之。○莊姜事見邶風緑衣等篇。春秋傳曰：「莊姜美而無子，衛人爲之賦碩人。」即謂此詩。而其首章極稱其族類之貴，以見其爲正嫡小君，所宜親厚，而重歎莊公之昏惑也。○

手如柔荑，徒奚反。膚如凝脂。領如蝤似修反。蠐，音齊。齒如瓠户故反。犀，螓音秦。首蛾我波反。眉。巧笑倩七薦反。兮，美目盼匹莧反，叶匹見反。兮。賦也。茅之始生曰荑，言柔而白也。凝脂，脂寒而凝者，亦言白也。領，頸也。蝤蠐，木蠹之白而長者。瓠犀，瓠中之子方正潔白而比次整齊也。螓，如蟬而小，其額廣而方正。蛾，蠶蛾也。其眉細而長曲。倩，口輔之美也。盼，白黑分明也。○此章言其容貌之美，猶前章之意也。○碩人敖敖，五刀反。説始鋭反。于農郊。叶音高。四牡有驕，起橋反，叶音高。朱幩符云反。鑣鑣，表驕反，叶音褒。翟茀音弗。以朝。直遥反，叶直豪反。大夫夙退，無使君勞。賦也。敖敖，長貌。説，舍也。農郊，近郊也。四牡，車之四馬。驕，壯貌。幩，鑣飾也。鑣者，馬銜外鐵，人君以朱纏之也。鑣鑣，盛也。翟，翟車也。夫人以翟羽飾車。茀，蔽也。婦人之車，前後設蔽。夙，早也。玉藻曰：「君日出而視朝，退適路寢聽政。使人視大夫，大夫退，然後適小寢釋服。」○此言莊姜自齊來嫁，舍止近郊，乘是車馬之盛，以入君之朝，國人樂得以爲莊公之配，故謂諸大夫朝於君者宜早退，無使君勞於政事，不得與夫人相親，而歎今之不然也。○河水洋洋，北流活活。古闊反，叶户劣反。施罛音孤。濊濊，呼活反，叶許月反。鱣陟連反。鮪于軌反。發發，補末反，叶方月反。葭音加。菼他覽反。揭揭，居謁反。庶姜孽孽，魚竭反。庶士有朅。欺列反。○賦也。河在齊西衛東，北流入海。洋洋，盛大貌。活活，流貌。施，設也。罛，魚罟也。濊濊，罟入水聲也。鱣，魚，似龍，黃色，鋭頭，口在頷下，背上腹下皆有甲，大者千餘斤。鮪，似鱣而小，色青黑。發發，盛貌。菼，薍也，亦謂之荻。揭揭，長也。庶姜，謂姪娣。孽孽，盛飾也。庶士，謂媵臣。朅，武貌。○言齊地廣饒，而夫人之來，士女佼好，禮儀盛備如此，亦首章之意也。

碩人四章，章七句。

氓之蚩蚩，尺之反。抱布貿莫豆反。絲。叶新齎反。匪來貿絲，來即我謀。叶謨悲反。送子涉淇，至于頓丘。叶祛奇反。匪我愆期，子無良媒。叶謨悲反。將七羊反。子無怒，秋以爲期。賦也。氓，民也，蓋男子而不知其誰何之稱也。蚩蚩，無知之貌，蓋怨而鄙之也。布，幣。貿，買也。貿絲，蓋初夏時也。頓丘，地名。愆，過也。將，願也，請也。○此淫婦爲人所棄，而自敘其事，以道其悔恨之意也。夫既與之謀而不遂往，又責所無以難其事，再爲之約，以堅其志，此其計亦狡矣。以御蚩蚩之氓，宜其有餘，而不免於見棄。蓋一失其身，人所賤惡。始雖以欲而迷，後必有時而悟，是以無往而不困耳。士君子立身一敗，而萬事瓦裂者，何以異此？可不戒哉！○乘彼垝俱毀反。垣，音袁。以望復關。叶圭員反。不見復關，泣涕漣漣。音連。既見復關，載笑載言。爾卜爾筮，體無咎言。以爾車來，以我賄呼罪反。遷。賦也。垝，毀。垣，墻也。復關，男子之所居也。不敢顯言其人，故託言之耳。龜曰卜，蓍曰筮。體，兆卦之體也。賄，財。遷，徙也。○與之期矣，故及期而乘垝垣以望之。既見之矣，於是問其卜筮所得卦兆之體，若無凶咎之言，則以爾之車來迎，當以我之賄往遷也。○

桑之未落，其葉沃若。于音吁。下同。嗟鳩兮，無食桑葚。音甚，叶知林反。于嗟女兮，無與士耽。叶持林反。士之耽兮，猶可說也。女之耽兮，不可說也。比而興也。沃若，潤澤貌。鳩，鶻鳩也，似山雀而小，短尾，青黑色，多聲。葚，桑實也。鳩食葚多，則致醉。耽，相樂也。說，解也。○言桑之潤澤，以比己之容色光麗。然又念其不可恃此而從欲忘反，故遂戒鳩無食桑葚，以興下句戒女無與士耽也。士猶可說，而女不可說者，婦人被棄之後，深自愧悔之辭。主言婦人無外事，唯以貞信爲節，一失其正，則餘無可觀爾。不可便謂士之耽惑實無所妨也。○桑之落矣，其黃而隕。叶于貧反。自我徂爾，三歲食貧。淇水湯湯，音傷。漸子廉反。車帷裳。女也不爽，叶師莊反。士貳其行。下孟反，叶户郎反。士也罔極，二三其德。比也。隕，落。徂，往也。湯湯，水盛貌。漸，漬也。帷裳，車飾，亦名童容，婦人之車則有之。爽，差。極，至也。○言桑之黃落，以比己之容色凋謝。遂言自我往之爾家，而值爾之貧，於是見棄，復乘車而度水以歸。復自言其過不在此，而在彼也。○三歲爲婦，靡室勞矣。夙興夜寐，靡有朝叶直豪反。矣。言既遂矣，至于暴矣。兄弟不知，咥許意反。其笑叶音燥。矣。靜言思之，躬自悼矣。賦也。靡，不。夙，早。興，起也。咥，笑貌。○言我三歲爲婦，盡心竭力，不以室家之務爲勞。早起夜卧，無有朝旦之暇。與爾始相謀約之言既遂，而爾遽以暴戾加我。兄弟見我之歸，不知其然，但咥然其笑而已。蓋淫奔從人，不爲兄弟所齒，故其見棄而歸，亦不爲兄弟所恤。理固有必然者，亦何所歸咎哉？但自痛悼而已。○及爾偕老，老使我怨。淇則有岸，叶魚戰反。隰則有泮。音畔，叶匹見反。總角之宴，言笑晏晏。叶伊佃反。信誓旦旦，叶得絹反。不思其反。叶孚絢反。反是不思，叶新齎反。亦已焉哉！叶將黎反。○賦而興也。及，與也。泮，涯也，高下之判也。總角，女子未許嫁則未笄，但結髮爲飾也。晏晏，和柔也。旦旦，明也。○言我與女本期偕老，不知老而見棄如此，徒使我怨也。淇則有岸矣，隰則有泮矣，而我總角之時，與爾宴樂言笑，成此信誓，曾不思其反復以至於此也。此則興也。既不思其反復而至此矣，則亦如之何哉？亦已而已矣。傳曰：「思其終也，思其復也。」思其反之謂也。

氓六章，章十句。

籊籊竹竿，以釣于淇。豈不爾思，遠莫致之。賦也。籊籊他歷反。長而殺也。竹，衛物。淇，衛地也。○衛女嫁於諸侯，思歸寧而不可得，故作此詩。言思以竹竿釣于淇水，而遠不可至也。○泉源在左，淇水在右。叶羽軌反。女子有行，遠兄弟父母。叶滿彼反。○賦也。泉源，即百泉也，在衛之西北，而東南流入淇，故曰在左。淇在衛之西南，而東流與泉源合，故曰在右。○思二水之在衛，而自歎其不如也。○淇水在右，泉源在左。巧笑之瑳，七可反。佩玉之儺。乃可反。○賦也。瑳，鮮白色。笑而見齒，其色瑳然，猶所謂粲然，皆笑也。儺，行有度也。○承上章，言二水在衛，而自恨其不得笑語遊戲於其間也。○淇水滺滺，音由。檜楫松舟。駕言出遊，以寫我憂。賦也。滺滺，流貌。檜，木名，似柏。楫，所以行舟也。○與泉水之卒章同意。

竹竿四章，章四句。

芄音丸。蘭之支，童子佩觿。許規反。雖則佩觿，能不我知。容兮遂兮，垂帶悸其季反。兮。興也。芄蘭，草，一名蘿摩，蔓生，斷之有白汁，可啖。支、枝同。觿，錐也，以象骨爲之，所以解結，成人之佩，非童子之飾也。知，猶智也。言其才能不足以知於我也。容、遂，舒緩放肆之貌。悸，帶下垂之貌。○芄蘭之葉，童子佩韘。失涉反。雖則佩韘，能不我甲。叶古協反。容兮遂兮，垂帶悸兮。興也。韘，決也，以象骨爲之，著右手大指，所以鈎弦闓體。鄭氏曰：沓也。即大射所謂「朱極三」是也。以朱韋爲之，用以彄沓右手食指、將指、無名指也。甲，長也。言其才能不足以長於我也。

芄蘭二章，章六句。此詩不知所謂，不敢强解。

誰謂河廣？一葦韋鬼反。杭户郎反。之。誰謂宋遠？跂丘豉反。予望叶武方反。之。賦也。葦，蒹葭之屬。杭，度也。衛在河北，宋在河南。○宣姜之女爲宋桓公夫人，生襄公而出歸于衛。襄公即位，夫人思之，而義不可往。蓋嗣君承父之重，與祖爲體，母出，與廟絶，不可以私反，故作此詩。言誰謂河廣乎？但以一葦加之，則可以渡矣。誰謂宋國遠乎？但一跂足而望，則可以見矣。明非宋遠而不可至也，乃義不可而不得往耳。○誰謂河廣？曾不容刀。誰謂宋遠？曾不崇朝。賦也。小船曰刀。不容刀，言小也。崇，終也。行不終朝而至，言近也。

河廣二章，章四句。范氏曰：夫人之不往，義也。天下豈有無母之人歟？有千乘之國，而不得養其母，則人之不幸也。爲襄公者，將若之何？生則致其孝，没則盡其禮而已。衛有婦人之詩，自共姜至於襄公之母，六人焉，皆止於禮義，而不敢過也。夫以衛之政教淫僻，風俗傷敗，然而女子乃有知禮而畏義如此者，則以先王之化，猶有存焉故也。

伯兮朅丘列反。兮，邦之桀兮。伯也執殳，市朱反。爲王前驅。賦也。伯，婦人目其夫之字也。朅，武貌。桀，才過人也。殳，長丈二而無刃。○婦人以夫久從征役而作是詩，言其君子之才之美如是，今方執殳而爲王前驅也。○自伯之東，首如飛蓬。豈無膏沐，誰適都歷反。爲容？賦也。蓬，草名，其華似柳絮[一]，聚而飛，如亂髮也。膏，所以澤髮者。沐，滌首去垢也。適，主也。○言我髮亂如此，非無膏沐可以爲容，所以不爲者，君子行役，無所主而爲之故也。傳曰：女爲説己容。○其雨其雨，杲杲古老反。出日。願言思伯，甘心首疾。比也。其者，冀其將然之辭。○冀其將雨而杲然日出，以比望其君子之歸而不歸也。是以不堪憂思之苦，而寧甘心於首疾也。○焉於虔反。得諼況袁反。草，言樹之背。音佩。願言思伯，使我心痗。呼内反。○賦也。諼，忘也。

諼草合歡，食之令人忘憂者。背，北堂也。痗，病也。○言焉得忘憂之草，樹之於北堂，以忘吾憂乎？然終不忍忘也。是以寧不求此草，而但願言思伯，雖至於心痗，而不辭爾。心痗，則其病益深，非特首疾而已也。

伯兮四章，章四句。范氏曰：居而相離則思，期而不至則憂，此人之情也。文王之遣戍役，周公之勞歸士，皆叙其室家之情，男女之思以閔之，故其民悦而忘死。聖人能通天下之志，是以能成天下之務。兵者，毒民於死者也。孤人之子，寡人之妻，傷天地之和，召水旱之災，故聖王重之。如不得已而行，則告以歸期，念其勤勞，哀傷慘怛，不啻在己。是以治世之詩，則言其君上閔恤之情；亂世之詩，則録其室家怨思之苦，以爲人情不出乎此也。

有狐綏綏，在彼淇梁。心之憂矣，之子無裳。比也。狐者，妖媚之獸。綏綏，獨行求匹之貌。石絶水曰梁。在梁則可以裳矣。○國亂民散，喪其妃耦，有寡婦見鰥夫而欲嫁之，故託言有狐獨行而憂其無裳也。○有狐綏綏，在彼淇厲。心之憂矣，之子無帶。叶丁計反。○比也。厲，深水可厲處也。帶，所以申束衣也。在厲則可以帶矣。○有狐綏綏，在彼淇側。心之憂矣，之子無服。叶蒲北反。○比也。濟乎水，則可以服矣。

有狐三章，章四句。

投我以木瓜，叶攻乎反。報之以瓊琚。音居。匪報也，永以爲好呼報反。也。比也。木瓜，楙木也，實如小瓜，酢可食。瓊，玉之美者。琚，佩玉名。○言人有贈我以微物，我當報之以重寶，而猶未足以爲報也，但欲其長以爲好而不忘耳。疑亦男女相贈答之詞，如靜女之類。○投我以木桃，報之以瓊瑶。匪報也，永以爲好也。比也。瑶，美玉也。○投我以木李，報之以瓊玖。音久，叶舉里反。匪報也，永以爲好也。比也。玖，亦玉名也。

木瓜三章，章四句。

衛國十篇，三十四章，二百三句。張子曰：衛國地濱大河，其地土薄，故其人氣輕浮；其地平下，故其人質柔弱；其地肥饒，不費耕耨，故其人心怠惰。其人情性如此，則其聲音亦淫靡。故聞其樂，使人懈慢而有邪僻之心也。鄭詩放此。

校勘記

〔一〕其華似柳絮　「似」，元本、明甲本、明乙本作「如」。

詩卷第四

朱熹集傳

王一之六王謂周東都洛邑王城畿内方六百里之地，在禹貢豫州太華、外方之間。北得河陽，漸冀州之南也。周室之初，文王居豐，武王居鎬。至成王時，周公始營洛邑，爲時會諸侯之所。以其土中，四方來者道里均故也。自是謂豐鎬爲西都，而洛邑爲東都。至幽王嬖褒姒，生伯服，廢申后及太子宜臼。宜臼奔申。申侯怒，與犬戎攻宗周，弑幽王于戲。晉文侯、鄭武公迎宜臼于申而立之，是爲平王。徙居東都王城。於是王室遂卑，與諸侯無異。故其詩不爲雅而爲風。然其王號未替也，故不曰周而曰王。其地則今河南府及懷、孟等州是也。

彼黍離離，彼稷之苗。行邁靡靡，中心摇摇。知我者謂我心憂，不知我者謂我何求。悠悠蒼天，叶鐵因反。下同。此何人哉！賦而興也。黍，穀名，苗似蘆，高丈餘，穗黑色，實圓重。離離，垂貌。稷，亦穀也，一名穄，似黍而小，或曰粟也。邁，行也。靡靡，猶遲遲也。摇摇，無所定也。悠悠，遠意〔一〕。蒼天者，據遠而視之，蒼蒼然也。○周既東遷，大夫行役，至于宗周，過故宗廟宫室，盡爲禾黍。閔周室之顛覆，傍徨不忍去，故賦其所見黍之離離，與稷之苗，以興行之靡靡，心之摇摇。既歎時人莫識己意，又傷所以致此者，果何人哉！追怨之深也。○彼黍離離，彼稷之穗。音遂。行邁靡靡，中心如醉。知我者謂我心憂，不知我者謂我何求。悠悠蒼天，此何人哉！賦而興也。穗，秀也。稷穗下垂，如心之醉，故以起興。○彼黍離離，彼稷之實。行邁靡靡，中心如噎。於結反，叶於悉反。知我者謂我心憂，不知我者謂我何求。悠悠蒼天，此何人哉！賦而興也。噎，憂深不能喘息，如噎之然。稷之實，猶心之噎，故以起興。

黍離三章，章十句。元城劉氏曰：常人之情，於憂樂之事，初遇之，則其心變焉，次遇之，則其變少衰，三遇之，則其心如常矣。至於君子忠厚之情則不然。其行役往來，固非一見也，初見稷之苗矣，又見稷之穗矣，又見稷之實矣，而所感之心終始如一，不少變而愈深，此則詩人之意也。

君子于役，不知其期。曷至哉？叶將黎反。雞棲音西。于塒，音時。日之夕矣，羊牛下來。叶陵之反。君子于役，如之何勿思！叶新齎反。○賦也。君子，婦人目其夫之辭。鑿牆而棲曰塒。日夕，則羊先歸而牛次之。○大夫久役于外，其室家思而賦之曰：「君子行役，不知其還反之期〔二〕，且今亦何所至哉？雞則棲于塒矣，日則夕矣，羊牛則下來矣。是則畜産出入尚有旦暮之節，而行役之君子，乃無休息之時，使我如何而不思也哉！」○君子于役，不日不月。曷其有佸？户括反，叶户劣反。雞棲于桀，日之夕矣，羊牛下括。古活反，叶古劣反。君子于役，苟無飢渴！叶巨列反。○賦也。佸，會。桀，杙。括，至。苟，且也。○君子行役之久，不可計以日月，而又不知其何時可以來會也。亦庶幾其免於飢渴而已矣。此憂之深而思之切也。

君子于役二章，章八句。

君子陽陽，左執簧，音黄。右招我由房。其樂音洛。只音止。且！子徐反。○賦也。陽陽，得志之貌。簧，笙、竽管中金葉也。蓋笙竽皆以竹管植於匏中，而竅其管底之側，以薄金葉障之，吹則鼓之而出聲，所謂簧也。故笙、竽皆謂之簧。笙十三簧，或十九簧，竽三十六簧也。由，從也。房，東房也。只且，語助聲。○此詩疑亦前篇婦人所作。蓋其夫既歸，不以行役爲勞，而安於貧賤以自樂，其家人又識其意而深歎美之，皆可謂賢矣。豈非先王之澤哉！或曰，序說亦通。宜更詳之。○君子陶陶，左執翿，徒刀反。右招我由敖。五刀反。其樂只且！賦也。陶陶，和樂之貌。翿，舞者所持羽旄之屬。敖，舞位也。

君子陽陽二章，章四句。

揚之水，不流束薪。彼其音記。之子，不與我戍申。懷叶胡威反。下同。哉懷哉，曷月予還音旋。下同。歸哉？興也。揚，悠揚也，水緩流之貌。彼其之子，戍人指其室家而言也。戍，屯兵以守也。申，姜姓之國，平王之母家也，在今鄧州信陽軍之境。懷，思。曷，何也。○平王以申國近楚，數被侵伐，故遣畿内之民戍之。而戍者怨思，作此詩也。興取之不二字，如小星之例。○揚之水，不流束楚。彼其之子，不與我戍甫。懷哉懷哉，曷月予還歸哉？興也。楚，木也。甫，即吕也，亦姜姓。書「吕刑」，禮記作「甫刑」。而孔氏以爲「吕侯」，後爲「甫侯」，是也。當時蓋以申故而并戍之。今未知其國之所在，計亦不遠於申、許也。○揚之水，不流束蒲。叶滂古反。彼其之子，不與我戍許。懷哉懷哉，曷月予還歸哉？興也。蒲，蒲柳。春秋傳云：「董澤之蒲」，杜氏云「蒲，楊柳，可以爲箭」者是也。許，國名，亦姜姓，今潁昌府許昌縣是也。

揚之水三章，章六句。申侯與犬戎攻宗周而弑幽王，則申侯者，王法必誅不赦之賊，而平王與其臣庶不共戴天之讎也。今平王知有母而不知有父，知其立己爲有德，而不知其弑父爲可怨，至使復讎討賊之師，反爲報施酬恩之舉，則其忘親逆理，而得罪於天已甚矣。又况先王之制，諸侯有故，則方伯連帥以諸侯之師討之；王室有故，則方伯連帥以諸侯之師救之。天子鄉遂之民，供貢賦，衛王室而已。今平王不能行其威令於天下，無以保其母家，乃勞天子之民遠爲諸侯戍守，故周人之戍申者又以非其職而怨思焉。則其衰懦微弱而得罪於民，又可見矣〔三〕。

中谷有蓷，吐雷反。暵呼但反。其乾矣。有女仳匹指反。離，嘅口愛反。其嘆土丹反。

矣。嘅其嘆矣，遇人之艱難矣！ 興也。蓷，鵻也，葉似萑，方莖，白華，華生節間，即今益母草也。暵，熯。仳，別也。嘅，歎聲。艱難，窮厄也。○凶年饑饉，室家相棄，婦人覽物起興，而自述其悲歎之詞也。○中谷有蓷，暵其脩叶先竹反。矣。有女仳離，條其歗叶息六反。矣。條其歗矣，遇人之不淑矣！ 興也。脩，長也。或曰乾也，如脯之謂脩也。條，條然歗貌。歗，蹙口出聲也。悲恨之深，不止於嘆矣。淑，善也。古者謂死喪飢饉皆曰不淑。蓋以吉慶爲善事，凶禍爲不善事，雖今人語猶然也。○曾氏曰：凶年而遽相棄背，蓋衰薄之甚者。而詩人乃曰遇斯人之艱難，遇斯人之不淑，而無怨懟過甚之辭焉。厚之至也。○中谷有蓷，暵其濕矣。有女仳離，啜其泣矣。啜其泣矣，何嗟及矣！ 興也。暵濕者，旱甚則草之生於濕者亦不免也。啜，泣貌。何嗟及矣，言事已至此，末如之何，窮之甚也。

中谷有蓷三章，章六句。范氏曰：世治則室家相保者，上之所養也。世亂則室家相棄者，上之所殘也。其使之也勤，其取之也厚，則夫婦日以衰薄，而凶年不免於離散矣。伊尹曰：「匹夫匹婦，不獲自盡，民主罔與成厥功。」故讀詩者於一物失所，而知王政之惡；一女見棄，而知人民之困。周之政荒民散，而將無以爲國，於此亦可見矣。

有兔爰爰，雉離于羅。我生之初，尚無爲。叶吾禾反。我生之後，逢此百罹。叶良何反。

尚寐無吪！比也。兔性陰狡。爰爰，緩意。雉性耿介。離，麗。羅，網。尚，猶。罹，憂也。尚，庶幾也。吪，動也。○周室衰微，諸侯背叛，君子不樂其生，而作此詩。言張羅本以取兔，今兔狡得脱，而雉以耿介，反離于羅。以比小人致亂，而以巧計幸免。君子無辜，而以忠直受禍也。爲此詩者，蓋猶及見西周之盛，故曰方我生之初，天下尚無事，及我生之後，而逢時之多難如此。然既無如之何，則但庶幾寐而不動以死耳。或曰，興也。以兔爰興無爲，以雉離興百罹也。下章放此。○有兔爰爰，雉離于罦。音孚，叶步廟反。我生之初，尚無造。我生之後，逢此百憂。叶一笑反。尚寐無覺！居孝反，叶居笑反。○比也。罦，覆車也，可以掩兔。造亦「爲」也。覺，寤也。○有兔爰爰，雉離于罿。昌鍾反。我生之初，尚無庸。我生之後，逢此百凶。尚寐無聰！比也。罿，罬也，即罦也。或曰施羅於車上也。庸，用。聰，聞也。無所聞，則亦死耳。

兔爰三章，章七句。

緜緜葛藟，力軌反。在河之滸。呼五反。終遠兄弟，于萬反。謂他人父。叶夫矩反。謂他人父，亦莫我顧。叶公五反。○興也。緜緜，長而不絶之貌。岸上曰滸。○世衰民散，有去其鄉里家族，而流離失所者，作此詩以自歎。言緜緜葛藟，則在河之滸矣，今乃終遠兄弟，而謂他人爲己父。己雖謂彼爲父，而彼亦不我顧，則其窮也甚矣。○緜緜葛藟，在河之涘。音俟，叶矣始二音。終遠兄弟，謂他人母。叶滿彼反。謂他人母，亦莫我有。叶羽已反。○興也。水涯曰涘。謂他人父者，其妻則母也。有，識有也。春秋傳曰：「不有寡君。」○緜緜葛藟，在河之漘。順春反。終遠兄弟，謂他人昆。叶古勻反。謂他人昆，亦莫我聞。叶微勻反。○興也。夷上灑下曰漘，漘之爲言脣也。昆，兄也。聞，相聞也。

葛藟三章，章六句。

彼采葛叶居謁反。兮，一日不見，如三月兮！賦也。采葛所以爲絺綌，蓋淫奔者託以行也。故因以指其人，而言思念之深，未久而似久也。○彼采蕭叶疏鳩反。兮，一日不見，如三秋兮！賦也。蕭，荻也，白葉，莖麤，科生，有香氣，祭則焫以報氣，故采之。曰三秋，則不止三月矣。○彼采艾兮，一日不見，如三歲本與艾叶。兮！賦也。艾，蒿屬，乾之可灸，故采之。曰三歲，則不止三秋矣。

采葛三章，章三句。

大車檻檻，毳尺鋭反。衣如菼。吐敢反。豈不爾思，畏子不敢。賦也。大車，大夫車。檻檻，車行聲也。毳衣，天子大夫之服。菼，蘆之始生也。毳衣之屬，衣繪而裳繡，五色皆備，其青者如菼。爾，淫奔者相命之辭也。子，大夫也。不敢，不敢奔也。○周衰，大夫猶有能以刑政治其私邑者，故淫奔者畏而歌之如此。然其去二南之化則遠矣。此可以觀世變也。○大車哼哼，他敦反。毳衣如璊。音門。豈不爾思，畏子不奔。賦也。哼哼，重遲之貌。璊，玉，赤色。五色備，則有赤。○穀則異室，死則同穴。叶户橘反。謂予不信，有如皦古了反。日！賦也。穀，生。穴，壙。皦，白也。○民之欲相奔者，畏其大夫，自以終身不得如其志也。故曰：生不得相奔以同室，庶幾死得合葬以同穴而已。「謂予不信，有如皦日」，約誓之辭也。

大車三章，章四句。

丘中有麻，彼留子嗟。彼留子嗟，將七羊反。其來施施。叶時遮反。○賦也。麻，穀名，子可食，皮可績爲布者。子嗟，男子之字也。將，願也。施施，喜悦之意。○婦人望其所與私者而不來，故疑丘中有麻之處，復有與之私而留之者，今安得其施施然而來乎？○丘中有麥，彼留子國。彼留子國，將其來食。賦也。子國，亦男子字也。來食，就我而食也。○丘中有李，彼留之子。叶獎履反。彼留之子，貽我佩玖。叶舉里反。○賦也。之子，并指前二人也。「貽我佩玖」，冀其有以贈己也。

丘中有麻三章，章四句。

王國十篇，二十八章，百六十二句。

鄭一之七鄭，邑名，本在西都畿内咸林之地。宣王以封其弟友爲采地。後爲幽王司徒，而死於犬戎之難，是爲桓公。其子武公掘突定平王於東都，亦爲司徒。又得虢、檜之地，乃徙其封而施舊號於新邑，是爲新鄭。咸林在今華州鄭縣。新鄭即今之鄭州是也。其封域山川，詳見檜風。

緇衣之宜兮，敝，予又改爲兮。適子之館叶古玩反。兮，還，予授子之粲兮。賦也。緇，黑色。緇衣，卿大夫居私朝之服也。宜，稱。改，更。適，之。館，舍。粲，餐也。或曰：粲，粟之精鑿者。○舊説鄭桓公、武公相繼爲周司徒，善於其職，周人愛之，故作是詩。言子之服緇衣也甚宜，敝，則我將爲子更爲之。且將適子之館，既還，而又授子以粲，言好之無已也。○緇衣之好兮，敝，予又改造叶在早反。兮。適子之館兮，還，予授子之粲兮。賦也。好，猶宜也。○緇衣之蓆叶祥龠反。兮，敝，予又改作兮。適子之館兮，還，予授子之粲兮。賦也。蓆，大也。程子曰：蓆有安舒之義。服稱其德則安舒也。

緇衣三章，章四句。記曰：「好賢如緇衣。」又曰：「於緇衣見好賢之至。」

將七羊反。仲子兮，無踰我里，無折之舌反。我樹杞。豈敢愛之，畏我父母。叶滿彼反。仲可懷叶胡威反。下同。也，父母之言，亦可畏叶於非反。也。賦也。將，請也。仲子，男子之字也。我，女子自我也。里，二十五家所居也。杞，柳屬也，生水傍，樹如柳，葉麤而白色，理微赤，蓋里之地域溝樹也。○莆田鄭氏曰：此淫奔者之辭。○將仲子兮，無踰我墻，無折我樹桑。豈敢愛之，畏我諸兄。叶虚王反。仲可懷也，諸兄之言，亦可畏也。賦也。牆，垣也。古者樹牆下以桑。○將仲子兮，無踰我園。無折我樹檀。叶徒沿反。豈敢愛之，畏人之多言。仲可懷也，人之多言，亦可畏也。賦也。園者，圃之藩，其内可種木也。檀，皮青，滑澤，材彊韌，可爲車。

將仲子三章，章八句。

叔于田，叶地因反。巷無居人。豈無居人，不如叔也，洵美且仁！賦也。叔，莊公弟共叔段也。事見春秋。田，取禽也。巷，里塗也。洵，信。美，好也。仁，愛人也。○段不義而得衆，國人愛之，故作此詩。言叔出而田，則所居之巷若無居人矣。非實無居人也，雖有而不如叔之美且仁，是以若無人耳。或疑此亦民間男女相説之詞也。○叔于狩，叶始九反。巷無飲酒。豈無飲酒，不如叔也，洵美且好！叶許厚反。○賦也。冬獵曰狩。○叔適野，叶上與反。巷無服馬。叶滿補反。豈無服馬，不如叔也，洵美且武！賦也。適，之也。郊外曰野。服，乘也。

叔于田三章，章五句。

叔于田，乘乘下繩證反。馬，叶滿補反。執轡如組，音祖。兩驂如舞。叔在藪，素口反，叶素苦反。火烈具舉，襢音但。裼素歷反。暴虎，獻于公所。將七羊反。叔無狃，女九反，叶女古反。戒其傷女。音汝。○賦也。叔亦段也。車衡外兩馬曰驂。如舞，謂諧和中節。皆言御之善也。藪，澤也。火，焚而射也。烈，熾盛貌。具，俱也。襢裼，肉袒也。暴，空手搏獸也。公，莊公也。狃，習也。國人戒之曰：「請叔無習此事，恐其或傷女也。」蓋叔多材好勇，而鄭人愛之如此。○叔于田，乘乘黃，兩服上襄，兩驂鴈行。户郎反。叔在藪，火烈具揚。叔善射忌，音記。又良御叶魚駕反〔四〕。忌，抑磬苦定反。忌。控口貢反。忌，抑縱送忌。賦也。乘黃，四馬皆黃也。衡下夾轅兩馬曰服。襄，駕也。馬之上者爲上駕，猶言上駟也。鴈行者，驂少次服後，如鴈行也。揚，起也。忌、抑，皆語助辭。騁馬曰磬，止馬曰控，舍拔曰縱，覆鏑曰送。○叔于田，乘乘鴇，音保，叶補苟反。兩服齊首，兩驂如手。叔在藪，火烈具阜。符有反。叔馬慢叶黃半反。忌，叔發罕叶虚旰反。忌，抑釋掤音冰。忌，抑鬯敕亮反。弓叶姑弘反。忌。賦也。驪白雜毛曰鴇，今所謂烏驄也。齊首、如手，兩服並首在前，而兩驂在旁，稍次其後，如人之兩手也。阜，盛。慢，遲也。發，發矢也。罕，希。釋，解也。掤，矢箭蓋，春秋傳作「冰」。鬯，弓囊也，與韔同。言其田事將畢，而從容整暇如此，亦喜其無傷之詞也。

大叔于田三章，章十句。陸氏曰：「首章作『大叔于田』者誤。」蘇氏曰：「二詩皆曰『叔于田』，故加『大』以別之。不知者乃以段有大叔之號，而讀曰泰，又加『大』于首章，失之矣。」

清人在彭，叶普郎反。駟介旁旁。補彭反，叶補岡反。二矛重直龍反。英，叶於良反。河上乎翱翔。賦也。清，邑名。清人，清邑之人也。彭，河上地名。駟介，四馬而被甲也。旁旁，馳驅不息之貌。二矛，酋矛、夷矛也。英，以朱羽爲矛飾也。酋矛長二丈，夷矛長二丈四尺，並建於車上，則其英重累而見。翱翔，遊戲之貌。○鄭文公惡高克，使將清邑之兵禦狄于河上。久而不召，師散而歸，鄭人爲之賦此詩。言其師出之久，無事而不得歸，但相與遊戲如此，其勢必至於潰敗而後已爾。○清人在消，駟介麃麃。表驕反。二矛重喬，河上乎逍遥。賦也。消亦河上地名。麃麃，武貌。矛之上句曰喬，所以懸英也。英弊而盡，所存者喬而已。○清人在軸，叶音胄。駟介陶陶。徒報反，叶徒候反。左旋右抽，叶勑救反。中軍作好。呼報反，叶許候反。○賦也。軸亦河上地名。陶陶，樂而自適之貌。左，謂御在將車之左，執轡而御馬者也。旋，還車也。右，謂勇力之士，在將車之右，執兵以擊刺者也。抽，拔刃也。中軍，謂將在鼓下，居車之中，即高克也。好，謂容好〔五〕。○東萊吕氏曰：「言師久而不歸，無所聊賴，姑遊戲以自樂，必潰之勢也。不言已潰，而言將潰，其詞深，其情危矣。」

清人三章，章四句。事見春秋。○胡氏曰：人君擅一國之名寵，生殺予奪，惟我所制爾。使高克不臣之罪已著，按而誅之可也；情狀未明，黜而退之可也；愛惜其才，以禮馭之亦可也。烏可假以兵權，委諸竟上，坐視其離散而莫之恤乎？春秋書曰：「鄭棄其師。」其責之深矣。

羔裘如濡，叶而朱、而由二反。洵直且侯。叶洪姑、洪鉤二反。彼其音記。之子，舍音赦。命不渝。叶容朱、容周二反。○賦也。羔裘，大夫服也。如濡，潤澤也。洵，信。直，順。侯，美也。其，語助辭。舍，處。渝，變也。○言此羔裘潤澤，毛順而美。彼服此者，當生死之際，又能以身居其所受之理而不可奪。蓋美其大夫之詞。然不知其所指矣。○羔裘豹飾，孔武有力。彼其之子，邦之司直。賦也。飾，緣袖也。禮，君用純物，臣下之，故羔裘而以豹皮爲飾也。孔，甚也。豹甚武而有力，故服其所飾之裘者如之。司，主也。○羔裘晏兮，三英粲兮。彼其之子，邦之彦叶魚旰反。兮。賦也。晏，鮮盛也。三英，裘飾也，未詳其制。粲，光明也。彦者，士之美稱。

羔裘三章，章四句。

遵大路兮，摻所覽反。執子之袪叶起據反。兮。無我惡烏路反。兮，不寁帀坎反。故也。賦也。遵，循。摻，擥。袪，袂。寁，速。故，舊也。○淫婦爲人所棄，故於其去也，擥其袪而留之曰：「子無惡我而不留，故舊不可以遽絶也。」宋玉賦有「遵大路兮，攬子袪」之句，亦男女相說之詞也。○遵大路兮，摻執子之手兮。無我魗市由反，叶齒九反。兮，不寁好叶許口反。也。賦也。魗，與醜同。欲其不以己爲醜而棄之也。好，情好也。

遵大路二章，章四句。

女曰雞鳴，士曰昧旦。子興視夜，明星有爛。將翺將翔，弋鳧音符。與雁。賦也。昧，晦。旦，明也。昧旦，天欲旦，晦明未辯之際也。明星，啓明之星，先日而出者也。弋，繳射，謂以生絲繫矢而射也。鳧，水鳥，如鴨，青色，背上有文。○此詩人述賢夫婦相警戒之詞。言女曰雞鳴，以警其夫。而士曰昧旦，則不止於雞鳴矣。婦人又語其夫曰：若是，則子可以起而視夜之如何。意者明星已出而爛然，則當翺翔而往，弋取鳧鴈而歸矣。其相與警戒之言如此，則不留於宴昵之私可知矣。

○弋言加叶居之、居何二反。之，與子宜叶魚奇、魚何二反。之。宜言飲酒，與子偕老。叶魯吼反。琴瑟在御，莫不靜好。叶許厚反。○賦也。加，中也。史記所謂「以弱弓微繳加諸鳧雁之上」是也。宜，和其所宜也。内則所謂「雁宜麥」之屬是也。○射者男子之事，而中饋婦人之職。故婦謂其夫：既得鳧雁以歸，則我當爲子和其滋味之所宜，以之飲酒相樂，期於偕老。而琴瑟之在御者，亦莫不安靜而和好。其和樂而不淫可見矣。

○知子之來叶六直反。之，雜佩以贈叶音則。之。知子之順之，雜佩以問之。知子之好呼報反。之，雜佩以報之。賦也。來之，致其來者，如所謂「脩文德以來之」。雜佩者，左右佩玉也。上横曰珩，下繫三組，貫以蠙珠。中組之半，貫一大珠曰瑀。末懸一玉，兩端皆鋭曰衝牙。兩旁組半各懸一玉，長博而方曰琚。其末各懸一玉，如半璧而内向，曰璜。又以兩組貫珠，上繫珩，兩端下交貫於瑀，而下繫於兩璜。行則衝牙觸璜而有聲也。吕氏曰：非獨玉也，觿燧箴管，凡可佩者皆是也。贈，送。順，愛。問，遺也。○婦又語其夫曰：「我苟知子之所致而來，及所親愛者，則將解此雜佩以送遺報答之〔六〕。」蓋不唯治其門内之職，又欲其君子親賢友善，結其驩心，而無所愛於服飾之玩也。

女曰雞鳴三章，章六句。

有女同車，顔如舜華。叶芳無反。將翺將翔，佩玉瓊琚。彼美孟姜，洵美且都。賦也。舜，木槿也，樹如李，其華朝生暮落。孟，字。姜，姓。洵，信。都，閑雅也。○此疑亦淫奔之詩。言所與同車之女，其美如此，而又嘆之曰：「彼美色之孟姜，信美矣，而又都也。」○有女同行，叶户郎反。顔如舜英。叶於良反。將翺將翔，佩玉將將。七羊反。彼美孟姜，德音不忘。賦也。英，猶華也。將將，聲也。德音不忘，言其賢也。

有女同車二章，章六句。

山有扶蘇，隰有荷華。叶芳無反。不見子都，乃見狂且。子餘反。○興也。扶蘇，扶胥小木也。荷華，扶渠也。子都，男子之美者也。狂，狂人也。且，辭也〔七〕。○淫女戲其所私者曰：山則有扶蘇矣，隰則有荷華矣，今乃不見子都，而見此狂人何哉？○山有橋松，隰有游龍。不見子充，乃見狡童。興也。上竦無枝曰橋，亦作喬。游，枝葉放縱也。龍，紅草也，一名馬蓼，葉大而色白，生水澤中，高丈餘。子充，猶子都也。狡童，狡獪之小兒也。

山有扶蘇二章，章四句。

蘀他落反。兮蘀兮，風其吹女。音汝。叔兮伯兮，倡，昌亮反。予和胡卧反，叶户圭反。女。興也。蘀，木槁而將落者也。女，指蘀而言也。叔、伯，男子之字也。予，女子自予也。女，叔、伯也。○此淫女之詞。言蘀兮蘀兮，則風將吹女矣。叔兮伯兮，則盍倡予，而予將和女矣。○蘀兮蘀兮，風其漂匹遥反。女。叔兮伯兮，倡，予要於遥反。女。興也。漂、飄同。要，成也。

蘀兮二章，章四句。

彼狡童兮，不與我言兮。維子之故，使我不能餐七丹反，叶七宣反。兮。賦也。此亦淫女見絶而戲其人之詞。言悦己者衆，子雖見絶，未至於使我不能餐也。○彼狡童兮，不與我食兮。維子之故，使我不能息兮。賦也。息，安也。

狡童二章，章四句。

子惠思我，褰裳涉溱。側巾反。子不我思，豈無他人。狂童之狂也且！子餘反。○賦也。惠，愛也。溱，鄭水名。狂童，猶狂且狡童也。且，語辭也。○淫女語其所私者曰：子惠然而思我，則將褰裳而涉溱以從子。子不我思，則豈無他人之可從，而必於子哉！「狂童之狂也且」，亦謔之之辭。

○子惠思我，褰裳涉洧。叶于己反。子不我思，豈無他士。鉏里反。狂童之狂也且！賦也。洧，亦鄭水名。士，未娶者之稱。

褰裳二章，章五句。

子之丰芳容反，叶芳用反。兮，俟我乎巷叶胡貢反。兮，悔予不送兮。賦也。丰，豐滿也。巷，門外也。○婦人所期之男子已俟乎巷，而婦人以有異志不從，既則悔之，而作是詩也。○子之昌兮，俟我乎堂兮，悔予不將兮。賦也。昌，盛壯貌。將，亦送也。○衣於既反。錦褧苦迥反。衣，裳錦褧裳。叔兮伯兮，駕予與行。叶户郎反。○賦也。褧，禪也。叔、伯，或人之字也。○婦人既悔其始之不送而失此人也，則曰：「我之服飾既盛備矣，豈無駕車以迎我而偕行者乎？」○裳錦褧裳，衣錦褧衣。叔兮伯兮，駕予與歸。賦也。婦人謂嫁曰歸。

丰四章，二章章三句，二章章四句。

東門之墠，音善，叶上演反。茹音如。藘力於反。在阪。音反，叶孚臠反。其室則邇，其人甚遠。賦也。東門，城東門也。墠，除地町町者。茹藘，茅蒐也，一名茜，可以染絳。陂者曰阪。門之旁有墠，墠之外有阪，阪之上有草，識其所與淫者之居也。室邇人遠者，思之而未得見之詞也。○東門之栗，有踐家室。豈不爾思，子不我即。賦也。踐，行列貌。門之旁有栗，栗之下有成行列之家室，亦識其處也。即，就也。

東門之墠二章，章四句。

風雨淒淒，子西反。雞鳴喈喈。音皆，叶居奚反。既見君子，云胡不夷。賦也。淒淒，寒涼之氣。喈喈，雞鳴之聲。風雨晦冥，蓋淫奔之時。君子，指所期之男子也。夷，平也。○淫奔之女，言當此之時，見其所期之人而心悦也。○風雨瀟瀟，雞鳴膠膠。叶音驕。既見君子，云胡不瘳。叶憐蕭反。○賦也。瀟瀟，風雨之聲。膠膠，猶喈喈也。瘳，病愈也。言積思之病，至此而愈也。○風雨如晦，叶呼洧反。雞鳴不已。既見君子，云胡不喜。賦也。晦，昏。已，止也。

風雨三章，章四句。

青青子衿，音金。悠悠我心。縱我不往，子寧不嗣音。賦也。青青，純緑之色。具父母，衣純以青。子，男子也。衿，領也。悠悠，思之長也。我，女子自我也。嗣音，繼續其聲問也。此亦淫奔之詩。○青青子佩，叶蒲眉反。悠悠我思。叶新齎反。縱我不往，子寧不來。叶陵之反。○賦也。青青，組綬之色。佩，佩玉也。○挑他刀反。兮達他末反，叶他悦反。兮，在城闕兮。一日不見，如三月兮。賦也。挑，輕儇跳躍之貌。達，放恣也。

子衿三章，章四句。

揚之水，不流束楚。終鮮息淺反。兄弟，維予與女。女、汝同。無信人之言，人實迋居望反。女。興也。兄弟，婚姻之稱，禮所謂「不得嗣爲兄弟」是也。予、女，男女自相謂也。人，它人也。迋，與誑同。○淫者相謂言：「揚之水，則不流束楚矣。終鮮兄弟，則維予與女矣。豈可以它人離間之言而疑之哉？彼人之言，特誑女耳。」○揚之水，不流束薪。終鮮兄弟，維予二人。無信人之言，人實不信。叶斯人反。○興也。

揚之水二章，章六句。

出其東門，有女如雲。雖則如雲，匪我思存。縞古老反。衣綦巨基反。巾，聊樂音洛。我員。于云反。○賦也。如雲，美且衆也。縞，白色。綦，蒼艾色。縞衣、綦巾，女服之貧陋者。此人自目其室家也。員，與云同，語詞也。○人見淫奔之女而作此詩。以爲此女雖美且衆，而非我思之所存。不如己之室家，雖貧且陋，而聊可自樂也。是時淫風大行，而其間乃有如此之人，亦可謂能自好而不爲習俗所移矣。羞惡之心，人皆有之，豈不信哉！○出其闉音因。闍，音都。有女如荼。音徒。

雖則如荼，匪我思且。子餘反。縞衣茹藘，聊可與娱。賦也。闉，曲城也。闍，城臺也。荼，茅華，輕白可愛者也。且，語助詞。茹藘，可以染絳，故以名衣服之色。娱，樂也。

出其東門二章，章六句。

野有蔓草，零露漙徒端反，叶上兖反。兮。有美一人，清揚婉兮。邂逅相遇，適我願叶五遠反。兮。賦而興也。蔓，延也。漙，露多貌。清揚，眉目之間婉然美也。邂逅，不期而會也。○男女相遇於野田草露之間，故賦其所在以起興。言野有蔓草，則零露漙矣；有美一人，則清揚婉矣；邂逅相遇，則得以適我願矣。○野有蔓草，零露瀼瀼。有美一人，婉如清揚。邂逅相遇，與子偕臧。賦而興也。瀼瀼，亦露多貌。臧，美也。與子偕臧，言各得其所欲也。

野有蔓草二章，章六句。

溱與洧，方涣涣叶于元反。兮。士與女，方秉蕑古顔反，叶古賢反。兮。女曰觀乎？士曰既且。子餘反。且往觀乎？洧之外，洵訏况于反。且樂。音洛。維士與女，伊其相謔，贈之以勺藥。賦而興也。涣涣，春水盛貌。蓋冰解而水散之時也。蕑，蘭也，其莖葉似澤蘭，廣而長節，節中赤，高四五尺。且，語辭。洵，信。訏，大也。勺藥，亦香草也，三月開華，芳色可愛。○鄭國之俗，三月上巳之辰，采蘭水上，以祓除不祥。故其女問於士曰：「盍往觀乎？」士曰：「吾既往矣。」女復要之曰：「且往觀乎？」蓋洧水之外，其地信寬大而可樂也。於是士女相與戲謔，且以勺藥相贈〔八〕，而結恩情之厚也。此詩淫奔者自叙之詞。○溱與洧，瀏音留。其清矣。士與女，殷其盈矣。女曰觀乎？士曰既且。且往觀乎？洧之外，洵訏且樂。維士與女，伊其將謔，贈之以勺藥。賦而興也。瀏，深貌。殷，衆也。將，當作「相」，聲之誤也。

溱洧二章，章十二句。

鄭國二十一篇，五十三章，二百八十三句。鄭、衛之樂，皆爲淫聲。然以詩考之，衛詩三十有九，而淫奔之詩才四之一。鄭詩二十有一，而淫奔之詩已不翅七之五。衛猶爲男悅女之詞，而鄭皆爲女惑男之語。衛人猶多刺譏懲創之意，而鄭人幾於蕩然無復羞愧悔悟之萌。是則鄭聲之淫，有甚於衛矣。故夫子論爲邦，獨以鄭聲爲戒，而不及衛，蓋舉重而言，固自有次第也。詩可以觀，豈不信哉！

校勘記

〔一〕遠意　「意」，明甲本作「貌」。

〔二〕還反　明甲本作「反還」。

〔三〕又可見矣　「矣」下元本、明甲本、明乙本均有「嗚呼詩亡而後春秋作其不以此也哉」一十五字。

〔四〕叶魚駕反　「叶」，原作「吁」，據元本、明甲本、明乙本改。

〔五〕謂容好　明甲本、明乙本「好」下有「也」字。

〔六〕則將解此雜佩以送遺報答之　「將」，明甲本、明乙本作「當」。

〔七〕辭也　「辭」上明甲本、明乙本有「語」字。

〔八〕且以勺藥相贈　「相」，明甲本、明乙本作「爲」。

詩卷第五

朱熹集傳

齊一之八齊，國名，本少昊時爽鳩氏所居之地，在禹貢爲青州之域，周武王以封太公望。東至于海，西至于河，南至于穆陵，北至于無棣。太公，姜姓，本四岳之後。既封於齊，通工商之業，便魚鹽之利，民多歸之，故爲大國。今青、齊、淄、濰、德、棣等州，是其地也。

雞既鳴矣，朝音潮。既盈矣。匪雞則鳴，蒼蠅之聲。賦也。言古之賢妃御於君所，至於將旦之時，必告君曰：「雞既鳴矣，會朝之臣既已盈矣。」欲令君早起而視朝也。然其實非雞之鳴也，乃蒼蠅之聲也。蓋賢妃當夙興之時，心常恐晚，故聞其似者而以爲真。非其心存警畏而不留於逸欲，何以能此？故詩人叙其事而美之也。○東方明叶謨郎反。矣，朝既昌矣。匪東方則明，同上。月出之光。賦也。東方明，則日將出矣。昌，盛也。此再告也。○蟲飛薨薨，甘與子同夢。叶莫滕反。會且歸矣，無庶予子憎。賦也。蟲飛，夜將旦而百蟲作也。甘，樂。會，朝也。○此三告也。言當此時，我豈不樂與子同寢而夢哉？然羣臣之會於朝者，俟君不出，將散而歸矣。無乃以我之故而并以子爲憎乎？

雞鳴三章，章四句。

子之還音旋。兮，遭我乎峱乃刀反。之間叶居賢反。兮。並驅從兩肩兮，揖我謂我儇許全反。兮。賦也。還，便捷之貌。峱，山名也。從，逐也。獸三歲曰肩。儇，利也。○獵者交錯於道路，且以便捷輕利相稱譽如此，而不自知其非也。則其俗之不美可見，而其來亦必有所自矣。○子之茂叶莫口反。兮，遭我乎峱之道叶徒厚反。兮。並驅從兩牡兮，揖我謂我好叶許厚反。兮。賦也。茂，美也。○子之昌兮，遭我乎峱之陽兮。並驅從兩狼兮，揖我謂我臧兮。賦也。昌，盛也。山南曰陽。狼，似犬，鋭頭，白頰，高前廣後。臧，善也。

還三章，章四句。

俟我於著直據反，叶直居反。乎而，充耳以素叶孫租反。乎而，尚之以瓊華叶芳無反。乎而。賦也。俟，待也。我，嫁者自謂也。著，門屏之間也。充耳，以纊懸瑱，所謂紞也。尚，加也。瓊華，美石似玉者，即所以爲瑱也。○東萊吕氏曰：昏禮，婿往婦家親迎，既奠雁，御輪而先歸，俟于門外。婦至，則揖以入。時齊俗不親迎，故女至婿門，始見其俟己也。○俟我於庭乎而，充耳以青乎而，尚之以瓊瑩音榮。乎而。賦也。庭，在大門之内、寢門之外。瓊瑩，亦美石，似玉者。○吕氏曰：此昏禮謂婿道婦及寢門揖入時也〔一〕。○俟我於堂乎而，充耳以黄乎而，尚之以瓊英叶於良反。乎而。賦也。瓊英，亦美石似玉者。○吕氏曰：升階而後至堂，此昏禮所謂升自西階之時也。

著三章，章三句。

東方之日兮，彼姝赤朱反。者子，在我室兮。在我室兮，履我即兮。興也。履，躡。即，就也。言此女躡我之跡而相就也。○東方之月兮，彼姝者子，在我闥叶它悦反。兮。在我闥兮，履我發叶方月反。兮。興也。闥，門内也。發，行去也。言躡我而行去也。

東方之日二章，章五句。

東方未明，叶謨郎反。顛倒都老反。衣裳。顛之倒叶都妙反。之，自公召之。賦也。自，從也。羣臣之朝，别色始入。○此詩人刺其君興居無節，號令不時。言東方未明而顛倒其衣裳，則既早矣，而又已有從君所而來召之者焉，蓋猶以爲晚也。或曰，所以然者，以有自公所而召之者故也。○東方未晞，顛倒裳衣。倒之顛叶典因反。之，自公令力證反，叶力呈反。之。賦也。晞，明之始升也。令，號令也。○折音哲。柳樊圃，叶博故反〔二〕。狂夫瞿瞿。俱具反。不能辰夜，叶羊茹反。不夙則莫。音慕。○比也。柳，楊之下垂者，柔脆之木也。樊，藩也。圃，菜園也。瞿瞿，驚顧之貌。

夙，早也。○折柳樊圃雖不足恃，然狂夫見之猶驚顧而不敢越。以比辰夜之限甚明，人所易知，今乃不能知，而不失之早，則失之莫也。

東方未明三章，章四句。

南山崔崔，子雖反。雄狐綏綏。魯道有蕩，齊子由歸。既曰歸止，曷又懷叶胡威反。止？比也。南山，齊南山也。崔崔，高大貌。狐，邪媚之獸。綏綏，求匹之貌。魯道，適魯之道也。蕩，平易也。齊子，襄公之妹，魯桓公夫人文姜，襄公通焉者也。由，從也。婦人謂嫁曰歸。懷，思也。止，語辭。○言南山有狐，以比襄公居高位而行邪行。且文姜既從此道歸乎魯矣，襄公何爲而復思之乎？

○葛屨五兩，如字，又音亮。冠緌加誰反。雙叶所終反。止。魯道有蕩，齊子庸止。既曰庸止，曷又從止？比也。兩，二屨也。緌，冠上飾也。屨必兩，緌必雙，物各有偶，不可亂也。庸，用也。用此道以嫁于魯也。從，相從也。○蓺麻如之何？衡音横。從子容反。其畝。莫後反。取七喻反。妻如之何？必告工毒反。父母。莫後反。既曰告同上。止，曷又鞠居六反。止？興也。蓺，樹。鞠，窮也。○欲樹麻者，必先縱横耕治其田畝。欲取妻者，必先告其父母。今魯桓公既告父母而取妻矣，又曷爲使之得窮其欲而至此哉？○析薪如之何？匪斧不克。取妻如之何？匪媒不得。既曰得止，曷又極止？興也。克，能也。極，亦窮也。

南山四章，章六句。春秋：「桓公十八年，公與夫人姜氏如齊。公薨于齊。」傳曰：「公將有行，遂與姜氏如齊。申繻曰：『女有家，男有室，無相瀆也，謂之有禮。易此，必敗。』公會齊侯于濼，遂及文姜如齊。齊侯通焉。公謫之。以告。夏四月，享公。使公子彭生乘公，公薨于車。」此詩前二章刺齊襄，後二章刺魯桓也。

無田音佃。甫田，維莠羊九反。驕驕。叶音高。無思遠人，勞心忉忉。音刀。○比也。田，謂耕治之也。甫，大也。莠，害苗之草也。驕驕，張王之意。忉忉，憂勞也。○言無田甫田也，田甫田而力不給，則草盛矣。無思遠人也，思遠人而人不至，則心勞矣。以戒時人厭小而務大，忽近而圖遠，將徒勞而無功也。○無田甫田，維莠桀桀。無思遠人，勞心怛怛。叶旦悅反。○比也。桀桀，猶驕驕也。怛怛，猶忉忉也。○婉兮孌叶龍眷反。兮，總角丱古患反，叶古縣反。兮。未幾居豈反。見兮，突而弁兮。比也。婉孌，少好貌。丱，兩角貌。未幾，未多時也。突，忽然高出之貌。弁，冠名。○言總角之童見之未久，而忽然戴弁以出者，非其躐等而强求之也，蓋循其序而勢有必至耳。此又以明小之可大，邇之可遠，能循其序而脩之，則可以忽然而至其極。若躐等而欲速，則反有所不達矣。

甫田三章，章四句。

盧令令，音零。其人美且仁。賦也。盧，田犬也。令令，犬頷下環聲。○此詩大意與還略同。

○盧重直龍反。環，其人美且鬈。音權。○賦也。重環，子母環也。鬈，鬚鬢好貌。○盧重鋂，音梅。其人美且偲。七才反。○賦也。鋂，一環貫二也。偲，多鬚之貌，春秋傳所謂「于思」，即此字，古通用耳。

盧令三章，章二句。

敝笱在梁，其魚魴鰥。古頑反，叶古倫反。齊子歸止，其從才用反。如雲。比也。敝，壞。笱，罟也。魴鰥，大魚也。歸，歸齊也。如雲，言衆也。○齊人以敝笱不能制大魚，比魯莊公不能防閑文姜，故歸齊而從之者衆也。○敝笱在梁，其魚魴鱮。才呂反。齊子歸止，其從如雨。比也。鱮，似魴，厚而頭大，或謂之鰱。如雨，亦多也。○敝笱在梁，其魚唯唯。唯癸反。齊子歸止，其從如水。比也。唯唯，行出入之貌。如水，亦多也。

敝笱三章，章四句。按春秋魯莊公二年，「夫人姜氏會齊侯于禚」。四年，「夫人姜氏享齊侯于祝丘」。五年，「夫人姜氏如齊師」。七年，「夫人姜氏會齊侯于防」，又「會齊侯于穀」。

載驅薄薄，普各反。簟茀朱鞹。苦郭反。魯道有蕩，齊子發夕。叶祥龠反。○賦也。薄薄，疾驅聲。簟，方文席也。茀，車後户也。朱，朱漆也。鞹，獸皮之去毛者。蓋車革質而朱漆也。夕，猶宿也。發夕，謂離於所宿之舍。○齊人刺文姜乘此車而來會襄公也。○四驪力馳反。濟濟，子禮反。垂轡濔濔。乃禮反。魯道有蕩，齊子豈開改反，後同。弟。叶待禮反。○賦也。驪，馬黑色也。濟濟，美貌。濔濔，柔貌。豈弟，樂易也。言無忌憚羞愧之意也。○汶音問。水湯湯，失章反。行人彭彭。必亡反。魯道有蕩，齊子翺翔。賦也。汶，水名，在齊南魯北二國之竟。湯湯，水盛貌。彭彭，多貌。言行人之多，亦以見其無耻也。○汶水滔滔，吐刀反。行人儦儦。表驕反，叶音褒。魯道有蕩，齊子遊遨。賦也。滔滔，流貌。儦儦，衆貌。遊遨，猶翺翔也。

載驅四章，章四句。

猗嗟昌兮，頎音祈。而長兮。抑若揚兮，美目揚兮。巧趨蹌兮，射則臧兮。賦也。猗嗟，歎辭。昌，盛也。頎，長貌。抑而若揚，美之盛也。揚，目之動也。蹌，趨翼如也。臧，善也。○齊人極道魯莊公威儀技藝之美如此，所以刺其不能以禮防閑其母，若曰：「惜乎，其獨少此耳！」○猗嗟名兮，美目清兮。儀既成兮，終日射食亦反。侯，不出正音征。兮。展我甥叶桑經反。兮。賦也。名，猶稱也。言其威儀技藝之可名也。清，目清明也。儀既成，言其終事而禮無違也。侯，張布而射之者也。正，設的於侯中而射之者也。大射則張皮侯而設鵠，賓射則張布侯而設正。展，誠也。姊妹之子曰甥。言稱其爲齊之甥而又以明非齊侯之子。此詩人之微詞也。按春秋桓公三年〔三〕，「夫人姜氏至自齊」，六年九月「子同生」，即莊公也。十八年桓公乃與夫人如齊，則莊公誠非齊侯之子也。○猗嗟孌叶龍眷反。兮，清揚婉叶紆願反。兮。舞則選雪戀反。兮，射則貫叶扃縣反。兮。四矢反叶孚絢反。兮，以禦亂叶靈眷反。兮。賦也。孌，好貌。清，目之美也。揚，眉之美也。婉，亦好貌。選，異於衆也，或曰：齊於樂節也。貫，中而貫革也。四矢，禮射每發四矢。反，復也，中皆得其故處也。言莊公射藝之精可以禦亂。如以金僕姑射南宮長萬可見矣。

猗嗟三章，章六句。或曰：「子可以制母乎？」趙子曰：「夫死從子，通乎其下，況國君乎？君者，人神之主，風教之本也。不能正家，如正國何？若莊公者，哀痛以思父，誠敬以事母，威刑以馭下，車馬僕從莫不俟命，夫人徒往乎？夫人之往也，則公哀敬之不至，威命之不行耳。」東萊呂氏曰：「此詩三章，譏刺之意皆在言外，嗟嘆再三，則莊公所大闕者，不言可見矣！」

齊國十一篇，三十四章，一百四十三句。

魏一之九魏，國名，本舜、禹故都，在禹貢冀州雷首之北，析城之西，南枕河曲，北涉汾水。其地陿隘，而民貧俗儉，蓋有聖賢之遺風焉。周初以封同姓，後爲晉獻公所滅而取其地。今河中府解州即其地也。蘇氏曰：「魏地入晉久矣，其詩疑皆爲晉而作，故列於唐風之前。猶邶、鄘之於衛也。」

今按：篇中「公行」「公路」「公族」，皆晉官，疑實晉詩。又恐魏亦嘗有此官，蓋不可考矣。

糾糾吉黝反。葛屨，可以履霜。摻摻所銜反。女手，可以縫裳。要於遥反。之襋紀力反。之，好人服叶蒲北反。之。興也。糾糾，繚戾寒凉之意。夏葛屨，冬皮屨。摻摻，猶纖纖也。女，婦未廟見之稱也。娶婦三月廟見，然後執婦功。要，裳要。襋，衣領。好人，猶大人也。○魏地陿隘，其俗儉嗇而褊急，故以葛屨履霜起興，而刺其使女縫裳，又使治其要襋而遂服之也。此詩疑即縫裳之女所作。

○好人提提，徒兮反。宛於阮反。然左辟，音避。佩其象揥。勑帝反。維是褊心，是以爲刺。叶音砌。○賦也。提提，安舒之意。宛然，讓之貌也。讓而辟者必左。揥，所以摘髮，用象爲之，貴者之飾也。其人如此，若無有可刺矣，所以刺之者，以其褊迫急促，如前章之云耳。

葛屨二章，一章六句，一章五句。廣漢張氏曰：夫子謂與其奢也寧儉。則儉雖失中，本非惡德。然而儉之過，則至於吝嗇迫隘，計較分毫之間，而謀利之心始急矣。葛屨、汾沮洳、園有桃三詩，皆言其急迫瑣碎之意。

彼汾沮洳，言采其莫。音慕。彼其音記。之子，美無度。美無度，殊異乎公路。興也。汾，水名，出太原府晉陽山，西南入河。沮洳，水浸處下濕之地。莫，菜也，似柳葉，厚而長，有毛刺，可爲羹。無度，言不可以尺寸量也。公路者，掌公之路車，晉以卿大夫之庶子爲之。○此亦刺儉不中禮之詩。言若此人者，美則美矣，然其儉嗇褊急之態，殊不似貴人也。○彼汾一方，言采其桑。彼其之子，美如英。叶於良反。美如英，殊異乎公行。户郎反。○興也。一方，彼一方也。史記：扁鵲「視見垣一方人」。英，華也。公行，即公路也，以其主兵車之行列，故以謂之公行也。○彼汾一曲，言采其藚。音續。彼其之子，美如玉。美如玉，殊異乎公族。興也。一曲，謂水曲流處。藚，水舄也，葉如車前草。公族，掌公之宗族，晉以卿大夫之適子爲之。

汾沮洳三章，章六句。

園有桃，其實之殽。心之憂矣，我歌且謡。音遥。不我知者，謂我士也驕。彼人是哉，叶將黎反。子曰何其？音基。心之憂矣，其誰知之？其誰知之，蓋亦勿思。叶新齎反。○興也。殽，食也。合曲曰歌，徒歌曰謡。其，語辭。○詩人憂其國小而無政，故作是詩。言園有桃，則其實之殽矣；心有憂，則我歌且謡矣。然不知我之心者，見其歌謡而反以爲驕，且曰彼之所爲已是矣，而子之言獨何爲哉？蓋舉國之人莫覺其非，而反以憂之者爲驕也。於是憂者重嗟歎之，以爲此之可憂初不難知，彼之非我，特未之思耳，誠思之，則將不暇非我而自憂矣。○園有棘，其實之食。心之憂矣，聊以行國。叶于逼反。不我知者，謂我士也罔極。彼人是哉，子曰何其？心之憂矣，其誰知之？其誰知之，蓋亦勿思。興也。棘，棗之短者。聊，且略之辭也。歌謡之不足，則出遊於國中而寫憂也。極，至也。罔極，言其心縱恣無所至極。

園有桃二章，章十二句。

陟彼岵音户。兮，瞻望父兮。父曰嗟予子，行役夙夜無已。上慎旃哉，猶來無止！賦也。山無草木曰岵。上，猶尚也。○孝子行役不忘其親，故登山以望其父之所在，因想像其父念己之言曰：「嗟乎，我之子行役，夙夜勤勞不得止息。」又祝之曰：「庶幾慎之哉，猶可以來歸。無止於彼而不來也！」蓋生則必歸，死則止而不來矣。或曰：「止，獲也。言無爲人所獲也。」○陟彼屺音起。兮，瞻望母叶滿彼反。兮。母曰嗟予季，行役夙夜無寐。上慎旃哉，猶來無棄！賦也。山有草木曰屺。季，少子也。尤憐愛少子者，婦人之情也。無寐，亦言其勞之甚也。棄，謂死而棄其尸也。○陟彼岡兮，瞻望兄叶虛王反。兮。兄曰嗟予弟，行役夙夜必偕。叶舉里反。上慎旃哉，猶來無死！叶想止反。○賦也。山脊曰岡。必偕，言與其儕同作同止，不得自如也。

陟岵三章，章六句。

十畝之間叶居賢反。兮，桑者閑閑叶胡田反。兮，行與子還叶音旋。兮。賦也。十畝之間，郊外所受場圃之地也。閑閑，往來者自得之貌。行，猶將也。還，猶歸也。○政亂國危，賢者不樂仕於其朝，而思與其友歸於農圃，故其詞如此。○十畝之外叶五墜反。兮，桑者泄泄以世反。兮，行與子逝兮。賦也。十畝之外，鄰圃也。泄泄，猶閑閑也。逝，往也。

十畝之間二章，章三句。

坎坎伐檀叶徒沿反。兮，寘之河之干叶居焉反。兮，河水清且漣力廛反。猗。於宜反。不稼不穡，胡取禾三百廛直連反。兮？不狩不獵，胡瞻爾庭有縣音玄。貆音暄。兮？彼君子兮，不素餐七丹反，叶七宣反。兮。賦也〔四〕。坎坎，用力之聲。檀，木可爲車者。寘，與置同。干，厓也。漣，風行水成文也。猗，與兮同，語詞也。書「斷斷猗」，大學作「兮」，莊子亦云「而我猶爲人猗」，是也。種之曰稼，斂之曰穡。胡，何也。一夫所居曰廛。狩，亦獵也。貆，貉類。素，空。餐，食也。○詩人言有人於此用力伐檀，將以爲車而行陸也。今乃寘之河干，則河水清漣而無所用，雖欲自食其力而不可得矣。然其志則自以爲不耕則不可以得禾，不獵則不可以得獸，是以甘心窮餓而不悔也。詩人述其事而歎之，以爲是真能不空食者。後世若徐穉之流，非其力不食，其厲志蓋如此。○坎坎伐輻音福，叶筆力反。兮，寘之河之側叶莊力反。兮，河水清且直猗。不稼不穡，胡取禾三百億兮？不狩不獵，胡瞻爾庭有縣特兮？彼君子兮，不素食兮。賦也〔五〕。輻，車輻也。伐木以爲輻也。直，波文之直也。十萬曰億，蓋言禾秉之數也。獸三歲曰特。○坎坎伐輪兮，寘之河之漘順倫反。兮，河水清且淪猗。不稼不穡，胡取禾三百囷丘倫反。兮？不狩不獵，胡瞻爾庭有縣鶉音純。

兮？彼君子兮，不素飧素門反，叶素倫反。兮。賦也〔六〕。輪，車輪也。伐木以爲輪也。淪，小風，水成文轉如輪也。囷，圓倉也。鶉，鵪屬。熟食曰飧。

伐檀三章，章九句。

碩鼠碩鼠，無食我黍！三歲貫古亂反。女，音汝。莫我肯顧。叶公五反。逝將去女，適彼樂音洛，下同。土。樂土樂土，爰得我所。比也。碩，大也。三歲，言其久也。貫，習。顧，念。逝，往也。樂土，有道之國也。爰，於也。〇民困於貪殘之政，故託言大鼠害己，而去之也。〇碩鼠碩鼠，無食我麥！叶訖力反。三歲貫女，莫我肯德。逝將去女，適彼樂國。叶于逼反。樂國樂國，爰得我直。比也。德，歸恩也。直，猶宜也。〇碩鼠碩鼠，無食我苗！叶音毛。三歲貫女，莫我肯勞。逝將去女，適彼樂郊。叶音高。樂郊樂郊，誰之永號。尸毛反。〇比也。勞，勤勞也，謂不以我爲勤勞也。永號，長呼也。言既往樂郊，則無復有害己者，當復爲誰而永號乎？

碩鼠三章，章八句。

魏國七篇，十八章，一百二十八句。

校勘記

〔一〕此昏禮謂婿道婦及寢門揖入時也　元本「禮」下有「所」字，「入」下有「之」字。

〔二〕叶博故反　「叶」字原脱，據元本、明甲本、明乙本補。

〔三〕按春秋桓公三年　「三」，原作「二」，據明甲本、明乙本及春秋改。

〔四〕賦也　原作「比也」，據元本、明甲本、明乙本改。

〔五〕賦也　原作「比也」，據元本、明甲本、明乙本改。

〔六〕賦也　原作「比也」，據元本、明甲本、明乙本改。

詩卷第六

朱熹集傳

唐一之十唐，國名，本帝堯舊都，在禹貢冀州之域，太行、恒山之西，太原、太岳之野。周成王以封弟叔虞爲唐侯。南有晉水。至子燮乃改國號曰晉。後徙曲沃，又徙居絳。其地土瘠民貧，勤儉質朴，憂深思遠，有堯之遺風。其詩不謂之晉，而謂之唐，蓋仍其始封之舊號耳。唐叔所都在今太原府。曲沃及絳皆在今絳州。

蟋蟀在堂，歲聿允橘反。其莫。音慕。今我不樂，音洛，下同。日月其除。直慮反。無已大音泰。康，職思其居。叶音據。好呼報反。樂無荒，良士瞿瞿。俱具反。○賦也。蟋蟀，蟲名，似蝗而小，正黑，有光澤如漆，有角翅，或謂之促織，九月在堂。聿，遂。莫，晚。除，去也。大康，過於樂也。職，主也。瞿瞿，却顧之貌。○唐俗勤儉，故其民間終歲勞苦，不敢少休，及其歲晚務閒之時，乃敢相與燕飲爲樂。而言今蟋蟀在堂，而歲忽已晚矣。當此之時而不爲樂，則日月將舍我而去矣。然其憂深而思遠也，故方燕樂而又遽相戒曰：「今雖不可以不爲樂，然不已過於樂乎？盍亦顧念其職之所居者，使其雖好樂而無荒，若彼良士之長慮卻顧焉，則可以不至於危亡也。」蓋其民俗之厚，而前聖遺風之遠如此。○蟋蟀在堂，歲聿其逝。今我不樂，日月其邁。叶力制反。無已大康，職思其外。叶五隊反。好樂無荒，良士蹶蹶。俱衛反。○賦也。逝、邁，皆去也。外，餘也。其所治之事，固當思之，而所治之餘，亦不敢忽。蓋以事變或出於平常思慮之所不及，故當過而備之也。蹶蹶，動而敏於事也。○蟋蟀在堂，役車其休。今我不樂，日月其慆。吐刀反，叶佗侯反。無已大康，職思其憂。好樂無荒，良士休休。賦也。庶人乘役車。歲晚則百工皆休矣。慆，過也。休休，安閑之貌。樂而有節，不至於淫，所以安也。

蟋蟀三章，章八句。

山有樞，烏侯、昌朱二反。隰有榆。夷周、以朱二反。子有衣裳，弗曳弗婁。力侯、力俱二反。子有車馬，弗馳弗驅。祛尤、虧于二反。宛其死矣，宛於阮反。他人是愉。他侯、以朱二反。○興也。樞，荎也，今刺榆也。榆，白枌也〔一〕。婁，亦曳也。馳，走。驅，策也。宛，坐見貌。愉，樂也。○此詩蓋以答前篇之意而解其憂。故言山則有樞矣，隰則有榆矣，子有衣裳車馬，而不服不乘，則一旦宛然以死，而它人取之以爲己樂矣。蓋言不可不及時爲樂。然其憂愈深，而意愈蹙矣。○山有栲，音考，叶去九反。隰有杻。女九反。子有廷内，弗洒弗埽。叶蘇后反。子有鍾鼓，弗鼓弗考。叶去九反。宛其死矣，他人是保。叶補苟反。○興也。栲，山樗也，似樗，色小白，葉差狹。杻，檍也，葉似杏而尖，白色，皮正赤，其理多曲少直，材可爲弓弩幹者也。考，擊也。保，居有也。

山有漆，音七。隰有栗。子有酒食，何不日鼓瑟？且以喜樂，音洛。且以永日。宛其死矣，他人入室。興也。君子無故，琴瑟不離於側。永，長也。人多憂則覺日短，飲食作樂，可以永長此日也。

山有樞三章，章八句。

揚之水，白石鑿鑿。子洛反。素衣朱襮，音博。從子于沃。叶鬱鎛反。既見君子，云何不樂。音洛。○比也。鑿鑿，巉巖貌。襮，領也。諸侯之服，繡黼領而丹朱純也。子，指桓叔也。沃，曲沃也。○晉昭侯封其叔父成師于曲沃，是爲桓叔。其後沃盛强而晉微弱，國人將叛而歸之，故作此詩。言水緩弱而石巉巖，以比晉衰而沃盛。故欲以諸侯之服從桓叔于曲沃，且自喜其見君子而無不樂也。○

揚之水，白石皓皓。古老反，叶胡暴反。素衣朱繡，叶先妙反。從子于鵠。叶居號反。既見君子，云何其憂。叶一笑反。○比也。朱繡，即朱襮也。鵠，曲沃邑也。○

揚之水，白石粼粼。利新反。我聞有命，叶彌賓反。不敢以告人。比也。粼粼，水清石見之貌。聞其命而不敢以告人者，爲之隱也。桓叔將以傾晉，而民爲之隱，蓋欲其成矣。○李氏曰：古者不軌之臣欲行其志，必先施小惠以收衆情，然後民翕然從之。田氏之於齊亦猶是也，故其召公子陽生於魯，國人皆知其已至而不言，所謂

「我聞有命，不敢以告人」也。

揚之水三章，二章章六句，一章四句。

椒聊之實，蕃衍盈升。彼其音記。之子，碩大無朋。椒聊且，子餘反。遠條且！興而比也。椒，樹，似茱萸，有針刺，其實味辛而香烈。聊，語助也。朋，比也。且，歎詞。遠條，長枝也。○椒之蕃盛，則采之盈升矣。彼其之子，則碩大而無朋矣。「椒聊且，遠條且」，歎其枝遠而實益蕃也。此不知其所指，序亦以爲沃也。○椒聊之實，蕃衍盈匊。九六反。彼其之子，碩大且篤。椒聊且，遠條且！興而比也。兩手曰匊。篤，厚也。

椒聊二章，章六句。

綢直留反。繆芒侯反。束薪，三星在天。叶鐵因反。今夕何夕？見此良人。子兮子兮，如此良人何！興也。綢繆，猶纏綿也。三星，心也。在天，昏始見於東方，建辰之月也。良人，夫稱也。○國亂民貧，男女有失其時，而後得遂其婚姻之禮者。詩人叙其婦語夫之詞曰：「方綢繆以束薪也，而仰見三星之在天。今夕不知何夕也？而忽見良人之在此。」既又自謂曰：「子兮子兮，其將奈此良人何哉！」喜之甚而自慶之詞也。○綢繆束芻，叶側九反。三星在隅。叶語口反。今夕何夕？

見此邂戶懈反。逅。胡豆反，叶很口反。子兮子兮，如此邂逅何！興也。隅，東南隅也。昏見之星至此，則夜久矣。邂逅，相遇之意。此爲夫婦相語之詞也。綢繆束楚，三星在戶。侯古反。今夕何夕？見此粲采旦反。者。叶章與反。子兮子兮，如此粲者何！興也。戶，室戶也。戶必南出，昏見之星至此，則夜分矣。粲，美也。此爲夫語婦之詞也。或曰：「女三爲粲，一妻二妾也。」

綢繆三章，章六句。

有杕之杜，其葉湑湑。私敘反。獨行踽踽，俱禹反。豈無他人？不如我同父。扶雨反。嗟行之人，胡不比毗志反。焉？人無兄弟，胡不佽七利反。焉？興也。杕，特也。杜，赤棠也。湑湑，盛貌。踽踽，無所親之貌。同父，兄弟也。比，輔。佽，助也。○此無兄弟者自傷其孤特而求助於人之詞。言杕然之杜，其葉猶湑湑然，而人無兄弟，則獨行踽踽，曾杜之不如矣。然豈無他人之可與同行也哉？特以其不如我兄弟，是以不免於踽踽耳。於是嗟嘆行路之人，何不閔我之獨行而見親，憐我之無兄弟而見助乎？○有杕之杜，其葉菁菁。子零反。獨行睘睘，求螢反。豈無他人？不如我同姓。叶桑經反。嗟行之人，胡不比焉？人無兄弟，胡不佽焉？興也。菁菁，亦盛貌。睘睘，無所依貌。

杕杜二章，章九句。

羔裘豹袪，起居、起據二反。自我人居居。斤於、斤御二反。豈無他人？維子之故。攻乎、古慕二反。○賦也。羔裘，君純羔，大夫以豹飾。袪，袂也。居居，未詳。○羔裘豹褎，徐救反。自我人究究。豈無他人？維子之好。呼報反，叶呼侯反。○賦也。褎，猶袪也。究究，亦未詳。

羔裘二章，章四句。此詩不知所謂，不敢强解。

肅肅鴇羽，集于苞栩。況禹反。王事靡盬，音古。不能蓺稷黍。父母何怙？侯古反。悠悠蒼天，曷其有所！比也。肅肅，羽聲。鴇，鳥名，似雁而大，無後趾。集，止也。苞，叢生也。栩，柞櫟也，其子爲皂斗，殼可以染皂者是也。盬，不攻緻也。蓺，樹。怙，恃也。○民從征役而不得養其父母，故作此詩。言鴇之性不樹止，而今乃飛集于苞栩之上。如民之性本不便於勞苦，今乃久從征役，而不得耕田以供子職也。悠悠蒼天，何時使我得其所乎！○肅肅鴇翼，集于苞棘。王事靡盬，不能蓺黍稷。父母何食？悠悠蒼天，曷其有極！比也。極，已也。○肅肅鴇行，户郎反。集于苞桑。王事靡盬，不能蓺稻粱。父母何嘗？悠悠蒼天，曷其有常！比也。行，列也。稻，即今南方所食稻米，水生而色白者也。粱，粟類也，有數色。嘗，食也。常，復其常也。

鴇羽三章，章七句。

豈曰無衣七兮！不如子之衣，安且吉兮。賦也。侯伯七命，其車旗衣服皆以七爲節。子，天子也。○史記：曲沃桓叔之子武公伐晉，滅之。盡以其寳器賂周釐王。王以武公爲晉君，列於諸侯。此詩蓋述其請命之意。言我非無是七章之衣也，而必請命者，蓋以不如天子之命服之爲安且吉也。蓋當是時，周室雖衰，典刑猶在。武公既負弑君簒國之罪，則人得討之，而無以自立於天地之間。故賂王請命，而爲説如此。然其倨慢無禮亦已甚矣。釐王貪其寳玩，而不思天理民彝之不可廢，是以誅討不加，而爵命行焉。則王綱於是乎不振，而人紀或幾乎絶矣。嗚呼痛哉！○豈曰無衣六兮！不如子之衣，安且燠於六反。兮。賦也。天子之卿六命。變七言六者，謙也，不敢必當侯伯之命。得受六命之服，比於天子之卿，亦幸矣。燠，煖也。言其可以久也。

無衣二章，章三句。

有杕之杜，生于道左。彼君子兮，噬韓詩作「逝」。肯適我？中心好呼報反。之，曷飲於鴆反。食音嗣。之？比也。左，東也。噬，發語詞也。曷，何也。○此人好賢而恐不足以致之，故言此杕然之杜，生于道左，其蔭不足以休息。如己之寡弱，不足恃賴，則彼君子者，亦安肯顧而適我哉？然其中心好之，則不已也。但無自而得飲食之耳。夫以好賢之心如此，則賢者安有不至，而何寡弱之足患哉！○有杕之杜，生于道周。彼君子兮，噬肯來遊？中心好之，曷飲食之？比也。周，曲也。

有杕之杜二章，章六句。

葛生蒙楚，蘞音廉。蔓于野。叶上與反。予美亡此，誰與獨處？興也。蘞，草名，似括樓，葉盛而細。蔓，延也。予美，婦人指其夫也。○婦人以其夫久從征役而不歸，故言葛生而蒙於楚，蘞生而蔓于野，各有所依託。而予之所美者，獨不在是，則誰與而獨處於此乎？○葛生蒙棘，蘞蔓于域。予美亡此，誰與獨息？興也。域，塋域也。息，止也。○角枕粲兮，錦衾爛兮。予美亡此，誰與獨旦？賦也。粲、爛，華美鮮明之貌。獨旦，獨處至旦也。○夏之日，冬之夜。叶羊茹反。百歲之後，歸于其居。叶姬御反。○賦也。夏日永，冬夜永。居，墳墓也。○夏日冬夜，獨居憂思，於是爲切。然君子之歸無期，不可得而見矣，要死而相從耳。鄭氏曰：「言此者，婦人專一，義之至，情之盡。」蘇氏曰：「思之深而無異心，此唐風之厚也。」○冬之夜，同上。夏之日。百歲之後，叶胡故反。歸于其室。賦也。室，壙也。

葛生五章，章四句。

采苓采苓，首陽之巔。叶典因反。人之爲言，苟亦無信！叶斯人反。舍音捨，下同。旃之然反。舍旃，苟亦無然！人之爲言，胡得焉！比也。首陽，首山之南也。巔，山頂也。旃，之也。○此刺聽讒之詩。言子欲采苓於首陽之巔乎，然人之爲是言以告子者，未可遽以爲信也。姑舍置之而無遽以爲然，徐察而審聽之，則造言者無所得而讒止矣。或曰興也。下章放此。○采苦采苦，首陽之下。叶後五反。人之爲言，苟亦無與！舍旃舍旃，苟亦無然！人之爲言，胡得焉！比也。苦，苦菜，生山田及澤中，得霜甜脆而美。與，許也。○采葑采葑，首陽之東。人之爲言，苟亦無從！舍旃舍旃，苟亦無然！人之爲言，胡得焉！比也。從，聽也。

采苓三章，章八句。

唐國十二篇，三十三章，二百三句。

秦一之十一

秦，國名，其地在禹貢雍州之域，近鳥鼠山。初，伯益佐禹治水有功，賜姓嬴氏。其後中潏居西戎，以保西垂。六世孫大駱生成及非子。非子事周孝王，養馬於汧、渭之間，馬大繁息，孝王封爲附庸而邑之秦。至宣王時，犬戎滅成之族。宣王遂命非子曾孫秦仲爲大夫誅西戎，不克，見殺。及幽王爲西戎、犬戎所殺，平王東遷，秦仲孫襄公以兵送之。王封襄公爲諸侯，曰：「能逐犬戎，即有岐豐之地。」襄公遂有周西都畿内八百里之地。至玄孫德公又徙於雍。秦，即今之秦州。雍，今京兆府興平縣是也。

有車鄰鄰，有馬白顛。都田反，叶典因反。未見君子，寺人之令。力呈反。○賦也。鄰鄰，衆車之聲。白顛，額有白毛，今謂之的顙。君子，指秦君。寺人，内小臣也。令，使也。○是時秦君始有車馬及此寺人之官。將見者，必先使寺人通之，故國人創見而誇美之也。○阪音反。有漆，隰有栗。既見君子，並坐鼓瑟。今者不樂，音洛。逝者其耋。田節反，叶地一反。○興也。八十曰耋。○阪則有漆矣，隰則有栗矣，既見君子，則並坐鼓瑟矣。失今不樂，則逝者其耋矣。○阪有桑，隰有楊。既見君子，並坐鼓簧。音黄。今者不樂，逝者其亡。興也。簧，笙中金葉，吹笙則鼓動之以出聲者也。

車鄰三章，一章四句，二章章六句。

駟驖田結反。孔阜，符有反。六轡在手。公之媚眉冀反。子，從公于狩。叶始九反。○賦也。駟驖，四馬皆黑色如鐵也。孔，甚也。阜，肥大也。六轡者，兩服兩驂各兩轡，而驂馬兩轡納之於觖，故惟六轡在手也。媚子，所親愛之人也。此亦前篇之意也。○奉時辰牡，辰牡孔碩。叶常灼反。公曰左之，舍音捨。拔蒲末反。則獲。叶黄郭反。○賦也。時，是。辰，時也。牡，獸之牡者也。辰牡者，冬獻狼，夏獻麋，春獻鹿豕之類〔一〕。奉之者，虞人翼以待射也。碩，肥大也。公曰左之者，命御者使左其車，以射獸之左也。蓋射必中其左乃爲中殺。五御所謂「逐禽左」者，爲是故也。拔，矢括也。曰左之而捨拔無不獲者，言獸之多，而射御之善也。○遊于北園，四馬既閑。叶胡田反。輶音由。車鸞鑣，彼驕反。載獫力驗反。歇許竭反。驕。許喬反。○賦也。田事已畢，故遊于北園。閑，調習也。輶，輕也。鸞，鈴也，效鸞鳥之聲。鑣，馬銜也。驅逆之車，置鸞於馬御之兩旁，乘車則鸞在衡，和在軾也。獫、歇驕，皆田犬名。長喙曰獫，短喙曰歇驕。以車載犬，蓋以休其足力也。韓愈畫記有「騎擁田犬者」，亦此類。

駟驖三章，章四句。

小戎俴錢淺反。收，五楘音木。梁輈，陟留反。游環脅驅，叶居懼反，又居録反。陰靷音胤。鋈音沃。續，叶辭屢反，又如字。文茵音因。暢轂，敕亮反。駕我騏音其。馵。之樹反，又之録反。言念君子，温其如玉。在其板屋，亂我心曲。賦也。小戎，兵車也。俴，淺也。收，軫也，謂車前後兩端橫木，所以收斂所載者也。凡車之制，廣皆六尺六寸。其平地任載者爲大車，則軫深八尺。兵車則軫深四尺四寸，故曰「小戎俴收」也。五，五束也。楘，歷録然文章之貌也。梁輈，從前軫以前稍曲而上，至衡則向下鉤之，衡橫於輈下，而輈形穹隆上曲如屋之梁，又以皮革五處束之，其文章歷録然也。游環，靷環也，以皮爲環，當兩服馬之背上，游移前却無定處，引兩驂馬之外轡，貫其中而執之，所以制驂馬，使不得外出，左傳曰「如驂之有靳」是也。脅驅，亦以皮爲之，前係於衡之兩端，後係於軫之兩端，當服馬脅之外，所以驅驂馬，使不得内入也。陰，揜軌也。軌在軾前而以板橫側揜之，以其陰映此軓，故謂之陰也。靷，以皮二條前係驂馬之頸，後係陰版之上也。鋈續，陰板之上有續靷之處，消白金沃灌其環以爲飾也。蓋車衡之長六尺六寸，止容二服，驂馬之頭不當於衡，故别爲二靷以引車，亦謂之靳，左傳曰「兩靷將絶」是也。文茵，車中所坐虎皮褥也。暢，長也。轂者，車輪之中，外持輻，内受軸者也。大車之轂一尺有半，兵車之轂長三尺二寸，故兵車曰暢轂。騏，騏文也。馬左足白曰馵。君子，婦人目其夫也。温其如玉，美之詞也。板屋者，西戎之俗，以板爲屋。心曲，心中委曲之處也。○西戎者，秦之臣子所與不共戴天之讎也。襄公上承天子之命，率其國人往而征之，故其從役者之家人先誇車甲之盛如此，而後及其私情。蓋以義興師，則雖婦人亦知勇於赴敵，而無所怨矣。○四牡孔阜，六轡在手。騏駵是中，騧驪是驂。龍盾之合，鋈以觼軜。言念君子，温其在邑。方何爲期？胡然我念之。

有反。六轡在手，騏駵音留。是中，叶諸仍反。騧古花反。驪是驂，叶疏簪反。龍盾順允反。之合，鋈以觼古穴反。軜。音納。言念君子，温其在邑。叶烏合反。方何爲期？胡然我念之。

賦也。赤馬黑鬣曰駵。中，兩服馬也。黄馬黑喙曰騧。驪，黑色也。盾，干也。畫龍於盾，合而載之，以爲車上之衛。必載二者，備破毁也。觼，環之有舌者。軜，驂内轡也，置觼於軾前以係軜，故謂之觼軜，亦消沃白金以爲飾也。邑，西鄙之邑也。方，將也。將以何時爲歸期乎？何爲使我思念之極也！○

俴駟孔羣，厹音求。矛鋈錞，徒對反，叶朱倫反。蒙伐有苑，叶音氳。虎韔敕亮反。鏤膺，交韔二弓，叶姑弘反。竹閉緄古本反。縢。直登反。言念君子，載寢載興。厭厭於鹽反。良人，秩秩德音。叶一陵反。○賦也。俴駟，四馬皆以淺薄之金爲甲，欲其輕而易於馬之旋習也。孔，甚。羣，和也。厹矛，三隅矛也。鋈錞，以白金沃矛之下端平底者也。蒙，雜也。伐，中干也，盾之别名。苑，文貌，畫雜羽之文於盾上也。虎韔，以虎皮爲弓室也。鏤膺，鏤金以飾馬當胸帶也。交韔，交二弓於韔中，謂顛倒安置之。必二弓，以備壞也。閉，弓檠也。儀禮作「䩾」。緄，繩。縢，約也。以竹爲閉，而以繩約之於弛弓之裏，檠弓體使正也。載寢載興，言思之深而起居不寧也。厭厭，安也。秩秩，有序也。

小戎三章，章十句。

蒹古恬反。葭音加。蒼蒼，白露爲霜。所謂伊人，在水一方。遡蘇路反。洄音回。從之，道阻且長。遡游從之，宛在水中央。賦也。蒹，似萑而細，高數尺，又謂之薕。葭，蘆也。蒹葭未敗，而露始爲霜，秋水時至，百川灌河之時也。伊人，猶言彼人也。一方，彼一方也。遡洄，逆流而上也。遡游，順流而下也。宛然，坐見貌。在水之中央，言近而不可至也。○言秋水方盛之時，所謂彼人者，乃在水之一方。上下求之，而皆不可得。然不知其何所指也。○蒹葭淒淒，白露未晞。所謂伊人，在水之湄。遡洄從之，道阻且躋。遡游從之，宛在水中坻。直尸反。○賦也。淒淒，猶蒼蒼也。晞，乾也。湄，水草之交也。躋，升也。言難至也。小渚曰坻。○蒹葭采采，叶此履反。白露未已。所謂伊人，在水之涘。叶以、始二音〔三〕。遡洄從之，道阻且右。叶羽軌反。遡游從之，宛在水中沚。賦也。采采，言其盛而可采也。已，止也。右，不相直而出其右也。小渚曰沚。

蒹葭三章，章八句。

終南何有？有條有梅。叶莫悲反。君子至止，錦衣狐裘。叶渠之反。顏如渥於角反。丹，其君也哉！叶將黎反。○興也。終南，山名，在今京兆府南。條，山楸也，皮葉白，色亦白，材理好，宜爲車板。君子，指其君也。至止，至終南之下也。錦衣狐裘，諸侯之服也。玉藻曰：「君衣狐白裘，錦衣以裼之。」渥，漬也。其君也哉，言容貌衣服稱其爲君也。此秦人美其君之詞，亦車鄰、駟驖之意也。○終南何有？有紀有堂。君子至止，黻音弗。衣繡裳。佩玉將將，七羊反。壽考不忘。興也。紀，山之廉角也。堂，山之寬平處也。黻之狀亞，兩己相戾也。繡，刺繡也。將將，佩玉聲也。壽考不忘者，欲其居此位，服此服，長久而安寧也。

終南二章，章六句。

交交黃鳥，止于棘。誰從穆公？子車奄息。維此奄息，百夫之特。臨其穴，叶户橘反。惴惴其慄！彼蒼者天，叶鐵因反。殲子廉反。我良人！如可贖兮，人百其身。興也。交交，飛而往來之貌。從穆公，從死也。子車，氏。奄息，名。特，傑出之稱。穴，壙也。惴惴，懼貌。慄，懼。殲，盡。良，善。贖，貿也。○秦穆公卒，以子車氏之三子爲殉，皆秦之良也。國人哀之，爲之賦黃鳥，事見春秋傳。即此詩也。言交交黃鳥則止于棘矣，誰從穆公，則子車奄息也。蓋以所見起興也。臨穴而惴慄，蓋生納之壙中也。三子皆國之良，而一旦殺之。若可貿以它人，則人皆願百其身以易之矣。○

交交黄鳥，止于桑。誰從穆公？子車仲行。户郎反。維此仲行，百夫之防。臨其穴，惴惴其慄！彼蒼者天，殲我良人！如可贖兮，人百其身。興也。防，當也。言一人可當百夫也。

○交交黄鳥，止于楚。誰從穆公？子車鍼虎。維此鍼虎，百夫之禦。臨其穴，惴惴其慄！彼蒼者天，殲我良人！如可贖兮，人百其身。興也。禦，猶當也。

黄鳥三章，章十二句。春秋傳曰：「君子曰：『秦穆之不爲盟主也宜哉！死而棄民。先王違世，猶詒之法，而況奪之善人乎？今縱無法以遺後嗣，而又收其良以死，難以在上矣。』君子是以知秦之不復東征也。」愚按：穆公於此，其罪不可逃矣！但或以爲穆公遺命如此，而三子自殺以從之，則三子亦不得爲無罪。今觀臨穴惴慄之言，則是康公從父之亂命，迫而納之於壙，其罪有所歸矣。又按史記：秦武公卒，初以人從死，死者六十六人。至穆公遂用百七十七人，而三良與焉。蓋其初特出於戎翟之俗，而無明王賢伯以討其罪，於是習以爲常，則雖以穆公之賢而不免。論其事者，亦徒閔三良之不幸，而歎秦之衰，至於王政不綱，諸侯擅命，殺人不忌至於如此，則莫知其爲非也。嗚呼，俗之敝也久矣！其後始皇之葬，後宫皆令從死，工匠生閉墓中，尚何怪哉！

鴥伊橘反。彼晨風，叶孚愔反。鬱彼北林。未見君子，憂心欽欽。如何如何，忘我實多。興也。鴥，疾飛貌。晨風，鸇也。鬱，茂盛貌。君子，指其夫也。欽欽，憂而不忘之貌。○婦人以夫不在，而言鴥彼晨風，則歸于鬱然之北林矣。故我未見君子，而憂心欽欽也。彼君子者，如之何而忘我之多乎？此與扊扅之歌同意，蓋秦俗也。○山有苞櫟，盧狄反，叶歷各反。隰有六駮。邦角反。未見君子，憂心靡樂。音洛。如何如何，忘我實多。興也。駮，梓榆也，其皮青白如駮。○山則有苞櫟矣，隰則有六駮矣，未見君子則憂心靡樂矣。靡樂則憂之甚也。○山有苞棣，音悌。隰有樹檖。未見君子，憂心如醉。如何如何，忘我實多。興也。棣，唐棣也。檖，赤羅也，實似梨而小，酢可食。如醉，則憂又甚矣。

晨風三章，章六句。

豈曰無衣！與子同袍。王于興師，脩我戈矛，與子同仇。賦也。袍，襺也。戈，長六尺六寸。矛，長二丈。王于興師，以天子之命而興師也。○秦俗強悍，樂於戰鬬，故其人平居而相謂曰：豈以子之無衣，而與子同袍乎！蓋以王于興師，則將脩我戈矛，而與子同仇也。其懽愛之心，足以相死如此。蘇氏曰：「秦本周地，故其民猶思周之盛時而稱先王焉。」或曰興也，取「與子同」三字爲義。後章放此。○豈曰無衣！與子同澤。叶徒洛反。王于興師，脩我矛戟，叶訖約反。與子偕作。賦也。澤，裏衣也，以其親膚，近於垢澤，故謂之澤。戟，車戟也，長丈六尺。○豈曰無衣！與子同裳。王于興師，脩我甲兵，叶晡茫反。與子偕行。叶户郎反。○賦也。行，往也。

無衣三章，章五句。秦人之俗，大抵尚氣概，先勇力，忘生輕死，故其見於詩如此。然本其初而論之，岐豐之地，文王用之以興二南之化，如彼其忠且厚也。秦人用之未幾，而一變其俗至於如此，則已悍然有招八州而朝同列之氣矣。何哉？雍州土厚水深，其民厚重質直，無鄭衛驕惰浮靡之習。以善導之，則易以興起而篤於仁義；以猛驅之，則其强毅果敢之資，亦足以强兵力農，而成富强之業，非山東諸國所及也。嗚呼！後世欲爲定都立國之計者，誠不可不監乎此。而凡爲國者，其於導民之路，尤不可以不審其所之也。

我送舅氏，曰至渭陽。何以贈之？路車乘黄。乘，成證反。賦也。舅氏，秦康公之舅，晉公子重耳也，出亡在外，穆公召而納之。時康公爲太子，送之渭陽而作此詩。渭，水名。秦時都雍，至渭陽者，蓋東行送之於咸陽之地也。路車，諸侯之車也。乘黄，四馬皆黄也。○我送舅氏，悠悠我思。叶新齎反。何以贈之？瓊瑰玉佩。瑰，古回反。佩，叶蒲眉反。○賦也。悠悠，長也。序以爲時康公之母穆姬已卒，故康公送其舅而念母之不見也。或曰穆姬之卒不可考，此但别其舅而懷思耳。瓊瑰，石而次玉。

渭陽二章，章四句。按春秋傳：晉獻公烝於齊姜，生秦穆夫人、太子申生。娶大戎胡姬，生重耳。小戎子生夷吾。驪姬生奚齊，其娣生卓子。驪姬譖申生，申生自殺。又譖二公子，二公子皆出奔。獻公卒，奚齊、卓子繼立，皆爲大夫里克所弒。秦穆公納夷吾，是爲惠公。卒，子圉立，是爲懷公。立之明年，秦穆公又召重耳而納之，是爲文公。王氏曰：「至渭陽者，送之遠也。悠悠我思者，思之長也。路車乘黄、瓊瑰玉佩者，贈之厚也。」廣漢張氏曰：「康公爲太子，送舅氏而念母之不見，是固良心也。而卒不能自克於令狐之役，怨欲害乎良心也。使康公知循是心，養其端而充之，則怨欲可消矣。」

於我乎夏屋渠渠，今也每食無餘。于音吁。吁嗟乎，不承權輿！賦也。夏，大也。渠渠，深廣貌。承，繼也。權輿，始也。○此言其君始有渠渠之夏屋以待賢者，而其後禮意寖衰，供億寖薄，至於賢者每食而無餘，於是嘆之，言不能繼其始也。○於我乎每食四簋，叶巳有反。今也每食不飽。叶補苟反。于嗟乎，不承權輿。賦也。簋，瓦器，容斗二勝。方曰簠，圓曰簋。簠盛稻粱，簋盛黍稷。四簋，禮食之盛也。

權輿二章，章五句。漢楚元王敬禮申公、白公、穆生。穆生不耆酒，元王每置酒，嘗爲穆生設醴。及王戊即位，常設，後忘設焉。穆生退曰：「可以逝矣！醴酒不設，王之意怠，不去，楚人將鉗我於市。」遂稱疾。申公、白公强起之曰：「獨不念先王之德歟？今王一旦失小禮，何足至此！」穆生曰：「先王之所以禮吾三人者，爲道之存故也。今而忽之，是忘道也。忘道之人，胡可與久處？豈爲區區之禮哉！」遂謝病去。亦此詩之意也。

秦國十篇，二十七章，一百八十一句。

校勘記

〔一〕白粉也　「白」，原作「曰」，據元本、明甲本、明乙本改。

〔二〕春獻鹿豕之類　八卷本「春」下有「秋」字。

〔三〕叶以始二音　「音」，原作「反」，據元本、明甲本、明乙本改。

詩卷第七

朱熹集傳

陳一之十二陳，國名，太皡伏羲氏之墟，在禹貢豫州之東。其地廣平，無名山大川，西望外方，東不及孟諸。周武王時，帝舜之胄有虞閼父爲周陶正，武王賴其利器用，與其神明之後，以元女大姬妻其子滿，而封之於陳，都於宛丘之側，與黄帝、帝堯之後共爲「三恪」，是爲胡公。大姬婦人尊貴，好樂巫覡歌舞之事，其民化之。今之陳州，即其地也。

子之湯他郎、他浪二反。兮，宛丘之上辰羊、辰亮二反。兮。洵音荀。有情兮，而無望武方、武放二反。兮。賦也。子，指遊蕩之人也。湯，蕩也。四方高，中央下，曰宛丘。洵，信也。望，人所瞻望也。○國人見此人常遊蕩於宛丘之上，故叙其事以刺之。言雖信有情思而可樂矣，然無威儀可瞻望也。○坎其擊鼓，宛丘之下。叶後五反。無冬無夏，叶與，下同。值直置反。其鷺羽。賦也。坎，擊鼓聲。值，植也。鷺，舂鉏，今鷺鷥，好而潔白，頭上有長毛十數枚。羽，以其羽爲翳，舞者持以指麾也。言無時不出遊，而鼓舞於是也。○坎其擊缶，方有反。宛丘之道。叶徒厚反。無冬無夏，值其鷺翿。音導，叶殖有反。○賦也。缶，瓦器，可以節樂。翿，翳也。

宛丘三章，章四句。

東門之枌，符云反。宛丘之栩。況浦反。子仲之子，婆娑素何反。其下。叶後五反。○賦也。枌，白榆也，先生葉，卻著莢，皮色白。子仲之子，子仲氏之女也。婆娑，舞貌。○此男女聚會歌舞，而賦其事以相樂也。○穀旦于差，初佳反，叶七何反。南方之原。無韻，未詳。不績其麻，叶謨婆反。市也婆娑。賦也。穀，善。差，擇也。○既差擇善旦以會于南方之原，於是棄其業以舞於市而往會也。○穀旦于逝，越以鬷子公反。邁。叶力制反。視爾如荍，祁饒反。貽我握椒。賦也。逝，往。越，於。鬷，衆也。邁，行也。荍，芘芣也，又名荊葵，紫色。椒，芬芳之物也。○言又以善旦而往，於是其衆行，而男女相與道其慕悅之詞曰：「我視女顏色之美如芘芣之華〔一〕。於是遺我以一握之椒而交情好也。」

東門之枌三章，章四句。

衡門之下，可以棲音西。遲。泌悲位反。之洋洋，可以樂音洛。飢。賦也。衡門，橫木爲門也。門之深者有阿塾堂宇，此惟橫木爲之。棲遲，游息也。泌，泉水也。洋洋，水流貌。○此隱居自樂，而無求者之詞。言衡門雖淺陋，然亦可以遊息。泌水雖不可飽，然亦可以玩樂而忘飢也。○豈其食魚，必河之魴！音房。豈其取音娶。妻，必齊之姜！賦也。姜，齊姓。○豈其食魚，必河之鯉！豈其取妻，必宋之子！叶奬履反。○賦也。子，宋姓。

衡門三章，章四句。

東門之池，可以漚烏豆反。麻。叶謨婆反。彼美淑姬，可與晤五故反。歌。興也。池，城池也。漚，漬也，治麻者必先以水漬之。晤，猶解也。○此亦男女會遇之詞。蓋因其會遇之地、所見之物，以起興也。○東門之池，可以漚紵。直呂反。彼美淑姬，可與晤語。興也。紵，麻屬。○東門之池，可以漚菅。古顔反，叶居賢反。彼美淑姬，可與晤言。興也。菅，葉似茅而滑澤，莖有白粉，柔韌宜爲索也。

東門之池三章，章四句。

東門之楊，其葉牂牂。子桑反。昏以爲期，明星煌煌。興也。東門，相期之地也。楊，柳之揚起者也。牂牂，盛貌。明星，啓明也。煌煌，大明貌。○此亦男女期會而有負約不至者，故因其所見以起興也。○東門之楊，其葉肺肺。普計反。昏以爲期，明星晢晢。之世反。○興也。肺肺，猶牂牂也。晢晢，猶煌煌也。

東門之楊二章，章四句。

墓門有棘，斧以斯所宜也。之。夫也不良，國人知之。知而不已，誰昔然矣。興也。墓門，凶僻之地，多生荆棘。斯，析也。夫，指所刺之人也。誰昔，昔也，猶言疇昔也。○言墓門有棘，則斧以斯之矣。此人不良，則國人知之矣。國人知之而猶不自改，則自疇昔而已然，非一日之積矣。所謂不良之人，亦不知其何所指也。○墓門有梅，有鴞萃止。夫也不良，歌以訊叶息悴反。之。訊予不顧，叶果五反。顛倒思予。叶演女反。○興也。鴟鴞，惡聲之鳥也。萃，集。訊，告也。顛倒，狼狽之狀。○墓門有梅，則有鴞萃之矣。夫也不良，則有歌其惡以訊之者矣。訊之而不予顧，至於顛倒，然後思予，則豈有所及哉？或曰，訊予之「予」，疑當依前章作「而」字。

墓門二章，章六句。

防有鵲巢，邛其恭反。有旨苕。徒雕反，叶徒刀反。誰侜陟留反。予美？心焉忉忉。都勞反。○興也。防，人所築以捍水者。邛，丘。旨，美也。苕，苕饒也，莖如勞豆而細，葉似蒺藜而青，其莖葉緑色，可生食，如小豆藿也。侜，侜張也，猶鄭風之所謂迋也。予美，指所與私者也。忉忉，憂貌。○此男女之有私而憂或間之之詞。故曰：防則有鵲巢矣，邛則有旨苕矣，今此何人，而侜張予之所美？

使我憂之而至於忉忉乎？○中唐有甓，蒲歷反。邛有旨鷊。五歷反。誰侜予美？心焉惕惕。吐歷反。○興也。廟中路謂之唐。甓，瓴甋也。鷊，小草，雜色如綬。惕惕，猶忉忉也。

防有鵲巢二章，章四句。

月出皎兮，佼古卯反。人僚音了。兮。舒窈烏了反。糾巳小反。兮，勞心悄七小反。兮。興也。皎，月光也。佼人，美人也。僚，好貌。窈，幽遠也。糾，愁結也。悄，憂也。○此亦男女相悦而相念之辭。言月出則皎然矣，佼人則僚然矣，安得見之而舒窈糾之情乎？是以爲之勞心而悄然也。○月出皓胡老反。兮，佼人懰力久反，叶朗老反。兮。舒懮於久反。受叶時倒反。兮，勞心慅七老反。兮。興也。懰，好貌。懮受，憂思也。慅，猶悄也。○月出照兮，佼人燎力召反。兮。舒夭於表反。紹實照反。兮，勞心慘當作「懆」，七弔反。兮。興也。燎，明也。夭紹，糾緊之意。慘，憂也。

月出三章，章四句。

胡爲乎株林？從夏户雅反。南。叶尼心反，下同。匪適株林，從夏南。賦也。株林，夏氏邑也。夏南，徵舒字也。○靈公淫於夏徵舒之母，朝夕而往夏氏之邑，故其民相與語曰：「君胡爲乎株林乎？」曰：「從夏南耳。」然則非適株林也，特以從夏南故耳。蓋淫乎夏姬，不可言也，故以從其子言之。詩人之忠厚如此。○駕我乘繩證反。馬，叶滿補反。説音税。于株野。叶上與反。乘我乘駒，朝食于株。賦也。説，舍也。馬六尺以下曰駒。

株林二章，章四句。春秋傳：夏姬，鄭穆公之女也，嫁於陳大夫夏御叔。靈公與其大夫孔寧、儀行父通焉。洩冶諫，不聽而殺之。後卒爲其子徵舒所弒。而徵舒復爲楚莊王所誅。

彼澤之陂，叶音波。有蒲與荷。音何。有美一人，傷如之何！寤寐無爲，涕他弟反。泗音四。滂普光反。沱。徒何反。○興也。陂，澤障也。蒲，水草，可爲席者。荷，芙蕖也。自目曰涕，自鼻曰泗。○此詩大旨與月出相類〔二〕。言彼澤之陂，則有蒲與荷矣，有美一人而不可見，則雖憂傷而如之何哉！寤寐無爲，涕泗滂沱而已矣。○彼澤之陂，有蒲與蕳。古顔反，叶居賢反。有美一人，碩大且卷。其員反。寤寐無爲，中心悁悁。烏玄反。○興也。蕳，蘭也。卷，鬢髮之美也。悁悁，猶悒悒也。○彼澤之陂，有蒲菡户感反。萏。大感反，叶待檢反。有美一人，碩大且儼。魚檢反。寤寐無爲，輾轉伏枕。叶知險反。○興也。菡萏，荷華也。儼，矜莊貌。輾轉伏枕，卧而不寐，思之深且久也。

澤陂三章，章六句。

陳國十篇，二十六章，百二十四句。東萊吕氏曰：變風終於陳靈。其間男女夫婦之詩一何多邪！曰有天地然後有萬物，有萬物然後有男女，有男女然後有夫婦，有夫婦然後有父子，有父子然後有君臣，有君臣然後有上下，有上下然後禮義有所錯。男女者，三綱之本，萬事之先也。正風之所以爲正者，舉其正者以勸之也。變風之所以爲變者，舉其不正者以戒之也。道之升降，時之治亂，俗之汙隆，民之死生，於是乎在。録之煩悉，篇之重複，亦何疑哉！

檜一之十三檜，國名，高辛氏火正祝融之墟，在禹貢豫州外方之北，滎、波之南，居溱、洧之間。其君妘姓，祝融之後。周衰，爲鄭桓公所滅而遷國焉。今之鄭州，即其地也。蘇氏以爲檜詩皆爲鄭作，如邶、鄘之於衛也。未知是否。

羔裘逍遥，狐裘以朝。直遥反，叶直勞反。豈不爾思，勞心忉忉。音刀。○賦也。緇衣羔裘，諸侯之朝服。錦衣狐裘，其朝天子之服也。○舊説檜君好潔其衣服，逍遥遊宴而不能自强於政治，故詩人憂之。○羔裘翱翔，狐裘在堂。豈不爾思，我心憂傷。賦也。翱翔，猶逍遥也。堂，公堂也。○羔裘如膏，古報反。日出有曜。羊照反，叶羊号反。豈不爾思，中心是悼。賦也。膏，脂所漬也。日出有曜，日照之則有光也。

羔裘三章，章四句。

庶見素冠兮，棘人欒欒力端反。兮，勞心慱慱徒端反。兮。賦也。庶，幸也。縞冠素紕，既祥之冠也。黑經白緯曰縞。緣邊曰紕。棘，急也。喪事欲其總總爾哀遽之狀也。欒欒，瘠貌。慱慱，憂勞之貌。○祥冠，祥則冠之，禫則除之。今人皆不能行三年之喪矣，安得見此服乎？當時賢者庶幾見之，至於憂勞也。○庶見素衣兮，我心傷悲兮，聊與子同歸兮。賦也。素冠則素衣矣。與子同歸，愛慕之詞也。○庶見素韠音畢。兮，我心蘊於粉反。結叶訖力反。兮，聊與子如一兮。賦也。韠，蔽膝也，以韋爲之。冕服謂之韍，其餘曰韠。韠從裳色，素衣素裳，則素韠也。蘊結，思之不解也。與子如一，甚於「同歸」矣。

素冠三章，章三句。按喪禮，爲父爲君，斬衰三年。昔宰予欲短喪，夫子曰：「子生三年，然後免於父母之懷。予也有三年之愛於其父母乎？三年之喪，天下之通喪也。」傳曰：「子夏三年之喪畢，見於夫子，援琴而絃，衎衎而樂，作，而曰：『先王制禮，不敢不及。』夫子曰：『君子也。』閔子騫三年之喪畢，見於夫子，援琴而絃，切切而哀，作，而曰：『先王制禮，不敢過也。』夫子曰：『君子也。』子路曰：『敢問何謂也？』夫子曰：『子夏哀已盡，能引而致之於禮，故曰君子也。閔子騫哀未盡，能自割以禮，故曰君子也。夫三年之喪，賢者之所輕，不肖者之所勉。』」

隰有萇丈羊切。楚，猗於可反。儺乃可反。其枝。夭於驕反。之沃沃，烏毒反。樂音洛。子之無知。賦也。萇楚，銚弋，今羊桃也，子如小麥，亦似桃。猗儺，柔順也。夭，少好貌。沃沃，光澤貌。子，指萇楚也。○政煩賦重，人不堪其苦，嘆其不如草木之無知而無憂也。○隰有萇楚，猗儺其華。芳無、胡瓜二反。天之沃沃，樂子之無家。古胡、古牙二反。○賦也。無家，言無累也。○隰有萇楚，猗儺其實。天之沃沃，樂子之無室。賦也。無室，猶「無家」也。

隰有萇楚三章，章四句。

匪風發叶方月反。兮，匪車偈起竭反。兮。顧瞻周道，中心怛都達反，叶旦悦反。兮。賦也。發，飄揚貌。偈，疾驅貌。周道，適周之路也。怛，傷也。○周室衰微，賢人憂歎而作此詩。言常時風發而車偈，則中心怛然。今非風發也，非車偈也，特顧瞻周道而思王室之陵遲，故中心爲之怛然耳。○匪風飄符遥反，叶匹妙反。兮，匪車嘌匹遥反，叶匹妙反。兮。顧瞻周道，中心弔兮。賦也。回風曰飄。嘌，漂揺不安之貌。弔，亦傷也。○誰能亨普庚反。魚？溉古愛反。之釜符甫反。鬵。音尋。誰將西歸？懷之好音。興也。溉，滌也。鬵，釜屬。西歸，歸于周也。○誰能亨魚乎？有則我願爲之溉其釜鬵。誰將西歸乎？有則我願慰之以好音。以見思之之甚，但有西歸之人，即思有以厚之也。

匪風三章，章四句。

檜國四篇，十二章，四十五句。

曹一之十四曹，國名，其地在禹貢兖州陶丘之北，雷夏菏澤之野。周武王以封其弟振鐸。今之曹州即其地也。

蜉蝣之羽，衣裳楚楚。叶創舉反。心之憂矣，於我歸處。比也。蜉蝣，渠略也，似蛣蜣，身狹而長，角黄黑色，朝生暮死。楚楚，鮮明貌。○此詩蓋以時人有玩細娱而忘遠慮者，故以蜉蝣爲比而刺之。言蜉蝣之羽翼，猶衣裳之楚楚可愛也。然其朝生暮死，不能久存，故我心憂之，而欲其於我歸處耳。序以爲刺其君，或然，而未有考也。○蜉蝣之翼，采采衣服。叶蒲北反。心之憂矣，於我歸息。比也。采采，華飾也。息，止也。○蜉蝣掘求勿反。閲，麻衣如雪。心之憂矣，於我歸説。音税，叶輸爇反。○比也。掘閲，未詳。説，舍息也。

蜉蝣三章，章四句。

彼候人兮，何何可切。戈與祋。都律、都外二反。彼其音記。之子，三百赤芾。芳勿、蒲昧二反。○興也。候人，道路迎送賓客之官。何，揭。祋，殳也。之子，指小人。芾，冕服之韠也。一命，緼芾黝珩；再命，赤芾黝珩；三命，赤芾葱珩。大夫以上，赤芾乘軒。○此刺其君遠君子而近小人之詞。言彼候人而何戈與祋者宜也，彼其之子而三百赤芾何哉？晉文公入曹，數其不用僖負覊，而乘軒者三百人，其謂是歟？○維鵜徒低反。在梁，不濡其翼。彼其之子，不稱尺證反。其服。叶蒲北反。○興也。鵜，鴮澤，水鳥也，俗所謂淘河也。○維鵜在梁，不濡其咮。陟救反。彼其之子，不遂其媾。古豆反。○興也。咮，喙。遂，稱。媾，寵也。遂之爲稱，猶今人謂遂意曰稱意。○薈兮蔚兮，南山朝隮。子兮反。婉於阮反。兮孌力轉反。兮，季女斯飢。比也。薈、蔚，草木盛多之貌。朝隮，雲氣升騰也。婉，少貌。孌，好貌。○薈蔚朝隮，言小人衆多而氣燄盛也。季女婉孌自保，不妄從人，而反飢困。言賢者守道，而反貧賤也。

候人四章，章四句。

鳲鳩在桑，其子七兮。淑人君子，其儀一兮。其儀一兮，心如結叶訖力反。兮。興也。鳲鳩，秸鞠也，亦名戴勝，今之布穀也。飼子朝從上下，莫從下上，平均如一也。如結，如物之固結而不散也。○詩人美君子之用心均平專一，故言鳲鳩在桑，則其子七矣。淑人君子，則其儀一矣。其儀一，則心如結矣。然不知其何所指也。陳氏曰：「君子動容貌，斯遠暴慢；正顔色，斯近信；出辭氣，斯遠鄙倍。其見於威儀動作之間者有常度矣，豈固爲是拘拘者哉？蓋和順積中，而英華發外，是以由其威儀一於外，而其心如結於内者，從可知也。」○鳲鳩在桑，其子在梅。叶莫悲反。淑人君子，其帶伊絲。叶新齎反。其帶伊絲，其弁伊騏。音其。○興也。鳲鳩常言在桑，其子每章異木，子自飛去，母常不移也。帶，大帶也。大帶用素絲，有雜色飾焉。弁，皮弁也。騏，馬青黑色者。弁之色亦如此也。

書云「四人騏弁」。今作「綦」。○言鳲鳩在桑，則其子在梅矣。淑人君子，則其帶伊絲矣。其帶伊絲，則其弁伊騏矣。言有常度，不差忒也。○鳲鳩在桑，其子在棘。淑人君子，其儀不忒。它得反。其儀不忒，正是四國。叶于逼反。○興也。有常度而其心一，故儀不忒。儀不忒，則足以正四國矣。大學傳曰：「其爲父子兄弟足法，而後民法之也。」○鳲鳩在桑，其子在榛。側巾反。淑人君子，正是國人。正是國人，胡不萬年。叶尼因反。○興也。儀不忒，故能正國人。胡不萬年，願其壽考之詞也。

鳲鳩四章，章六句。

冽音列。彼下泉，浸彼苞稂。音郎。愾苦愛反。我寤嘆，念彼周京。叶居良反。○比而興也。冽，寒也。下泉，泉下流者也。苞，草叢生也。稂，童梁，莠屬也。愾，歎息之聲也。周京，天子所居也。○王室陵夷而小國困弊，故以寒泉下流而苞稂見傷爲比，遂興其愾然以念周京也。○冽彼下泉，浸彼苞蕭。叶踈鳩反。愾我寤嘆，念彼京周。比而興也。蕭，蒿也。京周，猶周京也。○冽彼下泉，浸彼苞蓍。音尸。愾我寤歎，念彼京師。叶霜夷反。○比而興也。蓍，筮草也。京師，猶京周也。詳見大雅公劉篇。○芃芃薄工反。黍苗，陰雨膏古報反。之。四國有王，郇音荀。伯勞力報反。之。比而興也。芃芃，美貌。郇伯，郇侯，文王之後，嘗爲州伯，治諸侯有功。○言黍苗既芃芃然矣，又有陰雨以膏之。四國既有王矣，而又有郇伯以勞之。傷今之不然也。

下泉四章，章四句。程子曰：易剥之爲卦也，諸陽消剥已盡，獨有上九一爻尚存。如碩大之果不見食，將有復生之理。上九亦變，則純陰矣。然陽無可盡之理，變於上，則生於下，無間可容息也。陰道極盛之時，其亂可知。亂極，則自當思治。故衆心願戴於君子，君子得輿也。詩匪風、下泉所以居變風之終也。○陳氏曰：亂極而不治，變極而不正，則天理滅矣，人道絶矣。聖人於變風之極，則係以思治之詩，以示循環之理，以言亂之可治，變之可正也。

曹國四篇，十五章，六十八句。

校勘記

〔一〕我視女顔色之美如芘芣之華　「女」，明甲本、八卷本作「爾」。

〔二〕此詩大旨與月出相類　「大」，明甲本、八卷本作「之」。

詩卷第八

朱熹集傳

豳一之十五

豳，國名，在禹貢雍州岐山之北，原隰之野。虞、夏之際，棄爲后稷，而封於邰。及夏之衰，棄稷不務，棄子不窋失其官守，而自竄於戎狄之間。不窋生鞠陶，鞠陶生公劉，能復脩后稷之業，民以富實，乃相土地之宜，而立國於豳之谷焉。十世而大王徙居岐山之陽。十二世而文王始受天命。十三世而武王遂爲天子。武王崩，成王立，年幼不能涖阼。周公旦以冢宰攝政，乃述后稷、公劉之化，作詩一篇以戒成王，謂之豳風。而後人又取周公所作，及凡爲周公而作之詩以附焉。豳在今邠州三水縣。邰在今京兆府武功縣。

七月流火，叶虎委反。九月授衣。叶上聲。一之日觱音必。發，叶方吠反。二之日栗烈。叶力制反。無衣無褐，音曷，叶許例反。何以卒歲？或曰：發、烈、褐，皆如字，而歲讀如雪。三之日于耜，叶羊里反。四之日舉趾。同我婦子，叶獎履反。饁炎輒反。彼南畝，叶滿彼反。田畯音俊。至喜。賦也。七月，斗建申之月，夏之七月也。後凡言月者放此。流，下也。火，大火心星也。以六月之昏，加於地之南方，至七月之昏，則下而流矣。九月霜降始寒，而蠶績之功亦成，故授人以衣，使禦寒也。一之日，謂斗建子，一陽之月。二之日，謂斗建丑，二陽之月也。變月言日，言是月之日也。後凡言日者放此。蓋周之先公已用此以紀候，故周有天下，遂以爲一代之正朔也。觱發，風寒也。栗烈，氣寒也。褐，毛布也。歲，夏正之歲也。于，往也。耜，田器也。于耜，言往脩田器也。舉趾，舉足而耕也。我，家長自我也。饁，餉田也。田畯，田大夫，勸農之官也。○周公以成王未知稼穡之艱難，故陳后稷公劉風化之所由，使瞽矇朝夕諷誦以教之。此章首言七月暑退將寒，故九月而授衣以禦之。蓋十一月以後風氣日寒，不如是則無以卒歲也。正月則往脩田器，二月則舉趾而耕。少者既皆出而在田，故老者率婦子而餉之。治田早而用力齊，是以田畯至而喜之也。此章前段言衣之始，後段言食之始。二章至五章終前段之意，六章至八章終後段之意。○七月流火，九月授衣。春日載陽，有鳴倉庚。叶古郎反。女執懿筐，遵彼微行，叶户郎反。爰求柔桑。春日遲遲，采蘩祁祁。巨之反。女心傷悲，殆及公子同歸。賦也。載，始也。陽，温和也。倉庚，黄鸝也。懿，深美也。遵，循也。微行，小逕也。柔桑，稺桑也。遲遲，日長而暄也。蘩，白蒿也，所以生蠶，今人猶用之，蓋蠶生未齊，未可食桑，故以此啖之也。祁祁，衆多也。或曰徐也。公子，豳公之子也。○再言流火授衣者，將言女功之始，故又本於此。遂言春日始和，有鳴倉庚之時，而蠶始生，而執深筐以求稺桑。然又有生而未齊者，則采蘩者衆。而此治蠶之女，感時而傷悲。蓋是時公子猶娶於國中，而貴家大族連姻公室者，亦無不力於蠶桑之務。故其許嫁之女，預以將及公子同歸，而遠其父母爲悲也。其風俗之厚，而上下之情，交相忠愛如此。後章凡言「公子」者放此。○七月流火，八月萑户官反。葦。韋鬼反。蠶月條它彫反。桑，取彼斧斨，七羊反。以伐遠揚，猗於宜反。彼女桑。七月鳴鵙，圭覓反。八月載績。載玄載黄，我朱孔陽，爲公子裳。賦也。萑葦，即蒹葭也。蠶月，治蠶之月。條桑，枝落之采其葉也。斧，隋銎。斨，方銎。遠揚，遠枝揚起者也。取葉存條曰猗。女桑，小桑也。小桑不可條取，故取其葉而存其條，猗猗然爾。鵙，伯勞也。績，緝也。玄，黑而有赤之色。朱，赤色。陽，明也。○言七月暑退將寒，而是歲禦冬之備亦庶幾其成矣。又當預擬來歲治蠶之用，故於八月萑葦既成之際而收蓄之，將以爲曲薄。至來歲治蠶之月，則采桑以供蠶食。而大小畢取，見蠶盛而人力至也。蠶事既備，又於鳴鵙之後，麻熟而可績之時，則績其麻以爲布。而凡此蠶績之所成者，皆染之，或玄或黄，而其朱者尤爲鮮明，皆以供上，而爲公子之裳。言勞於其事而不自愛，以奉其上。蓋至誠慘怛之意，上以是施之，下以是報之也。以上二章，專言蠶績之事，以終首章前段「無衣」之意。○四月秀葽，於遥反。五月鳴蜩。徒彫反。八月其穫，户郭反。十月隕于敏反。蘀。音託。一之日于貉，户各反。取彼狐貍，力之反。爲公子裘。叶渠之反。二之日其同，載纘子管反。武功，言私其豵，子公反。獻豣古年反。于公。賦也。不榮而實曰秀。葽，草名。蜩，蟬也。穫，禾之早者，可穫也。隕，墜。蘀，落也。謂草木隕落也。貉，狐貍也。于貉，猶言「于耜」，謂往取狐貍也。同，竭作以狩也。纘，習而繼之也。豵，一歲豕。豣，三歲豕也。○言自四月純陽，而歷一陰四陰，以至純陰之月，則大寒之候將至。雖蠶桑之功無所不備，猶恐其不足以禦寒，故于貉而取狐貍之皮，以爲公子之裘也。獸之小者，私之以爲己有，而大者則獻之於上，亦愛其上之無已也。此章專言狩獵，以終首章前段「無褐」之意。○五月斯螽音終。動股，六月莎素和反。雞振羽，七月在野，叶上與反。八月在宇，九月在户，後五反。十月蟋蟀入我牀下。叶後五反。八字一句。穹起弓反。窒珍悉反。熏許云反。鼠，塞向墐音覲。户。同上。嗟我婦子，叶茲五反。曰爲改歲，入此室處。賦也。斯螽、莎雞、蟋蟀，一物隨時變化而異其名。動股，始躍而以股鳴也。振羽，能飛而以翅鳴也。宇，簷下也。暑則在野，寒則依人。穹，空隙也。窒，塞也。向，北出牖也。墐，塗也。庶人篳户，冬則塗之。東萊呂氏曰：「十月而曰改歲，三正之通于民俗尚矣。周特舉而迭用之耳。」○言覩蟋蟀之依人，則知寒之將至矣。於是室中空隙者塞之，熏鼠使不得穴於其中，塞向以當北風，墐户以禦寒氣。而語其婦子曰：「歲將改矣，天既寒而事亦已，可以入此室處矣。」此見老者之愛也。此章亦以終首章前段「禦寒」之意。○六月食鬱及薁，於六反。七月亨普庚反。葵及菽，音叔。八月剥普卜反。棗，叶音走。十月穫稻。叶徒苟反。爲此春酒，以介眉壽。叶殖酉反。七月食瓜，叶音孤。八月斷壺，九月叔苴，七餘反。采荼音徒。薪樗，敕書反。食音嗣。我農夫。賦也。鬱，棣屬。薁，蘡薁也。葵，菜名。菽，豆也。剥，擊也。穫稻以釀酒也。介，助也。介眉壽者，頌禱之辭也。壺，瓠也。食瓜、斷壺，亦去圃爲場之漸也。叔，拾也。苴，麻子也。荼，苦菜也。樗，惡木也。○自此至卒章，皆言農圃、飲食、祭祀、燕樂，以終首章後段之意。而此章果酒嘉蔬，以供老疾、奉賓祭。瓜瓠苴荼，以爲常食。少長之義，豐儉之節然也。○九月築場圃，博故反。十月納禾稼。叶古護反。黍稷重直容反。穋，音六，叶六直反。禾麻菽麥，叶訖力反。嗟我農夫，我稼既同，上入執宮功。晝爾于茅，宵爾索綯。徒刀反。亟紀力反。其乘屋，其始播百穀。賦也。場圃同地，物生之時則耕治以爲圃而種菜茹，物成之際則築堅之以爲場而納禾稼，蓋自田而納之於場也。禾者，穀連藁秸之總名。禾之秀實而在野者曰稼。先種後熟曰重，後種先熟曰穋。再言禾者，稻秫苽粱之屬皆禾也。同，聚也。宮，邑居之宅也。古者民受五畝之宅，二畝半爲廬，在田，春夏居之；二畝半爲宅，在邑，秋冬居之。功，葺治之事也。或曰，公室官府之役也。古者用民之力，歲不過三日，是也。索，絞也。綯，索也。乘，升也。○言納於場者無所不備，則我稼同矣，可以上入都邑，而執治宮室之事矣。故晝往取茅，夜而絞索，亟升其屋而治之。蓋以來歲將復始播百穀，而不暇於此故也。不待督責而自相警戒，不敢休息如此。呂氏曰：「此章終始農事，以極憂勤艱難之意。」○二之日鑿冰冲冲，三之日納于凌力證反。陰，叶於容反。四之日其蚤，音早。獻羔祭韭。音九，叶已小反。九月肅霜，十月滌徒力反。場。朋酒斯饗，叶虛良反。曰殺羔羊，躋子奚反。彼公堂，稱彼兕觥，虢彭反，叶古黃反。萬壽無疆。賦也。鑿冰，謂取冰於山也。冲冲，鑿冰之意。周禮「正歲十二月令斬冰」是也。納，藏也。藏冰所以備暑也。凌陰，冰室也。豳土寒多，正月風未解凍，故冰猶可藏也。蚤，蚤朝也。韭，菜名。獻羔祭韭而後啓之。月令「仲春獻羔開冰，先薦寢廟」是也。蘇氏曰：「古者藏冰發冰，以節陽氣之盛。夫陽氣之在天地，譬猶火之著於物也，故常有以解之。十二月陽氣蘊伏，錮而未發，其盛在下，則納冰於地中。至於二月，四陽作，蟄蟲起，陽始用事，則亦始啓冰而廟薦之。至於四月，陽氣畢達，陰氣將絶，則冰於是大發。食肉之祿，老病喪浴，冰無不及。是以冬無愆陽，夏無伏陰，春無淒風，秋無苦雨，雷出不震，無災霜雹，癘疾不降，民不夭札也。」胡氏曰：「藏冰開冰，亦聖人輔相燮調之一事爾，不專恃此以爲治也。」肅霜，氣肅而霜降也。滌場者，農事畢而掃場地也。兩尊曰朋。鄉飲酒之禮，兩尊壺于房户間是也。躋，升也。公堂，君之堂也。稱，舉也。疆，竟也。○張子曰：此章見民忠愛其君之甚。既勸趨其藏冰之役，又相戒速畢場功，殺羊以獻于公，舉酒而祝其壽也。

七月八章，章十一句。周禮籥章「中春，晝擊土鼓，歈豳詩以逆暑。中秋，夜迎寒，亦如之。」即謂此詩也。王氏曰：仰觀星日霜露之變，俯察昆蟲草木之化，以知天時，以授民事。女服事乎内，男服事乎外。上以誠愛下，下以忠利上。父父子子，夫夫婦婦，養老而慈幼，食力而助弱。其祭祀也時，其燕饗也節，此七月之義也。

鴟鴞鴟鴞，既取我子，又叶入聲。無毁我室。又叶上聲。恩斯勤斯，鬻由六反。子之閔叶眉貧反。斯。比也。爲鳥言以自比也。鴟鴞，鵂鶹，惡鳥，攫鳥子而食者也。室，鳥自名其巢也。恩，情愛也。勤，篤厚也。鬻，養。閔，憂也。○武王克商，使弟管叔鮮、蔡叔度監于紂子武庚之國。武王崩，成王立，周公相之。而二叔以武庚叛，且流言於國曰：「周公將不利於孺子。」故周公東征，二年乃得管叔、武庚而誅之。而成王猶未知公之意也。公乃作此詩以貽王，託爲鳥之愛巢者，呼鴟鴞而謂之曰：「鴟鴞鴟鴞，爾既取我之子矣，無更毁我之室也。」以我情愛之心，篤厚之意，鬻養此子，誠可憐憫。今既取之，其毒甚矣。況又毁我室乎！」以比武庚既敗，管、蔡不可更毁我王室也。○迨天之未陰雨，徹彼桑土，音杜，徒古反。綢直留反。繆莫侯反。牖户。叶後五反〔一〕。今女音汝。下民，或敢侮予！叶演女反。○比也。迨，及。徹，取也。桑土，桑根皮也〔二〕。綢繆，纏綿也。牖，巢之通氣處。户，其出入處也。○亦爲鳥言：「我及天未陰雨之時，而往取桑根，以纏綿巢之隙穴，使之堅固，以備陰雨之患。則此下土之民誰敢有侮予者！」亦以比己深愛王室而預防其患難之意。故孔子贊之曰：「爲此詩者，其知道乎！能治其國家，誰敢侮之！」○予手拮音吉。据，音居。予所捋力活反。荼，予所蓄租，予胡反。予口卒瘏，音徒。曰予未有室家。叶古胡反。○比也。拮据，手口共作之貌。捋，取也。荼，萑苕，可藉巢者也。蓄，積。租，聚。卒，盡。瘏，病也。室家，巢也。○亦爲鳥言：「作巢之始，所以拮据以捋荼蓄租，勞苦而至於盡病者，以巢之未成也。」以比己之前日所以勤勞如此者，以王室之新造而未集故也。○予羽譙譙，在消反。予尾翛翛，素彫反。予室翹翹，祈消反。風雨所漂匹遥反。摇，予維音嘵嘵。呼堯反。○比也。譙譙，殺也。翛翛，敝也。翹翹，危也。嘵嘵，急也。○亦爲鳥言：「羽殺尾敝以成其室而未定也，風雨又從而飄摇之，則我之哀鳴，安得而不急哉？」以比己既勞悴，王室又未安，而多難乘之，則其作詩以喻王，亦不得而不汲汲也。

鴟鴞四章，章五句。事見書金縢篇。

我徂東山，慆慆吐刀反。不歸。無韻，未詳。我來自東，零雨其濛。我東曰歸，我心西悲。制彼裳衣，勿士行户郎反。枚。叶謨悲反。蜎蜎烏玄反。者蠋，音蜀。烝在桑野。叶上與反。敦都廻反。彼獨宿，亦在車下。叶後五反。○賦也。東山，所征之地也。慆慆，言久也。零，落也。濛，雨貌。裳衣，平居之服也。勿士行枚，未詳其義。鄭氏曰：士，事也。行，陳也。枚，如箸，銜之，有繣結項中，以止語也。蜎蜎，動貌。蠋，桑蟲，似蠶者也。烝，發語聲。敦，獨處不移之貌。此則興也。○成王既得鴟鴞之詩，又感雷風之變，始悟而迎周公。於是周公東征已三年矣。既歸，因作此詩以勞歸士〔三〕。蓋爲之述其意而言曰：「我之東征既久，而歸塗又有遇雨之勞。」因追言其在東而言歸之時，心已西嚮而悲。於是制其平居之服，而以爲自今可以勿爲行陳銜枚之事矣。及其在塗，則又覩物起興而自嘆曰：「彼蜎蜎者蠋，其在彼桑野矣，此敦然而獨宿者，則亦在此車下矣。」○我徂東山，慆慆不歸。我來自東，零雨其濛。果臝力果反。之實，亦施羊豉反。于宇。伊威在室，蠨音蕭。蛸所交反。在户。町他頂反。畽他短反。鹿場，熠以執反。燿以照反。宵行。叶户郎反。不可畏叶於非反。也，伊可懷叶胡威反。也。賦也。果臝，栝樓也。施，延也。蔓生延施于宇下也。伊威，鼠婦也。室不掃則有之。蠨蛸，小蜘蛛也，户無人出入則結網當之。町畽，舍旁隙地也。無人焉，故鹿以爲場也。熠燿，明不定貌。宵行，蟲名，如蠶，夜行，喉下有光如螢也。○章首四句言其往來之勞，在外之久，故每章重言，見其感念之深。遂言已東征而室廬荒廢至於如此，亦可畏矣。然豈可畏而不歸哉！亦可懷思而已。此則述其歸未至而思家之情也。○我徂東山，慆慆不歸。我來自東，零雨其濛。鸛古玩反。鳴于垤，田節反，叶地一反。婦歎于室。洒埽穹窒，我征聿至。叶入聲。

有敦都迴反。瓜苦，烝在栗薪。自我不見，于今三年。叶尼因反。○賦也。鸛，水鳥，似鶴者也。垤，蟻塚也。穹窒，見七月。○將陰雨，則穴處者先知，故蟻出垤而鸛就食之，遂鳴於其上也。行者之妻亦思其夫之勞苦而歎息於家，於是洒掃穹窒以待其歸，而其夫之行忽已至矣。因見苦瓜繫於栗薪之上，而曰：「自我之不見此，亦已三年矣。」栗，周土所宜木，與苦瓜皆微物也。見之而喜，則其行久而感深可知矣。○我徂東山，慆慆不歸。我來自東，零雨其濛。倉庚于飛，熠燿其羽。之子于歸，皇駁其馬。叶滿補反。親結其縭，叶離、羅二音。九十其儀。叶宜、俄二音。其新孔嘉，叶居宜、居何二反。其舊如之何？叶奚、河二音。○賦而興也。倉庚飛，昏姻時也。熠燿，鮮明也。黄白曰皇。騮白曰駁。縭，婦人之褘也。母戒女而爲之施衿結帨也。九其儀，十其儀，言其儀之多也。○賦時物以起興，而言東征之歸士未有室家者，及時而昏姻，既甚美矣。其舊有室家者，相見而喜，當如何邪！

東山四章，章十二句。序曰：「一章言其完也，二章言其思也，三章言其室家之望女也，四章樂男女之得及時也。君子之於人，序其情而閔其勞，所以説也。説以使民，民忘其死，其唯東山乎？」愚謂「完」謂全師而歸，無死傷之苦。「思」謂未至而思，有愴恨之懷。至於「室家望女」、「男女及時」，亦皆其心之所願而不敢言者。上之人乃先其未發而歌詠以勞苦之，則其歡欣感激之情爲如何哉！蓋古之勞詩皆如此。其上下之際，情志交孚，雖家人父子之相語，無以過之。此其所以維持鞏固數十百年，而無一旦土崩之患也。

既破我斧，又缺我斨。七羊反。周公東征，四國是皇。哀我人斯，亦孔之將。賦也。隋銎曰斧，方銎曰斨，征伐之用也。四國，四方之國也。皇，匡也。將，大也。○從軍之士以前篇周公勞己之勤，故言此以答其意。曰：「東征之役，既破我斧，而缺我斨，其勞甚矣。然周公之爲此舉，蓋將使四方莫敢不一於正而後已。其哀我人也，豈不大哉！」然則雖有破斧缺斨之勞，而義有所不得辭矣。夫管、蔡流言以謗周公，而公以六軍之衆往而征之，使其心一有出於自私而不在於天下，則撫之雖勤，勞之雖至，而從役之士豈能不怨也哉？今觀此詩，固足以見周公之心大公至正，天下信其無有一豪自愛之私。抑又有以見當是之時，雖被堅執鋭之人，亦皆能以周公之心爲心，而不自爲一身一家之計，蓋亦莫非聖人之徒也。學者於此熟玩而有得焉，則其心正大，而天地之情真可見矣。○既破我斧，又缺我錡。巨宜反，叶巨何反。周公東征，四國是吪。五戈反。哀我人斯，亦孔之嘉。叶居何反。○賦也。錡，鑿屬。吪，化。嘉，善也。○既破我斧，又缺我銶。音求。周公東征，四國是遒。在羞反。哀我人斯，亦孔之休。賦也。銶，木屬。遒，斂而固之也。休，美也。

破斧三章，章六句。范氏曰：象日以殺舜爲事，舜爲天子也，則封之。管、蔡啓商以叛，周公之爲相也，則誅之。迹雖不同，其道則一也。蓋象之禍及於舜而已，故舜封之；管、蔡流言，將危周公以間王室，得罪於天下，故周公誅之。非周公誅之，天下之所當誅也。周公豈得而私之哉！

伐柯如何？匪斧不克。取七喻反。妻如何？匪媒不得。比也。柯，斧柄也。克，能也。媒，通二姓之言者也。○周公居東之時，東人言此，以比平日欲見周公之難。○伐柯伐柯，其則不遠。我覯古豆反。之子，籩豆有踐。賤淺反。○比也。則，法也。我，東人自我也。之子，指其妻而言也。籩，竹豆也。豆，木豆也。踐，行列之貌。○言伐柯而有斧，則不過即此舊斧之柯，而得其新柯之法。娶妻而有媒，則亦不過即此見之，而成其同牢之禮矣。東人言此，以比今日得見周公之易，深喜之之詞也。

伐柯二章，章四句。

九罭于逼反。之魚，鱒才損反。魴。音房。我覯之子，衮古本反。衣繡裳。興也。九罭，九囊之網也。鱒，似鯶而鱗細，眼赤。魴，已見上。皆魚之美者也。我，東人自我也。之子，指周公也。衮衣裳九章，一曰龍，二曰山，三曰華蟲，雉也，四曰火，五曰宗彝，虎蜼也，皆繢於衣，六曰藻，七曰粉米，八曰黼，九曰黻，皆繡於裳。天子之龍一升一降〔四〕。上公但有降龍，以龍首卷然，故謂之衮也。○此亦周公居東之時，東人喜得見之，而言九罭之網則有鱒魴之魚矣，我覯之子，則見其衮衣繡裳之服矣。○鴻飛遵渚，公歸無所，於女音汝，下同。信處。興也。遵，循也。渚，小洲也。女，東人自相女也。再宿曰信。○東人聞成王將迎周公，又自相謂而言，鴻飛則遵渚矣，公歸豈無所乎？今特於女信處而已。

○鴻飛遵陸，公歸不復，於女信宿。興也。高平曰陸。不復，言將留相王室而不復來東也。○是以有衮衣兮，無以我公歸兮，無使我心悲兮。賦也。承上二章，言周公信處信宿於此，是以東方有此服衮衣之人。又願其且留於此，無遽迎公以歸，歸則將不復來，而使我心悲也。

九罭四章，一章四句，三章章三句。

狼跋蒲末反。其胡，載疐丁四反。其尾。公孫音遜。碩膚，赤舄音昔。几几。興也。跋，躐也。胡，頷下懸肉也。載，則。疐，跲也。老狼有胡，進而躐其胡，則退而跲其尾。公，周公也。孫，讓。碩，大。膚，美也。赤舄，冕服之舄也。几几，安重貌。○周公雖遭疑謗，然所以處之不失其常，故詩人美之。言狼跋其胡則疐其尾矣，公遭流言之變，而其安肆自得乃如此，蓋其道隆德盛而安土樂天有不足言者，所以遭大變而不失其常也。夫公之被毁，以管、蔡之流言也，而詩人以爲此非四國之所爲，乃公自讓其大美而不居耳，蓋不使讒邪之口得以加乎公之忠聖。此可見其愛公之深、敬公之至，而其立言亦有法矣。○狼疐其尾，載跋其胡。公孫碩膚，德音不瑕。叶洪孤反。○興也。德音，猶令聞也。瑕，疵病也。○程子曰：「周公之處己也，夔夔然存恭畏之心；其存誠也，蕩蕩然無顧慮之意，所以不失其聖而德音不瑕也。」

狼跋二章，章四句。范氏曰：神龍或潛或飛，能大能小，其變化不測。然得而蓄之若犬羊然，有欲故也。唯其可以蓄之，是以亦得醢而食之。凡有欲之類，莫不可制焉。唯聖人無欲，故天地萬物不能易也。富貴、貧賤、死生，如寒暑晝夜相代乎前，吾豈有二其心乎哉？亦順受之而已矣。舜受堯之天下，不以爲泰。孔子阨於陳蔡而不以爲戚。周公遠則四國流言，近則王不知，而赤舄几几，德音不瑕，其致一也。

豳國七篇，二十七章，二百三句。程元問於文中子曰：「敢問豳風何風也？」曰：「變風也。」元曰：「周公之際，亦有變風乎？」曰：「君臣相誚，其能正乎？成王終疑周公，則風遂變矣。非周公至誠，其孰卒正之哉！」元曰：「居變風之末何也？」曰：「夷王以下，變風不復正矣。夫子蓋傷之也，故終之以豳風，言變之可正也，惟周公能之，故係之以正。變而克正，危而克扶，始終不失其本，其惟周公乎？係之豳，遠矣哉。」○籥章龡豳詩以逆暑迎寒，已見於七月之篇矣。又曰：「祈年于田祖」，則「龡豳雅」「以樂田畯」，「祭蜡則龡豳頌」「以息老物」。則考之於詩，未見其篇章之所在。故鄭氏三分七月之詩以當之，其道情思者爲風，正禮節者爲雅，樂成功者爲頌。然一篇之詩，首尾相應，乃剟取其一節而偏用之，恐無此理。故王氏不取，而但謂本有是詩而亡之。其説近是。或者又疑但以七月全篇隨事而變其音節，或以爲風，或以爲雅，或以爲頌，則於理爲通，而事亦可行。如又不然，則雅頌之中凡爲農事而作者，皆可冠以豳號。其説具於大田、良耜諸篇，讀者擇焉可也。

校勘記

〔一〕叶後五反　元本、明甲本無「叶」字。

〔二〕桑根皮也　元本、明甲本、八卷本無「皮」字。

〔三〕因作此詩以勞歸士　「此」字原脱，據元本、明甲本、明乙本補。

〔四〕天子之龍一升二降　「二」，明甲本、八卷本作「一」。

詩卷第九

朱熹集傳

小雅二

雅者，正也，正樂之歌也。其篇本有大小之殊，而先儒説又各有正變之别。以今考之，正小雅，燕饗之樂也；正大雅，會朝之樂，受釐陳戒之辭也。故或歡欣和説，以盡羣下之情；或恭敬齊莊，以發先王之德。詞氣不同，音節亦異，多周公制作時所定也。及其變也，則事未必同而各以其聲附之。其次序時世，則有不可考者矣。

鹿鳴之什二之一

雅頌無諸國别，故以十篇爲一卷，而謂之什，猶軍法以十人爲什也。

呦呦音幽。鹿鳴，叶音芒。食野之苹。叶音旁。我有嘉賓，鼓瑟吹笙。叶師莊反。吹笙鼓簧，音黃。承筐是將。人之好呼報反。我，示我周行。叶户郎反。○興也。呦呦，聲之和也。苹，藾蕭也，青色，白莖如筯。我，主人也。賓，所燕之客，或本國之臣，或諸侯之使也。瑟、笙，燕禮所用之樂也。簧，笙中之簧也。承，奉也。筐，所以盛幣帛者也。將，行也。奉筐而行幣帛，飲則以酬賓送酒，食則以侑賓勸飽也。周行，大道也。古者於旅也語，故欲於此聞其言也。○此燕饗賓客之詩也。蓋君臣之分以嚴爲主，朝廷之禮以敬爲主。然一於嚴敬則情或不通，而無以盡其忠告之益。故先王因其飲食聚會而制爲燕饗之禮，以通上下之情，而其樂歌又以鹿鳴起興，而言其禮意之厚如此，庶乎人之好我而示我以大道也。記曰：「私惠不歸德，君子不自留焉。」蓋其所望於羣臣嘉賓者，唯在於示我以大道，則必不以私惠爲德而自留矣。嗚呼，此其所以和樂而不淫也與！○呦呦鹿鳴，食野之蒿。我有嘉賓，德音孔昭。叶側豪反。視民不恌，他彫反，叶音洮。君子是則是傚。胡教反，叶胡高反。我有旨酒，嘉賓式燕以敖。牛刀反。○興也。蒿，菣也，即青蒿也。孔，甚。昭，明也。視，與「示」同。恌，偷薄也。敖，游也。○言嘉賓之德音甚明，足以示民，使不偷薄，而君子所當則傚，則亦不待言語之間，而其所以示我者深矣。○呦呦鹿鳴，食野之芩。其今反。我有嘉賓，鼓瑟鼓琴。鼓瑟鼓琴，和樂音洛。且湛。都南反，叶持林反。我有旨酒，以燕樂嘉賓之心。興也。芩，草名，莖如釵股，葉如竹，蔓生。湛，樂之久也。燕，安也。○言安樂其心，則非止養其體娛其外而已。蓋所以致其殷勤之厚，而欲其教示之無已也。

鹿鳴三章，章八句。按序以此爲燕羣臣嘉賓之詩。而燕禮亦云「工歌鹿鳴、四牡、皇皇者華」，即謂此也。鄉飲酒用樂亦然。而學記言「大學始教宵雅肄三」，亦謂此三詩。然則又爲上下通用之樂矣。豈本爲燕羣臣嘉賓而作，其後乃推而用之鄉人也歟？然於朝曰君臣焉，於燕曰賓主焉。先王以禮使臣之厚，於此見矣。○范氏曰：食之以禮，樂之以樂，將之以實，求之以誠，此所以得其心也。賢者豈以飲食幣帛爲悦哉？夫婚姻不備，則貞女不行也。禮樂不備，則賢者不處也。賢者不處，則豈得樂而盡其心乎？

四牡騑騑，芳非反。周道倭於危反。遲。豈不懷歸？王事靡盬，音古。我心傷悲。賦也。騑騑，行不止之貌。周道，大路也。倭遲，回遠之貌。盬，不堅固也。○此勞使臣之詩也。夫君之使臣，臣之事君，禮也。故爲臣者奔走於王事，特以盡其職分之所當爲而已，何敢自以爲勞哉？然君之心，則不敢以是而自安也。故燕饗之際，叙其情以閔其勞。言駕此四牡而出使於外，其道路之回遠如此，當是時，豈不思歸乎？特以王事不可以不堅固，不敢徇私以廢公，是以内顧而傷悲也。臣勞於事而不自言，君探其情而代之言，上下之間，可謂各盡其道矣。傳曰：「思歸者，私恩也，靡盬者，公義也，傷悲者，情思也。無私恩，非孝子也，無公義，非忠臣也。君子不以私害公，不以家事辭王事。」范氏曰：「臣之事上也，必先公而後私。君之勞臣也，必先恩而後義。」

○四牡騑騑，嘽嘽他丹反。駱音洛。馬。叶滿補反。豈不懷歸？王事靡盬，不遑啓處。賦也。嘽嘽，衆盛之貌。白馬黑鬣曰駱。遑，暇。啓，跪。處，居也。

○翩翩音篇。者鵻，當作「隹」，朱惟反。載飛載下，叶後五反。集于苞栩。況甫反。王事靡盬，不遑將父。扶雨反。○興也。翩翩，飛貌。鵻，夫不也，今鵓鳩也。凡鳥之短尾者，皆隹屬。將，養也。○翩翩者鵻，猶或飛或下，而集於所安之處。今使人乃勞苦於外，而不遑養其父，此君人者所以不能自安，而深以爲憂也。范氏曰：「忠臣孝子之行役，未嘗不念其親。君之使臣，豈待其勞苦而自傷哉？亦憂其憂如己而已矣。此聖人所以感人心也。」

○翩翩者鵻，載飛載止，集于苞杞。音起。王事靡盬，不遑將母。叶滿彼反。○興也。杞，枸檵也。

○駕彼四駱，載驟助救反。駸駸。侵、寢二音。豈不懷歸？是用作歌，將母來諗。深、審二音。○賦也。駸駸，驟貌。

諗，告也。以其不獲養父母之情而來告於君也，非使人作是歌也。設言其情以勞之耳。獨言將母者，因上章之文也。

四牡五章，章五句。按序言此詩所以「勞使臣之來」，甚協詩意。故春秋傳亦云。而外傳以爲章使臣之勤。所謂使臣，雖叔孫之自稱，亦正合其本事也。但儀禮又以爲上下通用之樂，疑亦本爲勞使臣而作，其後乃移以它用耳。

皇皇者華，芳無反，與夫叶。于彼原隰。駪駪所巾反。征夫，每懷靡及。興也。皇皇，猶煌煌也。華，草木之華也。高平曰原。下濕曰隰。駪駪，衆多疾行之貌。征夫，使臣與其屬也。懷，思也。○此遣使臣之詩也。君之使臣，固欲其宣上德而達下情，而臣之受命，亦唯恐其無以副君之意也。故先王之遣使臣也，美其行道之勤，而述其心之所懷曰：「彼煌煌之華，則于彼原隰矣。此駪駪然之征夫，則其所懷思常若有所不及矣。」蓋亦因以爲戒，然其詞之婉而不迫如此。詩之忠厚，亦可見矣。○我馬維駒，恭于、恭侯二反。六轡如濡。如朱、如由二反。載馳載驅，虧于、虧由二反。周爰咨諏。子須、子侯二反。○賦也。如濡，鮮澤也。周，徧。爰，於也。咨諏，訪問也。○使臣自以每懷靡及，故廣詢博訪，以補其不及而盡其職也。程子曰：「咨訪，使臣之大務。」○我馬維騏，音其。六轡如絲。叶新齎反。載馳載驅，周爰咨謀。叶莫悲反。○賦也。如絲，調忍也。謀，猶「諏」也，變文以協韻爾。下章放此。○我馬維駱，六轡沃鳥毒反。若。載馳載驅，周爰咨度。待洛反。○賦也。沃若，猶「如濡」也。度，猶「謀」也。○我馬維駰，音因。六轡既均。載馳載驅，周爰咨詢。賦也。陰白雜毛曰駰。均，調也。詢，猶「度」也。

皇皇者華五章，章四句。按序以此詩爲「君遣使臣」。春秋內、外傳皆云「君教使臣」，其説已見前篇。儀禮亦見鹿鳴。疑亦本爲遣使臣而作，其後乃移以它用也。然叔孫穆子所謂君教使臣曰：「每懷靡及，諏謀度詢，必咨於周，敢不拜教。」可謂得詩之意矣。范氏曰：「王者遣使於四方，教之以咨諏善道，將以廣聽明也。夫臣欲助其君之德，必求賢以自助。故臣能從善，則可以善君矣；臣能聽諫，則可以諫君矣。未有不自治，而能正君者也。」

常棣之華，鄂五各反。不韡韡。韋鬼反。凡今之人，莫如兄弟。待禮反。○興也。常棣，棣也，子如櫻桃，可食。鄂，鄂然外見之貌。不，猶豈不也。韡韡，光明貌。○此燕兄弟之樂歌。故言常棣之華，則其鄂然而外見者，豈不韡韡乎？凡今之人，則豈有如兄弟者乎？○死喪之威，兄弟孔懷。叶胡威反。原隰裒薄侯反。矣，兄弟求矣。賦也。威，畏。懷，思。裒，聚也。○言死喪之禍，它人所畏惡，惟兄弟爲相恤耳。至於積尸裒聚於原野之間，亦惟兄弟爲相求也。此詩蓋周公既誅管、蔡而作。故此章以下，專以死喪急難鬭鬩之事爲言。其志切，其情哀，乃處兄弟之變，如孟子所謂「其兄關弓而射之，則己垂涕泣而道之」者。序以爲「閔管、蔡之失道」者得之。而又以爲文武之詩，則誤矣。大抵舊説詩之時世，皆不足信，舉此自相矛盾者以見其一端，後不能悉辯也。○脊井益反。令音零。在原，兄弟急難。叶泥沿反。每有良朋，況也永歎。吐丹反，叶它涓反。○興也。脊令，雝渠，水鳥也。況，發語詞，或曰當作「怳」。○脊令飛則鳴，行則揺，有急難之意。故以起興。而言當此之時，雖有良朋，不過爲之長嘆息而已，力或不能相及也。東萊吕氏曰：「疏其所親，而親其所疏，此失其本心者也。故此詩反覆言朋友之不如兄弟，蓋示之以親疏之分，使之反循其本也。本心既得，則由親及疏，秩然有序。兄弟之親既篤，而朋友之義亦敦矣，初非薄於朋友也。苟雜施而不孫，雖曰厚於朋友，如無源之水，朝滿夕除，胡可保哉！或曰：人之在難，朋友亦可以坐視歟？曰：每有良朋，況也永嘆，則非不憂憫，但視兄弟急難爲有差等耳。詩人之詞容有抑揚，然常棣周公作也，聖人之言，小大高下皆宜，而前後左右不相悖。」○兄弟鬩許歷反。于墻，外禦其務。春秋傳作「侮」，罔甫反。每有良朋，烝之承反。也無戎。叶而主反。○賦也。鬩，鬬很也。禦，禁也。烝，發語聲。戎，助也。○言兄弟設有不幸鬬很于内，然有外侮，則同心禦之矣。雖有良朋，豈能有所助乎？富辰曰：「兄弟雖有小忿，不廢懿親。」○喪亂既平，既安且寧。雖有兄弟，不如友生。叶桑經反。○賦也。上章言患難之時，兄弟相救非朋友可比。此章遂言安寧之後，乃有視兄弟不如友生者，悖理之甚也。○儐賓胤反。爾籩豆，飲酒之飫。於慮反。兄弟既具，和樂音洛。且孺。賦也。儐，陳。飫，饜。具，俱也。孺，小兒之慕父母也。○言陳籩豆以醉飽，而兄弟有不具焉，則無與共享其樂矣。○妻子好呼報反。合，如鼓瑟琴。兄弟既翕，許及反。和樂且湛。答南反，叶持林反。○賦也。翕，合也。○言妻子好合如琴瑟之和，而兄弟有不合焉，則無以久其樂矣。○宜爾室家，叶古胡反。樂爾妻帑。音奴。是究是圖，亶其然乎！就用乎字爲韻。○賦也。帑，子。究，窮。圖，謀。亶，信也。○宜爾室家者，兄弟具而後樂且孺也。樂爾妻帑者，兄弟翕而後樂且湛也。兄弟於人，其重如此。試以是究而圖之，豈不信其然乎？東萊呂氏曰：「告人以兄弟之當親，未有不以爲然者也。苟非是究是圖，實從事於此，則亦未有誠知其然者也。不誠知其然，則所知者特其名而已矣。凡學，蓋莫不然。」

常棣八章，章四句。此詩首章略言至親莫如兄弟之意。次章乃以意外不測之事言之，以明兄弟之情其切如此。三章但言急難，則淺於死喪矣。至於四章，則又以其情義之甚薄，而猶有所不能已者言之。其序若曰不待死喪，然後相收[一]，但有急難，便當相助。言又不幸而至於或有小忿，猶必共禦外侮。其所以言之者，雖若益輕以約，而所以著夫兄弟之義者，益深且切矣。至於五章，遂言安寧之後，乃謂兄弟不如友生，則是至親反爲路人，而人道或幾乎息矣。故下兩章乃復極言兄弟之恩，異形同氣，死生苦樂無適而不相須之意。卒章又申告之，使反覆窮極而驗其信然，可謂委曲漸次，說盡人情矣。讀者宜深味之。

伐木丁丁，陟耕反。鳥鳴嚶嚶。於耕反。出自幽谷，遷于喬木。嚶其鳴矣，求其友聲。相息亮反。彼鳥矣，猶求友聲。矧伊人矣，不求友生。叶桑經反。神之聽之，終和且平。興也。丁丁，伐木聲。嚶嚶，鳥聲之和也。幽，深。遷，升。喬，高。相，視。矧，況也。○此燕朋友故舊之樂歌。故以伐木之丁丁，興鳥鳴之嚶嚶，而言鳥之求友。遂以鳥之求友，喻人之不可無友也。人能篤朋友之好，則神之聽之，終和且平矣。○伐木許許，呼古反。釃所宜反。酒有藇。象呂反。既有肥羜，直呂反。以速諸父。扶雨反。寧適不來，微我弗顧。叶居五反。於音烏。粲酒所懈反。埽，蘇報反，叶蘇吼反。陳饋八簋。叶已有反。既有肥牡，以速諸舅。其九反。寧適不來，微我有咎。其九反。○興也。許許，衆人共力之聲。淮南子曰：「舉大木者呼邪許。」蓋舉重勸力之歌也。釃酒者，或以筐，或以草，泲之而去其糟也。禮所謂「縮酌用茅」是也。藇，美貌。羜，未成羊也。速，召也。諸父，朋友之同姓而尊者也。微，無。顧，念也。於，歎辭。粲，鮮明貌。八簋，器之盛也。諸舅，朋友之異姓而尊者也。先諸父而後諸舅者，親疏之殺也。咎，過也。○言具酒食以樂朋友如此，寧使彼適有故而不來，而無使我恩意之不至也。孔子曰：「所求乎朋友，先施之未能也。」此可謂能先施矣。○伐木于阪，叶孚臠反。釃酒有衍。籩豆有踐，在演反。兄弟無遠。民之失德，乾餱音侯。以愆。叶起淺反。有酒湑思呂反。我，無酒酤音古。我。坎坎鼓我，蹲蹲七旬反。舞我。迨音待。我暇叶後五反。矣，飲此湑矣。興也。衍，多也。踐，陳列貌。兄弟，朋友之同儕者。無遠，皆在也。先諸舅而後兄弟者，尊卑之等也。乾餱，食之薄者也。愆，過也。湑，亦釃也。酤，買也。坎坎，擊鼓聲。蹲蹲，舞貌。迨，及也。○言人之所以至於失朋友之義者，非必有大故，或但以乾餱之薄不以分人，而至於有愆耳。故我於朋友不計有無，但及閑暇，則飲酒以相樂也。

伐木三章，章十二句。劉氏曰：「此詩每章首輒云『伐木』，凡三云『伐木』，故知當爲三章。舊作六章誤矣。」今從其説正之。

天保定爾，亦孔之固。俾爾單音丹。厚，何福不除？直慮反。俾爾多益，以莫不庶。賦也。保，安也。爾，指君也。固，堅。單，盡也。除，除舊而生新也。庶，衆也。○人君以鹿鳴以下五詩燕其臣，臣受賜者歌此詩以答其君。言天之安定我君，使之獲福如此也。○天保定爾，俾爾戩子淺反。穀。罄無不宜，受天百禄。降爾遐福，維日不足。賦也。聞人氏曰：戩，與「剪」同，盡也。穀，善也。盡善云者，猶其曰單厚多益也。罄，盡。遐，遠也。爾有以受天之禄矣，而又降爾以福，言天人之際交相與也。書所謂「昭受上帝，天其申命用休」，語意正如此。○天保定爾，以莫不興。如山如阜，如岡如陵。如川之方至，以莫不增。賦也。興，盛也。高平曰陸，大陸曰阜，大阜曰陵，皆高大之意。川之方至，言其盛長之未可量也。○吉蠲古玄反。爲饎，尺志反。是用孝享。叶虚良反。禴餘若反。祠烝嘗，于公先王。君曰卜爾，萬壽無疆。賦也。吉言諏日擇士之善。蠲言齋戒滌濯之潔。饎，酒食也。享，獻也。宗廟之祭，春曰祠，夏曰禴，秋曰嘗，冬曰烝。公，先公也，謂后稷以下至公叔祖類也。先王，大王以下也。君，通謂先公先王也。卜，猶期也。此尸傳神意以嘏主人之詞。文王時周未有曰先王者，此必武王以後所作也。○神之弔都歷反。矣，詒以之反。爾多福。叶筆力反。

民之質矣，日用飲食。羣黎百姓，徧爲爾德。賦也。弔，至也。神之至矣，猶言祖考來格也。詒，遺。質，實也。言其質實無僞，日用飲食而已。羣，衆也。黎，黑也，猶秦言「黔首」也。百姓，庶民也。爲爾德者，言則而象之，猶助爾而爲德也。○如月之恒，古登反。如日之升。如南山之壽，不騫起虔反。不崩。如松柏之茂，無不爾或承。賦也。恒，弦。升，出也。月上弦而就盈，日始出而就明。騫，虧也。承，繼也。言舊葉將落，而新葉已生，相繼而長茂也。

天保六章，章六句。

采薇采薇，薇亦作叶則故反。止。曰歸曰歸，歲亦莫音慕。止。靡室靡家，叶古乎反。玁音險。狁音允。之故。不遑啓居，玁狁之故。興也。薇，菜名。作，生出地也。莫，晚。靡，無也。玁狁，北狄也。遑，暇。啓，跪也。○此遣戍役之詩。以其出戍之時采薇以食，而念歸期之遠也，故爲其自言，而以采薇起興曰：采薇采薇，則薇亦作止矣。曰歸曰歸，則歲亦莫止矣。然凡此所以使我舍其室家而不暇啓居者，非上之人固爲是以苦我也，直以玁狁侵陵之故，有所不得已而然耳。蓋叙其勤苦悲傷之情，而又風以義也。程子曰：「毒民不由其上，則人懷敵愾之心矣。」又曰：「古者戍役，兩期而還。今年春莫行，明年夏代者至，復留備秋，至過十一月而歸。又明年中春至，春暮遣次戍者。每秋與冬初，兩番戍者，皆在疆圉，如今之防秋也。」○采薇采薇，薇亦柔止。曰歸曰歸，心亦憂止。憂心烈烈，載飢載渴。叶巨烈反。我戍未定，靡使歸聘。興也。柔，始生而弱也。烈烈，憂貌。載，則也。定，止。聘，問也。○言戍人念歸期之遠而憂勞之甚，然戍事未已，則無人可使歸而問其室家之安否也。○采薇采薇，薇亦剛止。曰歸曰歸，歲亦陽止。王事靡盬，不遑啓處。憂心孔疚，叶訖力反。我行不來。叶六直反。○興也。剛，既成而剛也。陽，十月也。時純陰用事，嫌於無陽，故名之曰陽月也。孔，甚。疚，病也。來，歸也。此見士之竭力致死無還心也。○彼爾維何？維常之華。芳無、胡瓜二反。彼路斯何？君子之車。斤於、尺奢二反。戎車既駕，四牡業業。豈敢定居，一月三捷。興也。爾，華盛貌。常，常棣也。路，戎車也。君子，謂將帥也。業業，壯也。捷，勝也。○彼爾然而盛者，常棣之華也。彼路車者，君子之車也。戎車既駕，而四牡盛矣。則何敢以定居乎？庶乎一月之間三戰而三捷爾。○駕彼四牡，四牡騤騤。求龜反。君子所依，小人所腓。符非反。四牡翼翼，象弭魚服。叶蒲北反。豈不日戒，叶訖力反。玁狁孔棘。賦也。騤騤，强也。依，猶乘也。腓，猶芘也。程子曰：「腓，隨動也。如足之腓，足動則隨而動也。」翼翼，行列整治之狀。象弭，以象骨飾弓弰也。魚，獸名，似豬，東海有之，其皮背上斑文，腹下純青，可爲弓鞬矢服也。戒，警。棘，急也。○言戎車者，將帥之所依乘，戍役之所芘倚。且其行列整治而器械精好如此，豈不日相警戒乎？玁狁之難甚急，誠不可以忘備也。○昔我往矣，楊柳依依。今我來思，雨于付反。雪霏霏。芳菲反。行道遲遲，載渴載飢。我心傷悲，莫知我哀。叶於希反。○賦也。楊柳，蒲柳也。霏霏，雪甚貌。遲遲，長遠也。○此章又設爲役人預自道其歸時之事，以見其勤勞之甚也。程子曰：「此皆極道其勞苦憂傷之情也。上能察其情，則雖勞而不怨，雖憂而能勵矣。」范氏曰：「予於采薇，見先王以人道使人，後世則牛羊而已矣。」

采薇六章，章八句。

我出我車，于彼牧叶莫狄反。矣。自天子所，謂我來叶六直反。矣。召彼僕夫，謂之載叶節力反。矣。王事多難，乃旦反。維其棘矣。賦也。牧，郊外也。自，從也。天子，周王也。僕夫，御夫也。○此勞還率之詩。追言其始受命出征之時，出車於郊外，而語其人曰：「我受命於天子之所而來。」於是乎召御夫使之載其車以行，而戒之曰：「王事多難，是行也，不可以緩矣。」○我出我車，于彼郊叶音高。矣。設此旐音兆。矣，建彼旄音毛。矣。彼旟音餘。旐斯，胡不旆旆。叶蒲寐反。憂心悄悄，僕夫況瘁。似醉反。○賦也。郊在牧內，蓋前軍已至牧，而後軍猶在郊也。設，陳也。龜蛇曰旐。建，立也。旄，注旄於旗干之首也。鳥隼曰旟。鳥隼龜蛇，曲禮所謂前朱雀而後玄武也。楊氏曰：「師行之法，四方之星各隨其方以爲左右前後，進退有度，各司其局，則士無失伍離次矣。」旆旆，飛揚之貌。悄悄，憂貌。況，茲也，或云當作「怳」。○言出車在郊，建設旗幟。彼旗幟者，豈不旆旆而飛揚乎？但將帥方以任大責重爲憂，而僕夫亦爲之恐懼而憔悴耳。東萊呂氏曰：「古者出師以喪禮處之，命下之日，士皆泣涕。夫子之言行三軍，亦曰『臨事而懼』，皆此意也。」○王命南仲，往城于方。出車彭彭，叶鋪郎反。旂旐央央。於良反。天子命我，城彼朔方。赫赫南仲，玁狁于襄。賦也。王，周王也。南仲，此時大將也。方，朔方，今靈夏等州之地。彭彭，衆盛貌。交龍爲旂。此所謂左青龍也。央央，鮮明也。赫赫，威名光顯也。襄，除也。或曰上也，與「懷山襄陵」之「襄」同，言勝之也。○東萊呂氏曰：「大將傳天子之命以令軍衆，於是車馬衆盛，旗旐鮮明，威靈氣焰赫然動人矣。兵事以哀敬爲本，而所尚則威。二章之戒懼，三章之奮揚，並行而不相悖也。」程子曰：「城朔方而玁狁之難除。禦戎狄之道，守備爲本，不以攻戰爲先也。」

○昔我往矣，黍稷方華。叶芳無反。今我來思，雨雪載塗。王事多難，不遑啓居。豈不懷歸，畏此簡書。賦也。華，盛也。塗，凍釋而泥塗也。簡書，戒命也。隣國有急，則以簡書相戒命也。或曰簡書，策命臨遣之詞也。○此言其既歸在塗，而本其往時所見，與今還時所遭，以見其出之久也。東萊呂氏曰：「采薇之所謂『往』，遣戍時也。此詩之所謂『往』，在道時也。采薇之所謂『來』，戍畢時也。此詩之所謂『來』，歸而在道時也。」

○喓喓於遥反。草蟲，趯趯他歷反。阜螽。未見君子，憂心忡忡。敕中反。既見君子，我心則降。户江反，叶胡攻反。赫赫南仲，薄伐西戎。賦也。此言將帥之出征也，其室家感時物之變而念之，以爲未見而憂之如此，必既見然後心可降耳。然此南仲今何在乎？方往伐西戎而未歸也，豈既却玁狁而還師以伐昆夷也與？薄之爲言聊也，蓋不勞餘力矣。

○春日遲遲，卉許貴反。木萋萋。七西反。倉庚喈喈，音皆，叶居奚反。采蘩祁祁。巨移反。執訊音信。獲醜，薄言還音旋。歸。赫赫南仲，玁玁狁于夷。賦也。卉，草也。萋萋，盛貌。倉庚，黄鸝也。喈喈，聲之和也。訊，其魁首當訊問者也。醜，徒衆也。夷，平也。○歐陽氏曰：「述其歸時，春日暄妍，草木榮茂，而禽鳥和鳴。於此之時，執訊獲醜而歸，豈不樂哉！」鄭氏曰：「此時亦伐西戎，獨言平玁狁者，玁狁大，故以爲始，以爲終。」

出車六章，章八句。

有杕大計反。之杜，有睆華版反。其實。王事靡盬，繼嗣我日。日月陽止，女心傷止，征夫遑止。賦也。睆，實貌。嗣，續也。陽，十月也。遑，暇也。○此勞還役之詩。故追述其未還之時，室家感於時物之變而思之曰：特生之杜，有睆其實，則秋冬之交矣。而征夫以王事出，乃以日繼日而無休息之期。至于十月，可以歸而猶不至，故女心悲傷，而曰：「征夫亦可以暇矣，曷爲而不歸哉！」或曰興也。下章放此。○有杕之杜，其葉萋萋。王事靡盬，我心傷悲。卉木萋止，女心悲止，征夫歸止。賦也。萋萋，盛貌，春將莫之時也。歸止，可以歸也。○陟彼北山，言采其杞。王事靡盬，憂我父母。叶滿洧反。檀車幝幝，尺善反。四牡痯痯，古緩反，叶古轉反。征夫不遠。賦也。檀木堅，宜爲車。幝幝，敝貌。痯痯，罷貌。○登山采杞，則春已莫而杞可食矣。蓋託以望其君子，而念其以王事詒父母之憂也。然檀車之堅而敝矣，四牡之壯而罷矣，則征夫之歸亦不遠矣。○匪載匪來，叶六直反。憂心孔疚。叶訖力反。期逝不至，叶朱力反。而多爲恤。卜筮偕叶舉里反。止，會言近叶渠紀反。止，征夫邇止。賦也。載，裝。疚，病。逝，往。恤，憂。偕，俱。會，合也。○言征夫不裝載而來歸，固已使我念之而甚病矣。況歸期已過，而猶不至，則使我多爲憂恤宜如何哉！故且卜且筮，相襲俱作，合言於繇而皆曰近矣，則征夫其亦邇而將至矣。范氏曰：「以卜筮終之，言思之切而無所不爲也。」

杕杜四章，章七句。鄭氏曰：「遣將帥及戍役，同歌同時，欲其同心也。反而勞之，異歌異日，殊尊卑也。記曰『賜君子小人不同日』，此其義也。」王氏曰：「出而用兵，則均服同食，一衆心也。入而振旅，則殊尊卑辨貴賤，定衆志也。」范氏曰：「出車勞率，故美其功。杕杜勞衆，故極其情。先王以己之心爲人之心，故能曲盡其情，使民忘其死以忠於上也。」

南陔此笙詩也，有聲無詞。舊在魚麗之後。以儀禮考之，其篇次當在此，今正之。説見華黍。

鹿鳴之什十篇，一篇無辭，凡四十六章，二百九十七句。

白華之什二之二毛公以南陔以下三篇無辭，故升魚麗以足鹿鳴什數，而附笙詩三篇於其後，因以南有嘉魚爲次什之首。今悉依儀禮正之。

白華笙詩也。説見上下篇。

華黍亦笙詩也。鄉飲酒禮：鼓瑟而歌鹿鳴、四牡、皇皇者華，然後笙入堂下，磬南北面立，樂南陔、白華、華黍。燕禮亦鼓瑟歌鹿鳴、四牡、皇華，然後笙入，立于縣中，奏南陔、白華、華黍。南陔以下，今無以考其名篇之義。然曰笙、曰樂、曰奏，而不言歌，則有聲而無詞明矣。所以知其篇第在此者，意古經篇題之下必有譜焉，如投壺魯、薛鼓之節而亡之耳〔二〕。

魚麗力馳反。于罶，音柳，與酒叶。鱨音常。鯊。音沙，叶蘇何反。君子有酒，旨且多。興也。麗，歷也。罶，以曲薄爲笱，而承梁之空者也。鱨，楊也，今黃頰魚是也，似燕頭，魚身形厚而長大，頰骨正黃，魚之大而有力解飛者。鯊，鮀也，魚狹而小，常張口吹沙，故又名吹沙。君子，指主人。旨且多，旨而又多也。○此燕饗通用之樂歌。即燕饗所薦之羞，而極道其美且多，見主人禮意之勤，以優賓也。或曰賦也。下二章放此。

魚麗于罶，魴鱧。音禮。君子有酒，多且旨。興也。鱧，鮦也。又曰，鯇也。

魚麗于罶，鰋音偃。鯉。君子有酒，旨且有。叶羽已反。○興也。鰋，鮎也。有，猶多也。

物其多矣，維其嘉叶居何反。矣。賦也。

物其旨矣，維其偕叶舉里反。矣。賦也。

物其有叶羽已反。矣，維其時叶上紙反。矣。賦也。蘇氏曰：多則患其不嘉，旨則患其不齊，有則患其不時。今多而能嘉，旨而能齊，有而能時，言曲全也。

魚麗六章，三章章四句，三章章二句。按儀禮鄉飲酒及燕禮前樂既畢，皆間歌魚麗，笙由庚；歌南有嘉魚，笙崇丘；歌南山有臺，笙由儀。間，代也。言一歌一吹也。然則此六者，蓋一時之詩，而皆爲燕饗賓客，上下通用之樂。毛公分魚麗以足前什，而説者不察，遂分魚麗以上爲文武詩，嘉魚以下爲成王詩，其失甚矣。

由庚此亦笙詩，説見魚麗。

南有嘉魚，烝之承反。然罩罩。張教、竹卓二反。君子有酒，嘉賓式燕以樂。五教、歷各二反。○興也。南，謂江漢之間。嘉魚，鯉質，鱒鯽肌，出於沔南之丙穴。烝然，發語聲也。罩，篧也，編細竹以罩魚者也。重言罩罩，非一之詞也。○此亦燕饗通用之樂，故其辭曰：南有嘉魚，則必烝然而罩罩之矣。君子有酒，則必與嘉賓共之而式燕以樂矣。此亦因所薦之物，而道達主人樂賓之意也。○南有嘉魚，烝然汕汕。所諫反。君子有酒，嘉賓式燕以衎。苦旦反。○興也。汕，樔也，以薄汕魚也。衎，樂也。○南有樛居虯反。木，甘瓠音護。纍力追反。之。君子有酒，嘉賓式燕綏之。興也。○東萊呂氏曰：「瓠有甘有苦，甘瓠則可食者也。樛木下垂而美實纍之，固結而不可解也。」愚謂此興之取義者，似比而實興也。○翩翩者鵻，之誰反。烝然來叶六直、陵之二反。思。君子有酒，嘉賓式燕又叶夷昔反，或如字。思。興也。此興之全不取義者也。思，語詞也。又，既燕而又燕，以見其至誠有加而無已也。或曰：又思，言其又思念而不忘也。

南有嘉魚四章，章四句。說見魚麗。

崇丘說見魚麗。

南山有臺，叶田飴反。北山有萊。叶陵之反。樂音洛。只音紙。君子，邦家之基。樂只君子，萬壽無期。興也。臺，夫須，即莎草也。萊，草名，葉香可食者也。君子，指賓客也。○此亦燕饗通用之樂。故其辭曰：南山則有臺矣，北山則有萊矣。樂只君子，則邦家之基矣。樂只君子，則萬壽無期矣。所以道達主人尊賓之意，美其德而祝其壽也。○南山有桑，北山有楊。樂只君子，邦家之光。樂只君子，萬壽無疆。興也。○南山有杞，北山有李。樂只君子，民之父母。叶滿彼反。樂只君子，德音不已。興也。杞，樹，如樗，一名狗骨。○南山有栲，音考，叶音口。北山有杻。女久反。樂只君子，遐不眉壽。叶直酉反。樂只君子，德音是茂。叶莫口反。○興也。栲，山樗。杻，檍也。遐，何通。眉壽，秀眉也。○南山有枸，俱甫反。北山有楰。音庾。樂只君子，遐不黄耇。音苟，叶果五反。樂只君子，保艾五蓋反。爾後。叶下五反。○興也。枸，枳枸，樹高大似白楊，有子著枝端，大如指，長數寸，噉之甘美如飴，八月熟，亦名木蜜。楰，鼠梓，樹葉木理如楸，亦名苦楸。黄，老人髮白復黄也。耇，老人面凍梨色，如浮垢也。保，安。艾，養也。

南山有臺五章，章六句。說見魚麗。

由儀說見魚麗。

蓼音六。彼蕭斯，零露湑息呂反。兮。既見君子，我心寫叶想羽反。兮。燕笑語兮，是以有譽處兮。興也。蓼，長大貌。蕭，蒿也。湑，湑然蕭上露貌。君子，指諸侯也。寫，輸寫也。燕，謂燕飲。譽，善聲也。處，安樂也。蘇氏曰：「譽、豫通，凡詩之『譽』皆言樂也。」亦通。○諸侯朝于天子，天子與之燕，以示慈惠，故歌此詩。言蓼彼蕭斯，則零露湑然矣。既見君子，則我心輸寫而無留恨矣。是以燕笑語而有譽處也。其曰「既見」，蓋於其初燕而歌之也。○蓼彼蕭斯，零露瀼瀼。如羊反。既見君子，爲龍爲光。其德不爽，叶師莊反。壽考不忘。興也。瀼瀼，露蕃貌。龍，寵也。爲龍爲光，喜其德之詞也。爽，差也。其德不爽，則壽考不忘矣。褒美而祝頌之，又因以勸戒之也。○蓼彼蕭斯，零露泥泥。乃禮反。既見君子，孔燕豈弟。宜兄宜弟，待禮反。令德壽豈。開改反，叶去禮反。○興也。泥泥，露濡貌。孔，甚。豈，樂。弟，易也。宜兄宜弟，猶曰宜其家人。蓋諸侯繼世而立，多疑忌其兄弟，如晉詛無畜羣公子，秦鍼懼選之類。故以宜其兄弟美之，亦所以警戒之也。壽豈，壽而且樂也。○蓼彼蕭斯，零露濃濃。奴同反。既見君子，鞗徒彫反。革沖沖。敕弓反。和鸞雝雝，萬福攸同。興也。濃濃，厚貌。鞗，轡也。革，轡首也，馬轡所把之外有餘而垂者也。沖沖，垂貌。和、鸞，皆鈴也。在軾曰和，在鑣曰鸞，皆諸侯車馬之飾也。庭燎亦以君子目諸侯而稱其鸞旂之美，正此類也。攸，所。同，聚也。

蓼蕭四章，章六句。

湛湛直減反。露斯，匪陽不晞。音希。厭厭於鹽反。夜飲，不醉無歸。興也。湛湛，露盛貌。陽，日。晞，乾也。厭厭，安也，亦久也，足也。夜飲，私燕也。燕禮，宵則兩階及庭門皆設大燭焉。○此亦天子燕諸侯之詩。言湛湛露斯，非日則不晞。猶厭厭夜飲，不醉則不歸。蓋於其夜飲之終而歌之也。○湛湛露斯，在彼豐草。厭厭夜飲，在宗載考。興也。豐，茂也。夜飲必於宗室，蓋路寢之屬也。考，成也。○湛湛露斯，在彼杞棘。顯允君子，莫不令德。興也。顯，明。允，信也。君子，指諸侯爲賓者也。令，善也。令德，謂其飲多而不亂，德足以將之也。○其桐其椅，於宜反。其實離離。豈弟君子，莫不令儀。興也。離離，垂也。令儀，言醉而不喪其威儀也。

湛露四章，章四句。春秋傳：寧武子曰：諸侯朝正於王，王宴樂之，於是賦湛露。曾氏曰：「前兩章言厭厭夜飲，後兩章言令德令儀，雖過三爵，亦可謂不繼以淫矣。」

白華之什十篇，五篇無辭，凡二十三章，一百四句。

校勘記

〔一〕相收　「收」，元本作「助」，八卷本作「救」。

〔二〕魯薛鼓　元本、八卷本「魯」下有「鼓」字。

詩卷第十　　朱熹集傳

彤弓之什二之三

彤弓弨尺昭反。兮，受言藏之。我有嘉賓，中心貺叶虛王反。之。鍾鼓既設，一朝饗叶虛良反。之。賦也。彤弓，朱弓也。弨，弛貌。貺，與也。大飲賓曰饗。○此天子燕有功諸侯，而錫以弓矢之樂歌也。東萊呂氏曰：「受言藏之，言其重也。受弓人所獻，藏之王府，以待有功，不敢輕予人也。中心貺之，言其誠也。中心實欲貺之，非由外也。一朝饗之，言其速也。以王府寶藏之弓，一朝舉以畀人，未嘗有遲留顧惜之意也。後世視府藏爲己私分，至有以武庫兵賜弄臣者，則與『受言藏之』者異矣。賞賜非出於利誘，則迫於事勢，至有朝賜鐵券而暮屠戮者，則與『中心貺之』者異矣。屯膏吝賞，功臣解體，至有印刓而不忍予者，則與『一朝饗之』者異矣。」○彤弓弨兮，受言載叶子利反。之。我有嘉賓，中心喜叶去聲。之。鍾鼓既設，一朝右音又，叶于記反。之。賦也。載，抗之也。喜，樂也。右，勸也，尊也。○彤弓弨兮，受言櫜古刀反，叶古號反。之。我有嘉賓，中心好呼報反。之。鍾鼓既設，一朝醻市由反，叶大到反。之。賦也。櫜，韜。好，説。醻，報也。飲酒之禮，主人獻賓，賓酢主人，主人又酌自飲，而遂酌以飲賓，謂之醻。醻，猶厚也，勸也。

彤弓三章，章六句。春秋傳：寧武子曰：「諸侯敵王所愾，而獻其功，於是乎賜之彤弓一、彤矢百、玈弓矢千，以覺報宴。」注曰：「愾，恨怒也。覺，明也。謂諸侯有四夷之功，王賜之弓矢，又爲歌彤弓，以明報功宴樂。」鄭氏曰：「凡諸侯賜弓矢，然後專征伐。」東萊吕氏曰：「所謂專征者，如四夷入邊、臣子簒弑，不容待報者。其它則九伐之法，乃大司馬所職，非諸侯所專也。與後世强臣拜表輒行者異矣。」

菁菁子丁反。者莪，五何反。在彼中阿。既見君子，樂音洛。且有儀。叶五何反。○興也。菁菁，盛貌。莪，羅蒿也。中阿，阿中也。大陵曰阿。君子，指賓客也。○此亦燕飲賓客之詩。言菁菁者莪，則在彼中阿矣。既見君子，則我心喜樂而有禮儀矣。或曰以「菁菁者莪」比君子容貌威儀之盛也。下章放此。

○菁菁者莪，在彼中沚。音止。既見君子，我心則喜。興也。中沚，沚中也。喜，樂也。

○菁菁者莪，在彼中陵。既見君子，錫我百朋。興也。中陵，陵中也。古者貨貝，五貝爲朋。錫我百朋者，見之而喜，如得重貨之多也。

○汎汎芳劍反。楊舟，載沉載浮。既見君子，我心則休。興也[一]。楊舟，楊木爲舟也。載，則也。載沉載浮，猶言「載清載濁」、「載馳載驅」之類，以興未見君子而心不定也[二]。休者，休休然，言安定也。

菁菁者莪四章，章四句。

六月棲棲，音西。戎車既飭。音敕。四牡騤騤，求龜反。載是常服。叶蒲北反。玁狁孔熾，尺志反。我是用急。叶音棘。王于出征，以匡王國。叶于逼反。○賦也。六月，建未之月也。棲棲，猶皇皇，不安之貌。戎車，兵車也。飭，整也。騤騤，强貌。常服，戎事之常服，以韎韋爲弁，又以爲衣，而素裳白舄也。玁狁，即獫狁，北狄也。孔，甚。熾，盛。匡，正也。○成、康既没，周室寖衰。八世而厲王胡暴虐，周人逐之，出居于彘。玁狁内侵，逼近京邑。王崩，子宣王靖即位。命尹吉甫帥師伐之，有功而歸。詩人作歌以叙其事如此。司馬法冬夏不興師。今乃六月而出師者，以玁狁甚熾，其事危急，故不得已，而王命於是出征，以正王國也。○比毗志反。物四驪，閑之維則。維此六月，既成我服。叶蒲北反。我服既成，于三十里。王于出征，以佐天子。叶奬履反。○賦也。比物，齊其力也。凡大事，祭祀、朝覲、會同，毛馬而頒之。凡軍事，物馬而頒之。毛馬齊其色，物馬齊其力。吉事尚文，武事尚强也。則，法也。服，戎服也。三十里，一舍也。古者吉行日五十里，師行日三十里。○既比其物，而曰四驪，則其色又齊，可以見馬之有餘矣。閑習之而皆中法，則又可以見教之有素矣。於是此月之中即成我服，既成我服，即日引道，不徐不疾，盡舍而止，又見其應變之速，從事之敏，而不失其常度也。王命於此而出征，欲其有以敵王所愾而佐天子耳。○四牡脩廣，其大有顒。玉容反。薄伐玁狁，以奏膚公。有嚴有翼，共音恭。武之服。叶蒲北反。共武之服，以定王國。叶于逼反。

○賦也。脩，長。廣，大也。顒，大貌。奏，薦。膚，大。公，功。嚴，威。翼，敬也。共，與「供」同。服，事也。言將帥皆嚴敬以恭武事也。

○玁狁匪茹，如豫反。整居焦穫。音護。侵鎬胡老反。及方，至于涇陽。織音志。文鳥章，白旆央央。於良反。元戎十乘，繩證反。以先啓行。叶户郎反。

○賦也。茹，度。整，齊也。焦、穫、鎬、方，皆地名。焦未詳所在。穫，郭璞以爲瓠中，則今在耀州三原縣也。鎬，劉向以爲千里之鎬，則非鎬京之鎬矣，亦未詳其所在也。方，疑即朔方也。涇陽，涇水之北，在豐鎬之西北，言其深入爲寇也。織、幟字同。鳥章，鳥隼之章也。白旆，繼旐者也。央央，鮮明貌。元，大也。戎，戎車也，軍之前鋒也。啓，開。行，道也。猶言發程也。○言玁狁不自度量，深入爲寇如此，是以建此旌旗，選鋒鋭進，聲其罪而致討焉。直而壯，律而臧，有所不戰，戰必勝矣。

○戎車既安，叶於連反。如輊竹二反。如軒。四牡既佶，其乙反。既佶且閑。叶胡田反。薄伐玁狁，至于大音泰。原。文武吉甫，萬邦爲憲。叶許言反。

○賦也。輊，車之覆而前也。軒，車之却而後也。凡車從後視之如輊，從前視之如軒，然後適調也。佶，壯健貌。大原，地名，亦曰大鹵，今在大原府陽曲縣。至于大原，言逐出之而已，不窮追也。先王治戎狄之法如此。吉甫，尹吉甫，此時大將也。憲，法也。非文無以附衆，非武無以威敵。能文能武，則萬邦以之爲法矣。

○吉甫燕喜，既多受祉。來歸自鎬，我行永久。叶舉里反。飲於鴆反。御諸友，叶羽已反。炰白交反。鼈膾鯉。侯誰在矣？張仲孝友。叶羽已反。

○賦也。祉，福。御，進。侯，維也。張仲，吉甫之友也。善父母曰孝，善兄弟曰友。

○此言吉甫燕飲喜樂，多受福祉。蓋以其歸自鎬而行永久也，是以飲酒進饌於朋友，而孝友之張仲在焉。言其所與燕者之賢，所以賢吉甫而善是燕也。

六月六章，章八句。

薄言采芑，音起。于彼新田，于此菑側其反。畝。叶每彼反。方叔涖音利。止，其車三千，師干之試。叶詩止反，下同。方叔率止，乘其四騏，四騏翼翼。路車有奭，許力反。簟笰音弗。魚服，叶蒲北反。鉤膺鞗音條。革。叶訖力反。○興也。芑，苦菜也，青白色，摘其葉有白汁出，肥可生食，亦可蒸爲茹，即今苦藚菜。宜馬食，軍行采之，人馬皆可食也。田一歲曰菑，二歲曰新田，三歲曰畬。方叔，宣王卿士，受命爲將者也。涖，臨也。其車三千，法當用三十萬衆。蓋兵車一乘，甲士三人，步卒七十二人，又二十五人將重車在後，凡百人也。然此亦極其盛而言，未必實有此數也。師，衆。干，扞也。試，肄習也。言衆且練也。率，總率之也。翼翼，順序貌。路車，戎路也。奭，赤貌。簟笰，以方文竹簟爲車蔽也。鉤膺，馬婁頷有鉤而在膺，有樊有纓也。樊，馬大帶。纓，鞅也。鞗革，見蓼蕭篇。○宣王之時，蠻荆背叛，王命方叔南征，軍行采芑而食，故賦其事以起興曰：薄言采芑，則于彼新田，于此菑畝矣。方叔涖止，則其車三千，師干之試矣。又遂言其車馬之美，以見軍容之盛也。○薄言采芑，于彼新田，于此中鄉。方叔涖止，其車三千，旂旐央央。方叔率止，約軝祈支反。錯衡，叶户郎反。八鸞瑲瑲。七羊反。服其命服，朱芾音弗。斯皇，有瑲葱珩。音衡，叶户郎反。○興也。中鄉，民居，其田尤治。約，束。軝，轂也，以皮纏束兵車之轂而朱之也。錯，文也。鈴在鑣曰鸞，馬口兩旁各一，四馬故八也。瑲瑲，聲也。命服，天子所命之服也。朱芾，黄朱之芾也。皇，猶煌煌也。瑲，玉聲。葱，蒼色如葱者也。珩，佩首横玉也。禮：「三命赤芾葱珩。」○鴥惟必反。彼飛隼，息允反。其飛戾天，亦集爰止。方叔涖止，其車三千，師干之試。方叔率止，鉦音征。人伐鼓，陳師鞠居六反。旅。顯允方叔，伐鼓淵淵，叶於巾反。振旅闐闐。徒顛反，叶徒隣反。○興也。隼，鷂屬，急疾之鳥也。戾，至。爰，於也。鉦，鐃也，鐲也。伐，擊也。鉦以靜之，鼓以動之，鉦鼓各有人，而言「鉦人伐鼓」，互文也。鞠，告也。二千五百人爲師，五百人爲旅。此言將戰，陳其師旅而誓告之也。陳師告旅，亦互文耳。淵淵，鼓聲平和，不暴怒也。謂戰時進士衆也。振，止。旅，衆也。言戰罷而止其衆以入也。春秋傳曰「出曰治兵，入曰振旅」是也。闐闐，亦鼓聲也。或曰盛貌。程子曰：「振旅亦以鼓行金止。」○言隼飛戾天而亦集於所止，以興師衆之盛而進退有節，如下文所云也。○蠢尺允反。爾蠻荆，大邦爲讎。方叔元老，克壯其猶。方叔率止，執訊音信。獲醜。叶尺由反。戎車嘽嘽，吐丹反。嘽嘽焞焞，吐雷反。如霆如雷。顯允方叔，征伐玁狁，蠻荆來威。叶音隈。○賦也。蠢者，動而無知之貌。蠻荆，荆州之蠻也。大邦，猶言中國也。元，大。猶，謀也。言方叔雖老而謀則壯也。嘽嘽，衆也。焞焞，盛也。霆，疾雷也。方叔蓋嘗與於北伐之功者，是以蠻荆聞其名而皆來畏服也。

采芑四章，章十二句。

我車既攻，我馬既同。四牡龐龐，鹿同反。駕言徂東。賦也。攻，堅。同，齊也。傳曰：「宗廟齊豪，尚純也。戎事齊力，尚强也。田獵齊足，尚疾也。」龐龐，充實也。東，東都洛邑也。○周公相成王，營洛邑爲東都，以朝諸侯。周室既衰，久廢其禮。至于宣王，内脩政事，外攘夷狄，復文武之竟土，脩車馬，備器械，復會諸侯於東都，因田獵而選車徒焉。故詩人作此以美之。首章泛言將往東都也。○田車既好，叶許厚反。四牡孔阜。符有反。東有甫草，叶此苟反。駕言行狩。叶始九反。○賦也。田車，田獵之車。好，善也。阜，盛大也。甫草，甫田也，後爲鄭地，今開封府中牟縣西圃田澤是也。宣王之時未有鄭國，圃田屬東都畿内，故往田也。○此章指言將往狩于圃田也。○之子于苗，叶音毛。選徒囂囂。五刀反。建旐設旄，搏音博。獸于敖。賦也。之子，有司也。苗，狩獵之通名也。選，數也。囂囂，聲衆盛也。數車徒者，其聲囂囂，則車徒之衆可知。且車徒不譁而惟數者有聲，又見其静治也。敖，近滎陽，地名也。○此章言至東都而選徒以獵也。○駕彼四牡，四牡奕奕。赤芾金舃，會同有繹。賦也。奕奕，連絡布散之貌。赤芾，諸侯之服。金舃，赤舃而加金飾，亦諸侯之服也。時見曰會，殷見曰同。繹，陳列聯屬之貌也。○此章言諸侯來會朝於東都也。○決拾既佽，音次，與柴叶。弓矢既調。讀如同，與同叶。射夫既同，助我舉柴。子智反。○賦也。決，以象骨爲之，著於右手大指，所以鉤弦開體。拾，以皮爲之，著於左臂以遂弦，故亦名遂。佽，比也。調，謂弓强弱與矢輕重相得也。射夫，蓋諸侯來會者。同，協也。柴，説文作「㧘」，謂積禽也。使諸侯之人助而舉之，言獲多也。○此章言既會同而田獵也。○四黄既駕，兩驂不猗。於寄、於箇二反。不失其馳，叶徒卧反。舍音捨。矢如破。彼寄、普過二反。○賦也。猗，偏倚不正也。馳，馳驅之法也。舍矢如破，巧而力也。蘇氏曰：「不善射御者，詭遇則獲，不然不能也。今御者不失其馳驅之法，而射者舍矢如破，則可謂善射御矣。」○此章言田獵而見其射御之善也。○蕭蕭馬鳴，悠悠旆旌。徒御不驚，大庖蒲爻反。不盈。賦也。蕭蕭、悠悠，皆閑暇之貌。徒，步卒也。御，車御也。驚，如漢書「夜軍中驚」之「驚」。不驚，言比卒事不喧譁也。大庖，君庖也。不盈，言取之有度，不極欲也。蓋古者田獵獲禽，面傷不獻，踐毛不獻，不成禽不獻。擇取三等，自左膘而射之達于右腢爲上殺，以爲乾豆，奉宗廟；達右耳本者次之，以爲賓客；射左髀達于右䯒爲下殺，以充君庖。每禽取三十焉，每等得十。其餘以與士大夫習射於澤宮，中者取之。是以獲雖多而君庖不盈也。張子曰：「饌雖多而無餘者，均及於衆而有法耳。凡事有法則何患乎不均也。」舊説不驚，驚也；不盈，盈也。亦通。○此章言其終事嚴而頒禽均也。○之子于征，有聞無聲。聞音問。允矣君子，展也大成。賦也。允，信。展，誠也。聞師之行而不聞其聲，言至肅也。信矣，其君子也。誠哉，其大成也。○此章總序其事之始終而深美之也。

車攻八章，章四句。以五章以下考之，恐當作四章，章八句。

吉日維戊，叶莫吼反。既伯既禱。叶丁口反。田車既好，叶許口反。四牡孔阜。符有反。

升彼大阜，從其羣醜。賦也。戊，剛日也。伯，馬祖也，謂天駟房星之神也。醜，衆也，謂禽獸之羣衆也。○此亦宣王之詩。言田獵將用馬力，故以吉日祭馬祖而禱之，既祭而車牢馬健，於是可以歷險而從禽也。以下章推之，是日也，其戊辰與？○吉日庚午，既差我馬。叶滿補反。獸之所同，麀鹿麌麌。愚甫反。漆沮七徐反。之從，天子之所。賦也。庚午，亦剛日也。差，擇，齊其足也。同，聚也。鹿牝曰麀。麌麌，衆多也。漆沮，水名，在西都畿内，涇渭之北，所謂洛水。今自鹽韋流入鄜坊，至同州入河也。○戊辰之日既禱矣，越二日庚午，遂擇其馬而乘之，視獸之所聚，麀鹿最多之處而從之，於漆沮之旁爲盛，宜爲天子田獵之所也。○瞻彼中原，其祁孔有。叶羽已反。儦儦表驕反。俟俟，叶于紀反。或羣或友。叶羽已反。悉率左右，叶羽已反。以燕天子。叶奬履反。○賦也。中原，原中也。祁，大也。趨則儦儦[二]，行則俟俟。獸三曰羣，二曰友。燕，樂也。○言從王者視彼禽獸之多，於是率其同事之人各共其事，以樂天子也。○既張我弓，既挾子洽反。我矢。發彼小豝，音巴。殪於計反。此大兕。徐履反。以御賓客，且以酌醴。賦也。發，發矢也。豕牝曰豝。壹矢而死曰殪。兕，野牛也。言能中微而制大也。御，進也。醴，酒名。周官五齊，「二曰醴齊」。注曰：「醴成而汁滓相將，如今甜酒也。」○言射而獲禽以爲俎實，進於賓客而酌醴也。

吉日四章，章六句。東萊呂氏曰：「車攻、吉日所以爲復古者何也？蓋蒐狩之禮，可以見王賦之復焉，可以見軍實之盛焉，可以見師律之嚴焉，可以見上下之情焉，可以見綜理之周焉。欲明文武之功業者，此亦足以觀矣。」

鴻雁于飛，肅肅其羽。之子于征，劬其俱反。勞于野。叶上與反。爰及矜棘冰反。人，哀此鰥寡。叶果五反。○興也。大曰鴻，小曰雁。肅肅，羽聲也。之子，流民自相謂也。征，行也。劬勞，病苦也。矜，憐也。老而無妻曰鰥，老而無夫曰寡。○舊説周室中衰，萬民離散，而宣王能勞來還定安集之，故流民喜之而作此詩，追叙其始而言曰：鴻雁于飛，則肅肅其羽矣。之子于征，則劬勞于野矣。且其劬勞者，皆鰥寡可哀憐之人也。然今亦未有以見其爲宣王之詩。後三篇放此。○鴻雁于飛，集于中澤。叶徒洛反。之子于垣，音袁。百堵丁古反。皆作。雖則劬勞，其究安宅。叶達各反。○興也。中澤，澤中也。一丈爲板，五板爲堵。究，終也。○流民自言鴻雁集于中澤，以興己之得其所止而築室以居，今雖勞苦而終獲安定也。○鴻雁于飛，哀鳴嗸嗸。五刀反。維此哲人，謂我劬勞。維彼愚人，謂我宣驕。叶音高。○比也。流民以鴻雁哀鳴自比，而作此歌也。哲，知。宣，示也。知者聞我歌，知其出於劬勞。不知者謂我閒暇而宣驕也。韓詩云：「勞者歌其事。」魏風亦云：「我歌且謡，不我知者，謂我士也驕。」大抵歌多出於勞苦，而不知者常以爲驕也。

鴻雁三章，章六句。

夜如何其？音基。夜未央。庭燎之光。君子至止，鸞聲將將。七羊反。○賦也。其，語詞。央，中也。庭燎，大燭也。諸侯將朝，則司烜以物百枚并而束之，設於門内也。君子，諸侯也。將將，鸞鑣聲。○王將起視朝，不安於寢，而問夜之早晚曰：「夜如何哉？夜雖未央，而庭燎光矣。朝者至，而聞其鸞聲矣。」○夜如何其？夜未艾。音乂，叶如字。庭燎晣晣。之世反，與艾叶。君子至止，鸞聲噦噦。呼會反。○賦也。艾，盡也。晣晣，小明也。噦噦，近而聞其徐行聲，有節也。○夜如何其？夜鄉許亮反。晨。庭燎有煇。許云反。君子至止，言觀其旂。叶渠斤反。○賦也。鄉晨，近曉也。煇，火氣也。天欲明而見其煙光相雜也。既至而觀其旂，則辨色矣。

庭燎三章，章五句。

沔綿善反。彼流水，朝直遥反。宗于海。叶虎洧反。鴥惟必反。彼飛隼，息允反。載飛載止。嗟我兄弟，邦人諸友，羽軌反〔四〕。莫肯念亂，誰無父母？叶滿洧反。○興也。沔，水流滿也。諸侯春見天子曰朝，夏見曰宗。○此憂亂之詩。言流水猶朝宗于海，飛隼猶或有所止，而我之兄弟諸友乃無肯念亂者，誰獨無父母乎？亂則憂或及之，是豈可以不念哉！○沔彼流水，其流湯湯。失羊反。鴥彼飛隼，載飛載揚。念彼不蹟，并亦反。載起載行。叶户郎反。心之憂矣，不可弭忘。○興也。湯湯，波流盛貌。不蹟，不循道也。載起載行，言憂念之深，不遑寧處也。弭，止也。水盛隼揚，以興憂念之不能忘也。○鴥彼飛隼，率彼中陵。民之訛言，寧莫之懲。我友敬矣，讒言其興。興也。率，循。訛，僞。懲，止也。○隼之高飛猶循彼中陵，而民之訛言乃無懲止之者。然我之友誠能敬以自持矣，則讒言何自而興乎？始憂於人，而卒反諸己也。

沔水三章，二章章八句，一章六句。疑當作三章，章八句。卒章脱前兩句耳。

鶴鳴于九皋，聲聞音問。于野。叶上與反。魚潛在淵，或在于渚。樂音洛。彼之園，爰有樹檀，叶徒沿反，下同。其下維蘀。音託。它山之石，可以爲錯。七落反。○比也。鶴，鳥名，長頸，竦身，高脚，頂赤，身白，頸尾黑，其鳴高亮，聞八九里。皋，澤中水溢出所爲坎，從外數至九，喻深遠也。蘀，落也。錯，礪石也。○此詩之作，不可知其所由然，必陳善納誨之詞也。蓋鶴鳴于九皋而聲聞于野，言誠之不可揜也。魚潛在淵而或在于渚，言理之無定在也。園有樹檀而其下維蘀，言愛當知其惡也。他山之石而可以爲錯，言憎當知其善也。由是四者引而伸之，觸類而長之，天下之理其庶幾乎！

○鶴鳴于九皋，聲聞于天。叶鐵因反。魚在于渚，或潛在淵。叶一均反。樂彼之園，爰有樹檀，其下維穀。它山之石，可以攻玉。比也。穀，一名楮，惡木也。攻，錯也。○程子曰：「玉之温潤，天下之至美也。石之粗厲，天下之至惡也。然兩玉相磨不可以成器，以石磨之，然後玉之爲器得以成焉。猶君子之與小人處也，横逆侵加，然後脩省畏避，動心忍性，增益預防，而義理生焉，道德成焉。

吾聞諸邵子云。」

鶴鳴二章，章九句。

彤弓之什十篇，四十章，二百五十九句。疑脱兩句，當爲二百六十一句。

校勘記

〔一〕興也　元本、明甲本、明乙本、八卷本作「比也」。

〔二〕以興未見君子而心不定也　「興」，元本、明甲本、明乙本、八卷本作「比」。

〔三〕趨則儦儦　「趨」，原作「望」，據元本、明甲本、明乙本及毛傳改。

〔四〕羽軌反　明甲本、明乙本、八卷本「羽」上有「叶」字。

詩卷第十一

朱熹集傳

祈父之什二之四

祈勤衣反。父，音甫。予王之爪牙。叶五胡反。胡轉予于恤，靡所止居？賦也。祈父，司馬也，職掌封圻之兵甲，故以爲號。酒誥曰「祈父薄違」是也〔一〕。予，六軍之士也。或曰司右虎賁之屬也。爪牙，鳥獸所用以爲威者也。恤，憂也。○軍士怨於久役，故呼祈父而告之曰：「予乃王之爪牙，汝何轉我於憂恤之地，使我無所止居乎？」○祈父，予王之爪士。胡轉予于恤，靡所底止？賦也。爪士，爪牙之士也。底，至也。鉏里反。○祈父，亶不聰！胡轉予于恤，有母之尸饔？賦也。亶，誠。尸，主也。饔，熟食也。言不得奉養，而使母反主勞苦之事也。○東萊呂氏曰：「越勾踐伐吳，有父母耆老而無昆弟者皆遣歸。魏公子無忌救趙，亦令獨子無兄弟者歸養。則古者有親老而無兄弟，其當免征役，必有成法。故責司馬之不聰，其意謂此法人皆聞之，汝獨不聞乎？乃驅吾從戎，使吾親不免薪水之勞也。責司馬者，不敢斥王也。」

祈父三章，章四句。序以爲刺宣王之詩。說者又以爲宣王三十九年戰于千畝，王師敗績于姜氏之戎，故軍士怨而作此詩。東萊呂氏曰：「太子晉諫靈王之詞曰：『自我先王厲、宣、幽、平而貪天禍，至于今未弭。』宣王，中興之主也，至與幽、厲並數之，其詞雖過，觀是詩所刺，則子晉之言豈無所自歟？」但今考之詩文，未有以見其必爲宣王耳。下篇放此。

皎皎古了反。白駒，食我場苗。縶陟立反。之維之，以永今朝。所謂伊人，於焉逍遥。

賦也。皎皎，潔白也。駒，馬之未壯者，謂賢者所乘也。場，圃也。縶，絆其足。維，繫其靷也。永，久也。伊人，指賢者也。逍遥，遊息也。○爲此詩者，以賢者之去而不可留也，故託以其所乘之駒食我場苗而縶維之，庶幾以永今朝，使其人得以於此逍遥而不去，若後人留客而投其轄於井中也。○皎皎白駒，食我場藿。火郭反。縶之維之，以永今夕。所謂伊人，於焉嘉客。叶克各反。

○賦也。藿，猶苗也。夕，猶朝也。嘉客，猶逍遥也。○皎皎白駒，賁彼義反，又音奔。然來叶陵之反。思。爾公爾侯，叶洪孤反。逸豫無期。慎爾優游，叶云俱反。勉爾遁思。叶新齎反。○賦也。賁然，光采之貌也。或以爲來之疾也。思，語詞也。爾，指乘車之賢人也[二]。慎，勿過也。勉，毋決也。遁思，猶言去意也。○言此乘白駒者，若其肯來，則以爾爲公，以爾爲侯，而逸樂無期矣。猶言横來，大者王，小者侯也。豈可以過於優游，決於遁思，而終不我顧哉！蓋愛之切而不知好爵之不足縻，留之苦而不恤其志之不得遂也。○皎皎白駒，在彼空谷。生芻楚俱反。一束，其人如玉。毋金玉爾音，而有遐心。賦也。賢者必去而不可留矣，於是歎其乘白駒入空谷，束生芻以秣之，而其人之德美如玉也。蓋已邈乎其不可親矣，然猶冀其相聞而無絶也。故語之曰：毋貴重爾之音聲，而有遠我之心也。

白駒四章，章六句。

黄鳥黄鳥，無集于穀，無啄㑁角反。我粟。此邦之人，不我肯穀。言旋言歸，復我邦族。比也。穀，木名。穀，善。旋，回。復，反也。○民適異國，不得其所，故作此詩。託爲呼其黄鳥而告之曰：「爾無集于穀，而啄我之粟。苟此邦之人不以善道相與，則我亦不久於此，而將歸矣。」○黄鳥黄鳥，無集于桑，無啄我粱。此邦之人，不可與明。叶謨郎反。言旋言歸，復我諸兄。叶虚王反。○比也。○黄鳥黄鳥，無集于栩，況甫反。無啄我黍。此邦之人，不可與處。言旋言歸，復我諸父。扶雨反。○比也。

黄鳥三章，章七句。東萊呂氏曰：「宣王之末，民有失所者，意它國之可居也，及其至彼，則又不若故鄉焉，故思而欲歸。使民如此，亦異於還定安集之時矣。」今按詩文，未見其爲宣王之世。下篇亦然。

我行其野，蔽必制反。芾方味反。其樗。敕雩反。婚姻之故，言就爾居。爾不我畜，復我邦家。叶古胡反。○賦也。樗，惡木也。壻之父，婦之父，相謂曰婚姻。畜，養也。○民適異國，依其婚姻而不見收䘏，故作此詩。言我行於野中，依惡木以自蔽，於是思婚姻之故，而就爾居，而爾不我畜也，則將復我之邦家矣。○我行其野，言采其蓫。勑六反。婚姻之故，言就爾宿。爾不我畜，言歸思復。賦也。蓫，牛蘈，惡菜也，今人謂之羊蹄菜。○我行其野，言采其葍。音福，叶筆力反。不思舊姻，求爾新特。成論語作「誠」。不以富，亦祇音支。以異。叶逸織反。○賦也。葍，䔰，惡菜也。特，匹也。○言爾之不思舊姻，而求新匹也，雖實不以彼之富而厭我之貧，亦祇以其新而異於故耳。此見詩人責人忠厚之意。

我行其野三章，章六句。王氏曰：先王躬行仁義以道民，厚矣。猶以爲未也，又建官置師，以孝、友、睦、姻、任、䘏六行教民。爲其有父母也，故教以孝。爲其有兄弟也，故教以友。爲其有同姓也，故教以睦。爲其有異姓也，故教以姻。爲隣里鄉黨相保相愛也〔三〕，故教以任。相賙相救也，故教以恤。以爲徒教之或不率也，故使官師以時書其德行而勸之。以爲徒勸之或不率也，於是乎有不孝、不睦、不姻、不弟、不任、不恤之刑焉。方是時也，安有如此詩所刺之民乎！

秩秩斯干，叶居焉反。幽幽南山。叶所旃反。如竹苞叶補苟反。矣，如松茂叶莫口反。矣。兄及弟矣，式相好呼報反，叶許厚反。矣。無相猶叶余久反。矣。賦也。秩秩，有序也。斯，此也。

干，水涯也。南山，終南之山也。苞，叢生而固也。猶，謀也。○此築室既成，而燕飲以落之，因歌其事。言此室臨水而面山，其下之固，如竹之苞；其上之密，如松之茂。又言居是室者，兄弟相好而無相謀，則頌禱之辭，猶所謂聚國族於斯者也。張子曰：「猶，似也。人情大抵施之不報則輟，故恩不能終。兄弟之間，各盡己之所宜施者，無學其不相報而廢恩也。君臣、父子、朋友之間，亦莫不用此道盡己而已」。愚按：此於文義或未必然，然意則善矣。或曰「猶」，當作「尤」。○似續妣必履反。祖，築室百堵，西南其户。胡五反。爰居爰處，爰笑爰語。賦也。似，嗣也。妣，先於祖者。協下韻爾。或曰謂姜嫄、后稷也。西南其户，天子之宫，其室非一，在東者西其户，在北者南其户，猶言「南東其畝」也。爰，於也。○約之閣閣，椓陟角反。之橐橐。音託。風雨攸除，直慮反。鳥鼠攸去，君子攸芋。香于反，叶王遇反。○賦也。約，束板也。閣閣，上下相乘也。椓，築也。橐橐，杵聲也。除，亦去也。無風雨鳥鼠之害，言其上下四旁皆牢密也。芋，尊大也。君子之所居，以爲尊且大也。○如跂音企。斯翼，如矢斯棘，如鳥斯革，叶訖力反。如翬音輝。斯飛，君子攸躋。子西反。○賦也。跂，竦立也。翼，敬也。棘，急也。矢行緩則枉，急則直也。革，變。翬，雉。躋，升也。○言其大勢嚴正，如人之竦立而其恭翼翼也。其廉隅整飭，如矢之急而直也。其棟宇峻起，如鳥之警而革也。其簷阿華采而軒翔，如翬之飛而矯其翼也。蓋其堂之美如此，而君子之所升以聽事也。○殖殖市力反。其庭，有覺其楹。噲噲音快。其正，叶音征。噦噦呼會反。其冥，君子攸寧。賦也。殖殖，平正也。庭，宫寢之前庭也。覺，高大而直也。楹，柱也。噲噲，猶快快也。正，向明之處也。噦噦，深廣之貌。冥，奥窔之間也。言其室之美如此，而君子之所休息以安身也。○下莞音官。上簟，叶徒檢、徒錦二反。乃安斯寢，叶于檢、于錦二反。乃寢乃興，乃占我夢。叶彌登反。吉夢維何，維熊維羆，彼宜反，叶彼何反。維虺許鬼反。維蛇。市奢反，叶于其、土何二反。○賦也。莞，蒲席也。竹葦曰簟。羆，似熊而長頭高脚，猛憨多力，能拔樹。虺，蛇屬，細頸大頭，色如文綬，大者長七八尺。○祝其君安其室居，夢兆而有祥。亦頌禱之詞也。下章放此。○大音泰。人占之，維熊維羆，男子之祥。維虺維蛇，女子之祥。賦也。大人，大卜之屬，占夢之官也。熊羆陽物，在山，彊力壯毅，男子之祥也。虺蛇陰物，穴處，柔弱隱伏，女子之祥也。○或曰：夢之有占，何也？曰：人之精神與天地陰陽流通，故晝之所爲，夜之所夢，其善惡吉凶各以類至。是以先王建官設屬，使之觀天地之會，辨陰陽之氣，以日月星辰占六夢之吉凶，獻吉夢，贈惡夢。其於天人相與之際，察之詳而敬之至矣。故曰，王前巫而後史，宗祝瞽侑皆在左右，王中心無爲也，以守至正。○乃生男子，載寢之牀，載衣於既反。之裳，載弄之璋。其泣喤喤，華彭反，叶胡光反。朱芾音弗。斯皇，室家君王。賦也。半圭曰璋。喤，大聲也。芾，天子純朱，諸侯黄朱。皇，猶煌煌也。君，諸侯也。○寢之於牀，尊之也。衣之以裳，服之盛也。弄之以璋，尚其德也。言男子之生於是室者，皆將服朱芾煌煌然，有室有家，爲君爲王矣。○乃生女子，載寢之地，載衣之裼，他計反。載弄之瓦。叶魚位反。無非無儀，叶音義。唯酒食是議，無父母詒以之反。罹。叶音麗。○賦也。裼，褓也。瓦，紡磚也。儀，善。罹，憂也。○寢之於地，卑之也。衣之以裧，即其用而無加也。弄之以瓦，習其所有事也。有非，非婦人也。有善，非婦人也。蓋女子以順爲正，無非足矣。有善則亦非其吉祥可願之事也。唯酒食是議，而無遺父母之憂，則可矣。易曰：「無攸遂，在中饋，貞吉。」而孟子之母亦曰：「婦人之禮，精五飯，冪酒漿，養舅姑，縫衣裳而已矣。」故有閨門之脩，而無境外之志，此之謂也。

斯干九章，四章章七句，五章章五句。舊説厲王既流于彘，宫室圮壞，故宣王即位，更作宫室，既成而落之。今亦未有以見其必爲是時之詩也。或曰儀禮「下管新宫」，春秋傳宋元公賦新宫，恐即此詩。然亦未有明證。

誰謂爾無羊？三百維羣。誰謂爾無牛？九十其犉。而純反。爾羊來思，其角濈濈。莊立反。爾牛來思，其耳濕濕。始立反。○賦也。黄牛黑脣曰犉。羊以三百爲羣，其羣不可數也。牛之犉者九十，非犉者尚多也。聚其角而息，濈濈然。呞而動其耳，濕濕然。王氏曰：「濈濈，和也。羊以善觸爲患，故言其和，謂聚而不相觸也。濕濕，潤澤也。牛病則耳燥，安則潤澤也。」○此詩言牧事有成，而牛羊衆多也。○或降于阿，或飲于池，叶唐何反。或寢或訛。爾牧來思，何河可反。蓑素多反。何笠，音立。或負其餱。音侯。三十維物，叶微律反。爾牲則具。叶居律反。○賦也。訛，動。何，揭也。蓑、笠，所以備雨。三十維物，齊其色而别之，凡爲色三十也。○言牛羊無驚畏，而牧人持雨具，齎飲食，從其所適，以順其性。是以生養蕃息，至於其色無所不備，而於用無所不有也。○

爾牧來思，以薪以蒸，之承反。以雌以雄。叶于陵反。爾羊來思，矜矜兢兢，不騫不崩。麾之以肱，畢來既升。賦也。麤曰薪，細曰蒸。雌、雄，禽獸也。矜矜兢兢，堅强也。騫，虧也。崩，羣疾也。肱，臂也。既，盡也。升，入牢也。○言牧人有餘力，則出取薪蒸搏禽獸。其羊亦馴擾從人，不假箠楚。但以手麾之使來，則畢來；使升，則既升也。○牧人乃夢，衆維魚矣，旐維旟矣。旐音兆。維旟音餘。大人占之，衆維魚矣，實維豐年。叶尼因反。旐維旟矣，室家溱溱。側巾反。○賦也。占夢之説未詳。溱溱，衆也。或曰衆，謂人也。旐，郊野所建，統人少。旟，州里所建，統人多。蓋人不如魚之多，旐所統不如旟所統之衆，故夢人乃是魚，則爲豐年；旐乃是旟，則爲人衆。

無羊四章，章八句。

節音截，下同。彼南山，維石巖巖。赫赫師尹，民具爾瞻。叶側銜反。憂心如惔，徒藍反。不敢戲談。國既卒子律反。斬，叶側銜反。何用不監？古銜反。○興也。節，高峻貌。巖巖，積石貌。赫赫，顯盛貌。師尹，大師尹氏也。大師，三公。尹氏，蓋吉甫之後。春秋書「尹氏卒」，公羊子以爲「譏世卿」者，即此也。具，俱。瞻，視。惔，燔。卒，終。斬，絶。監，視也。○此詩家父所作，刺王用尹氏以致亂。言節彼南山，則維石巖巖矣。赫赫師尹，則民具爾瞻矣。而其所爲不善，使人憂心如火燔灼，又畏其威而不敢言也。然則國既終斬絶矣，汝何用而不察哉？○節彼南山，有實其猗。於宜反，叶於何反。赫赫師尹，不平謂何？天方薦徂殿反。瘥，才何反。喪息浪反。亂弘多。民言無嘉，叶居何反。憯七感反。莫懲嗟。叶遭哥反。○興也。有實其猗，未詳其義。傳曰：「實，滿。猗，長也。」箋云：「猗，倚也。言草木滿其旁，倚之畎谷也。」或以爲草木之實猗猗然，皆不甚通。薦、荐通，重也。瘥，病。弘，大。憯，曾。懲，創也。○節彼南山，則有實其猗矣。赫赫師尹，而不平其心，則謂之何哉？蘇氏曰：「爲政者不平其心，則下之榮瘁勞佚有大相絶者矣。是以神怒而重之以喪亂，人怨而謗讟其上。然尹氏曾不懲創咨嗟，求所以自改也。」○尹氏大音泰。師，維周之氏，丁禮反，叶都黎反。秉國之均，四方是維，天子是毗，婢尸反。俾民不迷。不弔昊天，不宜空我師。叶霜夷反。○賦也。氏，本。均，平。維，持。毗，輔。弔，愍。空，窮。師，衆也。○言尹氏大師維周之氏，而秉國之均，則是宜有以維持四方，毗輔天子，而使民不迷，乃其職也。今乃不平其心，而既不見愍弔於昊天矣，則不宜久在其位，使天降禍亂，而我衆并及空窮也。○弗躬弗親，庶民弗信。叶斯人反。弗問弗仕，鉏里反，下同。勿罔君子。叶奬履反。式夷式已，無小人殆。叶養里反。瑣瑣素火反。姻亞，則無膴音武。仕。賦也。仕，事。罔，欺也。君子，指王也。夷，平。已，止。殆，危也。瑣瑣，小貌。婿之父曰姻。兩婿相謂曰亞。膴，厚也。○言王委政於尹氏，尹氏又委政於姻亞之小人，而以其未嘗問、未嘗事者，欺其君也。故戒之曰：汝之弗躬弗親，庶民已不信矣。其所弗問弗事，則豈可以罔君子哉？當平其心，視所任之人，有不當者則已之。無以小人之故而至於危殆其國也。瑣瑣姻亞，而必皆膴仕，則小人進矣。○昊天不傭，敕龍反。降此鞠九六反。訩。音凶。昊天不惠，降此大戾。君子如届，音戒，叶居例反。俾民心闋。古穴反，叶胡桂反。君子如夷，惡烏路反。怒是違。賦也。傭，均。鞠，窮。訩，亂。戾，乖。届，至。闋，息。違，遠也。○言昊天不均，而降此窮極之亂。昊天不順，而降此乖戾之變。然所以靖之者，亦在夫人而已。君子無所苟而用其至，則必躬必親，而民之亂心息矣。君子無所偏而平其心，則式夷式已，而民之惡怒遠矣。傷王與尹氏之不能也。夫爲政不平以召禍亂者，人也。而詩人以爲天實爲之者，蓋無所歸咎而歸之天也。抑有以見君臣隱諱之義焉，有以見天人合一之理焉。後皆放此。○不弔昊天，叶鐵因反。亂靡有定。叶唐丁反。式月斯生，叶桑經反。俾民不寧。憂心如酲，音呈。誰秉國成。不自爲政，叶諸盈反。卒勞百姓。叶桑經反。○賦也。酒病曰酲。成，平。卒，終也。○蘇氏曰：「天不之恤，故亂未有所止，而禍患與歲月增長。君子憂之曰：誰秉國成者，乃不自爲政，而以付之姻亞之小人，其卒使民爲之受其勞弊，以至此也。」○駕彼四牡，四牡項領。我瞻四方，蹙蹙子六反。靡所騁。敕領反。○賦也。項，大也。蹙蹙，縮小之貌。○言駕四牡，而四牡項領可以騁矣。而視四方，則皆昏亂，蹙蹙然，無可往之所，亦將何所騁哉？東萊吕氏曰：「本根病，則枝葉皆瘁。是以無可往之地也。」○方茂爾惡，相息亮反。爾矛矣。既夷既懌，如相醻市由反。矣。賦也。茂，盛。相，視。懌，悦也。○言方盛其惡以相加，則視其矛戟，如欲戰鬭。及既夷平悦懌，則相與歡然如賓主而相醻酢，不以爲怪也。蓋小人之性無常，而習於鬭亂，其喜怒之不可期如此。是以君子無所適而可也。○昊天不平，我王不寧。不懲其心，覆芳服反。怨其正。叶諸盈反。○賦也。尹氏之不平，若天使之，故曰「昊天不平」。若是則我王亦不得寧矣。然尹氏猶不自懲創其心，乃反怨人之正己者，則其爲惡何時而已哉！○家父音甫。作誦，叶疾容反。以究王訩。式訛爾心，以畜許六反。萬邦。叶卜工反。○賦也。家，氏。父，字。周大夫也。究，窮。訛，化。畜，養也。○家父自言作爲此誦，以窮究王政昏亂之所由，冀其改心易慮，以畜養萬邦也。陳氏曰：「尹氏厲威，使人不得戲談。而家父作詩，乃復自表其出於己。以身當尹氏之怒而不辭者，蓋家父周之世臣，義與國俱存亡故也。」東萊呂氏曰：「篇終矣，故窮其亂本而歸之王心焉。致亂者雖尹氏，而用尹氏者，則王心之蔽也。」李氏曰：「孟子曰：『人不足與適也，政不足與間也，惟大人爲能格君心之非。』蓋用人之失，政事之過，雖皆君之非，然不必先論也。惟格君心之非，則政事無不善矣，用人皆得其當矣。」

節南山十章，六章章八句，四章章四句。序以此爲幽王之詩，而春秋桓十五年有家父來聘於周，爲桓王之世，上距幽王之終已七十五年，不知其人之同異？大抵序之時世皆不足信，今姑闕焉可也。

正音政。月繁霜，我心憂傷。民之訛言，亦孔之將。念我獨兮，憂心京京。叶居良反。哀我小心，癙音鼠。憂以痒。音羊。○賦也。正月，夏之四月。謂之正月者，以純陽用事，爲正陽之月也。繁，多。訛，僞。將，大也。京京，亦大也。癙憂，幽憂也。痒，病也。○此詩亦大夫所作。言霜降失節，不以其時，既使我心憂傷矣。而造爲姦僞之言以惑羣聽者又方甚大。然衆人莫以爲憂，故我獨憂之，以至於病也。○父母生我，胡俾我瘉。音庾。不自我先，不自我後。叶下五反。好言自口，叶孔五反，下同。莠餘久反。言自口。憂心愈愈，是以有侮。賦也。瘉，病。自，從。莠，醜也。愈愈，益甚之意。○疾痛故呼父母，而傷己適丁是時也。訛言之人虛僞反覆，言之好醜皆不出於心，而但出於口。是以我之憂心益甚，而反見侵侮也。○憂心惸惸，其營反。念我無祿。民之無辜，并必政反。其臣僕。哀我人斯，于何從祿。瞻烏爰止，于誰之屋。賦也。惸惸，憂意也。無祿，猶言不幸爾。辜，罪。并，俱也。古者以罪人爲臣僕，亡國所虜亦以爲臣僕。箕子所謂「商其淪喪，我罔爲臣僕」是也。○言不幸而遭國之將亡，與此無罪之民，將俱被囚虜而同爲臣僕。未知將復從何人而受祿，如視烏之飛，不知其將止於誰之屋也。○瞻彼中林，侯薪侯蒸。之丞反。民今方殆，視天夢夢。莫工反，叶莫登反。既克有定，靡人弗勝。音升。有皇上帝，伊誰云憎。興也。中林，林中也。侯，維。殆，危也。夢夢，不明也。皇，大也。上帝，天之神也。程子曰：「以其形體謂之天，以其主宰謂之帝。」○言瞻彼中林，則維薪維蒸，分明可見也。民今方危殆疾痛，號訴於天，而視天反夢夢然，若無意於分別善惡者。然此特值其未定之時耳，及其既定，則未有不爲天所勝者也。夫天豈有所憎而禍之乎，福善禍淫亦自然之理而已。申包胥曰：「人衆則勝天，天定亦能勝人。」疑出於此。○謂山蓋卑，爲岡爲陵。民之訛言，寧莫之懲。召彼故老，訊音信。之占夢。叶莫登反。具曰予聖，誰知烏之雌雄。叶故陵反。○賦也。山脊曰岡，廣平曰陵。懲，止也。故老，舊臣也。訊，問也。占夢，官名，掌占夢者也。具，俱也。烏之雌雄，相似而難辨者也。○謂山蓋卑，而其實則岡陵之崇也。今民之訛言如此矣，而王猶安然莫之止也。及其詢之故老，訊之占夢，則又皆自以爲聖人，亦誰能別其言之是非乎？子思言於衛侯曰：「君之國事將日非矣。」公曰：「何故？」對曰：「有由然焉。君出言自以爲是，而卿大夫莫敢矯其非。卿大夫出言亦自以爲是，而士庶人莫敢矯其非。君臣既自賢矣，而羣下同聲賢之。賢之則順而有福，矯之則逆而有禍，如此則善安從生？詩曰：『具曰予聖，誰知烏之雌雄。』抑亦似君之君臣乎！」○謂天蓋高，不敢不局。叶居亦反。謂地蓋厚，不敢不蹐。井亦反。維號音豪。斯言，有倫有脊。哀今之人，胡爲虺吁鬼反。蜴？星歷反。○賦也。局，曲也。蹐，累足也。號，長言之也。脊，理。蜴，螈也。虺、蜴，皆毒螫之蟲也。○言遭世之亂，天雖高而不敢不局，地雖厚而不敢不蹐。其所號呼而爲此言者，又皆有倫理而可考也。哀今之人，胡爲肆毒以害人，而使之至此乎！

○瞻彼阪音反。田，有菀音鬱。其特。天之扤五忽反。我，如不我克。彼求我則，如不我得。執我仇仇，亦不我力。興也。阪田，崎嶇墝埆之處。菀，茂盛之貌。特，特生之苗也。扤，動也。力，謂用力。○瞻彼阪田，猶有菀然之特。而天之扤我，如恐其不我克，何哉！亦無所歸咎之詞也。夫始而求之以爲法則，惟恐不我得也。及其得之，則又執我堅固如仇讎然，然終亦莫能用也。求之甚艱，而棄之甚易，其無常如此。○心之憂矣，如或結之。今茲之正，胡然厲叶力桀反。矣。燎力詔反。之方揚，寧或滅之。赫赫宗周，褒姒音似。之。威呼悅反。之。賦也。正，政也。厲，暴惡也。火田爲燎。揚，盛也。宗周，鎬京也。褒姒，幽王之嬖妾，褒國女，姒姓也。威，亦滅也。○言我心之憂如結者，爲國政之暴惡故也。燎之方盛之時，則寧有能撲而滅之者乎？然赫赫然之宗周，而一褒姒足以滅之，蓋傷之也。時宗周未滅，以褒姒淫妒讒諂，而王惑之，知其必滅周也〔四〕。○終其永懷，又窘求隕反。陰雨。其車既載，才再反。乃棄爾輔。扶雨反。載如字。輸爾載，才再反。將七羊反。伯助予。叶演女反。○比也。陰雨則泥濘，而車易以陷也。載，車所載也。輔，如今人縛杖於輻，以防輔車也。輸，墮也。將，請也。伯，或者之字也。○蘇氏曰：「王爲淫虐，譬如行險而不知止。君子永思其終，知其必有大難，故曰『終其永懷，又窘陰雨』。王又不虞難之將至，而棄賢臣焉，故曰『乃棄爾輔』。君子求助於未危，故難不至。苟其載之既墮，而後號伯以助予，則無及矣。」○無棄爾輔，員音云。于爾輻。方六反，叶筆力反。屢顧爾僕，不輸爾載。叶節力反。終踰絶險，曾是不意。叶乙力反。○比也。員，益也。輔，所以益輻也。屢，數。顧，視也。僕，將車者也。○此承上章。言若能無棄爾輔，以益其輻，而又數數顧視其僕，則不墮爾所載，而踰於絶險，若初不以爲意者。蓋能謹其初，則厥終無難也。一説，王曾不以是爲意乎？○魚在于沼，之紹反，叶音灼。亦匪克樂。音洛。潛雖伏矣，亦孔之炤。音灼。憂心慘慘，七感反。當作「懆」，七各反。念國之爲虐。比也。沼，池也。炤，明，易見也。○魚在于沼，其爲生已蹙矣。其潛雖深，然亦炤然而易見。言禍亂之及，無所逃也。○彼有旨酒，又有嘉殽。户交反。無韻，未詳。洽比毗志反。其隣，昏姻孔云。念我獨兮，憂心殷殷。賦也。洽、比，皆合也。云，旋也。殷殷然，痛也〔五〕。○言小人得志，有旨酒嘉殽，以合比其隣里，怡懌其昏姻。而我獨憂心，至於疾痛也。昔人有言，燕雀處堂，母子相安，自以爲樂也，突決棟焚，而怡然不知禍之將及。其此之謂乎！○佌佌音此。彼有屋，蔌蔌音速。方有穀。民今之無禄，天夭於遥反。是椓。陟角反，叶都木反。哿哥我反。矣富人，哀此惸獨。賦也。佌佌，小貌。蔌蔌，窶陋貌。指王所用之小人也。穀，禄。夭，禍。椓，害。哿，可。獨，單也。○佌佌然之小人既已有屋矣，蔌蔌窶陋者又將有穀矣。而民今獨無禄者，是天禍椓喪之爾。亦無所歸怨之詞也。亂至於此，富人猶或可勝，惸獨甚矣！此孟子所以言文王發政施仁，必先鰥寡孤獨也。

正月十三章，八章章八句，五章章六句。

十月之交，朔月辛卯，叶莫後反。日有食之，亦孔之醜。彼月而微，此日而微。今此下民，亦孔之哀。叶於希反。○賦也。十月，以夏正言之，建亥之月也。交，日月交會，謂晦朔之間也。歷法，周天三百六十五度四分度之一。左旋於地，一晝一夜，則其行一周而又過一度。日月皆右行於天，一晝一夜，則日行一度，月行十三度十九分度之七。故日一歲而一周天，月二十九日有奇而一周天，又逐及於日而與之會。一歲凡十二會。方會，則月光都盡而爲晦。已會，則月光復蘇而爲朔。朔後晦前，各十五日。日月相對，則月光正滿而爲望。晦朔而日月之合，東西同度，南北同道，則月揜日而日爲之食。望而日月之對，同度同道，則月亢日而月爲之食。是皆有常度矣。然王者脩德行政，用賢去姦，能使陽盛足以勝陰，陰衰不能侵陽，則日月之行，雖或當食，而月常避日。故其遲速高下，必有參差而不正相合，不正相對者，所以當食而不食也。若國無政，不用善，使臣子背君父，妾婦乘其夫，小人陵君子，夷狄侵中國，則陰盛陽微，當食必食。雖曰行有常度，而實爲非常之變矣。蘇氏曰：「日食，天變之大者也。然正陽之月，古尤忌之。夏之四月爲純陽，故謂之正月。十月純陰，疑其無陽，故謂之陽月。純陽而食，陽弱之甚也。純陰而食，陰壯之甚也。微，虧也。彼月則宜有時而虧矣，此日不宜虧而今亦虧，是亂亡之兆也。」○日月告凶，不用其行。叶戶郎反。四國無政，不用其良。彼月而食，則維其常。此日而食，于何不臧。賦也。行，道也。○凡日月之食，皆有常度矣。而以爲不用其行者，月不避日，失其道也。然其所以然者，則以四國無政，不用善人故也。如此，則日月之食，皆非常矣。而以月食爲其常，日食爲不臧者，陰亢陽而不勝，猶可言也，陰勝陽而揜之，不可言也。故春秋日食必書，而月食則無紀焉，亦以此爾。○爗爗丁輒反。震電，不寧不令。叶盧經反。百川沸騰，山冢崒徂恤反。崩。高岸爲谷，深谷爲陵。哀今之人，胡憯七感反。莫懲。賦也。爗爗，電光貌。震，雷也。寧，安徐也。令，善。沸，出。騰，乘也。山頂曰冢。崒，崔嵬也。高岸崩陷，故爲谷。深谷填塞，故爲陵。憯，曾也。○言非但日食而已，十月而雷電，山崩水溢，亦災異之甚者。是宜恐懼脩省，改紀其政，而幽王曾莫之懲也。董子曰：「國家將有失道之敗，而天乃先出災異以譴告之。不知自省，又出怪異以警懼之。尚不知變，而傷敗乃至。此見天心仁愛人君，而欲止其亂也。」○皇父音甫。卿士，番維司徒，家伯爲宰，仲允膳夫。聚側留反。子內史，蹶俱衛反。維趣七走反。馬，叶滿補反。楀音矩。維師氏，豔餘贍反。妻煽音扇。方處。賦也。皇父、家伯、仲允，皆字也。番、聚、蹶、楀，皆氏也。卿士，六卿之外更爲都官，以總六官之事也。或曰，卿士，蓋卿之士。周禮太宰之屬有上中下士。公羊所謂「宰士」，左氏所謂「周公以蔡仲爲己卿士」是也。蓋以宰屬而兼總六官，位卑而權重也。司徒掌邦教，冢宰掌邦治，皆卿也。膳夫，上士，掌王之飲食膳羞者也。内史，中大夫，掌爵禄廢置殺生予奪之法者也。趣馬，中士，掌王馬之政者也。師氏，亦中大夫，掌司朝得失之事者也。美色曰豔。豔妻，即褒姒也。煽，熾也。方處，方居其所，未變徙也。○言所以致變異者，由小人用事於外，而嬖妾蠱惑王心於内，以爲之主故也。○抑此皇父，豈曰不時。胡爲我作，不即我謀？叶謨悲反。徹我牆屋，田卒汙音烏。萊。叶陵之反。曰予不戕，在良反。禮則然矣。叶於姬反。○賦也。抑，發語詞。時，農隙之時也。作，動。即，就。卒，盡也。汙，停水也。萊，草穢也。戕，害也。○言皇父不自以爲不時，欲動我以徙，而不與我謀，乃遽徹我牆屋，使我田不獲治，卑者汙而高者萊，又曰非我戕汝，乃下供上役之常禮耳。○皇父孔聖，作都于向。式亮反，下同。擇三有事，亶侯多藏。才浪反。不憖魚覲反。遺一老，俾守我王。叶于放反。擇有車馬，以居徂向。賦也。孔，甚也。聖，通明也。都，大邑也。周禮：畿内大都方百里，小都方五十里。皆天子公卿所封也。向，地名，在東都畿内。今孟州河陽縣是也。三有事，三卿也。亶，信。侯，維。藏，蓄也。憖者，心不欲而自强之詞。有車馬者，亦富民也。徂，往也。○言皇父自以爲聖，而作都則不求賢，而但取富人以爲卿。又不自强留一人以衛天子，但有車馬者則悉與俱往，不忠於上，而但知貪利以自私也。○黽民允反。勉從事，不敢告勞。無罪無辜，讒口囂囂。五刀反。下民之孽，魚列反。匪降自天。叶鐵因反。噂子損反。沓徒合反。

背蒲昧反。憯，職競由人。賦也。噂，衆多貌。孽，災害也。噂，聚也。沓，重複也。職，主。競，力也。○言黽勉從皇父之役，未嘗敢告勞也，猶且無罪而遭讒。然下民之孽，非天之所爲也。噂噂沓沓多言以相説，而背則相憎，專力爲此者，皆由讒口之人耳。○悠悠我里，亦孔之痗。莫背反，叶呼洧反。四方有羨，徐面反。我獨居憂。民莫不逸，我獨不敢休。天命不徹，叶直質反。我不敢傚我友自逸。賦也。悠悠，憂也。里，居。痗，病。羨，餘。逸，樂。徹，均也。○當是之時，天下病矣，而獨憂我里之甚病。且以爲四方皆有餘，而我獨憂，衆人皆得逸豫，而我獨勞者，以皇父病之，而被禍尤甚故也。然此乃天命之不均，吾豈敢不安於所遇，而必傚我友之自逸哉！

十月之交八章，章八句。

浩浩昊天，不駿其德。降喪息浪反。饑饉，其靳反。斬伐四國。叶于逼反。旻密巾反。天疾威，弗慮弗圖。舍音赦。彼有罪，既伏其辜。若此無罪，淪胥以鋪。普烏反。○賦也。浩浩，廣大也。昊，亦廣大之意。駿，大。德，惠也。穀不熟曰饑，蔬不熟曰饉。疾威，猶暴虐也。慮、圖，皆謀也。舍，置。淪，陷。胥，相。鋪，徧也。○此時饑饉之後，羣臣離散，其不去者作詩以責去者。故推本而言，昊天不大其惠，降此饑饉，而殺伐四國之人，如何昊天曾不思慮圖謀，而遽爲此乎！彼有罪而饑死，則是既伏其辜矣，舍之可也。此無罪者，亦相與而陷於死亡，則如之何哉？○周宗既滅，靡所止戾。正大夫離居，莫知我勩。夷世反。三事大夫，莫肯夙夜。叶弋灼反。邦君諸侯，莫肯朝夕。叶祥龠反。庶曰式臧，覆芳服反。出爲惡。賦也。宗，族姓也。戾，定也。正，長也。周官八職，一曰正，謂六官之長，皆上大夫也。離居，蓋以饑饉散去，而因以避讒譖之禍也。我，不去者自我也。勩，勞也。三事，三公也。大夫，六卿及中下大夫也。臧，善。覆，反也。○言將有易姓之禍，其兆已見，而天變人離又如此。庶幾曰王改而爲善，乃覆出爲惡而不悛也。或曰疑此亦東遷後詩也。

○如何昊天，叶鐵因反。下同。辟言不信。叶斯人反。如彼行邁，則靡所臻。凡百君子，各敬爾身。胡不相畏，不畏于天。賦也。如何昊天，呼天而訴之也。辟，法。臻，至也。凡百君子，指羣臣也。○言如何乎昊天也，法度之言而不聽信，則如彼行往而無所底至也。然凡百君子，豈可以王之爲惡而不敬其身哉！不敬爾身，不相畏也。不相畏，不畏天也。

○戎成不退，叶吐類反，下同。饑成不遂。曾在登反。我暬思列反。御，憯憯千感反。日瘁。徂醉反。凡百君子，莫肯用訊。叶息悴反。聽言則答，譖言則退。賦也。戎，兵。遂，進也。易曰「不能退，不能遂」是也。暬御，近侍也。國語曰「居寢有暬御之箴」，蓋如漢侍中之官也。憯憯，憂貌。瘁，病。訊，告也。○言兵寇已成，而王之爲惡不退。饑饉已成，而王之遷善不遂。使我暬御之臣憂之，而憯憯日瘁也。凡百君子，莫肯以是告王者，雖王有問而欲聽其言，則亦答之而已，不敢盡言也。一有譖言及己，則皆退而離居，莫肯夙夜朝夕於王矣。其意若曰：王雖不善，而君臣之義，豈可以若是恝乎？

○哀哉不能言，匪舌是出。尺遂反。

維躬是瘁，哿矣能言。巧言如流，俾躬處休。賦也。出，出之也。瘁，病。哿，可也。○言之忠者，當世之所謂不能言者也，故非但出諸口，而適以瘁其躬。佞人之言，當世所謂能言者也，故巧好其言，如水之流，無所凝滯，而使其身處於安樂之地。蓋亂世昏主，惡忠直而好諛佞類如此。詩人所以深歎之也。○維曰于仕，鉏里反。孔棘且殆。叶養里反。云不可使，得罪于天子。叶獎履反。亦云可使，怨及朋友。叶羽已反。○賦也。于，往。棘，急。殆，危也。○蘇氏曰：「人皆曰往仕耳，曾不知仕之急且危也。當是之時，直道者，王之所謂不可使；而枉道者，王之所謂可使也。直道者得罪于君，而枉道者見怨于友。此仕之所以難也。」○謂爾遷于王都，曰予未有室家。叶古胡反。鼠思泣血，叶虛屈反。無言不疾。昔爾出居，誰從作爾室？賦也。爾，謂離居者。鼠思，猶言癙憂也。○當是時，言之難能，而仕之多患如此，故羣臣有去者、有居者。居者不忍王之無臣、己之無徒，則告去者，使復還于王都。去者不聽，而託於無家以拒之。至於憂思泣血，有無言而不痛疾者，蓋其懼禍之深，至於如此。然所謂無家者，則非其情也，故詰之曰：昔爾之去也，誰爲爾作室者？而今以是辭我哉！

雨無正七章，二章章十句，二章章八句，三章章六句。歐陽公曰：「古之人於詩，多不命題，而篇名往往無義例。其或有命名者，則必述詩之意，如巷伯、常武之類是也。今雨無正之名，據序所言，與詩絶異，當闕其所疑。」元城劉氏曰：「嘗讀韓詩，有雨無極篇。序云『雨無極，正大夫刺幽王也。』至其詩之文，則比毛詩篇首多『雨無其極，傷我稼穡』八字。」愚按：劉說似有理。然第一、二章本皆十句，今遽增之，則長短不齊，非詩之例。又此詩實正大夫離居之後，暬御之臣所作。其曰「正大夫刺幽王」者，亦非是，且其爲幽王詩，亦未有所考也。

祈父之什十篇，六十四章，四百二十六句。

校勘記

〔一〕酒誥曰祈父薄違是也　「酒」，原誤作「康」，據明甲本、明乙本、八卷本改。按「祈父薄違」在書酒誥。

〔二〕指乘車之賢人也　「車」，元本、明甲本、明乙本、八卷本作「駒」。

〔三〕相保相愛也　「愛」，原誤作「受」，據元本、明甲本、明乙本、八卷本改。

〔四〕知其必滅周也　「也」下元本、八卷本有「或曰此東遷後詩也時宗周已滅矣其言褒姒滅之有監戒之意而無憂懼之情似亦道已然之事而非慮其將然之辭今亦未能必其然否也」凡五十五字。

〔五〕殷殷然痛也　「然」，清武英殿本作「疾」，則當于「殷殷」下逗。

詩卷第十二

朱熹集傳

小旻之什二之五

旻天疾威，敷于下土。謀猶回遹，音聿。何日斯沮。在呂反。謀臧不從，不臧覆用。叶于封反。我視謀猶，亦孔之邛。其凶反。○賦也。旻，幽遠之意。敷，布。猶，謀。回，邪。遹，辟。沮，止。臧，善。覆，反。邛，病也。○大夫以王惑於邪謀，不能斷以從善，而作此詩。言旻天之疾威，布于下土，使王之謀猶邪辟，無日而止。謀之善者則不從，而其不善者反用之。故我視其謀猶，亦甚病也。

○潝潝許急反。訿訿，音紫。亦孔之哀。叶於希反。謀之其臧，則具是違。謀之不臧，則具是依。我視謀猶，伊于胡底。之履反，叶都黎反。○賦也。潝潝，相和也。訿訿，相詆也。具，俱。底，至也。○言小人同而不和，其慮深矣。然於謀之善者則違之，其不善者則從之，亦何能有所定乎。○

我龜既厭，不我告猶。叶于救反。謀夫孔多，是用不集。韓詩作「就」，叶疾救反。發言盈庭，誰敢執其咎。叶巨又反。如匪行邁謀，是用不得于道。叶徒候反。○賦也。集，成也。○卜筮數則瀆，而龜厭之，故不復告其所圖之吉凶。謀夫衆則是非相奪，而莫適所從，故所謀終亦不成。蓋發言盈庭，各是其是，無肯任其責而決之者。猶不行不邁，而坐謀所適，謀之雖審，而亦何得於道路哉！○哀哉爲猶，匪先民是程，匪大猶是經，維邇言是聽，叶平聲。維邇言是爭。叶側陘反。如彼築室于道謀，是用不潰于成。賦也。先民，古之聖賢也。程，法。猶，道。經，常。潰，遂也。○言哀哉今之爲謀，不以先民爲法，不以大道爲常，其所聽而爭者，皆淺末之言。以是相持，如將築室而與行道之人謀之，人人得爲異論，其能有成也哉！古語曰：「作舍道邊，三年不成。」蓋出於此。○國雖靡止，或聖或否。方九反，叶補美反。民雖靡膴，火吳反。或哲或謀。叶莫徒反。或肅或艾，音乂[一]。如彼泉流，無淪胥以敗。叶蒲寐反。○賦也。止，定也。聖，通「明」也。膴，大也，多也。艾，與「乂」同，治也。淪，陷。胥，相也。○言國論雖不定，然有聖者焉，有否者焉。民雖不多，然有哲者焉，有謀者焉，有肅者焉，有艾者焉。但王不用善，則雖有善者，不能自存，將如泉流之不反，而淪胥以至於敗矣。聖、哲、謀、肅、乂，即洪範五事之德。豈作此詩者，亦傳箕子之學也與？○不敢暴虎，不敢馮皮冰反。河。人知其一，莫知其它。湯何反。戰戰兢兢，如臨深淵，叶一均反。如履薄冰。賦也。徒搏曰暴。徒涉曰馮，如馮几然也。戰戰，恐也。兢兢，戒也。如臨深淵，恐墜也。如履薄冰，恐陷也。○衆人之慮，不能及遠。暴虎馮河之患近而易見，則知避之。喪國亡家之禍隱於無形，則不知以爲憂也。故曰「戰戰兢兢，如臨深淵，如履薄冰」，懼及其禍之詞也。

小旻六章，三章章八句，三章章七句。蘇氏曰：小旻小宛小弁小明四詩皆以「小」名篇，所以別其爲小雅也。其在小雅者謂之「小」，故其在大雅者謂之召旻大明，獨「宛」、「弁」闕焉。意者孔子删之矣。雖去其大，而其小者猶謂之「小」，蓋即用其舊也。

宛於阮反。彼鳴鳩，翰胡旦反。飛戾天。叶鐵因反。我心憂傷，念昔先人。明發不寐，有懷二人。興也。宛，小貌。鳴鳩，斑鳩也。翰，羽。戾，至也。明發，謂將旦而光明開發也。二人，父母也。○此大夫遭時之亂，而兄弟相戒以免禍之詩。故言彼宛然之小鳥，亦翰飛而至于天矣，則我心之憂傷，豈能不念昔之先人哉？是以明發不寐，而有懷乎父母也。言此以爲相戒之端。○人之齊聖，飲酒温克。彼昏不知，壹醉日富。叶筆力反。各敬爾儀，天命不又。叶夷益反。○賦也。齊，肅也。聖，通明也。克，勝也。富，猶甚也。又，復也。○言齊聖之人，雖醉猶温恭自持以勝，所謂不爲酒困也。彼昏然而不知者，則一於醉而日甚矣。於是言各敬謹爾之威儀，天命已去，將不復來，不可以不恐懼也。時王以酒敗德，臣下化之，故此兄弟相戒，首以爲説。○中原有菽，音叔。庶民采叶此履反。之。螟亡丁反。蛉音零。有子，蜾音果。蠃力果反。負叶蒲美反。之。教誨爾子，式穀似叶養里反。之。興也。中原，原中也。菽，大豆也。螟蛉，桑上小青蟲也，似步屈。蜾蠃，土蜂也，似蜂而小腰，取桑蟲負之於木空中，七日而化爲其子。式，用。穀，善也。○中原有菽，則庶民采之矣，以興善道人皆可行也。螟蛉有子，則蜾蠃負之，以興不似者可教而似也。教誨爾子，則用善而似之可也。善也，似也，終上文兩句所興而言也。戒之以不惟獨善其身，又當教其子使爲善也。〇題大計反。彼脊令，音零。載飛載鳴。我日斯邁，而月斯征。夙興夜寐，無忝爾所生。叶桑經反。〇興也。題，視也。脊令，飛則鳴，行則摇。載，則。而，汝。忝，辱也。〇視彼脊令，則且飛而且鳴矣。我既日斯邁，則汝亦月斯征矣。言當各務努力，不可暇逸取禍，恐不及相救恤也。夙興夜寐，各求無辱於父母而已。〇交交桑扈，音户。率場啄粟。哀我填都田反。寡，宜岸宜獄。握粟出卜，自何能穀。興也。交交，往來之貌。桑扈，竊脂也，俗呼青觜，肉食，不食粟。填，與「瘨」同，病也。岸，亦獄也，韓詩作「犴」，鄉亭之繫曰犴，朝廷曰獄。〇扈不食粟，而今則率場啄粟矣。病寡不宜岸獄，今則宜岸宜獄矣。言王不卹鰥寡，喜陷之於刑辟也。然不可不求所以自善之道，故握持其粟，出而卜之曰，何自而能善乎？言握粟，以見其貧窶之甚。〇温温恭人，如集于木。惴惴之瑞反。小心，如臨于谷。戰戰兢兢，如履薄冰。賦也。温温，和柔貌。如集于木，恐隊也。如臨于谷，恐隕也。

小宛六章，章六句。此詩之詞最爲明白，而意極懇至。説者必欲爲刺王之言，故其説穿鑿破碎，無理尤甚。今悉改定，讀者詳之。

弁薄干反。彼鸒音豫。斯，叶先齎反。歸飛提提。是移反。民莫不穀，我獨于罹。何辜于天，我罪伊何？心之憂矣，云如之何？興也。弁，飛拊翼貌。鸒，雅烏也，小而多羣，腹下白，江東呼爲鵯烏。斯，語詞也。提提，羣飛安閒之貌。穀，善。罹，憂也。○舊説幽王大子宜臼被廢而作此詩。言弁彼鸒斯，則歸飛提提矣。民莫不善，而我獨于憂，則鸒斯之不如也。「何辜于天，我罪伊何」者，怨而慕也。舜號泣于旻天曰：「父母之不我愛，於我何哉！」蓋如此矣。「心之憂矣，云如之何」，則知其無可奈何而安之之詞也。○踧踧周道，鞫爲茂草。我心憂傷，惄焉如擣。假寐永嘆，維憂用老。心之憂矣，疢如疾首。

踧，徒歷反。周道，叶徒苟反。鞫，九六反。茂草，叶此苟反。惄，乃歷反。擣，丁老反，叶丁口反。老，叶魯口反。疢，丑覲反。興也。踧踧，平易也。周道，大道也。鞫，窮。惄，思。擣，舂也。不脱衣冠而寐曰假寐。疢，猶「疾」也。○踧踧周道，則將鞫爲茂草矣。我心憂傷，則惄焉如擣矣。精神憒眊，至於假寐之中而不忘永歎，憂之之深，是以未老而老也。「疢如疾首」，則又憂之甚矣。○維桑與梓，必恭敬止。靡瞻匪父，靡依匪母。不屬于毛，不離于裏。天之生我，我辰安在？

梓，叶奬履反。母，叶滿彼反。屬，音燭。在，叶此里反。○興也。桑、梓，二木，古者五畝之宅，樹之墻下，以遺子孫，給蠶食、具器用者也。瞻者，尊而仰之。依者，親而倚之。屬，連也。毛，膚體之餘氣末屬也。離，麗也。裏，心腹也。辰，猶時也。○言桑梓父母所植，尚且必加恭敬，况父母至尊至親，宜莫不瞻依也。然父母之不我愛，豈我不屬于父母之毛乎？豈我不離于父母之裏乎？無所歸咎，則推之於天曰：豈我生時不善哉？何不祥至是也。○菀彼柳斯，鳴蜩嘒嘒。有漼者淵，萑葦淠淠。譬彼舟流，不知所屆。心之憂矣，不遑假寐。

菀，音鬱。蜩，音條。嘒，呼惠反。漼，千罪反。萑，音丸。葦，韋鬼反。淠，孚計反。屆，音戒，叶居氣反。興也。

菀，茂盛貌。蜩，蟬也。嘒嘒，聲也。漼，深貌。淠淠，衆也。屆，至。遑，暇也。○菀彼柳斯，則鳴蜩嘒嘒矣。有漼者淵，則萑葦淠淠矣。今我獨見棄逐，如舟之流于水中，不知其何所至乎！是以憂之之深，昔猶假寐，而今不暇也。○鹿斯之奔，維足伎伎。其宜反。雉之朝雊，古豆反。尚求其雌。叶千西反。譬彼壞胡罪反。木，疾用無枝。心之憂矣，寧莫之知。興也。伎伎，舒貌。宜疾而舒，留其羣也。雊，雉鳴也。壞，傷病也。寧，猶何也。○鹿斯之奔，則足伎伎然。雉之朝雊，亦知求其妃匹。今我獨見棄逐，如傷病之木，憔悴而無枝，是以憂之，而人莫之知也。○相息亮反。彼投兔，尚或先蘇薦反，叶蘇晉反。之。行有死人，尚或墐音覲。之。君子秉心，維其忍之。心之憂矣，涕既隕音藴。之。興也。相，視。投，奔。行，道。墐，埋。秉，執。隕，隊也。○相彼被逐而投人之兔，尚或有哀其窮而先脱之者。道有死人，尚或有哀其暴露而埋藏之者。蓋皆有不忍之心焉。今王信讒，棄逐其子，曾視投兔、死人之不如，則其秉心亦忍矣，是以心憂而涕隕也。○君子信讒，如或醻市由反，叶市救反。之。君子不惠，不舒究之。伐木掎寄彼反，叶居何反。矣，析薪杝敕氏反，叶湯何反。矣。舍音捨。彼有罪，予之佗吐賀反，叶湯何反。矣。賦而興也。醻，報。惠，愛。舒，緩。究，察也。掎，倚也，以物倚其巔也。杝，隨其理也。佗，加也。○言王惟讒是聽，如受醻爵，得即飲之。曾不加惠愛，舒緩而究察之。夫苟舒緩而究察之，則讒者之情得矣。伐木者尚倚其巔，析薪者尚隨其理，皆不妄挫折之。今乃捨彼有罪之譖人，而加我以非其罪，曾伐木析薪之不若也。此則興也。○莫高匪山，叶所旃反。莫浚匪泉。蘇俊反。君子無易由言，耳屬于垣。易，夷豉反。屬，音燭。無逝我梁，無發我笱。我躬不閱，遑恤我後。賦而比也。山極高矣，而或陟其巔。泉極深矣，而或入其底。故君子不可易於其言，恐耳屬于垣者，有所觀望左右而生讒譖也。王於是卒以褒姒爲后，伯服爲大子，故告之曰：「毋逝我梁，毋發我笱，我躬不閱，遑恤我後。」蓋比詞也。東萊呂氏曰：唐德宗將廢大子而立舒王。李泌諫之，且曰：「願陛下還宮勿露此意，左右聞之，將樹功於舒王，大子危矣。」此正「君子無易由言，耳屬于垣」之謂也。小弁之作，大子既廢矣，而猶云爾者，蓋推本亂之所由生，言語以爲階也。

小弁八章，章八句。幽王娶於申，生大子宜臼。後得褒姒而惑之，生子伯服，信其讒，黜申后，逐宜臼。而宜臼作此以自怨也。序以爲大子之傅述大子之情以爲是詩，不知其何所據也。傳曰：「高子曰：『小弁，小人之詩也。』孟子曰：『何以言之？』曰：『怨。』曰：『固哉！高叟之爲詩也。有人於此，越人關弓而射之，則己談笑而道之，無它，疏之也。其兄關弓而射之，則己垂涕泣而道之，無它，戚之也。小弁之怨，親親也。親親，仁也。固矣夫，高叟之爲詩也！』曰：『凱風何以不怨？』曰：『凱風，親之過小者也。小弁，親之過大者也。親之過大而不怨，是愈疏也。親之過小而怨，是不可磯也。愈疏，不孝也。不可磯，亦不孝也。孔子曰：「舜其至孝矣，五十而慕。」』」

悠悠昊天，曰父母且。七餘反。無罪無辜，亂如此憮。火吳反。昊天已威，叶紆胃反。予慎無罪。叶音悴。昊天泰憮，予慎無辜。賦也。悠悠，遠大之貌。且，語詞。憮，大也。已、泰，皆甚也。慎，審也。○大夫傷於讒，無所控告，而訴之於天曰：悠悠昊天，爲人之父母。胡爲使無罪之人遭亂如此其大也？昊天之威已甚矣，我審無罪也。昊天之威甚大矣，我審無辜也。此自訴而求免之詞也。○亂之初生，僭側蔭反。始既涵。音含。亂之又生，君子信讒。君子如怒，叶奴五反。亂庶遄市專反。沮。慈吕反。君子如祉，音恥。亂庶遄已。賦也。僭始，不信之端也。涵，容受也。君子，指王也。遄，疾。沮，止也。祉，猶喜也。○言亂之所以生者，由讒人以不信之言始入，而王涵容，不察其真僞也。亂之又生者，則既信其讒言而用之矣。君子見讒人之言，若怒而責之，則亂庶幾遄沮矣。見賢者之言，若喜而納之，則亂庶幾遄已矣。今涵容不斷，讒信不分，是以讒者益勝，而君子益病也。蘇氏曰：「小人爲讒於其君，必以漸入之。其始也，進而嘗之，君容之而不拒，知言之無忌，於是復進。既而君信之，然後亂成。」○君子屢盟，叶謨郎反。亂是用長。丁丈反，叶直良反。君子信盜，亂是用暴。盜言孔甘，亂是用餤。音談。匪其止共，音恭。維王之邛。其恭反。○賦也。屢，數也。盟，邦國有疑，則殺牲歃血告神以相要束也。盜，指讒人也。餤，進。邛，病也。○言君子不能已亂，而屢盟以相要，則亂是用長矣。君子不能聖讒，而信盜以爲虐，則亂是用暴矣。讒言之美，如食之甘，使人嗜之而不厭，則亂是用進矣。然此讒人不能供其職事，徒以爲王之病而已。夫良藥苦口而利於病，忠言逆耳而利於行。維其言之甘而悦焉，則其國豈不殆哉！○奕奕寢廟，君子作之。秩秩大猷，聖人莫之。他人有心，予忖七損反。度待洛反。之。躍躍他歷反。毚兔，遇犬獲叶黄郭反。之。興而比也。奕奕，大也。秩秩，序也。猷，道。莫，定也。躍躍，跳疾貌。毚，狡也。○奕奕寢廟，則君子作之。秩秩大猷，則聖人莫之。以興他人有心，則予得而忖度之。而又以「躍躍毚兔，遇犬獲之」比焉。反覆興比，以見讒人之心我皆得之，不能隱其情也。○荏而甚反。染柔木，君子樹叶上主反。之。往來行言，心焉數所主反。之。蛇蛇以支反。碩言，出自口叶孔五反。矣。巧言如簧，顔之厚叶胡五反。矣。興也。荏染，柔貌。柔木，桐梓之屬，可用者也。行言，行道之言也。數，辨也。蛇蛇，安舒也。碩，大也，謂善言也。顔厚者，頑不知耻也。○荏染柔木，則君子樹之矣。往來行言，則心能辨之矣。若善言而出於口者宜也，巧言如簧，則豈可出於口哉！言之徒可羞愧，而彼顔之厚，不知以爲耻也。孟子曰：「爲機變之巧者，無所用耻焉。」其斯人之謂與！○彼何人斯，居河之麋。音眉。無拳音權。無勇，職爲亂階。叶居奚反。既微且尰，市勇反。爾勇伊何。爲猶將多，爾居徒幾音紀，叶居希反。何。賦也。何人，斥讒人也。此必有所指矣。賤而惡之，故爲不知其姓名，而曰「何人」也。斯，語詞也。水草交謂之麋。拳，力。階，梯也。骭瘍爲微，腫足爲尰。猶，謀。將，大也。○言此讒人居下濕之地，雖無拳勇可以爲亂，而讒口交鬭，專爲亂之階梯。又有微尰之疾，亦何能勇哉！而爲讒謀，則大且多如此，是必有助之者矣。然其所與居之徒衆，幾何人哉！言亦不能甚多也。

巧言六章，章八句。以五章「巧言」二字名篇。

彼何人斯，其心孔艱。叶居銀反。胡逝我梁，不入我門？叶眉貧反。伊誰云從，維暴之云。賦也。何人，亦若不知其姓名也。孔，甚。艱，險也。我，舊説以爲蘇公也。暴，暴公也。皆畿内諸侯也。○舊説暴公爲卿士而譖蘇公，故蘇公作詩以絶之。然不欲直斥暴公，故但指其從行者而言：彼何人者，其心甚險。胡爲往我之梁，而不入我之門乎？既而問其所從，則暴公也。夫以從暴公而不入我門，則暴公之譖己也明矣。但舊説於詩無明文可考，未敢信其必然耳。○二人從行，誰爲此禍？胡果反。胡逝我梁，不入唁我？始者不如今，云不我可。賦也。二人，暴公與其徒也。唁，弔失位也。○言二人相從而行，不知誰譖己而禍之乎？既使我得罪矣，而其逝我梁也，又不入而唁我。女始者與我親厚之時，豈嘗如今不以我爲可乎？○彼何人斯，胡逝我陳？我聞其聲，不見其身。不愧于人，不畏于天。叶鐵因反。○賦也。陳，堂塗也，堂下至門之徑也。○在我之陳，則又近矣。聞其聲而不見其身，言其蹤跡之詭祕也。不愧于人，則以人爲可欺也。天不可欺，女獨不畏于天乎？奈何其譖我也。○彼何人斯，其爲飄風。叶孚愔反。胡不自北，胡不自南？叶尼心反。胡逝我梁，祇攪我心。祇音支。攪交卯反。賦也。飄風，暴風也。攪，擾亂也。○言其往來之疾若飄風然。自北自南，則與我不相值也。今則逝我之梁，則適所以攪亂我心而已。○爾之安行，亦不遑舍。叶商居反。爾之亟行，遑脂爾車。亟紀力反。壹者之來，云何其盱？况于反。○賦也。安，徐。遑，暇。舍，息。亟，疾。盱，望也。字林云：「盱，張目也。」易曰：「盱豫悔。」三都賦云：「盱衡而語。」是也。○言爾平時徐行猶不暇息，而況亟行，則何暇脂其車哉！今脂其車，則非亟也，乃託以亟行而不入見我，則非其情矣。何不一來見我，如何而使我望汝之切乎？○爾還而入，我心易以鼓反，叶以支反。也。還而不入，否難知也。壹者之來，俾我祇也。賦也。還，反。易，說。祇，安也。○言爾之往也，既不入我門矣。儻還而入，則我心猶庶乎其說也。還而不入，則爾之心我不可得而知矣。何不一來見我，而使我心安乎？董氏曰：「是詩至此，其詞益緩，若不知其爲譖矣。」○伯氏吹壎，況袁反。仲氏吹篪。音池。及爾如貫，諒不我知。出此三物，以詛側助反。爾斯。叶先齎反。○賦也。伯、仲，兄弟也。俱爲王臣，則有兄弟之義矣。樂器土曰壎，大如鵝子，銳上平底，似稱錘，六孔。竹曰篪，長尺四寸，圍三寸，七孔，一孔上出，徑三分，凡八孔，橫吹之。如貫，如繩之貫物也，言相連屬也。諒，誠也。三物，犬、豕、雞也。刺其血以詛盟也。○伯氏吹壎，而仲氏吹篪，言其心相親愛，而聲相應和也。與汝如物之在貫，豈誠不我知而譖我哉！苟曰誠不我知，則出此三物以詛之可也。○爲鬼爲蜮，音或。則不可得。有靦土典反。面目，視人罔極。作此好歌，以極反側。賦也。蜮，短狐也。江淮水皆有之，能含沙以射水中人影，其人輒病，而不見其形也。靦面，見人之貌也。好，善也。反側，反覆，不正直也。○言汝爲鬼爲蜮，則不可得而見矣。女乃人也，靦然有面目，與人相視，無窮極之時，豈其情終不可測哉？是以作此好歌，以究極爾反側之心也。

何人斯八章，章六句。此詩與上篇文意相似，疑出一手。但上篇先刺聽者，此篇專責讒人耳。

王氏曰：暴公不忠於君，不義於友，所謂大故也，故蘇公絕之。然其絕之也，不斥暴公，言其從行而已。不著其譖也，示以所疑而已。既絶之矣，而猶告以「壹者之來，俾我祇也」，蓋君子之處己也忠，其遇人也恕，使其由此悔悟，更以善意從我，固所願也。雖其不能如此，我固不爲已甚。豈若小丈夫哉，一與人絶，則醜詆固拒，惟恐其復合也。

萋七西反。兮斐孚匪反。兮，成是貝錦。彼譖人者，亦已大音泰。甚。食荏反。○比也。萋、斐，小文之貌。貝，水中介蟲也，有文彩似錦。○時有遭讒而被宫刑爲巷伯者，作此詩。言因萋斐之形，而文致之，以成貝錦。以比讒人者，因人之小過而飾成大罪也。彼爲是者，亦已大甚矣。○哆昌者反。兮侈尺是反。兮，成是南箕。彼譖人者，誰適丁歷反，下同。與謀。叶謨悲反。○比也。哆、侈，微張之貌。南箕四星，二爲踵，二爲舌。其踵狹而舌廣，則大張矣。適，主也。誰適與謀，言其謀之闕也。○緝緝七立反。翩翩，音篇，叶批賓反。謀欲譖人。慎爾言也，謂爾不信。叶斯人反。○賦也。緝緝，口舌聲。或曰：「緝緝，人之罪〔二〕。」或曰：「有條理貌。」皆通。翩翩，往來貌。譖人者自以爲得意矣，然不慎爾言，聽者有時而悟，且將以爾爲不信矣。○捷捷幡幡，芳煩反，叶芬邅反。謀欲譖言。豈不爾受，既其女音汝。遷。賦也。捷捷，儇利貌。幡幡，反覆貌。王氏曰：「上好譖，則固將受女。然好譖不已，則遇譖之禍亦既遷而及女矣。」曾氏曰：「上章及此，皆忠告之詞。」○驕人好好，勞人草草。蒼天蒼天，叶鐵因反。視彼驕人，矜此勞人。賦也。好好，樂也。草草，憂也。驕人譖行而得意，勞人遇譖而失度，其狀如此。○彼譖人者，叶掌與反。誰適與謀？叶滿補反。取彼譖人，投畀豺士皆反。虎。豺虎不食，投畀有北。有北不受，叶承呪反。投畀有昊。叶許候反。○賦也。再言「彼譖人者，誰適與謀」者，甚嫉之，故重言之也。或曰衍文也。投，棄也。北，北方寒涼不毛之地也。不食、不受，言讒譖之人，物所共惡也。昊，昊天也。投畀昊天，使制其罪。○此皆設言以見欲其死亡之甚也。故曰：「好賢如緇衣，惡惡如巷伯。」○楊園之道，猗於綺反。于畝丘。叶祛奇反。寺人孟子，作爲此詩。凡百君子，敬而聽之。興也。楊園，下地也。猗，加也。畝丘，高地也。寺人，内小臣，蓋以讒被宫而爲此官也。孟子，其字也。○楊園之道而猗于畝丘，以興賤者之言或有補於君子也。蓋譖始於微者，而其漸將及於大臣，故作詩使聽而謹之也。劉氏曰：「其後王后、太子及大夫果多以讒廢者。」

巷伯七章，四章章四句，一章五句，一章八句，一章六句。巷，是宫内道名，秦漢所謂「永巷」是也。伯，長也，主宫内道官之長，即寺人也。故以名篇。班固司馬遷贊云：「迹其所以自傷悼，小雅巷伯之倫」。其意亦謂巷伯本以被譖而遭刑也。而楊氏曰：「寺人，内侍之微者，出入於王之左右，親近於王而日見之，宜無間之可伺矣。今也亦傷於讒，則疏遠者可知。故其詩曰『凡百君子，敬而聽之』，使在位知戒也。」其説不同，然亦有理，姑存於此云。

習習谷風，維風及雨。將恐丘勇反。將懼，維予與女。音汝。將安將樂，音洛。女轉棄予。叶演女反。○興也。習習，和調貌。谷風，東風也。將，且也。恐、懼，謂危難憂患之時也。○此朋友相怨之詩。故言習習谷風，則維風及雨矣。將恐將懼之時，則維予與女矣。奈何將安將樂而女轉棄予哉！○習習谷風，維風及頹。徒雷反。將恐將懼，寘之豉反。予于懷。叶胡隈反。將安將樂，棄予如遺。叶烏回反。○興也。頹，風之焚輪者也。寘，與「置」同。置于懷，親之也。如遺，忘去而不復存省也。○習習谷風，維山崔徂回反。嵬。五回反。無草不死，無木不萎。叶於回反。忘我大德，思我小怨。叶韻未詳。○比也。崔嵬，山巔也。○習習谷風，維山崔嵬，則風之所被者廣矣。然猶無不死之草，無不萎之木，況於朋友，豈可以忘大德而思小怨乎？或曰興也。

谷風三章，章六句。

蓼蓼音六。者莪，五河反。匪莪伊蒿。呼毛反。哀哀父母，生我劬勞。比也。蓼，長大貌。莪，美菜也。蒿，賤草也。○人民勞苦，孝子不得終養，而作此詩。言昔謂之莪，而今非莪也，特蒿而已。以比父母生我以爲美材，可賴以終其身，而今乃不得其養以死。於是乃言父母生我之劬勞，而重自哀傷也。○蓼蓼者莪，匪莪伊蔚。音尉。哀哀父母，生我勞瘁。似醉反。○比也。蔚，牡菣也，三月始生，七月始華，如胡麻華而紫赤，八月爲角，似小豆，角銳而長。瘁，病也。○缾之罄矣，維罍之耻。鮮息淺反。民之生，不如死之久叶舉里反。矣。無父何怙？無母何恃？出則銜恤，入則靡至。比也。缾小罍大，皆酒器也。罄，盡。鮮，寡。恤，憂。靡，無也。○言缾資於罍而罍資缾，猶父母與子相依爲命也。故缾罄矣，乃罍之耻，猶父母不得其所，乃子之責。所以窮獨之民，生不如死也。蓋無父則無所怙，無母則無所恃，是以出則中心銜恤，入則如無所歸也。○父兮生我，母兮鞠我。拊音撫。我畜喜六反。我，長丁丈反。我育我，顧我復我，出入腹我。欲報之德，昊天罔極。賦也。生者，本其氣也。鞠、畜，皆養也。拊，拊循也。育，覆育也。顧，旋視也。復，反覆也。腹，懷抱也。罔，無。極，窮也。○言父母之恩如此，欲報之以德，而其恩之大如天無窮，不知所以爲報也。○南山烈烈，飄風發發。民莫不穀，我獨何害。叶音曷。○興也。烈烈，高大貌。發發，疾貌。穀，善也。○南山烈烈，則飄風發發矣。民莫不善，而我獨何爲遭此害也哉？○南山律律，飄風弗弗。叶分聿反。民莫不穀，我獨不卒。興也。律律，猶「烈烈」也。弗弗，猶「發發」也。卒，終也，言終養也。

蓼莪六章，四章章四句，二章章八句。晉王裒以父死非罪，每讀詩至「哀哀父母，生我劬勞」，未嘗不三復流涕，受業者爲廢此篇。詩之感人如此。

有饛音蒙。簋音軌飧，音孫。有捄音求。棘匕。必履反。周道如砥，之履反。其直如矢。君子所履，小人所視。叶善止反。睠音眷。言顧之，潸所姦反。焉出涕。音體。○興也。饛，滿簋貌。飧，熟食也。捄，曲貌。棘匕，以棘爲匕，所以載鼎肉而升之於俎也。砥，礪石，言平也。矢，言直也。君子，在位。履，行。小人，下民也。睠，反顧也。潸，涕下貌。○序以爲東國困於役而傷於財，譚大夫作此以告病。言有饛簋飧，則有捄棘匕。周道如砥，則其直如矢。是以君子履之而小人視焉。今乃顧之而出涕者，則以東方之賦役，莫不由是而西輸於周也。

○小東大東，叶都郎反。杼直呂反。柚音逐。其空。叶枯郎反。糾糾葛屨，可以履霜。佻佻徒彫反。公子，行彼周行。叶户郎反。既往既來，叶六直反。使我心疚。叶訖力反。

○賦也。小東大東，東方小大之國也。自周視之，則諸侯之國皆在東方。杼，持緯者也。柚，受經者也。空，盡也。佻，輕薄不奈勞苦之貌。公子，諸侯之貴臣也。周行，大路也。疚，病也。○言東方小大之國，杼柚皆已空矣，至於以葛屨履霜。而其貴戚之臣，奔走往來，不勝其勞，使我心憂而病也。

○有洌音列。氿音軌。泉，叶才勻反。無浸穫薪。契契苦計反。寤歎，哀我憚丁佐反。人。薪是穫薪，尚可載叶節力反。也。哀我憚人，亦可息也。

興也。洌，寒意也。側出曰氿泉。穫，艾也。契契，憂苦也。憚，勞也。尚，庶幾也。載，載以歸也。○蘇氏曰：「薪已穫矣，而復漬之則腐。民已勞矣，而復事之則病。故已艾則庶其載而畜之，已勞則庶其息而安之。」

○東人之子，職勞不來。音賚，叶六直反。西人之子，粲粲衣服。叶蒲北反。舟人之子，熊羆是裘。叶渠之反。私人之子，百僚是試。叶申之反。

○賦也。東人，諸侯之人也。職，專主也。來，慰撫也。西人，京師人也。粲粲，鮮盛貌。舟人，舟楫之人也。熊羆是裘，言富也。私人，私家皂隸之屬也。僚，官。試，用也。舟人、私人，皆西人也。○此言賦役不均，羣小得志也。○或以其酒，不以其漿。鞙鞙胡犬反。佩璲，音遂。不以其長。維天有漢，監古暫反。亦有光。跂丘豉反。彼織女，終日七襄。賦也。鞙鞙，長貌。璲，瑞也。漢，天河也。跂，隅貌。織女，星名，在漢旁，三星跂然如隅也。七襄，未詳。傳曰：「反也。」箋云：「駕也。」駕，謂更其肆也。蓋天有十二次，日月所止舍，所謂肆也。經星一晝一夜，左旋一周而有餘，則終日之間，自卯至酉，當更七次也。○言東人或饋之以酒，而西人曾不以爲漿。東人或與之以鞙然之佩，而西人曾不以爲長。維天之有漢，則庶乎其有以監我。而織女之七襄，則庶乎其能成文章以報我矣。無所赴愬，而言惟天，庶乎其恤我耳。○雖則七襄，不成報章。睆華版反。彼牽牛，不以服箱。東有啓明，叶謨郎反。西有長庚。叶古郎反。有捄天畢，載施之行。户郎反。○賦也。睆，明星貌。牽牛，星名。服，駕也。箱，車箱也。啓明、長庚，皆金星也。以其先日而出，故謂之啓明。以其後日而入，故謂之長庚。蓋金、水二星，常附日行，而或先或後。但金大水小，故獨以金星爲言也。天畢，畢星也，狀如掩兔之畢。行，行列也。○言彼織女不能成報我之章，牽牛不可以服我之箱，而啓明、長庚、天畢者，亦無實用，但施之行列而已。至是則知天亦無若我何矣。○維南有箕，不可以簸波我反。揚。維北有斗，不可以挹音揖。酒漿。維南有箕，載翕許急反。其舌。維北有斗，西柄之揭。居竭反。○賦也。箕斗二星以夏秋之間見於南方。云北斗者，以其在箕之北也。或曰北斗，常見不隱者也。翕，引也。舌，下二星也。南斗柄固指西，若北斗而西柄，則亦秋時也。○言南箕既不可以簸揚糠粃，北斗既不可以挹酌酒漿，而箕引其舌，反若有所吞噬，斗西揭其柄，反若有所挹取於東。是天非徒無若我何，乃亦若助西人而見困。甚怨之詞也。

大東七章，章八句。

四月維夏，叶後五反。六月徂暑。先祖匪人，胡寧忍予？叶演女反。○興也。徂，往也。四月、六月，亦以夏正數之。建巳、建未之月也。○此亦遭亂自傷之詩。言四月維夏，則六月徂暑矣。我先祖豈非人乎，何忍使我遭此禍也？無所歸咎之詞也。○秋日淒淒，七西反。百卉具腓。芳菲反。亂離瘼音莫。矣，爰〈家語作「奚」〉。其適歸。興也。淒淒，涼風也。卉，草。腓，病。離，憂。瘼，病。奚，何。適，之也。○秋日淒淒，則百卉俱腓矣。亂離瘼矣，則我將何所適歸乎哉！○冬日烈烈，飄風發發。民莫不穀，我獨何害？叶音曷。○興也。烈烈，猶栗烈也。發發，疾貌。穀，善也。○夏則暑，秋則病，冬則烈，言禍亂日進，無時而息也。○山有嘉卉，侯栗侯梅。叶莫悲反。廢爲殘賊，莫知其尤。叶于其反。○興也。嘉，善。侯，維。廢，變。尤，過也。○山有嘉卉，則維栗與梅矣。在位者變爲殘賊，則誰之過哉！○相息亮反。彼泉水，載清載濁。叶殊玉反。我日構禍，曷云能穀。興也。相，視。載，則。構，合也。○相彼泉水，猶有時而清，有時而濁。而我乃日日遭害，則曷云能善乎！○滔滔吐刀反。江漢，南國之紀。盡瘁以仕，寧莫我有。叶羽已反。○興也。滔滔，大水貌。江漢，二水名。紀，綱紀也，謂經帶包絡之也。瘁，病也。有，識有也。○滔滔江漢，猶爲南國之紀。今也盡瘁以仕，而王何其不我有哉！○匪鶉徒丸反。匪鳶，以專反，叶以旬反。翰飛戾天。叶鐵因反。匪鱣張連反。匪鮪，于軌反。潛逃于淵。叶一均反。○賦也。鶉，鵰也。鳶，亦鷙鳥也，其飛上薄雲漢。鱣、鮪，大魚也。○鶉鳶則能翰飛戾天，鱣鮪則能潛逃于淵。我非是四者，則亦無所逃矣。○山有蕨薇，隰有杞桋。音夷。君子作歌，維以告哀。叶於希反。○興也。杞，枸檵也。桋，赤楝也，樹葉細而岐鋭，皮理錯戾，好叢生山中，中爲車輞。○山則有蕨薇，隰則有杞桋。君子作歌，則維以告哀而已。

四月八章，章四句。

小旻之什十篇，六十五章，四百十四句。

校勘記

〔一〕音乂　「乂」，原誤作「又」，據元本、明甲本、明乙本、八卷本改。

〔二〕人之罪　明甲本、明乙本、八卷本「罪」下有「也」字。

詩卷第十三

朱熹集傳

北山之什二之六

陟彼北山，言采其杞。偕偕士子，叶獎履反。朝夕從事。叶上止反。王事靡盬，憂我父母。叶滿彼反。○賦也。偕偕，强壯貌。士子，詩人自謂也。○大夫行役而作此詩。自言陟北山而采杞以食者，皆强壯之人，而朝夕從事者也。蓋以王事不可以不勤，是以貽我父母之憂耳。○溥音普。

溥天之下，叶後五反。莫非王土。率土之濱，莫非王臣。大夫不均，我從事獨賢。叶下珍反。○賦也。溥，大。率，循。濱，涯也。○言土之廣，臣之衆，而王不均平，使我從事獨勞也。不斥王而曰大夫，不言獨勞，而曰獨賢，詩人之忠厚如此。

四牡彭彭，叶鋪郎反。王事傍傍。布彭反，叶布光反。嘉我未老，鮮息淺反。我方將。旅力方剛，經營四方。賦也。彭彭然不得息也，傍傍然不得已也。嘉，善。鮮，少也。以爲少而難得也。將，壯也。旅，與「膂」同。○言王之所以使我者，善我之未老而方壯，旅力可以經營四方耳。猶上章之言「獨賢」也。

或燕燕居息，或盡瘁事國，叶越逼反。或息偃在牀，或不已于行。叶户郎反。○賦也。燕燕，安息貌。瘁，病。已，止也。○言役使之不均也。

下章放此。○或不知叫號，户刀反。或慘慘七感反。劬勞，或棲音西。遲偃仰，或王事鞅於兩反。掌。賦也。不知叫號，深居安逸，不聞人聲也。鞅掌，失容也。言事煩勞，不暇爲儀容也。○或湛都南反。樂音洛。飲酒，或慘慘畏咎，巨九反。或出入風音諷。議，叶魚羈反。或靡事不爲。賦也。咎，猶罪過也。出入風議，言親信而從容也。

北山六章，三章章六句，三章章四句。

無將大車，祇音支。自塵兮。無思百憂，祇自疧劉氏曰：當作「痕」，與「痻」同，眉貧反。兮。興也。將，扶進也。大車，平地任載之車，駕牛者也。祇，適。疧，病也。○此亦行役勞苦而憂思者之作。言將大車，則塵汙之。思百憂，則病及之也。○無將大車，維塵冥冥。叶莫迥反。無思百憂，不出于熲。古迥反。○興也。冥冥，昏晦也。熲，與「耿」同，小明也。在憂中耿耿然不能出也。○無將大車，維塵雝於勇、於容二反。兮。無思百憂，祇自重直勇、直龍二反。兮。興也。雝，猶蔽也。重，猶累也。

無將大車三章，章四句。

明明上天，照臨下土。我征徂西，至于艽音求。野。叶上與反。二月初吉，載離寒暑。

心之憂矣，其毒大音泰。苦。念彼共音恭。下章並同。人，涕零如雨。豈不懷歸？畏此罪罟。音古。○賦也。征，行。徂，往也。艽野，地名，蓋荒遠之地也。二月，亦以夏正數之，建卯月也。初吉，朔日也。毒，言心中如有藥毒也。共人，僚友之處者也。懷，思。罟，網也。○大夫以二月西征，至於歲莫而未得歸，故呼天而訴之。復念其僚友之處者，且自言其畏罪而不敢歸也。○昔我往矣，日月方除。直慮反。曷云其還，歲聿云莫。音慕。念我獨兮，我事孔庶。心之憂矣，憚丁佐反。我不暇。叶胡故反。念彼共人，睠睠音眷。懷顧。豈不懷歸？畏此譴怒。賦也。除，除舊生新也。謂二月初吉也。庶，衆。憚，勞也。睠睠，勤厚之意。譴怒，罪責也。○言昔以是時往，今未知何時可還，而歲已莫矣。蓋身獨而事衆，是以勤勞而不暇也。○昔我往矣，日月方奧。於六反。曷云其還，政事愈蹙。子六反。歲聿云莫，采蕭穫菽。心之憂矣，自詒伊戚。叶子六反。念彼共人，興言出宿。豈不懷歸？畏此反覆。芳福反。○賦也。奧，煖。蹙，急。詒，遺。戚，憂。興，起也。反覆，傾側無常之意也。○言以政事愈急，是以至此歲莫而猶不得歸。又自咎其不能見幾遠去，而自遺此憂，至於不能安寢，而出宿於外也。○嗟爾君子，無恒安處。靖共爾位，正直是與。神之聽之，式穀以女。音汝。○賦也。君子，亦指其僚友也。恒，常也。靖，與「靜」同。與，猶「助」也。穀，禄也。以，猶「與」也。○上章既自傷悼，此章又戒其僚友曰：嗟爾君子，無以安處爲常。言當有勞時勿懷安也。當靖共爾位，惟正直之人是助，則神之聽之，而以穀禄與女矣。○嗟爾君子，無恒安息。靖共爾位，好呼報反。是正直。神之聽之，介爾景福。叶筆力反。○賦也。息，猶「處」也。好是正直，愛此正直之人也。介、景，皆大也。

小明五章，三章章十二句，二章章六句。

鼓鍾將將，七羊反。淮水湯湯。音傷。憂心且傷。淑人君子，懷允不忘。賦也。將將，聲也。淮水出信陽軍桐柏山，至楚州漣水軍入海。湯湯，沸騰之貌。淑，善。懷，思。允，信也。○此詩之義未詳。王氏曰：「幽王鼓鍾淮水之上，爲流連之樂，久而忘反。聞者憂傷，而思古之君子不能忘也。」

○鼓鍾喈喈，音皆，叶居奚反。淮水湝湝。户皆反，叶賢雞反。憂心且悲。淑人君子，其德不回。叶乎爲反。○賦也。喈喈，猶「將將」。湝湝，猶「湯湯」。悲，猶「傷」也。回，邪也。○鼓鍾伐鼛，古毛反，叶居尤反。淮有三洲。憂心且妯。敕留反。淑人君子，其德不猶。賦也。鼛，大鼓也。周禮作「皋」，云「皋鼓尋有四尺」。三洲，淮上地。蘇氏曰：「始言湯湯，水盛也。中言湝湝，水流也。終言三洲，水落而洲見也。言幽王之久於淮上也。」妯，動。猶，若也。言不若今王之荒亂也。○鼓鍾欽欽，鼓瑟鼓琴。笙磬同音。以雅以南，叶尼心反。以籥以灼反。不僭。子念反，叶七心反。○賦也。欽欽，亦聲也。磬，樂器，以石爲之。琴瑟在堂，笙磬在下。同音，言其和也。雅，二雅也。南，二南也。籥，籥舞也。僭，亂也。言三者皆不僭也。○蘇氏曰：「言幽王之不德，豈其樂非古歟？樂則是而人則非也。」

鼓鍾四章，章五句。此詩之義有不可知者。今姑釋其訓詁名物，而略以王氏、蘇氏之説解之，未敢信其必然也。

楚楚者茨，言抽敕留反。其棘。自昔何爲？我蓺魚世反。黍稷。我黍與與，音餘。我稷翼翼。我倉既盈，我庾維億。以爲酒食，以饗以祀，叶逸織反。以妥湯果反。以侑，音又，叶夷益反。以介景福。叶筆力反。○賦也。楚楚，盛密貌。茨，蒺藜也。抽，除也。我，爲有田禄而奉祭祀者之自稱也。與與、翼翼，皆蕃盛貌。露積曰庾。十萬曰億。饗，獻也。妥，安坐也。禮曰「詔妥尸」，蓋祭祀筮族人之子爲尸，既奠，迎之使處神坐，而拜以安之也。侑，勸也。恐尸或未飽，祝侑之曰，皇尸未實也。介，大也。景，亦大也。○此詩述公卿有田禄者力於農事以奉其宗廟之祭。故言蒺藜之地，有抽除其棘者，古人何乃爲此事乎？蓋將使我於此蓺黍稷也。故我之黍稷既盛，倉庾既實，則爲酒食以饗祀妥侑，而介大福也。

濟濟子禮反。蹌蹌，七羊反。絜爾牛羊，以往烝嘗。或剝或亨，普庚反，叶鋪郎反。或肆或將，祝祭于祊。補彭反，叶補光反。祀事孔明，叶謨郎反。先祖是皇，神保是饗。叶虚良反。孝孫有慶，叶祛羊反。報以介福，萬壽無疆。賦也。濟濟蹌蹌，言有容也。冬祭曰烝，秋祭曰嘗。剝，解剝其皮也。亨，煮熟之也。肆，陳之也。將，奉持而進之也。祊，廟門内也。

孝子不知神之所在，故使祝博求之於門內，待賓客之處也。孔，甚也。明，猶備也、著也。皇，大也、君也。保，安也。神保，蓋尸之嘉號。楚辭所謂「靈保」，亦以巫降神之稱也。孝孫，主祭之人也。慶，猶福也。○執爨七亂反。踖踖，七亦反，叶七略反。爲俎孔碩。叶常約反。或燔音煩。或炙，之赦反，叶陟略反。君婦莫莫。音麥，叶木各反。爲豆孔庶，叶陟略反。爲賓爲客。叶克各反。獻酬市由反。交錯，禮儀卒度。叶徒洛反。笑語卒獲，叶黃郭反。神保是格。叶剛鶴反。報以介福，萬壽攸酢。賦也。爨，竈也。踖踖，敬也。俎，所以載牲體也。碩，大也。燔，燒肉也。炙，炙肝也。皆所以從獻也。特牲主人獻尸，賓長以肝從。主婦獻尸，兄弟以燔從是也。君婦，主婦也。莫莫，清靜而敬至也。豆，所以盛內羞庶羞，主婦薦之也。庶，多也。賓客筵而戒之，使助祭者既獻尸而遂與之相獻酬也。主人酌賓曰獻。賓飲主人曰酢。主人又自飲而復飲賓曰酬。賓受之，奠於席前而不舉，至旅而後少長相勸，而交錯以徧也。卒，盡也。度，法度也。獲，得其宜也。格，來。酢，報也。○我孔熯而善反。矣，式禮莫愆。叶起巾反。工祝致告，徂賚孝孫。叶須倫反。苾芬孝祀，叶逸織反。神嗜飲食。卜爾百福，叶筆力反。如幾音機。如式。既齊既稷，既匡既敕。永錫爾極，時萬時億。賦也。熯，竭也。善其事曰工。苾芬，香也。卜，予也。幾，期也。春秋傳曰「易幾而哭」是也。式，法。齊，整。稷，疾。匡，正。敕，戒。極，至也。○禮行既久，筋力竭矣，而式禮莫愆，敬之至也。於是祝致神意，以嘏主人曰：爾飲食芳潔，故報爾以福祿，使其來如幾，其多如法。爾禮容莊敬，故報爾以衆善之極，使爾無一事而不得乎此。各隨其事而報之以其類也。少牢嘏詞曰：「皇尸命工祝，承致多福無疆于女孝孫，來女孝孫，使女受禄于天，宜稼於田，眉壽萬年，勿替引之。」此大夫之禮也。○禮儀既備，叶蒲北反。鍾鼓既戒。叶訖力反。孝孫徂位，叶力入反。工祝致告。叶古得反。神具醉止，皇尸載起。鼓鍾送尸，神保聿歸。諸宰君婦，廢徹直列反。不遲。諸父兄弟，備言燕私。叶息夷反。○賦也。戒，告也。徂位，祭事既畢，主人往阼階下西面之位也。致告，祝傳尸意，告利成於主人，言孝子之利養成畢也。於是神醉而尸起，送尸而神歸矣。曰皇尸者，尊稱之也。鼓鍾者，尸出入奏肆夏也。鬼神無形，言其醉而歸者，誠敬之至，如見之也。諸宰，家宰，非一人之稱也。廢，去也。不遲，以疾爲敬，亦不留神惠之意也。祭畢，既歸賓客之俎，同姓則留與之燕，以盡私恩，所以尊賓客親骨肉也。○樂具入奏，叶音族。以綏後禄。爾殽既將，莫怨具慶。叶祛羊反。既醉既飽，叶補苟反。小大稽首。神嗜飲食，使君壽考。叶去九反。孔惠孔時，維其盡叶子忍反。之。子子孫孫，勿替天帝反。引之。賦也。凡廟之制，前廟以奉神，後寢以藏衣冠，祭於廟而燕於寢。故於此將燕，而祭時之樂皆入奏於寢也。且於祭既受禄矣，故以燕爲將受後禄而綏之也。爾殽既進，與燕之人無有怨者，而皆懽慶醉飽，稽首而言曰：向者之祭，神既嗜君之飲食矣，是以使君壽考也。又言：君之祭祀甚順甚時，無所不盡，子子孫孫當不廢而引長之也。

楚茨六章，章十二句。呂氏曰：「楚茨極言祭祀所以事神受福之節，致詳致備。所以推明先王致力於民者盡，則致力於神者詳。觀其威儀之盛，物品之豐，所以交神明逮羣下，至於受福無疆者，非德盛政修，何以致之？」

信彼南山，維禹甸田見反，叶徒鄰反。之。畇畇音勻。原隰，曾孫田叶地因反。之。我疆我理，南東其畝。叶滿彼反。○賦也。南山，終南山也。甸，治也。畇畇，墾辟貌。曾孫，主祭者之稱。曾，重也。自曾祖以至無窮，皆得稱之也。疆者，爲之大界也。理者，定其溝塗也。畝，壟也。長樂劉氏曰：「其遂東入於溝，則其畝東矣。其遂南入於溝，則其畝南矣。」○此詩大指與楚茨略同。此即其篇首四句之意也。言信乎此南山者，本禹之所治，故其原隰墾闢，而我得田之。於是爲之疆理，而順其地勢水勢之所宜，或南其畝，或東其畝也。○上天同雲，雨于付反。雪雰雰，敷云反。益之以霢亡革反。霂。音木。既優既渥，叶烏谷反。既霑既足，生我百穀。賦也。同雲，雲一色也。將雪之候如此。雰雰，雪貌。霢霂，小雨貌。優、渥、霑、足，皆饒洽之意也。冬有積雪，春而益之以小雨潤澤，則饒洽矣。○疆場音亦翼翼，黍稷彧彧。於六反，叶於逼反。曾孫之穡，以爲酒食。畀必寐反。我尸賓，壽考萬年。叶泥因反。○賦也。場，畔也。翼翼，整飭貌。彧彧，茂盛貌。畀，與也。○言其田整飭而穀茂盛者，皆曾孫之穡也。於是以爲酒食，而獻之於尸及賓客也。陰陽和，萬物遂，而人心懽悦，以奉宗廟，則神降之福，故壽考萬年也。○中田有廬，疆場有瓜。叶攻乎反。是剝是菹，側居反。獻之皇祖。曾孫壽考，叶孔五反。受天之祜。侯古反。○賦也。中田，田中也。菹，酢菜也。祜，福也。○一井之田，其中百畝爲公田，内以二十畝分八家爲廬舍，以便田事，於畔上種瓜，以盡地利。瓜成，剝削淹漬以爲菹，而獻皇祖。貴四時之異物，順孝子之心也。○祭以清酒，從以騂息營反。牡。享于祖考，叶去久反。執其鸞刀。以啓其毛，取其血膋。音聊，叶音勞。○賦也。清酒，清潔之酒，鬱鬯之屬也。騂，赤色，周所尚也。祭禮先以鬱鬯灌地求神於陰，然後迎牲。執者，主人親執也。鸞刀，刀有鈴也。膋，脂膏也。啓其毛，以告純也。取其血，以告殺也。取其膋，以升臭也。合之黍稷，實之於蕭而燔之，以求神於陽也。記曰：「周人尚臭，灌用鬯臭，鬱合鬯，臭陰達於淵泉，灌以圭璋，用玉氣也。既灌然後迎牲，致陰氣也。蕭合黍稷，臭陽達於牆屋，故既奠，然後焫蕭合羶薌。凡祭慎諸此。魂氣歸于天，形魄歸于地，故祭求諸陰陽之義也。」○是烝是享，叶虚良反。苾苾芬芬。祀事孔明，叶謨郎反。先祖是皇。報以介福，萬壽無疆。賦也。烝，進也。或曰冬祭名。

信南山六章，章六句。

倬陟角反。彼甫田，叶地因反。歲取十千。叶倉新反。我取其陳，食音嗣。我農人，自古有年。叶泥因反。今適南畝，叶滿彼反。或耘或耔，音子，叶奬履反。黍稷薿薿。魚起反。攸介攸止，烝我髦音毛。士。鉏里反。○賦也。倬，明貌。甫，大也。十千，謂一成之田，地方十里，爲田九萬畝，而以其萬畝爲公田，蓋九一之法也。我，食禄主祭之人也。陳，舊粟也。農人，私百畝而養公田者也。有年，豐年也。適，往也。耘，除草也。耔，雝本也。蓋后稷爲田一畝三畎，廣尺深尺，而播種於其中。苗葉以上，稍耨壠草，因隤其土以附苗根。壠盡畎平，則根深而能風與旱也。薿，茂盛貌。介，大。烝，進。髦，俊也。俊士，秀民也。古者士出於農，而工商不與焉。管仲曰：「農之子恒爲農，野處而不暱，其秀民之能爲士者，必足賴也。」即謂此也。○此詩述公卿有田禄者力於農事，以奉方社田祖之祭。故言於此大田，歲取萬畝之入以爲禄食。及其積之久而有餘，則又存其新而散其舊，以食農人，補不足，助不給也。蓋以自古有年，是以陳陳相因，所積如此。然其用之之節，又合宜而有序如此。所以粟雖甚多，而無紅腐不可食之患也。又言自古既有年矣，今適南畝，農人方且或耘或耔，而其黍稷又已茂盛，則是又將復有年矣。故於其所美大止息之處，進我俊士而勞之也。○以我齊音咨。明，叶謨郎反。與我犧羊，以社以方。我田既臧，農夫之慶。叶祛羊反。琴瑟擊鼓，以御田祖，以祈甘雨，以介我稷黍，以穀我士女。賦也。齊，與「粢」同。曲禮曰：「稷曰明粢。」此言「齊明」，便文以協韻耳。犧羊，純色之羊也。社，后土也，以句龍氏配。方，秋祭四方，報成萬物，周禮所謂「羅弊，獻禽以祀祊」是也。臧，善。慶，福。御，迎也。田祖，先嗇也，謂始耕田者，即神農也。周禮籥章「凡國祈年于田祖，則吹豳雅，擊土鼓，以樂田畯」是也。穀，養也。又曰善也。言倉廩實而知禮節也。○言奉其齊盛犧牲以祭方社，而曰我田之所以善者，非我之所能致也，乃賴農夫之福而致之耳。又作樂以祭田祖而祈雨，庶有以大其稷黍，而養其民人也。○曾孫來止，以其婦子，叶獎履反。饁于輒反。彼南畝，叶滿彼反。田畯音俊。至喜。攘如羊反。其左右，叶羽已反。嘗其旨否。叶補美反。禾易以豉反。長畝，同上。終善且有。叶羽已反。曾孫不怒，農夫克敏。叶母鄙反。○賦也。曾孫，主祭者之稱，非獨宗廟爲然。曲禮「外事曰曾孫某侯某」，武王禱名山大川曰「有道曾孫周王發」是也。饁，餉。攘，取。旨，美。易，治。長，竟。有，多。敏，疾也。○曾孫之來，適見農夫之婦子來饁耘者，於是與之偕至其所，而田畯亦至而喜之，乃取其左右之饋而嘗其旨否。言其上下相親之甚也。既又見其禾之易治竟畝如一，而知其終當善而且多，是以曾孫不怒，而其農夫益以敏於其事也。○曾孫之稼，如茨才私反。如梁。曾孫之庾，羊主反。如坻直基反。如京。叶居良反。乃求千斯倉，乃求萬斯箱。黍稷稻粱，農夫之慶。叶祛羊反。報以介福，萬壽無疆。賦也。茨，屋蓋，言其密比也。梁，車梁，言其穹窿也。坻，水中之高地也。京，高丘也。箱，車箱也。○此言收成之後，禾稼既多，則求倉以處之，求車以載之。而言凡此黍稷稻粱，皆賴農夫之慶而得之，是宜報以大福，使之萬壽無疆也。其歸美於下，而欲厚報之如此。

甫田四章，章十句。

大田多稼，既種章勇反。既戒，既備乃事。叶上止反。以我覃以冉反。耜，叶養里反。俶載南畝。叶滿洧反。播厥百穀，叶工洛反。既庭且碩，叶常約反。曾孫是若。賦也。種，擇其種也。戒，飭其具也。覃，利。俶，始。載，事。庭，直。碩，大。若，順也。○蘇氏曰：「田大而種多，故於今歲之冬，具來歲之種，戒來歲之事，凡既備矣，然後事之。取其利耜，而始事於南畝，既耕而播之。其耕之也勤，而種之也時，故其生者皆直而大，以順曾孫之所欲。此詩爲農夫之詞，以頌美其上，若以答前篇之意也。」○既方既皁，叶子茍反。既堅既好，叶許茍反。不稂音郎。不莠。餘久反。去起呂反。其螟莫廷反。螣，音特。及其蟊莫侯反。賊，無害我田穉。音稚。田祖有神，秉畀炎火。叶虎委反。○賦也。方，房也，謂孚甲始生而未合時也。實未堅者曰皁。稂，童粱。莠，似苗。皆害苗之草也。食心曰螟，食葉曰螣，食根曰蟊，食節曰賊，皆害苗之蟲也。穉，幼禾也。○言其苗既盛矣，又必去此四蟲，然後可以無害田中之禾。然非人力所及也，故願田祖之神，爲我持此四蟲，而付之炎火之中也。姚崇遣使捕蝗，引此爲證。夜中設火，火邊掘坑，且焚且瘞，蓋古之遺法如此。○有渰於檢反。萋萋，七西反。興雨祁祁。雨于付反。我公田，遂及我私。叶息夷反。彼有不穫穉，此有不斂力檢反。穧，才計反。彼有遺秉，此有滯穗，伊寡婦之利。賦也。渰，雲興貌。萋萋，盛貌。祁祁，徐也。雲欲盛，盛則多雨。雨欲徐，徐則入土。公田者，方里而井，井九百畝，其中爲公田，八家皆私百畝，而同養公田也。穧，束。秉，把也。滯，亦遺棄之意也。○言農夫之心，先公後私，故望此雲雨而曰：天其雨我公田，而遂及我之私田乎？冀怙君德而蒙其餘惠，使收成之際，彼有不及穫之穉禾，此有不及斂之穧束，彼有遺棄之禾把，此有滯漏之禾穗，而寡婦尚得取之以爲利也。此見其豐成有餘而不盡取，又與鰥寡共之，既足以爲不費之惠，而亦不棄於地也。不然則粒米狼戾，不殆於輕視天物而慢棄之乎！○曾孫來止，以其婦子，饁彼南畝，子、畝，並見前篇。田畯至喜。來方禋音因。祀，叶逸織反。以其騂黑，與其黍稷，以享以祀，同上。以介景福。叶筆力反。○賦也。精意以享謂之禋。○農夫相告曰：曾孫來矣。於是與其婦子，饁彼南畝之穫者，而田畯亦至而喜之也。曾孫之來，又禋祀四方之神而賽禱焉。四方各用其方色之牲。此言「騂黑」，舉南北以見其餘也。「以介景福」，農夫欲曾孫之受福也。

大田四章，二章章八句，二章章九句。前篇有「擊鼓以御田祖」之文，故或疑此楚茨、信南山、甫田、大田四篇即爲豳雅。其詳見於豳風之末。亦未知其是否也。然前篇上之人以「我田既臧」爲「農夫之慶」，而欲報之以介福。此篇農夫以「雨我公田，遂及我私」，而欲其享祀「以介景福」。上下之情，所以相賴而相報者如此，非盛德其孰能之？

瞻彼洛矣，維水泱泱。於良反。無韻，未詳。君子至止，福禄如茨。韎音昧。韐音閤。有奭，許力反。以作六師。賦也。洛，水名，在東都，會諸侯之處也。泱泱，深廣也。君子，指天子也。茨，積也。韎，茅蒐所染色也。韐，韠也，合韋爲之。周官所謂「韋弁」，兵事之服也。奭，赤貌。作，猶起也。六師，六軍也。天子六軍。○此天子會諸侯於東都，以講武事，而諸侯美天子之詩。言天子至此洛水之上，御戎服而起六師也。○瞻彼洛矣，維水泱泱。君子至止，鞞補頂反。琫必孔反。有珌。賓一反。君子萬年，保其家室。賦也。鞞，容刀之鞞，今刀鞘也。琫，上飾。珌，下飾。亦戎服也。○瞻彼洛矣，維水泱泱。君子至止，福禄既同。君子萬年，保其家邦。叶卜工反。○賦也。同，猶「聚」也。

瞻彼洛矣三章，章六句。

裳裳者華，其葉湑思吕反。兮。我覯之子，我心寫叶想與反。兮。我心寫兮，是以有譽處兮。興也。裳裳，猶「堂堂」。董氏云：「古本作『常』，常棣也。」湑，盛貌。覯，見。處，安也。○此天子美諸侯之辭，蓋以答瞻彼洛矣也。言裳裳者華，則其葉湑然而美盛矣。我覯之子，則其心傾寫而悦樂之矣。夫能使見者悦樂之如此，則其有譽處宜矣。此章與蓼蕭首章文勢全相似。○裳裳者華，芸其黄矣。我覯之子，維其有章矣。維其有章矣，是以有慶叶墟羊反。矣。興也。芸，黄，盛也。章，文章也。有文章，斯有福慶矣。○裳裳者華，或黄或白。叶僕各反。我覯之子，乘其四駱。乘其四駱，六轡沃若。興也。言其車馬威儀之盛。○左叶祖戈反。之左同上。之，君子宜叶牛何反。之。右叶羽己反。之右同上。之，君子有叶羽己反。之。維其有同上。之，是以似叶養里反。之。賦也。言其才全德備。以左之，則無所不宜。以右之，則無所不有。維其有之於内，是以形之於外者，無不似其所有也。

裳裳者華四章，章六句。

北山之什十篇，四十六章，三百三十四句。

詩卷第十四

朱熹集傳

桑扈之什二之七

交交桑扈，侯古反。有鶯其羽。君子樂音洛。胥，叶思呂反。受天之祜。侯古反。○興也。交交，飛往來之貌。桑扈，竊脂也。鶯然有文章也。君子，指諸侯。胥，語詞。祜，福也。○此亦天子燕諸侯之詩。言交交桑扈，則有鶯其羽矣。君子樂胥，則受天之祜矣。頌禱之詞也。○交交桑扈，有鶯其領。君子樂胥，萬邦之屏。畀郢反。○興也。領，頸。屏，蔽也。言其能爲小國之藩衛。蓋任方伯連帥之職者也。○之屏之翰，叶胡見反。百辟音壁。爲憲。不戢莊立反。不難，叶乃多反。受福不那。賦也。翰，幹也，所以當牆兩邊，障土者也。辟，君。憲，法也。言其所統之諸侯皆以之爲法也。戢，斂。難，慎。那，多也。不戢，戢也。不難，難也。不那，那也。蓋曰豈不斂乎？豈不慎乎？其受福豈不多乎？古語聲急而然也。後放此。○兕徐履反。觵古横反。其觩，音求。旨酒思柔。彼交匪敖，五報反。萬福來求。賦也。兕觵，爵也。觩，角上曲貌。旨，美也。思，語詞也。敖，傲通。交際之間無所傲慢，則我無事於求福，而福反來求我也。

桑扈四章，章四句。

鴛鴦于飛，畢之羅之。君子萬年，福禄宜叶牛何反。之。興也。鴛鴦，匹鳥也。畢，小罔長柄者也。羅，罔也。君子，指天子也。○此諸侯所以答桑扈也。鴛鴦于飛，則畢之羅之矣。君子萬年，則福禄宜之矣。亦頌禱之詞也。○鴛鴦在梁，戢其左翼。君子萬年，宜其遐福。叶筆力反。○興也。石絶水爲梁。戢，斂也。張子曰：「禽鳥並棲，一正一倒，戢其左翼以相依於内，舒其右翼以防患於外，蓋左不用而右便故也。」遐，遠也，久也。○乘繩證反。馬在廄，音救。摧采卧反。之秣音末，叶莫佩反。之。君子萬年，福禄艾魚蓋反，叶魚肺反。之。興也。摧，莝。秣，粟。艾，養也。蘇氏曰：「艾，老也。言以福禄終其身也。」亦通。○乘馬在廄，則摧之秣之矣。君子萬年，則福禄艾之矣。○乘馬在廄，秣之摧叶徂爲、采卧二反。之。君子萬年，福禄綏叶宣隹、土果二反。之。興也。綏，安也。

鴛鴦四章，章四句。

有頍缺婢反。者弁，實維伊何？爾酒既旨，爾殽既嘉。叶居何反。豈伊異人，兄弟匪他。湯何反。蔦音鳥。與女蘿，力多反。施以豉反。于松柏。叶逋莫反。未見君子，憂心弈弈。

叶弋灼反。既見君子，庶幾説音悦。懌。叶弋灼反。○賦而興又比也。頍，弁貌。或曰舉首貌。弁，皮弁。嘉、旨，皆美也。匪他，非他人也。蔦，寄生也，葉似當盧，子如覆盆子，赤黑甜美。女蘿，兔絲也，蔓連草上，黄赤如金。此則比也。君子，兄弟爲賓者也。弈弈，憂心無所薄也。○此亦燕兄弟親戚之詩。故言有頍者弁，實維伊何乎？爾酒既旨，爾殽既嘉，則豈伊異人乎？乃兄弟而匪他也。又言蔦蘿施于木上，以比兄弟親戚纏緜依附之意，是以未見而憂，既見而喜也。○有頍者弁，實維何期？爾酒既旨，爾殽既時。豈伊異人，兄弟具來。叶陵之反。蔦與女蘿，施于松上。叶時浪反。未見君子，憂心怲怲。兵命反，叶兵旺反。既見君子，庶幾有臧。叶才浪反。○賦而興又比也。何期，猶「伊何」也。時，善。具，俱也。怲怲，憂盛滿也。臧，善也。○有頍者弁，實維在首。爾酒既旨，爾殽既阜。方九反。豈伊異人，兄弟甥舅。巨九反。如彼雨于付反。雪，先集維霰。蘇薦反。死喪息浪反。無日，無幾居豈反。相見。樂音洛。酒今夕，君子維宴。賦而興又比也。阜，猶多也。甥舅，謂母姑姊妹妻族也。霰，雪之始凝者也。將大雨雪，必先微温，雪自上下，遇温氣而摶，謂之霰。久而寒勝，則大雪矣。言霰集則將雪之候，以比老至則將死之徵也。故卒言死喪無日，不能久相見矣，但當樂飲以盡今夕之驩。篤親親之意也。

頍弁三章，章十二句。

間關車之舝胡瞎、下介二反。兮，思孌力兖反。季女逝石列、石例二反。兮。匪飢匪渴，德音來括。雖無好友，叶羽已反。式燕且喜。賦也。間關，設舝聲也。舝，車軸頭鐵也，無事則脱，行則設之。昏禮，親迎者乘車。孌，美貌。逝，往。括，會也。○此燕樂其新昏之詩。故言間關然設此車舝者，蓋思彼孌然之季女，故乘此車往而迎之也。匪飢也，匪渴也，望其德音來括，而心如飢渴耳。雖無他人，亦當燕飲以相喜樂也。○依彼平林，有集維鷮。音驕。辰彼碩女，令德來教。叶居爻反。式燕且譽，好呼報反。爾無射。音亦，叶都故反。○興也。依，茂木貌。鷮，雉也，微小於翟，走而且鳴，其尾長，肉甚美。辰，時。碩，大也。爾，即季女也。射，厭也。○依彼平林，則有集維鷮。辰彼碩女，則以令德來配己而教誨之。是以式燕且譽，而悦慕之無厭也。○雖無旨酒，式飲庶幾。雖無嘉殽，式食庶幾。雖無德與女，音汝。式歌且舞。賦也。旨、嘉，皆美也。女，亦指季女也。○言我雖無旨酒、嘉殽、美德以與女，女亦當飲食歌舞以相樂也。○陟彼高岡，析星歷反。其柞才落反。薪。叶音襄。析其柞薪，其葉湑思吕反。兮。鮮息淺反。我覯爾，我心寫叶想羽反。兮。興也。陟，登。柞，櫟。湑，盛。鮮，少。覯，見也。○陟岡而析薪，則其葉湑兮矣。我得見爾，則我心寫兮矣。○高山仰叶五剛反。止，景行行叶户郎反。止。四牡騑騑，孚非反。六轡如琴。覯爾新昏，以慰我心。興也。仰，瞻望也。景行，大道也。如琴，謂六轡調和，如琴瑟也。慰，安也。○高山則可仰，景行則可行。馬服御良，則可以迎季女而慰我心也。此又舉其始終而言也。表記曰：「小雅曰：『高山仰止，景行行止。』子曰：『詩之好仁如此。鄉道而行，中道而廢，忘身之老也，不知年數之不足也。俛焉日有孳孳，斃而後已。』」

車舝五章，章六句。

營營青蠅，止于樊。音煩，叶汾乾反。豈弟君子，無信讒言。比也。營營，往來飛聲，亂人聽也。青蠅汙穢能變白黑。樊，藩也。君子，謂王也。○詩人以王好聽讒言，故以青蠅飛聲比之，而戒王以勿聽也。○營營青蠅，止于棘。讒人罔極，交亂四國。叶越逼反。○興也。棘，所以爲藩也。極，猶「已」也。○營營青蠅，止于榛。士巾反。讒人罔極，構古豆反。我二人。興也。構，合也。猶交亂也。己與聽者爲二人。

青蠅三章，章四句。

賓之初筵，左右秩秩。無韻，未詳。後三四章放此。籩豆有楚，殽户交反。核户革反。維旅。酒既和旨，飲酒孔偕。音皆，叶舉里反。鍾鼓既設，叶書質反。舉醻市由反。逸逸。大侯既抗，叶居郎反。弓矢斯張。射夫既同，獻爾發功。發彼有的，叶丁藥反。以祈爾爵。賦也。初筵，初即席也。左右，筵之左右也。秩秩，有序也。楚，列貌。殽，豆實也。核，籩實也。旅，陳也。和旨，調美也。孔，甚也。偕，齊一也。設，宿設而又遷於下也。大射，樂人宿縣，厥明將射，乃遷樂於下，以避射位是也。舉醻，舉所奠之醻爵也。逸逸，往來有序也。大侯，君侯也。天子熊侯白質，諸侯麋侯赤質，大夫布侯畫以虎豹，士布侯畫以鹿豕。天子侯身一丈，其中三分居一白質畫熊，其外則丹地，畫以雲氣。抗，張也。凡射，張侯而不繫左下綱，中掩束之。至將射，司馬命張侯，弟子脱束，遂繫下綱也。大侯張而弓矢亦張，節也。「射夫既同」，比其耦也。射禮，選羣臣爲三耦，三耦之外其餘各自取匹，謂之衆耦。獻，猶奏也。發，發矢也。的，質也。祈，求也。爵，射不中者飲豐上之觶也。○衛武公飲酒悔過而作此詩。此章言因射而飲者，初筵禮儀之盛。酒既調美而飲者齊一，至於設鍾鼓，舉醻爵，抗大侯，張弓矢，而衆耦拾發，各心競云，我以此求爵汝也。○籥舞笙鼓，樂既和奏。叶宗五反。烝衎若旦反。烈祖，以洽百禮。百禮既至，有壬有林。錫爾純嘏，子孫其湛。都南反，叶持林反。其湛曰樂，音洛。各奏爾能。叶奴金反。賓載手仇，音拘，叶求、其二音。室人入又。叶由、怡二音。酌彼康爵，以奏爾時。叶酬、時二音。○賦也。籥舞，文舞也。烝，進。衎，樂。烈，業。洽，合也。百禮，言其備也。壬，大。林，盛也。言禮之盛大也。錫，神錫之也。爾，主祭者也。嘏，福。湛，樂也。各奏爾能，謂子孫各酌而獻尸，尸酢而卒爵也。仇，讀曰𣂏。室人，有室中之事者，謂佐食也。又，復也。賓手挹酒，室人復酌，爲加爵也。康，安也。酒所以安體也。或曰康讀曰抗。記曰：「崇坫康圭。」此亦謂坫上之爵也。時，時祭也。蘇氏曰：「時物也。」○此言因祭而飲者，始時禮樂之盛如此也。○賓之初筵，温温其恭。其未醉止，威儀反反。叶分邅反。曰既醉止，威儀幡幡。叶分邅反。舍音捨。其坐遷，屢舞僊僊。其未醉止，威儀抑抑。曰既醉止，威儀怭怭。是曰既醉，不知其秩。賦也。反反，顧禮也。幡幡，輕數也。遷，徙。屢，數也。僊僊，軒舉之狀。抑抑，慎密也。怭怭，媟嫚也。秩，常也。○此言凡飲酒者常始乎治，而卒乎亂也。○賓既醉止，載號乎毛反。載呶。女交反。亂我籩豆，屢舞僛僛。起其反。是曰既醉，不知其郵。叶于其反。側弁之俄，屢舞傞傞。素多反。既醉而出，並受其福。叶筆力反。醉而不出，是謂伐德。飲酒孔嘉，叶居何反。維其令儀。叶牛何反。○賦也。號，呼。呶，讙也。僛僛，傾側之狀。郵，與「尤」同，過也。側，傾也。俄，傾貌。傞傞，不止也。出，去。伐，害。孔，甚。令，善也。○此章極言醉者之狀。因言賓醉而出，則與主人俱有美譽。醉至若此，是害其德也。飲酒之所以甚美者，以其有令儀爾，今若此，則無復有儀矣。○凡此飲酒，或醉或否。叶補美反。既立之監，或佐之史。彼醉不臧，不醉反耻。式勿從謂，無俾大音泰。怠。叶養里反。匪言勿言，匪由勿語。由醉之言，俾出童羖。音古。三爵不識，叶失、志二音。矧失引反。敢多又。叶夷益、夷豉二反。○賦也。監、史，司正之屬。燕禮，鄉射恐有解倦失禮者，立司正以監之，察儀法也。謂，告。由，從也。童羖，無角之羖羊，必無之物也。識，記也。○言飲酒者或醉或不醉，故既立監而佐之以史。則彼醉者所爲不善而不自知，使不醉者反爲之羞媿也。安得從而告之，使勿至於大怠乎？告之若曰：「所不當言者勿言，所不當從者勿語。醉而妄言，則將罰女使出童羖矣，設言必無之物以恐之也。女飲至三爵已昏然無所記矣，況敢又多飲乎？」

又丁寧以戒之也。

賓之初筵五章，章十四句。毛氏序曰：「衛武公刺幽王也。」韓氏序曰：「衛武公飲酒悔過也。」今按此詩意與大雅抑戒相類，必武公自悔之作，當從韓義。

魚在在藻，有頒符云反。其首。王在在鎬，豈苦在反。樂音洛。飲酒。興也。藻，水草也。頒，大首貌。豈，亦樂也。○此天子燕諸侯，而諸侯美天子之詩也。言魚何在乎，在乎藻也，則有頒其首矣。王何在乎，在乎鎬京也，則豈樂飲酒矣。○魚在在藻，有莘所巾反。其尾。王在在鎬，飲酒樂豈。叶去幾反。○興也。莘，長也。○魚在在藻，依于其蒲。王在在鎬，有那乃多反。其居。興也。那，安。居，處也。

魚藻三章，章四句。

采菽采菽，筐音匡。之筥音舉。之。君子來朝，音潮。何錫予音與。之？雖無予之，路車乘繩證反。馬。叶滿補反。又何予之？玄衮古本反。及黼。音斧。○興也。菽，大豆也。君子，諸侯也。路車，金路以賜同姓，象路以賜異姓也。玄衮，玄衣而畫以卷龍也。黼，如斧形，刺之於裳也。周制，諸公衮冕九章，已見九罭篇。侯伯鷩冕七章，則自華蟲以下。子男毳冕五章，衣自宗彝以下而裳黼黻。孤卿絺冕三章，則衣粉米而裳黼黻。大夫玄冕，則玄衣黻裳而已。○此天子所以答魚藻也。采菽采菽，則必以筐筥盛之。君子來朝，則必有以錫予之。又言今雖無以予之，然已有路車乘馬玄衮及黼之賜矣。其言如此者，好之無已，意猶以爲薄也。○觱音必。沸音弗。檻胡覽反。泉，叶才勻反。

言采其芹。巨斤反。君子來朝，言觀其旂。巨依反，叶巨斤反。其旂淠淠，匹弊反。鸞聲嘒嘒。呼惠反。載驂七南反。載駟，君子所届。叶居氣反。○興也。觱沸，泉出貌。檻泉，正出也。芹，水草，可食。淠淠，動貌。嘒嘒，聲也。届，至也。○觱沸檻泉，則言采其芹。諸侯來朝，則言觀其旂。見其旂，聞其鸞聲，又見其馬，則知君子之至於是也。

○赤芾音弗。在股，邪幅在下。叶後五反。彼交匪紓，音舒，叶上與反。天子所予。音與。樂只音止。君子，天子命叶彌并反。之。樂只君子，福祿申之。賦也。脛本曰股。邪幅，偪也，邪纏於足，如今行縢，所以束脛，在股下也。交，交際也。紓，緩也。○言諸侯服此芾偪，見於天子，恭敬齊遬，不敢紓緩，則爲天子所與，而申之以福祿也。

○維柞之枝，其葉蓬蓬。樂只君子，殿多見反。天子之邦。叶卜工反。樂只君子，萬福攸同。平平婢延反。左右，亦是率從。興也。柞，見車舝篇。蓬蓬，盛貌。殿，鎮也。平平，辯治也。左右，諸侯之臣也。率，循也。○維柞之枝，則其葉蓬蓬然。樂只君子，則宜鎮天子之邦，而爲萬福之所聚。又言其左右之臣，亦從之而至此也。

○汎汎芳劍反。楊舟，紼音弗。纚力馳反。維之。樂只君子，天子葵之。樂只君子，福祿膍頻尸反。之。優哉游哉，亦是戾叶郎之反。矣。興也。紼，紼。纚、維，皆繫也。言以大索纚其舟而繫之也。葵，揆也。揆，猶度也。膍，厚。戾，至也。○泛泛楊舟，則必以紼纚維之。樂只君子，則天子必葵之，福禄必膍之。於是又歎其優游而至於此也。

采菽五章，章八句。

騂騂息營反。角弓，翩匹然反。其反叶分邅反。矣。兄弟昏姻，無胥遠叶於圓反。矣。興也。騂騂，弓調和貌。角弓，以角飾弓也。翩，反貌。弓之爲物，張之則内向而來，弛之則外反而去，有似兄弟昏姻親疏遠近之意。胥，相也。○此刺王不親九族，而好讒佞，使宗族相怨之詩。言騂騂角弓，既翩然而反矣。兄弟昏姻，則豈可以相遠哉？○爾之遠同上。矣，民胥然矣。爾之教矣，民胥傚矣。賦也。爾，王也。上之所爲，下必有甚者。○此令兄弟，綽綽有裕。預、與二音。不令兄弟，交相爲瘉。同上。○賦也。令，善。綽，寬。裕，饒。瘉，病也。○言雖王化之不善，然此善兄弟則綽綽有裕而不變。彼不善之兄弟，則由此而交相病矣。蓋指讒己之人而言也。○民之無良，相怨一方。受爵不讓，叶如羊反。至于已斯亡。賦也。一方，彼一方也。○相怨者各據其一方耳。若以責人之心責己，愛己之心愛人，使彼己之間，交見而無蔽，則豈有相怨者哉！況兄弟相怨相讒以取爵位，而不知遜讓，終亦必亡而已矣。○老馬反爲駒，叶去聲。不顧其後。叶下故反。如食音嗣。宜饇，於據反。如酌孔取。叶音娶。○比也。饇，飽。孔，甚也。○言其但知讒害人以取爵位，而不知其不勝任，如老馬憊矣，而反自以爲駒，不顧其後將有不勝任之患也。又如食之已多而宜飽矣，酌之所取亦已甚矣。○母教猱升木，如塗塗附。君子有徽猷，小人與屬。音蜀，叶殊遇反。○比也。猱，獼猴也，性善升木，不待教而能也。塗，泥。附，著。徽，美。猷，道。屬，附也。○言小人骨肉之恩本薄，王又好讒佞以來之，是猶教猱升木，又如於泥塗之上加以泥塗附之也。苟王有美道，則小人將反爲善以附之，不至於如此矣。○雨于付反。雪瀌瀌，符驕反。見晛乃見反。曰音越。韓詩劉向作「聿」。下章放此。消。莫肯下遐稼反。遺，式居婁力住反。荀子作「屢」。驕。比也。瀌瀌，盛貌。晛，日氣也。張子曰：「讒言遇明者當自止，而王甘信之，不肯貶下而遺棄之，更益以長慢也。」○雨雪浮浮，見晛曰流。如蠻如髦，叶莫侯反。我是用憂。比也。浮浮，猶「瀌瀌」也。流，流而去也。蠻，南蠻也。髦，夷髦也，書作「髳」。言其無禮義而相殘賊也。

角弓八章，章四句。

有菀音鬱。者柳，不尚息焉。上帝甚蹈，戰國策作「上天甚神」。無自暱焉。俾予靖之，後予極焉。比也。柳，茂木也。尚，庶幾也。上帝，指王也。蹈，當作「神」，言威靈可畏也。暱，近。靖，安也。極，求之盡也。○王者暴虐，諸侯不朝而作此詩。言彼有菀然茂盛之柳，行路之人豈不庶幾欲就止息乎？以比人誰不欲朝事王者，而王甚威神，使人畏之而不敢近爾。使我朝而事之以靖王室，後必將極其所欲以求於我。蓋諸侯皆不朝，而己獨至，則王必責之無已，如齊威王朝周，而後反爲所辱也。或曰興也。下章放此。○有菀者柳，不尚愒欺例反。焉。上帝甚蹈，見上。無自瘵側界反，叶子例反。焉。戰國策作「也」。俾予靖之，後予邁叶力制反。焉。比也。愒，息。瘵，病也。邁，過也，求之過其分也。○有鳥高飛，亦傅音附。于天。叶鐵因反。彼人之心，于何其臻？曷予靖之，居以凶矜。興也。傅、臻，皆至也。彼人，斥王也。居，猶徒然也。凶矜，遭凶禍而可憐也。○鳥之高飛，極至于天耳。彼王之心，於何所極乎？言其貪縱無極，求責無已，人不知其所至也。如此則豈予能靖之乎？乃徒然自取凶矜耳。

菀柳三章，章六句。

桑扈之什十篇，四十三章，二百八十二句。

詩卷第十五

朱熹集傳

都人士之什二之八

彼都人士，狐裘黄黄。其容不改，出言有章。行歸于周，萬民所望。叶音亡。○賦也。都，王都也。黄黄，狐裘色也。不改，有常也。章，文章也。周，鎬京也。○亂離之後，人不復見昔日都邑之盛，人物儀容之美，而作此詩以歎惜之也。○彼都人士，臺笠緇撮。七活反，叶祖悦反。彼君子女，綢直如髮。叶方月反。我不見兮，我心不説。音悦。○賦也。臺，夫須也。緇撮，緇布冠也。其制小，僅可撮其髻也。君子女，都人貴家之女也。綢直如髮，未詳其義。然以四章五章推之，亦言其髮之美耳。○彼都人士，充耳琇音秀。實。彼君子女，謂之尹吉。我不見兮，我心苑於粉反。結。叶繳質反。○賦也。琇，美石也。以美石爲瑱。尹吉，未詳。鄭氏曰：「吉，讀爲姞。尹氏、姞氏，周之昏姻舊姓也。人見都人之女，咸謂尹氏姞氏之女，言其有禮法也。」李氏曰：「所謂尹吉，猶晉言王謝，唐言崔盧也。」苑，猶屈也，積也。○彼都人士，垂帶而厲。叶落蓋反。彼君子女，卷音權。髮如蠆。初邁反。我不見兮，言從之邁。賦也。厲，垂帶之貌。卷髮，鬢傍短髮不可斂者，曲上卷然，以爲飾也。蠆，螫蟲也，尾末揵然，似髮之曲上者。邁，行也。蓋曰是不可得見也，得見則我從之邁矣。思之甚也。○匪伊垂之，帶則有餘。匪伊卷之，髮則有旟。我不見兮，云何盱喜俱反。矣。賦也。旟，揚也。盱，望也。説見何人斯篇。○此言士之帶非故垂之也，帶自有餘耳。女之髮非故卷之也，髮自有旟耳。言其自然閑美，不假修飾也。然不可得而見矣，則如何而不望之乎！

都人士五章，章六句。

終朝采緑，不盈一匊。弓六反。予髮曲局，薄言歸沐。賦也。自旦及食時爲終朝。緑，王芻也。兩手曰匊。局，卷也。猶言首如飛蓬也。○婦人思其君子，而言終朝采緑，而不盈一匊者，思念之深，不專於事也。又念其髮之曲局，於是舍之而歸沐，以待其君子之還也。○終朝采藍，盧談反。不盈一襜。尺占反，叶都甘反。五日爲期，六日不詹。音占，叶多甘反。○賦也。藍，染草也。衣蔽前謂之襜，即蔽膝也。詹，與「瞻」同。五日爲期，去時之約也。六日不詹，過期而不見也。○之子于狩，尺救反。言韔其弓。叶姑弘反。之子于釣，言綸之繩。賦也。之子，謂其君子也。理絲曰綸。○言君子若歸而欲往狩耶，我則爲之韔其弓。欲往釣耶，我則爲之綸其繩。望之切，思之深，欲無往而不與之俱也。○其釣維何？維魴音房。及鱮。音敘，叶音湑。維魴及鱮，薄言觀者。叶掌與反。○賦也。於其釣而有獲也，又將從而觀之。亦上章之意也。

采綠四章，章四句。

芃芃蒲東反。黍苗，陰雨膏古報反。之。悠悠南行，召伯勞力報反。之。興也。芃芃，長大貌。悠悠，遠行之意。○宣王封申伯於謝，命召穆公往營城邑，故將徒役南行，而行者作此。言芃芃黍苗，則惟陰雨能膏之。悠悠南行，則惟召伯能勞之也。○我任音壬。我輦，力展反。我車我牛。叶魚其反。我行既集，蓋云歸哉。叶將黎反。賦也。任，負任者也。輦，人輓車也。牛，所以駕大車也。集，成也。營謝之役既成而歸也。○我徒我御，我師我旅。我行既集，蓋云歸處。賦也。徒，步行者。御，乘車者。五百人爲旅，五旅爲師。春秋傳曰：「君行師從，卿行旅從。」○肅肅謝功，召伯營之。烈烈征師，召伯成之。賦也。肅肅，嚴正之貌。謝，邑名，申伯所封國也，今在鄧州信陽軍。功，工役之事也。營，治也。烈烈，威武貌。征，行也。○原隰既平，泉流既清。召伯有成，王心則寧。賦也。土治曰平。水治曰清。○言召伯營謝邑，相其原隰之宜，通其水泉之利。此功既成，宣王之心則安也。

黍苗五章，章四句。此宣王時詩，與大雅崧高相表裏。

隰桑有阿，其葉有難。乃多反。既見君子，其樂音洛，下同。如何？興也。隰，下濕之處，宜桑者也。阿，美貌。難，盛貌。皆言枝葉條垂之狀。○此喜見君子之詩。言隰桑有阿，則其葉有難矣。既見君子，則其樂如何哉！詞意大概與菁莪相類。然所謂君子，則不知其何所指矣。或曰比也。下章放此。○隰桑有阿，其葉有沃。烏酷反，叶鬱縛反。既見君子，云何不樂。興也。沃，光澤貌。○隰桑有阿，其葉有幽。叶於交反。既見君子，德音孔膠。音交。○興也。幽，黑色也。膠，固也。○心乎愛叶許既反。矣，遐不謂矣。中心藏之，何日忘之！賦也。遐，與「何」同。表記作「瑕」。鄭氏注曰：「瑕之言胡也。」謂，猶「告」也。○言我中心誠愛君子，而既見之，則何不遂以告之。而但中心藏之，將使何日而忘之耶！楚辭所謂「思公子兮未敢言」，意蓋如此。愛之根於中者深，故發之遲而存之久也。

隰桑四章，章四句。

白華音花。菅音姦。兮，白茅束兮。之子之遠，俾我獨兮。比也。白華，野菅也。已漚爲菅。之子，斥幽王也。俾，使也。我，申后自我也。○幽王娶申女以爲后，又得褒姒，而黜申后，故申后作此詩。言白華爲菅，則白茅爲束。二物至微，猶必相須爲用，何之子之遠，而俾我獨耶！○英英白雲，露彼菅茅。叶莫侯反。天步艱難，之子不猶。比也。英英，輕明之貌。白雲，水土輕清之氣，當夜而上騰者也。露，即其散而下降者也。步，行也。天步，猶言時運也。猶，圖也。或曰：「猶，如也。」

○言雲之澤物無微不被。今時運艱難，而之子不圖，不如白雲之露菅茅也。○滮符彪反。池北流，浸彼稻田。叶地因反。嘯歌傷懷，念彼碩人。比也。滮，流貌。北流，豐鎬之間，水多北流。碩人，尊大之稱，亦謂幽王也。○言小水微流，尚能浸灌。王之尊大，而反不能通其寵澤。所以使我嘯歌傷懷而念之也。○樵徂焦反。彼桑薪，卬五綱反。烘火東反。于煁。市林反。維彼碩人，實勞我心。比也。樵，采也。桑薪，薪之善者也。卬，我。烘，燎也。煁，無釜之竈，可燎而不可烹飪者也。○桑薪宜以烹飪，而但爲燎燭。以比嫡后之尊，而反見卑賤也。○鼓鍾于宮，聲聞音問。于外。念子懆懆，七到反。視我邁邁。比也。懆懆，憂貌。邁邁，不顧也。○鼓鍾于宮，則聲聞于外矣。念子懆懆，而反視我邁邁，何哉？○有鶖音秋。在梁，有鶴在林。維彼碩人，實勞我心。比也。鶖，秃鶖也。梁，魚梁也。○蘇氏曰：「鶖、鶴，皆以魚爲食。然鶴之於鶖，清濁則有間矣。今鶖在梁，而鶴在林。鶖則飽，而鶴則飢矣。幽王進褒姒而黜申后，譬之養鶖而棄鶴也。」○鴛鴦在梁，戢其左翼。之子無良，二三其德。比也。戢其左翼，言不失其常也。良，善也。二三其德，則鴛鴦之不如矣。○有扁步典反。斯石，履之卑兮。之子之遠，俾我疧都禮反，叶喬移反。兮。比也。扁，卑貌。俾，使。疧，病也。○有扁然而卑之石，則履之者亦卑矣。如妾之賤，則寵之者亦賤矣。是以之子之遠，而俾我疧也。

白華八章，章四句。

緜蠻黄鳥，止于丘阿。道之云遠，我勞如何！飲於鴆反。之食音嗣。之，教之誨之，命彼後車，謂之載之。比也。緜蠻，鳥聲。阿，曲阿也。後車，副車也。○此微賤勞苦而思有所託者，爲鳥言以自比也。蓋曰緜蠻之黄鳥，自言止于丘阿而不能前，蓋道遠而勞甚矣。當是時也，有能飲之、食之、教之、誨之，又命後車以載之者乎？○緜蠻黄鳥，止于丘隅。豈敢憚行，畏不能趨。飲之食之，教之誨之，命彼後車，謂之載之。比也。隅，角。憚，畏也。趨，疾行也。○緜蠻黄鳥，止于丘側。豈敢憚行，畏不能極。飲之食之，教之誨之，命彼後車，謂之載之。比也。側，傍。極，至也。國語云：「齊朝駕，則夕極於魯國。」

緜蠻三章，章八句。

幡幡孚煩反。瓠葉，采之亨叶鋪郎反。之。君子有酒，酌言嘗之。賦也。幡幡，瓠葉貌。○此亦燕飲之詩。言幡幡瓠葉，采之亨之，至薄也。然君子有酒，則亦以是酌而嘗之。蓋述主人之謙詞，言物雖薄，而必與賓客共之也。○有兔它故反。斯首，炮百交反。之燔音煩，叶汾乾反。之。君子有酒，酌言獻叶虚言反。之。賦也。有兔斯首，一兔也，猶數魚以尾也。毛曰炮，加火曰燔。亦薄物也。獻，獻之於賓也。○有兔斯首，燔之炙音隻，叶陟略反。之。君子有酒，酌言酢才洛反。之。賦也。炕火曰炙。謂以物貫之，而舉於火上以炙之。酢，報也。賓既卒爵而酌主人也。○有兔斯首，燔之炮叶蒲侯反。之。君子有酒，酌言醻市周反。之。賦也。醻，導飲也。

瓠葉四章，章四句。

漸漸並士銜反，下同。之石，維其高矣。山川悠遠，維其勞矣。武人東征，不遑朝叶直高反。矣。賦也。漸漸，高峻之貌。武人，將帥也。遑，暇也。言無朝旦之暇也。○將帥出征，經歷險遠，不堪勞苦而作此詩也。○漸漸之石，維其卒在律反。矣。山川悠遠，曷其沒叶莫筆反。矣。武人東征，不遑出矣。賦也。卒，崔嵬也，謂山巔之末也。曷，何。沒，盡也。言所登歷何時而可盡也。不遑出，謂但知深入，不暇謀出也。○有豕白蹢，音的。烝涉波矣。月離于畢，俾滂普郎反。沱徒何反。矣。武人東征，不遑他湯何反。矣。賦也。蹢，蹄。烝，衆也。離，月所宿也。畢，星名。豕涉波，月離畢，將雨之驗也。○張子曰：「豕之負塗曳泥，其常性也。今其足皆白，衆與涉波而去，水患之多可知矣。此言久役，又逢大雨，甚勞苦而不暇及他事也。」

漸漸之石三章，章六句。

苕音條。之華，音花。芸音云。其黄矣。心之憂矣，維其傷矣。比也。苕，陵苕也。本草云：「即今之紫葳，蔓生，附於喬木之上，其華黄赤色，亦名凌霄。」○詩人自以身逢周室之衰，如苕附物而生，雖榮不久，故以爲比，而自言其心之憂傷也。○苕之華，其葉青青。子零反。知我如此，不如無生。叶桑經反。○比也。青青，盛貌。然亦何能久哉！○牂子桑反。羊墳扶云反。首，三星在罶。音柳。人可以食，鮮息淺反。可以飽。叶補苟反。○賦也。牂羊，牝羊也。墳，大也。羊瘠則首大也。罶，笱也。罶中無魚而水静，但見三星之光而已。○言饑饉之餘，百物彫耗如此，苟且得食足矣，豈可望其飽哉！

苕之華三章，章四句。陳氏曰：「此詩其辭簡，其情哀。周室將亡，不可救矣。詩人傷之而已。」

何草不黄？何日不行？叶户郎反。何人不將，經營四方？興也。草衰則黄。將，亦行也。○周室將亡，征役不息，行者苦之，故作此詩。言何草而不黄？何日而不行？何人而不將，以經營於四方也哉！○何草不玄？叶胡匀反。何人不矜？古頑反。韓詩作「鰥」，叶居陵反。哀我征夫，獨爲匪民。興也。玄，赤黑色也。既黄而玄也。無妻曰矜。言從役過時而不得歸，失其室家之樂也。哀我征夫，豈獨爲非民哉！○匪兕徐履反。匪虎，率彼曠野。叶上與反。哀我征夫，朝夕不暇。叶後五反。○賦也。率，循。曠，空也。○言征夫非兕非虎，何爲使之循曠野而朝夕不得閒暇也。○有芃薄工反。者狐，與車叶。率彼幽草。有棧士板反。之車，行彼周道。興也。芃，尾長貌。棧車，役車也。周道，大道也。言不得休息也。

何草不黄四章，章四句。

都人士之什十篇，四十三章，二百句。

詩卷第十六

朱熹集傳

大雅三 說見小雅。

文王之什三之一

文王在上，於音烏，下同。昭于天。叶鐵因反。周雖舊邦，其命維新。有周不顯，帝命不時。叶上紙反。文王陟降，在帝左右。叶羽已反。○賦也。於，歎辭。昭，明也。命，天命也。不顯，猶言豈不顯也。帝，上帝也。不時，猶言豈不時也。左右，旁側也。○周公追述文王之德，明周家所以受命而代商者，皆由於此，以戒成王。此章言文王既没，而其神在上，昭明于天，是以周邦雖自后稷始封，千有餘年，而其受天命，則自今始也。夫文王在上，而昭于天，則其德顯矣。周雖舊邦，而命則新，則其命時矣。故又曰有周豈不顯乎？帝命豈不時乎？蓋以文王之神在天，一升一降，無時不在上帝之左右，是以子孫蒙其福澤，而君有天下也。春秋傳天王追命諸侯之詞曰：「叔父陟恪，在我先王之左右，以佐事上帝。」語意與此正相似。或疑「恪」亦「降」字之誤，理或然也。○亹亹音尾。文王，令聞音問。不已。陳錫哉周，侯文王孫子。叶獎履反。文王孫子，本支百世。凡周之士，不顯亦世。賦也。亹亹，强勉之貌。令聞，善譽也。陳，猶敷也。哉，語辭。侯，維也。本，宗子也。支，庶子也。○文王非有所勉也，純亦不已，而人見其若有所勉耳。其德不已，故今既没而其令聞猶不已也。令聞不已，是以上帝敷錫于周，維文王孫子。則使之本宗百世爲天子，支庶百世爲諸侯。而又及其臣子，使凡周之士，亦世世修德，與周匹休焉。○世之不顯，厥猶翼翼。思皇多士，生此王國。叶于逼反。王國克生，維周之楨。音貞。濟濟多士，文王以寧。賦也。猶，謀。翼翼，勉敬也。思，語辭。皇，美。楨，幹也。濟濟，多貌。○此承上章而言。其傳世豈不顯乎？而其謀猶皆能勉敬如此也。美哉，此衆多之賢士，而生於此文王之國也！文王之國，能生此衆多之士，則足以爲國之幹，而文王亦賴以爲安矣。蓋言文王得人之盛，而宜其傳世之顯也。○穆穆文王，於緝七入反。熙敬止。假古雅反。哉天命，有商孫子。商之孫子，其麗不億。上帝既命，侯於周服。叶蒲北反。○賦也。穆穆，深遠之意。緝，續。熙，明。亦不已之意。止，語辭。假，大。麗，數也。不億，不止於億也。侯，維也。○言穆穆然文王之德，不已其敬如此，是以大命集焉。以有商孫子觀之，則可見矣。蓋商之孫子，其數不止於億，然以上帝之命集於文王也，而今皆維服于周矣。○侯服于周，天命靡常。殷士膚敏，裸古亂反。將于京。叶居良反。厥作裸將，常服黼音甫。冔。況甫反。王之藎才刃反。臣，無念爾祖。賦也。諸侯之大夫入天子之國曰某士。則殷士者，商孫子之臣屬也。膚，美。敏，疾也。裸，灌鬯也。將，行也。酌而送之也。京，周之京師也。黼，黼裳也。冔，殷冠也。蓋先代之後，統承先王，修其禮物，作賓于王家，時王不敢變焉。而亦所以爲戒也。王，指成王也。藎，進也。言其忠愛之篤，進進無已也。無念，猶言豈得無念也。爾祖，文王也。○言商之孫子而侯服于周，以天命之不可常也。故殷之士助祭於周京，而服商之服也。於是呼王之藎臣而告之曰：得無念爾祖文王之德乎。蓋以戒王，而不敢斥言，猶所謂「敢告僕夫」云爾。劉向曰：「孔子論詩，至於『殷士膚敏，祼將于京』，喟然嘆曰：『大哉天命，善不可不傳於後嗣，是以富貴無常。』蓋傷微子之事周，而痛殷之亡也。」○無念爾祖，聿于筆反。脩厥德。永言配命，自求多福。叶筆力反。殷之未喪息浪反。師，克配上帝。宜鑒于殷，駿音峻。命不易。以豉反。○賦也。聿，發語辭。永，長。配，合也。命，天理也。師，衆也。上帝，天之主宰也。駿，大也。不易，言其難也。○言欲念爾祖，在於自修其德，而又常自省察，使其所行無不合於天理，則盛大之福，自我致之，有不外求而得矣。又言殷未失天下之時，其德足以配乎上帝矣。今其子孫乃如此，宜以爲鑒而自省焉，則知天命之難保矣。大學傳曰：「得衆則得國，失衆則失國。」此之謂也。○命之不易，無遏爾躬。叶姑弘反。宣昭義問，有虞殷自天。叶鐵因反。上天之載，無聲無臭。叶初尤反。儀刑文王，萬邦作孚。叶房尤反。○賦也。遏，絶。宣，布。昭，明。義，善也。問，聞通。有，又通。虞，度。載，事。儀，象。刑，法。孚，信也。○言天命之不易保，故告之使無若紂之自絶於天，而布明其善譽於天下。又度殷之所以廢興者，而折之於天。然上天之事，無聲無臭，不可得而度也，惟取法於文王，則萬邦作而信之矣。子思子曰「維天之命，於穆不已」，蓋曰天之所以爲天也。「於乎不顯，文王之德之純」，蓋曰文王之所以爲文也純亦不已。夫知天之所以爲天，又知文王之所以爲文，則夫與天同德者，可得而言矣。是詩首言「文王在上，於昭於天」、「文王陟降，在帝左右」，而終之以此，其旨深矣。

文王七章，章八句。東萊呂氏曰：呂氏春秋引此詩，以爲周公所作。味其詞意，信非周公不能作也。○今案此詩，一章言文王有顯德，而上帝有成命也。二章言天命集於文王，則不唯尊榮其身，又使其子孫而世爲天子、諸侯也。三章言命周之福，不唯及其子孫，而又及其羣臣之後嗣也。四章言天命既絶於商，則不唯誅罰其身，又使其子孫亦來臣服于周也。五章言絶商之禍，不唯及其子孫，而又及其羣臣之後嗣也。六章言周之子孫臣庶當以文王爲法，而以商爲監也。七章又言當以商爲監，而以文王爲法也。其於天人之際，興亡之理，丁寧反覆，至深切矣。故立之樂官，而因以爲天子、諸侯朝會之樂，蓋將以戒乎後世之君臣，而又以昭先王之德於天下也。國語以爲兩君相見之樂，特舉其一端而言耳。然此詩之首章言文王之昭于天，而不言其所以昭。次章言其令聞不已，而不言其所以聞。至於四章，然後所以昭明而不已者，乃可得而見焉。然亦多詠歎之言，而語其所以爲德之實，則不越乎敬之一字而已。然則後章所謂修厥德而儀刑之者，豈可以他求哉？亦勉於此而已矣。

明明在下，赫赫在上。叶辰羊反。天難忱市林反。斯，不易以豉反。維王。天位殷適，音的。使不挾子燮反。四方。賦也。明明，德之明也。赫赫，命之顯也。忱，信也。不易，難也。天位，天子之位也。殷適，殷之適嗣也。挾，有也。○此亦周公戒成王之詩。將陳文武受命，故先言在下者有明明之德，則在上者有赫赫之命，達於上下，去就無常，此天之所以難忱，而爲君之所以不易也。紂居天位，爲殷嗣，乃使之不得挾四方而有之，蓋以此爾。○摯音至。仲氏任，音壬。自彼殷商，來嫁于周，曰嬪毗申反。于京。叶居良反。乃及王季，維德之行。叶户郎反。大音泰。任有身，叶户羊反。生此文王。賦也。摯，國名。仲，中女也。任，摯國姓也。殷商，商之諸侯也。嬪，婦也。京，周京也。曰嬪于京，疊言以釋上句之意，猶曰「釐降二女于嬀汭，嬪于虞」也。王季，文王父也。身，懷孕也。○將言文王之聖，而追本其所從來者如此。蓋曰自其父母而已然矣。○維此文王，小心翼翼，昭事上帝，聿懷多福。叶筆力反。厥德不回，以受方國。叶越逼反。○賦也。小心翼翼，恭慎之貌。即前篇之所謂敬也。文王之德於此爲盛。昭，明。懷，來。回，邪也。方國，四方來附之國也。○天監在下，有命既集。叶昨合反。文王初載，天作之合。在洽之陽，在渭之涘。音士，叶羽己反。文王嘉止，大邦有子。叶獎履反。○賦也。監，視。集，就。載，年。合，配也。洽，水名，本在今同州郃陽、夏陽縣，今流已絶，故去「水」而加「邑」。渭水亦逕此入河也。嘉，婚禮也。大邦，莘國也。子，大姒也。○將言武王伐商之事，故此又推其本，而言天之監照實在於下，其命既集於周矣。故於文王之初年，而默定其配，所以洽陽、渭涘，當文王將昏之期，而大邦有子也。蓋曰非人之所能爲矣。○大邦有子，俔牽遍反。天之妹。文定厥祥，親迎魚敬反。于渭。造舟爲梁，不顯其光。賦也。俔，磬也。韓詩作「磬」。説文云：「俔，譬也。」孔氏曰：「如今俗語譬喻物，曰『磬作』然也。」文，禮。祥，吉也。言卜得吉，而以納幣之禮定其祥也。造，作。梁，橋也。作船於水，比之，而加版於其上，以通行者，即今之浮橋也。傳曰：「天子造舟，諸侯維舟，大夫方舟，士特舟。」張子曰：「造舟爲梁，文王所制，而周世遂以爲天子之禮也。」不顯，顯也。○有命自天，命此文王，于周于京，叶居良反。纘子管反。女維莘，所巾反。長丁丈反。子維行，叶户郎反。篤生武王。保右音祐。命爾，燮伐大商。賦也。纘，繼也。莘，國名。長子，長女大姒也。行，嫁。篤，厚也。言既生文王，而又生武王也。右，助。燮，和也。○言天既命文王于周之京矣，而克纘大任之女事者，維此莘國，以其長女來嫁于我也。天又篤厚之，使生武王。保之助之命之，而使之順天命以伐商也。○殷商之旅，其會如林。矢于牧野，維予侯興。叶音歆。上帝臨女，音汝。無貳爾心。賦也。如林，言衆也。書曰：「受率其旅若林。」矢，陳也。牧野，在朝歌南七十里。侯，維。貳，疑也。爾，武王也。○此章言武王伐紂之時，紂衆會集如林，以拒武王，而皆陳于牧野，則維我之師爲有興起之勢耳。然衆心猶恐武王以衆寡之不敵，而有所疑也，故勉之曰：「上帝臨汝，毋貳爾心。」蓋知天命之必然，而贊其決也。然武王非必有所疑也，設言以見衆心之同，非武王之得已耳。○牧野洋洋，檀車煌煌，駟騵音元。彭彭。叶鋪郎反。維師尚父，時維鷹揚。涼音亮。彼武王，肆伐大商，會朝清明。叶謨郎反。○賦也。洋洋，廣大之貌。檀，堅木，宜爲車者也。煌煌，鮮明貌。駵馬白腹曰騵。彭彭，强盛貌。師尚父，太公望，爲太師而號尚父也。鷹揚，如鷹之飛揚而將擊，言其猛也。涼，漢書作「亮」，佐助也。肆，縱兵也。會朝，會戰之旦也。○此章言武王師衆之盛，將帥之賢，伐商以除穢濁，不崇朝而天下清明。所以終首章之意也。

大明八章，四章章六句，四章章八句。名義見小旻篇。一章言天命無常，惟德是與。二章言王季、太任之德，以及文王。三章言文王之德。四章、五章、六章言文王、太姒之德，以及武王。七章言武王伐紂。八章言武王克商以終首章之意。其章以六句八句相間。又國語以此及下篇皆爲兩君相見之樂，説見上篇。

緜緜瓜瓞，田節反。民之初生，自土沮七余反。漆。音七。古公亶都但反。父，音甫。陶音桃。復音福。陶穴。叶户橘反。未有家室。比也。緜緜，不絶貌。大曰瓜，小曰瓞。瓜之近本初生者常小，其蔓不絶，至末而後大也。民，周人也。自，從。土，地也。沮、漆，二水名，在豳地。古公，號也。亶父，名也。或曰字也，後乃追稱太王焉。陶，窰竈也。復，重窰也。穴，土室也。家，門内之通名也。豳地近西戎而苦寒，故其俗如此。○此亦周公戒成王之詩。追述太王始遷岐周，以開王業，而文王因之，以受天命也。此其首章。言瓜之先小後大，以比周人始生於漆、沮之上，而古公之時，居於窰竈土室之中，其國甚小，至文王而後大也。○古公亶父，來朝走馬。叶滿補反。率西水滸，呼五反。至于岐下。叶後五反。爰及姜女，聿來胥宇。賦也。朝，早也。走馬，避狄難也。率，循也。滸，水厓也。漆沮之側也。岐下，岐山之下也。姜女，太王妃也。胥，相。宇，宅也。孟子曰：「太王居邠，狄人侵之，事之以皮幣、珠玉、犬馬而不得免。乃屬其耆老而告之曰：『狄人之所欲者，吾土地也。吾聞之也，君子不以其所以養人者害人，二三子何患乎無君？我將去之。』去邠，踰梁山，邑於岐山之下居焉。邠人曰：『仁人也，不可失也。』從之者如歸市。」○周原膴膴，音武。堇音謹。荼如飴。音移。爰始爰謀，叶謨悲反。爰契苦計反。我龜，曰止曰時，築室于兹。叶津之反。○賦也。周，地名，在岐山之南。廣平曰原。膴膴，肥美貌。堇，烏頭也。荼，苦菜，蓼屬也。飴，餳也。契，所以然火而灼龜者也。儀禮所謂「楚焞」是也。或曰以刀刻龜甲，欲鑽之處也。○言周原土地之美，雖物之苦者亦甘。於是太王始與豳人之從己者謀居之。又契龜而卜之，既得吉兆，乃告其民曰：「可以止於是而築室矣。」或曰時，謂土功之時也。○迺慰迺止，迺左迺右，叶羽已反。迺疆迺理，迺宣迺畝。叶滿彼反。自西徂東，周爰執事。叶上止反。○賦也。慰，安。止，居也。左、右，東西列之也。疆，謂畫其大界。理，謂別其條理也。宣，布散而居也。或曰導其溝洫也。畝，治其田疇也。自西徂東，自西水滸而徂東也。周，徧也，言靡事不爲也。○乃召司空，乃召司徒，俾立室家。叶古胡反。其繩則直，縮色六反。版以載，叶節力反。作廟翼翼。賦也。司空，掌營國邑。司徒，掌徒役之事。繩，所以爲直。凡營度位處，皆先以繩正之，既正則束版而築也。縮，束也。載，上下相承也。言以索束版，投土築訖，則升下而上，以相承載也。君子將營宮室，宗廟爲先，廐庫爲次，居室爲後。翼翼，嚴正也。○捄音俱。之陾陾，耳升反。度待洛反。之薨薨，築之登登，削屢馮馮。扶冰反。百堵丁古反。皆興，鼛音皐。鼓弗勝。音升。○賦也。捄，盛土於器也。陾陾，衆也。度，投土於版也。薨薨，衆聲也。登登，相應聲。削屢，牆成而削治重複也。馮馮，牆堅聲。五版爲堵。興，起也，此言治宮室也。鼛鼓，長一丈二尺。以鼓役事。弗勝者，言其樂事勸功，鼓不能止也。○迺立皐門，皐門有伉。苦浪反，叶苦郎反。迺立應門，應門將將。七羊反。迺立冢土，戎醜攸行。叶户郎反。○賦也。傳曰：王之郭門曰皐門。伉，高貌。王之正門曰應門。將將，嚴正也。太王之時，未有制度，特作二門，其名如此。及周有天下，遂尊以爲天子之門，而諸侯不得立焉。冢土，大社也。亦大王所立，而後因以爲天子之制也。戎醜，大衆也。起大事，動大衆，必有事乎社而後出，謂之宜。○肆不殄厥愠，紆問反。亦不隕厥問。柞子洛反。棫音域。拔蒲貝反。矣，行道兑吐外反。矣，混音昆。夷駾徒對反。矣，維其喙吁貴反。矣。賦也。肆，故今也，猶言遂也，承上起下之辭。殄，絶。愠，怒。隕，墜也。問，聞通，謂聲譽也。柞，櫟也，枝長葉盛，叢生，有刺。棫，白桵也，小木，亦叢生，有刺。拔，挺拔而上，不拳曲蒙密也。兑，通也，始通道於柞棫之閒也。駾，突。喙，息也。○言大王雖不能殄絶混夷之愠怒，亦不隕墜己之聲問。蓋雖聖賢，不能必人之不怒己，但不廢其自修之實耳。然大王始至此岐山下之時，林木深阻，人物鮮少。至於其後，生齒漸繁，歸附日衆，則木拔道通，混夷畏之而奔突竄伏，維其喙息而已。言德盛而混夷自服也。蓋已爲文王之時矣。○虞芮如鋭反。質厥成，文王蹶居衛反。厥生。叶桑經反。予曰有疏附，叶上聲。予曰有先息薦反。後，胡豆反，叶下五反。予曰有奔奏，與走通，叶宗五反。予曰有禦侮。賦也。虞、芮，二國名。質，正。成，平也。傳曰：「虞芮之君，相與爭田，久而不平，乃相與朝周。入其境，則耕者讓畔，行者讓路。入其邑，男女異路，班白不提挈。入其朝，士讓爲大夫，大夫讓爲卿。二國之君，感而相謂曰：『我等小人，不可以履君子之境。』乃相讓，以其所爭田爲閒田而退。天下聞之而歸者四十餘國。」蘇氏曰：「虞在陜之平陸，芮在同之馮翊。平陸有閒原焉，則虞、芮之所讓也。」蹶生，未詳其義。或曰蹶，動而疾也。生，猶起也。予，詩人自予也。率下親上曰疏附。相道前後曰先後。喻德宣譽曰奔奏。武臣折衝曰禦侮。○言昆夷既服，而虞芮來質其訟之成，於是諸侯歸服者衆[一]，而文王由此動其興起之勢。是雖其德之盛，然亦由有此四臣之助而然，故各以「予曰」起之。其辭繁而不殺者，所以深歎其得人之盛也。

緜九章，章六句。一章言在豳。二章言至岐。三章言定宅。四章言授田居民。五章言作宗廟。六章言治宮室。七章言作門社。八章言至文王而服混夷。九章遂言文王受命之事。餘説見上篇。

芃芃薄紅反。棫雨逼反。樸，音卜。薪之槱音酉。之。濟濟子禮反。辟音壁。王，左右趣叶此苟反。之。興也。芃芃，木盛貌。樸，叢生也。言根枝迫迮相附著也。槱，積也。濟濟，容貌之美也。辟，君也。君王，謂文王也。○此亦以詠歌文王之德。言芃芃棫樸，則薪之槱之矣。濟濟辟王，則左右趣之矣。蓋德盛而人心歸附趣向之也。○濟濟辟王，左右奉璋。奉璋峩峩，五歌反。髦士攸宜。叶牛何反。○賦也。半圭曰璋。祭祀之禮，王祼以圭瓚，諸臣助之；亞祼以璋瓚，左右奉之。其判在內，亦有趣向之意。峩峩，盛壯也。髦，俊也。○淠匹世反。彼涇音經。舟，烝徒楫音接，叶接入反。之。周王于邁，六師及之。興也。淠，舟行貌。涇，水名。烝，衆。楫，櫂。于，往。邁，行也。六師，六軍也。○言淠彼涇舟，則舟中之人無不楫之。周王于邁，則六師之衆追而及之。蓋衆歸其德，不令而從也。○倬陟角反。彼雲漢，爲章于天。叶鐵因反。周王壽考，遐不作人。興也。倬，大也。雲漢，天河也，在箕斗二星之間，其長竟天。章，文章也。文王九十七乃終，故言壽考。遐，與「何」同。作人，謂變化鼓舞之也。○追對迴反。琢陟角反。其章，金玉其相。勉勉我王，綱紀四方。興也。追，雕也。金曰雕，玉曰琢。相，質也。勉勉，猶言不已也。凡網罟，張之爲綱，理之爲紀。○追之琢之，則所以美其文者至矣。金之玉之，則所以美其質者至矣。勉勉我王，則所以綱紀乎四方者至矣。

棫樸五章，章四句。此詩前三章言文王之德爲人所歸。後二章言文王之德有以振作綱紀天下之人，而人歸之。自此以下至假樂，皆不知何人所作，疑多出於周公也。

瞻彼旱麓，音鹿。榛楛音户。濟濟。子禮反。豈弟君子，干禄豈弟。興也。旱，山名。麓，山足也。榛，似栗而小。楛，似荊而赤。濟濟，衆多也。豈弟，樂易也。君子，指文王也。○此亦以詠歌文王之德。言旱山之麓，則榛楛濟濟然矣。豈弟君子，則其干禄也豈弟矣。干禄豈弟，言其干禄之有道，猶曰其争也君子云爾。○瑟所乙反。彼玉瓚，才旱反。黄流在中。豈弟君子，福禄攸降。叶呼攻反。○興也。瑟，縝密貌。玉瓚，圭瓚也。以圭爲柄，黄金爲勺，青金爲外，而朱其中也。黄流，鬱鬯也。釀秬黍爲酒，築鬱金煑而和之，使芬芳條鬯，以瓚酌而祼之也。攸，所。降，下也。○言瑟然之玉瓚，則必有黄流在其中。豈弟之君子，則必有福禄下其躬。明寶器不薦於褻味，而黄流不注瓦缶，則知盛德必享於禄壽，而福澤不降於淫人矣。○鳶弋專反。飛戾天，叶鐵因反。魚躍于淵。叶一均反。豈弟君子，遐不作人。興也。鳶，鴟類。戾，至也。李氏曰：「抱朴子曰：『鳶之在下無力，及至乎上，聳身直翅而已。』蓋鳶之飛全不用力，亦如魚躍，怡然自得，而不知其所以然也。」遐、何通。○言鳶之飛則戾于天矣，魚之躍則出于淵矣。豈弟君子，而何不作人乎？言其必作人也。○清酒既載，叶節力反。騂息營反。牡既備，叶蒲北反。以享以祀，叶逸織反。以介景福。叶筆力反。○賦也。載，在尊也。備，全具也。承上章言，有豈弟之德，則祭必受福也。○瑟彼柞棫，民所燎力召反。矣。豈弟君子，神所勞力報反。矣。興也。瑟，茂密貌。燎，爨也。或曰，熂燎除其旁草，使木茂也。勞，慰撫也。○莫莫葛藟，力軌反。施以豉反。于條枚。莫回反。豈弟君子，求福不回。興也。莫莫，盛貌。回，邪也。

旱麓六章，章四句。

思齊側皆反。大音泰。任，文王之母，莫後反。思媚美記反。周姜，京室之婦。房九反。大同上。姒嗣徽音，則百斯男。叶尼心反。○賦也。思，語辭。齊，莊。媚，愛也。周姜，大王之妃大姜也。京，周也。大姒，文王之妃也。徽，美也。百男，舉成數而言其多也。○此詩亦歌文王之德，而推本言之。曰此莊敬之大任，乃文王之母，實能媚於周姜而稱其爲周室之婦。至於大姒，又能繼其美德之音，而子孫衆多。上有聖母，所以成之者遠。内百賢妃，所以助之者深也。○惠于宗公，神罔時怨，神罔時恫。音通。刑于寡妻，至于兄弟，以御于家邦。叶卜工反。○賦也。惠，順也。宗公，宗廟先公也。恫，痛也。刑，儀法也。寡妻，猶言寡小君也。御，迎也。○言文王順于先公，而鬼神歆之，無怨恫者。其儀法内施於閨門，而至于兄弟，以御于家邦也。孔子曰：「家齊而後國治。」孟子曰：「言舉斯心加諸彼而已。」張子曰：「言接神人，各得其道也。」○雝雝於容反。在宫，肅肅在廟。叶音貌。不顯亦臨，無射音亦。亦保。叶音鮑。○賦也。雝雝，和之至也。肅肅，敬之至也。不顯，幽隱之處也。射，與「斁」同，厭也。保，猶「守」也。○言文王在閨門之内，則極其和。在宗廟之中，則極其敬。雖居幽隱，亦常若有臨之者。雖無厭射，亦常有所守焉。其純亦不已蓋如是。○肆戎疾不殄，烈假古雅反。不瑕。不聞亦式，不諫亦入。此與下章用韻未詳。○賦也。肆，故今也。戎，大也。疾，猶難也。大難，如羑里之囚，及昆夷、玁狁之屬也。殄，絶。烈，光。假，大。瑕，過也。此兩句與「不殄厥愠」「不隕厥問」相表裏。聞，前聞也。式，法也。○承上章，言文王之德如此，故其大難雖不殄絶，而光大亦無玷缺。雖事之無所前聞者，而亦無不合於法度。雖無諫諍之者，而亦未嘗不入於善。傳所謂「性與天合」是也。○肆成人有德，小子有造。古之人無斁，音亦。譽髦斯士。賦也。冠以上爲成人。小子，童子也。造，爲也。古之人，指文王也。譽，名。髦，俊也。○承上章，言文王之德見於事者如此，故一時人材皆得其所成就。蓋由其德純而不已，故令此士皆有譽於天下，而成其俊乂之美也。

思齊五章，二章章六句，三章章四句。

皇矣上帝，臨下有赫。叶黑各反。監觀四方，求民之莫。維此二國，其政不獲。叶胡郭反。維彼四國，爰究爰度。待洛反。上帝耆之，憎其式廓。乃眷西顧，此維與宅。叶達各反。○賦也。皇，大。臨，視也。赫，威明也。監，亦視也。莫，定也。二國，夏商也。不獲，謂失其道也。四國，四方之國也。究，尋。度，謀也。耆、憎、式廓，未詳其義。或曰，耆，致也。憎，當作「增」。式廓，猶言規模也。此謂岐周之地也。○此詩叙大王、大伯、王季之德，以及文王伐密伐崇之事也。此其首章先言天之臨下甚明，但求民之安定而已。彼夏商之政既不得矣，故求於四方之國。苟上帝之所欲致者，則增大其疆境之規模。於是乃眷然顧視西土，以此岐周之地與大王爲居宅也。

作之屏之，其菑其翳。菑，莊持反。其翳。一計反。脩之平之，其灌其栵。音例。啓之辟之，其檉其椐。檉，丑貞反。椐，羌居反，叶紀庶反。攘之剔之，剔，它歷反。其檿其柘。檿，烏劍反。柘，章夜反，叶都故反。帝遷明德，串夷載路。串，古患反。天立厥配，受命既固。賦也。作，拔起也。屏，去之也。菑，木立死者也。翳，自斃者也。或曰小木蒙密蔽翳者也。脩、平，皆治之使疏密正直得宜也。灌，叢生者也。栵，行生者也。啓、辟，芟除也。檉，河柳也，似楊，赤色，生河邊。椐，樻也，腫節，似扶老，可爲杖者也。攘、剔，謂穿剔去其繁冗，使成長也。檿，山桑也。與柘皆美材，可爲弓幹，又可蠶也。明德，謂明德之君，即大王也。串夷載路，未詳。或曰串夷即混夷，載路謂滿路而去，所謂「混夷駾矣」者也。配，賢妃也，謂大姜。

○此章言大王遷於岐周之事。蓋岐周之地，本皆山林險阻，無人之竟，而近於混夷。大王居之，人物漸盛，然後漸次開闢如此。乃上帝遷此明德之君，使居其地，而昆夷遠遁。天又爲之立賢妃以助之，是以受命堅固，而卒成王業也。

○帝省息井反。其山，柞棫斯拔，蒲貝反。松柏斯兌。徒外反。帝作邦作對，自大音泰。伯、王季。維此王季，因心則友。叶羽己反。則友其兄，叶虛王反。則篤其慶，叶祛羊反。載錫之光。受祿無喪，息浪反，叶平聲。奄有四方。賦也。拔、兌，見緜篇。此亦言其山林之間道路通也。對，猶「當」也。作對，言擇其可當此國者以君之也。大伯，大王之長子。王季，大王之少子也。因心，非勉强也。善兄弟曰友。兄，謂大伯也。篤，厚。載，則也。奄字之義，在忽遂之間。○言帝省其山，而見其木拔道通，則知民之歸之者益衆矣。於是既作之邦，又與之賢君以嗣其業。蓋自其初生大伯、王季之時而已定矣。於是大伯見王季生文王，又知天命之有在，故適吳不反。大王没而國傳於王季，及文王而周道大興也。然以大伯而避王季，則王季疑於不友，故又特言王季所以友其兄者，乃因其心之自然，而無待於勉强。既受大伯之讓，則益脩其德，以厚周家之慶，而與其兄以讓德之光，猶曰彰其知人之明，不爲徒讓耳。其德如是，故能受天祿而不失，至於文武，而奄有四方也。○

維此王季，帝度待洛反。其心，貊武伯反。其德音。其德克明，克明克類，克長丁丈反。克君。

王如字，或于況反。此大邦，克順克比。必里反。比毗至反。于文王，其德靡悔。叶虎洧反。既受帝祉，音恥。施以豉反。于孫子。叶獎履反。○賦也。度，能度物制義也。貊，春秋傳、樂記皆作「莫」，謂其莫然清靜也。克明，能察是非也。克類，能分善惡也。克長，教誨不倦也。克君，賞慶刑威也。言其賞不僭，故人以爲慶；刑不濫，故人以爲威也。順，慈和徧服也。比，上下相親也。比于，至于也。悔，遺恨也。○言上帝制王季之心，使有尺寸，能度義，又清靜其德音，使無非閒之言。是以王季之德能此六者。至於文王而其德尤無遺恨。是以既受上帝之福，而延及于子孫也。○帝謂文王：「無然畔援，于願反。無然歆羨，錢面反。誕先登于岸。叶魚戰反。」密人不恭，敢距大邦，叶卜攻反。侵阮魚宛反。徂共。音恭。王赫斯怒，叶暖五反。爰整其旅，以按音遏。徂旅，以篤于周祜，侯五反。以對于天下。叶後五反。○賦也。帝謂文王，設爲天命文王之詞，如下所言也。無然，猶言不可如此也。畔，離畔也。援，攀援也。言舍此而取彼也。歆，欲之動也。羨，愛慕也。言肆情以徇物也。岸，道之極至處也。密，密須氏也，姞姓之國，在今寧州。阮，國名，在今涇州。徂，往也。共，阮國之地名，今涇州之共池是也。其旅，周師也。按，遏也。徂旅，密師之往共者也。祜，福。對，答也。○人心有所畔援，有所歆羨，則溺於人欲之流，而不能以自濟。文王無是二者，故獨能先知先覺，以造道之極至。蓋天實命之，而非人力之所及也。是以密人不恭，敢違其命，而擅興師旅以侵阮而往至于共，則赫怒整兵而往，遏其衆，以厚周家之福而答天下之心。蓋亦因其可怒而怒之，初未嘗有所畔援歆羨也。此文王征伐之始也。○依其在京，叶居良反。侵自阮疆，陟我高岡。無矢我陵，我陵我阿。

無飲我泉，我泉我池。叶徒何反。度待洛反。其鮮息淺反。原，居岐之陽，在渭之將。萬邦之方，下民之王。賦也。依，安貌。京，周京也。矢，陳。鮮，善。將，側。方，鄉也。○言文王安然在周之京，而所整之兵既過密人，遂從阮疆而出以侵密。所陟之岡，即爲我岡，而人無敢陳兵於陵，飲水於泉，以拒我也。於是相其高原，而徙都焉，所謂程邑也。其地於漢爲扶風安陵，今在京兆府咸陽縣。○

帝謂文王：「予懷明德，不大聲以色，不長丁丈反。夏以革。不識不知，順帝之則。」帝謂文王：「詢爾仇方，同爾兄弟，以爾鉤援，音爰。與爾臨衝，以伐崇墉。」賦也。予，設爲上帝之自稱也。懷，眷念也。明德，文王之明德也。以，猶「與」也。夏、革，未詳。則，法也。仇方，讎國也。兄弟，與國也。鉤援，鉤梯也，所以鉤引上城，所謂雲梯者也。臨，臨車也，在上臨下者也。衝，衝車也，從旁衝突者也。皆攻城之具也。崇，國名，在今京兆府鄠縣。墉，城也。史記：崇侯虎譖西伯於紂。紂囚西伯於羑里。西伯之臣閎夭之徒求美女奇物善馬以獻紂。紂乃赦西伯，賜之弓矢鈇鉞，得專征伐。曰譖西伯者，崇侯虎也。西伯歸三年，伐崇侯虎而作豐邑。○言上帝眷念文王，而言其德之深微，不暴著其形迹，又能不作聰明，以循天理，故又命之以伐崇也。呂氏曰：「此言文王德不形，而功無跡，與天同體而已。雖興兵以伐崇，莫非順帝之則，而非我也。」○

臨衝閑閑，叶胡員反。崇墉言言，執訊音信。連連，攸馘古獲反。安安。叶於肩反。是類是禡，馬嫁反，叶滿補反。是致是附，叶上聲。四方以無侮。臨衝茀茀，音弗，叶分聿反。崇墉仡仡。魚乞反。是伐是肆，是絶是忽，叶虛屈反。四方以無拂。叶分聿反。○賦也。閑閑，徐緩也。言言，高大也。連連，屬續狀。馘，割耳也。軍法：獲者不服，則殺而獻其左耳。安安，不輕暴也。類，將出師祭上帝也。禡，至所征之地而祭始造軍法者，謂黄帝及蚩尤也。致，致其至也。附，使之來附也。茀茀，强盛貌。仡仡，堅壯貌。肆，縱兵也。忽，滅。拂，戾也。春秋傳曰：「文王伐崇，三旬不降。退脩教而復伐之，因壘而降。」○言文王伐崇之初，緩攻徐戰，告祀羣神，以致附來者，而四方無不畏服。及終不服，則縱兵以滅之，而四方無不順從也。夫始攻之緩，戰之徐也，非力不足也，非示之弱也，將以致附而全之也。及其終不下而肆之也，則天誅不可以留，而罪人不可以不得故也。此所謂文王之師也。

皇矣八章，章十二句。一章、二章言天命太王。三章、四章言天命王季。五章、六章言天命文王伐密。七章、八章言天命文王伐崇。

經始靈臺，叶田飴反。經之營之。庶民攻之，不日成之。經始勿亟，居力反。庶民子來。叶六直反。○賦也。經，度也。靈臺，文王所作，謂之靈者，言其倏然而成，如神靈之所爲也。營，表。攻，作也。不日，不終日也。亟，急也。○國之有臺，所以望氛祲，察災祥，時觀游，節勞佚也。文王之臺，方其經度營表之際，而庶民已來作之，所以不終日而成也。雖文王心恐煩民，戒令勿亟，而民心樂之，如子趣父事，不召自來也。孟子曰：「文王以民力爲臺爲沼，而民歡樂之，謂其臺曰『靈臺』，謂其沼曰『靈沼』。」此之謂也。○王在靈囿，叶音郁。麀音憂。鹿攸伏。麀鹿濯濯，直角反。白鳥翯翯。

户角反。王在靈沼，叶音灼。於音烏。下同。牣音刃。魚躍。賦也。靈囿，臺之下有囿，所以域養禽獸也。麀，牝鹿也。伏，安其所處，不驚擾也。濯濯，肥澤貌。翯翯，潔白貌。靈沼，囿之中有沼也。牣，滿也。魚滿而躍，言多而得其所也。○虡音巨。業維樅，七凶反。賁扶云反。鼓維鏞。音庸。於論盧門反。下同。鼓鍾，於樂音洛。辟音壁。廱。賦也。虡，植木以懸鍾磬，其横者曰栒。業，栒上大版，刻之捷業如鋸齒者也。樅，業上懸鍾磬處，以綵色爲崇牙，其狀樅樅然者也。賁，大鼓也，長八尺。鼓四尺，中圍加三之一。鏞，大鍾也。論，倫也。言得其倫理也。辟、壁通。廱，澤也。辟廱，天子之學，大射行禮之處也。水旋丘如壁，以節觀者，故曰辟廱。○於論鼓鍾，於樂辟廱。鼉徒河反。鼓逢逢，薄紅反。矇音蒙。瞍音叟。奏公。賦也。鼉，似蜥蜴，長丈餘，皮可冒鼓。逢逢，和也。有眸子而無見曰矇，無眸子曰瞍。古者樂師皆以瞽者爲之，以其善聽而審於音也。公，事也。聞鼉鼓之聲，而知矇瞍方奏其事也。

靈臺四章，二章章六句，二章章四句。東萊呂氏曰：前二章樂文王有臺池鳥獸之樂也。後二章言文王有鍾鼓之樂也。皆述民樂之詞也。

下武維周，世有哲王。三后在天，王配于京。叶居良反。○賦也。下，義未詳。或曰字當作「文」，言文王武王實造周也。哲王，通言大王、王季也。三后，大王、王季、文王也。在天，既没而其精神上與天合也。王，武王也。配，對也。謂繼其位以對三后也。京，鎬京也。○此章美武王能纘大王、王季、文王之緒，而有天下也。○王配于京，世德作求。永言配命，成王之孚。叶孚尤反。○賦也。言武王能繼先王之德。而長言合於天理，故能成王者之信於天下也。若暫合而遽離，暫得而遽失，則不足以成其信矣。○成王之孚，下土之式。永言孝思，孝思維則。賦也。式、則，皆法也。○言武王所以能成王者之信，而爲四方之法者，以其長言孝思而不忘，是以其孝可爲法耳。若有時而忘之，則其孝者僞耳，何足法哉！○媚茲一人，應侯順德。永言孝思，昭哉嗣服。叶蒲北反。○賦也。媚，愛也。一人，謂武王。應，如「丕應徯志」之「應」。侯，維。服，事也。○言天下之人皆愛戴武王以爲天子，而所以應之，維以順德。是武王能長言孝思，而明哉其嗣先王之事也。○昭茲來許，繩其祖武。於萬斯年，受天之祜。候古反。○賦也。昭茲，承上句而言。茲、哉聲相近，古蓋通用也。來，後世也。許，猶所也。繩，繼。武，迹也。○言武王之道昭明如此，來世能繼其跡，則久荷天禄而不替矣。○受天之祜，四方來賀。於萬斯年，不遐有佐。賦也。賀，朝賀也。周末秦强，天子致胙，諸侯皆賀。遐，何通。佐，助也。蓋曰豈不有助乎云爾。

下武六章，章四句。或疑此詩有「成王」字，當爲康王以後之詩。然考尋文意，恐當只如舊說。且其文體亦與上下篇血脈通貫，非有誤也。

文王有聲，遹尹橘反。駿音峻。有聲。遹求厥寧，遹觀厥成。文王烝哉！賦也。遹，義未詳，疑與「聿」同，發語辭。駿，大。烝，君也。○此詩言文王遷豐，武王遷鎬之事。而首章推本之曰：「文王之有聲也，甚大乎其有聲也。蓋以求天下之安寧，而觀其成功耳。文王之德如是，信乎其克君也哉！」○文王受命，有此武功。既伐于崇，作邑于豐。文王烝哉！賦也。伐崇事見皇矣篇。作邑，徙都也。豐，即崇國之地，在今鄠縣杜陵西南。○築城伊淢，況域反。作豐伊匹。匪棘居力反。其欲，禮記作「猶」。遹追來孝。叶許六反，或呼侯反。王后烝哉！賦也。淢，成溝也。方十里爲成，成閒有溝，深廣各八尺。匹，稱。棘，急也。王后，亦指文王也。○言文王營豐邑之城，因舊溝爲限而築之，其作邑居，亦稱其城而不侈大，皆非急成己之所欲也，特追先人之志，而來致其孝耳。○王公伊濯，直角反。維豐之垣。音袁。四方攸同，王后維翰。叶胡田反。王后烝哉！賦也。公，功也。濯，著明也。○王之功所以著明者，以其能築此豐之垣故爾。四方於是來歸，而以文王爲楨幹也。○豐水東注，維禹之績。四方攸同，皇王維辟。皇王烝哉！賦也。豐水東北流，逕豐邑之東入渭，而注于河。績，功也。皇王，有天下之號，指武王也。辟，君也。○言豐水東注，由禹之功。故四方得以來同於此，而以武王爲君。此武王未作鎬京時也。○鎬京辟廱，自西自東，自南自北，無思不服。叶蒲北反。皇王烝哉！賦也。鎬京，武王所營也，在豐水東，去豐邑二十五里。張子曰：「周家自后稷居邰，公劉居豳，大王邑岐，而文王則遷于豐，至武王又居于鎬。當是時，民之歸者日衆，其地有不能容，不得不遷也。」辟廱，說見前篇。張子曰：「靈臺辟廱，文王之學也。鎬京辟廱，武王之學也。至此始爲天子之學矣。」無思不服，心服也。孟子曰：「天下不心服而王者，未之有也。」○此言武王徙居鎬京，講學行禮，而天下自服也。○考卜維王，宅是鎬京。叶居良反。維龜正叶諸盈反。之，武王成之。武王烝哉！賦也。考，稽。宅，居。正，決也。成之，作邑居也。張子曰：「此舉謚者追述其事之言也。」○豐水有芑，武王豈不仕。鉏里反。詒厥孫謀，以燕翼子。叶奬履反。武王烝哉！興也。芑，草名。仕，事。詒，遺。燕，安。翼，敬也。子，成王也。○鎬京猶在豐水下流，故取以起興。言豐水猶有芑，武王豈無所事乎？「詒厥孫謀，以燕翼子」，則武王之事也。謀及其孫，則子可以無事矣。或曰賦也。言豐水之傍，生物繁茂，武王豈不欲有事於此哉？但以欲遺孫謀，以安翼子，故不得而不遷耳。

文王有聲八章，章五句。此詩以武功稱文王。至於武王，則言「皇王維辟」、「無思不服」而已。蓋文王既造其始，則武王續而終之，無難也。又以見文王之文，非不足於武，而武王之有天下，非以力取之也。

文王之什十篇，六十六章，四百一十四句。鄭譜此以上爲文武時詩，以下爲成王周公時詩。今案：文王首句即云「文王在上」，則非文王之詩矣。又曰「無念爾祖」，則非武王之詩矣。大明、有聲並言文武者非一，安得爲文武之時所作乎？蓋正雅皆成王周公以後之詩，但此什皆爲追述文武之德，故譜因此而誤耳。

校勘記

〔一〕歸服者衆　「服」，元本、明甲本、明乙本、八卷本作「周」。

詩卷第十七

朱熹集傳

生民之什三之二

厥初生民，時維姜嫄。音原，叶魚倫反。生民如何？克禋音因。克祀，叶養里反。以弗無子。叶獎履反。履帝武敏叶母鄙反。歆，攸介攸止，載震載夙，叶相即反。載生載育，叶日逼反。時維后稷。

賦也。民，人也，謂周人也。時，是也。姜嫄，炎帝後，姜姓，有邰氏女，名嫄，爲高辛之世妃。精意以享，謂之禋。祀，祀郊禖也。弗之言祓也，祓無子，求有子也。古者立郊禖，蓋祭天於郊，而以先媒配也。變媒言禖者，神之也。其禮以玄鳥至之日，用大牢祀之。天子親往，后率九嬪御，乃禮天子所御，帶以弓韣，授以弓矢，于郊禖之前也。履，踐也。帝，上帝也。武，跡。敏，拇。歆，動也，猶驚異也。介，大也。震，娠也。夙，肅也。生子者及月辰居側室也。育，養也。○姜嫄出祀郊禖，見大人跡而履其拇，遂歆歆然如有人道之感。於是即其所大所止之處，而震動有娠，乃周人所由以生之始也。周公制禮，尊后稷以配天，故作此詩，以推本其始生之祥，明其受命於天，固有以異於常人也。然巨跡之説，先儒或頗疑之。而張子曰：「天地之始，固未嘗先有人也，則人固有化而生者矣，蓋天地之氣生之也。」

蘇氏亦曰：「凡物之異於常物者，其取天地之氣常多，故其生也或異。麒麟之生，異於犬羊。蛟龍之生，異於魚鼈。物固有然者矣。神人之生而有以異於人，何足怪哉！」斯言得之矣。○誕彌厥月，先生如達。他末反。不坼不副，孚逼反，叶字迫反。無菑音災。無害。叶音曷。以赫厥靈，上帝不寧。不康禋祀，叶養里反。居然生子。叶獎履反。○賦也。誕，發語辭。彌，終也，終十月之期也。先生，首生也。達，小羊也。羊子易生，無留難也。坼、副，皆裂也。赫，顯也。不寧，寧也。不康，康也。居然，猶徒然也。○凡人之生，必坼副菑害其母，而首生之子尤難。今姜嫄首生后稷，如羊子之易，無坼副菑害之苦，是顯其靈異也。上帝豈不寧乎？豈不康我之禋祀乎？而使我無人道而徒然生是子也。○誕寘之隘於懈反。巷，牛羊腓符非反。字之。誕寘之平林，會伐平林。誕寘之寒冰，鳥覆敷救反。翼叶音異。之。鳥乃去矣，后稷呱叶去聲。矣。實覃實訏，叶去聲。厥聲載路。賦也。隘，狹。腓，芘。字，愛。會，值也。值人伐木而收之。覆，蓋。翼，藉也。以一翼覆之，以一翼藉之也。呱，啼聲也。覃，長。訏，大。載，滿也。滿路，言其聲之大也。○無人道而生子，或者以爲不祥，故棄之。而有此異也，於是始收而養之。○誕實匍音蒲。匐，蒲北反。克岐克嶷，魚極反。以就口食。蓺之荏而甚反。菽，荏菽旆旆，禾役穟穟，音遂。麻麥幪幪，莫孔反。瓜瓞唪唪。布孔反。○賦也。匍匐，手足並行也。岐、嶷，峻茂之狀。就，向也。口食，自能食也。蓋六七歲時也。蓺，樹也。荏菽，大豆也。旆旆，枝旟揚起也。役，列也。穟穟，苗美好之貌也。幪幪然茂密也。唪唪然多實也。○言后稷能食時，已有種殖之志，蓋其天性然也。史記曰：棄爲兒時，其遊戲好種殖麻麥，麻麥美。及爲成人，遂好耕農。堯舉以爲農師。○誕后稷之穡，有相之道。叶徒口反。茀音弗。厥豐草，叶此茍反。種去聲。之黄茂。叶莫口反。實方實苞，叶蒲茍反。實種上聲。實褎，叶徐久反。實發實秀，叶思久反。實堅實好，叶許口反。實穎營井反。實栗，即有邰他來反。家室。賦也。相，助也。言盡人力之助也。茀，治也。種，布之也。黄茂，嘉穀也。方，房也。苞，甲而未坼也。此漬其種也。種，甲坼而可爲種也。褎，漸長也。發，盡發也。秀，始穟也。堅，其實堅也。好，形味好也。穎，實繁碩而垂末也。栗，不秕也。既收成，見其實皆栗栗然不秕也。邰，后稷之母家也。豈其或滅或遷，而遂以其地封后稷與？○言后稷之穡如此，故堯以其有功於民，封於邰，使即其母家而居之，以主姜嫄之祀。故周人亦世祀姜嫄焉。○誕降嘉種，維秬音巨。維秠，孚鄙反。維穈音門。維芑。音起。恒古鄧反。之秬秠，是穫是畝。叶滿洧反。恒之穈芑，是任音壬。是負。叶扶委反。以歸肇祀。叶養里反。○賦也。降，降是種於民也。書曰「稷降播種」是也。秬，黑黍也。秠，黑黍一稃二米者也。穈，赤粱粟也。芑，白粱粟也。恒，徧也，謂徧種之也。任，肩任也。負，背負也。既成則穫而棲之於畝，任負而歸，以供祭祀也。秬秠，言穫畝；穈芑，言任負，互文耳。肇，始也。稷始受國爲祭主，故曰肇祀。○誕我祀如何？或舂傷容反。或揄，音由。或簸波我反。或蹂。音柔。釋之叟叟，所留反。烝之浮浮。載謀載惟，取蕭祭脂，取羝都禮反。以軷。蒲末反，叶蒲昧反。載燔載烈，如字，叶力制反。以興嗣歲。叶音雪，又如字。○賦也。我祀，承上章而言后稷之祀也。揄，抒臼也。簸，揚去糠也。蹂，蹂禾取穀以繼之也。釋，淅米也。叟叟，聲也。浮浮，氣也。謀，卜日擇士也。惟，齊戒具脩也。蕭，蒿也。脂，膟膋也。宗廟之祭，取蕭合膟膋爇之，使臭達牆屋也。羝，牡羊也。軷，祭行道之神也。燔，傅諸火也。烈，貫之而加於火也。四者皆祭祀之事，所以興來歲而繼往歲也。

○卬五郎反。盛音成。于豆，于豆于登。其香始升，上帝居歆。下與「今」叶。胡臭亶時，叶上止反。后稷肇祀，叶養里反。庶無罪悔，叶呼委反。以迄許乙反。于今。上與「歆」叶。

○賦也。卬，我也。木曰豆，以薦菹醢也。瓦曰登，以薦大羹也。居，安也。鬼神食氣曰歆。胡，何。臭，香。亶，誠也。時，言得其時也。庶，近。迄，至也。○此章言其尊祖配天之祭。其香始升而上帝已安而饗之。言應之疾也。此何但芳臭之薦，信得其時哉！蓋自后稷之肇祀，則庶無罪悔而至於今矣。曾氏曰：「自后稷肇祀以來，前後相承，兢兢業業，惟恐一有罪悔，獲戾於天。閱數百年而此心不易，故曰『庶無罪悔，以迄于今』。言周人世世用心如此也。」

生民八章，四章章十句，四章章八句。此詩未詳所用。豈郊祀之後亦有受釐頒胙之禮也與？舊説第三章八句，第四章十句。今案第三章當爲十句，第四章當爲八句，則去、呱、訏、路，音韻諧協，呱聲載路，文勢通貫。而此詩八章，皆以十句八句相間爲次。又二章以後，七章以前，每章章之首皆有「誕」字。

敦徒端反。彼行葦，牛羊勿踐履。方苞方體，維葉泥泥。乃禮反。戚戚兄弟，待禮反。莫遠具爾。或肆之筵，或授之几。興也。敦，聚貌，勾萌之時也。行，道也。勿，戒止之詞也。苞，甲而未折也。體，成形也。泥泥，柔澤貌。戚戚，親也。莫，猶「勿」也。具，俱也。爾，與「邇」同。肆，陳也。○疑此祭畢而燕父兄耆老之詩。故言敦彼行葦，而牛羊勿踐履，則方苞方體，而葉泥泥矣。戚戚兄弟，而莫遠具爾，則或肆之筵，而或授之几矣。此方言其開燕設席之初，而殷勤篤厚之意，藹然已見於言語之外矣。讀者詳之。○肆筵設席，叶祥勺反。授几有緝御。叶魚駕反。或獻或酢，才洛反。洗爵奠斝。古雅反，叶居訝反。醓他感反。醢以薦，叶即略反。或燔或炙。叶陟略反。嘉殽脾臄，婢支反。臄，渠略反。或歌或咢。五洛反。○賦也。設席，重席也。緝，續。御，侍也。有相續代而侍者，言不乏使也。進酒於客曰獻。客答之曰酢。主人又洗爵醻客，客受而奠之不舉也。斝，爵也。夏曰醆，殷曰斝，周曰爵。醓，醢之多汁者也。燔，用肉。炙，用肝。臄，口上肉也。歌者，比於琴瑟也。徒擊鼓曰咢。○言侍御獻酬飲食歌樂之盛也。○敦音雕。下同。弓既堅，叶古因反。四鍭音侯。既鈞，舍音捨。矢既均，序賓以賢。叶下珍反。敦弓既句，古候反，叶古侯反。既挾子協反。四鍭。四鍭如樹，叶上主反。序賓以不侮。賦也。敦、雕通，畫也。天子雕弓。堅，猶「勁」也。鍭，金鏃翦羽矢也。鈞，參亭也。謂參分之，一在前，二在後。三訂之而平者，前者鐵重也。舍，釋也，謂發矢也。均，皆中也。賢，射多中也。投壺曰「某賢於某若干純，奇則曰奇，均則曰左右均」是也。句、彀通，謂引滿也。射禮：「搢三挾一。」既挾四鍭，則徧釋矣。如樹，如手就樹之，言貫革而堅正也。不侮，敬也。令弟子辭，所謂無憮、無敖、無偝立、無踰言者也。或曰：不以中病不中者也。射以中多爲儁，以不侮爲德。○言既燕而射以爲樂也。○曾孫維主，如字，或叶當口反。酒醴維醹。如主反，或叶奴口反。酌以大斗，叶腫庚反，或如字。以祈黄耇。叶果五反，或如字。黄耇台湯來反。背，叶必墨反。以引以翼。壽考維祺，音其。以介景福。叶筆力反。○賦也。曾孫，主祭者之稱。今祭畢而燕，故因而稱之也。醹，厚也。大斗，柄長三尺。祈，求也。黄耇，老人之稱。以祈黄耇，猶曰「以介眉壽」云爾。古器物欵識云「用蘄萬壽」，「用蘄眉壽，永命多福」，「用蘄眉壽，萬年無疆」，皆此類也。台，鮐也。大老則背有鮐文。引，導。翼，輔。祺，吉也。○此頌禱之辭。欲其飲此酒而得老壽，又相引導輔翼，以享壽祺，介景福也。

行葦四章，章八句。毛七章，二章章六句，五章章四句。鄭八章，章四句。毛首章以四句興二句，不成文理，二章又不協韻。鄭首章有起興而無所興。皆誤。今正之如此。

既醉以酒，既飽以德。君子萬年，介爾景福。叶筆力反。○賦也。德，恩惠也。君子，謂王也。爾，亦指王也。○此父兄所以答行葦之詩。言享其飲食恩意之厚，而願其受福如此也。○既醉以酒，爾殽既將。君子萬年，介爾昭明。叶謨郎反。○賦也。殽，俎實也。將，行也。亦奉持而進之意。昭明，猶光大也。○昭明有融，高朗令終。令終有俶，尺六反。公尸嘉告。叶姑沃反。○賦也。融，明之盛也。春秋傳曰「明而未融」。朗，虚明也。令終，善終也。洪範所謂「考終命」、古器物銘所謂「令終令命」是也。俶，始也。公尸，君尸也。周稱王，而尸但曰公尸，蓋因其舊。如秦已稱皇帝，而其男女猶稱公子公主也。嘉告，以善言告之，謂嘏辭也。蓋欲善其終者必善其始。今固未終也，而既有其始矣，於是公尸以此告之。○其告維何？籩豆靜嘉。叶居何反。朋友攸攝，攝以威儀。叶牛何反。○賦也。靜嘉，清潔而美也。朋友，指賓客助祭者。説見楚茨篇。攝，檢也。○公尸告以汝之祭祀，籩豆之薦既靜嘉矣，而朋友相攝佐者，又皆有威儀，當神意也。自此至終篇，皆述尸告之辭。○威儀孔時，叶上止反。君子有孝子。叶獎里反。孝子不匱，求位反。永錫爾類。賦也。孝子，主人之嗣子也。儀禮，祭祀之終，有嗣舉奠。匱，竭。類，善也。○言汝之威儀既得其宜，又有孝子以舉奠。孝子之孝誠而不竭，則宜永錫爾以善矣。東萊吕氏曰：「君子既孝，而嗣子又孝，其孝可謂源源不竭矣。」○其類維何？室家之壼。苦本反，叶苦俊反。君子萬年，永錫祚才故反。胤。羊刃反。賦也。壼，宫中之巷也。言深遠而嚴肅也。祚，福禄也。胤，子孫也。錫之以善，莫大於此。○其胤維何？天被皮寄反。爾禄。君子萬年，景命有僕。賦也。僕，附也。○言將使爾有子孫者，先當使爾被天禄，而爲天命之所附屬。下章乃言子孫之事。○其僕維何？釐力之反。爾女士。鉏里反。釐爾女士，從以孫子。叶獎履反。○賦也。釐，予也。女士，女之有士行者。謂生淑媛，使爲之妃也。

從，隨也。謂又生賢子孫也。

既醉八章，章四句。

鳧鷖在涇，公尸來燕來寧。爾酒既清，爾殽既馨。公尸燕飲，福禄來成。興也。鳧，水鳥如鴨者。鷖，鷗也。涇，水名。爾，自歌工而指主人也。馨，香之遠聞也。○此祭之明日，繹而賓尸之樂。故言鳧鷖則在涇矣，公尸則來燕來寧矣。酒清殽馨，則公尸燕飲，而福禄來成矣。

鳧音扶。鷖於雞反。

鳧鷖在沙，叶桑何反。公尸來燕來宜。爾酒既多，爾殽既嘉。叶居何反。公尸燕飲，福禄來爲。叶吾禾反。○興也。爲，猶助也。

鳧鷖在渚，公尸來燕來處。爾酒既湑，爾殽伊脯。公尸燕飲，福禄來下。叶後五反。○興也。渚，水中高地也。湑，酒之泲者也。

鳧鷖在潨，公尸來燕來宗。既燕于宗，福禄攸降。叶乎攻反。公尸燕飲，福禄來崇。興也。潨，在公反。潨，水會也。「來宗」之宗，尊也。「于宗」之宗，廟也。崇，積而高大也。

鳧鷖在亹，音門。公尸來止熏熏。叶眉貧反。旨酒欣欣，燔炙芬芬。叶豐匀反。公尸燕飲，無有後艱。叶居銀反。○興也。亹，水流峽中，兩岸如門也。熏熏，和説也。欣欣，樂也。芬芬，香也。

鳧鷖五章，章六句。

假中庸、春秋傳皆作「嘉」，今當作「嘉」。樂音洛。君子，叶音則。顯顯令德。宜民宜人，受禄于天。叶鐵因反。保右音又。命叶彌並反。之，自天申之。賦也。嘉，美也。君子，指王也。民，庶民也。人，在位者也。申，重也。○言王之德既宜民人而受天禄矣。而天之於王，猶反覆眷顧之不厭，既保之右之命之，而又申重之也。疑此即公尸之所以答鳧鷖者也。○干禄百福，叶筆力反。子孫千億。穆穆皇皇，宜君宜王。不愆不忘，率由舊章。賦也。穆穆，敬也。皇皇，美也。君，諸侯也。王，天子也。愆，過。率，循也。舊章，先王之禮樂政刑也。○言王者干禄而得百福，故其子孫之蕃至於千億。適爲天子，庶爲諸侯，無不穆穆皇皇，以遵先王之法者。○威儀抑抑，德音秩秩。無怨無惡，烏路反。率由羣匹。受福無疆，四方之綱。賦也。抑抑，密也。秩秩，有常也。匹，類也。○言有威儀聲譽之美，又能無私怨惡以任衆賢，是以能受無疆之福，爲四方之綱。此與下章，皆稱願其子孫之辭也。或曰：無怨無惡，不爲人所怨惡也。○之綱之紀，燕及朋友。叶羽已反。百辟卿士，鉏里反。媚眉備反。于天子。叶獎履反。不解佳賣反。于位，民之攸塈。許既反。○賦也。燕，安也。朋友，亦謂諸臣也。解，墮。塈，息也。○言人君能綱紀四方，而臣下賴之以安，則百辟卿士，媚而愛之。維欲其不解于位，而爲民所安息也。東萊呂氏曰：君燕其臣，臣媚其君，此上下交而爲泰之時也。泰之時，所憂者怠荒而已，此詩所以終於「不解于位，民之攸塈」也。方嘉之又規之者，蓋皋陶賡歌之意也。民之勞逸在下，而樞機在上。上逸則下勞矣，上勞則下逸矣。不解于位，乃民之所由休息也。

假樂四章，章六句。

篤公劉，匪居匪康，迺埸音易。迺疆，迺積迺倉，迺裹音果。餱音侯。糧，音良。于橐他洛反。于囊，乃郎反。思輯音集。用光。弓矢斯張，干戈戚揚，爰方啓行。叶户郎反。○賦也。篤，厚也。公劉，后稷之曾孫也，事見豳風。居，安。康，寧也。埸、疆，田畔也。積，露積也。餱，食。糧，糗也。無底曰橐，有底曰囊。輯，和。戚，斧。揚，鉞。方，始也。○舊説召康公以成王將涖政，當戒以民事，故詠公劉之事以告之曰：厚哉公劉之於民也，其在西戎不敢寧居，治其田疇，實其倉廩，既富且强，於是裹其餱糧，思以輯和其民人，而光顯其國家。然後以其弓矢斧鉞之備，爰始啓行，而遷都於豳焉。蓋亦不出其封内也。○篤公劉，于胥斯原。既庶既繁，叶紛乾反。既順迺宣，而無永歎。叶他安反。陟則在巘，魚輦反，叶魚軒反。復降在原。何以舟叶之遥反。之？維玉及瑶，音遥。鞞必頂反。琫必孔反。容刀。叶徒招反。○賦也。胥，相也。庶、繁，謂居之者衆也。順，安。宣，徧也，言居之徧也。無永歎，得其所，不思舊也。巘，山頂也。舟，帶也。鞞，刀鞘也。琫，刀上飾也。容刀，容飾之刀也。或曰：容刀如言容臭，謂鞞琫之中容此刀耳。○言公劉至豳，欲相土以居，而帶此劍佩，以上下於山原也。東萊吕氏曰：「以如是之佩服，而親如是之勞苦，斯其所以爲厚於民也歟！」○篤公劉，逝彼百泉，瞻彼溥音普。原。迺陟南岡，乃覯于京。叶居良反。京師之野，叶上與反。

于時處處，于時廬旅，于時言言，于時語語。賦也。溥，大。覯，見也。京，高丘也。師，衆也。京師，高丘而衆居也。董氏曰：「所謂京師者，蓋起於此。其後世因以所都爲京師也。」時，是也。處處，居室也。廬，寄也。旅，賓旅也。直言曰言。論難曰語。○此章言營度邑居也。自下觀之，則往百泉而望廣原，自上觀之，則陟南岡而覯于京。于是爲之居室，于是廬其賓旅，於是言其所言，於是語其所語，無不于斯焉。○篤公劉，于京斯依。叶於豈反。蹌蹌七羊反。濟濟，子禮反。俾筵俾几，既登乃依。同上。乃造七到反。其曹，執豕于牢，酌之用匏。步交反。食音嗣。之飲於鴆反。之，君之宗之。就用之字爲韻。○賦也。依，安也。蹌蹌濟濟，羣臣有威儀貌。俾，使也，使人爲之設筵几也。登，登筵也。依，依几也。曹，羣牧之處也。以豕爲殺，用匏爲爵，儉以質也。宗，尊也，主也。嫡子孫主祭祀，而族人尊之以爲主也。○此章言宮室既成而落之，既以飲食勞其羣臣，而又爲之君爲之宗焉。東萊吕氏曰：「既饗燕，而定經制，以整屬其民。上則皆統於君，下則各統於宗。蓋古者建國立宗，其事相須。楚執戎蠻子而致邑立宗，以誘其遺民，即其事也。」○篤公劉，既溥既長，既景迺岡，相息亮反。其陰陽，觀其流泉，其軍三單。音丹，叶多涓反。度待洛反。其隰原，徹田爲糧。度同上。其夕陽，豳居允荒。賦也。溥，廣也，言其芟夷墾辟，土地既廣而且長也。景，考日景以正四方也。岡，登高以望也。相，視也。陰陽，向背寒暖之宜也。流泉，水泉灌漑之利也。三單，未詳。徹，通也。一井之田九百畝，八家皆私百畝，同養公田，耕則通力而作，收則計畝而分也。周之徹法自此始。其後周公蓋因而脩之耳。山西曰夕陽。允，信。荒，大也。○此言辨土宜以授所徙之民，定其軍賦與其税法，又度山西之田以廣之，而豳人之居於此益大矣。○篤公劉，于豳斯館。叶古玩反。涉渭爲亂，取厲取鍛。丁亂反。止基廼理，爰衆爰有。叶羽己反。夾其皇澗，遡其過澗。止旅廼密，芮鞫之即。賦也。館，客舍也。亂，舟之截流横渡者也。厲，砥。鍛，鐵。止，居。基，定也。理，疆理也。衆，人多也。有，財足也。遡，鄉也。皇、過，二澗名。芮，水名，出吴山西北，東入涇。周禮職方作「汭」。鞫，水外也。○此章又總叙其始終。言其始來未定居之時，涉渭取材而爲舟以來往，取厲取鍛而成宫室。既止基於此矣，乃疆理其田野，則日益繁庶富足。其居有夾澗者，有遡澗者。其止居之衆日以益密，乃復即芮鞫而居之，而豳地日以廣矣。

公劉六章，章十句。

洞酌彼行潦，音老。挹彼注兹，可以餴饎。餴，甫云反。饎，尺志反，叶昌里反。豈弟君子，民之父母。叶滿彼反。○興也。洞，遠也。行潦，流潦也。餴，烝米一熟，而以水沃之，乃再烝也。饎，酒食也。君子，指王也。○舊説以爲召康公戒成王。言遠酌彼行潦，挹之於彼，而注之於此，尚可以餴饎。況豈弟之君子，豈不爲民之父母乎？傳曰：「豈以强教之，弟以悦安之。民皆有父之尊，有母之親。」又曰：「民之所好，好之；民之所惡，惡之，此之謂民之父母。」○洞酌彼行潦，挹彼注兹，可以濯罍。音雷。豈弟君子，民之攸歸。叶古回反。○興也。濯，滌也。○洞酌彼行潦，挹彼注茲，可以濯溉。古愛反，叶古氣反。豈弟君子，民之攸塈。許既反。○興也。溉，亦滌也。塈，息也。

泂酌三章，章五句。

有卷音權。者阿，與歌叶。飄風自南。叶尼心反。豈弟君子，來游來歌，與阿叶。以矢其音。賦也。卷，曲也。阿，大陵也。豈弟君子，指王也。矢，陳也。○此詩舊説亦召康公作。疑公從成王游，歌於卷阿之上，因王之歌而作此以爲戒。此章總叙以發端也。○伴音判。奂音喚。爾游矣，優游爾休矣。豈弟君子，俾爾彌爾性，似先公酋在由反。矣。賦也。伴奂，優游閑暇之意。爾、君子，皆指王也。彌，終也。性，猶「命」也。酋，終也。○言爾既伴奂優游矣，又呼而告之，言使爾終其壽命，似先君善始而善終也。自此至第四章，皆極言壽考福禄之盛，以廣王心而歆動之。五章以後，乃告以所以致此之由也。○爾土宇昄符版反。章，亦孔之厚叶狠口、下主二反。矣。豈弟君子，俾爾彌爾性，百神爾主叶當口、腫庾二反。矣。賦也。昄章，大明也。或曰：昄當作「版」，版章，猶版圖也。○言爾土宇昄章既甚厚矣，又使爾終其身常爲天地山川鬼神之主也。○爾受命長矣，茀芳弗反。禄爾康矣。豈弟君子，俾爾彌爾性，純嘏爾常矣。賦也。茀、嘏皆福也。常，常享之也。○有馮符冰反。有翼，有孝有德，以引以翼。豈弟君子，四方爲則。賦也。馮，謂可爲依者。翼，謂可爲輔者。孝，謂能事親者。德，謂得於己者。引，導其前也。翼，相其左右也。東萊吕氏曰：「賢者之行非一端，必曰有孝有德，何也？蓋人主常與慈祥篤實之人處，其所以興起善端，涵養德性，鎮其躁而消其邪，日改月化，有不在言語之間者矣。」○言得賢以自輔如此，則其德日脩，而四方以爲則矣。自此章以下，乃言所以致上章福禄之由也。○顒顒卬卬，如圭如璋，令聞令望。叶無方反。豈弟君子，四方爲綱。賦也。顒顒卬卬，尊嚴也。如圭如璋，純潔也。令聞，善譽也。令望，威儀可望法也。○承上章，言得馮翼孝德之助，則能如此，而四方以爲綱矣。○鳳凰于飛，翽翽其羽，亦集爰止。藹藹王多吉士，鉏里反。維君子使，媚於天子。興也。鳳凰，靈鳥也。雄曰鳳，雌曰凰。翽翽，羽聲也。鄭氏以爲「因時鳳凰至，故以爲喻」，理或然也。藹藹，衆多也。媚，順愛也。○鳳凰于飛，則翽翽其羽，而集於其所止矣。藹藹王多吉士，則維王之所使，而皆媚於天子矣。既曰君子，又曰天子，猶曰「王于出征，以佐天子」云爾。○鳳凰于飛，翽翽其羽，亦傅音附。于天。叶鐵因反。藹藹王多吉人，維君子命，叶彌並反。媚于庶人。興也。媚于庶人，順愛于民也。○鳳凰鳴矣，于彼高岡。梧桐生矣，于彼朝陽。菶菶布孔反。萋萋，七西反。雝雝喈喈。叶居奚反。○比也。又以興下章之事也。山之東曰朝陽。鳳凰之性，非梧桐不棲，非竹實不食。菶菶萋萋，梧桐生之盛也。雝雝喈喈，鳳凰鳴之和也。○君子之車，既庶且多。君子之馬，既閑且馳。叶唐何反。矢詩不多，維以遂歌。賦也。承上章之興也。菶菶萋萋，則雝雝喈喈矣。君子之車馬，則既衆多而閑習矣。其意若曰：是亦足以待天下之賢者，而不厭其多矣。遂歌，蓋繼王之聲而遂歌之，猶書所謂「賡載歌」也。

卷阿十章，六章章五句，四章章六句。

民亦勞止，汔許乙反。可小康。惠此中國，以綏四方。無縱詭居毀反。隨，以謹無良。式遏寇虐，憯七感反。不畏明。叶謨郎反。柔遠能邇，以定我王。賦也。汔，幾也。中國，京師也。四方，諸夏也。京師，諸夏之根本也。詭隨，不顧是非而妄隨人也。謹，斂束之意。憯，曾也。明，天之明命也。柔，安也。能，順習也。○序説以此爲召穆公刺厲王之詩。以今考之，乃同列相戒之詞耳，未必專爲刺王而發。然其憂時感事之意，亦可見矣。蘇氏曰：「人未有無故而妄從人者，維無良之人，將悦其君，而竊其權，以爲寇虐，則爲之。故無縱詭隨，則無良之人肅，而寇虐無畏之人止。然後柔遠能邇，而王室定矣。」穆公名虎，康公之後。厲王名胡，成王七世孫也。○民亦勞止，汔可小休。惠此中國，以爲民逑。無縱詭隨，以謹惽怓。女交反，叶尼猶反。式遏寇虐，無俾民憂。無棄爾勞，以爲王休。賦也。逑，聚也。惽怓，猶讙譁也。勞，猶「功」也。言無棄爾之前功也。休，美也。○民亦勞止，汔可小息。惠此京師，以綏四國。叶于逼反。無縱詭隨，以謹罔極。式遏寇虐，無俾作慝。吐得反。敬慎威儀，以近有德。賦也。罔極，爲惡無窮極之人也。有德，有德之人也。○民亦勞止，汔可小愒。起例反。惠此中國，俾民憂泄。以世反。無縱詭隨，以謹醜厲。式遏寇虐，無俾正敗。叶蒲寐反。戎雖小子，而式弘大。叶特計反。○賦也。愒，息。泄，去。厲，惡也。正敗，正道敗壞也。戎，女也。言汝雖小子，而其所爲甚廣大，不可不謹也。○民亦勞止，汔可小安。惠此中國，國無有殘。無縱詭隨，以謹繾綣。式遏寇虐，無俾正反。王欲玉女，音汝。是用大諫。春秋傳、荀子書並作「簡」，音簡。○賦也。繾綣，小人之固結其君者也。正反，反於正也。玉，寶愛之意。言王欲以女爲玉而寶愛之，故我用王之意，大諫正於女。蓋託爲王意以相戒也。

民勞五章，章十句。

上帝板板，下民卒癉。當簡反。出話不然，爲猶不遠。靡聖管管，不實於亶。猶之未遠，是用大諫。叶音簡。○賦也。板板，反也。卒，盡。癉，病。猶，謀也。管管，無所依也。亶，誠也。○序以此爲凡伯刺厲王之詩。今考其意，亦與前篇相類，但責之益深切耳。此章首言天反其常道，而使民盡病矣。而女之出言，皆不合理，爲謀又不久遠。其心以爲無復聖人，但恣己妄行，而無所依據，又不實之於誠信。豈其謀之未遠而然乎？世亂乃人所爲，而曰「上帝板板」者，無所歸咎之詞耳。○天之方難，叶泥涓反。無然憲憲。叶虛言反。天之方蹶，俱衛反。無然泄泄。以世反。辭之輯音集，叶祖合反。矣，民之洽矣。辭之懌叶弋灼反。矣，民之莫矣。賦也。憲憲，欣欣也。蹶，動也。泄泄，猶沓沓也，蓋弛緩之意。孟子曰：「事君無義，進退無禮，言則非先王之道者，猶沓沓也。」輯，和。洽，合。懌，悦。莫，定也。辭輯而懌，則言必以先王之道矣，所以民無不合無不定也。○我雖異事，及爾同僚。我即而謀，聽我囂囂。許驕反。我言維服，勿以爲笑。叶思邀反。先民有言，詢于芻初俱反。蕘。如謠反。○賦也。異事，不同職也。同僚，同爲王臣也。春秋傳曰：「同官爲僚。」即，就也。囂囂，自得不肯受言之貌。服，事也。猶曰我所言者，乃今之急事也。先民，古之賢人也。芻蕘，采薪者。古人尚詢及芻蕘，況其僚友乎！○天之方虐，無然謔謔。虚虐反。老夫灌灌，小子蹻蹻。其略反。匪我言耄，莫報反，叶毛博反。爾用憂謔。多將熇熇，叶許各反。不可救藥。賦也。謔，戲侮也。老夫，詩人自稱。灌灌，款款也。蹻蹻，驕貌。耄，老而昏也。熇熇，熾盛也。○蘇氏曰：「老者知其不可，而盡其款誠以告之，少者不信而驕之。故曰：非我老耄而妄言，乃汝以憂爲戲耳。夫憂未至而救之，猶可爲也。苟俟其益多，則如火之盛，不可復救矣。」○天之方懠，才細反，叶箋西反。無爲夸苦花反。毗。威儀卒迷，善人載尸。民之方殿屎，許伊反。則莫我敢葵。喪息浪反。亂蔑資，叶箋西反。曾莫惠我師。叶霜夷反。○賦也。懠，怒。夸，大。毗，附也。小人之於人，不以大言夸之，則以諛言毗之也。尸則不言不爲，飲食而已者也。殿屎，呻吟也。葵，揆也。蔑，猶滅也。資，與「咨」同，嗟歎聲也。惠，順。師，衆也。○戒小人毋得夸毗，使威儀迷亂，而善人不得有所爲也。又言民方愁苦呻吟，而莫敢揆度其所以然者，是以至於喪亂滅亡，而卒無能惠我師者也。○天之牖民，如壎許元反。如篪，音池。如璋如圭，如取如攜。攜無曰益，牖民孔易。以豉反，叶夷益反。民之多辟，匹亦反，下同。無自立辟。賦也。牖，開明也。猶言天啓其心也。壎唱而篪和，璋判而圭合，取求攜得而無所費，皆言易也。辟，邪辟也。○言天之開民其易如此，以明上之化下，其易亦然。今民既多邪辟矣，豈可又自立邪辟以道之邪？○价音介。价人維藩，叶分邅反。大師維垣，大邦維屏，大宗維翰，叶胡田反。懷德維寧，宗子維城。無俾城壞，叶胡罪、胡威二反。無獨斯畏。叶紆會、於非二反。○賦也。价，大也。大德之人也。藩，籬。師，衆。垣，牆也。大邦，强國也。屏，樹也，所以爲蔽也。大宗，强族也。翰，幹也。宗子，同姓也。○言是六者，皆君之所恃以安，而德其本也。有德則得是五者之助，不然則親戚叛之而城壞，城壞則藩垣屏翰皆壞而獨居，獨居而所可畏者至矣。○敬天之怒，無敢戲豫。敬天之渝，用朱反。無敢馳驅。昊天曰明，叶謨郎反。及爾出王。音往，叶如字。昊天曰旦，叶得絹反。及爾游衍。叶怡戰反。○賦也。渝，變也。王、往通。言出而有所往也。旦，亦明也。衍，寬縱之意。○言天之聰明，無所不及，不可以不敬也。板板也，難也，蹶也，虐也，懠也，其怒而變也，甚矣，而不之敬也，亦知其有日監在兹者乎！張子曰：「天體物而不遺，猶仁體事而無不在也。『禮儀三百，威儀三千』，無一事而非仁也。『昊天曰明，及爾出王。昊天曰旦，及爾游衍』，無一物之不體也。」

板八章，章八句。

生民之什十篇，六十一章，四百三十三句。

詩卷第十八

朱熹集傳

蕩之什三之三

蕩蕩上帝，下民之辟。必亦反。疾威上帝，其命多辟。匹亦反。天生烝民，其命匪諶。市林反，或叶市隆反。靡不有初，鮮克有終。叶諸深反，或如字。○賦也。蕩蕩，廣大貌。辟，君也。疾威，猶暴虐也。多辟，多邪僻也。烝，衆。諶，信也。○言此蕩蕩之上帝，乃下民之君也。今此暴虐之上帝，其命乃多邪僻者，何哉？蓋天生衆民，其命有不可信者。蓋其降命之初，無有不善，而人少能以善道自終，是以致此大亂，使天命亦罔克終，如疾威而多僻也。蓋始爲怨天之辭，而卒自解之如此。劉康公曰：「民受天地之中以生，所謂命也。能者養之以福，不能者敗以取禍。」此之謂也。

文王曰咨，咨女音汝。殷商。曾是彊禦，曾是掊蒲侯反。克，曾是在位，曾是在服。叶蒲北反。天降慆他刀反。德，女興是力。賦也。此設爲文王之言也。咨，嗟也。殷商，紂也。彊禦，暴虐之臣也。掊克，聚斂之臣也。服，事也。慆，慢。興，起也。力，如力行之力。○詩人知厲王之將亡，故爲此詩，託於文王所以嗟歎殷紂者。言此暴虐聚斂之臣在位用事，乃天降慆慢之德而害民，然非其自爲之也，乃汝興起此人而力爲之耳。○文王曰咨，咨女殷商。而秉義類，彊禦多懟，直類反。流言以對，寇攘式内。侯作側慮反。侯祝，周救反。靡届靡究。賦也。而，亦女也。義，善。懟，怨也。流言，浮浪不根之言也。侯，維也。作，讀爲詛。詛祝，怨謗也。○言汝當用善類，而反任此暴虐多怨之人，使用流言以應對，則是爲寇盗攘竊而反居内矣，是以致怨謗之無極也。○文王曰咨，咨女殷商。女炰白交反。烋火交反。于中國，叶于逼反。斂怨以爲德。不明爾德，時無背布内反。無側。爾德不明，以無陪蒲回反。無卿。賦也。炰烋，氣健貌。斂怨以爲德，多爲可怨之事，而反自以爲德也。背，後。側，傍。陪，貳也。言前後左右公卿之臣，皆不稱其官，如無人也。○文王曰咨，咨女殷商。天不湎面善反。爾以酒，不義從式。叶式吏反。既愆爾止，靡明靡晦，叶呼洧反。式號式呼，火故反。俾晝作夜。叶羊茹反。○賦也。湎，飲酒變色也。式，用也。言天不使爾沈湎於酒，而惟不義是從是用也。止，容止也。○文王曰咨，咨女殷商。如蜩如螗，音唐。如沸如羹。叶盧當反。小大近喪，息浪反，叶平聲〔一〕。人尚乎由行。叶户郎反。内奰皮器反。于中國，覃及鬼方。賦也。蜩、螗，皆蟬也。如蟬鳴，如沸羹，皆亂意也。小者大者，幾於喪亡矣，尚且由此而行，不知變也。奰，怒。覃，延也。鬼方，遠夷之國也。言自近及遠，無不怨怒也。○文王曰咨，咨女殷商。匪上帝不時，叶上止反。殷不用舊。叶巨己反。雖無老成人，尚有典刑。曾是莫聽，湯經反。大命以傾。賦也。老成人，舊臣也。典刑，舊法也。○言非上帝爲此不善之時，但以殷不用舊，致此禍爾。雖無老成人與圖先王舊政，然典刑尚在，可以循守。乃無聽用之者，是以大命傾覆，而不可救也。○文王曰咨，咨女殷商。人亦有言，顛沛之揭，紀竭、去例二反。枝葉未有害，許曷、瑕憩二反。本實先撥。蒲末反，叶方吠、筆烈二反。殷鑒不遠，在夏后之世。叶始制、私列二反。○賦也。顛沛，仆拔也。揭，木根蹶起之貌。撥，猶「絶」也。鑒，視也。夏后，桀也。○言大木揭然將蹶，枝葉未有折傷，而其根本之實已先絶，然後此木乃相隨而顛拔爾。蘇氏曰：「商周之衰，典刑未廢，諸侯未畔，四夷未起，而其君先爲不義以自絶於天，莫可救止，正猶此爾。殷鑒在夏，蓋爲文王歎紂之辭。然周鑒之在殷，亦可知矣。」

蕩八章，章八句。

抑抑威儀，維德之隅。人亦有言，靡哲不愚。庶人之愚，亦職維疾。叶集二反。哲人之愚，亦維斯戾。賦也。抑抑，密也。隅，廉角也。鄭氏曰：「人密審於威儀者，是其德必嚴正也。故古之賢者道行心平，可外占而知内，如宫室之制，内有繩直則外有廉隅也。」哲，知。庶，衆。職，主。戾，反也。○衛武公作此詩，使人日誦於其側以自警。言抑抑威儀，乃德之隅。則有哲人之德者，固必有哲人之威儀矣。而今之所謂哲者，未嘗有其威儀，則是無哲而不愚矣。夫衆人之愚，蓋有稟賦之偏，宜有是疾，不足爲怪。哲人而愚，則反戾其常矣。○無競維人，四方其訓之。有覺德行，下孟反。四國順之。訏况于反。訏，大。謨，謀也。大謀，謂不爲一身之謀，而有天下之慮也。定，審定不改易也。命，號令也。猶，圖也。遠謀，謂不爲一時之計，而爲長久之規也。辰，時。告，戒也。辰告，謂以時播告也。則，法也。○言天地之性人爲貴，故能盡人道，則四方皆以爲訓。有覺德行，則四國皆順從之。故必大其謀，定其命，遠圖時告，敬其威儀，然後可以爲天下法也。○其在于今，叶音經。興迷亂于政。叶音征。顛覆厥德，荒湛都南反，下同。于酒。叶子小反。女音汝。雖湛樂音洛。從，弗念厥紹。市沼反。罔敷求先王，克共九勇反。明刑。叶胡光反。○賦也。今，武公自言己今日之所爲也。興，尚也。女，武公使人誦詩而命己之辭也。後凡言「女」、言「爾」、言「小子」者放此。湛樂從，言惟湛樂之從也。紹，謂所承之緒也。敷求先王，廣求先王所行之道也。共，執。刑，法也。○肆皇天弗尚，叶平聲。如彼泉流，無淪胥以亡。夙興夜寐，洒埽廷内，維民之章。脩爾車馬，弓矢戎兵，叶晡亡反。用戒戎作，用遏他歷反。蠻方。賦也。弗尚，厭棄之也。淪，陷。胥，相。章，表。戒，備。戎，兵。作，起。遏，遠也。○言天所不尚，則無乃淪陷相與而亡，如泉流之易乎？是以内自庭除之近，外及蠻方之遠，細而寢興洒埽之常，大而車馬戎兵之變，慮無不周，備無不飭也。上章所謂「訏謨定命，遠猶辰告」者，於此見矣。○質爾人民，謹爾侯度，用戒不虞。叶元具反。慎爾出話，敬爾威儀，叶牛何反。無不柔嘉。叶居何反。白圭之玷，丁簟反。尚可磨也。斯言之玷，不可爲叶吾禾反。

也。賦也。質，成也，定也。侯度，諸侯所守之法度也。虞，慮。話，言。柔，安。嘉，善。玷，缺也。○言既治民守法，防意外之患矣，又當謹其言語。蓋玉之玷缺，尚可磨鑢使平，言語一失，莫能救之，其戒深切矣。故南容一日三復此章，而孔子以其兄之子妻之。○無易由言，無曰苟矣。此二句不用韻。莫捫朕舌，言不可逝叶音折，與舌叶。矣。無言不讎，叶市又反。無德不報。叶蒲救反。惠于朋友，叶羽己反。庶民小子。叶奬履反。子孫繩繩，萬民靡不承。賦也。易，輕。捫，持。逝，去。讎，答。承，奉也。○言不可輕易其言，蓋無人爲我執持其舌者。故言語由己，易致差失，常當執守，不可放去也。且天下之理，無有言而不讎，無有德而不報者。若爾能惠于朋友，庶民小子，則子孫繩繩而萬民靡不承矣。皆謹言之效也。○視爾友君子，輯音集。柔爾顔，叶魚堅反。不遐有愆。相息亮反。在爾室，尚不媿于屋漏。無曰不顯，莫予云覯。神之格叶剛鶴反。思，不可度待洛反。思，矧可射音亦，叶弋灼反。思。賦也。輯，和也。遐、何通。愆，過也。尚，庶幾也。屋漏，室西北隅也。覯，見。格，至。度，測。矧，況也。射，斁通，厭也。○言視爾友於君子之時，和柔爾之顔色，其戒懼之意，常若自省曰：豈不至於有過乎？蓋常人之情，其脩於顯者，無不如此。然視爾獨居於室之時，亦當庶幾不愧于屋漏，然後可爾。無曰此非顯明之處而莫予見也。當知鬼神之妙，無物不體，其至於是，有不可得而測者。不顯亦臨，猶懼有失，況可厭射而不敬乎！此言不但脩之於外，又當戒謹恐懼乎其所不睹不聞也。子思子曰：「君子不動而敬，不言而信。」又曰：「夫微之顯、誠之不可揜如此。」此正心誠意之極功，而武公及之，則亦聖賢之徒矣。○辟爾爲德，俾臧俾嘉。叶居何反。

淑慎爾止，不愆于儀。叶牛何反。不僭不賊，鮮息淺反。不爲則。投我以桃，報之以李。彼童而角，實虹户公反。小子。叶獎履反。○賦也。辟，君也，指武公也。止，容止也。僭，差。賊，害。則，法也。無角曰童。虹，潰亂也。○既戒以脩德之事，而又言爲德而人法之，猶投桃報李之必然也。彼謂不必脩德而可以服人者，是牛羊之童者而求其角也，亦徒潰亂汝而已，豈可得哉！○荏而甚反。染而漸反。柔木，言緡之絲。叶新夷反。温温恭人，維德之基。其維哲人，告之話言，順德之行。與言叶。其維愚人，覆謂我僭，叶七尋反。民各有心。興也。荏染，柔貌。柔木，柔忍之木也。緡，綸也。被之綸以爲弓也。話言，古之善言也。覆，猶反也。僭，不信也。民各有心，言人心不同，愚智相越之遠也。○於音烏。乎音呼。小子，叶獎履反。未知臧否。音鄙。匪手攜之，言示之事。叶上止反。匪面命之，言提其耳。借曰未知，亦既抱子。同上。民之靡盈，誰夙知而莫音慕。成。賦也。非徒手攜之也，而又示之以事。非徒面命之也，而又提其耳，所以喻之者詳且切矣。假令言汝未有知識，則汝既長大而抱子，宜有知矣。人若不自盈滿，能受教戒，則豈有既早知而反晚成者乎！○昊天孔昭，叶音灼。我生靡樂。音洛。視爾夢夢，莫公反。我心慘慘。當作懆，七到反，叶七各反。誨爾諄諄，之純反。聽我藐藐。美角反。匪用爲教，叶入聲。覆用爲虐。借曰未知，亦聿既耄。叶音莫。○賦也。夢夢，不明，亂意也。慘慘，憂貌。諄諄，詳熟也。藐藐，忽略貌。耄，老也，八十九十曰耄，左史所謂年九十有五時也。○於乎小子，見上章。告爾舊止。聽用我謀，庶無大悔。叶虎委反。天方艱難，曰喪厥國。叶于逼反。取譬不遠，昊天不忒。他得反。回遹其德，俾民大棘。賦也。舊，舊章也，或曰久也。止，語詞。庶，幸。悔，恨。忒，差。遹，僻。棘，急也。○言天運方此艱難，將喪厥國矣。我之取譬，夫豈遠哉？觀天道福禍之不差忒，則知之矣。今女乃回遹其德，而使民至於困急，則喪厥國也必矣！

抑十二章，三章章八句，九章章十句。楚語左史倚相曰：「昔衛武公年數九十五矣，猶箴儆於國，曰：『自卿以下至于師長士，苟在朝者，無謂我老耄而舍我，必恭恪於朝夕以交戒我。』在輿有旅賁之規，位宁有官師之典，倚几有誦訓之諫，居寢有暬御之箴，臨事有瞽史之道，宴居有師工之誦。史不失書，矇不失誦，以訓御之。於是作懿戒以自儆。及其没也，謂之睿聖武公。」韋昭曰：「懿，讀爲抑。」即此篇也。董氏曰：「侯包言武公行年九十有五，猶使人日誦是詩而不離於其側。」然則序説爲刺厲王者誤矣。

菀音鬱。彼桑柔，與「劉」、「憂」叶，篇内多放此。其下侯旬。捋力活反。采其劉，瘼音莫。此下民。不殄心憂，倉初亮反。兄與「怳」同。填舊説古「塵」字。兮。倬彼昊天，叶鐵因反。寧不我矜。比也。菀，茂。旬，徧。劉，殘。殄，絶也。倉兄，與「愴怳」同，悲閔之意也。填，未詳。舊説與「塵」、「陳」同，蓋言久也。或疑與「瘨」字同，爲病之義。但召旻篇内二字並出，又恐未然。今姑闕之。倬，明貌。○舊説此爲芮伯刺厲王而作。春秋傳亦曰芮良夫之詩，則其説是也。以桑爲比者，桑之爲物，其葉最盛，然及其采之也，一朝而盡，無黄落之漸。故取以比周之盛時，如葉之茂，其蔭無所不徧。至於厲王肆行暴虐，以敗其成業，王室忽焉凋弊，如桑之既采，民失其蔭而受其病。故君子憂之，不絶於心，悲閔之甚而至於病，遂號天而訴之也。○四牡騤騤，旟旐有翩。叶批賓反。亂生不夷，靡國不泯。叶彌鄰反。民靡有黎，具禍以燼。叶咨辛反。於音烏。乎音呼。有哀，叶音依。國步斯頻。賦也。夷，平。泯，滅。黎，黑也，謂黑首也。具，俱也。燼，灰燼也。步，猶「運」也。頻，急蹙也。○厲王之亂，天下征役不息，故其民見其車馬旌旗而厭苦之。自此至第四章，皆征役者之怨辭也。○國步蔑資，天不我將。叶子兩反。靡所止疑，魚乞反，叶如字。云徂何往？君子實維，秉心無競。叶其兩反。誰生厲階，叶居奚反。至今爲梗？古杏反，叶古黨反。○賦也。蔑，滅。資，咨。將，養也。疑，讀如儀禮「疑立」之「疑」，定也。徂，亦往也。競，爭。厲，怨。梗，病也。○言國將危亡，天不我養，居無所定，徂無所往。然非君子之有爭心也，誰實爲此禍階，使至今爲病乎？蓋曰禍有根原，其所從來也遠矣。○憂心慇慇，念我土宇。我生不辰，逢天僤怒。叶暖五反。自西徂東，叶音丁。靡所定處。多我覯痻，武巾反。孔棘我圉。賦也。土〔二〕，鄉。宇，居。辰，時。僤，厚。覯，見。痻，病。棘，急。圉，邊也，或曰禦也。多矣我之見病也。急矣我之在邊也。○爲謀爲毖，叶音必。亂況斯削。告爾憂恤，誨爾序爵。誰能執熱，逝不以濯？其何能淑，載胥及溺。叶奴學反。○賦也。毖，慎。況，滋也。序爵，辨别賢否之道也。執熱，手持熱物也。○蘇氏曰：「王豈不謀且愼哉，然而不得其道，適所以長亂而自削耳。故告之以其所當憂，而誨之以序爵。且曰誰能執熱而不濯者？賢者之能已亂，猶濯之能解熱耳。不然，則其何能善哉？相與入於陷溺而已。」○如彼遡風，叶孚音反。亦孔之僾。音愛。民有肅心，荓普耕反。云不逮。好呼報反。是稼穡，力民代食。稼穡維寶，代食維好。賦也。遡，鄉。僾，唈。肅，進。荓，使也。○蘇氏曰：「君子視厲王之亂，悶然如遡風之人，唈而不能息。雖有欲進之心，皆使之曰世亂矣，非吾所能及也。於是退而稼穡，盡其筋力，與民同事，以代祿食而已。當是時也，仕進之憂，甚於稼穡之勞。故曰『稼穡維寶，代食維好』，言雖勞而無患也。」○天降喪息浪反。亂，滅我立王。降此蟊賊，稼穡卒癢。音羊。哀恫音通。中國，具贅之芮反。卒荒。靡有旅力，以念穹蒼。賦也。恫，痛。具，俱也。贅，屬也，言危也。春秋傳曰「君若綴旒然」，與此「贅」同。卒，盡。荒，虛也。旅，與「膂」同。穹蒼，天也。穹言其形，蒼言其色。○言天降喪亂，固已滅我所立之王矣。又降此蟊賊，則我之稼穡又病而不得以代食矣。哀此中國，皆危盡荒，是以危困之極，無力以念天禍也。此詩之作，不知的在何時，其言「滅我立王」，則疑在共和之後也。維此惠君，民人所瞻。叶側姜反。秉心宣猶，考愼其相。息亮反，叶平聲。維彼不順，自獨俾臧。自有肺腸，俾民卒狂。賦也。惠，順也。順於義理也。宣，徧。猶，謀。相，輔。狂，惑也。○言彼順理之君，所以爲民所尊仰者，以其能秉持其心，周徧謀度，考擇其輔相，必衆以爲賢而後用之。彼不順理之君，則自以爲善，而不考衆謀，自有私見，而不通衆志，所以使民眩惑，至於狂亂也。○瞻彼中林，甡甡所巾反。其鹿。朋友已譖，子念反，叶子林反。不胥以穀。人亦有言，進退維谷。興也。甡甡，衆多並行之貌。譖，不信也。胥，相。穀，善。谷，窮也。言朋友相譖，不能相善，曾鹿之不如也。○言上無明君，下有惡俗，是以進退皆窮也。○維此聖人，瞻言百里。維彼愚人，覆狂以喜。匪言不能，胡斯畏忌？叶巨已反。○賦也。聖人炳於幾先，所視而言者，無遠而不察。愚人不知禍之將至，而反狂以喜，今用事者蓋如此。我非不能言也，如此畏忌何哉？言王暴虐，人不敢諫也。○維此良人，弗求弗迪。叶徒沃反。維彼忍心，是顧是復。房六反。民之貪亂，寧爲荼毒？賦也。迪，進也。忍，殘忍也。顧，念。復，重也。荼，苦菜也，味苦氣辛，能殺物，故謂之荼毒也。○言不求善人進而用之，其所顧念重復而不已者，乃忍心不仁之人。民不堪命，所以肆行貪亂，而安爲荼毒也。○大風有隧，音遂。有空大谷。維此良人，作爲式穀。維彼不順，征以中垢。古口反，叶居六反。○興也。隧，道。式，用。穀，善也。征以中垢，未詳其義。或曰：征，行也。中，隱暗也。垢，汙穢也。○大風之行有隧，蓋多出於空谷之中。以興下文君子小人所行，亦各有道耳。○大風有隧，貪人敗類。聽言則對，誦言如醉。匪用其良，覆俾我悖。叶蒲寐反。○興也。敗類，猶言圮族也。王使貪人爲政，我以其或能聽我之言而對之，然亦知其不能聽也。故誦言而中心如醉，由王不用善人，而反使我至此悖眊也。厲王說榮夷公，芮良夫曰：「王室其將卑乎？夫榮公好專利而不備大難。夫利，百物之所生也，天地之所載也，而或專之，其害多矣。」此詩所謂貪人，其榮公也與？芮伯之憂，非一日矣。○嗟爾朋友，予豈不知而作？如彼飛蟲，時亦弋獲。叶胡郭反。既之陰於鴆反。

女，音汝。反予來赫。叶黑各反。○賦也。如彼飛蟲，時亦弋獲，言己之所言，或亦有中，猶曰千慮而一得也。之，往。陰，覆也。赫，威怒之貌。我以言告女，是往陰覆於女，女反來加赫然之怒於己也。張子曰：「既往密告於女，反謂我來恐動也。」亦通。○民之罔極，職涼善背。叶必墨反。爲民不利，如云不克。民之回遹，職競用力。賦也。職，專也。涼，義未詳。傳曰：「涼，薄也。」鄭讀作「諒」，信也。疑鄭説爲得之。善背，工爲反覆也。克，勝也。回遹，邪僻也。○言民之所以貪亂而不知所止者，專由此人，名爲直諒，而實善背。又爲民所不利之事，如恐不勝而力爲之也。又言民之所以邪僻者，亦由此輩專競用力而然也。反覆其言，所以深惡之也。○民之未戾，職盗爲寇。涼曰不可，覆背善詈。力智反。雖曰匪予，既作爾歌。叶韻未詳。○賦也。戾，定也。民之所以未定者，由有盗臣爲之寇也。蓋其爲信也，亦以小人爲不可矣。及其反背也，則又工爲惡言以詈君子。是其色厲内荏，真可謂穿窬之盗矣。然其人又自文飾，以爲此非我言也，則我已作爾歌矣。言得其情，且事已著明，不可揜覆也。

桑柔十六章，八章章八句，八章章六句。

倬彼雲漢，昭回于天。叶鐵因反。王曰於音烏。乎，音呼。何辜今之人？天降喪息浪反。亂，饑饉薦在甸反。臻。靡神不舉，靡愛斯牲。叶桑經反。圭璧既卒，寧莫我聽？吐丁反。○賦也。雲漢，天河也。昭，光。回，轉也。言其光隨天而轉也。薦、荐通，重也。臻，至也。靡神不舉，所謂國有凶荒，則索鬼神而祭之也。圭璧，禮神之玉也。卒，盡也。寧，猶「何」也。○舊説以爲宣王承厲王之烈，内有撥亂之志，遇災而懼，側身脩行，欲銷去之。天下喜於王化復行，百姓見憂，故仍叔作此詩以美之。言雲漢者夜晴則天河明，故述王仰訴於天之詞如此也。○旱既大音泰。甚，蘊隆蟲蟲。不殄禋祀，自郊徂宮。上下尊瘞，靡神不宗。后稷不克，上帝不臨。叶力中反。耗斁丁故反。下土，寧丁我躬？賦也。蘊，蓄。隆，盛也。蟲蟲，熱氣也。殄，絶也。郊，祀天地也。宮，宗廟也。上，祭天。下，祭地。奠其禮，瘞其物。宗，尊也。克，勝也。言后稷欲救此旱災，而不能勝也。臨，享也。稷以親言，帝以尊言也。斁，敗。丁，當也。何以當我之身而有是災也。或曰：與其耗斁下土，寧使災害當我身也。亦通。○旱既大甚，則不可推。吐雷反。兢兢業業，如霆如雷。周餘黎民，靡有孑遺。叶夷回反。下同。昊天上帝，則不我遺。胡不相畏，先祖于摧。在雷反。○賦也。推，去也。兢兢，恐也。業業，危也。如霆如雷，言畏之甚也。孑，無右臂貌。遺，餘也。言大亂之後，周之餘民無復有半身之遺者，而上天又降旱災，使我亦不見遺也。摧，滅也。言先祖之祀將自此而滅也。○旱既大甚，則不可沮。在呂反。赫赫炎炎，云我無所。大命近止，靡瞻靡顧。叶果五反。羣公先正，則不我助。叶牀所反。父母先祖，胡寧忍予？叶演女反。○賦也。沮，止也。赫赫，旱氣也。炎炎，熱氣也。無所，無所容也。大命近止，死將至也。瞻，仰。顧，望也。羣公先正，月令所謂「雩祀百辟卿士之有益於民者以祈穀實」者也。於羣公先正，但言其不見助。至父母先祖，則以恩望之矣。所謂垂涕泣而道之也。○旱既大甚，滌滌徒歷反。山川。叶樞倫反。旱魃蒲末反。爲虐，如惔音談。如焚。叶符勻反。我心憚暑，憂心如熏。羣公先正，則不我聞。叶微勻反。昊天上帝，寧俾我遯？叶徒勻反。○賦也。滌滌，言山無木，川無水，如滌而除之也。魃，旱神也。惔，燎之也。憚，勞也，畏也。熏，灼。遯，逃也。言天又不肯使我得逃遯而去也。○旱既大甚，黽勉畏去。胡寧瘨都田反。我以旱，憯七感反。不知其故。祈年孔夙，方社不莫。音慕。昊天上帝，則不我虞。叶元具反。敬恭明神，宜無悔怒。賦也。黽勉畏去，出無所之也。瘨，病。憯，曾也。祈年，孟春祈穀于上帝，孟冬祈來年于天宗是也。方，祭四方也。社，祭土神也。虞，度。悔，恨也。言天曾不度我之心，如我之敬事明神，宜可以無恨怒也。○旱既大甚，散無友紀。鞫居六反。哉庶正，疚哉冢宰，叶奬里反。趣七口反。馬師氏，膳夫左右，叶羽已反。靡人不周，無不能止。瞻卬音仰。昊天，云如何里。賦也。友紀，猶言綱紀也。或曰：友，疑作「有」。鞫，窮也。庶正，衆官之長也。疚，病也。冢宰，又衆長之長也。趣馬，掌馬之官。師氏，掌以兵守王門者。膳夫，掌食之官也。歲凶年穀不登，則趣馬不秣，師氏弛其兵，馳道不除，祭事不縣，膳夫徹膳，左右布而不脩，大夫不食粱，士飲酒不樂。周，救也。無不能止，言諸臣無有一人不周救百姓者，無有自言不能，而遂止不爲也。里，憂也。與漢書「無俚」之「俚」同，聊賴之意也。○瞻卬昊天，有嘒呼惠反。其星。大夫君子，昭假音格。無贏。音盈。大命近止，無棄爾成。何求爲于僞反。我，以戾庶正？叶諸盈反。瞻卬昊天，曷惠其寧？賦也。嘒，明貌。昭，明。假，至也。○久旱而仰天以望雨，則有嘒然之明星，未有雨徵也。然羣臣竭其精誠，而助王以昭假于天者，已無餘矣。雖今死亡將近，然不可以棄其前功，當益求所以昭假者而脩之，固非求爲我之一身而已，乃所以定衆正也。於是語終，又仰天而訴之曰：果何時而惠我以安寧乎？張子曰：「不敢斥言雨者，畏懼之甚，且不敢必云爾。」

雲漢八章，章十句。

崧息中反。高維嶽，駿音峻。極于天。叶鐵因反。維嶽降神，生甫及申。維申及甫，維周之翰。叶胡干反。四國于蕃，叶分邅反。四方于宣。賦也。山大而高曰崧。嶽，山之尊者，東岱、南霍、西華、北恒是也。駿，大也。甫，甫侯也，即穆王時作呂刑者。或曰此是宣王時人，而作呂刑者之子孫也。申，申伯也。皆姜姓之國也。翰，榦。蕃，蔽也。○宣王之舅申伯出封于謝，而尹吉甫作詩以送之。言嶽山高大，而降其神靈和氣，以生甫侯、申伯，實能爲周之楨榦屏蔽，而宣其德澤於天下也。蓋申伯之先，神農之後，爲唐虞四嶽，總領方嶽諸侯，而奉嶽神之祭，能脩其職，嶽神享之。故此詩推本申伯之所以生，以爲嶽降神而爲之也。○亹亹申伯，王纘祖管反。之事。于邑于謝，南國是式。叶失吏反。王命召伯，叶逋莫反。定申伯之宅。叶達各反。登是南邦，叶卜工反。世執其功。賦也。亹亹，强勉之貌。纘，繼也，使之繼其先世之事也。邑，國都之處也。謝，在今鄧州南陽縣，周之南土也。式，使諸侯以爲法也。召伯，召穆公虎也。登，成也。世執其功，言使申伯後世常守其功也。或曰：大封之禮，召公之世職也。○王命申伯，式是南邦。叶卜功反。因是謝人，以作爾庸。王命召伯，徹申伯土田。叶地因反。王命傅御，遷其私人。賦也。庸，城也。言因謝邑之人而爲國也。鄭氏曰：「庸，功也，爲國以起其功也。」徹，定其經界，正其賦税也。傅御，申伯家臣之長也。私人，家人。遷，使就國也。漢明帝送侯印與東平王蒼諸子，而以手詔賜其國中傅，蓋古制如此。○申伯之功，召伯是營。有俶其城，寢廟既成。既成藐藐，王錫申伯叶逋各反。四牡蹻蹻，渠略反。鉤膺濯濯。賦也。俶，始作也。藐藐，深貌。蹻蹻，壯貌。濯濯，光明貌。○王遣申伯，路車乘繩證反。馬。叶滿補反。我圖爾居，莫如南土。錫爾介圭，以作爾寶。叶音補。往近鄭音記。按説文從辵，從丌。今從斤誤。王舅，南土是保。叶音補。○賦也。介圭，諸侯之封圭也。近，辭也。○申伯信邁，王餞賤淺反。于郿。芒悲反。申伯還南，謝于誠歸。王命召伯，徹申伯土疆，以峙直里反。其粻，音張。式遄市專反。其行。叶户郎反。○賦也。郿，在今鳳翔府郿縣，在鎬京之西，岐周之東，而申在鎬京之東南。時王在岐周，故餞于郿也。言信邁、誠歸，以見王之數留，疑於行之不果故也。峙，積。粻，糧。遄，速也。召伯之營謝也，則已斂其税賦，積其餱糧，使廬市有止宿之委積，故能使申伯無留行也。○申伯番番，音波，叶分邅反。既入于謝，徒御嘽嘽。吐丹反。周邦咸喜，戎有良翰。叶胡干反。不顯申伯，王之元舅，文武是憲。叶虛言反。○賦也。番番，武勇貌。嘽嘽，衆盛也。戎，女也。申伯既入于謝，周人皆以爲喜，而相謂曰：汝今有良翰矣。元，長。

憲，法也。言文武之士皆以申伯爲法也。或曰：申伯能以文王、武王爲法也。○申伯之德，柔惠且直。揉汝又反。此萬邦，聞音問。于四國。叶于逼反。吉甫作誦，其詩孔碩，其風肆好，以贈申伯。賦也。揉，治也。吉甫，尹吉甫，周之卿士。誦，工師所誦之詞也。碩，大。風，聲。肆，遂也。

崧高八章，章八句。

天生烝民，有物有則。民之秉彝，音夷。好呼報反。是懿德。天監有周，昭假音格。于下。叶後五反。保茲天子，生仲山甫。賦也。烝，衆。則，法。秉，執。彝，常。懿，美。監，視。昭，明。假，至。保，祐也。仲山甫，樊侯之字也。○宣王命樊侯仲山甫築城于齊，而尹吉甫作詩以送之。言天生衆民，有是物必有是則。蓋自百骸、九竅、五藏，而達之君臣、父子、夫婦、長幼、朋友，無非物也，而莫不有法焉。如視之明，聽之聰，貌之恭，言之順，君臣有義，父子有親之類是也。是乃民所執之常性，故其情無不好此美德者。而況天之監視有周，能以昭明之德感格于下，故保祐之，而爲之生此賢佐曰仲山甫焉。則所以鍾其秀氣，而全其美德者，又非特如凡民而已也。昔孔子讀詩至此而贊之曰：「爲此詩者，其知道乎！」故有物必有則，「民之秉彝」也，故「好是懿德」。而孟子引之，以證性善之說。其指深矣，讀者其致思焉。○仲山甫之德，柔嘉維則。令儀令色，小心翼翼，古訓是式，威儀是力。天子是若，明命使賦。叶韻若、賦，未詳。○賦也。嘉，美。令，善也。儀，威儀也。色，顏色也。翼翼，恭敬貌。古訓，先王之遺典也。式，法。力，勉。若，順。賦，布也。○東萊呂氏曰：「柔嘉維則，不過其則也。過其則，斯爲弱，不得謂之柔嘉矣。令儀令色，小心翼翼，言其表裏柔嘉也。古訓是式，威儀是力，言其學問進脩也。天子是若，明命使賦，言其發而措之事業也。此章蓋備舉仲山甫之德。」○王命仲山甫，式是百辟。音壁。無韻，未詳。纘戎祖考，王躬是保。出納王命，王之喉舌。賦政于外，四方爰發。叶方月反。○賦也。式，法。戎，女也。王躬是保，所謂保其身體者也。然則仲山甫蓋以冢宰兼太保，而太保抑其世官也與？出，承而布之也。納，行而復之也。喉舌，所以出言也。發，發而應之也。○東萊呂氏曰：「仲山甫之職，外則總領諸侯，内則輔養君德，入則典司政本，出則經營四方。此章蓋備舉仲山甫之職。」○肅肅王命，仲山甫將之。邦國若否，音鄙。仲山甫明叶謨郎反。之。既明且哲，以保其身。夙夜匪解，佳賣反。以事一人。賦也。肅肅，嚴也。將，奉行也。若，順也。順否，猶臧否也。明，謂明於理。哲，謂察於事。保身，蓋順理以守身，非趨利避害，而偷以全軀之謂也。解，怠也。一人，天子也。○人亦有言，柔則茹忍與反。之，剛則吐之。維仲山甫，柔亦不茹，剛亦不吐，不侮矜古頑反。寡，叶果五反。不畏彊禦。賦也。人亦有言，世俗之言也。茹，納也。○不茹柔，故不侮矜寡。不吐剛，故不畏彊禦。以此觀之，則仲山甫之柔嘉，非軟美之謂，而其保身，未嘗枉道以徇人可知矣。○人亦有言，德輶羊久反。如毛，民鮮息淺反。克舉之。我儀圖叶丁五反。之，維仲山甫舉之，愛莫助叶牀五反。之。衮職有闕，維仲山甫補之。賦也。輶，輕。儀，度。圖，謀也。衮職，王職也。天子龍衮，不敢斥言王闕，故曰「衮職有闕」也。○言人皆言德甚輕而易舉，然人莫能舉也。我於是謀度其能舉之者，則惟仲山甫而已。是以心誠愛之，而恨其不能有以助之。蓋愛之者〔三〕，秉彝好德之性也。而不能助者，能舉與否，在彼而已，固無待於人之助，而亦非人之所能助也。至於王職有闕失，亦惟仲山甫獨能補之。蓋惟大人然後能格君心之非，未有不能自舉其德，而能補君之闕者也。○仲山甫出祖，四牡業業，征夫捷捷，在接反。每懷靡及。叶極業反。四牡彭彭，叶鋪郎反。八鸞鏘鏘。七羊反。王命仲山甫，城彼東方。賦也。祖，行祭也。業業，健貌。捷捷，疾貌。東方，齊也。傳曰：「古者諸侯之居逼隘，則王者遷其邑而定其居，蓋去薄姑而遷於臨菑也。」孔氏曰：「史記『齊獻公元年，徙薄姑，都治臨菑』。計獻公當夷王之時，與此傳不合，豈徙於夷王之時，至是而始備其城郭之守歟？」○四牡騤騤，求胇反。八鸞喈喈。音皆，叶居奚反。仲山甫徂齊，式遄其歸。吉甫作誦，穆如清風。叶孚愔反。仲山甫永懷，以慰其心。賦也。式遄其歸，不欲其久於外也。穆，深長也。清風，清微之風，化養萬物者也。以其遠行而有所懷思，故以此詩慰其心焉。曾氏曰：「賦政于外，雖仲山甫之職，然保王躬，補王闕，尤其所急。城彼東方，其心永懷，蓋有所不安者。尹吉甫深知之，作誦而告以遄歸，所以安其心也。」

烝民八章，章八句。

奕奕梁山，維禹甸之。有倬其道，下與考叶。韓侯受命。王親命之，纘戎祖考。上與道叶。無廢朕命，夙夜匪解。音懈，叶訖力反。虔共爾位，朕命不易。幹古旦反。不庭方，以佐戎辟。音壁。○賦也。奕奕，大也。梁山，韓之鎮也，今在同州韓城縣。甸，治也。倬，明貌。韓，國名。侯，爵。武王之後也。受命，蓋即位除喪，以士服入見天子而聽命也。纘，繼。戎，汝也。言王錫命之，使繼世而爲諸侯也。虔，敬。易，改。幹，正也。不庭方，不來庭之國也。辟，君也。此又戒之以修其職業之詞也。○韓侯初立，來朝始受王命而歸，詩人作此以送之。序亦以爲尹吉甫作，今未有據。下篇云召穆公凡伯者放此。○四牡奕奕，孔脩且張。韓侯入覲，以其介圭，入覲于王。王錫韓侯，淑旂綏章，簟茀錯衡，叶户郎反。玄衮赤舄，鉤膺鏤音漏。錫，音羊。鞹苦郭反。鞃苦弘反。淺幭，莫歷反。鞗音條。革金厄。叶於栗反。○賦也。脩，長。張，大也。介圭，封圭，執之爲贄，以合瑞于王也。淑，善也。交龍曰旂。綏章，染鳥羽或旄牛尾爲之，注於旂竿之首，爲表章者也。鏤，刻金也。馬眉上飾曰錫，今當盧也。鞹，去毛之革也。鞃，式中也。謂兩較之間横木可憑者，以鞹持之，使牢固也。淺，虎皮也。幭，覆式也，字一作「幦」，又作「幎」，以有毛之皮覆式上也。鞗革，轡首也。金厄，以金爲環，纏搤轡首也。○韓侯出祖，出宿于屠。顯父音甫。餞之，清酒百壺。其殽維何？炰白交反。鼈鮮魚。其蔌音速。維何？維筍恤尹反。及蒲。其贈維何？乘繩證反。馬路車。籩豆有且，子余反。侯氏燕胥。賦也。既覲而反國必祖者，尊其所往，去則如始行焉。屠，地名，或曰即杜也。顯父，周之卿士也。蔌，菜殽也。筍，竹萌也。蒲，蒲蒻也。且，多貌。侯氏，覲禮諸侯來朝者之稱。胥，相也，或曰語辭。○韓侯取七住反。妻，汾符云反。王之甥，蹶俱衛反。父音甫。之子。叶獎履反。韓侯迎魚覲反。止，于蹶之里。百兩音亮，又如字。彭彭，叶鋪郎反。八鸞鏘鏘，不顯其光。諸娣大計反。從之，祁祁巨移反。如雲。韓侯顧之，爛其盈門。叶眉貧反。○賦也。此言韓侯既覲而還，遂以親迎也。汾王，厲王也。厲王流于彘，在汾水之上，故時人以目王焉。猶言莒郊公、黎比公也。蹶父，周之卿士，姞姓也。諸娣，諸侯一娶九女，二國媵之〔四〕，皆有娣姪也。祁祁，徐靚也。如雲，衆多也。○蹶父孔武，靡國不到。爲于僞反。韓姞其一反。相息亮反。攸，莫如韓樂。音洛，叶力告反。孔樂韓土，川澤訏訏，況甫反。魴鱮甫甫，麀鹿噳噳，愚甫反。有熊有羆，有貓苗、茅二音。有虎。慶既令居，叶斤御、斤於二反。韓姞燕譽。叶羊茹、羊諸二反。○賦也。韓姞，蹶父之子，韓侯妻也。相攸，擇可嫁之所也。訏訏，甫甫，大也。噳噳，衆也。貓，似虎而淺毛。慶，喜。令，善也。喜其有此善居也。燕，安。譽，樂也。○溥彼韓城，燕因肩反。師所完。以先祖受命，因時百蠻。王錫韓侯，其追其貊，母伯反。奄受北國，因以其伯。實墉實壑，實畝實籍。獻其貔音毗。皮，赤豹黄羆。賦也。溥，大也。燕，召公之國也。師，衆也。追、貊，夷狄之國也。墉，城。壑，池。籍，税也。貔，猛獸名。○韓初封時，召公爲司空，王命以其衆爲築此城，如召伯營謝，山甫城齊，春秋諸侯城邢、城楚丘之類也。王以韓侯之先因是百蠻而長之，故錫之追、貊，使爲之伯，以脩其城池，治其田畝，正其税法，而貢其所有於王也。

韓奕六章，章十二句。

江漢浮浮，武夫滔滔。叶他侯反。匪安匪遊，淮夷來求。既出我車，既設我旟。匪安匪舒，淮夷來鋪。賦也。浮浮，水盛貌。滔滔，順流貌。淮夷，夷之在淮上者也。鋪，陳也。陳師以伐之也。○宣王命召穆公平淮南之夷，詩人美之。此章總序其事，言行者皆莫敢安徐，而曰吾之來也，惟淮夷是求是伐耳。○江漢湯湯，書羊反。武夫洸洸。音光。經營四方，告成于王。四方既平，王國庶定。叶唐丁反。時靡有爭，叶甾陘反。王心載寧。賦也。洸洸，武貌。庶，幸也。○此章言既伐而成功也。○江漢之滸，音虎。王命召虎，式辟音闢。四方，徹我疆土。匪疚匪棘，王國來極。于疆于理〔五〕，至于南海。叶虎委反。○賦也。虎，召穆公名也。辟，與「闢」同。徹，井其田也。疚，病。棘，急也。極，中之表也〔六〕。居中而爲四方所取正也。○言江漢既平，王又命召公闢四方之侵地，而治其疆界。非以病之，非以急之也，但使其來取正於王國而已。於是遂疆理之，盡南海而止也。○王命召虎，來旬來宣。文武受命，召公維翰。叶胡千反。無曰予小子，叶獎履反。召公是似。叶養里反。肇敏戎公，用錫爾祉。賦也。旬，徧。宣，布也。自江漢之滸言之，故曰來。召公，召康公奭也。翰，幹也。予小子，王自稱也。肇，開。戎，女。公，功也。○又言王命召虎來此江漢之滸，徧治其事，以布王命。而曰：昔文武受命，惟召公爲楨幹，今女無曰以予小子之故也，但自爲嗣女召公之事耳。能開敏女功，則我當錫女以祉福，如下章所云也。○釐力之反。爾圭瓚，才旱反。秬音巨。鬯初亮反。一卣。音酉。無韻，未詳。告于文人，錫山土田。叶地因反。于周受命，叶滿並反，下同。自召祖命。虎拜稽首，天子萬年。叶禰因反。○賦也。釐，賜。卣，尊也。文人，先祖之有文德者，謂文王也。周，岐周也。召祖，穆公之祖，康公也。○此叙王賜召公策命之詞。言錫爾圭瓚秬鬯者，使之以祀其先祖。又告于文人，而錫之山川土田，以廣其封邑。蓋古者爵人必於祖廟，示不敢專也。又使往受命於岐周，從其祖康公受命於文王之所，以寵異之。而召公拜稽首，以受王命之策書也。人臣受恩，無可以報謝者，但言使君壽考而已。○虎拜稽首，對揚王休，叶虚久反。作召公考，叶去久反。天子萬壽。叶殖酉反。明明天子，叶獎履反。令聞音問。不已。矢其文德，洽此四國。叶越逼反。○賦也。對，答。揚，稱。休，美。考，成。矢，陳也。○言穆公既受賜，遂答稱天子之美命，作康公之廟器，而勒王策命之詞，以考其成，且祝天子以萬壽也。古器物銘云：「郉拜稽首，敢對揚天子休命，用作朕皇考龔伯尊敦。郉其眉壽，萬年無疆。」語正相類。但彼自祝其壽，而此祝君壽耳。既又美其君之令聞，而進之以不已，勸其君以文德，而不欲其極意於武功。古人愛君之心，於此可見矣。

江漢六章，章八句。

赫赫明明，王命卿士，叶音所。南仲大音泰。下同。祖，大師皇父。音甫。整我六師，以脩我戎。叶音汝。既敬既戒，叶訖力反。惠此南國。叶越偪反。○賦也。卿士，即皇父之官也。南仲，見出車篇。大祖，始祖也。大師，皇父之兼官也。我，爲宣王之自我也。戎，兵器也。○宣王自將以伐淮北之夷，而命卿士之謂南仲爲大祖兼大師而字皇父者，整治其從行之六軍，修其戎事，以除淮夷之亂，而惠此南方之國。詩人作此以美之。必言南仲大祖者，稱其世功以美大之。○王謂尹氏，命程伯休父。左右陳行，户郎反。戒我師旅。率彼淮浦，省此徐土。不留不處，三事就緒。象呂反。○賦也。尹氏，吉甫也，蓋爲内史，掌策命卿大夫也。程伯休父，周大夫。三事，未詳。或曰，三農之事也。○言王詔尹氏策命程伯休父爲司馬，使之左右陳其行列，循淮浦而省徐州之土。蓋伐淮北徐州之夷也。上章既命皇父，而此章又命程伯休父者，蓋王親命大師，以三公治其軍事，而使内史命司馬，以六卿副之耳。○赫赫業業，叶宜却反。有嚴天子。王舒保作，匪紹匪遊，徐方繹騷。叶蘇侯反。震驚徐方，如雷如霆，徐方震驚。賦也。赫赫，顯也。業業，大也。嚴，威也。天子自將，其威可畏也。王舒保作，未詳其義。或曰：舒，徐。保，安。作，行也。言王師舒徐而安行也。紹，糾緊也。遊，遨遊也。繹，連絡也。騷，擾動也。○夷、厲以來，周室衰弱，至是而天子自將以征不庭。其師始出，不疾不遲〔七〕，而徐方之人皆已震動，如雷霆作於其上，不遑安矣。○王奮厥武，如震如怒。叶暖五反。進厥虎臣，闞呼檻反。如虓火交反。虎。鋪普吴反。敦淮濆。符云反。仍執醜虜。截彼淮浦，王師之所。賦也。進，鼓而進之也。闞，奮怒之貌。虓，虎之自怒也。鋪，布也，布其師旅也。

敦，厚也，厚集其陳也。仍，就也。老子曰「攘臂而仍之」。截，截然不可犯之貌。○王旅嘽嘽，吐丹反。如飛如翰，如江如漢，如山之苞，叶補鉤反。如川之流。緜緜翼翼，不測不克，濯征徐國。叶越逼反。○賦也。嘽嘽，衆盛貌。翰，羽。苞，本也。如飛如翰，疾也。如江如漢，衆也。如山，不可動也。如川，不可禦也。緜緜，不可絶也。翼翼，不可亂也。不測，不可知也。不克，不可勝也。濯，大也。○王猶允塞，徐方既來。叶六直反。徐方既同，天子之功。四方既平，徐方來庭。徐方不回，王曰還歸。叶古回反。○賦也。猶，道。允，信。塞，實。庭，朝。回，違也。還歸，班師而歸也。○前篇召公帥師以出，歸告成功，故備載其褒賞之詞。此篇王實親行，故於卒章反復其辭，以歸功於天子。言王道甚大，而遠方懷之，非獨兵威然也。序所謂「因以爲戒」者是也。

常武六章，章八句。

瞻卬昊天，則不我惠。孔填舊説古「塵」字。不寧，降此大厲。邦靡有定，士民其瘵。側界反，叶側例反。蟊賊蟊疾，靡有夷届。蟊音牟。音戒，叶居氣反。罪罟不收，靡有夷瘳。敕留反。○賦也。填，久。厲，亂。瘵，病也。蟊賊，害苗之蟲也。疾，害。夷，平。届，極。罟，網也。○此刺幽王嬖褒姒、任奄人以致亂之詩。首言昊天不惠而降亂，無所歸咎之詞也。蘇氏曰：「國有所定，則民受其福。無所定，則受其病。於是有小人爲之蟊賊，刑罪爲之罔罟。凡此皆民之所以病也。」○人有土田，女音汝。反有酉、由二音。之。人有民人，女覆奪徒活反。之。此宜無罪，女反收殖酉、殖由二反。之。彼宜有罪，女覆説音脱。之。賦也。反，覆。收，拘。説，赦也。○哲夫成城，哲婦傾城。懿厥哲婦，爲梟爲鴟。處之反。婦有長舌，維厲之階。叶居奚反。亂匪降自天，叶鐵因反。生自婦人。匪教匪誨，叶呼位反。時維婦寺。賦也。哲，知也。城，猶「國」也。哲婦，蓋指褒姒也。傾，覆。懿，美也。梟、鴟，惡聲之鳥也。長舌，能多言者也。階，梯也。寺，奄人也。○言男子正位乎外，爲國家之主，故有知則能立國。婦人以無非無儀爲善，無所事哲，哲則適以覆國而已。故此懿美之哲婦，而反爲梟鴟，蓋以其多言而能爲禍亂之梯也。若是則亂豈真自天降，如首章之説哉？特由此婦人而已。蓋其言雖多，而非有教誨之益者，是惟婦人與奄人耳。豈可近哉！上文但言婦人之禍，末句兼以奄人爲言。蓋二者常相倚而爲姦，不可不並以爲戒也。歐陽公常言宦者之禍甚於女寵。其言尤爲深切，有國家者可不戒哉！○鞫人忮之豉反。忒，譖子念反。始竟背。音佩，叶必墨反。豈曰不極，伊胡爲慝？如賈音古。三倍，君子是識。婦無公事，休其蠶織。賦也。鞫，窮。忮，害。忒，變也。譖，不信也。竟，終。背，反。極，已。慝，惡也。賈，居貨者也。三倍，獲利之多也。公事，朝廷之事。蠶織，婦人之業。○言婦寺能以其知辨窮人之言，其心忮害而變詐無常。既以譖妄唱始於前，而終或不驗於後。則亦不復自謂其言之放恣無所極已，而反曰是何足爲慝乎？夫商賈之利，非君子之所宜識，如朝廷之事，非婦人之所宜與也。今賈三倍，而君子識其所以然。婦人無朝廷之事，而舍其蠶織以圖之，則豈不爲慝哉！○天何以刺？叶音砌。何神不富？叶方未反。舍音捨。爾介狄，維予胥忌。不弔不祥，威儀不類。人之云亡，邦國殄瘁。賦也。刺，責。介，大。胥，相。弔，閔也。○言天何用責王？神何用不富王哉？凡以王信用婦人之故也。是必將有夷狄之大患。今王舍之不忌，而反以我之正言不諱爲忌，何哉！夫天之降不祥，庶幾王懼而自脩。今王遇災而不恤，又不謹其威儀，又無善人以輔之，則國之殄瘁宜矣。或曰：介狄即指婦寺，猶所謂女戎者也。○天之降罔，維其優矣。人之云亡，心之憂矣。天之降罔，維其幾矣。人之云亡，心之悲矣。賦也。罔，罟。優，多。幾，近也。蓋承上章之意而重言之，以警王也。○觱音必。沸音弗。檻胡覽反。泉，維其深矣。心之憂矣，寧自今矣。不自我先，不自我後。叶下五反。藐藐昊天，無不克鞏。叶音古。無忝皇祖，式救爾後。同上。○興也。觱沸，泉涌貌。檻泉，泉上出者。藐藐，高遠貌。鞏，固也。○言泉之瀵涌上出，其源深矣。我心之憂，亦非適今日然也。然而禍亂之極，適當此時，蓋已無可爲者。惟天高遠，雖若無意於物，然其功用，神明不測，雖危亂之極，亦無不能鞏固之者。幽王苟能改過自修〔八〕，而不忝其祖，則天意可回，來者猶必可救，而子孫亦蒙其福矣。

瞻卬七章，三章章十句，四章章八句。

旻天疾威，天篤降喪。息浪反，叶桑郎反。瘨我饑饉，民卒流亡。瘨都田反。我居圉卒荒。圉魚吕反。賦也。篤，厚。瘨，病。卒，盡也。居，國中也。圉，邊垂也。○此刺幽王任用小人，以致饑饉侵削之詩也。○天降罪罟，蟊賊内訌。户工反。昏椓丁角反。靡共，音恭。潰潰回遹，實靖夷我邦。叶卜功反。○賦也。訌，潰也。昏椓，昏亂椓喪之人也。共，與「恭」同，一説與「供」通，謂供其職也。潰潰，亂也。回遹，邪僻也。靖，治。夷，平也。○言此蟊賊昏椓者，皆潰亂邪僻之人，而王乃使之治平我邦，所以致亂也。○臯臯訿訿，音紫。曾不知其玷。丁險反。兢兢業業，孔填已見上篇。不寧，我位孔貶。賦也。臯臯，頑慢之意。訿訿，務爲謗毁也。玷，缺也。填，久也。○言小人在位，所爲如此，而王不知其缺。至於戒敬恐懼，甚病而不寧者，其位乃更見貶黜。其顛倒錯亂之甚如此。○如彼歲旱，草不潰集注作「遂」。茂。如彼棲音西。苴。七如反。我相息亮反。此邦，無不潰止。叶韻未詳。○賦也。潰，遂也。棲苴，水中浮草，棲於木上者。言枯槁無潤澤也。相，視。潰，亂也。○維昔之富不如時，維今之疚不如兹。彼疏斯粺，薄賣反。胡不自替？職兄音怳，下同。斯引。叶韻未詳。○賦也。時，是。疚，病也。疏，糲也。粺則精矣。替，廢也。兄、怳同。引，長也。○言昔之富未嘗若是之疚也，而今之疚又未有若此之甚也。彼小人之與君子，如疏與粺，其分審矣。而曷不自替以避君子乎？而使我心專爲此故，至於愴怳引長，而不能自已也。○池之竭矣，不云自頻。泉之竭矣，不云自中。叶諸仍反。溥斯害矣，職兄斯弘，不災我躬。叶姑弘反。○賦也。頻，崖。溥，廣。弘，大也。○池，水之鍾也。泉，水之發也。故池之竭由外之不入，泉之竭由内之不出。言禍亂有所從起，而今不云然也。此其爲害，亦已廣矣。是使我心專爲此故，至於愴怳日益弘大，而憂之曰：是豈不災及我躬也乎！○昔先王受命，有如召公，日辟國百里。今也日蹙國百里。於音烏。乎音呼。哀哉，維今之人，不尚有舊。叶巨巳反。○賦也。先王，文武也。召公，康公也。辟，開。蹙，促也。○文王之世，周公治内，召公治外，故周人之詩謂之周南，諸侯之詩謂之召南。所謂「日闢國百里」云者，言文王之化自北而南，至於江漢之間。服從之國，日以益衆。及虞芮質成，而其旁諸侯聞之，相帥歸周者四十餘國焉。今，謂幽王之時。促國，蓋犬戎内侵，諸侯外畔也。又歎息哀痛而言，今世雖亂，豈不猶有舊德可用之人哉？言有之而不用耳。

召旻七章，四章章五句，三章章七句。因其首章稱「旻天」，卒章稱「召公」，故謂之召旻，以別小旻也。

蕩之什十一篇，九十二章，七百六十九句。

校勘記

〔一〕叶平聲　「叶」原作「呼」，據元本、八卷本改。

〔二〕土　原作「上」，據元本、八卷本改。

〔三〕蓋愛之者　「者」，原作「也」，據元本、八卷本改。

〔四〕二國勝之　「勝」，原作「勝」，據元本、八卷本改。

〔五〕于疆于理　「疆」，原作「理」，據元本、明甲本、明乙本、八卷本改。

〔六〕中之表也　「表」，原作「衣」，據元本、明甲本、明乙本、八卷本改。

〔七〕不疾不遲　「遲」，明甲本、八卷本作「徐」。

〔八〕幽王苟能改過自修　「修」，元本、明甲本、明乙本、八卷本作「新」。

詩卷第十九

朱熹集傳

頌四頌者，宗廟之樂歌，大序所謂「美盛德之形容，以其成功，告於神明者也」。蓋「頌」與「容」，古字通用，故序以此言之。周頌三十一篇，多周公所定，而亦或有康王以後之詩。魯頌四篇，商頌五篇，因亦以類附焉。凡五卷。

周頌清廟之什四之一

於音烏。穆清廟，肅雝顯相。息亮反。濟濟子禮反。多士，秉文之德。對越在天，駿奔走在廟，不顯不承，無射音亦，與斁同。於人斯。周頌多不叶韻，未詳其說。○賦也。於，歎辭。穆，深遠也。清，清靜也。肅，敬。雝，和。顯，明。相，助也。謂助祭之公卿諸侯也。濟濟，衆也。多士，與祭執事之人也。越，於也。駿，大而疾也。承，尊奉也。斯，語辭。○此周公既成洛邑而朝諸侯，因率之以祀文王之樂歌。言於穆哉，此清靜之廟，其助祭之公侯，皆敬且和，而其執事之人，又無不執行文王之德，既對越其在天之神，而又駿奔走其在廟之主。如此則是文王之德豈不顯乎！豈不承乎！信乎其無有厭斁於人也。

清廟一章，八句。書稱「王在新邑，烝祭，歲，文王騂牛一，武王騂牛一。」實周公攝政之七年，而此其升歌之辭也。書大傳曰：「周公升歌清廟，苟在廟中嘗見文王者，愀然如復見文王焉。」樂記曰：「清廟之瑟，朱弦而疏越，壹倡而三嘆，有遺音者矣。」鄭氏曰：「朱弦，練朱弦，練則聲濁。越，瑟底孔也，疏之使聲遲也。唱，發歌句也。三歎，三人從歎之耳。」漢因秦樂，乾豆上，奏登歌，獨上歌不以筦弦亂人聲，欲在位者徧聞之，猶古清廟之歌也。

維天之命，於音烏。穆不已。於同上。乎音呼。不顯，文王之德之純。賦也。天命，即天道也。不已，言無窮也。純，不雜也。○此亦祭文王之詩。言天道無窮，而文王之德純一不雜，與天無間，以贊文王之德之盛也。子思子曰：「維天之命，於穆不已，蓋曰天之所以爲天也。於乎不顯，文王之德之純，蓋曰文王之所以爲文也，純亦不已。」程子曰：「天道不已，文王純於天道亦不已。純則無二無雜，不已則無間斷先後。」假春秋傳作「何」。以溢春秋傳作「恤」。我，我其收之。駿惠我文王，曾孫篤之。「何」之爲「假」，聲之轉也。「恤」之爲「溢」，字之訛也。收，受。駿，大。惠，順也。曾孫，後王也。篤，厚也。○言文王之神將何以恤我乎？有則我當受之，以大順文王之道，後王又當篤厚之而不忘也。

維天之命一章，八句。

維清緝熙，文王之典。肇禋，音因。迄許乞反。用有成，維周之禎。賦也。清，清明也。緝，續。熙，明。肇，始。禋，祀。迄，至也。○此亦祭文王之詩。言所當清明而緝熙者，文王之典也。故自始祀至今有成，實惟周之禎祥也。然此詩疑有闕文焉。

維清一章，五句。

烈文辟音壁，下同。公，錫茲祉福。惠我無疆，子孫保之。賦也。烈，光也。辟公，諸侯也。○此祭於宗廟，而獻助祭諸侯之樂歌。言諸侯助祭，使我獲福，則是諸侯錫此祉福，而惠我以無疆，使我子孫保之也。無封靡于爾邦，維王其崇之。念茲戎功，繼序其皇之。封靡之義未詳。或曰：封，專利以自封殖也。靡，汰侈也。崇，尊尚也。戎，大。皇，大也。○言汝能無封靡于爾邦，則王當尊汝。又念汝有此助祭錫福之大功，則使汝之子孫繼序而益大之也。無競維人，四方其訓之。不顯維德，百辟其刑之。於音烏。乎，音呼。前王不忘。又言莫彊於人，莫顯於德。先王之德所以人不能忘者，用此道也。此戒飭而勸勉之也。中庸引「不顯惟德，百辟其刑之」，而曰：「故君子篤恭而天下平。」大學引「於乎，前王不忘」，而曰：「君子賢其賢，而親其親。小人樂其樂，而利其利。此以没世不忘也。」

烈文一章，十三句。此篇以公、疆兩韻相叶，未詳當從何讀，意亦可互用也。

天作高山，大音泰。王荒之。彼作矣，文王康之。彼徂矣岐，沈括曰：後漢書西南夷傳作「彼岨者岐」。今按，彼書「岨」但作「徂」，而引韓詩薛君章句亦但訓爲「往」。獨「矣」字正作「者」，如沈氏說。然其注末復云岐雖阻僻，則似又有「岨」意。韓子亦云「彼岐有岨」，疑或别有所據。故今從之，而定讀「岐」字絶句。有夷之行，叶户郎反。子孫保之。賦也。高山，謂岐山也。荒，治。康，安也。岨，險僻之意也。夷，平。行，路也。○此祭大王之詩。言天作岐山，而大王始治之。大王既作，而文王又安之。於是彼險僻之岐山，人歸者衆，而有平易之道路，子孫當世世保守而不失也。

天作一章，八句。

昊天有成命，二后受之。成王不敢康，夙夜基命宥密。於音烏。緝熙，單厥心，肆其靖之。賦也。二后，文武也。成王名誦，武王之子也。基，積累于下，以承藉乎上者也。宥，宏深也。密，静密也。於，歎詞。靖，安也。○此詩多道成王之德，疑祀成王之詩也。言天祚周以天下，既有定命，而文武受之矣。成王繼之，又能不敢康寧，而其夙夜積德以承藉天命者，又宏深而静密。是能繼續光明文武之業，而盡其心，故今能安静天下，而保其所受之命也。國語叔向引此詩而言曰：「是道成王之德也。成王能明文昭，定武烈者也。」以此證之，則其爲祀成王之詩無疑矣。

昊天有成命一章，七句。此康王以後之詩。

我將我享，維羊維牛，維天其右叶音由。之。賦也。將，奉。享，獻。右，尊也。神坐東向，在饌之右，所以尊之也。○此宗祀文王於明堂，以配上帝之樂歌。言奉其牛羊以享上帝，而曰天庶其降而在此牛羊之右乎，蓋不敢必也。儀式刑文王之典，日靖四方。伊嘏古雅反。文王，既右享叶虛良反。之。儀、式、刑，皆法也。嘏，錫福也。○言我儀式刑文王之典以靖天下，則此能錫福之文王既降而在此之右，以享我祭。若有以見其必然矣。我其夙夜，畏天之威，于時保之。又言天與文王既皆右享我矣，則我其敢不夙夜畏天之威，以保天與文王所以降鑒之意乎？

我將一章，十句。程子曰：「萬物本乎天，人本乎祖，故冬至祭天，而以祖配之，以冬至氣之始也。萬物成形於帝，而人成形於父，故季秋享帝，而以父配之，以季秋成物之時也。」陳氏曰：「古者祭天於圜丘，掃地而行事。器用陶匏，牲用犢。其禮極簡。聖人之意以爲未足以盡其意之委曲，故於季秋之月有大享之禮焉。天，即帝也。郊而曰天，所以尊之也，故以后稷配焉。后稷遠矣，配稷於郊，亦以尊稷也。明堂而曰帝，所以親之也，以文王配焉。文王親也，配文王於明堂，亦以親文王也。尊尊而親親，周道備矣。然則郊者古禮，而明堂者周制也。周公以義起之也。」東萊呂氏曰：「於天，維庶其饗之，不敢加一辭焉。於文王，則言儀式其典，日靖四方。天不待贊，法文王所以法天也。卒章惟言畏天之威，而不及文王者，統於尊也。畏天所以畏文王也，天與文王一也。」

時邁其邦，昊天其子之。賦也。邁，行也。邦，諸侯之國也。周制，十有二年王巡守殷國，柴望祭告，諸侯畢朝。○此巡守而朝會祭告之樂歌也。言我之以時巡行諸侯也，天其子我乎哉？蓋不敢必也。實右序有周，薄言震之，莫不震疊。懷柔百神，及河喬嶽。允王維后。右，尊。序，次。震，動。疊，懼。懷，來。柔，安。允，信也。○既而曰天實右序有周矣，是以使我薄言震之，而四方諸侯莫不震懼。又能懷柔百神，以至于河之深廣，嶽之崇高，而莫不感格。則是信乎周王之爲天下君矣。明昭有周，式序在位。載戢側立反。干戈，載櫜古刀反。弓矢。我求懿德，肆于時夏。戶雅反。允王保之。戢，聚。櫜，韜。肆，陳也。夏，中國也。○又言明昭乎我周也，既以慶讓黜陟之典，式序在位之諸侯，又收斂其干戈弓矢，而益求懿美之德，以布陳于中國，則信乎王之能保天命也。或曰：此詩即所謂肆夏，以其有「肆于時夏」之語而命之也。

時邁一章，十五句。春秋傳曰：昔武王克商，作頌曰「載戢干戈」。而外傳又以爲周文公之頌[一]。則此詩乃武王之世周公所作也。外傳又曰：「金奏肆夏、繁遏、渠，天子以饗元侯也。」韋昭注云：「肆夏一名樊，韶夏一名遏，納夏一名渠，即周禮九夏之三也。」呂叔玉云：「肆夏，時邁也。繁遏，執競也。渠，思文也。」

執競武王，無競維烈，不顯成康，上帝是皇。賦也。此祭武王、成王、康王之詩。競，强也。

言武王持其自强不息之心，故其功烈之盛，天下莫得而競，豈不顯哉！成王、康王之德，亦上帝之所君也。自彼成康，奄有四方，斤斤其明。叶謨郎反。○斤斤，明之察也。言成康之德，明著如此也。鍾鼓喤喤，華彭反，叶胡光反。磬筦音管。將將，七羊反。降福穰穰。如羊反。○喤喤，和也。將將，集也。穰穰，多也。言今作樂以祭而受福也。降福簡簡，威儀反反。既醉既飽，福禄來反。簡簡，大也。反反，謹重也。反，覆也。言受福之多，而愈益謹重，是以既醉既飽，而福禄之來反覆而不厭也。

執競一章，十四句。此昭王以後之詩，國語説見前篇。

思文后稷，克配彼天。立我烝民，莫匪爾極。貽我來牟，帝命率育。叶曰逼反。無此疆爾界，叶訖力反。陳常于時夏。賦也。思，語辭。文，言有文德也。立、粒通。極，至也，德之至也。貽，遺也。來，小麥。牟，大麥也。率，徧。育，養也。○言后稷之德真可配天，蓋使我烝民得以粒食者，莫非其德之至也。且其貽我民以來牟之種，乃上帝之命，以此徧養下民者。是以無有遠近彼此之殊，而得以陳其君臣父子之常道於中國也。或曰：此詩即所謂納夏者，亦以其有「時夏」之語而命之也。

思文一章，八句。國語説見時邁篇。

清廟之什十篇，十章，九十五句。

周頌臣工之什四之二

嗟嗟臣工，敬爾在公。王釐力之反。爾成，來咨來茹。如預反。○賦也。嗟嗟，重歎以深敕之也。臣工，羣臣百官也。公，公家也。釐，賜也。成，成法也。茹，度也。○此戒農官之詩。先言王有成法以賜女，女當來咨度也。嗟嗟保介，維莫音慕。之春，亦又何求，如何新畬？音余。於音烏。皇來牟，將受厥明。明昭上帝，迄用康年。命我衆人，庤持耻反。乃錢子淺反。鎛，音博。奄觀銍珍栗反。艾。音刈。○保介，見月令、呂覽，其説不同，然皆爲籍田而言，蓋農官之副也。莫春，斗柄建辰，夏正之三月也。畬，二歲田也〔二〕。於皇，歎美之辭。來牟，麥也。明，上帝之明賜也。言麥將熟也。迄，至也。康年，猶豐年也。衆人，甸徒也。庤，具也。錢，銚。鎛，鉏。皆田器也。銍，穫禾短鎌也。艾，穫也。○此乃言所戒之事。言三月則當治其新畬矣，今如何哉？然麥亦將熟，則可以受上帝之明賜，而此明昭之上帝，又將賜我新畬以豐年也。於是命甸徒具農器，以治其新畬，而又將忽見其收成也。

臣工一章，十五句。

噫嘻成王，既昭假音格。爾。率時農夫，播厥百穀。駿音峻。發爾私，終三十里。亦服爾耕，十千維耦。叶音擬。○賦也。噫嘻，亦歎詞也。昭，明。假，格也。爾，田官也。時，是。駿，大。發，耕也。私，私田也。三十里，萬夫之地，四旁有川，内方三十二里有奇。言三十里，舉成數也。耦，二人並耕也。○此連上篇，亦戒農官之詞。昭假爾，猶言格汝衆庶。蓋成王始置田官，而嘗戒命之也。爾當率是農夫，播其百穀，使之大發其私田，皆服其耕事，萬人爲耦而並耕也。蓋耕本以二人爲耦，今合一川之衆爲言，故云萬人畢出，并力齊心，如合一耦也。此必鄉遂之官，司稼之屬，其職以萬夫爲界者。溝洫用貢法，無公田，故皆謂之私。蘇氏曰：「民曰『雨我公田，遂及我私』，而君曰『駿發爾私，終三十里』。其上下之間，交相忠愛如此。」

噫嘻一章，八句。

振鷺于飛，于彼西雝。我客戾止，亦有斯容。賦也。振，羣飛貌。鷺，白鳥。雝，澤也。客，謂二王之後。夏之後杞，商之後宋，於周爲客。天子有事膰焉，有喪拜焉者也。○此二王之後來助祭之詩。言鷺飛于西雝之水，而我客來助祭者，其容貌脩整亦如鷺之潔白也。或曰興也。在彼無惡，烏路反。在此無斁。叶丁故反。庶幾夙夜，叶羊茹反。以永終譽。彼，其國也。在國無惡之者，在此無厭之者，如是則庶幾其能夙夜以永終此譽矣。陳氏曰：「在彼不以我革其命，而有惡於我，知天命無常，惟德是與，其心服也。在我不以彼墜其命，而有厭於彼，崇德象賢，統承先王，忠厚之至也。」

振鷺一章，八句。

豐年多黍多稌，音杜。亦有高廩，力錦反。萬億及秭。咨履反。爲酒爲醴，烝畀祖妣，以洽百禮，降福孔皆。叶舉里反。○賦也。稌，稻也。黍宜高燥而寒，稌宜下濕而暑，黍稌皆熟，則百穀無不熟矣。亦，助語辭。數萬至萬曰億，數億至億曰秭。烝，進。畀，予。洽，備。皆，徧也。此秋冬報賽田事之樂歌。蓋祀田祖先農方社之屬也。言其收入之多，至於可以供祭祀、備百禮，而神降之福，將甚徧也。

豐年一章，七句。

有瞽有瞽，在周之庭。賦也。瞽，樂官無目者也。○序以此爲始作樂而合乎祖之詩。兩句總序其事也。設業設虡，音巨。崇牙樹羽，應田縣鼓，鞉音桃。磬柷尺叔反。圉。魚女反。既備乃奏，叶音祖。簫管備舉。以上叶瞽字。○業、虡、崇牙，見靈臺篇。樹羽，置五采之羽於崇牙之上也。應，小鞞。田，大鼓也。鄭氏曰：「『田』當作『朄』，小鼓也。」縣鼓，周制也。夏后氏足鼓，殷楹鼓，周縣鼓。鞉，如鼓而小，有柄，兩耳，持其柄搖之，則傍耳還自擊。磬，石磬也。柷，狀如漆桶，以木爲之，中有椎連底挏之，令左右擊，以起樂者也。圉，亦作敔，狀如伏虎，背上有二十七鉏鋙刻，以木長尺櫟之，以止樂者也。簫，編小竹管爲之。管，如篴，併兩而吹之者也。喤喤音橫。厥聲，肅雝和鳴，先祖是聽。我客戾止，永觀厥成。以上叶庭字。○我客，二王後也。觀，視也。成，樂闋也，如「簫韶九成」之成。

獨言二王後者，猶曰「虞賓在位」，「我有嘉客」，蓋尤以是爲盛耳。

有瞽一章，十三句。

猗於宜反。與音余。漆沮，七余反。潛有多魚。有鱣張連反。有鮪，叶于軌反。鰷音條。鱨音常。鰋音偃。鯉。以享以祀，叶逸織反。以介景福。叶筆力反。○賦也。猗與，歎辭。潛，槮也。蓋積柴養魚，使得藏隱避寒，因以薄圍取之也。或曰藏之深也。鰷，白鰷也。月令：季冬，「命漁師始漁，天子親往，乃嘗魚，先薦寢廟。」季春，「薦鮪于寢廟」。此其樂歌也。

潛一章，六句。

有來雝雝，與公叶，篇内同。至止肅肅。相息亮反。維辟音壁。公，天子穆穆。賦也。雝雝，和也。肅肅，敬也。相，助祭也。辟公，諸侯也。穆穆，天子之容也。○此武王祭文王之詩。言諸侯之來，皆和且敬，以助我之祭事，而天子有穆穆之容也。於音烏。薦廣牡，相同上。予肆祀。叶養里反。假古雅反。哉皇考，叶音口。綏予孝子。叶獎履反。○於，歎辭也。廣牡，大牡也。肆，陳。假，大也。皇考，文王也。綏，安也。孝子，武王自稱也。○言此和敬之諸侯，薦大牲以助我之祭事，而大哉之文王，庶其享之，以安我孝子之心也。宣哲維人，文武維后。燕及皇天，叶鐵因反。克昌厥後。宣，通。哲，知。燕，安也。○此美文王之德。宣哲，則盡人之道。文武，則備君之德。故能安人以及于天，而克昌其後嗣也。蘇氏曰：「周人以諱事神。文王名昌，而此詩曰『克昌厥後』，何也？曰：周之所謂諱，不以其名號之耳，不遂廢其文也。諱其名而廢其文者，周禮之末失也。」綏我眉壽，叶殖酉反。介以繁祉。既右音又。烈考，叶音口。亦右文母。叶滿彼反。○右，尊也。周禮所謂享右祭祀是也。烈考，猶皇考也。文母，大姒也。○言文王昌厥後，而安之以眉壽，助之以多福，使我得以右于烈考文母也。

雝一章，十六句。周禮：大師及徹，帥學士而歌徹，説者以爲即此詩。論語亦曰「以雍徹」。然則此蓋徹祭所歌，而亦名爲徹也。

載見賢遍反，下同。辟音壁。王，曰求厥章。龍旂陽陽，和鈴央央，於良反。鞗音條。革有鶬，七羊反。休有烈光。賦也。載，則也，發語辭也。章，法度也。交龍曰旂。陽，明也。軾前曰和。旂上曰鈴。央央、有鶬，皆聲和也。休，美也。○此諸侯助祭于武王廟之詩。先言其來朝，稟受法度，其車服之盛如此。率見昭考，以孝以享，叶虛良反。○昭考，武王也。廟制，太祖居中，左昭右穆。周廟，文王當穆，武王當昭，故書稱「穆考文王」，而此詩及訪落皆謂武王爲「昭考」。○此乃言王率諸侯以祭武王廟也。以介眉壽。永言保之，思皇多祜。後五反。烈文辟公，綏以多福，俾緝熙于純嘏。叶音古。○思，語辭。皇，大也，美也。○又言孝享以介眉壽，而受多福，是皆諸侯助祭有以致之，使我得繼而明之，以至于純嘏也。蓋歸德于諸侯之辭，猶烈文之意也。

載見一章，十四句。

有客有客，亦白其馬。叶滿補反。有萋有且，七序反。敦都回反。琢其旅。賦也。客，微子也。周既滅商，封微子於宋，以祀其先王，而以客禮待之，不敢臣也。亦，語辭也。殷尚白。修其禮物，仍殷之舊也。萋、且，未詳。傳曰：「敬慎貌。」敦琢，選擇也。旅，其卿大夫從行者也。○此微子來見祖廟之詩。而此一節言其始至也。有客宿宿，有客信信。言授之縶，陟立反。以縶其馬。同上。○一宿曰宿，再宿曰信。縶其馬，愛之不欲其去也。此一節言其將去也。薄言追之，左右綏之。既有淫威，降福孔夷。追之，已去而復還之，愛之無已也。左右綏之，言所以安而留之者無方也。淫威，未詳。舊説淫，大也。統承先王，用天子禮樂，所謂淫威也。夷，易也，大也。此一節言其留之也。

有客一章，十二句。

於音烏。皇武王，無競維烈。允文文王，克開厥後。嗣武受之，勝殷遏劉，耆音指。定爾功。賦也。於，歎辭。皇，大。遏，止。劉，殺。耆，致也。○周公象武王之功爲大武之樂。言武王無競之功，實文王開之。而武王嗣而受之，勝殷止殺，以致定其功也。

武一章，七句。春秋傳以此爲大武之首章也。大武，周公象武王武功之舞，歌此詩以奏之。禮曰：「朱干玉戚，冕而舞大武。」然傳以此詩爲武王所作，則篇内已有武王之謚，而其説誤矣。

臣工之什十篇，十章，一百六句。

周頌閔予小子之什四之三

閔予小子，遭家不造，叶徂候反。嬛嬛其傾反。在疚。音救。於音烏。乎音呼。皇考，叶祛候反。永世克孝。叶呼候反。○賦也。成王免喪，始朝于先王之廟，而作此詩也。閔，病也。予小子，成王自稱也。造，成也。嬛，與「煢」同，無所依怙之意。疚，哀病也。康衡曰：「『煢煢在疚』，言成王喪畢思慕，意氣未能平也。蓋所以就文武之業，崇大化之本也。」皇考，武王也。歎武王之終身能孝也。念茲皇祖，陟降庭叶去聲。止。維予小子，夙夜敬止。皇祖，文王也。承上文，言武王之孝。思念文王，常若見其陟降於庭，猶所謂見堯於墻，見堯於羹也。楚辭云「三公揖讓，登降堂只」，與此文勢正相似。而康衡引此句，顔注亦云「若神明臨其朝庭」是也。於乎二字同上。皇王，繼序思不忘。皇王，兼指文武也。承上文，言我之所以夙夜敬止者，思繼此序而不忘耳。

閔予小子一章，十一句。此成王除喪朝廟所作。疑後世遂以爲嗣王朝廟之樂。後三篇放此。

訪予落止，率時昭考。於音烏。乎音呼。悠哉，朕未有艾。五蓋反。將予就之，繼猶判渙。維予小子，未堪家多難。乃旦反。紹庭上下，陟降厥家。休矣皇考，以保明其身。賦也。訪，問。落，始。悠，遠也。艾，如「夜未艾」之艾。判，分。渙，散。保，安。明，顯也。○成王既朝于廟，因作此詩，以道延訪羣臣之意。言我將謀之於始，以循我昭考武王之道。然而其道遠矣，予不能及也。將使予勉强以就之，而所以繼之者，猶恐其判渙而不合也。則亦繼其上下於庭，陟降於家，庶幾賴皇考之休，有以保明吾身而已矣。

訪落一章，十二句。說同上篇。

敬之敬之，天維顯思，叶新夷反。命不易以豉反。哉！叶將黎反。無曰高高在上，陟降厥士，日監在茲。叶津之反。○賦也。顯，明也。思，語辭也。士，事也。○成王受羣臣之戒，而述其言曰：敬之哉，敬之哉，天道甚明，其命不易保也。無謂其高而不吾察，當知其聰明明畏，常若陟降於吾之所爲，而無日不臨監于此者，不可以不敬也。維予小子，叶獎履反。不聰敬止。日就月將，學有緝熙于光明。叶謨郎反。佛符弗反，又音弼。時仔音兹。肩，示我顯德行。下孟反，叶户郎反。

〇將，進也。佛、弼通。仔肩，任也。〇此乃自爲答之之言。曰：我不聰而未能敬也，然願學焉。庶幾日有所就，月有所進，續而明之，以至于光明。又賴羣臣輔助我所負荷之任，而示我以顯明之德行，則庶乎其可及爾。

敬之一章，十二句。

予其懲，直升反。而毖後患！莫予荓普經反。蜂，自求辛螫。施隻反。肇允彼桃蟲，拚芳煩反。飛維鳥。未堪家多難，乃旦反。予又集于蓼。音了。〇賦也。懲，有所傷而知戒也。毖，慎。荓，使也。蜂，小物而有毒。肇，始。允，信也。桃蟲，鷦鷯，小鳥也。拚，飛貌。鳥，大鳥也。鷦鷯之雛，化而爲鵰。故古語曰「鷦鷯生鵰」，言始小而終大也。蓼，辛苦之物也。〇此亦訪落之意。成王自言，予何所懲，而謹後患乎！荓蜂而得辛螫，信桃蟲而不知其能爲大鳥，此其所當懲者。蓋指管蔡之事也。然我方幼冲，未堪多難，而又集于辛苦之地，羣臣奈何捨我而弗助哉！

小毖一章，八句。蘇氏曰：「小毖者，謹之於小也。謹之於小，則大患無由至矣。」

載芟載柞，側百反，叶疾各反。其耕澤澤。音釋，叶徒洛反。〇賦也。除草曰芟，除木曰柞。秋官「柞氏掌攻草木」是也。澤澤，解散也。千耦其耘，徂隰徂畛。音真。〇耘，去苗間草也。隰，爲田之處也。畛，田畔也。侯主侯伯，侯亞侯旅，侯彊侯以。有嗿它感反。其饁，于輒反。思媚其婦，有依其士。與以叶。有略其耜，叶養里反。俶載南畝。叶滿委反。○主，家長也。伯，長子也。亞，仲叔也。旅，衆子弟也。彊，民之有餘力而來助者。遂人所謂「以彊予，任甿」者也。能左右之曰以。大宰所謂「閒民，轉移執事」者，若今時傭力之人，隨主人所左右者也。嗿，衆飲食聲也。媚，順。依，愛。士，夫也。言餉婦與耕夫相慰勞也。略，利。俶，始。載，事也。播厥百穀，實函斯活。叶呼酷反。○函，含。活，生也。既播之，其實含氣而生也。驛驛其達，叶佗悦反。有厭其傑。驛驛，苗生貌。達，出土也。厭，受氣足也。傑，先長者也。厭厭其苗，緜緜其麃。表驕反。○緜緜，詳密也。麃，耘也。載穫濟濟，子禮反。有實其積，子賜反，叶上聲。萬億及秭。爲酒爲醴，烝畀祖妣，以洽百禮。濟濟，人衆貌。實，積之實也。積，露積也。有飶蒲即反。其香，邦家之光。有椒其馨，胡考之寧。飶，芬香也，未詳何物。胡，壽也。以燕享賓客，則邦家之所以光也。以共養耆老，則胡考之所以安也。匪且有且，匪今斯今，叶音經。振古如兹。無韻，未詳。○且，此。振，極也。言非獨此處有此稼穡之事，非獨今時有今豐年之慶，蓋自極古以來已如此矣。猶言自古有年也。

載芟一章，三十一句。此詩未詳所用。然辭意與豐年相似，其用應亦不殊。

畟畟楚側反。良耜，叶養里反。俶尺叔反。載南畝。叶蒲委反。○賦也。畟畟，嚴利也。播厥百穀，實函斯活。叶呼酷反。説見前篇。或來瞻女，音汝。載筐及筥，其饟式亮反。伊黍。或來瞻女，婦子之來饁者也。筐、筥，饟具也。其笠伊糾，叶其了反。其鎛音博。斯趙，直了反。以薅呼毛反。荼蓼。糾然笠之輕舉也。趙，刺。薅，去也。荼，陸草。蓼，水草。一物而有水陸之異也。今南方人猶謂蓼爲辣荼，或用以毒溪取魚，即所謂荼毒也。荼蓼朽止，黍稷茂叶莫口反。止。毒草朽，則土熱而苗盛。穫之挃挃，珍栗反。積之栗栗。其崇如墉，其比毗志反。如櫛，側瑟反。以開百室。挃挃，穫聲也。栗栗，積之密也。櫛，理髮器，言密也。百室，一族之人也。五家爲比，五比爲閭，四閭爲族。人輩作相助〔三〕，故同時入穀也。百室盈止，婦子寧止。盈，滿。寧，安也。殺時犉如純反。牡，有捄音求。其角。叶盧谷反。以似以續，續古之人。無韻，未詳。〇黄牛黑脣曰犉。捄，曲貌。續，謂續先祖以奉祭祀。

良耜一章，二十三句。或疑思文、臣工、噫嘻、豐年、載芟、良耜等篇即所謂豳頌者，其詳見於豳風及大田篇之末。亦未知其是否也。

絲衣其紑，孚浮反。載弁俅俅。音求。自堂徂基，自羊徂牛，鼐乃代反。鼎及鼒。叶津之反。兕觥其觩，音求。旨酒思柔。不吳音話。不敖，音傲。胡考之休。賦也。絲衣，祭服也。紑，潔貌。載，戴也。弁，爵弁也，士祭於王之服。俅俅，恭順貌。基，門塾之基。鼐，大鼎。鼒，小鼎也。

思，語辭。柔，和也。吳，譁也。○此亦祭而飲酒之詩。言此服絲衣爵弁之人，升門堂，視壺濯籩豆之屬，降往於基，告濯具。又視牲，從羊至牛，反告充已，乃舉鼎冪告潔。禮之次也。又能謹其威儀，不諠譁，不怠敖，故能得壽考之福。

絲衣一章，九句。此詩或紑、俅、牛、觩、柔、休並叶基韻。或基、鼒並叶紑韻。

於音烏。鑠式灼反。王師，遵養時晦。時純熙矣，是用大介。我龍受之，蹻蹻居表反。王之造。叶徂候反。載用有嗣，叶音祠。實維爾公允師。賦也。於，歎辭。鑠，盛。遵，循。熙，光。介，甲也，所謂一戎衣也。龍，寵也。蹻蹻，武貌。造，爲。載，則。公，事。允，信也。○此亦頌武王之詩。言其初有於鑠之師而不用，退自循養，與時皆晦。既純光矣，然後一戎衣而天下大定。後人於是寵而受此蹻蹻然王者之功，其所以嗣之者，亦維武王之事是師爾。

酌一章，八句。酌，即勺也。内則十三「舞勺」，即以此詩爲節而舞也。然此詩與賚般皆不用詩中字名篇，疑取樂節之名，如曰武宿夜云爾。

綏萬邦，婁力注反。豐年。天命匪解。佳賣反。桓桓武王，保有厥士。于以四方，克定厥家。於音烏。昭于天，皇以間之。賦也。綏，安也。桓桓，武貌。大軍之後必有凶年。而武王克商，則除害以安天下，故屢獲豐年之祥。傳所謂「周饑克殷而年豐」是也。然天命之於周，久而不厭也，故此桓桓之武王，保有其士而用之於四方，以定其家，其德上昭于天也。「間」字之義未詳。傳曰：「間，代也。」言君天下以代商也。此亦頌武王之功。

桓一章，九句。春秋傳以此爲大武之六章，則今之篇次蓋已失其舊矣。又篇内已有武王之謚，則其謂武王時作者，亦誤也。序以爲講武類禡之詩，豈後世取其義而用之於其事也與？

文王既勤止，我應受之。敷時繹思，我徂維求定。時周之命，於音烏。繹思！賦也。

應，當也。敷，布。時，是也。繹，尋繹也。於，歎辭。繹思，尋繹而思念也。○此頌文武之功，而言其大封功臣之意也。言文王之勤勞天下至矣，其子孫受而有之，然而不敢專也。布此文王功德之在人而可繹思者，以賚有功，而往求天下之安定。又以爲凡此皆周之命，而非復商之舊矣。遂嘆美之，而欲諸臣受封賞者繹思文王之德而不忘也。

賚一章，六句。春秋傳以此爲大武之三章。而序以爲大封於廟之詩。説同上篇。

於音烏。皇時周，陟其高山，嶞吐果反。山喬嶽，允猶翕許及反。河。敷天之下，裒蒲侯反。時之對，時周之命。賦也。高山，泛言山耳。嶞，則其狹而長者。喬，高也。嶽，則其高而大者。允猶，未詳。或曰：允，信也。猶，與由同。翕河，河善泛溢，今得其性，故翕而不爲暴也。裒，聚也。

對，答也。言美哉此周也，其巡守而登此山以柴望，又道於河以周四嶽，凡以敷天之下莫不有望於我，故聚而朝之方嶽之下，以答其意耳。

般一章，七句。般，義未詳。

閔予小子之什十一篇，十一章，一百三十六句。

校勘記

〔一〕而外傳又以爲周文公之頌　「公」，八卷本作「王」。

〔二〕二歲田也　「二」，明甲本、明乙本、八卷本作「三」。

〔三〕人輩作相助　「人」上八卷本有「族」字。

詩卷第二十

朱熹集傳

魯頌四之四魯，少皞之墟，在禹貢徐州蒙羽之野，成王以封周公長子伯禽，今襲慶、東平府沂、密、海等州即其地也。成王以周公有大勳勞於天下，故賜伯禽以天下之禮樂。魯於是乎有頌以爲廟樂。其後又自作詩，以美其君，亦謂之頌。舊説皆以爲伯禽十九世孫僖公申之詩〔一〕，今無所考。獨閟宮一篇爲僖公之詩無疑耳。夫以其詩之僭如此，然夫子猶録之者，蓋其體固列國之風，而所歌者乃當時之事，則猶未純於天子之頌。若其所歌之事，又皆有先王禮樂教化之遺意焉，則其文疑若猶可予也。況夫子魯人，亦安得而削之哉？然因其實而著之，而其是非得失，自有不可揜者，亦春秋之法也。或曰：魯之無風何也？先儒以爲時王褒周公之後，比於先代，故巡守不陳其詩，而其篇第不列於太師之職，是以宋魯無風。其或然歟？或謂夫子有所諱而削之，則左氏所記當時列國大夫賦詩，及吴季子觀周樂，皆無曰魯風者，其説不得通矣。

駉駉古熒反。牡馬，叶滿補反。在坰古熒反。之野。叶上與反。薄言駉者，叶章與反。有驈户橘反。有皇，有驪力知反。有黄，以車彭彭。叶鋪郎反。思無疆，思馬斯臧。賦也。駉駉，腹幹肥張貌。邑外謂之郊，郊外謂之牧，牧外謂之野，野外謂之林，林外謂之坰。驪，馬白跨曰驈，黄白曰皇，純黑曰驪，黄騂曰黄。彭彭，盛貌。思無疆，言其思之深廣無窮也。臧，善也。○此詩言僖公牧馬之盛，由其立心之遠，故美之曰「思無疆」，則「思馬斯臧」矣。衛文公「秉心塞淵」，而「騋牝三千」，亦此意也。○駉駉牡馬，在坰之野。薄言駉者，有騅音隹。有駓，符悲反。有騂有騏，以車伾伾。符丕反。思無期，思馬斯才。叶前西反。○賦也。倉白雜毛曰騅，黄白雜毛曰駓，赤黄曰騂，青黑曰騏。伾伾，有力也。無期，猶「無疆」也。才，材力也。○駉駉牡馬，在坰之野。薄言駉者，有驒徒河反。有駱，有駵有雒，以車繹繹。思無斁，思馬斯作。賦也。青驪驎曰驒，色有深淺班駮如魚鱗，今之連錢驄也。白馬黑鬣曰駱，赤身黑鬣曰駵，黑身白鬣曰雒。繹繹，不絶貌。斁，厭也。作，奮起也。○駉駉牡馬，在坰之野。薄言駉者，有駰音因。有騢，音遐，叶洪孤反。有驔音簟。有魚，以車祛祛。起居反。思無邪，叶祥余反。思馬斯徂。賦也。陰白雜毛曰駰。陰，淺黑色，今泥驄也。彤白雜毛曰騢。豪骭曰驔，毫在骭而白也。二目白曰魚，似魚目也。祛祛，强健也。徂，行也。孔子曰：「詩三百，一言以蔽之，曰思無邪。」蓋詩之言美惡不同，或勸或懲，皆有以使人得其情性之正。然其明白簡切，通于上下，未有若此言者。故特稱之，以爲可當三百篇之義，以其要爲不過乎此也。學者誠能深味其言，而審於念慮之間，必使無所思而不出於正，則日用云爲，莫非天理之流行矣。蘇氏曰：「昔之爲詩者，未必知此也。孔子讀詩至此，而有合於其心焉，是以取之，蓋斷章云爾。」

駉四章，章八句。

有駜蒲必反。有駜，駜彼乘繩證反。黄。夙夜在公，在公明明。叶謨郎反。振振鷺，鷺于下。叶後五反。鼓咽咽，烏玄反。醉言舞。于胥樂音洛。兮！興也。駜，馬肥强貌。明明，辨治也。振振，羣飛貌。鷺，鷺羽，舞者所持，或坐或伏，如鷺之下也。咽，與「淵」同，鼓聲之深長也。或曰鷺亦興也。胥，相也，醉而起舞，以相樂也。此燕飲而頌禱之辭也。○有駜有駜，駜彼乘牡。夙夜在公，在公飲酒。振振鷺，鷺于飛。鼓咽咽，醉言歸。于胥樂兮！興也。鷺于飛，舞者振作鷺羽如飛也。○有駜有駜，駜彼乘駽。呼縣反。夙夜在公，在公載燕。自今以始，歲其有。叶羽已反。君子有穀，詒孫子。叶奬履反。于胥樂兮！興也。青驪曰駽，今鐵驄也。載，則也。有，有年也。穀，善也，或曰禄也。詒，遺也。頌禱之辭也。

有駜三章，章九句。

思樂音洛。泮普半反。水，薄采其芹。其斤反。魯侯戾止，言觀其旂。叶其斤反。其旂茷茷，蒲害反。鸞聲噦噦。呼會反。無小無大，從公于邁。賦其事以起興也。思，發語辭也。泮水，泮宮之水也。諸侯之學，鄉射之宮，謂之泮宮。其東西南方有水，形如半壁，以其半於辟廱，故曰泮水，而宮亦以名也。芹，水菜也。戾，至也。茷茷，飛揚也。噦噦，和也。此飲於泮宮而頌禱之辭也。○思樂泮水，薄采其藻。魯侯戾止，其馬蹻蹻。居表反。其馬蹻蹻，其音昭昭。叶之繞反。載色載笑，匪怒伊教。賦其事以起興也。蹻蹻，盛貌。色，和顏色也。○思樂泮水，薄采其茆。叶謨九反。魯侯戾止，在泮飲酒。既飲旨酒，永錫難老。叶魯吼反。順彼長道，叶徒吼反。屈此羣醜。賦其事以起興也。茆，鳧葵也，葉大如手，赤圓而滑，江南人謂之蓴菜者也。長道，猶大道也。屈，服。醜，衆也。此章以下皆頌禱之辭也。○穆穆魯侯，敬明其德。敬慎威儀，維民之則。允文允武，昭假音格。烈祖。靡有不孝，自求伊祜。候五反。○賦也。昭，明也。假，與「格」同。烈祖，周公、魯公也。○明明魯侯，克明其德。既作泮宮，淮夷攸服。叶蒲北反。矯矯虎臣，在泮獻馘。古獲反，叶況壁反。淑問如皋陶，叶夷周反。在泮獻囚。賦也。矯矯，武貌。馘，所格者之左耳也。淑，善也。問，訊囚也。囚，所虜獲者。蓋古者出兵，受成於學，及其反也，釋奠於學，而以訊馘告。故詩人因魯侯在泮，而願其有是功也。○濟濟子禮反。多士，克廣德心。桓桓于征，狄他歷反。彼東南。叶尼心反。烝烝皇皇，不吳音話。不揚。不告于訩，音凶。在泮獻功。賦也。廣，推而大之也。德心，善意也。狄，猶逷也。東南，謂淮夷也。烝烝皇皇，盛也。不吳不揚，肅也。不告于訩，師克而和，不爭功也。○角弓其觩，音求。束矢其搜。色留反。戎車孔博，徒御無斁。叶弋灼反。既克淮夷，孔淑不逆。叶宜腳反。式固爾猶，淮夷卒獲。叶黃郭反。○賦也。觩，弓健貌。五十矢爲束。或曰百矢也。搜，矢疾聲也。博，廣大也。無斁，言競勸也。逆，違命也。蓋能審固其謀猶，則淮夷終無不獲矣。○翩彼飛鴞，吁驕反。集于泮林。食我桑黮，尸荏反。懷我好音。憬九永反。彼淮夷，來獻其琛，敕金反。元胇象齒，大賂南金。興也。鴞，惡聲之鳥也。黮，桑實也。憬，覺悟也。琛，寶也。元胇，尺二寸。賂，遺也。南金，荆揚之金也。此章前四句興，後四句如行葦首章之例。

泮水八章，章八句。

閟筆位反。宮有侐，况域反。實實枚枚。赫赫姜嫄，音元。其德不回。上帝是依，叶音隈。無災無害。彌月不遲，叶陳回反。是生后稷。降之百福，叶筆力反。黍稷重直龍反。穋，音六，叶六直反。稙徵力反。稺菽麥。叶訖力反。奄有下國，叶于逼反。俾民稼穡。有稷有黍，有稻有秬。求許反。奄有下土，纘禹之緒。象吕反。○賦也。閟，深閉也。宮，廟也。侐，清靜也。實實，鞏固也。枚枚，礱密也。時蓋修之，故詩人歌咏其事，以爲頌禱之詞，而推本后稷之生，而下及于僖公耳。回，邪也。依，猶眷顧也。説見生民篇。先種曰稙，後種曰稺。奄有下國，封於邰也。緒，業也。禹治洪水既平，后稷乃始播百穀。○后稷之孫，實維大音泰。王，居岐之陽，實始翦商。至于文武，纘大王之緒。致天之届，于牧之野。叶上與反。無貳無虞，上帝臨女。音汝。敦都回反。商之旅，克咸厥功。叶居古反。王曰叔父，扶雨反。建爾元子，叶子古反。俾侯于魯，大啓爾宇，爲周室輔。扶雨反。○賦也。翦，斷也。大王自豳徙居岐陽，四方之民咸歸往之，於是而王迹始著，蓋有翦商之漸矣。届，極也。猶言窮極也。虞，慮也。無貳無虞，上帝臨女，猶大明云「上帝臨女，無貳爾心」也。敦，治也。咸，同也。言輔佐之臣同有其功，而周公亦與焉也。王，成王也。叔父，周公也。元子，魯公伯禽也。啓，開。宇，居也。○乃命魯公，俾侯于東。錫之山川，土田附庸。周公之孫，莊公之子，叶奬履反。龍旂承祀，叶養里反。六轡耳耳。春秋匪解，音懈，叶訖力反。享祀不忒。皇皇后帝，皇祖后稷，享以騂犧，虛宜、虛何二反。是饗是宜，牛奇、牛何二反。降福既多。章移、當何二反。周公皇祖，亦其福女。音汝。○賦也。附庸，猶屬城也。小國不能自達於天子，而附於大國也。上章既告周公以封伯禽之意，此乃言其命魯公而封之也。莊公之子，其一閔公，其一僖公。知此是僖公者，閔公在位不久，未有可頌，此必是僖公也。耳耳，柔從也。春秋，錯舉四時也。忒，過差也。成王以周公有大功於王室，故命魯公以夏正孟春郊祀上帝，配以后稷，牲用騂牡。皇祖，謂羣公。此章以後皆言僖公致敬郊廟，而神降之福，國人稱願之如此也。○秋而載嘗，夏而楅衡。叶户郎反。白牡騂剛，犧尊將將。七羊反。毛炰胾羹，薄交反。胾，側吏反。羹，叶盧當反。籩豆大房。此下當脱一句，如「鍾鼓喤喤」之類。萬舞洋洋，孝孫有慶。叶袪羊反。俾爾熾而昌，俾爾壽而臧。保彼東方，魯邦是常。不虧不崩，不震不騰。三壽作朋，如岡如陵。賦也。嘗，秋祭名。楅衡，施於牛角，所以止觸也。周禮封人云「凡祭，飾其牛牲，設其楅衡」是也。秋將嘗，而夏楅衡其牛，言夙戒也。白牡，周公之牲也。騂剛，魯公之牲也。白牡，殷牲也。周公有王禮，故不敢與文武同。魯公則無所嫌，故用騂剛。犧尊，畫牛於尊腹也。或曰：尊作牛形，鑿其背以受酒也。毛炰，周禮封人祭祀有「毛炰之豚」，注云：「爓去其毛而炰之也。」胾，切肉也。羹，大羹、鉶羹也。大羹，太古之羹，湆煮肉汁不和，盛之以登，貴其質也。鉶羹，肉汁之有菜和者也，盛之鉶器，故曰鉶羹。大房，半體之俎，足下有跗，如堂房也。萬，舞名。震、騰，驚動也。三壽，未詳。鄭氏曰：「三卿也。」或曰：願公壽與岡、陵等而爲三也。○公車千乘，繩證反，叶神陵反。朱英緑縢，徒登反。二矛重直龍反。弓。叶姑弘反。公徒三萬，貝冑朱綅，息廉反，叶息稜反。烝徒增增。戎狄是膺，荆舒是懲，則莫我敢承。俾爾昌而熾，俾爾壽而富。叶方未反。黄髮台背，叶蒲寐反。壽胥與試。俾爾昌而大，叶特計反。俾爾耆而艾。吾蓋反，叶五計反。萬有千歲，眉壽無有害。叶暇憩反。○賦也。千乘，大國之賦也。成方十里，出革車一乘，甲士三人，左持弓，右持矛，中人御。步卒七十二人，將重車者二十五人。千乘之地，則三百十六里有奇也。朱英，所以飾矛。緑縢，所以約弓也。二矛，夷矛、酋矛也。重弓，備折壞也。徒，步卒也。三萬，舉成數也。車千乘，法當用十萬人，而爲步卒者七萬二千人。然大國之賦，適滿千乘，苟盡用之，是舉國而行也，故其用之，大國三軍而已。三軍爲車三百七十五乘，三萬七千五百人，其爲步卒不過二萬七千人，舉其中而以成數言，故曰三萬也。貝冑，貝飾冑也。朱綅，所以綴也。增增，衆也。戎，西戎。狄，北狄。膺，當也。荆，楚之别號。舒，其與國也。懲，艾。承，禦也。僖公嘗從齊桓公伐楚，故以此美之，而祝其昌大壽考也。壽胥與試之義未詳。王氏曰：「壽考者相與爲公用也。」蘇氏曰：「願其壽而相與試其才力以爲用也。」○泰山巖巖，叶魚杴反。魯邦所詹。奄有龜、蒙，遂荒大東，至于海邦，叶卜工反。淮夷來同。莫不率從，魯侯之功。賦也。泰山，魯之望也。詹，與「瞻」同。龜、蒙，二山名。荒，奄也。大東，極東也。海邦，近海之國也。○保有鳧繹，叶弋灼反。遂荒徐宅，叶達各反。至于海邦，淮夷蠻貊，叶莫博反。及彼南夷，莫不率從。莫敢不諾，魯侯是若。賦也。鳧繹，二山名。宅，居也。謂徐國也。諾，應辭。若，順也。○泰山、龜、蒙、鳧、繹，魯之所有。其餘則國之東南，勢相聯屬，可以服從之國也。○天錫公純嘏，叶果五反。眉壽保魯。居常與許，復周公之宇。魯侯燕喜，令妻壽母。叶滿委反。宜大夫庶士，鉏里反。邦國是有。叶羽已反。既多受祉，黃髮兒齒。賦也。常，或作「嘗」，在薛之旁。許，許田也，魯朝宿之邑也。皆魯之故地，見侵於諸侯而未復者。故魯人以是願僖公也。令妻，令善之妻，聲姜也。壽母，壽考之母，成風也。閔公八歲被弑，必是未娶，其母叔姜亦應未老。此言「令妻壽母」，又可見公爲僖公無疑也。有，常有也。兒齒，齒落更生細者，亦壽徵也。○徂來之松，新甫之柏。叶逋莫反。是斷音短。是度，待各反。是尋是尺。叶尺約反。松桷音角。有舄，叶七約反。路寢孔碩。叶常約反。新廟奕奕，叶弋灼反。奚斯所作。孔曼音萬。且碩，同上。萬民是若。賦也。徂來、新甫，二山名。八尺曰尋。舄，大貌。路寢，正寢也。新廟，僖公所脩之廟。奚斯，公子魚也。作者，教護屬功課章程也。曼，長。碩，大也。萬民是若，順萬民之望也。

閟宮九章，五章章十七句。内第四章脱一句。二章章八句，二章章十句。舊説八章，二章章十七句，一章十二句，一章三十八句，二章章八句，二章章十句，多寡不均，雜亂無次。蓋不知第四章有脱句而然。今正其誤。

魯頌四篇，二十四章，二百四十三句。

商頌四之五

契爲舜司徒而封於商，傳十四世而湯有天下。其後三宗迭興，及紂無道，爲武王所滅。封其庶兄微子啓於宋，脩其禮樂，以奉商後。其地在禹貢徐州泗濱，西及豫州盟猪之野。其後政衰，商之禮樂日以放失。七世至戴公時，大夫正考甫得商頌十二篇於周太師，歸以祀其先王。至孔子編詩而又亡其七篇，然其存者亦多闕文疑義，今不敢强通也。商都亳，宋都商丘，皆在今應天府亳州界。

猗與音余。那與，置我鞉音桃。鼓。奏鼓簡簡，衎我烈祖。賦也。猗，歎辭。那，多。置，陳也。簡簡，和大也。衎，樂也。烈祖，湯也。記曰「商人尚聲，臭味未成，滌蕩其聲，樂三闋，然後出迎牲」，即此是也。舊説以此爲祀成湯之樂也。湯孫奏假，音格。綏我思成。鞉鼓淵淵，叶於巾反。嘒嘒管聲。既和且平，依我磬聲。於音烏。赫湯孫，叶思倫反。穆穆厥聲。湯孫，主祀之時王也。假，與「格」同，言奏樂以格于祖考也。綏，安也。思成，未詳。鄭氏曰：「安我以所思而成之人，謂神明來格也。」禮記曰：「齊之日，思其居處，思其笑語，思其志意，思其所樂，思其所嗜。齊三日乃見其所爲齊者。祭之日，入室，僾然必有見乎其位。周旋出户，肅然必有聞乎其容聲。出户而聽，愾然必有聞乎其歎息之聲。」此之謂思成。蘇氏曰：「其所見聞本非有也，生於思耳。」此二説近是。蓋齊而思之，祭而如有見聞，則成此人矣。鄭注頗有脱誤，今正之。淵淵，深遠也。嘒嘒，清亮也。磬，玉磬也。堂上升歌之樂，非石磬也。穆穆，美也。庸鼓有斁，萬舞有奕。我有嘉客，亦不夷懌。庸、鏞通。斁，斁然盛也。奕，奕然有次序也。蓋上文言鞉鼓管籥作於堂下，其聲依堂上之玉磬，無相奪倫者。至於此，則九獻之後，鍾鼓交作，萬舞陳於庭，而祀事畢矣。嘉客，先代之後，來助祭者也。夷，悦也。亦不夷懌乎？言皆悦懌也。自古在昔，先民有作。温恭朝夕，執事有恪。恪，敬也。言恭敬之道，古人所行，不可忘也。閔馬父曰：「先聖王之傳恭，猶不敢專，稱曰『自古』，古曰『在昔』，昔曰『先民』。」顧予烝嘗，湯孫之將。將，奉也。言湯其尚顧我烝嘗哉？此湯孫之所奉者，致其丁寧之意，庶幾其顧之也。

那一章，二十二句。閔馬父曰「正考父校商之名頌，以那爲首，其輯之亂曰」云云，即此詩也。

嗟嗟烈祖，有秩斯祜。候五反。申錫無疆，及爾斯所。賦也。烈祖，湯也。秩，常。申，重也。爾，主祭之君，蓋自歌者指之也。斯所，猶言此處也。○此亦祀成湯之樂。言嗟嗟烈祖，有秩秩無窮之福，可以申錫於無疆，是以及於爾今王之所，而脩其祭祀，如下所云也。既載清酤，叶候五反。賚我思成。叶音常。亦有和羹，叶音郎。既戒既平。叶音旁。鬷中庸作「奏」，今從之。假音格。無言，叶音昂。時靡有爭。叶音章。綏我眉壽，黃耇無疆。酤，酒。賚，與也。思成，義見上篇。和羹，味之調節也。戒，夙戒也。平，猶和也。儀禮於祭祀燕享之始，每言「羹定」，蓋以羹熟爲節，然後行禮。定，即戒平之謂也。鬷，中庸作「奏」，正與上篇義同。蓋古聲「奏」「族」相近，族聲轉平而爲鬷耳。無言，無爭，肅敬而齊一也。言其載清酤而既與我以思成矣，及進和羹而肅敬之至，則又綏我以眉壽黃耇之福也[二]。約軧，祈支反。錯衡，叶户郎反。八鸞鶬鶬。七羊反。以假音格。以享，叶虛良反。我受命溥將。自天降康，豐年穰穰。來假音格。來饗，叶虛良反。降福無疆。約軧錯衡、八鸞，見采芑篇。鶬，見載見篇。言助祭之諸侯，乘是車以假以享于祖宗之廟也。溥，廣。將，大也。穰穰，多也。○言我受命既廣大，而天降以豐年黍稷之多，使得以祭也。假之而祖考來假，享之而祖考來饗，則降福無疆矣。顧予烝嘗，湯孫之將。説見前篇。

烈祖一章，二十二句。

天命玄鳥，降而生商，宅殷土芒芒。古帝命武湯，正域彼四方。賦也。玄鳥，鳦也。春分玄鳥降。高辛氏之妃，有娀氏女簡狄，祈于郊禖，鳦遺卵，簡狄吞之而生契，其後世遂爲有商氏，以有天下。事見史記。宅，居也。殷，地名。芒芒，大貌。古，猶昔也。帝，上帝也。武湯，以其有武德號之也。

正，治也。域，封竟也。○此亦祭祀宗廟之樂，而追叙商人之所由生，以及其有天下之初也。方命厥后，奄有九有。叶羽已反。商之先后，受命不殆，叶養里反。在武丁孫子。叶獎履反。○方命厥后，四方諸侯無不受命也。九有，九州也。武丁，高宗也。言商之先后受天命不危殆，故今武丁孫子猶賴其福。武丁孫子，武王靡不勝。音升。龍旂十乘，繩證反。大糦尺志反。是承。武王，湯號，而其後世亦以自稱也。龍旂，諸侯所建交龍之旂也。大糦，黍稷也。承，奉也。○言武丁孫子今襲湯號者，其武無所不勝，於是諸侯無不奉黍稷以來助祭也。邦畿千里，維民所止，肇域彼四海。叶虎洧反。○止，居。肇，開也。言王畿之内，民之所止，不過千里。而其封域，則極乎四海之廣也。四海來假，音格。下同。來假祁祁。景員維河，殷受命咸宜，叶牛何反。百禄是何。音荷，叶如字。○假，與「格」同。祁祁，衆多貌。景員維河之義未詳。或曰：景，山名，商所都也。見殷武卒章。春秋傳亦曰「商湯有景亳之命」是也。員，與下篇「幅隕」義同，蓋言周也。河，大河也。言景山四周皆大河也。何，任也，春秋傳作「荷」。

玄鳥一章，二十二句。

濬哲維商，長發其祥。洪水芒芒，禹敷下土方。絶句。楚辭天問「禹降省下土方」，蓋用此語。外大國是疆，幅隕音員。既長。有娀息容反。方將，帝立子生商。賦也。濬，深。哲，知。

長，久也。方，四方也。外大國，遠諸侯也。幅，猶言邊幅也。隕，讀作「員」，謂周也。有娀，契之母家也。將，大也。○言商世世有濬哲之君，其受命之祥，發見也久矣。方禹治洪水，以外大國爲中國之竟，而幅員廣大之時，有娀氏始大，故帝立其女之子而造商室也。蓋契於是時始爲舜司徒，掌布五教于四方，而商之受命，實基於此。○玄王桓撥，叶必烈反。受小國是達，叶他悦反。受大國是達。率履不越，遂視既發。叶方月反。相土烈烈，海外有截。賦也。玄王，契也。玄者，深微之稱。或曰以玄鳥降而生也。王者，追尊之號。桓，武。撥，治。達，通也。受小國大國無所不達，言其無所不宜也。率，循。履，禮。越，過。發，應也。言契能循禮不過越，遂視其民，則既發以應之矣。相土，契之孫也。截，整齊也。至是而商益大，四方諸侯歸之，截然整齊矣。其後湯以七十里起，豈嘗中衰也與。○帝命不違，至于湯齊。湯降不遲，聖敬日躋。昭假音格。遲遲，上帝是祗，帝命式于九圍。賦也。湯齊之義未詳。蘇氏曰：「至湯而王業成，與天命會也。」降，猶生也。遲遲，久也。祗，敬。式，法也。九圍，九州也。○商之先祖既有明德，天命未嘗去之，以至於湯。湯之生也，應期而降，適當其時，其聖敬又日躋升，以至昭假于天，久而不息，惟上帝是敬。故帝命之，使爲法於九州也。○受小球音求。大球，爲下國綴張衛反。旒，音流。何音賀。天之休。不競不絿，音求。不剛不柔，敷政優優，百禄是遒。子由反。○賦也。小球大球之義未詳。或曰：小國大國所贄之玉也。鄭氏曰：「小球，鎮圭，尺有二寸。大球，大圭，三尺也。皆天子之所執也。」下國，諸侯也。綴，猶結也。旒，旗之垂者也。言爲天子而爲諸侯所係屬，如旗之縿爲旒所綴著也。何，荷。競，强。絿，緩也。優優，寬裕之意。遒，聚也。○受小共音恭，叶居勇反。大共，爲下國駿音峻。厖。莫邦反，叶莫孔反。何天之龍，叶丑勇反。敷奏其勇，不震不動，叶德總反。不戁奴版反。不竦，小勇反。百禄是總。子孔反。○賦也。小共大共、駿厖之義未詳。或曰小國大國所共之貢也。鄭氏曰：「共，執也。猶小球大球也。」蘇氏曰：「共、珙通，合珙之玉也。」傳曰：「駿，大也。厖，厚也。」董氏曰：「齊詩作『駿駹』，謂馬也。」龍，寵也。敷奏其勇，猶言大進其武功也。戁，竦懼也。○武王載旆，有虔秉鉞，音越。如火烈烈，則莫我敢曷。漢書作「遏」，阿葛反，叶阿竭反。苞有三蘖，五葛反，叶五竭反。莫遂莫達，叶陀悦反。九有有截。韋、顧既伐，叶房越反。昆吾夏桀。賦也。武王，湯也。虔，敬也。言恭行天討也。曷，遏通。或曰：「曷，誰何也。」苞，本也。蘖，旁生萌蘖也。言一本生三蘖也。本則夏桀，蘖則韋也，顧也，昆吾也，皆桀之黨也。鄭氏曰：「韋，彭姓。顧、昆吾，己姓。」○言湯既受命，載旆秉鉞以征不義。桀與三蘖皆不能遂其惡，而天下截然歸商矣。初伐韋，次伐顧，次伐昆吾，乃伐夏桀。當時用師之序如此。○昔在中葉，有震且業。允也天子，叶獎履反。降于卿士。鉏里反。實維阿衡，叶户郎反。實左音佐。右音又。商王。賦也。葉，世。震，懼。業，危也。承上文而言。昔在，則前乎此矣，豈謂湯之前世中衰時與？允也天子，指湯也。降，言天賜之也。卿士，則伊尹也。言至於湯得伊尹而有天下也。阿衡，伊尹官號也。

長發七章，一章八句，四章章七句，一章九句，一章六句。序以此爲大禘之詩。蓋祭其祖之所出，而以其祖配也。蘇氏曰：「大禘之祭，所及者遠，故其詩歷言商之先君，又及其卿士伊尹，蓋與祭於禘者也。商書曰：『茲予大享于先王，爾祖其從與享之。』是禮也，豈其起於商之世歟？」今按大禘不及羣廟之主，此宜爲祫祭之詩。然經無明文，不可考也。

撻他達反。彼殷武，奮伐荆楚。罙面規反。入其阻，裒蒲侯反。荆之旅。有截其所，湯孫之緒。象呂反。○賦也。撻，疾貌。殷武，殷王之武也。罙，冒。裒，聚也。湯孫，謂高宗。○舊説以此爲祀高宗之樂。蓋自盤庚没而殷道衰，楚人叛之。高宗撻然用武，以伐其國，入其險阻，以致其衆，盡平其地，使截然齊一，皆高宗之功也。易曰：「高宗伐鬼方，三年克之。」蓋謂此歟？○維女音汝。荆楚，居國南鄉。昔有成湯，自彼氐都啼反。羌，莫敢不來享，叶虚良反。莫敢不來王，曰商是常。賦也。氐羌，夷狄國，在西方。享，獻也。世見曰王。○蘇氏曰：「既克之，則告之曰：爾雖遠，亦居吾國之南耳。昔成湯之世，雖氐羌之遠，猶莫敢不來朝？曰：此商之常禮也。況汝荆楚，曷敢不至哉！」○天命多辟，音壁。設都于禹之績。歲事來辟，勿予禍適，直革反。稼穡匪解。音懈，叶訖力反。○賦也。多辟，諸侯也。來辟，來王也。適、讁通。○言天命諸侯，各建都邑于禹所治之地，而皆以歲事來至於商，以祈王之不譴，曰：我之稼穡不敢解也，庶可以免咎矣。言荆楚既平，而諸侯畏服也。○天命降監，下與「濫」叶。下民有嚴。叶五剛反。不僭不濫，不敢怠遑。命于下國，叶越逼反。封建厥福。叶筆力反。○賦也。監，視。嚴，威也。僭，賞之差也。濫，刑之過也。遑，暇。封，大也。○言天命降監，不在乎他，皆在民之視聽，則下民亦有嚴矣。惟賞不僭，刑不濫，而不敢怠遑，則天命之以天下，而大建其福，此高宗所以受命而中興也。○商邑翼翼，四方之極。赫赫厥聲，濯濯厥靈。壽考且寧，以保我後生。叶桑經反。○賦也。商邑，王都也。翼翼，整敕貌。極，表也。赫赫，顯盛也〔二〕。濯濯，光明也。言高宗中興之盛如此。壽考且寧云者，蓋高宗之享國五十有九年。我後生，謂後嗣子孫也。○陟彼景山，叶所旃反。松柏丸丸。叶胡員反。是斷音短。是遷，方斲陟角反。是虔。松桷音角。有梴，丑連反。旅楹有閑，叶胡田反。寢成孔安。叶於連反。○賦也。景，山名，商所都也。丸丸，直也。遷，徙。方，正也。虔，亦截也。梴，長貌。旅，衆也。閑，閑然而大也。寢，廟中之寢也。安，所以安高宗之神也。此蓋特爲百世不遷之廟，不在三昭三穆之數，既成始祔而祭之之詩也。然此章與閟宮之卒章文意略同，未詳何謂。

殷武六章，三章章六句，二章章七句，一章五句。

商頌五篇，十六章，一百五十四句。

校勘記

〔一〕舊説皆以爲伯禽十九世孫僖公申之詩　「詩」，原作「時」，據元本、清武英殿本改。

〔二〕則又綏我以眉壽黄耇之福也　「綏」，元本、明甲本、明乙本、八卷本作「安」。

〔三〕顯盛也　三字原脱，據元本、明甲本、明乙本、八卷本補。

附録

讀書附志

［宋］趙希弁

詩集傳二十卷　詩序辨説一卷

右晦庵先生所定也。江西漕趙崇憲刻于計臺而識其後。

直齋書録解題

［宋］陳振孫

詩集傳二十卷　詩序辨説一卷

朱熹撰。以大、小序自爲一編，而辨其是非。其序吕氏讀詩記，自謂少年淺陋之説，久而知其有所未安，或不免有所更定。今江西所刻晚年本，得於南康胡泳伯量，校之建安本，更定者幾十一云。

簡莊文鈔卷二

［清］陳　鱣

宋本詩集傳跋

鱣既得周易之明年春，同人作中吳吟課，適袁君又愷語及其家藏宋本詩集傳，因以他物易之。凡二十卷，與宋志合。今通行本八卷，蓋坊間妄并也。行款格式與周易本義同。考文公孫鑑詩傳遺説叙云：「詩集傳豫章、長沙、後山皆有本，而後山校讎最精。」是本無題識可證，而校讎之精，疑爲後山本。惟自小雅蓼莪至大雅版［板］之篇已缺，爲可惜耳。

其間經文如召南何彼穠矣作「襛矣」，鄘風「終焉允臧」作「終然」，衛風「遠父母兄弟」作「兄弟父母」，齊風「不能晨夜」作「辰夜」，小雅「朔日辛卯」作「朔月」，「家伯冢宰」作「維宰」，周頌「既右饗之」作「右享」，魯頌「其旗茷茷」作「茷茷」，商頌「來假祈祈」作「祁祁」，「降于卿士」作「降予」，爲馮嗣京、陳啓源所拈出外，此若王風「牛羊下括」作「羊牛」，與上章同，魏風「不知我者」俱作「不我知者」，與唐石經合。又若周南「不可休息」注：「吳氏曰韓詩作『思』。」今本删去，不知韓詩以「休」叶音也。周頌「假以溢我」，「假」下注：「春秋傳作『何』。」「溢」下注：「春秋傳作『恤』。」蓋惟先有此注，故下注云「『何』之爲『假』，聲之轉也。『恤』之爲『溢』，字之訛也。」今本删去上注，則下注不知何所指矣。其餘傳文音義足以補正今本者不可殫述。宋本之善者若此，安得好事者重爲刊布，俾家弦户誦乎？嘉慶十年春日識。

拜經樓藏書題跋記

［清］吴騫

詩集傳

右不全宋本，止八卷。陳簡莊徵君從中吴爲先君子購得。經文悉與唐石經同，注文悉存文公原本，與徵君所藏宋刻相伯仲。係明晉府圖書，每册皆有印記，楮墨古雅，字畫精楷，蓋宋刻之佳者。先君子書云：按明史諸王傳，晉恭王封於太原府，傳至裔孫表藥，孝友好文，分封慶成王。此豈其故物耶？簡莊徵君跋其所藏詩集傳云：「考文公孫鑑詩傳遺説序云：『詩集傳豫章、長沙、後山皆有本，而後山校讎最精。』是本或亦係後山本耶？自小雅以後闕。徵君所藏亦闕小雅蓼莪至大雅板之什。吉光片羽，彌足珍已。

鐵琴銅劍樓藏書目録卷三

［清］瞿鏞

詩集傳二十卷校宋本

宋刊朱子詩集傳，舊爲吴門袁氏廷檮所藏，此本即其所校録。後有自記云：「嘉慶乙丑夏季，以家藏宋刻本换與陳仲魚，因校存此本。宋本佳處，尤一目了然。」仲魚亦有跋，載其所著綴文中。其經文悉同石經，足正俗刻之譌者，已詳舉之矣。至如集傳所載切音，俗刻多改直音，最爲謬妄。惟胡氏詩傳附録纂疏悉遵朱子之舊。今以此本核之，猶多勝於胡本處。如召南何彼襛矣，「襛」，此音「如容反」，胡本作「奴容反」。案「如容反」即廣韻之「而容切」，爲日母中字，廣韻又有「女容切」一音，是爲孃母中字，若作「奴容」，則爲泥母中字矣，無此音也。邶風「寤辟有摽」，「摽」，此音「婢小反」，胡本作「符小反」，是類隔法，與「婢小」雖異實同。然摽有梅既音「婢小反」矣，不若此之前後一例也。王風「暵其修矣」，「修」，此叶「先竹反」，「修」、「先」並心母四等字，胡本作「式竹反」，則誤入審三等矣。鄭風「不寁故也」，「寁」，此音「帀坎反」，「寁」、「帀」皆精母一等字，胡本「帀」誤「市」，則入襌三等矣。小雅白駒「賁然來思」，「來」叶「陵之反」；「慎爾優游」，「游」叶「云俱反」，胡本作「來」叶「云俱反」，「游」叶「汪胡反」，「云」與「來」，「汪」與「游」皆不同母，則皆誤也。頌噫嘻「駿發爾私」，「駿」音「峻」，載見「和鈴央央」下有「於良反」，胡本並脱。其足以資訂正者不少，故雖校本亦録存之。

鐵琴銅劍樓藏書目録卷三

[清]瞿　鏞

詩集傳一卷宋刊殘本

朱子詩集傳今本皆八卷，宋志云二十卷。此本僅存文王之什，稱卷十六，蓋與宋志合，猶朱子舊第也。案陳氏啓源云：皇矣「以篤于周祜」，今本脱「于」字；文王有聲傳「淢，成溝也」，今本「成」誤「城」。

此本「于」字不脱，「成」字亦不誤，與陳氏所云合。又袁校宋本中闕小雅蓼莪至大雅板之篇，以元刊本補校，而此卷適在所闕中。考旱麓章「豈弟君子」，「豈，苦亥反；弟，音悌」。「干禄豈弟」，「豈，同上；弟，叶待禮反」。元本並脱其音切，猶賴此本以見。雖止二十之一，然可以補袁校之闕，故不敢以殘帙棄也。書中宋諱皆闕筆，每半葉八行，行十七字，與袁本七行十六字者不同。

鄭堂讀書記卷八

［清］周中孚

詩集傳八卷通行本

宋朱子撰，四庫全書著録。讀書附志、書録解題、通考、宋志俱作詩集傳二十卷、詩序辨説一卷。自坊刻併二十卷爲八卷，併削去詩序辨説不載，厥弊與書集傳不載書序同也。陳氏曰：「以大、小序自爲一編，而辨其是非。其序吕氏讀詩記，自謂少時淺陋之説，久而知其有所未安，或不免有所更定。今江西所刻晚年本，得于南康胡泳伯量，校之建安本，更定幾什一云。」蓋其初稿亦用小序，後與東萊相爭，遂改從鄭樵詩辨妄之説而廢小序。故其辨説攻小序，而集傳一一追改。樵書爲周信道孚所駁，旋即散佚。惟此書自元延祐定科舉法用以取士，遂承用至今。其書訓詁多用毛鄭，而叶韵則本吴才老之説。其注賦比興則以周禮之六義三經而三緯之。其釋諸經，自謂於詩獨無遺憾。當時東萊讀詩記最爲精密，朱子實兼取之，惟其確遵序説之處，則舍之不用耳。其間經文譌異，馮嗣京所校正者凡十二條，陳啓源所校正者凡十四條。又傳文譌異，啓源所校正凡十一條，史榮所校正者凡十條。皆由坊刻展轉傳譌，非是傳原本如此也。惟卷首「關關雎鳩」，毛傳云「鳥鷙而有別」，鄭箋云「摯之言至，謂王雎之鳥雌雄情意至然而有別」。兩家語極分明，是傳引曰「故毛傳以爲鷙而有別」，此却不誤；後又引曰「毛傳云：鷙字與至通，言其情意深至也」，則誤以鄭箋爲毛傳而删改其語焉。開卷即誤，可想見其全書之梗概矣。前有淳熙丁酉自序，蓋與易本義同時而成書者。越二十四年而始易簀，惜其未及隨時改正云。

宋本詩集傳跋

［清］吴之瑗

宋本詩集傳，吾鄉向有二本：一爲陳徵君簡莊年丈所藏，一爲叔祖免牀先生拜經樓所藏。今夏爲兒子彙升點定句讀，因於舍弟絜文處叚拜經樓藏本校勘。見宋本之善，實有遠勝近刻者，惟缺卷太多，至豳風而止，惜不得徵君本，俾多校數卷也。六月中汪鄰國參軍來齋中，見余方手勘是書，因出其舊藏本見眎。楮墨古雅，字畫精楷，與拜經樓本相伯仲。自蓼莪注「則無所恃」四字起，至大雅板篇，均影鈔，前後一無題識，惟每册或有「袁廷檮」印、「五硯主人」小方印，或有「袁又愷藏書」、「楓橋五硯樓收藏印」小長印。案徵君跋文云：「某既得周易之明年春，同人作中吴吟課，適袁君又愷語及其家藏宋本詩集傳，因以他物易之，凡二十卷，與宋志合。惟自小雅蓼莪至大雅板之篇已缺，爲可惜耳。」是本豈即徵君故物耶？抑袁君別有一本耶？何缺頁之相符與？其間經文如召南何彼穠矣作「襛矣」。鄘風「終焉允臧」作「終然」。衛風「遠父母兄弟」作「兄弟父母」。王風「牛羊下括」作「羊牛」。齊風「不能晨夜」作「辰夜」。魏風「不知我者」俱作「不我知者」。小雅鴻雁三章注引同。唐風「實大且篤」作「碩大」。豳風「亦可畏也」作「不可」。小雅「胡爲厲矣」作「胡然」，「朔日辛卯」作「朔月」。周頌「彼徂矣岐」作「彼岨」，「既右饗之」作「右享」，「屢豐年」作「婁豐年」。魯頌「其旂筏筏」作「茷茷」。商頌「來假祈祈」作「祁祁」。注文如周南「不可休息」下「吳氏曰韓詩作『思』」。小雅「外禦其務」下「春秋傳作『侮』，罔甫反」。周頌「假以溢我」「假」下「春秋傳作『何』」，「溢」下「春秋傳作『恤』」。「彼岨矣岐」下「沈括曰：後漢書西南夷傳作『彼岨者岐』。今按彼書『岨』但作『徂』，韓詩薛君章句亦但訓爲『往』，獨『矣』字正作『者』，如沈氏說。然其注末復云『岐雖阻僻』，則似又有岨意。韓子亦云『彼岐有岨』，疑或別有所據，故今從之，而定讀岐字絶句。」與臧玉林經義雜記，錢竹汀養新録，潛研堂文集所記者皆合。惟小雅「家伯維宰」已作「家伯爲宰」。商頌「降予卿士」已作「降于」。又周頌臣工篇注「畬二歲田也」，「二」當爲「三」。案采芑注：「田一歲曰菑，二歲曰新田，三歲曰畬。」一人手定之書，不當有異說。噫嘻篇注「内方三十二里有奇」，「二」亦當作「三」。案疏引周禮「萬夫有川，與十千之數相當計萬夫之地，一夫百畝，方百步，積萬夫方之，是廣長各百夫。夫有百步，三夫爲一里，則百夫應三十三里。」故鄭箋云：「方三十三里，少半里。」今注疏本作「三十三里」更誤。而集傳曰：「内方三十三里有奇也。」考元番陽朱公遷詩經疏義二十卷初刻於正統間，重刻于嘉靖二年。拜經樓藏書題跋記云：「是書雖刻於明之中葉，猶爲元儒手筆，悉仍文公之舊，惟『家伯維宰』作『爲宰』。」據此，則是本或爲宋刻而元時翻雕者。其缺卷及圖印，又書賈作僞，以同於徽君所藏本，冀獲厚值耳。余既校録於坊刻監本，爰坿數語歸諸參軍，參軍其珍藏之。倘得重爲刊布，俾家弦户誦，則嘉惠後學，更復不淺。參軍爲紫陽所自出，故又推其不匱之思云。道光戊申穐七月曬書日，仁和縣學附學生員海寧星滄里人吴之瑗厚渠氏識。

原載四部叢刊影印日本静嘉文庫本詩集傳

皕宋樓藏書志

［清］陸心源

詩集傳二十卷宋刊本　五硯樓舊藏

宋朱熹集傳

自序

吴氏手跋曰：宋本詩集傳吾鄉向有二本，一爲陳徵君簡莊年丈所藏——（下略）

詩集傳二十卷明正統内府刊本

宋朱熹傳

詩圖

詩傳綱領

詩序辨説

無名氏手跋曰：朱子集傳，二十卷，與毛傳同。明監本併爲八卷，遂相沿襲，幾不知有二十卷之舊。此本尚是明神宗以前舊刊，是可寶也。甲戌仲秋八日記。

經義考卷一百八　詩十一

［清］朱彝尊

朱子熹毛詩集傳

宋志：「二十卷。」

陳文蔚曰：「先生於詩，去小序之亂經，得詩人吟咏性情之意。」

郝經序曰：「古之爲詩也，歌誦絃舞、斷章爲賦而已矣。傳其義者則口授，傳注之學未有也。秦焚詩、書，以愚黔首，三代之學幾於墜没。漢興，諸儒掇拾灰燼，墾荒闢原，續六經之絶緒，於是傳注之學興焉。秦焚詩、書尤重，故傳之者鮮。書則僅有濟南伏生，詩之所見、所聞、所傳聞者頗爲加多，有齊、魯、毛、韓四家而已。而源遠末分，師異學異，更相矛盾，如關雎一篇，齊、魯、韓氏以爲康王政衰之詩，毛氏則謂『后妃之德，風之始』。蓋毛氏之學規模正大，有三代儒者之風，非三家所及也。卒之三家之説不行，毛詩之詁訓傳獨行於世，惜其闊略簡古，不竟其説，使後人得以紛更之也。故滋蔓於鄭氏之箋，雖則云勤，而義猶未備；總萃於孔氏之疏，雖則云備，而理猶未明。嗚呼！詩者，聖人所以著天下之書也，其義大矣。性情之正，義理之萃，已發之中，中節之和也。文、武、周、召之遺烈，治亂之本原，王政之大綱，中聲之所止也。天人相與之際，物欲相錯之間，欣應翕合，純而無間，先王以之審情僞、在治忽、事鬼神、贊化育、奠天位而全天德者也。觀民設教，閉邪存誠，聖之功也。所過者化，所存者神，聖之用也。正適於變，變適於正，易之象也。美而稱誦，刺而譏貶，春秋之義也。故詩之爲義，根於天道，著於人心，膏於肌膚，藏於骨髓，厖澤渥浸，浹於萬世。雖火於秦，而在人心者，未嘗火之也。顧豈崎嶇訓辭，鳥獸蟲魚草木之名，拘拘屑屑而得盡之哉！而有司設規，父師垂訓，莫敢誰何。以及於宋，歐陽子始爲圖說，出二氏之區域。蘇氏、王氏父子繼踵馳說。河南程氏、横渠張氏、西都邵氏，遠探力窮而張皇之。逮夫東萊吕伯恭父集諸家之説，爲讀詩記，未成而卒。時晦庵先生方收伊洛之横瀾，折聖學而歸衷，集傳注之大成，乃爲詩作傳，近出己意，遠規漢、唐，復風、雅之正，端刺美之本，糞訓詁之弊，定章句音韻之短長差舛，辨大、小序之重復，而三百篇之微意，思無邪之一言，焕乎白日之正中也。其自序則自孔、孟及宋諸公格言具載之，毛、鄭以下不論，其旨微矣。是書行於江漢之間久矣，而北方之學者未之聞也。大行臺尚書田侯得善本，命工板行，以傳永久。書走保下，屬經爲序，經喜於文公之傳之行，與學者之幸，且嘉侯用心之仁，故推本論著以冠諸端。」

朱升曰：「朱子之於詩也，本歐陽氏之旨而去序文，明吴才老之説而叶音韻，以周禮之六義三經而三緯之，賦比興各得其所，可謂無憾也已。」

王禕曰：「朱子集傳，其訓詁多用毛、鄭，而叶韻則本吴才老之説，其釋諸經，自謂於詩獨無遺憾。當時東萊吕氏有讀詩記最爲精密，朱子實兼取之。」

何喬新曰：「宋歐陽氏、王氏、蘇氏、吕氏於詩皆有訓釋，雖各有發明，而未能無遺憾，自朱子之傳出，三百篇之旨粲然復明。」

桂萼曰：「詩集傳極詳，然其間制度名物，不讀注疏無由而知。當時朱子傳經，一本注疏之訓釋，但以諸儒解經太詳，不免穿鑿而失其本意，於是取而傳焉，以求作者之志。不謂後之學者遂廢注疏而不觀。試舉一二，如『三事就緒』，朱傳取鄭司農『三農之事』訓之，後人不考，遂以孟子所謂上、中、下農之説別處下方，不知本周禮『三農生九穀』注中所謂高原、下隰、平陽之農爾。又如閟宫注中『礱密』之説，讀詩者或以結搆之密當之，豈不可笑。」

尤侗曰：「詩三百，以思無邪蔽之，安有盡收淫詞之理？即詩有美刺，以爲刺淫可矣，不應取淫人自作之詩也。鄭伯如晉，子展賦將仲子；鄭伯享趙孟子，太叔賦野有蔓草；六卿餞韓宣子，子齹賦野有蔓草、子太叔賦褰裳、子游賦風雨、子旗賦有女同車、子柳賦籜兮，此六詩者，皆朱子之所爲淫奔之辭也，然叔向、趙武、韓起莫不善之，以鄭人稱鄭詩，豈自暴其醜乎？近高忠憲講學東林，有執木瓜詩問難者，謂：『「投我以木瓜，報之以瓊琚」，其中並無男女字，何以知其爲淫奔？』坐皆默然。惟蕭山來風季曰：『即有男女字，亦何必淫奔？張衡四愁詩「美人贈我金錯刀，何以報之英瓊瑶」，明明有美人字，然不爲淫奔也。』言未既，有拂然而起者，曰：『美人固通稱，若「彼狡童兮」，得不以爲淫奔否？』曰：『亦何必淫奔，子不讀箕子麥秀歌乎？「麥秀漸漸兮，禾黍油油兮，彼狡童兮，不與我好兮」，箕子所謂受辛也。受辛，君也，而狡童之，誰曰狡童淫者也？』忠憲遽起揖曰：『先生言是也。』吾不知朱子聞之，以爲何如？」

詩集傳八卷

宋朱子撰。宋志作二十卷，今本八卷，蓋坊刻所併。朱子注易凡兩易稿，其初著之易宋志著録，今已散佚，不知其説之同異。注詩亦兩易稿，凡吕祖謙讀詩記所稱朱氏曰者，皆其初稿，其説全宗小序，後乃改從鄭樵之説（原注：案朱子攻序用鄭樵説，見於語録。朱升以爲用歐陽修之説，殆誤也），是爲今本。卷首自序作於淳熙四年，中無一語斥小序，蓋猶初稿。序末稱時方輯詩傳，是其證也。其注孟子，以柏舟爲仁人不遇；作白鹿洞賦，以子衿爲刺學校之廢；周頌豐年篇小序，辨説極言其誤，而集傳乃仍用小序。前後不符，亦舊稿之删改未盡者也。楊慎丹鉛録謂文公因吕成公太尊小序，遂盡變其説。雖意度之詞，或亦不無所因歟。自是以後，説詩者遂分攻序、宗序兩家，角立相爭，而終不能以偏廢。欽定詩經匯纂雖以集傳居先，而序説則亦皆附録，尤爲持千古之平矣。

舊本附詩序辨説於後，近時刊本皆删去。鄭玄稱毛公以序分冠諸篇，則毛公以前序本自爲一卷。隋志、唐志亦與毛詩各見。今已與辨説别著於録，兹不重載。

其間經文譌異，馮嗣京所校正者如：鄘風「終然允臧」，「然」誤「焉」；王風「牛羊下括」，「括」誤「栝」；齊風「不能辰夜」，「辰」誤「晨」；小雅「求爾新特」，「爾」誤「我」；「胡然厲矣」，「然」誤「爲」；「朔月辛卯」，「月」誤「日」；「家伯維宰」，「維」誤「冢」；「如彼泉流」，「泉流」誤「流泉」；「爰其適歸」，「爰」誤「奚」；大雅「天降滔德」，「滔」誤「慆」；「如彼泉流」亦誤「流泉」；商頌「降予卿士」，「予」誤「于」，凡十二條。陳啓源所校正者：召南「無使尨也吠」，「尨」誤「厖」；「何彼襛矣」「襛」誤「穠」；衛風「遠兄弟父母」，誤「遠父母兄弟」；小雅「言歸斯復」，「斯」誤「思」；「昊天大憮」，「大」誤「泰」；楚茨「以享以祀」，「享」誤「饗」；「福禄膍之」，「膍」誤「媲」；「畏不能趨」，「趨」誤「趍」；「不皇朝矣」，「皇」誤「遑」（原注：下二章同。）大雅「淠彼涇舟」，「淠」誤「渒」；「以篤于周祜」，脱「于」字；周頌「既右饗之」，「饗」誤「享」；魯頌「其旂茷茷」誤「筏筏」；商頌「來格祁祁」，誤「祈祈」，凡十四條。

又傳文譌誤，陳啓源所校正者：召南騶虞篇「豝，牝豕也」，「牝」誤「牡」；終南篇「黻之狀亞，像兩弓相背」，「弓」誤「己」；南有嘉魚篇「鯉質鱒鱗」，「鱗」誤「鯽」，又衍「肌」字；甫田篇「或耘活耔」引漢書「苗生葉以上」脱「生」字；「隤其土」誤「壝其上」；頍弁篇「賦而比也」誤增「興又」二字（原注：案此輔廣詩童子問所增。）；小宛篇「俗呼青雀」，「雀」誤「鵲」；文王有聲篇「減成溝也」，「成」譌「城」；召旻篇「池之竭矣」章「比也」誤作「賦」；閔予小子篇引大招「三公穆穆」誤「三公揖讓」；賚篇「此頌文王之功」，「王」誤「武」；駉篇「此言魯侯牧馬之盛」，「魯侯」誤「僖公」，凡十一條。

史榮所校正者，衛風伯兮篇傳曰：「女爲悦己者容」，「己」下脱「者」字；王風采葛篇「蕭萩也」，「萩」誤「荻」；唐風葛生篇「域營域也」，「營」誤「塋」；秦風蒹葭篇「小渚曰沚」，「小」誤「水」；小雅四牡篇「今鵓鳩也」，「鵓」誤「鵴」；蓼蕭篇「在衡曰鸞」，「衡」誤「鑣」；采芑篇「即今苦蕒菜」，「蕒」誤「賣」；正月篇

「申包胥曰人定則勝天」，「定」誤「衆」；小弁篇「江東呼爲鶻鳥」，「鶻」誤「鴨」；巧言篇「君子不能堲讒」，「堲」誤「塈」，凡十條。

蓋五經之中惟詩易讀，習者十恒七八，故書坊刊版亦最夥，其輾轉傳譌亦爲最甚。今悉釐正，俾不失真。至其音叶，朱子初用吳棫詩補音（原注：案棫詩補音與所作韻補爲兩書，書録解題所載甚明。經義考合爲一書，誤也。）其孫鑑又意爲增損，頗多舛迕。史榮作風雅遺音已詳辨之，兹不具論焉。

藏園群書經眼録卷一

傅增湘

詩集傳二十卷　宋朱熹撰

宋刊本，板匡高六寸二分，寬四寸四分。半葉七行，每行十五字，注雙行同，白口，左右雙闌，版心單魚尾，下記詩卷第幾，上記字數，下記刊工姓名。宋諱避至鞹字止，蓋成書後第一刻本也。舊爲袁廷檮五硯樓藏書，後歸陳仲魚鱣。仲魚所作綴文定爲後山所刊。

按：此本與北京圖書館所藏内閣殘本同。（日本静嘉堂文庫藏書，己巳十一月十三日觀。）